Stefan Buchholt

Gesellschaftliche Transformation,
kulturelle Identität und soziale Beziehungen

Prof. Dr. Günter Albrecht
Steinbockstr. 10
33739 Bielefeld
Tel. 0 52 06 / 38 18

Bielefelder
Geographische Arbeiten

herausgegeben von

Prof. Dr. Axel Braun, PD Dr. Werner Hennings und Prof. Dr. Ulrich Mai

Band 1

LIT

Stefan Buchholt

Gesellschaftliche Transformation, kulturelle Identität und soziale Beziehungen

Soziale Netzwerke in der Oberlausitz zwischen Modernisierung und Kontinuität

LIT

Die Deutsche Bibliothek – CIP-Einheitsaufnahme

Buchholt, Stefan
Gesellschaftliche Transformation, kulturelle Identität und soziale Beziehungen :
Soziale Netzwerke in der Oberlausitz zwischen Modernisierung und Kontinuität /
Stefan Buchholt. – Münster : LIT, 1998
    (Bielefelder Geographische Arbeiten ; 1.)
    Zugl.: Bielefeld, Univ., Diss., 1997
    ISBN 3-8258-3859-5

NE: GT

© LIT VERLAG
    Dieckstr. 73   48145 Münster Tel. 0251–23 50 91   Fax 0251–23 19 72

Leider ist die Heimat
zur Fremde dir geworden!
(Schiller: Wilhelm Tell II/1)

Vorwort

Mit den „Bielefelder Geographischen Arbeiten" wird eine neue Reihe eröffnet, in der Ergebnisse empirischer Forschungen der Bielefelder Geographie vorgestellt werden, die sich an modernen theoretischen Ansätzen der Sozialgeographie, aber auch anderer Sozialwissenschaften, hier vor allem der hermeneutischen Soziologie und Sozialanthropologie orientieren. Forschungsgegenstand der ersten Bände ist die Rolle ethnischer Orientierungen im Prozeß sozialer Transformation in den neuen Bundesländern und in Masuren/Polen auf der Ebene dörflichen Alltags und individueller Lebenswelt. Besonderes Augenmerk gilt dabei den Veränderungen sozialer Netzwerke und den Vorgängen symbolischer Aneignung, aber eben auch Entfremdung, nach der politischen Wende. Konsistent mit ihrem interpretativen Paradigma basieren die empirischen Erhebungen auf einem Methodenmix, das qualitative Instrumente, hier vor allem teilnehmende Beobachtung und Leitfadeninterview, eindeutig akzentuiert, diese jedoch sinnvoll ergänzt durch quantitative Daten. Da auch sozialgeographische Analysen von Alltag und Lebenswelt nicht ohne Vertrauensbeziehungen zu haben sind, waren langfristige Feldforschungen notwendig.

Die in diesem ersten Band vorgestellten Forschungsergebnisse sind Teil eines größeren Forschungsprojektes zu transformationsbedingten sozialen Veränderungen in der Oberlausitz, das von der Fritz Thyssen Stiftung finanziert und in Kooperation mit dem Institut für Wirtschafts- und Sozialgeographie der Universität Potsdam durchgeführt wurde. Ziel der Arbeit von Stefan Buchholt ist die Analyse persönlicher sozialer Netzwerke nach dem „Einbruch der Moderne" in den neuen Bundesländern unter der besonderen Perspektive ethnischer Orientierungen der katholischen Sorben in der Oberlausitz. Damit reiht sich die Arbeit grundsätzlich in die verschiedenen Versuche von Sozialwissenschaftlern ein, die sozialen Auswirkungen des plötzlichen Überganges zur Marktwirtschaft zu analysieren. Jedoch handelt es sich hier keineswegs um eine der zahlreichen Unternehmungen, in denen Sozialstatistiken auf der Makroebene angehäuft werden. Vielmehr zielt die Forschung auf die *qualitative* Analyse der Veränderungen von Lebenswelt und Alltag von Individuen, auf deren persönliche Strategien von Anpassung und Widerstand, nicht zuletzt auf deren psychosoziale Befindlichkeit sowie soziale und räumliche Identität. Damit ist die Arbeit von Stefan Buchholt eine der wenigen Detailforschungen über die Folgen gesellschaftlicher Transformation in den neuen Bundesländern.

Zentrale Konzepte der Theorie-Reflexion sind jene von Identität, Ethnizität, Habitus und sozialem Wandel, wobei eine gewisse Fokussierung auf das Habituskonzept von P. Bourdieu und das Konzept regionaler bzw. räumlicher Identität der modernen Sozialgeographie unverkennbar ist. Überhaupt enthält die Arbeit eine gelungene reflektierte Übersicht über den Stand der einschlägigen sozialwissenschaftlichen Diskussion der angesprochenen Theorien.

In gleicher Weise ist das Methodeninstrumentarium interdisziplinär orientiert, im wesentlichen der Ethnographie und den hermeneutischen Sozialwissenschaften entlehnt. Stefan Buchholt ist damit einer der ganz wenigen deutschen Sozialgeographen, die sich auf so aufwendige Methoden wie teilnehmende Beobachtung, Leitfadeninterviews und langfristige Forschungsaufenthalte einlassen. Während seines neunmonatigen Aufenthaltes ist es ihm offenbar gelungen, das Vertrauen der Dorfbevölkerung zu gewinnen. Jedenfalls sprechen Sprachduktus und Vertraulichkeit zahlreicher Passagen der wiedergegebenen Interviewausschnitte für die Vertrauensbeziehungen zwischen Verfasser und Interviewpartnern.

Eines der wichtigsten Forschungsergebnisse ist die räumliche Differenzierung persönlicher Netzwerke nach dem sozialen Status des Ego. Doch fällt es hier schwer, von „Netzwerkstrategien" zu sprechen, da zumindest den Wendeverlierern die Ressourcen für die gezielte Entwicklung von Netzwerken fehlen, die mit der „Stärke schwacher Beziehungen" über den dörflichen Rahmen hinausgehen. Grundsätzlich ist an der sozialräumlichen Qualität der persönlichen Netzwerke sehr gut die allgemeine Entwicklung sozialer Polarisierung und sozialer Differenzierung abzulesen: während Wendeverlierer eher eine Restriktion ihrer Netzwerke auf Verwandte, Freunde und Nachbarn hinnehmen müssen, gelingt den Wendegewinnern eine oft beachtliche Ausweitung ihrer Netzwerke über Dorf und Ethnie hinaus. Andererseits stärkt - zumeist im Dorf gelebte - Ethnizität gerade unter den Angehörigen der älteren Generation soziales Wir-Gefühl, zumal sorbische Traditionen die vermeintliche Kontinuität sozialer Beziehungen suggerieren. Im übrigen stützt Ethnizität die dörflichen Bezüge persönlicher Netzwerke, so daß hier vor einer beachtlichen lokalisierenden Wirkung von Ethnizität im Sinne lokaler Identität gesprochen werden kann.

Innerhalb der Sozialwissenschaften leistet die vorliegende Arbeit von Stefan Buchholt einen wichtigen Beitrag zur Analyse gesellschaftlichen Wandels in den neuen Bundesländern. Aber auch in der Sozialgeographie ist der innovative Charakter der Arbeit unverkennbar, sind in dieser Disziplin qualitative Forschungen zur Veränderung individueller Lebenssituation nach der Wende doch ausgesprochen rar, und dies gilt umso mehr für Versuche der Netzwerkanalyse mit den Mitteln der verstehenden Sozialgeographie.

Ulrich Mai

Vorbemerkung

Die Feldforschung, auf der die Arbeit basiert, fand in einem kleinen sorbischen Dorf statt. Allen Dorfbewohnern, die in irgendeiner Weise an der Studie teilnahmen, wurde bei der Erhebung Anonymität zugesichert. Die spezifische Fragestellung der Arbeit, bei der soziale Beziehungen und Belastungen einen bedeutenden Teil ausmachen, bringt es mit sich, daß Zusammenhänge so genau wie möglich dargestellt werden, um Interpretationen zu verdeutlichen und eine authentische Beschreibung zu gewährleisten. Daher wurden Namen von Orten und Personen verändert, andere Zusammenhänge, wenn sie zum Verständnis beitragen, aber in ihrem spezifischen Kontext geschildert. Bei Berufen und Funktionen wurde auf allgemeinere Begriffe ausgewichen, wenn eine Spezifizierung den Kreis der möglichen Personen zu stark eingegrenzt hätte (z.B. Handwerker, Arbeiter, Akademiker, Landwirt, Funktionär, Vereinsfunktionär). Bei manchen Personen war das nicht nötig, da die Funktion eine eindeutige Identifizierung nicht ermöglicht (Lehrer, Vorruheständler etc.).

Um den Lesern ein möglichst authentisches und - trotz Interpretationen und unumgänglicher Selektivität bei der Materialauswahl - weitgehend „unverklärtes" Bild der dörflichen Zusammenhänge zu geben, wurde in der Arbeit auf eine völlige Unkenntlichmachung des gesamten Lebenskontextes verzichtet, wenn die Dorfbewohner durch die Darstellung nicht identifizierbar wurden. An einigen Stellen war es allerdings nötig, Schilderungen von Zusammenhängen zu unterlassen, um mögliche Identifizierungen und Diskreditierungen zu vermeiden oder um nicht die Interaktion in der Gemeinschaft durch diese Arbeit zu beeinträchtigen. Vor der Notwendigkeit, eine authentische Darstellung zu liefern, steht ohne Einschränkung die Anonymität. Obwohl den Dorfbewohnern lediglich zugesichert wurde, daß ihre Namen und der Dorfname verändert werden, gebietet der Umgang mit dem Material, diese Zusicherung dann auszuweiten, wenn es der Schutz der Identität und Integrität der Menschen verlangt. Ich gehe davon aus, daß der empirische Teil der Arbeit trotz dieser notwendigen Einschränkung für Leser nachvollziehbar bleibt und nichts Wesentliches an der Situation und Befindlichkeit der Bevölkerung verlorengeht.

Eine weitere Bemerkung muß noch zur graphischen Darstellung der sozialen Netzwerke gemacht werden. An dem ursprünglichen Vorhaben, die dörflichen Netzwerke der Bewohner in einer Karte des Ortes darzustellen, konnte wegen der Anonymität der Befragten nicht festgehalten werden. Karten haben es nun einmal an sich, daß örtliche Positionen - und damit die dort lebenden Personen - genau bestimmbar sind. Um eine Identifizierung des Dorfes und der dort lebenden Personen zu verhindern, werden daher lediglich die Häuser der Interaktionspartner als Kästchen dargestellt. Die Häuser von Personen, die nicht zum sozialen Netzwerk gezählt werden, finden somit ebensowenig Berücksichtigung, wie Straßen, Höhenlinien oder Himmelsrichtungen. Allerdings bleibt als wichtige Information die Entfernung zu den dörflichen Interaktionspartnern erhalten. Den mit diesem Vorgehen verbundenen Verlust an geographischem Gehalt bedaure ich sehr, jedoch gab es aufgrund der bereits angesprochenen ethischen Verpflichtungen, denen der Forschungsprozeß unterliegt, zu diesem Vorgehen keine Alternative. Das dargestellte Verfahren erscheint mir vor allem auch deshalb legitim zu sein, weil die Feststellungen, in welcher genauen Richtung ein Interaktionspartner wohnt oder das Dorf eines Bekannten liegt, für die hier verfolgte Fragestellung irrelevant sind. Die graphischen Darstellungen haben vielmehr die Aufgabe, wichtige Beziehungen von Einzelpersonen darzustellen und die soziale Einbindung zu verdeutlichen.

Ich möchte diese Vorbemerkung nutzen, um mich für die vielfältige Unterstützung zu bedanken, die die Fertigstellung dieser Arbeit erst ermöglichte. Es ist selbstverständlich, daß ich an erster Stelle den Bewohnerinnen und Bewohnern des sorbischen Dorfes danke, die es mir gestatteten, in ihre Lebenswelt einzudringen. Sie ertrugen es tapfer, daß ich sie mit meinen Anliegen behelligte, und haben mir gezeigt, daß Gastfreundschaft in der Oberlausitz keine leere Worthülse ist. Mein besonderer Dank gilt deshalb den Personen und Familien, die mich an ihrem Alltag und auch an ihren Feiertagen haben teilnehmen lassen und mir ein Gefühl von Dazugehörigkeit vermittelten. Mein Aufenthalt in der Oberlausitz hat durch das Zusammenleben mit den Menschen dort wesentlich zu meinem Verständnis der Vielschichtigkeit und Betroffenheit von stattfindenden Veränderungsprozessen beigetragen.

Aber es sind nicht nur Personen aus dieser mir früher fremden und nun vertrauter gewordenen Lebenswelt, die am Zustandekommen dieser Arbeit beteiligt waren. Besonderer Dank gilt ebenso Prof. Dr. Ulrich Mai, der die Arbeit angeregt und betreut hat. Er hat durch fachkundige Hinweise die Fertigstellung der Arbeit begleitet. Meine Verbundenheit gilt ebenfalls Prof. Dr. Günter Albrecht für die Freiräume, die er mir einräumte, durch die mir eine Fortführung dieser Arbeit trotz neuer Arbeitsstelle möglich wurde.

Die *Fritz Thyssen Stiftung* schaffte durch ihre Finanzierung die Voraussetzungen, daß diese Studie durchgeführt werden konnte. Dafür meinen herzlichen Dank! Für die Beantwortung von Fragen und für anregende Diskussionen danke ich dem *Sorbischen Institut* in Bautzen und dessen MitarbeiterInnen.

Schließlich möchte ich auf meine eigene Lebenswelt kommen. Ich danke meiner Frau Elke und meiner Tochter Hannah für die Mühen, die sie auf sich genommen haben, weil sie recht häufig auf meinen Beistand und meine Hilfe verzichten mußten.

Inhaltsverzeichnis

Verzeichnis der Abbildungen, Karten und Tabellen

Einleitung

In Ostdeutschland vollziehen sich nach der Wende gravierende ökonomische und soziale Veränderungen, deren Ausmaß und Reichweite auch nach einigen Jahren „geeintem" Deutschland weder abschätzbar noch in ihren Folgen absehbar sind. Von besonderer Bedeutung - und dennoch häufig vernachlässigt - sind die Folgen dieses Prozesses, wie sie sich im Alltag der Bevölkerung widerspiegeln. Denn gesamtgesellschaftliche Veränderungen finden ihren Niederschlag insbesondere im persönlichen Nahbereich, in dem Konflikte ausgetragen und Differenzierungsprozesse deutlich werden. In diesem Bereich werden aber auch Bestätigung, Unterstützung und notwendige Sicherheit gefunden, was angesichts einer sich rasch verändernden sozialen und ökonomischen Umwelt von erheblichem Gewicht ist.

Von derartigen Veränderungen sind die Sorben in der Lausitz in besonderem Maße betroffen. Sie sind eine ethnische Minderheit und können auch angesichts des sich verstärkenden Fremdenhasses in Ostdeutschland[1] in der wendebedingten Krisenzeit leicht zu Sündenböcken für einen Teil der derzeitig schwierigen Situation gemacht werden. Zudem liegt die Oberlausitz (Ostsachsen) in einem äußerst strukturschwachen Gebiet, so daß sich Wendeprobleme zusätzlich verstärken.

Mit dieser knappen Andeutung in Hinblick auf die allgemeine Lage in Ostdeutschland und der Oberlausitz ist ein Teil der Fragestellung dieser Arbeit umrissen: Wie können der gesellschaftliche Transformationsprozeß und die damit zusammenhängenden Schwierigkeiten durch persönliche Netzwerke aufgefangen werden? Welche Strategien werden von den betroffenen Menschen eingesetzt, um mit Problemen umzugehen, und welcher Stellenwert kommt bei der Suche nach Unterstützung und Hilfe sowie beim Aufbau und Aufrechterhalten von Beziehungen der ethnischen Zugehörigkeit zu? Von wesentlicher Bedeutung ist dabei auch, welche Personengruppen von Wendefolgen besonders betroffen sind bzw. für welche sich größere Problembelastungen ergeben.

Eine Beschäftigung mit sozialen Netzwerken und deren Veränderung in Ostdeutschland setzt voraus, daß durch die Wende tatsächlich Einflüsse auf soziale Beziehungen ausgeübt werden. Als globale Erklärung für solche stattfindenden Veränderungsprozesse, die auch den persönlichen Bereich wesentlich beeinflussen, läßt sich sicherlich die Modernisierung („Absturz in die Moderne") nennen. Mit dem Begriff Modernisierung scheint zwar ein genereller Trend der Richtung des Wandels angedeutet zu sein, jedoch fehlen konkrete Angaben über dessen exakte Ausprägung. Es ist folglich notwendig, die *Dimensionen des Transformationsprozesses* deutlich zu machen, die Einfluß auf soziale Netzwerke ausüben. Dabei darf

---

[1] Dem zunehmenden Rechtsextremismus besonders unter ostdeutschen Jugendlichen haben sich bereits während der Wendezeit einige Studien gewidmet (Friedrich/Förster 1991/1992; Friedrich/Schubarth 1991; Hennig/Friedrich 1991). Nach der Wende wurde der Themenkomplex Rechtsextremismus und jugendliche Gewalt in zahlreichen Publikationen immer wieder intensiv erforscht und diskutiert (vgl. u.a. Behnken et al. 1991; Büchner/Krüger 1991; Heitmeyer 1992a; Heitmeyer 1992b; Farin/Seidel-Pielen 1993; Heitmeyer et al. 1995 und vor allem den Sammelband von Otto/Merten 1993).

die „*Gegenperspektive*" nicht außer acht gelassen werden, denn neben Veränderungen lassen sich auch Bereiche nennen, die sich durch Kontinuität auszeichnen, d.h. von Wendefolgen kaum betroffen werden und ihrerseits stabilisierenden Einfluß auf soziale Netzwerke ausüben. Dabei handelt es sich um Bereiche, die sich einer wie immer gearteten und zu verstehenden Modernisierung weitgehend verschließen.

Soziale Netzwerke müssen daher im Zuge des Modernisierungsprozesses primär im Spannungsfeld von drei bedeutsamen Dimensionen betrachtet werden:

- *Wandel*
- *Kontinuität*
- *Aspirationen der Bevölkerung*.

Diese drei Dimensionen üben in unterschiedlicher Weise Einfluß auf soziale Netzwerke, Kultur und Gemeinschaft aus. Natürlich müssen diese angesprochenen Bedingungen und Dimensionen aufgrund ihrer engen Verflechtung als interdependent gesehen werden. So ist z.b. der gesellschaftliche Wandel mit Veränderungen verbunden, die zu neuen Erwartungen und Lebensentwürfen der Menschen führen können.

Bei einer Betrachtung der Wendefolgen im Spannungsfeld von Wandel und Kontinuität erhalten soziale Netzwerke vor allem in Hinblick auf Veränderung und Stabilität der ethnischen und dörflichen Gemeinschaft eine herausragende Rolle. Daneben bleibt aber die größere Einheit dieser Netzwerke, das Dorf als Lebenszusammenhang, nicht unberücksichtigt. Das Dorf ist damit mehr als nur die Summe der persönlichen Netzwerke, läßt sich aber zumindest in den für die Untersuchung der gegenwärtigen Krisenlage relevanten Bedingungen über diese erschließen. Im Dorf werden Kultur und Tradition gelebt, und nur an der Gemeinschaft lassen sich die Bandbreite *gelebter Tradition* und die *Einbrüche in die Moderne* aufzeigen. Denn die Transformationsprozesse in der Gesamtgesellschaft werden besonders in kleineren Gemeinschaften und Gruppen deutlich ihren Niederschlag finden. Dort lassen sie sich folglich am ehesten analysieren. Daher bietet sich eine Fallstudie in einem Dorf an, weil hier im begrenzten Raum Bedingungen feststellbar sind, wie sie für bestimmte Bereiche der Gesamtgesellschaft prägend sind. Mit Hilfe der Netzwerkanalyse kann man sich einem solchen Aggregat adäquat nähern.

Als wichtiger Bereich, in dem eine Veränderung in Form von Modernisierung mit tiefgreifenden Folgen für das alltägliche Leben in erster Linie zu erwarten ist, läßt sich zunächst die Ökonomie nennen, mit dem Umbau zur Marktwirtschaft und dem Abbau von Arbeitsplätzen. Eng damit verbunden sind Veränderungen der Sozialstruktur mit weitreichenden sozialen Differenzierungsprozessen (Auf- und Abstiege unterschiedlicher Bevölkerungsgruppen). Daneben kommt aber auch den Medien eine große Bedeutung zu. Es vollzieht sich ein rascher Übergang vom staatlich gesteuerten Informationsfluß zum unüberschaubaren (Über-)angebot an Informationen. Zudem sind eine fortschreitende Bürokratisierung[2] zu nennen - denn die

---

[2] Damit sind nicht allein die zahlreichen Eigentumsklagen gemeint, die zu einer weitreichenden Verunsicherung führen [Kirchner (1992) berichtet von 1,2 Millionen Eigentumsvorbe-

Formalisierung des Alltags nimmt nach der Wende erst zu - sowie ein Aufbrechen der Familienstrukturen.

Als ein Mediator solcher Modernisierungstendenzen ist die Tradition des Sorbentums zu sehen. Sie stellt einen breiten Bereich eigener Kultur dar und gewährt vor allem religiöse, bewahrende Einbindungen, mit denen zugleich feste Zeremonien und gesellschaftliche Deutungsmuster zusammenhängen. Eng damit verbunden sind wiederum die dörfliche Lebens- und „Schicksalsgemeinschaft" und ein vorhandener verwandtschaftlicher, die dörfliche Struktur gewissermaßen überspannender Lebenszusammenhalt, was nur auf den ersten Blick als Widerspruch zur beginnenden Auflösung familialer Strukturen zu deuten ist. Hinzu kommt als kontinuitätstiftendes Element die sorbisch geprägte Einbindung in Familie und Schule, die das Sorbentum und damit weite Bereiche der Tradition stärkt.

Insbesondere Erwartungen und weiterführende Aspirationen sind es, die bei den Bewältigungsprozessen in Zusammenhang mit der Krise der gesellschaftlichen Veränderung eine sehr wichtige Rolle spielen. Denn mit der Wende verbanden sich viele Hoffnungen, Wünsche und Entwürfe neuer Lebenspläne, die - wie sich schnell herausstellte - nicht so einfach zu erfüllen waren. Wie zahlreiche Studien zeigen, waren und sind die Menschen auf viele neue Bedingungen überhaupt nicht vorbereitet (u.a. Maaz 1991; Koch 1992a; Hradil 1992b; Treibel 1993). Diese Bedingungen, unklaren Anforderungen und fehlende Erfüllung von Erwartungen können leicht zu Unsicherheit, Ängsten und neuen (z.T. auf DDR-Bedingungen zurückgerichtete) Erwartungen führen.[3] Die Situation in Ostdeutschland erscheint zudem durch gleichzeitig stattfindende Entsolidarisierung und Monetarisierung gesellschaftlicher Beziehungen gekennzeichnet zu sein. In Verbindung mit der bereits angesprochenen sozialen Differenzierung kann dies zum Aufkommen von Neid und damit zu weiterer Entsolidarisierung führen. Die Unzufriedenheit mit den Bedingungen, die in Ostdeutschland verschiedentlich festgestellt wurde, scheint gerade deshalb zuzunehmen, weil bestimmte Veränderungen, die im Zusammenhang

---

halten bei 3 Millionen Objekten; Mai (1993) spricht in diesem Zusammenhang von Ausverkauf bzw. Kolonisierung)], sondern vor allem die Reichweite rechtlicher Regelungen der BRD, die offensichtlich die Regulierungsdichte des sozialistischen „Planstaates" DDR noch zu übertreffen scheint und sich im Alltag wegen der damit verbundenen Unsicherheit belastend auswirkt. So stellt Splittmann (1995:7) fest: „Die Bürokratie der öffentlichen Verwaltung ist schlimmer, als sie es in der DDR war." Weiterhin zieht sie die Schlußfolgerung, daß das Recht zu einem undurchschaubaren „Paragraphendschungel" geworden sei. Das Bild des Dschungels wird auch von anderen Autoren zur Beschreibung des Bürokratisierungsprozesses herangezogen, wenn sie „das Zurechtfinden im Dschungel des Steuerrechts oder der Krankenkassen, das Beantragen der 'Stütze', von Wohn- und Kindergeld, ERP-Krediten oder Forschungsförderung" (Koch 1992b:331) beklagen. Die Veränderung allgemein-rechtlicher Rahmenbedingungen in Ostdeutschland wird ausführlich von Hettlage (1995) dargestellt.

[3] Dieses Phänomen wird inzwischen allgemein als „Ostalgie" bezeichnet, womit häufig jedoch nur die negative Seite des Rückbezugs gemeint ist. Allerdings sind dieser Begriff und die dahinterstehenden gesellschaftlichen Bedingungen auch anders zu deuten, denn neben dem „Unbehagen in der Moderne" spiegelt der Begriff auch den Verlust gewachsener, vertrauter Strukturen wider, die mit dem Gefühl der Sicherheit verbunden waren. Zudem darf nicht übersehen werden, daß es sich bei der früher empfundenen Sicherheit keinesfalls um reine Interpretation bzw. retrospektive Verklärung handelt, sondern diese zumindest in bezug auf Arbeitsleben und soziale Sicherung für den Großteil der Bevölkerung faktisch bestand.

mit der Wende erwartet wurden, nicht eingetroffen sind. Zudem erweisen sich manche Veränderungen als weitreichender als ursprünglich befürchtet (oder erhofft). Dennoch sind die Menschen mit vielen neuen Bedingungen durchaus zufrieden. Insgesamt kann eine gewisse Ambivalenz konstatiert werden, sowohl in der Betroffenheit einzelner Individuen durch die Wende als auch für bestimmte Personengruppen. Solche Ambivalenzen werden in unterschiedlichen Studien hervorgehoben. Als ein Beispiel sei hier ein kurzer Ausschnitt aus Koch (1991a:19) zitiert:

> „Von der übergroßen Mehrheit der Menschen in den neuen Bundesländern wird die allgemeine Richtung der Entwicklung mitgetragen. Die Akzeptanz gründet sich indes darauf, daß eine reale Alternative nicht erkennbar ist. Doch unter der Oberfläche brodelt es, nistet massive Unzufriedenheit. Denn der Übergang zu einer modernen Gesellschaft, vermittelt über eine unumgängliche Phase der 'schöpferischen Zerstörung', bedeutet lebensweltlich für die Menschen in den neuen Bundesländern nicht zuletzt Verlust der Routinen, Entwertung ihres sozialen und kulturellen Kapitals, allgemeine Statusunsicherheit, weitere Erosionen ihrer Identität und fieberhafte Suche nach Neuverortungen."

Entsprechend haben manche neue Zukunftsaussichten und Pläne entwickelt und verfügen zumindest teilweise über Möglichkeiten, diese auch zu realisieren. Andere nehmen am ökonomischen Aufschwung nicht teil und hegen kaum weitergehende Erwartungen an sich verändernde gesellschaftliche Bedingungen. Diese sind sicherlich als „*Wendeverlierer*" zu bezeichnen. Damit kann davon ausgegangen werden, daß von der Wende und den sich verändernden Bedingungen weitgehende Einflüsse auf die individuellen und kollektiven Einstellungen gegenüber gesellschaftlicher Entwicklung ausgehen, was die Wahrnehmung und Tragweite sozialer Differenzierungsprozesse noch verstärken kann.

Legt man diese Bedingungen zugrunde, läßt sich eine gesellschaftliche Situation konstatieren, die ohne Übertreibung als Krisenzeit bezeichnet werden kann. Zahlreiche Personen und Personengruppen verlieren einige ihrer althergebrachten Orientierungs- und Bewältigungsmuster und durchleben eine Phase der Unsicherheit. Wie aber gehen sie mit dieser Unsicherheit um? Aus der kurzen Beschreibung der Bedingungen geht hervor, daß nicht alle in der gleichen Weise von Veränderungen betroffen werden und sich entsprechend bei verschiedenen Bevölkerungsgruppen unterschiedliche Betroffenheits- und Bewältigungsmuster erkennen lassen. Die ethnische Zugehörigkeit ist hierbei sicherlich nur eine mögliche Sicherungsressource (und kann sogar zum Belastungsfaktor werden, wenn über sie Konflikte ausgetragen werden: z.B. Fremdenhaß, Aus- und Abgrenzungen ethnischer Minderheiten). Eine weitere Ressource stellt daneben die dörfliche Gemeinschaft und Nachbarschaft dar, die, obwohl ethnisch geprägt, doch einen eigenständigen (d.h. nicht unbedingt auf Ethnizität basierenden) bewahrenden und schützenden Charakter besitzt. In unterschiedlicher Weise verändern sich dagegen die Funktionen der Arbeitsbeziehungen, denen zu DDR-Zeiten, also in Zeiten knapper Güter, eine weitreichende Funktion der Ressourcensicherung zukam. Zudem wurden früher sehr viele soziale, politische und kulturelle Aufgaben durch Betriebe und LPGs geregelt (LPG-Versammlungen, LPG-Feiern, Brigadetreffen, Brigadefeiern, Urlaubsfahrten etc.). Dies führte fast zwangsläufig zu einer permanenten Aufrechterhaltung bestimmter sozialer Beziehungen und zur Möglichkeit, sich über Arbeitskontakte persönliche soziale Nischen zu schaffen. Angesichts der gesellschaftlichen Entwicklung und der zunehmend wahrgenommenen Konkurrenz um Arbeitsplätze verlieren viele Arbeitsbeziehungen ihre solidaritätsstiftenden und nischenbildenden Funktionen. Diese Veränderungen fallen natürlich durch den Wegfall des gesamten Arbeitsbereiches bei Arbeitslosen und Frührentnern besonders drastisch aus.

Bestehende soziale Netzwerke dienen in diesem Zusammenhang der Schaffung von Sicherheit und erleichtern eine Anpassung an sich verändernde Bedingungen. In ihnen wird zur Verarbeitung der Vergangenheit beigetragen, und es können sich prospektive Strategien für ein Leben unter veränderten Bedingungen entwickeln. Allerdings sind soziale Netzwerke durch strukturelle Bedingungen geprägt und variieren somit in erheblichen Maße mit den Lebensbedingungen von einzelnen Personen. Im Zentrum der Untersuchung stehen daher verschiedene *Lebensformgruppen*, die in die grob gegliederten Kategorien: Rentner, „Vorruheständler", Arbeitslose, Arbeiter/Handwerker, Angestellte, Selbständige und (beschäftigte bzw. arbeitslose) Jugendliche[4] eingeordnet werden können.[5] Die Beziehungen und Gruppenidentifikationen verschiedener Individuen sollen analysiert werden. Damit stehen *Bestand und Veränderung persönlicher Netzwerke* im Mittelpunkt der Analyse. Zudem wird auch unter Berücksichtigung der ethnischen Orientierung der Individuen der Wandel in der Kultur und im Dorfleben näher betrachtet.

Nach Elwert (1989) sind von ethnischen Minderheiten in Krisenzeiten verschiedene Strategien zu erwarten, um mit Veränderungsprozessen oder Bedrohungspotentialen umzugehen. Mitglieder von Ethnien können versuchen, nicht aufzufallen. Folgen sie dieser Strategie - unabhängig davon, ob dies bewußt oder unbewußt geschieht -, werden sie sich teilweise an die Majoritätskultur anpassen bzw. assimilieren. Daneben besteht aber die Möglichkeit einer ethnischen Reorganisation und Rückbesinnung. Es ist also davon auszugehen, daß - in Abhängigkeit von Wendeveränderungen und Ressourcenausstattung - unterschiedliche Strategien und Anpassungsmuster in der Dorfgemeinschaft hervortreten werden. Die Modernisierung kann somit zur ethnischen „*Fundamentalisierung*"[6] oder aber zur weitreichenden

---

[4] Natürlich können Jugendliche nur schwer als eigene Lebensformgruppe gefaßt werden, jedoch werden von ihnen - ebenso wie von alten Menschen - besondere Anpassungs- und Bewältigungskompetenzen gefordert, wodurch ihre Lebenslage von der anderer Personengruppen unterschieden werden kann.

[5] Auf die nähere Definition der verschiedenen Lebensformgruppen, die zunächst eher ökonomisch bestimmt sind, wird in der weiteren Diskussion, besonders im Methodenkapitel 3.3 eingegangen. Bei den gebildeten Oberbegriffen dürfte deutlich werden, daß Personen, die der gleichen Kategorie zugeordnet werden, durchaus unterschiedlichen Bedingungen unterliegen. Damit sind die Kategorien auf keinen Fall als diskrete Klassen zu verstehen, im Gegenteil, sie bilden ein grobes Gerüst um Bedingungen unterschiedlicher Betroffenheit und Ressourcenausstattung herausarbeiten zu können.

[6] Fundamentalisierung soll hier verstanden werden als Rückbesinnung und teilweise Überhöhung der eigenen ethnischen Identität, aus der heraus gesellschaftliche Bedingungen interpretiert werden. Auf keinen Fall sind im hier angesprochenen Kontext damit in irgendeiner Weise Handlungen oder Einstellungen gemeint, die in Richtung Rebellion oder Militanz interpretierbar wären.

kulturellen Assimilierung führen, wobei davon auszugehen ist, daß bei diesen Prozessen in der Lausitz auch die frühere SED-Anbindung der sorbischen Massenorganisation *Domowina*[7] eine Rolle spielt.

Angesichts der weitreichenden Einbindung sorbischer Organisationen und Bevölkerungsgruppen scheint aber eine „Fundamentalisierung" nicht zu einer Abkehr vom deutschen Staat oder einer Ablehnung der sorbischen Zugehörigkeit zu diesem Staat zu führen.[8] Während nach 1918 und 1945 noch stärkere Fundamentalisierungstendenzen, Autonomiebestrebungen sowie Anbindungsversuche an slawische Staaten feststellbar waren (auch wegen der erwarteten Vorteile als slawisches Volk mit Anschluß an die Tschechoslowakei negative Kriegsfolgen abmildern zu können),[9] findet sich eine solche Orientierung nach der Wende 1989 nicht, was nicht zuletzt am (tatsächlichen oder erwarteten) Potential der Marktwirtschaft liegen dürfte. Die östlichen (slawischen) Staaten können in der derzeitigen Situation kaum Vorteile bieten, und somit wird wohl nur von älteren Sorben aus geschichtlicher Erinnerung heraus eine östliche Anbindung in Erwägung gezogen - dies jedoch kaum als ernsthaft gemeinte Alternative. Dennoch kann die Ausbildung von ethnischen Verbänden sowie eine Rückbesinnung auf das Sorbentum und seine slawischen Ursprünge ein Mittel sein, bestimmte materielle und kulturelle Ziele zu erreichen (Beschaffung von Geldern über Dachverbände; Bereitstellung von Orientierungsmustern und Schaffung von Sicherheit in Zeiten, die als unsicher empfunden werden).

Sehr viel stärker sind Veränderungen vor allem im sozialen Nahbereich zu erwarten. Dabei wird - wie bereits deutlich wurde - neben der ethnischen auch die dörfliche Einbindung eine wichtige Rolle spielen, so daß zwischen diesen beiden Bindungen differenziert werden kann.

Die vorliegende Arbeit gliedert sich in insgesamt sechs Teile. Im ersten Teil der Arbeit werden die gesellschaftlichen Rahmenprozesse näher betrachtet. Es wird vor allem der Frage nachgegangen, inwieweit die gesellschaftlichen Transformations-

---

[7] Die Domowina hatte früher den Status einer staatlichen Massenorganisation. Nach der Wende besteht die Domowina - neustrukturiert - als Dachverband sorbischer Vereine weiter.

[8] Neben der Verankerung des Minderheitenschutzes in den Verfassungen Brandenburgs und Sachsens, dem Gesetz zur *Ausgestaltung der Rechte der Sorben (Wenden) im Land Brandenburg,* der Einrichtung einer *Stiftung für das sorbische Volk,* die gemeinsam vom Bund, Sachsen und Brandenburg getragen wird, sind vor allem die Bestrebungen der Domowina und des sorbischen Instituts in Bautzen zu nennen, die zur Förderung und Erhaltung sorbischer Kultur und Lebensweise beitragen [vgl. zu all diesen Institutionen, Grundlagen und Aufgaben Tschernokoshewa (1994)].

[9] Eine Beschreibung dieser sorbischen Bestrebungen, die sogar die Arbeit eines sorbischen Nationalausschusses in Prag einschloß, der den Anschluß der Lausitz an die Tschechoslowakei vorantrieb, findet sich ausführlich bei Cyž (1969) - allerdings aus „staatstragender SED-Perspektive". Politisch neutraler sind die Darstellungen der Maćica Serbska (1991), des Domowina-Verlags (1992) und bei Scholze (1990a). Mit der sorbischen Autonomiebewegung nach dem I. Weltkrieg beschäftigt sich ausführlich Remes (1993). Sowohl die Autonomiebestrebungen 1918/1919 als auch die Versuche der Anbindung an die Tschechoslowakei 1945 verdeutlichen die in Krisenzeiten stattfindende verstärkte ethnische Orientierung. Das bestärkt auch der Rückblick in die Geschichte, denn bereits im 19. und frühen 20. Jahrhundert gab es nationale Bewegungen der Sorben (vgl. Scholze 1990c und 1990d).

prozesse als Modernisierung aufzufassen sind. Im Mittelpunkt stehen daher Modernisierungstheorien und Annahmen über gesellschaftlichen Wandel und die Verhältnisse in Ostdeutschland nach der Wende. Gleichzeitig werden in dieser Diskussion die gesellschaftlichen Veränderungsprozesse als Hintergrund dargestellt, vor dem sich soziale Beziehungen und Netzwerke verändern.

Die beiden theoretischen Konstrukte *Habitus* und *Identität* werden im zweiten Kapitel näher behandelt. In der vorliegenden Arbeit wird die These vertreten, daß sich mit dem Habitus- und Identitätskonzept sowohl Anpassungsprozesse als auch gesellschaftliche Kontinuität auf mikro- und mesosozialer Ebene deutlich aufzeigen lassen. Insbesondere die neuere sozialgeographische Forschung ist bemüht, den Begriff der Identität als analytische Kategorie nutzbar zu machen (u.a. Mai 1989 und 1995; Danielzyk/Krüger 1990; Weichhart 1990; Werlen 1992; kritisch dazu Aschauer 1996). In der Diskussion werden daher zwei Ziele verfolgt: es werden wichtige theoretische Konstrukte vorgestellt und auf ihre wissenschaftliche Bedeutung hinterfragt. Zudem wird damit ein Teil des theoretischen Rahmens dargelegt, auf den sich die empirische Untersuchung stützt.

Daran anknüpfend beschäftigt sich der dritte Teil mit den empirischen Methoden, die bei der Datengewinnung angewendet wurden. Neben dem Bezug auf qualitative Methoden der Sozialforschung und auf die Netzwerkanalyse wurde im Rahmen der Forschung eine standardisierte Erhebung durchgeführt. Alle Verfahren sowie die Bedeutung der Lebensformgruppen in dieser Arbeit werden in diesem Kapitel ausführlich dargelegt.

Im vierten Kapitel wird dann die dörfliche Ebene behandelt. Im Mittelpunkt stehen die Geographie, Demographie und Struktur des untersuchten Dorfes sowie dessen regionale Einbindung. Im empirischen Hauptteil der Arbeit, Kapitel 5, werden die sozialen Netzwerke, Problemlagen und Veränderungserwartungen einiger Lebensformgruppen aus dem Dorf dargestellt. Abschließend werden im sechsten Teil die dargestellten Ergebnisse nochmals an den theoretischen Rahmen zurückgebunden, und es wird zusammenfassend auf die Verarbeitung des gesellschaftlichen Veränderungsprozeß eingegangen.

1. Modernisierung und sozialer Wandel im Kontext der Wende

Bevor im weiteren Verlauf der Arbeit soziale Netzwerke im Mittelpunkt stehen, müssen einige Rahmenbedingungen näher betrachtet werden, die auf die Ausgestaltung sozialer Beziehungen entscheidenden Einfluß haben dürften. In erster Linie geht es hierbei um die weitreichenden gesellschaftlichen Veränderungen. Handelt es sich bei dem Transformationsprozeß, den die neuen Bundesländer durchmachen, tatsächlich um einen „*Absturz in die Moderne*"? Was spricht dafür, diesen Prozeß als *Modernisierung* oder „*nachholende Revolution*" zu bezeichnen? Insbesondere wenn man berücksichtigt, daß es sich bei der DDR um einen entwickelten Industriestaat gehandelt hat, ist es zunächst erklärungsbedürftig, uneingeschränkt von *Modernisierung* zu sprechen. Zudem war die DDR als real existierender sozialistischer Staat zumindest aus Sicht des historischen Materialismus ein System, das auf einer höheren gesellschaftlichen Entwicklungsstufe bestand als der westliche Kapitalismus (Marx)[10]. Auch wenn in diesen Ausführungen nicht darauf eingegangen werden soll, wie solche politisch-ökonomischen Klassifizierungen gewertet werden oder wie die Frage zu beantworten ist, inwieweit die DDR der Charakterisierung des Sozialismus durch Marx entsprochen hat, wird allemal deutlich, daß die Einordnung dieses Transformationsprozesses Auswirkungen auf die Auswahl der wesentlichen und entscheidenden Dimensionen hat, die bei einer Analyse sozialer Netzwerke und der Veränderungen der Lebenswelt betrachtet werden müssen.

Eng verknüpft mit der Bewertung des Veränderungsprozesses ist die Frage der *Identität*, die auch in der aktuellen wissenschaftlichen und politischen Diskussion, der auch in der Sozialgeographie ein erheblicher Raum eingeräumt wird, einen immer größeren Stellenwert einnimmt (Mai 1989 und 1993; Werlen 1989 und 1992; Weichhart 1990; Pohl 1993; Weiss 1993; Danielzyk/Krüger/Schäfer 1995; Gebhardt/Schweizer 1995; ablehnend Aschauer 1996)[11]. Dabei ist in bezug auf das vorliegende Thema nicht nur von Bedeutung, ob es eine *ostdeutsche Identität* gibt, die von der westdeutschen differiert. Im Zusammenhang mit der besonderen Situation der Sorben und dem Leben in einer relativ abgegrenzten Region (Lausitz) muß im Rahmen der allgemeinen Veränderungen auch nach ethnischer (bzw. kultureller) und regionaler (räumlicher und persönlicher) Identität und Einbindung geforscht werden. Denn mit der Prägung dieser spezifischen *Identitäten* hängt auch

---

[10] Zitiert als Marx-Engels Werke (MEW). Marx macht u.a. im „Kapital" (MEW 23) oder in der „Kritik des Gothaer Programms" (MEW 19) deutlich, daß nach Überwindung der Trennung der Produzenten von den objektiven Produktionsbedingungen und damit der Klassengesellschaft (bürgerliche Gesellschaft) sich mit dem Sozialismus eine ökonomische Übergangsperiode anschließt, in der Klassengegensätze aufgehoben und soziale und politische Ungleichheiten beseitigt werden.

[11] Neben den genannten geographisch orientierten Autoren lassen sich in anderen Sozialwissenschaften weitere Belege finden: vgl. u.a. Habermas 1982a; Heinz 1993; Giddens 1995; Greverus 1995; Kaschuba 1995; Hall/du Gay 1996. Nicht vergessen werden dürfen darüber hinaus zahlreiche Tagungen zum Problem Identität und Ethnizität, wie z.B. in Loccum 1993 (vgl. Greive 1994).

die Wahrnehmung und Verarbeitung des Transformationsprozesses zusammen. Die folgenden Ausführungen haben zum Ziel, vor dem Hintergrund einer langen Tradition der Modernisierungsdiskussion in den Sozialwissenschaften und besonders in der Soziologie zu klären, wie die stattfindenden Transformationsprozesse einzuordnen sind, welchen Einfluß solche Veränderungen auf *räumliche und ethnische Identität* ausüben und welcher Stellenwert diesen Identitäten im Zusammenhang mit der Frage nach *Wandel und Kontinuität* in persönlichen Netzwerken zukommt.

1.1 Modernisierungstheorien und sozialer Wandel

Mit dem Begriff *Modernisierung* wird ein gerichteter Entwicklungsprozeß bezeichnet, der bestimmte gesellschaftliche Folgen zeigt.

> „Modernisierung: 1. Prozeß, der traditionelle Gesellschafts- und Wirtschaftsstrukturen verändert, indem er sie an das Leitbild einer modernen Industriegesellschaft westlicher Prägung anzupassen versucht" (Leser et al., 1995: Wörterbuch der Allgemeinen Geographie).

> „Modernisierung: Bezeichnung für den Entwicklungsprozeß in Richtung auf Modernität. Die Modernisierung gilt als spezifische Form des zielgerichteten Wandels in der Gegenwart und wird im internationalen Vergleich an der Zunahme des Bruttosozialprodukts und an Veränderungen des sozialen Institutionen des Organisationssystems und an Phänomenen wie Bürokratisierung, Urbanisierung, Demokratisierung und soziale Mobilität gemessen" (Fuchs et al., 1978: Lexikon der Soziologie).

Bereits diese Definitionen aus geographischen und soziologischen Nachschlagewerken zeigen, daß der Begriff Modernisierung vor allem auf den Fortschritt westlicher Gesellschaften rekurriert.[12] Das liegt vor allem in der „Geschichte" dieses Begriffs begründet, der insbesondere nach dem Zweiten Weltkrieg in den USA breite Verwendung fand und von dort mit der entsprechenden Konnotation Einzug in die europäische Wissenschaftssprache fand.[13] Nicht nur im Alltagsgebrauch ist er schillernd, sondern auch wissenschaftlich wenig eindeutig und im europäischen Bereich zudem kulturkritisch vorbelastet (vgl. Flora 1974:13).

In sozialwissenschaftlichen Ansätzen befassen sich Modernisierungtheorien häufig mit epochalen, langfristigen gesellschaftlichen Transformationsprozessen, die in Westeuropa begonnen und dann die restliche Welt in ihre Dynamik einbezogen haben. Modernisierung steht dabei ausdrücklich im Gegensatz zu zyklischen Vorstellungen vom Gang der menschlichen Geschichte und „begreift die Entwicklung der letzten Jahrhunderte als ein Bündel gleichgerichteter Wachstumsprozesse, die in ihrer vielleicht allgemeinsten Form als Wachstum der Anpassungs- und Selbst-

---

[12] Häufig wird er sogar nur für die Beschreibung des Fortschritts der technologischen Entwicklung benutzt (vgl. Lompe 1988:3).

[13] Dies heißt natürlich nicht, daß es sich um einen neuen Begriff handelt - man denke hier nur an die wissenschaftliche Tradition von Weber, Tönnies, Simmel und Durkheim, um nur einige zu nennen. Allerdings verschob sich im angesprochenen Diskurs die Bedeutung des Begriffs.

steuerungskräfte eines gesellschaftlichen Systems interpretiert werden können" (Flora 1974:13).

Insbesondere die angenommene Zwangsläufigkeit des Entwicklungsprozesses und dessen Gleichförmigkeit wird mit dem Begriff der *Konvergenz* verbunden (vgl. Feldman/Moore 1965, Kerr 1966, und die Einschätzung verschiedener Autoren in Hollander[14] 1969). Unter dieser Perspektive läßt sich Modernisierung als Schaffung von bestimmten Voraussetzungen begreifen, durch die noch nicht moderne Gesellschaften einen Wandel vom unterentwickelten „System der Tradition" zum voll entfalteten „System der Moderne" vollziehen können (Hörning 1976:11f.)

> „Put simply, advocats of the convergence position argued that all, or nearly all, societies were, at different speeds, moving towards the same point, mainly as the result of the overriding emergence of 'industrial man' (...), while adherents to the divergence stance emphasized the idea of there being different paths to and forms of 'modernity' (rather narrowly conceived) and that in that sense there was not convergence but divergence" (Robertson 1992: 11).

Baum (1974) argumentiert dagegen, daß Gesellschaften in einigen Bereichen - in erster Linie in ökonomischen und technologischen - konvergieren, jedoch in anderen, insbesondere sozialen, divergieren und sogar trotz Veränderungen und Beziehungen zu Gesellschaften mit anderem Entwicklungsstand in verschiedenen Bereichen Kontinuität zeigen. Dadurch geraten alle Gesellschaften in einen interaktiven Vergleich zueinander.

Ein weiteres Argument gegen eine Stufentheorie, wie sie u.a. in der Konvergenztheorie angetroffen wird, findet sich bereits bei Max Weber, der in seiner Argumentation von vornherein großen Wert auf die spezifischen Bedingungen bestimmter historisch-kultureller Erscheinungen legte und sich damit gegen die Ausformulierung allgemeiner gesellschaftlicher Entwicklungsgesetze ausgesprochen hat (Weber 1978:9).[15]

Betrachtet man die soziologischen Modernisierungstheorien, fällt die Vielschichtigkeit der unterschiedlichen Standpunkte und zu berücksichtigenden Dimensionen auf. Bereits Ogburn (1966) versuchte mit seiner Theorie des „cultural lag" deutlich zu machen, daß sich in komplexen Gesellschaften verschiedene Lebensbereiche in unterschiedlichem Rhythmus wandeln und Spannungen zwischen dem *ökonomisch-technischen* Bereich und *sozial-kulturellen* Veränderungen bestehen.[16] Auch wenn er dadurch nicht die alleinige Erklärung des sozialen Wandels erfaßt, macht er zumindest zwei unterschiedliche Ebenen dieser Entwicklung deutlich und benennt Dimensionen, die bei einer Betrachtung von Modernisierungsprozessen eine bedeutende Rolle spielen (vgl. auch Wiswede/Kutsch 1978).

---

[14] In dem Kapitel des von Hollander (1969) herausgegebenen Buches finden sich kurze Aufsätze und Stellungnahmen von Sorokin, Inkeles, Moore und Parsons.

[15] Diese Ansicht läßt sich sowohl in Webers Religionssoziologie (1922) als auch der Protestantischen Ethik (1978) finden.

[16] Eine Sichtweise, die bereits im Basis-Überbau-Konzept von Marx/Engels (MEW 3) angedeutet ist, das - wie an verschiedenen Stellen dargelegt wird (Bader et al. 1983, Tomberg 1969) - durchaus auch Wechselwirkungen zwischen beiden Bereichen zuläßt und auf keinen Fall so eindeutig kausal zu verstehen ist, wie es spätere Rezipienten glauben machen wollen.

Eine ähnliche Sichtweise, die offensichtlich an Ogburns Bild des cultural lag anknüpft und gegen simplifizierende Basis-Überbau-Annahmen gerichtet ist, findet sich auch bei Giesen (1991:13), der mit dem Hinweis auf Spannungen zwischen Kultur und Politik auf die enorme Bedeutung der kulturellen Ebene aufmerksam macht:

> „Die Reichweite kultureller Verständigung kann eine gesellschaftliche Einheit vorzeichnen, die von der politisch-staatlichen Entwicklung erst nachgeholt werden muß. Aber auch die umgekehrte Lage ist möglich: im Rahmen der politisch-staatlichen Einheit kann dann erst eine neue hochkulturelle Identität entstehen, die die alten partikularen und regionalen Einheiten überwölbt und zusammenführt. Im Gegensatz zu dieser umfassenden kulturellen Identität können sich schließlich primordiale Einheiten behaupten und eine multikulturelle Nation entstehen lassen, die ihre nationale Eigenart gerade durch interne kulturelle und ethnische Vielfalt bestimmt".

Andere klassische Theorien begriffen Wandel und Modernisierung als durchgreifende Rationalisierung (Weber 1978, Elias 1976), weitgehende Säkularisierung (Becker 1957) und besonders als umfassende gesellschaftliche Differenzierung (u.a. Durkheim 1988; org. 1893, Parsons 1956, Eisenstadt 1973, Luhmann 1984). Je nach zugrundeliegender *Idee* des Wandels bzw. dessen Impetus rücken dabei andere gesellschaftliche Aspekte für die Modernisierung und deren Folgen in den Vordergrund. Einige solcher Aspekte zählen Wiswede/Kutsch (1978:15) auf: „Industrialisierung, Technisierung, Automatisierung, Arbeitsteilung, weiter die Universalisierung, Depersonalisierung, Formalisierung, Bürokratisierung; die Alphabetisierung, Urbanisierung, Außenlenkung, Konsum- und Leistungsorientierung; sodann die Mobilisierung, Egalisierung, Nivellierung und Demokratisierung; schließlich das Wirtschaftswachstum und die Bevölkerungsexpansion, die Umweltbeeinträchtigung und natürlich immer wieder das Absinken der allgemeinen Moral". Für die neuere Diskussion müssen noch die Begriffe Globalisierung, Enttraditionalisierung, Risiko, Sicherheit und Vertrauen hinzugefügt werden. Unklar bleibt allerdings häufig, in welchem Verhältnis die unterschiedlichen Aspekte zueinander stehen, was eigentlich untersucht werden muß und warum welche Ausprägungen mit Modernität gleichzusetzen sind.

Wiederholt wird, wie z.B. von Parsons (1966), eine Gegenüberstellung verschiedener dichotomisierter, für bestimmte Gesellschaftsformen typischer Charakteristika (spezifische Profile) vorgenommen, die sich jedoch nicht immer eindeutig in historische Entwicklungslinien einordnen lassen (vgl. Wiswede/Kutsch 1978:23), insbesondere weil sich nicht alle gesellschaftlichen Bereiche in gleicher Stärke und Richtung entwickeln. Damit werden „modernen" Gesellschaften bestimmte Eigenschaften zuerkannt, die für traditionelle Gemeinschaften negiert werden. Die folgende Gegenüberstellung verdeutlicht das von Parsons (1951:80ff.) spezifizierte System:[17]

---

[17] Dieses System der „Pattern Variables" ist von Parsons vielfach überarbeitet und spezifiziert worden (vgl. Parsons/Shils 1951:80ff; Parsons/Bales/Shils 1953:63ff.).

11

traditional (vorindustriell)	modern (industriell)[18]
Affektivität	affektive Neutralität
Kollektivbezogenheit	Selbstbezogenheit
Partikularismus	Universalismus
Zuschreibung	Leistung
Diffusität	Spezifizität

In Anlehnung an Tönnies (1922), der den Niedergang der Gemeinschaft im Zuge der Modernisierung der Gesellschaft konstatiert, lassen sich solche Zuschreibungen grob mit den Begriffen Gemeinschaft für traditional orientierte Gesellschaftsformen und Gesellschaft für modern orientierte fassen. Mehr als eine grobe Einteilung ist damit aber nicht gewonnen, und einzelne Aspekte und Charakteristika gesellschaftlicher Entwicklung werden von Tönnies und späteren Autoren lediglich kulturkritisch angeführt, ohne daß von diesen Autoren in gleicher Weise auf die positiven Aspekte hingewiesen wird, die mit den Entwicklungsprozessen ebenfalls verbunden sind bzw. sein können (Freiheit, Sicherheit, Rationalisierung, abnehmende soziale Kontrolle etc.).[19] Andere Ansätze übergehen in entsprechender Weise die Vorteile traditioneller Gemeinschaften und lassen moderne Gesellschaften in der oben beschriebenen Weise als „Hochform" der kulturellen Entwicklung erscheinen.

Jedoch lassen sich auch Ansätze zur Modernisierung finden, die auf differentielle Bedingungen eingehen. Anders als Tönnies (1922) trennt Max Weber im Modernisierungsprozeß stärker zwischen den Bereichen Kultur und Gemeinschaft, wodurch sich für ihn kein Gemeinschaftsverlust ergibt, sondern ein Sinnverlust, d.h. eine „Spezialisierung" der Gemeinschaft (vgl. hierzu auch Berger 1988:229). Andere Autoren stellen konkrete Charakteristika für Modernisierungsprozesse heraus. Zapf (1971:22) nennt die Steigerung der gesamtgesellschaftlichen Anpassungskapazität, die Zunahme gesamtgesellschaftlicher Steuerungsfähigkeit, Eigenständigkeit und Autonomie; Scheuch/Sussmann (1970) betrachten den Rückgang von Zwängen mit zunehmenden Wahlmöglichkeiten in bezug auf Lebensstile; Moore (1973) und

---

[18] Die Position Parsons zur Beziehung der „Pattern Variables" zu modernen Gesellschaften faßt Brandenburg (1971:65) kurz zusammen: „So sind etwa die Berufsrollen einer hochindustrialisierten Gesellschaft, deren Prototyp die US-amerikanische ist, durch Triebdisziplinierung (Neutralität), den spezialisierten Charakter der Arbeit (Spezifität), durch sachlich-rationale Behandlung der Partner und Arbeitsobjekte (Universalismus) und dadurch ausgezeichnet, daß die Handelnden typischerweise nach dem beurteilt werden, was sie herstellen oder erbringen (Leistung), und nicht nach ihren sonstigen Qualitäten." Die Gegenbegriffe bzw. Gegenpole lassen sich entsprechend zur Klassifizierung archaischer Gesellschaftstypen heranziehen.

[19] Diese Sichtweise in bezug auf Tönnies Frühwerk wird jedoch nicht uneingeschränkt geteilt. Otnes (1991) stellt stärker auf die Nähe Tönnies zur Hegelschen Schule und zu Marx ab und spricht die Dialektik in Tönnies Werk an. So kommt er zu der Schlußfolgerung: „Gemeinschaft ist bei ihm im Grunde als (Für-)Sorge und Teilen zu verstehen, Gesellschaft aber als Berechnung und Tausch. Gemeinschaft und Gesellschaft - Teilen und Tausch: Diesen Gegensatz werden wir - wenn je - nicht leicht los. Jeder 'Kolonialisierung der Lebenswelt' entspricht in Tönniesscher Dialektik dann also auch eine adäquate Aushöhlung des Systeminneren (des 'Kolonialismus') durch die herausgeforderte Lebenswelt" (Otnes 1991:74).

Ginsberg (1961) sehen wie vorher die bedeutenden Theorien von Weber (1978) und Elias (1976) Rationalität und Institutionalisierung als wichtige Kriterien im Modernisierungsprozeß.

Anhand einiger der angesprochenen Dichotomien oder Zuordnungen können zwar bestimmte Gesellschaften grob klassifiziert werden - die Schwäche besteht allerdings darin, die Gesamtheit einer Gesellschaft adäquat zu würdigen, und in dem Problem, gleichzeitiges Vorhandensein unterschiedlicher Charakteristika darzustellen. Sie erweisen sich daher als zu unspezifisch, um Entwicklungstendenzen bestehender Gesellschaften deutlich zu machen, und sind noch weniger in der Lage, den unterschiedlichen Grad der Modernität zweier bestehender Gesellschaften zu verdeutlichen. Es fehlen tatsächliche Indizien (oder besser valide Grundlagen und Indikatoren), um Modernisierungsgrade verschiedener Gesellschaftssysteme zu vergleichen.

Für die neuere (soziologische) Systemtheorie ist die Modernisierung gekennzeichnet durch einen fortlaufenden Differenzierungsprozeß mit der Ausbildung autonomer gesellschaftlicher Teilsysteme, die jedoch Integrationsprobleme der verschiedensten Art verursachen. „Aus der Unterstellung der Funktionssysteme unter eine Eigenlogik und ihrer Durchrationalisierung durch Eigengesetzlichkeiten folgt schließlich der spezifisch dynamische Grundzug der modernen Gesellschaft" (Berger 1988:227). Die Modernisierung der Funktionssysteme bedeutet, daß es an systemspezifischer, immanenter Selbstbeschränkung systemischen Handelns fehlt, weil die ausgebildeten Systeme auf Selbsterhaltung, Steigerung der Leistungsfähigkeit und verbesserter Funktionserfüllung basieren (vgl. Luhmann 1988; Mayntz et al. 1988; Willke 1989; mit besonderer Berücksichtigung der aktuellen Risikodiskussion: Japp 1996).

Auf Grundlage dieser Sichtweise hebt Berger (1988) hervor, daß es in der soziologischen Theorie nur eine Art der Modernisierung gebe, und das sei die gesellschaftliche Differenzierung. Von ihr sind alle anderen Dimensionen abhängig, und z.T. wird mit ihnen der gleiche Sachverhalt angesprochen (z.B. Rationalisierung, Säkularisierung). Die Moderne sieht er dabei durch vier Komponenten gekennzeichnet: „ein gegen Herkunftswelten in der Sozialstruktur (und der 'Semantik') gerichtetes Abschaffen, die funktionale Differenzierung 'freigesetzter' Handlungssphären, die Rationalisierung der differenzierten Bereiche und der daraus entspringende Imperativ zur immanenten Leistungssteigerung der Teilsysteme" (Berger 1988:227). Positive Resultate der Moderne sind dabei Individualismus, Universalisierung der Werte und Generalisierung von Mitgliedschaften (Berger 1988:230).

Trotz verschiedener Versuche, den Modernisierungsprozeß definitorisch auf einen einfachen Begriff zu bringen, und einiger Plausibilität, die in der Argumentation Bergers liegt, handelt es sich keinesfalls um einheitliche, unilineare Entwicklungstendenzen. Modernisierung ist gekennzeichnet durch die Erfassung unterschiedlicher Bereiche und Brüche, durch das gleichzeitige Auftreten von „Ungleichzeitigem" (Bloch): „Dieses Nebeneinander von Auflösung und Neubildung, Kumulation und Überkreuzung von Differenzierung und Bindungen, von Standardisierung und Idiosynkrasie von Einstellungen und Handeln, von Partikularismus und egalitärer Teilhabe an Chancen wie Gefährdung ist es, was die Lebenswelt der einzelnen wie den theoretischen Zugriff der Soziologie derzeit so verwirrt" (Esser 1988:235).

In der neueren, nicht von der Konvergenzthese ausgehenden Diskussion wird daher von einer Vielfalt alternativer Entwicklungsmöglichkeiten ausgegangen, die u.a. entscheidend durch spezifische Ausgangsbedingungen und Beziehungen zu Gesellschaften auf anderer „Modernisierungsstufe" abhängen. Eine wichtige Aufgabe der Modernisierungsforschung besteht daher darin, die offensichtliche Gemeinsamkeit verschiedener Modernisierungsprozesse und deren Divergenzen in theoretischen Einklang zu bringen" (vgl. Lompe 1988:4). Daher erscheint es notwendig, Dimensionen der kulturellen, politischen und wirtschaftlichen Entwicklung sowie der sozialen und psychischen Mobilisierung als eigenständige Entwicklungstendenzen zu begreifen, und die Zusammenhänge untereinander zu untersuchen (vgl. Flora 1974: 13).

Verschiedene Dimensionen werden von Modernisierungsprozessen berührt, die untereinander interdependent sind, zwischen denen es aber dennoch zu Widersprüchen kommen kann. Lerner unterscheidet verschiedene Ebenen und benennt unterschiedliche Merkmale einer gesellschaftlichen Modernisierung, die bei der Analyse solcher Prozesse berücksichtigt werden müssen:

1. **Ökonomie:** ein sich selbst tragendes Wirtschaftswachstum;
2. **Politik**: öffentliche Partizipation, zumindest aber demokratische Vertretung;
3. **Kultur**: Diffusion säkularer, rationaler Normen;
4. **Gesellschaft**: Mobilitätssteigerung, d.h. Zunahme persönlicher Freiheiten in bezug auf geographische, soziale und physische Möglichkeiten;
5. **Modalpersönlichkeit**: Persönlichkeitsveränderungen, die eine Funktionsfähigkeit in einer Gesellschaft ermöglichen, wie sie die obigen vier Punkte charakterisieren (vgl. Lerner 1968:387).

Es fehlt in der Diskussion jedoch häufig der Einbezug von Wertungen, Verhaltenseinstellungen und Erwartungen, während „objektive" Gegebenheiten überrepräsentiert sind. „In much of societal modernization theory and the individual modernization theory (...) which followed in its trail, 'modernization' referred most frequently to objectively measurable attributes - such as education, occupation, literacy, income and wealth. There was little attention to subjective, interpretive aspects of modernization" (Robertson 1992:11).

Auch Wiswede/Kutsch (1978:102) gehen davon aus, daß bei der Analyse und theoretischen Fassung des Modernisierungsprozesses häufig verschiedene Dimensionen durcheinandergeworfen werden, wodurch es notwendig erscheint, zwischen verschiedenen Ebenen zu unterscheiden. Ihre Unterscheidung in

1. individuelle Ebene,
2. rollenanalytische Ebene,
3. institutionelle Ebene und
4. gesamtgesellschaftlich-komparative Ebene

stellt einen Rahmen für die zu analysierenden Dimensionen dar. Für eine Auseinandersetzung mit Veränderungen und Wendefolgen in Ostdeutschland - insbesondere im Rahmen einer Netzwerkanalyse - sind dabei die Ebenen 1 und 3 von besonderer Bedeutung. Denn vor allem auf der individuellen Ebene werden gesellschaftliche Veränderungsprozesse spürbar, die bedingt durch die politische und wirtschaftliche Umgestaltung für viele nicht mehr durch adäquate Orientierungsmuster von Vereinen und Organisationen (institutionelle Ebene) aufgefangen werden können. Im folgenden soll die individuelle Ebene auch deshalb im Vordergrund stehen, weil der Umbruch in Ostdeutschland unter der Perspektive „Entkollektivierung", Individualisierung und Verarbeitung auf der Alltagsebene offensichtlich nur unzureichend thematisiert wird.[20] Bei der Fokussierung auf diese Dimensionen kann zudem die von Robertson (1992) geforderte Einbeziehung der subjektiven Ebene berücksichtigt werden.

Individuelle Ebene

Die durch die Modernisierung stattfindende Veränderung der individuellen Ebene stellt Beck (1986) deutlich heraus. Dabei betont er auch deren enge Verknüpfung mit der gesamtgesellschaftlichen und institutionellen Ebene:

> „Modernisierung führt nicht nur zur Herausbildung einer zentralisierten Staatsgewalt, zu Kapitalkonzentration und zu einem immer feinkörnigeren Geflecht von Arbeitsteilungen und Marktbeziehungen, zu Mobilität, Massenkonsum usw., sondern eben auch - und damit sind wir bei dem allgemeinen Modell - zu einer dreifachen 'Individualisierung': *Herauslösung* aus historisch vorgegebenen Sozialformen und -bindungen im Sinne traditioneller Herrschafts- und Versorgungszusammenhänge ('Freisetzungsdimension'), *Verlust von traditionalen Sicherheiten* im Hinblick auf Handlungswissen, Glauben und leitende Normen ('Entzauberungsdimension') und - womit die Bedeutung des Begriffs gleichsam in ihr Gegenteil verkehrt wird - eine *neue Art der sozialen Einbindung* ('Kontroll- bzw. Reintegrationsdimension')" (Beck 1986:206; Hervorhebungen im Original).

Diese drei Momente der individuellen Modernisierungsfolgen (Herauslösung, Stabilitätsverlust und Reintegration) lassen sich zudem auf zwei unterschiedlichen Dimensionen spiegeln: objektive Lebenslage und Bewußtsein (Identität). Schematisch läßt sich dieser Sachverhalt in einer 6-Felder-Tafel darstellen (vgl. Beck 1986:207):

---

[20] So stellen Meyer/Uttitz (1993:241) fest: „Hierbei findet der ansonsten in neuerer Zeit bei der Analyse sozialer Wandlungs- und Modernisierungsprozesse geradezu reißenden Absatz findende Individualisierungsansatz (Beck 1986) kaum Resonanz. Wird hierbei jedoch der für Ostdeutschland nur deutlich abgemilderte, für den individualisierungstheoretischen Blickwinkel aber konstitutive Sachverhalt der 'Wohlstandsexplosion' beachtet, kann dies kaum weiter überraschen". Ebenso hebt Mai (1993:232) diesen Aspekt hervor, wenn er schreibt: „Untersuchungen zur realen Lebenssituation von Individuen oder Personengruppen nach der Wende bilden dagegen bislang eher die Ausnahme, obwohl naturgemäß die Friktionen politischen und sozialen Wandels gerade in lokalen und regionalen Alltagswelten nicht nur gespürt, sondern auch hautnah ertragen und ausgetragen werden".

Individualisierung

	Lebenslage objektiv	Bewußtsein/Identität subjektiv
Freisetzung		
Stabilitätsverlust		
Art der Kontrolle		

Beck hebt hervor, daß über die rechte Seite einer solchen Aufstellung bisher wenig auszusagen ist. Es bleib demnach eine Frage zu klären: „Wie läßt sich Individualisierung als Veränderung von Lebenslagen, Biographiemustern fassen" (Beck 1986:207). Einigen Aspekten dieser Fragestellung, und damit der rechten Seite des Schaubildes, werden wir uns im Rahmen dieser Arbeit anhand des Habitus- und Identitätskonzeptes nähern.

Als Besonderheit des Individualisierungsschubs in der BRD kann der Wandel von Familienstrukturen, Wohnverhältnissen, räumlichen Verteilungen, Nachbarschaftsbeziehungen, Freizeitverhalten, Clubmitgliedschaften etc. gesehen werden. In diesem Zusammenhang werden z.B. Frauen aus der Eheversorgung herausgelöst, wodurch das familiale Bindungs- und Versorgungsgefüge unter Individualisierungsdruck gerät (Beck 1986:208). Individualisierung bedeutet damit auch die Freisetzung aus verinnerlichten Geschlechtsrollen, wie sie in der Entwicklung der Industriegesellschaft im Modell der Kleinfamilie entstanden sind (Beck/Beck-Gernsheim 1990:14). Damit zerbricht die Familie als Synthese generations- und geschlechtsübergreifender Lebenslagen, und Lebensverläufe und „die Individuen werden innerhalb und außerhalb der Familie zum Akteur ihrer marktvermittelten Existenzsicherung und ihrer Biographieplanung und -organisation" (Beck 1986: 209).

Durch die Notwendigkeit der Planung einer Ausbildungs- und Berufsbiographie sowie den Erwartungen, gesellschaftlichen Mobilitätsanforderungen zu genügen, werden die Menschen in eine „Einsamkeit der Selbstverantwortung, Selbstbestimmung und Selbstgefährdung von Leben und Lieben" entlassen, auf die sie wegen externer Bedingungen und durch bestehende Institutionen nicht vorbereitet sind (Beck/Beck-Gernsheim 1990:13). Damit erscheinen dem einzelnen die vorherrschenden Bedingungen nicht mehr nur Auswirkungen der bestehenden Verhältnisse, sondern - wegen der selbst getroffenen Entscheidungen - als zu verarbeitende und zu verantwortende Ergebnisse. Individualisierung[21] als Teil der Modernisierung ist daher immer ein zwiespältiges Phänomen: neben der Freiheit, freien Entscheidung und Selbstverantwortlichkeit steht der Zwang verinnerlichter Markt-

---

[21] Individualisierung bedeutet in der Definition von Beck/Beck-Gernsheim: „Die Biographie der Menschen wird aus traditionellen Vorgaben und Sicherheiten, aus fremden Kontrollen und überregionalen Sinngesetzen herausgelöst, offen, entscheidungsabhängig und als Aufgabe in das Handeln jedes einzelnen gelegt. Die Anteile der prinzipiell entscheidungsverschlossenen Lebensmöglichkeiten nehmen ab, und die Anteile der entscheidungsoffenen, selbst herzustellenden Biographie nehmen zu" (Beck/Beck-Gernsheim 1990:12f).

anforderungen und die Abhängigkeit von Bedingungen, auf die kein Einfluß mehr ausgeübt werden kann. Dadurch werden Individuen immer stärker arbeitsmarktabhängig, bildungsabhängig, abhängig von sozialrechtlichen Regelungen, Transferzahlungen und staatlichen Versorgungsleistungen (Beck/Beck-Gernsheim 1990: 15). Zwar eröffnen sich neue Chancen, und es lassen sich Lebensverläufe planen, allerdings setzt dies ein Wissen um die bestehenden Bedingungen voraus. Dieses Doppelgesicht der Moderne beschreibt Keupp (1988) als „riskante Chancen". „Zu den entscheidenden Merkmalen von Individualisierungsprozessen gehört derart, daß sie eine aktive Eigenleistung der Individuen mehr denn je erlauben und mehr denn je fordern (Beck-Gernsheim 1993:138). Gleichzeitig, so ist hinzuzufügen, finden Entscheidungen immer häufiger in „riskanten Situationen" statt, wodurch der einzelne durch bestimmte Wahlen Zukunftsperspektiven und -optionen auch zerstören kann: „Eine Überfülle von Optionen und Modellen mit einem Mangel an Ressourcen, mit Leistungsdruck und mit dem Wissen um das Risiko des Scheiterns, das niemandem mehr angelastet werden kann" (Weymann 1989:3). Damit ist das Individuum in solchen Situationen auf sich selbst verwiesen. Allerdings macht Weymann deutlich, daß es in solchen Dilemmasituationen auch neue soziale Beziehungen wie Jugendgruppen, soziale Bewegungen und ähnliches geben kann, die durch neue, selbstgewählte Bindungen Sicherheit schaffen können. Das freigesetzte Individuum „sucht, findet und produziert zahllose Instanzen sozialer und psychischer Intervention, die ihm professionell-stellvertretend die Frage nach dem 'Was bin ich und was will ich' abnehmen und damit die Angst vor der Freiheit mindern" (Weymann 1989:3).

Gleichzeitig ist die Ausdifferenzierung von Individuallagen mit einer Standardisierung gepaart, d.h. es findet eine Globalisierung von Werten statt. Gerade die Medien, die zu einer Individualisierung führen, bewirken auch eine Standardisierung. Diese Medien sind in erster Linie Markt, Geld, Recht, Mobilität und Bildung.[22] Individuallagen sind damit durch und durch (arbeits)marktabhängig (Beck 1986:210). Aber auch Informations- und Unterhaltungsindustrie lösen die Menschen aus traditionell geprägten und gebundenen Gesprächs-, Erfahrungs- und Lebenszusammenhängen und tragen zugleich zur Globalisierung bei, indem z.B. industriell gefertigte Fernsehprogramme weltweit ausgestrahlt werden und so „das standardisierte Kollektivdasein der vereinzelten Massen-Emigranten" (Beck 1986: 213) stützen. Diese Veränderung des Kollektivbewußtseins führt damit zu einer Globalisierung bei Reduzierung des Bezugs zur Alltagskultur.

Neben der Globalisierung und Standardisierung von Werten findet eine Veränderung der Raum-Zeit-Dimension statt. Wie Meyrowitz (1985:115ff.) herausstellt, beeinflussen insbesondere die elektronischen Medien die „Situationsgeographie" des sozialen Lebens. Durch sie werden wir immer mehr zu direkten Zuschauern von Ereignissen, die an völlig anderen Schauplätzen stattfinden und an denen wir physisch gar nicht anwesend sein können (z.B. Golfkrieg). In traditionellen Gesellschaften waren Zeit und Raum mit dem Ort der Situation eng verknüpft. „The sepa-

---

[22] Schon Simmel (1889) hat am Beispiel des Geldes gezeigt, wie solche Medien zugleich individualisieren, nivellieren und standardisieren.

ration of time from space involved above all the development of an 'empty' dimension of time, the main lever which also pulled space away from place" (Giddens 1991:16). Gleichzeitig mit einer Verschiebung dieses Gefüges sind die Menschen immer stärker von Risiken betroffen. Wie Beck (1985) und Giddens (1991:84f.) deutlich machen, haben selbst Katastrophen in fernen Ländern Auswirkungen auf das Alltagsleben des einzelnen (was nicht zuletzt die Katastrophen von Tschernobyl oder die Katastrophenszenarien angesichts der brennenden kuwaitischen Ölquellen - deren Folgen ursprünglich viel weitreichender erwartet wurden - deutlich belegen).

Bedeutsam bleibt aber vor allem die Herauslösung aus traditionellen Bindungen und Versorgungsbezügen, die zusammenfällt mit zunehmenden Zwängen des Arbeitsmarktes und der Konsumexistenz sowie mit in diesen enthaltenen Standardisierungen und Kontrollen. Individualisierung bedeutet dann zugleich zunehmende Außensteuerung[23] und Außenstandardisierung und damit „politische Gestaltbarkeit von Lebensläufen und Lebenslagen" (Beck 1986:212).

Zu solchen Veränderungen tritt noch die *Pluralisierung von Lebenswelten*, weil der einzelne ständig zwischen diskrepanten und widersprüchlichen sozialen Kontexten hin und her wechselt (Berger et al. 1975:159). Die technische Produktion erzeugt Anonymität im Bereich sozialer Beziehungen, und gerade durch die Komplexität und Omnipräsens einer durchtechnisierten Wirtschaft werden soziale Beziehungen undurchsichtig. Damit besteht ein „Unbehagen in der Modernität", das z.T. als *Heimatlosigkeit* zu verstehen ist. Die Schaffung einer Privatsphäre als von gesellschaftlichen Institutionen abgetrenntem Sektor des sozialen Lebens und die Aufspaltung der sozialen Bindung in eine private und eine öffentliche Sphäre kann als Versuch gesehen werden, mit dieser Heimatlosigkeit umzugehen. Die *private Identität* bietet Schutz vor den Bedrohungen der Anonymität, und die Durchsichtigkeit dieser privaten Welt macht die Undurchsichtigkeit der öffentlichen erträglich. Im Gegensatz zur öffentlichen Sphäre ist die Privatsphäre aber unterinstitutionalisiert. In ihr sind zu wenige Institutionen ausgebildet, „die das menschliche Tun fest und verläßlich strukturieren" (Berger et al. 1975:160f.).

Generell wird damit konstatiert, daß sich gesellschaftliche Institutionen in einer Dilemmasituation befinden. In sekundären Institutionen wie Kirche und Familie entsteht ein Widerspruch, denn wenn sie versuchen, die freiwillige und künstliche Qualität des Privatlebens zu bewahren, können sie nicht das Verlangen nach Stabilität und Verläßlichkeit befriedigen. Nehmen sie aber einen Charakter an, um dies zu können, wie die größeren Institutionen der modernen Gesellschaft, werden sie

---

[23] Deutlich hat diesen Zusammenhang bereits Riesman (1953) herausgearbeitet. In einer Typologie unterscheidet Riesman drei Arten der Verhaltenslenkung bei Individuen. Ein eher außengeleitetes Verhalten basiert primär auf der Empfänglichkeit der Erwartungen anderer, was mit einer oberflächlichen, konformistischen Einstellung verbunden ist. Ein innengeleitetes Verhalten basiert dagegen stärker auf einer frühzeitlichen Verinnerlichung von Lebenszielen. Riesman spricht mit der Innenlenkung daher eine große 'Ich-Stärke' an, wodurch auch etwas wie ein moralisches Bewußtsein (Habermas 1983; Kohlberg 1995) anklingt. Mit Traditionsleitung ist dagegen ausgesagt, daß die Verhaltenssteuerung auf der Übernahme traditioneller Werte basiert.

„bürokratisch und deshalb anonym, abstrakt, anomisch" (Berger et al. 1975:162) und verlieren damit ebenfalls ihre bewahrenden Eigenschaften.

Ähnlich faßt auch Giddens (1991) die individuellen Modernisierungsfolgen zusammen, wobei er das Individuum immer abstrakter werdenden Organisationen gegenübergestellt sieht.[24] Durch die Modernisierung entstehen u.a. Differenzierung, Ausschlüsse und Marginalisierungen. Modernisierung zerbricht die schützenden Rahmen kleiner Gemeinschaften und Traditionen und ersetzt sie durch größere, unpersönliche Organisationen. Durch solche Veränderungen wird sich der einzelne allein fühlen, angesichts fehlender psychischer Unterstützung und fehlender Sicherheiten, die er in traditionellen Gemeinschaften hatte (Giddens 1991:33f.).

Als weitere wichtige Folge der Modernisierung betrachtet Giddens die Schwierigkeit, Vertrauen[25] aufzubauen und zu besitzen, denn gesellschaftliche Veränderungsprozesse machen Orientierungen immer schwieriger. „Trust in this sense is basic to a 'protective cocoon' which stands guard over the self in its dealings with everyday reality" (1991:3). Vertrauen ist damit ein notwendiges Medium der Interaktion in einer abstrakter werdenden Welt mit Institutionen, die zu einer Globalisierung beitragen und deren Rationalitäten zumindest teilweise im Widerspruch zu den tradierten Sinnstrukturen des Alltags stehen.

Angesichts solcher Bedingungen bleiben jedoch auch neben der von Berger et al. (1975) konstatierten Notwendigkeit der Rückbeziehung auf die Privatsphäre andere mögliche Orientierungshilfen. Esser (1988) betont in diesem Zusammenhang besonders die Möglichkeit des Wiederauftretens ethnischer Selbstdefinitionen und Zugehörigkeiten, um angesichts vielfältiger Veränderungsprozesse neue Orientierungsmuster zu finden. Denn „Migrationen, Kolonisationen, Sozialstrukturänderung, Auf- und Abstiege, Vervielfältigungen und Ent-Standardisierung von Rollendefinitionen und biographischen Schemata führen sämtlich zu einer nachhaltigen De-Stabilisierung von Routinen, Selbstverständlichkeiten und Selbstverständnissen" (Esser 1988:240).

Aber auch individuellen Entscheidungen und Optionen können Orientierungsfunktionen zugesprochen werden. Durch die zunehmende Privatheit und Gestaltbarkeit bei gleichzeitigem Verlust der Alltagsroutine wird der Lebensstil, der aus einer Reihe von Möglichkeiten gewählt werden kann, immer wichtiger für die eigene Orientierung, zur Erreichung gesellschaftlichen Prestiges und zur Distinktion. Ein Lebensstil ist daher nach Giddens (1991) eine mehr oder weniger integrierte Art, mit einer Reihe von gesellschaftlichen Gewohnheiten umzugehen, die der einzelne besitzt. Nicht nur weil sie Bedürfnisse befriedigen, sondern auch, weil sie die eigene Selbstidentität zumindest teilweise materialisieren können. Sie sind damit routinisierte Praktiken, die einen bestimmten Habitus widerspiegeln, der in Bekleidung, Essen, Handeln und bevorzugtem gesellschaftlichen Milieu wiederzufinden ist.

---

[24] „One of the distinctive features of modernity, in fact, is an increasing interconnection between the two 'extremes' of extensionality and intentionality: globalising influences on the one hand and personal dispositions on the other" (Giddens 1991:1).

[25] Auf die komplexitätsreduzierende Funktion von Vertrauen weist N. Luhmann (1989) nachdrücklich hin.

Diese Routinen sind aber angesichts einer sich wandelnden Selbstidentität offen für Veränderungen (Giddens 1991:81).

Deutlich muß hervorgehoben werden, daß trotz bestehender Pluralisierung und Individualisierung Lebensentwürfe, Lebensplanungen und Lebenschancen nicht von sozialstrukturellen Bedingungen entkoppelt betrachtet werden können und völlig frei wählbar sind. Denn Wahlfreiheit kann in diesem Zusammenhang nicht heißen, daß für alle Individuen sämtliche Optionen offen sind. Wie Bourdieu (1987) deutlich macht, lassen sich unterschiedliche Lebensstile zwischen Gruppen auch als Ergebnisse der Gesellschaftsstruktur festmachen. Deutlich hebt er hervor, daß unterschiedliche soziale Lagen in modernen Gesellschaften zu einem permanenten Klassifikations- und Distinktionsprozeß führen. Durch die vielfältige Wahl- und Gestaltungsfreiheit werden einstmals ständisch geprägte Lebensstile geöffnet. Die wählbaren Lebensstile unterliegen zwar Uniformierungs- und Differenzierungsprinzipien, folgen dabei aber der differentiellen „Aneignung von Prestigegewinn über die 'richtige' Ausübung eines vorübergehend 'angemessenen' Lebensstils" (Müller 1986:170). Trotz einer breiten Wahlfreiheit unterliegt die Auswahl des Lebensstils bestimmten Bedingungen und schafft Exklusivität. Denn über die Zurechnung verschiedener gesellschaftlicher Ressourcen auf unterschiedliche Klassenlagen entstehen erst bestimmte Lebensformen bzw. Lebensstile.[26] Dieser Klassencharakter wird erst dann sichtbar, wenn diese ökonomischen Unterschiede symbolisch in soziale Klassifikationen und prestigedifferenzierte Lebensstile transformiert werden. Das unterschiedliche „Haben" wird in unterschiedliches „Sein" der Akteure umgewandelt, wodurch aus ökonomischen Unterschieden exklusiver Lebensstil und distinguierte Persönlichkeit werden (Müller 1986:170).[27]

Giddens (1991) macht in diesem Zusammenhang darauf aufmerksam, wodurch solchermaßen charakterisierte Lebensstile integrative und stabilisierende Funktion gewinnen können. Verschiedene Lebensstile werden durch 'lifestyle sectors' integriert, die gewissermaßen Aktivitäten 'regionalisieren'. Denn sie beinhalten raumzeitliche Abschnitte der Gesamtaktivitäten eines Individuums und stellen eine begründete Konsistenz und Ordnung her. Sie dienen daher in einer modernisierten Welt als Orientierungshilfe und haben dadurch bewahrenden Charakter. Dabei kommt ihnen als Teil der Identität bzw. des Habitus eine Aufgabe in der Verarbeitung gesellschaftlicher Veränderung im alltäglichen Leben zu.

Dieser bewahrende und anpassende Charakter des Habitus- und Identitätskonzepts steht im Mittelpunkt der Betrachtung. Seine Bedeutung für das alltägliche Leben und Wendeveränderungen wird vor allem in der Netzwerkanalyse empirisch dargestellt. Zuvor sollen jedoch noch drei weitere analytisch zu unterscheidende Ebenen der Modernisierung kurz angesprochen werden, weil sie Verbindungen zur Netzwerkanalyse zeigen (rollenanalytische Ebene), mit Orientierungsmöglichkeiten für Individuen verbunden sind (institutionelle Ebene) oder den umfassenden Rahmen

---

[26] Im weiteren Verlauf der Arbeit wird noch auf die unterschiedlichen Ressourcen eingegangen - bei Bourdieu (1987) verschiedene Arten des Kapitals -, die dabei eine Rolle spielen.

[27] Eine genauere Auseinandersetzung mit Bourdieus Habituskonzept wird im zweiten Kapitel vorgenommen.

gesellschaftlicher Veränderungsprozesse darstellen (gesellschaftlich-komparative Ebene). Durch die Einbeziehung dieser Ebenen lassen sich soziale Akteure innerhalb eines Transformationsprozeß leichter verorten.

Rollenanalytische Ebene

Insbesondere bei der rollenanalytischen Ebene bleibt in der Regel offen, ob gewandelte Rollenmuster Ursache oder Folge der Modernisierung sind. Auf dieser Ebene lassen sich unterscheiden:

1. wachsende Rollendifferenzierung;
2. zunehmende Rollenpluralisierung;
3. zunehmende Rollenfluktuation;
4. stärkere Rollenambiguität;
5. Ausweitung von Rollenoptionen;
6. Reduzierung der Rollenzuschreibung;
7. Häufung von Rolleninkonsistenzen;
8. partiell zunehmende Rollenegalisierung;
9. Häufung von Rollenkonflikten (vgl. Wiswede/Kutsch 1978:108).

Fast tautologisch mutet die Schlußfolgerung von Scheuch/Kutsch (1975:119) an, „daß mit zunehmendem Differenzierungsgrad einer Gesellschaft die für die Individuen relevanten Personensätze zunehmend verschiedener werden." Bedeutsamer dürfte daher sein, daß mit Mehrdeutigkeit und Diffusität von Rollendefinitionen auch Optionen der individuellen Rollengestaltung zunehmen. Wie angesprochen, besteht auch auf der Rollenebene eine Zunahme von Optionen und damit eine „Qual der Wahl", wodurch Orientierungskonflikte entstehen. Entscheidungen für bestimmte Präferenzen werden jedoch nicht grundsätzlich und fortdauernd entschieden, sondern müssen immer wieder neu überdacht und den eigenen Erwartungen angepaßt werden (Wiswede/Kutsch 1978:110f.).

Nicht vergessen werden darf, daß durch Modernisierung und Industrialisierung auch autokratische, patridominante Strukturen aufgebrochen werden können und sich damit egalitäre Rollenbeziehungen im Rahmen der Familie durchsetzen können (Wiswede/Kutsch 1978:148). Somit scheinen Modernisierungsprozesse vor allem Rollenstrukturen in der Familie zu betreffen, was natürlich auch gegenläufige Tendenzen als die angedeuteten haben kann, wenn die Modernisierung mit der Einschränkung von Erwerbstätigkeit von Frauen verknüpft ist.

In vielen Ansätzen der Netzwerkanalyse wird zudem von einigen Veränderungen im Modernisierungsprozeß ausgegangen, die ebenfalls die Rollenebene betreffen. In erster Linie ist hier an die Separierung von Wohnumfeld, Arbeitsplatz und verwandtschaftlichen Gruppen, Aufteilung der städtischen Bevölkerung in multiple soziale Netzwerke mit schwachen Solidaritätsansprüchen und an die räumliche Zerstreutheit von primären Beziehungen zu denken. Die Heterogenität bei fortschreitender Urbanisierung läßt es unwahrscheinlich erscheinen, daß diejenigen, mit denen Stadtbewohner verbunden sind, selbst in solidarischen Gemeinschaften mit weitreichenden Rollenerwartungen fest eingebunden sind (Wellman 1979). Damit eng verbunden ist natürlich eine Veränderung von multiplexen zu uniplexen Sozialbeziehungen, d.h. der Übergang von Beziehungen, die gleichzeitig mehrere Rollen und Funktionen umfassen, zu solchen, die sich lediglich auf einzelne Aspekte beschränken. Dieser Zusammenhang wird im Rahmen der Netzwerkanalyse noch weiter vertieft.

Institutionelle Ebene

In der oben geführten Diskussion der individuellen Ebene wurde schon mehrfach auf die Interdependenz zwischen der institutionellen und individuellen Ebene hingewiesen. Mit fortdauerndem Bestand moderner Institutionen und längerem Kontakt mit ihnen (Schule, Beruf, Fabrik, Massenmedien) werden traditional orientierte Individuen mehr und mehr zu Menschen mit modernen Einstellungen geprägt (Inkeles/Smith 1974). Das fällt jedoch mit einem Verlust an gewachsenen Bindungen zusammen.

Ferner wurde bereits mehrfach die weitgehende Differenzierung sozialer Organisationen angedeutet, die sich immer stärker spezialisieren, damit relativ abstrakt werden und für alltägliche Zusammenhänge kaum noch sinnstiftend wirken können. Giddens (1991:17f) betont darüber hinaus noch deren Auslagerung („disembedding") bzw. Entwurzelung. Hiermit soll besonders betont werden, daß Organisationen eine Omnipräsens entwickeln und dadurch soziale Beziehungen aus ihren lokalen Kontexten reißen und sie in unbestimmten Teilen des Zeit-Raum-Kontinuums neu entstehen lassen. Als Hauptmechanismen dieser Prozesse nennt er 'symbolic tokens' (Medien, die einen standardisierenden Wert besitzen und dadurch in einer Vielzahl sozialer Kontexte einsetzbar sind, wie das Beispiel des Geldes am deutlichsten zeigt)[28] und 'expert systems' (Systeme mit universeller und technischer Begrifflichkeit), womit jeweils abstrakte Systeme angesprochen sind, die auf alle Bereiche des sozialen Lebens übergreifen. Ein ähnlicher gesellschaftlicher Prozeß wird von Habermas als Kolonialisierung der Lebenswelt bezeichnet, wenn er herausstellt:

> „Indem sich die Subsysteme Wirtschaft und Staat über die Medien Geld und Macht aus einem in den Horizont der Lebenswelt eingelassenen Institutionensystem ausdifferenzieren, entstehen *formal organisierte Handlungsbereiche*, die nicht mehr über den Mechanismus der Verständigung integriert werden, die sich von lebensweltlichen Kontexten abstoßen und zu einer Art normfreier Sozialität gerinnen" (1987:455; Hervorhebungen im Org.).

> „... ob nicht die Rationalisierung der Lebenswelt mit dem Übergang zur mordernen Gesellschaft paradox wird: - die rationalisierte Lebenswelt ermöglicht die Entste-

---

[28] Dieses Argument läßt sich in verschiedenen Theorien finden. Eine breite Auseinandersetzung findet sich in der „Philosophie des Geldes" G. Simmels (1989). In ähnlicher Weise wie Giddens (1991) argumentiert im übrigen auch Beck (1986).

hung und das Wachstum der Subsysteme, deren verselbständigte Imperative auf sie selbst destruktiv zurückschlagen" (Habermas 1987:277).[29]

Ein vergleichbarer Zusammenhang wird im Rahmen der Bürokratisierung angesprochen, die nahezu alle Sektoren des sozialen Lebens betrifft. Träger der Veränderung zu einem modernen Bewußtseins sind die technologische Produktion und der bürokratische Staat. Diese bezeichnen Berger et al. (1975:90f.) als primäre Träger des modernen Bewußtseins, die zudem noch die Urheber der Modernisierung sind. Dagegen haben sekundäre Träger wie Verstädterung, Schichtungssystem, Privatsphäre, Institutionen der wissenschaftlichen und technologischen Innovation, Massenerziehung und die Massenmedien ihre historische Grundlage in eben diesen primären Trägern. Damit wird zugleich angedeutet, daß soziale Interaktionen ihre sinnstiftenden Funktionen in vielen gesellschaftlichen Bereichen nicht mehr ausführen können.

Gesellschaftlich-komparative Ebene

Als weitere Ebene, auf der sich Modernisierungstendenzen feststellen lassen, wird die gesellschaftliche genannt. Die Diskussion dieser gesellschaftlich-komparativen Ebene wird im Zusammenhang mit der Entwicklung von Nationen und Nationalstaaten geführt, oder sie geht, wie oben bereits dargelegt, von einer gesellschaftlichen Differenzierung aus, die mit weitgehenden Veränderungen verbunden ist. In bezug auf Ostdeutschland lassen sich in diesem Zusammenhang natürlich der Übergang von der Planwirtschaft zur Marktwirtschaft und die Neuorganisation eines politisch-gesellschaftlichen Systems mit allen damit zusammenhängenden politischen und rechtlichen Folgen nennen. Auf diese Aspekte wird im folgenden Kapitel ausführlich eingegangen.

Diese kurzen Andeutungen zu Institutionen und Gesellschaft im Modernisierungsprozeß haben natürlich den Mangel, daß angesichts der Vielfalt unterschiedlicher Organisationen und Wechselwirkungen noch keine geschlossene Theorie der Institutionen im Modernisierungsprozeß vorliegt. Nach Wiswede/Kutsch (1978:117) ist es schwierig, ein konkretes Auswahlkriterium zu finden, „welche Institutionen als notwendige und welche als hinreichende Bedingungen für das Modell der Gesellschaft im Modernisierungsprozeß anzuführen wären." Trotz dieser fehlenden Geschlossenheit machen die vorgestellten Ebenen aber deutlich, wo im gesellschaftlichen Transformationsprozeß Veränderungen zu erwarten sind. Im vorliegenden Zusammenhang der Veränderungen in Ostdeutschland sind sie deshalb von Bedeutung, weil sie zumindest die „analytische Sensibilität" für sich wandelnde gesellschaftliche Teilbereiche erhöhen und auf deren Interdependenz hinweisen.

Sehr viel weitreichender und umfassender scheinen dagegen die theoretischen Annahmen über den Individualisierungsprozeß zu sein, dem in der vorliegenden Analyse der Betrachtung der lebensweltlichen Veränderung in Ostdeutschland ein höherer Stellenwert zukommt.

---

[29] Als Folge einer solchen Entwicklung der Kolonialisierung der Lebenswelt nennt Habermas (1984:565) Sinnverlust, Anomie und Persönlichkeitsstörungen.

1.2 Ostdeutschland im gesellschaftlichen Transformationsprozeß: Soziale Veränderungen

Der Transformationsprozeß in der ehemaligen DDR wird nach Lay (1993) vom „mainstream" der deutschen Soziologie als „nachholende Modernisierung" interpretiert. Offe (1991) weißt darauf hin, daß die Konvergenztheorie der 60er/70er Jahre unterstellte, daß sich die rivalisierenden Systeme in Ost/West mit der Zeit angleichen würden, es sich jedoch erwiesen habe, daß der Westen zwar mischungsfähig sei, nicht aber der Osten. Somit bestanden durch fehlende Angleichungsprozesse nur wenige kompatible Bereiche, die Umbruchtendenzen abmildern konnten. Für die Länder des Ostblocks - mit Ausnahme der DDR - bestehe daher ein Dilemma, denn Marktwirtschaft könne nur unter vordemokratischen Bedingungen in Schwung kommen, unter Zurückdrängung demokratischer Rechte. Aber die Einführung der Marktwirtschaft in diesen Gesellschaften besitze dagegen nur mit starker demokratischer Legitimation Erfolgsaussichten (Offe 1991:286). Der 'klassisch' verlaufende Modernisierungsprozeß in Modernisierungsschüben über Nationalstaat, Marktwirtschaft, Demokratie hin zum Wohlfahrtsstaat scheint daher nicht möglich. Ungleich schwerer wird damit die Situation für die einzelnen Akteure auf der Mikroebene, die gleichzeitig drei Modernisierungsaufgaben bewältigen und dabei ein hohes Maß an Geduld und Zuversicht aufbringen müssen, denn eine rasche Anpassung an neue Verhältnisse fällt zusammen mit dem langen Warten auf positive Veränderungen (Offe 1991:289). Obgleich die Bedingungen in der ehemaligen DDR nicht so dramatisch sind wie in den osteuropäischen Staaten, trifft diese Bestandsaufnahme der Entwicklungsaufgaben auch auf verschiedene Bereiche in Ostdeutschland zu.

Zu einer ähnlichen Einschätzung gelangt Habermas, der die Umwälzung in den Ländern Osteuropas als „rückspulende" bzw. „nachholende Revolution" bezeichnet, die versäumte Entwicklungen mit einer Rückkehr zu den alten nationalen Symbolen und einer Wiederanknüpfung an politische Traditionen der Zwischenkriegszeit nachhole (Habermas 1990:180). Etwas anders hingegen verlief es durch den „Anschluß" der DDR an die Bundesrepublik. Denn dieser bedeutete sowohl den Anschluß an eine demokratisch verfaßte Wohlstandsgesellschaft westlichen Typs, als auch den an die „politisch glücklichere und ökonomisch erfolgreichere Entwicklung" (Habermas 1990:181). Damit trägt die Umwälzung 'nachholenden' Charakter, denn sie führt zurück zum demokratischen Rechtsstaat mit individuellen Menschenrechten, zur Marktwirtschaft und zum pluralistischen politischen System (vgl. auch Reißig 1991:88). Auf den räumlichen und symbolischen Bezug dieser Veränderung macht Mai (1993:233) aufmerksam: „Es steht zu befürchten, daß das Konzept nachholender Modernisierung folgerichtig das Landschaftsbild westlicher Prägung produziert, in dem die Botschaft des Universalismus raumunabhängiger Werte dominiert, die den Gestaltungsprinzipien von Funktionalismus und Zweckrationalität folgen."

Allerdings muß dieses Pauschalurteil einer *nachholenden Modernisierung* mit Skepsis betrachtet werden und bedarf einiger Differenzierungen. Es können sicherlich Kriterien aufgezeigt werden, die zu einem anderen Urteil führen und besonders Kritik an der Blickrichtung üben, die ehemalige Bundesrepublik könne als modern betrachtet werden und die ehemalige DDR dementsprechend als unmodern (vgl. Lay 1993).

Hradil (1992a) trifft die Unterscheidung zwischen subjektiver und objektiver Modernisierung, wobei in Westdeutschland eine Ausdifferenzierung stattgefunden habe, die weit über das Niveau einer Industriegesellschaft hinausweise mit neuen Freiräumen, die als neue Stufe der Modernisierung zu begreifen seien. Demgegenüber wurde in der DDR Modernisierung *objektiv* vorangetrieben, d.h. sie zielte auf eine Funktionalisierung und Industrialisierung (gesteigerte Produktivität). Gleichzeitig eröffneten sich damit jedoch subjektive Individualisierungspotentiale, weil durch die gesamtgesellschaftliche Veränderung „individuelle Lebensentwürfe aus ihren traditionellen Schicksalsmustern" (Lay 1993) herausgelöst wurden.

„Millionen von Menschen wurden aus ihrer angestammten ländlichen Umgebung herausgerissen und in die aus dem Boden gestampften Industriestandorte verfrachtet; Kinder und Alte überantwortete man staatlicher Betreuung, damit Frauen beziehungsweise jüngere, aber arbeitsfähige Menschen einen vollwertigen Beruf ausüben konnten; das Scheidungsrecht erfuhr eine Modifikation, die die Trennung der Partner nicht durch umständliche Verfahren und finanzielle Forderungen aufhielt; die bis dahin illegale Abtreibung sah sich staatlich sanktioniert; kirchliche- und Glaubensbindungen erklärte man kurzerhand zur eben noch geduldeten Privatsache; die innerfamiliäre Funktionsteilung gestaltete sich angesichts der hohen Beschäftigungsquote der Frauen ausgewogener als zuvor ..." (Engler 1992:163).

Die Argumentation kann dahingehend erweitert werden, daß eine objektive Modernisierung spezifische Formen der „Deobjektivierung" mit sich brachte, die den Spielraum der Subjekte erweiterte (Lay 1993). Zu denken ist hier an eine Veränderung sozialer Alltagsbeziehungen: Selbstversorgungsstrategien und Notwendigkeiten im zwischenbetrieblichen Verkehr höhlten die Steuerungsfunktion des Geldmediums aus und es waren stille Absprachen nötig, um im Alltag über eiserne Reserven an Produktionsfaktoren zu verfügen (Entökonomisierung von Wirtschaftsbeziehungen). Damit stand ein informelles Alltagshandeln der kollektiven Praxis gegenüber. Weiterhin konnte der staatliche Machtapparat nur solche Personen besonders hart treffen, die innerhalb des Systems oder gegen es etwas erreichen wollten. Dagegen war der unqualifizierte Werktätige, ohne weitergehende Ansprüche „der freieste Mensch im Arbeiter- und Bauernstaat" (Lay 1993), der über vielfältige Individualisierungsspielräume verfügte. Aber dadurch wurde einer „passivobstruktiven" Individualisierung in Form von Verweigerungsmöglichkeiten und Verweigerungshaltungen die Chance gegeben, die zu Modernisierungsblockaden führten, und somit die Erreichung notwendiger Systemvorgaben verstellen konnten.

Obwohl diese Sichtweise einige Plausibilität beanspruchen kann, darf nicht die Rigidität des politischen Systems übersehen werden. Eine Anpassung an bestehende Normen bestand auch aufgrund permanenten moralischen Drucks, Strafandrohungen und verhängten Strafen. Damit blieb den Menschen nur wenig Raum zur Entwicklung einer eigenen Individualität. Anpassung war somit in einem hohen Grad nötig, um in Ruhe gelassen zu werden, und ging dann zu Lasten der eigenen „Natürlichkeit, Lebendigkeit und Echtheit" (Maaz 1991:3). Die Gängelung und Bevormundung durch den Staat führten zu einem System, das sehr stark auf Fremdzwängen basierte (Treibel 1993:321).

Ähnlich sieht es auch Bender, der argumentiert, daß die weitgehende Machtkonzentration und die Verbindung zwischen Sozialismus und „deutscher Tradition" den Charakter einer „Erziehungsdiktatur" verursachte (1991:297).[30] In den meisten Ämtern und Einrichtungen wurde belehrt und zur Ordnung gerufen, denn „irgend etwas war überall nicht erlaubt, irgend etwas machte jeder falsch" (Bender 1991:298). Einschüchterungen und Belehrungen waren damit beinahe systemimmanent angelegt.

Es bestand zudem eine z.T. erzwungene Einbindung in Kollektive[31], die nur im privaten Bereich aufgehoben werden konnte. Private Beziehungen bekamen häufig den Charakter einer 'Notgemeinschaft ihrer Bürger gegen den Staat' (Bender 1991:303). Die Hilfe von Freunden, Nachbarn und Kollegen und die sozialen Kontakte waren ungemein wichtig, auch in bezug auf politische Solidarität und gegenseitiges Vertrauen bei der Schaffung von privaten Nischen, um sich gemeinsam auszusprechen und Unterstützung zu finden. DDR-Bürger führten somit häufig ein „Doppelleben" mit einem an die Erwartungen des Staates und der Partei angepaßten öffentlichen Teil und einem privaten, in dem eigene Vorstellungen von Individualität und Solidarität zum Tragen kommen konnten (Gläßner 1991a:6).[32]

Dennoch waren auch diese sozialen Beziehungen sehr stark an Betrieben orientiert. Betriebliche Arbeit stiftete ein Gefühl der Zusammengehörigkeit, wobei die Erfahrungen stabiler Gruppensolidarität in sozialen Interaktionen „weit über den eigentlichen produktiven Prozeß betrieblicher Zusammenarbeit" (Mai 1993:233) hinausreichten. Das führte natürlich auch dazu, daß Privatsphäre und Berufsleben weit weniger getrennt waren als in der BRD. Nicht nur, daß sich die Freunde aus dem Berufsleben rekrutierten, auch das Freizeitverhalten war in vielfältiger Weise durch Arbeitskontakte und -organisationen mitbestimmt (betriebliche und gewerkschaftliche Ferienheime, Brigadetreffen und -feiern, LPG-Feiern, etc.).

Zu dieser fehlenden Trennung von Arbeits- und Privatsphäre gehört sicherlich auch, daß räumliche Aspekte und Mobilitätsschranken als Modernisierungsdefizite gesehen werden können, die weitreichende Auswirkungen auf das Alltagsleben hatten. „Angesichts dichter Landesgrenzen, geringer Mobilisierung und niedriger beruflicher Mobilität war die Lebenspraxis des normalen DDR-Bürgers durch einen relativ engen Aktionsradius geprägt" (Mai 1993:232).

---

[30] „Viel deutlicher als in der Bundesrepublik wurde in der DDR an die Traditionen der deutschen politischen Kultur angeknüpft, die Übereinstimmungen zwischen der traditionellen und dem SED-Staat angestrebten politischen Kultur sind nicht zu übersehen. ... Daß dem größeren Ganzen der Vorrang vor dem Einzelnen, dem Individuellen zukommen soll, war bei der Gründung der DDR in Deutschland ein geistiges Allgemeingut" (Bergem 1993:136).

[31] Treibel spricht sogar von der erzwungenen Einbindung in totalitäre Institutionen und Identifikationen (1993:320).

[32] Dieses Bild erinnert stark an die von Goffman (1973) getroffene Unterscheidung der primären und sekundären Anpassung in totalen Institutionen.

Als Ausgleich zu Polizeistaat und Erziehungsdiktatur existierte der *Fürsorgestaat*. Die Menschen wurden zwar weitgehend bevormundet und gemaßregelt, aber es wurde gleichzeitig für sie gesorgt. Beschränkte Berufswahl fiel zusammen mit Arbeitsplatzgarantie; geringen Einkommen auf der einen Seite standen geringe Kosten für Grundnahrungsmittel, Mieten, Gesundheitswesen und Infrastruktur gegenüber. Niemand konnte in Existenznot geraten und, von ideologischen Einschränkungen abgesehen, jeder vielfältige Bildungsmöglichkeiten nutzen (Bender 1991:300) - insbesondere natürlich Arbeiter- und Bauernkinder sowie Kinder von Funktionären.

Dennoch konnte ein solches System nur funktionieren, wenn informelle Kanäle die Schwächen der Verteilung und Versorgung abmilderten. „Ferenc Janossi ... bot schon vor 25 Jahren eine Erklärung an: In die Widersinnigkeit 'oben' wurde soviel praktische Vernunft von 'unten' infiltriert, daß die Maschine einigermaßen lief. Das begann bei dem Arbeiter, der den Mann in der Werkzeugausgabe beschimpfte, wenn er schlechtes Werkzeug bekam; es endete bei dem Direktor, der sein Staatssoll an Produktion oft nur erfüllen konnte, wenn er sich die nötigen Materialien etwas außerhalb der Legalität beschaffte" (Bender 1991:302). Weiterhin war es notwendig, für Waren, die in den öffentlichen Läden nicht zu bekommen waren, auf den grauen oder schwarzen Markt auszuweichen und durch persönliche Bekanntschaften oder Beziehungen Dinge zu beschaffen.[33] Somit erwiesen sich soziale Beziehungen nicht nur als Nischen vor dem omnipräsenten Staat, sie waren auch zur Sicherung der Versorgungslage unabdingbar.

Neben den angesprochenen Individualisierungschancen bestanden noch weitere Modernisierungstendenzen in der DDR. Obwohl Partei und Staat bemüht waren, „sozialistische Menschen" zu schaffen, hatte sich in der DDR, wie in anderen sozialistischen Ländern, ein gesellschaftlicher Wandel vollzogen mit Entwicklungstendenzen, die denen in westlichen Industriegesellschaften ähnlich sind. „Die soziale Struktur der Gesellschaft differenzierte sich, die alten Klassenkonflikte verloren an Bedeutung, neue 'cleavages' entstanden. Neue Wertorientierungen und Verhaltensweisen traten hervor, die Einflüsse internationaler Kultur und Zivilisation ließen sich nicht mehr künstlich fernhalten, wie noch Anfang der 60er Jahre, als die Parteiführung versucht hatte, den Empfang westlicher Fernsehprogramme zu unterbinden" (Gläßner 1991b:32).

Diese gesellschaftlichen „Modifikationen" in der DDR deuten bereits darauf hin, daß einige Veränderungen im gesellschaftlichen Modernisierungsprozeß[34] von bei-

---

[33] Es ist schon fast als Allgemeinplatz anzusehen, daß soziale Netzwerke zur Umverteilung knapper Güter unerläßlich waren und informelle Verteilungs- und Zugangschancen von diesen sozialen Kontakten abhingen (vgl. u.a. Adler/Kretzschmar 1993:107). Zudem findet sich dieses Moment in der DDR-Literatur und zahlreichen Publikationen von Dissidenten (vgl. neben vielen anderen z.B. W. Biermanns Einleitung zu „Das geht sein' sozialistischen Gang" beim berühmt gewordenen Konzert in Köln (1976) und den in der BRD populär gewordenen Film „Spur der Steine").

[34] Eine präzise, konsensfähige Definition von Modernisierung läßt sich kaum treffen. Dies wird auch angesichts der obigen Einführung und den Ausführungen des Deutschen Soziologentages 1990 (Zapf 1991) deutlich.

den deutschen Staaten in der Vergangenheit erreicht wurden, wenn auch z.T. in unterschiedlicher Qualität:

1. steigender Wohlstand und steigende soziale Sicherheit;
2. Bildungsexpansion und Höherqualifizierung der Bevölkerung;
3. Zunahme der vertikalen Mobilität, insbesondere der Aufstiegsmobilität;
4. Abbau sozialer Ungleichheiten zwischen Frauen und Männern;
5. Differenzierung der Formen privaten Zusammenlebens;
6. Anstieg der Lebenserwartung, Geburtenrückgang sowie - damit zusammenhängend - Alterung der Bevölkerung (Geißler 1993:63).

Die Sozialstruktur der DDR war durch soziale Nivellierung und Machtkonzentration gekennzeichnet, die nach Auffassung Geißlers (1993:13ff) zu Modernisierungsdefiziten führte. Soziale Nivellierung hat in dreifacher Hinsicht in stärkerem Ausmaß als in der alten BRD stattgefunden:[35] zwischen sozialen Schichten und Klassen, zwischen Geschlechtern und zwischen Regionen. Dabei wurden Nivellierungseffekte aufgrund des eingeschränkten Wirkungsgrads des Geldes verstärkt, denn Versorgungsmängel im Angebot von Waren und Dienstleistungen betrafen weitgehend alle Bevölkerungsgruppen (Geißler 1993:14).

Neben der Nivellierung bestand jedoch eine Konzentration von Macht und Herrschaft, die alle gesellschaftlichen Bereiche erfaßte. Damit entstand ein Herrschaftssystem mit Machtelite und aufgeblähter sozialistischer Dienstklasse, dem eine 'entdifferenzierte', 'klassenlose' Gesellschaft gegenüberstand, ohne Pluralismus gesellschaftlicher Gruppen und pluralistische Strukturen von artikulierten und organisierten Interessen (Geißler 1993:15).

Modernisierungsdefizite lassen sich daher auch an eben dieser Nivellierung sozialer Ungleichheit und der Konzentration von Macht festmachen. Daneben werden als Leistungsschwäche im Sinne von Modernisierungsrückständen noch politische Statuszuweisung, Erstarrungstendenzen, Tertiärisierungsrückstand bei gleichzeitig überbesetzten Dienstleistungssegmenten, fehlender Mittelstand und Abwanderungsdruck genannt. Damit versucht Geißler, einen Teil der Leistungsschwäche des sozialistischen Systems zu begründen. Ob allerdings Auswanderung, deren Ursachen auf jeden Fall auch politisch und ideologisch mitbedingt sind, als Modernisierungsrückstand zu deuten ist, bleibt zumindest fragwürdig.

Als Modernisierungsvorsprünge Ostdeutschlands nennt er demgegenüber einen Gleichstellungsvorsprung zwischen den Geschlechtern[36] (auf den unten nochmals

---

[35] Die Betrachtung dieser Prozesse ist natürlich nur dann sinnvoll, wenn man bereit ist, der Argumentation z.B. Becks in bezug auf die Entwicklung westlicher Industriestaaten zu folgen, die diese Nivellierung konstatiert. Diese Sichtweise stößt allerdings auch auf Kritik (vgl. u.a. Geißler 1992).

[36] Obwohl er dieses Argument insbesondere durch Hervorhebung der im Westen stattgefundenen Bewußtseinsveränderung selber weitgehend relativiert: „Rückstände der ostdeutschen Bevölkerung in einigen Bereichen der Einstellungen zur Gleichstellung hat auch eine neue Repräsentativumfrage ans Licht gebracht: Danach sind Vorbehalte gegenüber Frauen in Männerberufen und in Führungspositionen unter Ostdeutschen - sowohl unter Männern als auch unter Frauen - weiter verbreitet als unter Westdeutschen; und auch die Ansicht, für die

eingegangen wird) und die Versorgung mit beruflichen Grundqualifikationen (1993:15). Da die DDR auf anderen Gebieten jedoch nicht in gleichem Ausmaß Veränderungsprozesse aufweist, ist seine These, daß Ostdeutschland heute unter einem Modernisierungsdruck steht, da sich die meisten Spezifika der ostdeutschen Sozialstruktur als Modernisierungsdefizite erweisen.

Sicherlich ist zuzustimmen, daß in Ostdeutschland in kürzester Zeit Prozesse eingeleitet werden (z.b. Verringerung des Tertiärisierungsrückstandes, Einkommenssteigerung, Motorisierung), die sich in der Bundesrepublik über Jahre hinzogen. Ebenfalls richtig ist, daß Ungleichheiten, die zwischen den beiden politischen Systemen in Ost und West bestanden, nun zu *innerstaatlichen* Ungleichheiten geworden sind und dadurch die erwartete Solidarität der Ostbevölkerung auf Altbundesbürger trifft, die ihren Wohlstand verteidigen. Dies ist natürlich durch die Anpassung an den Westen mitbedingt. Notwendig erscheint auch eine Leistungssteigerung der Sozialstruktur, um Leistungstransfers von West nach Ost zu verringern und um das ökonomische Gefälle abzubauen. All dies kann man bei entsprechender Definition als Modernisierungserfordernis bezeichnen.

Die Nivellierung vertikaler Ungleichheit mit einer Annäherung der Klassen und Schichten und einer Angleichung der Einkommen unterschiedlicher Berufsgruppen jedoch für eine mangelnde Dynamisierung (und damit fehlende Modernisierung) verantwortlich zu machen, den Mittelstand als unabdingbar für eine effiziente moderne Sozialstruktur zu bezeichnen und dieses mit dem Argument zu verbinden, der Mittelstand sei das sozialstrukturelle Zentrum von Leistungsmotivation (Geißler 1993:70ff), ist - obwohl es mit der Machtkonzentration in der DDR in Zusammenhang gebracht wird - nicht nur monokausal, sondern darüber hinaus hochgradig ideologisch geprägt. Damit wird Modernisierung und die Lösung systemimmanenter Schwierigkeiten tatsächlich weitgehend auf funktionale Differenzierung im Sinne von Davis/Moore[37] (1945) reduziert.

Andere Autoren sehen dementsprechend nicht so sehr die fehlende soziale Differenzierung als Ursache für die Krise des DDR-Staates, sondern die tradierten *autoritären* und *zentralistischen* Strukturen, die sich als Hemmfaktoren im Modernisierungsprozeß erwiesen (u.a. Gläßner 1991b:33). Durch den Anspruch des Staates, alle gesellschaftlichen Bereiche seinem lenkenden und regelnden Zugriff zu unterwerfen, wurde eine problem- und sachbezogene Politik verhindert. Damit nahm die Vergesellschaftung fast ausschließlich Formen der Verstaatlichung an. Es bestand stets der Doppelcharakter von festgelegten Bedürfnisse der Menschen und Anwendung repressiver Maßnahmen (Gläßner 1991b:36).

Betreuung der Kinder sollte in erster Linie die Mutter zuständig sein, ist unter ostdeutschen Frauen häufiger anzutreffen" (Geißler 1993:66).

[37] K. Davis und W.E. Moore (1945) wollen die funktionale Notwendigkeit einer differenzierten sozialen Schichtung (d.h. soziale Ungleichheit) mit der unterschiedlichen Bedeutung sozialer Positionen und der Knappheit an geeignetem Personal darlegen. Nur mit sozialer Ungleichheit sei die Allokation des geeigneten Personals auf die wichtigen Positionen zu gewährleisten.

In diesem Zusammenhang ist nochmals auf den oben bereits angekündigten geschlechtsspezifischen Unterschied zurückzukommen. Trotz des aus ökonomischen
und ideologischen Gründen stattfindenden Abbaus geschlechtsspezifischer Unterschiede in Arbeitswelt, Politik und Bildungsbereich bestanden weiterhin gravierende Benachteiligungen der Frauen. Der Gleichstellungsvorsprung gegenüber dem
Westen betrifft im wesentlichen nur die strukturelle Oberfläche, während die
'Sozialmentalität' der Bevölkerung nur wenig berührt wurde (Geißler 1993:14).

Nickel (1991:151) unterscheidet drei Dimensionen gesellschaftlicher, geschlechtsspezifischer Arbeitsteilung, in denen Frauen auch in der DDR benachteiligt waren.
Diese Dimensionen sind zwar nicht immer trennscharf, aber zur Beschreibung der
bestehenden Ungleichheit sind sie doch illustrativ. Unterschiede zwischen den Geschlechtern bestanden demnach auch in der DDR

1. in der vertikalen und horizontalen unterschiedlichen sozialen Stel-
    lung im System der vergesellschafteten Berufsarbeit;
2. in der Zuständigkeit für Produktions- und Reproduktionsleistungen,
    somit in der sozialisationsbedingten Zuschreibung von Pflichten und
    Verantwortung;
3. in der routinemäßigen Lebensproduktion im Rahmen von Familie
    und Privatheit, d.h. Alltagspraxis (Nickel 1991:151).

Durch die Arbeitsteilung in der Familie bestanden zusätzliche Belastungen für
Frauen. Denn sie waren auch in der DDR von Doppelrolle und Doppelbelastung
betroffen. Zudem wurden auch in der DDR Frauen systematisch aus Männerberufen - wie auch umgekehrt Männer aus Frauenberufen - ausgegrenzt, wodurch aber
gerade Frauen besonders betroffen waren. Somit konnten ideologische Zielvorga-
ben nicht erreicht werden, weil auch in der DDR Frauen auf unattraktiveren und
geringer qualifizierten Arbeitsplätzen überproportional vertreten waren und Spit-
zenpositionen von ihnen seltener erreicht wurden (Kreckel 1993:56). Dies betrifft
u.a. auch den Bereich der Wissenschaft, in dem zwar fast die Hälfte des wissenschaftlichen Fachpersonals Frauen waren, jedoch lag ihr Anteil an DozentInnen,
ProfessorInnen und LeiterInnen größerer Struktureinheiten kaum über 15 Prozent
(Nickel 1991:153f).

Es konnte somit politisch und ideologisch zwar immer auf eine Gleichberechtigung
verwiesen werden, aber die meisten Frauen erfuhren die Diskrepanz zwischen
Realität und Ideologie in ihrem Alltag. Die formale Gleichberechtigung verlangte
den Frauen das Äußerste ab, veranlaßte aber Männer nicht zur Aufgabe traditioneller Privilegien (Nickel 1991:159).

Natürlich bestanden und entwickelten sich neben nivellierenden Effekten in der
DDR weitere soziale Ungleichheiten u.a. durch Prämien für politische Loyalität,
Zurücksetzung bei politischer Verweigerung bzw. Opposition, Positionen in informellen sozialen Netzwerken, die zu verbesserter Güterausstattung führten, ver-
schlechterte Arbeits- und Lebensbedingungen in Altindustrien, sozialpolitische Benachteiligung der älteren Generationen und familienpolitisch motivierte Begünsti-
gungen jüngerer Menschen (Geißler 1993:15). Generell zeigt sich, daß auch in der

DDR Spielräume für Individualisierungs- und Modernisierungstendenzen bestanden, diese jedoch nicht so umfangreich waren, wie in der ehemaligen BRD. Daher sind die Auswirkungen der Wende auf die Bevölkerung Ostdeutschlands um so stärker einzuschätzen.

Mit der Wende tauchen Veränderungen und vielfältige Problemlagen auf. Innerhalb kürzester Zeit verändern sich ökonomische, politische und rechtliche Rahmenbedingungen, wodurch sich tiefgreifende sozialstrukturelle Veränderungen und Umwälzungen ergeben. Dabei brechen gewohnte Gruppen und Normensysteme zusammen, Menschen werden aus ihren sozialen Beziehungen und Bindungen gerissen, wobei z.T. neue soziale Formationen entstehen (Geißler 1993:7). Jedoch werden auf allen gesellschaftlichen Ebenen kaum adäquate Voraussetzungen geschaffen, mit diesen Problemen umzugehen. Zuzustimmen ist dem Einwand Geißlers (1993), daß es sich bei den Veränderungen in Ostdeutschland nicht *nur* um einen Transformationsprozeß handelt, sondern in Intensität und Umfang um eine Umwälzung (Umbruch) sämtlicher politischer und ökonomischer Bereiche sowie aller Lebenssphären.[38]

Diese Umwälzung ist begleitet von Zusammenbrüchen weiter Teile der Wirtschaft und der Landwirtschaft, ständig steigender Arbeitslosigkeit, Entwertung selbst aufgebauter Güter und vormals hochbewerteter Leistungen, Dequalifikationsprozessen, weitreichenden Veränderungen von Gewohnheiten und Alltagsroutinen sowie tiefgreifenden sozialen Differenzierungen. Der Übergang zur Marktwirtschaft fällt damit mit unzähligen Problemen für die Menschen zusammen, so daß ohne Übertreibung von Umbruch und Krisenlage gesprochen werden kann.

Gerade durch solche Probleme, die mit existentiellen Orientierungskrisen verbunden sind, entsteht bei einem Teil der Bevölkerung das Gefühl, daß eine Abhängigkeit gegen eine andere ausgetauscht wurde (Reißig 1991:89). Vieles spricht daher dafür, daß Individuen unterschiedlich in gesellschaftliche Vorgaben und Erwartungen eingebunden waren und daher auch unterschiedlich von den Veränderungen betroffen sind. Das unterstreicht die Notwendigkeit neben den objektiven, systembedingten Modernisierungsdimensionen auch lebensweltliche Veränderungen zu berücksichtigen. Damit müssen auch die Auswirkungen des Transformationsprozesses auf sozialpsychologischer Ebene im Spannungsfeld von System- und Lebenswelt betrachtet werden, zumal die Ostdeutschen seit der Wiedervereinigung beständig an Wertschätzung und politischem Gewicht verloren haben und sich häufig als Bürger zweiter Klasse fühlen [vgl. auch Koch (1991a) und Woderich (1992)].[39]

---

[38] Gerade auf die Lebenssphären wird in der vorliegenden Arbeit besonderer Bezug genommen.

[39] Eine Lösung aus solchen Problemlagen sieht Lay (1993) in erweiterten Partizipationsmöglichkeit in verschiedenen Bereichen: „Ein wichtiges Instrument könnte dabei die Konstruktion regionaler Identitäten - nicht nur auf Länderebene - sein, die als immaterieller Impuls wirken können." Wobei hier deutlich auszuarbeiten ist, was unter regionaler Identität zu verstehen ist, wie weiterreichende Partizipationsmöglichkeiten aussehen und auf welche Ebenen sie sich beziehen müßten.

Für eine solche Sichtweise sprechen auch objektive Bedingungen, die zudem deutlich machen, daß eine Übernahme von DDR-Errungenschaften, auf welchem Gebiet auch immer, unwahrscheinlich ist. Kreckel (1993:46) faßt dies in zwei Thesen zusammen:

> „Das politische und ökonomische System der früheren DDR ist grundlegend diskreditiert und zum Teil auch kriminalisiert worden. Strukturmerkmale der ehemaligen DDR-Gesellschaft haben deshalb nur dann eine Chance zum Überleben im vereinigten Deutschland, wenn sie mit den Prinzipien des bundesrepublikanischen Systems kompatibel sind.
>
> Betrachtet man die bloßen Zahlenverhältnisse zum Zeitpunkt der staatlichen Vereinigung (16 Millionen DDR-Bürger und 63 Millionen Einwohner in der BRD, so ist klar: Die DDR ist zwar nicht 'kolonialisiert' worden, denn der Beitritt zur BRD war durch demokratisches Verfahren legitimiert. Die dort lebenden Bürger werden aber, ebenfalls nach demokratischen Verfahren, im vereinigten Deutschland majorisiert, da für sie ein Minderheitenschutz nicht in Sicht ist."

Es läßt sich ein Vorgang der „kollektiven Herabsetzung" konstatieren, „der alle mit dem DDR-Stigma behafteten Personen betrifft" (Kreckel: 1993:58). Gravierend sind hierbei neben den strukturellen Benachteiligung in bezug auf Wohnung, Arbeitsplatz, Herkunft der Qualifikation und Eigentümlichkeiten der DDR-spezifischen Biographie insbesondere subjektive Empfindungen und Benachteiligungen.[40]

Als die „Deutschen zweiter Klasse" (Stiehler/Niethammer 1991) empfinden sich die Bürger der fünf neuen Bundesländer mittlerweile aber auch aufgrund der Unterschiede in den Lebensbedingungen, die sicherlich noch längerfristig bestehen bleiben werden. Ein Wir-Gefühl bestand schon bald nach der Wende nur noch in Abgrenzung zum Westen. „Auf diese somit per Negation definierte kollektive Identität, die teilweise von DDR-Nostalgie begleitet wird, sind die Bürger der neuen Bundesländer um so mehr verwiesen, je stärker sie 'westdeutsche(n) Besatzer-Allüren' wahrzunehmen meinen" (Bergem 1993:250). Weiterhin ist für Deutschland ein vollintegrierter jedoch ungleichgewichtiger Arbeitsmarkt zu erwarten. Es werden damit zwar die gleichen Löhne bezahlt, aber die Beschäftigungszahlen differieren in Ost- und Westdeutschland. „Die allgemeinen Voraussetzungen für die Ausdehnung der meritokratischen Ungleichheitsordnung der alten BRD auf das gesamte Territorium scheinen damit gegeben zu sein" (Kreckel 1993:53). Generell ist sowohl nach subjektiven als auch nach objektiven Bedingungen, die sich vor allem in Hinblick auf die Stellung am Arbeitsmarkt und die Lebensbedingungen zeigen, eine Deprivation der Ostdeutschen zu konstatieren. Bezieht man zudem noch die bereits angesprochenen Stigmatisierungen ein, deren Wirkung für die solcherart Stigmatisierten lebensweltverändernde Dimensionen einnehmen [(vgl. z.B. Goffman (1975) und Elias/Scotson (1993)], wird zudem nochmals deutlich, wie stark die Folgen von Abwertungsprozessen durch Westdeutsche sein können.

---

[40] „Die 'geteilte' Ungleichheit in der vereinigten deutschen Staatsgesellschaft erweist sich als gespaltene Ungleichheit. Im heutigen Deutschland ist es ein Handikap, Ostdeutscher zu sein" (Kreckel 1993:59).

Zu diesen bipolaren Differenzen treten aber noch interne Differenzierungen hinzu. Die strukturellen Bedingungen führen dazu, daß die in den alten Bundesländern benachteiligten Gruppen auch in den neuen Ländern die am schlechtesten Gestellten sind: Un- und Angelernte, Frauen und kinderreiche Familien. Eine Besonderheit stellen Personen im Vorruhestand, Empfänger von Übergangszahlungen sowie Langzeitarbeitslose dar.[41] „Der Zusammenbruch des Sozialismus kam für sie (gemeint ist diese Personengruppe S.B.) gleichzeitig zu früh und zu spät - zu früh, weil sie noch nicht aus dem Erwerbsleben ausgeschieden war und von den Vorteilen profitieren konnte, die der soziale Umbruch für RentnerInnen brachte, und zu spät, weil sie nicht mehr jung genug ist, um die Arbeitsmarktkrise erfolgreich zu bewältigen" (Geißler 1993:26).[42]

Zudem kommt es in verschiedenen Generationen zu Unterschieden in der Werthaltung und in den Erwartungen. Schon zu DDR-Zeiten verglichen viele Jugendliche ihre Lebenslage in der Regel mit der in der BRD, viele Ältere noch mit der Nachkriegszeit (Reißig 1991:82). Daraus ergeben sich gerade für die Jungen Erwartungen an eine schnelle Angleichung an bisher wahrgenommene westliche Standards.

Aber auch die in der DDR stattgefundenen Enttraditionalisierungen und Veränderungen sozialer Milieus im Arbeiterbereich führen dazu, daß die Arbeiterklasse, als zumindest nach der sozialistischen Ideologie herrschende Klasse, paradoxerweise ihrer politischen, sozialen und kulturellen Tradition beraubt wurde, was sich negativ auf ihre Chancen im Transformationsprozeß auswirkt. Mitglieder dieser Klasse haben die geringsten Möglichkeiten der Interessenwahrung, während die stärker berufs- und werksverbundenen Facharbeiter und Ingenieure ihre sozialen Beziehungs- und Interessennetze deutlich besser nutzen können (Hofmann/Rink 1993a:164). Das macht die Situation von Arbeitern besonders belastend, während andere, die teilweise sogar durch die Vergangenheit im System diskreditiert sind, sehr viel mehr Chancen und Möglichkeiten besitzen. Aber solche Probleme finden sich nicht nur bei Arbeitern. Auch die Lage der ehemals in der Landwirtschaft Beschäftigten ist durch Betriebsumstellung und Privatisierung belastet. Hinzu kommt noch, daß gerade diese Gruppen im „Arbeiter-und-Bauern-Staat" in ökonomischer Hinsicht eine bevorzugte Stellung innehatten (Meyer/Uttitz 1993:222), wodurch die mit der Wende zusammenfallenden Veränderungen um so einschneidender sind.

---

[41] Das führt Geißler (1993:26) dazu, diese Gruppe als „benachteiligte Generation" im Sinne Karl Mannheims zu bezeichnen. Mannheim verweist auf die gleichen gesellschaftlichen Bedingungen, denen Generationen ausgesetzt sind: „Durch die Zugehörigkeit zu einer Generation, zu ein und demselben 'Geburtsjahrgang' ist man im historischen Strome des gesellschaftlichen Geschehens verwandt gelagert" (1965:35). Diese spezifische „Lagerung" im sozialen Raum „schaltet also primär eine große Zahl von möglichen Arten und Weisen des Erlebens, Denkens, Fühlens und Handelns überhaupt aus und beschränkt den Spielraum des Sich-Auswirkens der Individualität auf bestimmte umgrenzte Möglichkeiten" (Mannheim 1965:36). Auf die besondere Lage der „Vorruheständler" machen verschiedene Studien aufmerksam (vgl. Kretzschmar et al. 1992; Ernst 1994; Kretzschmar/Wolf-Valerius 1995).

[42] Die Benachteiligung der Menschen im Vorruhestand wird bei der Vorstellung der empirischen Ergebnisse ausgiebig behandelt.

Durch den Umbruchprozeß wurde außerdem ein enormer Individualisierungsschub ausgelöst und ein Großteil der DDR-Bevölkerung aus traditionellen Bindungen, Orientierungen, Sicherheiten und Milieus herausgerissen. Eine solche Individualisierung schlägt sich sowohl in erweiterten politischen und ökonomischen Handlungsalternativen nieder als auch in Anomie, Orientierungskrisen, Ängsten und Identitätsproblemen (vgl. Habich u.a. 1991:27).

Auf diesen Doppelcharakter von Individualisierung macht auch Luuz (1992:38) aufmerksam, denn zunehmende Individualisierung heiße nicht nur gesteigerte Autonomiechancen, sondern bedeute auch Sprengkraft, die die bestehende Gemeinschaft bedrohe. Die Ambivalenz eines doppelseitigen Modernisierungsprozesses mit Verlust alter Sicherheiten und sozialer Muster ohne den Aufbau neuer Orientierungsmuster konstatieren auch Weidenfeld/Korte (1991:5). Der Prozeß ist damit gekennzeichnet von zunehmender Freiheit ohne weitergehende Flexibilität, Auseinandersetzung und Einübung neuer Orientierungsmuster.

Jedoch führt ein solcher Umwälzungsprozeß zu Problemen ganz anderer Art, denn er trifft eine DDR-spezifische Mentalität, die in psychischen Strukturen und im sozialen Habitus verwurzelt ist (Meyer/Uttitz 1993:242).[43] Grundpositionen dieser 'DDR-Mentalität' werden als konventionell, konformistisch und angepaßt beschrieben (Woderich 1991, 1992; Maaz 1991). Soziale Kompetenzen wie Eigenständigkeit, Selbstbestimmung und Durchsetzungsfähigkeit, die mit der Wende gefordert sind, stehen im Unterschied zu traditionellen Habitusformen (Stojanow 1991). Besonders stark trifft dies auf die ländliche Bevölkerung mit „traditioneller Bodenständigkeit" (Geißler 1992:113) und einem spezifischen „bäuerlichen Konservatismus" (Meyer/Uttitz 1993:243) zu. Gerade im ländlichen Raum fehlen darüber hinaus noch Beschäftigungsmöglichkeiten, wodurch im besonderen Maße Ältere betroffen sind. Generell zeigen sich bei der ostdeutschen Bevölkerung eher Orientierungen an *kollektiven* Lösungen und weniger *individuelle* Einzelinitiativen (Noll 1992:5). Treibel (1993) stellt zudem fest, daß im Westen mehr Wert auf Individuierung gelegt wurde, während im Osten die Sozialisation in der Gemeinschaft im Vordergrund stand. Damit steht bereits seit frühster Kindheit auf der einen Seite Selbständigkeit und Individualität und auf der anderen der Aufbau einer „sozialistischen Persönlichkeit" innerhalb eines Kollektivs.[44]

Dieses zeigt auch Folgen in der Werthaltung, die auch in Zusammenhang mit individuellem und kollektivem Habitus steht. Wie bei Lay (1993) in Anlehnung an Untersuchungen zur Wendeproblematik herausgestellt wird, unterstützen die Westdeutschen ein System, in dem es der einzelne weit bringen kann, er aber auch das Risiko trägt, hinter den anderen zurückzubleiben. Dagegen bevorzugen die Ostdeutschen ein System, in dem keiner hoch hinauskommt, dafür aber ein bestimmtes

---

[43] In diesem Zusammenhang sprechen Meyer/Uttitz (1993) sogar von „mentalen Altlasten".

[44] Nach Ronge (1990) werden die DDR-Bürger noch lange eine „Wir"- statt einer „Ich"-Mentalität aufweisen. Zu einem ähnlichen Ergebnis gelangen Hofmann/Rink in einer qualitativ durchgeführten Studie: „Die subjektive Modernisierung wird in Ostdeutschland nicht so stattfinden wie im Westen. Für eine in Generationen zu bemessende Zeit wird der mentale Unterschied zwischen Ost- und Westdeutschen bestehen bleiben" (1993b:221).

Maß an sozialer Sicherheit vorhanden ist. Zudem bestanden in der DDR vielfältige Fremdzwänge, alleine schon durch die Notwendigkeit sich in irgendeiner Weise anzupassen. Dagegen wird die westdeutsche Gesellschaft durch ein höheres Maß an Selbstzwängen charakterisiert, die über „Verkrampfung" und „Fassaden-Management" (Kuzmics 1989) auch immer auf individuelle Bewältigungsmuster hindeuten. Demgegenüber habe der „vormundschaftliche Staat" der DDR Spuren hinterlassen, so daß sich generell Erwartungen an die neue Obrigkeit wenden und nicht darauf richten, neue soziale und politische Alternativen zu suchen (Lötsch 1991:136).

Die bisherige Diskussion sollte zeigen, daß mit dem Begriff „*Modernisierung*" unterschiedliche Prozesse gefaßt werden und es dabei häufig offen bleibt, was eigentlich Modernität ausmacht. Der Transformationsprozeß kann in einigen Bereichen durchaus als Modernisierung verstanden werden, sofern dieser Begriff wertfrei benutzt wird. In anderen Bereichen sollte jedoch auf diesen Begriff verzichtet werden, zumal Modernisierung eine ideologische Wertung bedeuten würde. Als umfassendster Aspekt der Veränderung wird hier die zunehmende Individualisierung mit dem Umbau sozialer Beziehungen, der Neuformierung gesellschaftlicher Organisationen mit dem Wegfall des „Fürsorgestaates" gesehen. Auch wenn es zu DDR-Zeiten im privaten Bereich und teilweise in „Nischen" die Möglichkeit einer Individualisierung gab (wie dies von verschiedenen Autoren zutreffend beschrieben wird), bekommen diese Individualisierungsprozesse erst im gesellschaftlichen Transformationsprozeß einen umfassenderen Charakter. Die neue Qualität ergibt sich daraus, daß nun alle betroffen sind und sich niemand mehr entziehen kann. Dieser Prozeß ist verbunden mit einer Pluralisierung von Lebenschancen und weitreichender sozialer Differenzierung. Insbesondere dieser Aspekt des Aufbaus von Klassen und Klassengegensätzen läßt Zweifel an der Richtigkeit aufkommen, den Transformationsprozeß in den neuen Ländern uneingeschränkt als Modernisierung zu bezeichnen.[45] Zumal dieser Begriff mit weitreichenden Implikationen und Konnotationen in Richtung einer egalitären Gesellschaft verbunden ist.

Es konnte vielmehr aufgezeigt werden, daß der Modernisierungsprozeß, wie er z.B. von Beck (1985) oder Giddens (1991) verstanden wird, mit vielfältigen Individualisierungstendenzen und sozialen „Entwurzelungen" einhergeht. Waren deren Analysen in erster Linie auf westliche Industriegesellschaften bezogen, die einen relativ krisenfreien Wandlungsprozeß durchlaufen, so dürften solche Folgen um so dramatischer bei einem zusätzlichen Wandel sämtlicher ökonomischer und politischer Grundlagen ausfallen. Individualisierung in Ostdeutschland soll daran anschließend als weitgehende „Entkollektivierung" verstanden werden - als Herauslösung aus bestehenden sozialen Beziehungen mit einem gleichzeitigen Verlust nahezu aller Orientierungsmuster. Damit können sich bisher funktionierende Problemlösungs- und Anpassungsstrategien bei fortschreitender gesellschaftlicher Veränderung als inadäquat erweisen.

---

[45] Zudem ist es fraglich, Tendenzen, die mit Entwurzelung, Orientierungslosigkeit und Verlust sinnstiftender Strukturen verbunden sind, vorbehaltlos positiv einzuschätzen, wie dies der Modernisierungsbegriff zumindest suggeriert.

Die bisherige Darstellung hatte zur Aufgabe die gesellschaftlichen Rahmenbedingungen von einer theoretischen Perspektive zu erörtern und einen Zusammenhang zur Situation in Ostdeutschland herzustellen. Es sollte deutlich werden, daß Ostdeutschland nicht als Teilgebiet der Bundesrepublik gesehen werden kann, das immer stärker von westlichen Entwicklungen profitiert. Denn die stattfindenden weitreichenden sozialen Umwandlungsprozesse sind gleichzeitig mit Verlust- und Entfremdungserlebnissen verbunden. Daher zeigte die Diskussion des Modernisierungsbegriffs, daß unilineare Entwicklungen auf gesellschaftlicher Ebene kaum vorzufinden sind und die Bevölkerung in Ostdeutschland neben einem zweifellos vorhandenen Nutzengewinn auch immense Kosten durch die Vereinigung zu tragen hat. Diese lassen sich jedoch in ihrem Ausmaß für die betroffenen sozialen Akteure nur auf der mikrosozialen Ebene begreifen. Es darf aber keinesfalls übersehen werden, daß derartige Prozesse nur adäquat verstanden werden können, wenn gesellschaftliche Rahmenbedingungen, auf deren Hintergrund diese Prozesse stattfinden, mitgedacht werden.

Eine Betrachtung individueller Belastungen aufgrund der Wende fokussiert den Blick auf lebensweltliche Zusammenhänge. Alltagsroutinen und Orientierungslosigkeit lassen sich nur im sozialen Milieu der Betroffenen begreifen. Gleichzeitig können traditionelle Bewahrungsmuster und ein Umbau sozialer Kompetenz in ein solches theoretisches Konzept eingefaßt werden. Weiterhin können die in der neueren Literatur zum Anpassungsprozeß der neuen Bundesländer angetroffenen Betroffenheitsgrade und Verarbeitungsmuster auf dieser Ebene empirisch überprüft werden: z.B. inwieweit kollektive Herabsetzungen und Ungerechtigkeit wahrgenommen werden und Erwartungen und Chancen beeinträchtigen; inwieweit individuelle Bewältigungsarten versagen und kollektive an ihre Grenzen stoßen. Der damit angesprochene theoretische Rahmen ist mit den Stichworten sozialer Habitus (Bourdieu 1987) und Identität (u.a. Mead 1973) verbunden. Die Klärung dieser Begriffe und ihre Bedeutung innerhalb des gesellschaftlichen Transformationsprozesses sind Thema des folgenden Kapitels.

2. Identität und Habitus als Mediatoren gesellschaftlichen Wandels

Den Begriffen *Habitus* und *Identität* kann ein ambivalenter Charakter zugeschrieben werden. Beide Konstrukte werden in ihrer theoretischen Fassung als von den gesellschaftlichen Rahmenbedingungen geprägt gesehen. Gleichzeitig wird aber ihre prinzipielle Veränderbarkeit betont. Damit erhalten sie neben einem prozessualen, wandelbaren auch einen statischen, konsolidierenden Charakter. Mit Identität ist zum einen die Schaffung und die Erhaltung von Kontinuität angesprochen, die *Selbstähnlichkeit* auch in historischer Perspektive.[46] Mit Identität wird gleichzeitig die soziale *Kompetenz* thematisiert, wie angesichts veränderter Bedingungen eine adäquate Anpassung an bestehende Verhältnisse erfolgen kann, ohne daß die aufgebaute und dargestellte Kontinuität zerstört wird (vgl. auch Krappmann 1979). Neben individueller Kontinuität und Anpassung läßt sich im theoretischen Modell auch kollektive Identität erfassen, d.h. gemeinsame Tradition, zusammen empfundene Zugehörigkeit und gegenseitig erbrachte Anpassungsleistungen. Die Fragestellung der theoretischen Konzeption *kollektiver Identität* wird in der vorliegenden Arbeit unter anderem im Rahmen ethnischer und räumlicher Identität thematisiert.

Eine ähnliche Begriffsbestimmung läßt sich auch für den Habitus im Sinne Bourdieus (1987) wiederfinden. Habitus bezeichnet Lebensentwürfe, Pläne, verfestigte Verhaltensformen und Distinktionsprozesse auf Grundlage *sozialstruktureller Bedingungen*. Durch diesen Bezug auf die Sozialstruktur, die sich in westlichen Industrienationen nur in langsamen Prozessen wandelt, erweist sich der Habitus anscheinend als weitgehend „robust" gegenüber Veränderungsprozessen. Jedoch erfolgen *sukzessive Anpassungsprozesse* an veränderte Bedingungen, weil durch gesellschaftliche Entwicklungsprozesse neue Lebensentwürfe, Pläne und Verhaltensformen ermöglicht werden, die in der Form vorher nicht vorhanden waren. Da diese neuen „Lebensstile" an sozialstrukturelle Bedingungen gekoppelt sind, lassen sich individuelle und kollektive Anpassungen auch als Annäherungen an gesellschaftliche Veränderungen begreifen. Im folgenden stehen zunächst die Konzeptionen Identität und Habitus im Mittelpunkt der Betrachtung. Danach wird der Versuch unternommen, die Konzeptionen auf die Entwicklung in Ostdeutschland zu beziehen.

---

[46] Auch bei Heidegger (1971:13) findet sich als einleitende Formel: „Der Satz der Identität lautet nach einer geläufigen Formel: A = A". Diese Leerformel wird konkretisiert: „Zu jedem Seienden als solchem gehört die Identität, die Einheit mit ihm selbst" (Heidegger 1971:16). Was dies bezogen auf Individuum und Gesellschaften heißt, ist Teil der vorliegenden Erörterungen.

2.1 Bourdieus Habituskonzept

In seinem Buch „Die feinen Unterschiede" bezieht Bourdieu (1987) Habitus auf die Sozialstruktur der Gesellschaft, die er als Klassenstruktur begreift. Somit wird im Habitus ein System von Dispositionen und Vorlieben zusammengefaßt, die als Denk-, Wahrnehmungs- und Beurteilungsschemata fungieren und als *Klassenethos* verstanden werden können.

Der Habitus leistet eine Vermittlung zwischen gesellschaftlicher *Struktur* und *Praxis* als den grundlegenden Elementen des gesellschaftlichen Reproduktionsprozesses. Die gesellschaftliche Struktur, in erster Linie verstanden als *Klassenstruktur* (allerdings nimmt Bourdieu auch Bezug auf ständische Ordnungen)[47], prägt mit dem Habitus bestimmte Dispositionen aus, die in Handlungen oder in strategische Anwendungen umgesetzt werden. Durch eine solche Umsetzung wird wiederum die zugrundeliegende gesellschaftliche Struktur permanent reproduziert (auf die damit intendierten Veränderungsprozesse wird unter 2.2 näher eingegangen). Damit ergeben sich bei dieser reproduktiven Praxis der Gesellschaft durchaus Anknüpfungspunkte an den symbolischen Interaktionismus[48] Meads (1973), in dem auch von einer reziproken Wechselwirkung zwischen Individuum und Gesellschaft ausgegangen wird.

„Der Habitus ist nicht nur strukturierende, die Praxis wie deren Wahrnehmung organisierende Struktur, sondern auch strukturierte Struktur: das Prinzip der Teilung in logische Klassen, das der Wahrnehmung der sozialen Welt zugrunde liegt, ist seinerseits Produkt der Verinnerlichung der Teilung in soziale Klassen" (Bourdieu 1987:279).

Unterschiedliche Existenzbedingungen bringen damit unterschiedliche Formen des Habitus hervor, die sich in verschiedenen Lebensstilen ausdrücken (Bourdieu 1987:279). Lebensstile sind systematische Produkte des Habitus, die mit Rückbeziehung auf die gesellschaftliche Struktur gesellschaftlich qualifizierte Merkmale konstituieren (z.B. „distinguiert" und „vulgär"). Damit sind der Geschmack und die Fähigkeit zur Aneignung bestimmter Gegenstände und Praktiken die Basis, die dem Lebensstil zugrunde liegt. Die einzelnen Bereiche des Habitus weisen eine gewisse *Totalität* auf, weil sie mit den anderen komplementär sind. Denn die Denk-, Verhaltens- und Beurteilungsschemata des Habitus überführen sozial definierte Grenzen in die „Naturwüchsigkeit" natürlicher Lebenswelten und werden von Bourdieu daher als *Doxa*[49] bezeichnet (Müller 1986:184). Die Menschen handeln

---

[47] Der ständischen Ordnung, auf der die Klassenstruktur historisch basiert, wird von Bourdieu (1987) durch die Einbeziehung der Abstammung (z.B. Adel, Titel, Status, Prestige) Rechnung getragen. Nicht nur durch den Bezug auf Stände sondern auch durch die spezifische Fassung des Habitus finden sich Parallelen zu dem von M. Weber geprägten Begriff der „*Lebensführung*" (1972).

[48] In Anschluß an Mead wurde der Begriff „symbolischer Interaktionismus" von dessen Schüler Blumer (1972; 1980) geprägt, konkretisiert und in seinen methodischen Leitsätzen und Implikationen näher dargelegt.

[49] Diese Denk-, Wahrnehmungs- und Beurteilungsschemata lassen damit sozial definierte Grenzen als natürlich gegeben erscheinen. Damit stellen sich soziale Bedingungen den Menschen anders dar, als sie tatsächlich sind. In Analogie zu Marx/Engels (MEW 3) haben sie damit ei-

solchen Doxa gegenüber, als seien diese feststehende, unveränderbare quasi natur-
gegebene Bedingungen. „Der Habitus erzeugt fortwährend praktische Metaphern,
bzw., in einer anderen Sprache, Übertragungen ... oder besser, durch die spezifischen Bedingungen seiner praktischen Umsetzung erzwungene systematische
Transpositionen..." (Bourdieu 1987:281).

Auf die Verknüpfung von Lebensstil, Habitus und Identität macht Honneth
(1984:160) aufmerksam. Wenn der Lebensstil über Habitus und Distinktion gefaßt
wird, wie es bei Bourdieu der Fall ist, ist er Ausdruck des gruppenspezifischen Ab-
grenzungsbedürfnisses und „integraler Bestandteil der Identitätssicherung" (Müller
1986:183). Zu beachten ist in diesem Zusammenhang auch die theoretische Nähe
zu Norbert Elias (auf den Bourdieu interessanterweise nur sehr begrenzt eingeht),
der eben dieses Distinktionsbedürfnis, das sich auch im Lebensstil manifestiert, als
eine Triebkraft des Zivilisationsprozesses sieht (1976). In ihrer Studie „Etablierte
und Außenseiter" gehen Elias/Scotson (1993) darüber hinaus auf die Abgrenzungs-
prozesse ein, die ebenfalls mit Distinktionsbedürfnissen, Machterhaltung und Ausbildung einer gemeinsamen Identität („Wir-Gefühl") zusammenhängen und bis zu
einer „Komplementarität von (eigenem) Gruppencharisma und (fremder) Gruppenschande" (1993:16) reichen. Distinktionsbedürfnisse führen somit nicht nur zu einer Verfeinerung von Sitten, Lebensführung und Lebensstilen, sondern schließen
immer auch *Abwertungsprozesse* sowie *Strategien* der *Machterhaltung* und *Ressourcensicherung* ein. Bei Elias findet sich hier der Figurationsbegriff, der - vereinfacht gesagt - deutlich macht, daß verschiedene Personen und Gruppen innerhalb
der sozialen Welt mit unterschiedlicher Machtausstattung agieren und versuchen,
ihre Interessen durchzusetzen. Bourdieu wählt in diesem Zusammenhang den Begriff des Feldes als Teil-Raum des sozialen Raumes. Er hat die Vorstellung eines
mehrdimensionalen Raumes, in dem Akteure und Akteurgruppen durch ihre relative Stellung im Raum (d.h. ihre Ressourcenausstattung) definiert sind. Innerhalb eines solchen Feldes, das auch als Kräftefeld beschrieben werden kann, und dessen
Kräfteverhältnisse sich allen Agierenden als Zwang auferlegen, wird um die Wahrung oder Veränderung der Kräfteverhältnisse gerungen (Bourdieu 1985:74).

Bei den von Bourdieu dargestellten Prozessen entsteht die Abgrenzung - die in
ähnlicher Weise auch bei Elias (1976; 1993) zu finden ist - daher nicht ohne Bezugnahme auf sozialstrukturelle gesellschaftliche Ungleichheit, denn bei der Aneignung von Gegenständen und Praktiken bedienen sich Individuen unterschiedlicher *Kapitalformen* als Ressourcen, über die nicht alle Gesellschaftsmitglieder in
gleichem Maße verfügen. Bourdieu (1983; 1987) unterscheidet dabei ökonomi-

---

nen entfremdeten Charakter. Es handelt sich um Ideologien, die tatsächliche Zusammenhänge
verschleiern. G. Lukács (1970:174) spricht entsprechend von einer *„zweiten Natur"*, da die
hinter diesen Vorstellungen liegende Realität von den darin lebenden Menschen kaum wahrzunehmen ist und sie folglich als unabänderbar erscheinen. Der Begriffsapparat Bourdieus
und die zugrunde liegenden gesellschaftlichen Zusammenhänge verweisen auf die Nähe dieses Ansatzes zu den Klassikern sozialistischen Denkens. Dennoch distanziert sich Bourdieu
vor allem dadurch vom Marxismus, daß er das darin enthaltene Primat des Ökonomischen zu-
rückweist (vgl. Bourdieu 1985:9). Deutlich wird dies auch an der bedeutenden Rolle, die
Bourdieu dem kulturellen Kapital zuerkennt (1987).

sches, soziales und kulturelles[50] Kapital. Diese unterschiedlichen Kapitalformen lassen sich z.T. wiederum in die jeweils anderen Kapitalformen überführen.

Inhaltlich ist der Habitus eng an die Verfügbarkeit unterschiedlicher Kapitalformen gebunden, denn die Kapitalausstattung sorgt dafür, daß nicht alles möglich bzw. unmöglich ist. Die Verteilungsstruktur des Kapitals entspricht der Struktur der gesellschaftlichen Welt (Bourdieu, 1983:183). Die ungleiche Verteilung der verschiedenen Kapitalformen sorgt für die Aneignung von Profiten und für die Möglichkeiten, Normen und Regeln durchzusetzen, die für die weitere Akkumulation und Reproduktion günstig sind (vgl. Bourdieu 1983:188).[51] In einem späteren Aufsatz weist Bourdieu darauf hin, daß der Habitus jedoch nicht nur durch Kapitalformen bestimmt wird, sondern auch durch Geschlecht, soziale Stellung, soziale Herkunft und ethnische Zugehörigkeit (1993:81). Dies provoziert die Frage, wo denn der genaue Unterschied zwischen diesen Faktoren und den Kapitalformen zu sehen ist. Denn offensichtlich verbergen sich hinter den genannten vier Faktoren nichts anderes als gesellschaftliche Reproduktionsbedingungen und Aneignungschancen, die damit analytisch auf die umfassenden Kapitalbegriffe bzw. die einzelnen Kapitalformen zurückzuführen sind.

Was aber meint Bourdieu genau mit den von ihm angesprochenen Kapitalformen? Zunächst geht er von einem allgemeinen Kapitalbegriff aus, der nur sehr begrenzt mit dem von Marx (Eigentum an Produktionsmitteln) zusammenfällt. Für Bourdieu gewinnt insbesondere der kulturelle Bereich von Gesellschaften eine wichtige Rolle. Kapital hat damit nicht nur die rein ökonomische Erscheinungsform. Der Austausch von Waren ist nur eine spezielle Form gesellschaftlicher Tauschprozesse.[52]

Ökonomisches Kapital bedeutet Verfügbarkeit über materielle Güter. Ökonomisches Kapital ist vor allem in ausdifferenzierten, spätkapitalistischen Gesellschaften mehr oder weniger in Geld überführbar und durch das Eigentumsrecht geschützt. Die Verfügung über ökonomisches Kapital ist ein Mittel, um sich gesellschaftliche Ressourcen zu sichern, jedoch ist es weder das alleinige noch das hauptsächliche Mittel. Denn dadurch, daß Bourdieu noch andere Kapitalformen benennt und auf deren gesellschaftliche Tragweite hinweist, bekommt die ökono-

---

[50] Bourdieu findet in „Die feinen Unterschiede" (1987) seine empirischen Belege und Beispiele in der französischen Gesellschaft, also einer entwickelten kapitalistischen Gesellschaft. Vor allem in Frankreich spielt nach Bourdieu das kulturelle Kapital in bezug auf Distinktion eine gewichtige Rolle. Die Generalisierbarkeit solcher Aussagen auf andere Gesellschaften hängt sicherlich sehr stark von den zugrunde liegenden Abgrenzungsprozessen verschiedener Gruppen, Schichten und Klassen ab.

[51] Solche Prozesse, bei denen versucht wird, die eigenen Vorteile zu sichern, lassen sich nicht nur in ökonomischen Begriffen verstehen. Sie können bereits dann beginnen, wenn bestimmte Gruppen, die andere als Bedrohung oder Außenseiter verstehen, versuchen, sich abzugrenzen. „Die Exklusivität der Etablierten hat sicher die soziale Funktion, die Machtüberlegenheit ihrer Gruppe zu wahren" (Elias/Scotson 1993:18). Mit Max Weber (1972:28) könnte man hinzufügen, gleichviel worauf diese Machtpotentiale basieren.

[52] Soziales Handeln wurde bereits von der Verhaltenstheorie als Tauschprozeß aufgefaßt (vgl. Homans 1960; Blau 1964).

40

mische Seite nicht die Bedeutung für gesellschaftliche Produktions- und Reproduktionsprozesse, wie dies z.b. bei Marx der Fall ist.

Einen relativ breiten Rahmen in Darstellung und Relevanz bekommt bei Bourdieu daher das *kulturelle Kapital,* das wiederum unterteilt wird in kulturelle Güter (objektivierter Zustand bzw. objektiviertes kulturelles Kapital), eine dauerhafte Dispositionen (inkorporiertes Kapital), und *institutionalisiertes* Kapital. Mit dem letzten sind z.b. berufsständische und akademische Titel angesprochen (Bourdieu spricht in diesem Zusammenhang von „Bildungsadel" [1987:31]), die über vorhandene und zugeschriebene Kompetenz sowie symbolischen Gehalt ganz bestimmte Aneignungs- und Reproduktionschancen eröffnen. Symbolik bedeutet aber, daß institutionalisiertes Kapital für diese „Wirkung" der Anerkennung innerhalb der Gesellschaft bedarf.

Objektiviertes kulturelles Kapital sind z.b. Bilder, Bücher, Kunstwerke und technische Instrumente. Der Unterschied zum ökonomischen Kapital ist dabei nicht besonders ausgeprägt, da diese Gegenstände mit Geld bezahlbar sind oder sich direkt in Geld umtauschen lassen.

Inkorporiertes kulturelles Kapital zeichnet sich gegenüber dem objektivierten Kapital dadurch aus, daß es kein einfach umrechenbares geldwertes Äquivalent besitzt. Mit inkorporiertem Kapital werden Fähigkeiten, Fertigkeiten und Wissen angesprochen, die durch Bildung angeeignet werden und deren Aneignung in erster Linie Zeit kostet. Die „Bildungsarbeit" zur Akkumulation dieses Kapitals setzt somit Individuen voraus, die diese Zeit aufbringen. Daher ist inkorporiertes Kapital nicht übertragbar bzw. nicht „konvertibel". „Das *Delegationsprinzip* ist hier ausgeschlossen" (Bourdieu 1992:55; Hervorhebung im Original). Damit fällt die Akkumulation schwerer als bei anderen Kapitalformen. Gleichzeitig verweist diese Kapitalform auf „Akkumulationsvorsprünge", die an den Habitus gekoppelt sind. Dieses Kapital wird wie Teile des Habitus in der Sozialisation angeeignet - man bedenke die angesprochene Totalität -, wodurch klassenspezifische Unterschiede aus der Herkunftsfamilie reproduziert werden und Möglichkeiten bzw. Hindernisse für die Kapitalakkumulation schaffen. Gerade inkorporiertes Kapital, also sukzessiv angeeignetes Wissen, wird zum festen Bestandteil des Individuums. An ihm wird deutlich, daß das Haben zum Sein wird und damit zum *Habitus.*

Bedeutsam dürfte darüber hinaus sein, daß das kulturelle Erbe einer Gesellschaft (bzw. Gemeinschaft) nicht mehr - wie es in den Begriffen von Durkheim (1988) mit dem kollektiven Bewußtsein und Halbwachs (1985) mit dem kollektiven Gedächtnis anzuklingen scheint - allen Mitgliedern gleichermaßen verfügbar ist,[53]

---

[53] Diese Interpretation, die die Begriffe von Durkheim und Halbwachs mit angeeignetem Wissen in Verbindung bringt, ist sehr weitreichend und gewagt, verdeutlicht aber treffend den gemeinten Sachverhalt, auch wenn verschiedene Entwicklungsstufen zu differenzierten Gesellschaftsformen einfach unbeachtet bleiben. In früheren Gesellschaften basierte das Handeln stärker auf einer gemeinsam geteilten Kultur. Element dieser Kultur war nicht zuletzt der religiöse Glaube, der eine Erweiterung des geteilten Wissens erschweren konnte und zudem verhaltensregulierend wirkte. Für den Fortbestand der Gemeinschaft notwendiges und handlungsleitendes Wissen war damit geteiltes Wissen. „Bei den einfachsten Gesellschaften bestehen die kollektiven Glaubensvorstellungen in der Religion; das Strafrecht ist religiöses

sondern über Bildung vermittelt werden muß. Dadurch ist dieses Wissen nicht mehr „Allgemeingut", sondern kann von verschiedenen gesellschaftlichen Gruppen unterschiedlich angeeignet werden und bekommt den Charakter von *kulturellem Kapital*.[54] Es besteht eine Beziehung zwischen dem akkumulierten Bildungskapital, der sozialen Herkunft und den kulturellen Praktiken. Neben den dadurch entstehenden Unterschieden zwischen verschiedenen Klassen finden selbst innerhalb der herrschenden Klasse Distinktionsprozesse über kulturelle Praktiken auf Grundlage unterschiedlicher sozialer Herkunft bei gleicher Ausstattung mit Bildungskapital statt. Damit wird ebenso wie von N. Elias im „Prozeß der Zivilisation" (1976) ein Distinktionswettstreit unter Privilegierten konstatiert, der dazu dient, sich aus der „Masse" hervorzuheben, um sich Ressourcen zu sichern. Jedoch ist das Moment der Ressourcensicherung nicht uneingeschränkt als intendiertes bzw. strategisches Handeln zu werten, denn entsprechend der Fassung des Habitus beinhaltet *Distinktion* verschiedene Ausprägungen. Sie kann bewußte Abgrenzung, strukturbedingte Abgrenzung oder auch gänzlich unbewußte „Distinktion ohne Absicht zur Distinktion" (Bourdieu 1987:388) sein.

Neben die beiden genannten Kapitalformen stellt Bourdieu noch das *soziale Kapital*. Damit ist die Verfügbarkeit über soziale Beziehungen angesprochen, über die andere Kapitalformen und Machtmittel erschlossen werden können. Im Gegensatz zu den anderen Kapitalformen ist das soziale Kapital rein symbolisch und immateriell zu verstehen. Daher wurde es von Bourdieu auch zunächst symbolisches Kapital genannt (1979). Allerdings bekommt das symbolische Kapital an anderer Stelle durchaus den Stellenwert einer eigenen Kapitalform, die nicht mehr an soziales Kapital gebunden ist und in die alle anderen Kapitalformen überführt werden können, „als wahrgenommene und als legitim anerkannte Form der drei vorgenannten Kapitalien[55] (gemeinhin als Prestige, Renommee, usw. bezeichnet)" (Bourdieu 1985:11). Soziales Kapital spricht die Zugehörigkeit zu einer Gruppe an, die eine Ressource darstellt, die im Bedarfsfalle aktiviert werden kann. Je umfassender ein Beziehungsnetz ist, das durch Beziehungsarbeit aufrechterhalten werden muß, desto größer sind die Aktivierungs- und Reproduktionschancen auch anderer Kapitalformen. Das soziale Kapital schließt auch bildlich direkt an soziale Netzwerke an. Je umfangreicher ein soziales Netzwerk und je höher die gesellschaftlichen Positionen (Status, Prestige) der darin vorhandenen Interaktionsteilnehmer, desto größer sind die potentiell zu aktivierenden Ressourcen. Gleichzeitig symbolisieren diese wiederum Macht und Einfluß. Auch die gegenteilige sozialstrukturelle Position ist in diesem Zusammenhang einzubeziehen, denn auch die Zugehörigkeit

---

Recht. Da, wo die mechanische Solidarität die Basis des sozialen Zusammenhaltes ist, wird das soziale Verhalten durch geteilte Werte und Glaubensvorstellungen stark kontrolliert. Das Kollektiv beherrscht das Individuum, und es gibt nur wenig entwickelte Ansätze zu einem individuellen Selbstbewußtsein" (Albrecht 1987:56).

[54] Klar tritt der Bezug der Theorie Bourdieus auf eine individualisierte, klassenstrukturell organisierte Gesellschaft hervor. Dadurch lassen sich allerdings einige Implikationen nicht ohne weiteres auf alle gesellschaftlichen Gruppen (im weitesten Sinne bestehende *Gemeinschaften*) übertragen, sofern ihnen stratifikatorische Strukturmerkmale fehlen.

[55] Gemeint sind ökonomisches, kulturelles und soziales Kapital.

zur „Subkultur" der sozial Deklassierten symbolisiert Ohnmacht und Einflußlosigkeit. Dies läßt sich z.B. an der Unterscheidung zwischen Opernballbesuchern und Teilnehmern an Armenspeisungen verdeutlichen. In beiden Fällen wird das Gruppencharisma auf die einzelnen Gruppenmitglieder übertragen (im zweiten Fall würden Elias/Scotson (1993) aufgrund der gesellschaftlichen Dominanz der Perspektive der „Normalbürger" statt von Charisma eher von *Gruppenschande* sprechen).

Zusammenfassend kann der Habitus als das Produkt kollektiver Geschichte und individueller Erfahrung gesehen werden, das objektive Chancen und subjektive Aspirationen aufeinander abstimmt. Damit basiert er auf vier Annahmen: er ist verinnerlichte Gesellschaft, die mit der Sozialisation übernommen wird (*Inkorporationsannahme*), leitet als unbewußt vorhandene Dispositionen Strategien an (*Unbewußtheitsannahme*), ermöglicht gleichwohl die Verfolgung eigener Interessen (*Strategieannahme*) und - was in bezug auf eine sich wandelnde Umwelt besonders bedeutsam ist - führt zu stabilen Dispositionen, die aufgrund ihrer Entwicklung in der frühkindlichen Sozialisation Praxisstrategien auch dann noch anleiten, wenn diese mit der gewandelten gesellschaftlichen Struktur nicht mehr übereinstimmen (*Stabilitätsannahme*)[56] (Müller 1986). Damit bleibt aber zunächst weitgehend offen, wie gesellschaftliche Veränderungen hervorgebracht werden können und wie eine Anpassung auf Veränderungen stattfindet, wenn sich hergebrachte Praxisstrategien als inadäquat erweisen. Daher lassen sich auf den ersten Blick nur schwer gesellschaftlicher Wandel und Gesellschaften mit geringerem Ausmaß an sozialer Differenzierung in die Theorie einpassen.[57]

Der Habitus erweist sich somit als weitgehend stabil gegenüber gesellschaftlicher Veränderung. Anpassungsleistungen an sich wandelnde gesellschaftliche Bedingungen werden durch diese Beständigkeit verzögert. Der Aufbau einer Praxis, die der neu entstandenen Struktur entspricht, verlangt eine gewisse Zeit. Nicht übersehen werden darf bei dieser Betrachtung, daß die Argumentation Bourdieus mit der Entwicklung des Habituskonzepts auf den Verhältnissen der französischen Gesellschaft basiert. Diese Perspektive von einer westlichen Industriegesellschaft mit ausgeprägter Klassenstruktur und weitreichender Distinktion (und Distinktionsnotwendigkeit) weist auf eine relative *Stabilität* gesellschaftlicher Strukturen und umfassende Reproduktion bestehender Verhältnisse hin.

Auf diesen Sachverhalt weist auch Vester (1995) hin, wenn er deutlich macht, daß dem Habitus in Ostdeutschland ein Beharrungs- oder Hysteresis-Effekt zukomme.

---

[56] Die Stabilitätsannahme erinnert stark an die von R. Inglehard (1979, 1980) getroffene Unterscheidung von materialistischen und postmaterialistischen Einstellungen im Wertewandel westlicher Gesellschaft. Auch dort erweisen sich die auf Grundlage früher Bedürfnisse ausgeprägten materialistischen Werte durch veränderte Umweltbedingungen kaum veränderbar. Zudem ist sie konsistent mit Annahmen der Sozialpsychologie, die der primären, frühkindlichen Sozialisation einen prägenderen und dauerhafteren Charakter zuspricht als der sekundären Sozialisation.

[57] Ein ähnliches Problem findet sich bei der theoretischen Fassung der Identität, die häufig einseitig als die „Seinsgleichheit" in der zeitlichen Abfolge verstanden wird ohne den Aspekt der Kontinuität über Veränderung an veränderte Situationen deutlich zu machen.

Allerdings dürfe man Beharrung nicht als Unbeweglichkeit oder Trägheit verstehen, vielmehr sei sie als Möglichkeit zu verstehen, selbst handelnd einzugreifen und erreichte Positionen zu sichern. „Es handelt sich dann um Eigensinn, die Zähigkeit des Selbermachens der eigenen Lebensumstände unter sich wandelnden Herrschaftsstrukturen" (Vester 1995:12). Damit verweist Vester auf eine andere Perspektive als die bisher dargestellte. Die bisherige Definition des Habitus ging implizit immer von höheren Schichten bzw. von Personen mit guter Kapitalausstattung aus, die sich ihre Ressourcen- und Machtvorsprünge sichern können. Vesters Sicht ist aber die des „kleinen Mannes", der sich angesichts wandelnder gesellschaftlicher Bedingungen darum bemüht, die „Zeitläufe zu 'überleben'" und „'das Beste daraus zu machen'" (Vester 1995:12). Diese Interpretation des Habitus als Beharrungsvermögen kommt dem in der vorliegenden Untersuchung gemeinten Sinn sehr nahe. Es geht um die Möglichkeit durch Rückgriff auf Bekanntes und Bewährtes vielfältige *Einbrüche in die Lebenswelt* zu meistern. Diese Seite des Habituskonzeptes soll im folgenden näher betrachtet werden.

2.2 Habitus und Veränderungsprozesse

Die obigen Darlegungen zur Position Vesters verweisen auf die Bedeutung, die dem theoretischen Konstrukt Habitus bei einer Erfassung der Verarbeitung des gesellschaftlichen Transformationsprozesses in Ostdeutschland zukommen kann. Das Habituskonzept kann sich gerade deshalb als interessant erweisen, weil bestimmte *traditionelle* und damit *bewahrende* Elemente, die sich im Habitus niederschlagen, deutlich herausgearbeitet und zudem Veränderungsprozesse als allmähliche Anpassungsleistungen verstanden werden können. Ein Habitus, der auf einer Sozialstruktur mit geringer sozialer Differenzierung basiert und zudem durch ländliche Lebensbedingungen geprägt ist, wird sich entsprechend nur verzögert an veränderte gesamtgesellschaftliche Bedingungen anpassen.

Die Art und Weise, wie sich gesellschaftliche Veränderungen ergeben, ist von Bourdieu durch die Begriffe Struktur und Praxis herausgearbeitet worden. Oben wurden diese Begriffe bereits eingeführt. Es wurde verdeutlicht, daß gesellschaftliche Praxis durch Strukturen bestimmt wird und die Praxis selbst wiederum die Strukturen reproduziert. Dieses Reproduktionsmodell muß nun nochmals kurz betrachtet werden, weil in ihm die gedanklichen Voraussetzungen für gesellschaftliche Veränderungen (Strukturen) und divergente Reaktionen (Praxis) enthalten sind.

Der Habitus ist sozialstrukturell durch die spezifische soziale Stellung bedingt, die ein Akteur innerhalb einer Gesellschaft einnimmt. Dadurch ist in ihm bereits ein wandelnder Charakter angelegt, denn der Habitus ist Produkt der Geschichte - nämlich der sozialen Laufbahn. Die Entwicklung des Habitus, die zunächst an die Primärsozialisation gekoppelt ist, wird mit dieser nicht abgeschlossen. Der weitere soziale Lebenslauf „sedimentiert" sich in ihm und fügt modifizierende Erfahrungen hinzu. Diese Modifikation des Habitus, also die Verinnerlichung externer sozialer Strukturen, ist allerdings durch die bereits angelegten internen Strukturen mitbestimmt. Veränderungen und die Internalisierung erfolgen „nach der spezifischen

Logik der Organismen, die sie sich einverleibt haben, also dauerhaft, systematisch und nicht mechanisch" (Bourdieu 1987a:102). Diese Prozesse sind jedoch nicht unabhängig von gesellschaftlichen Bedingungen zu denken, denn die verfügbaren Ressourcen (Kapitalformen) bestimmen, wie wir gesehen haben, zu einem Teil die Erfahrungs- und Handlungsgrenzen. Solchermaßen gemachte Erfahrungen führen in Verbindung mit gesellschaftlichen Ressourcen zu bestimmten Praxisformen, im weitesten Sinne *Handlungsmöglichkeiten,* die durch den Habitus bestimmt oder besser mitbedingt sind. Dieser Zusammenhang läßt sich mit Bourdieus eigenen Worten kurz zusammenfassen:

> „In den Dispositionen des Habitus ist somit die gesamte Struktur des Systems der Existenzbedingungen angelegt, so wie diese sich in der Erfahrung einer besonderen sozialen Lage mit einer bestimmten Position innerhalb dieser Struktur niederschlägt. Die fundamentalen Gegensatzpaare der Struktur der Existenzbedingungen (oben/unten, reich/arm, etc.) setzen sich tendenziell als grundlegende Strukturierungsprinzipien der Praxisformen wie deren Wahrnehmung durch" (1987:279).

Allerdings wehrt sich Bourdieu gegen einen Determinismus der Praxis durch den Habitus. In den möglichen Freiheitsgraden der Praxis gegenüber dem Habitus liegen die Möglichkeiten gesellschaftlichen Wandels. Der Habitus legt gewissermaßen nur die Grenzen möglicher und nicht mehr möglicher Praktiken fest. Der Spielraum von Handlungsmöglichkeiten entsteht nicht zuletzt durch die Verfügbarkeit verschiedener Kapitalformen. Damit entsteht innerhalb sozialer Handlungsfelder die Möglichkeit der Modifikation.

> „Wer den Habitus einer Person kennt, der spürt oder weiß intuitiv, welches Verhalten dieser Person verwehrt ist. Mit anderen Worten: Der Habitus ist ein System von Grenzen. Wer z.B. über einen kleinbürgerlichen Habitus verfügt, der hat eben auch, wie Marx einmal sagt, Grenzen seines Hirns, die er nicht überschreiten kann. Deshalb sind für ihn bestimmte Dinge einfach undenkbar, unmöglich; es gibt Sachen, die ihn aufbringen und schockieren. Aber innerhalb dieser seiner Grenzen ist er durchaus erfinderisch, sind seine Reaktionen keineswegs immer schon im voraus bekannt" (Bourdieu 1992:33).

In der Beziehung von Praxis, Struktur und deren Interdependenz liegt die Veränderbarkeit der Struktur. Strukturen erscheinen in der bisherigen Darstellung zwar als gegeben, sind aber Produkt der Praxis. Ohne Praxis keine Strukturen und ohne Strukturen keine daraus abgeleitete Praxis. Dadurch, daß Akteure immer durch den Habitus strukturierte Praxis hervorbringen, reproduzieren sie die objektiven Strukturen. In archaischen bzw. wenig differenzierten Gesellschaften muß ein solches System zwangsläufig statisch ausfallen. Objektive gesellschaftliche Strukturen führen zu bestimmter Praktiken, die wiederum die objektiven Strukturen reproduziert. Selbst in differenzierten Gesellschaften entsteht eine Komplementarität zwischen Habitusformen und objektiver Struktur, da der Habitus „sich ein Milieu schafft, an das er soweit wie möglich vorangepaßt ist" (Bourdieu 1987a:114). Aus diesem Grund stellt der Ansatz Bourdieus stärker das Moment der Reproduktion als das der Transformation in den Vordergrund. Transformationen sind zunächst nur als leichte Nuancenverschiebungen der Praxis zu denken, die selbst wiederum nur in begrenztem Rahmen vollzogen werden können und zu sukzessiven Veränderungen der Struktur führen.

Anders muß es allerdings in gesellschaftlichen Transformationsphasen und Krisenzeiten sein. Denn in solchen Situationen besteht dadurch eine *Disharmonie* (Inkompatibilität) zwischen Struktur und Praxis, daß die durch den Habitus angeleitete Praxis nicht mehr den gesellschaftlichen Strukturen entspricht. Der Habitus, der mit dazu führt, daß wir Menschen „in Dreiviertel unserer Handlungen Automaten sind" (Bourdieu 1987:740), weil wir Handlungen routienemäßig und unreflektiert vollziehen, stößt damit an seine Grenzen. Folge davon müßte eine rationale (reflexive) Veränderung der Praxis sein, also eine Anpassung des Habitus an neue strukturelle Bedingungen. Durch die relativ eindeutige Festschreibung des Habitus aufgrund primärsozialisatorischer Bedingungen und sedimentierter, strukturierter Erfahrungen kann eine solche Anpassung aber auch in einem solchen Fall nur sukzessive erfolgen.

Insbesondere hier liegt dieser theoretische Ansatz komplementär zu der Konzeption der Identität im *symbolischen Interaktionismus*. Die Zugrundelegung der Konzepte Habitus und Identität kann damit eine Möglichkeit sein, die Bedeutung von vergangenen und früheren Erfahrungen sowie Erwartungen in gesellschaftlichen Veränderungsprozessen und bei der Anpassung an neue soziale Verhältnisse herauszuarbeiten.[58] Denn dies sind Bedingungen, die in Abhängigkeit von entsprechender Ressourcenausstattung zu einem veränderten Habitus und damit auch zu einem modifizierten Lebensstil führen können.

Neben dem bewahrenden Charakter des Habitus besteht ein weiterer Faktor, der eine gewisse Kontinuität sozialer Prozesse bewirkt, in der ebenfalls von Bourdieu herausgearbeiteten *sozialräumlichen Prägung* menschlichen Lebens. Dabei haben sozialräumliche Bedingungen die Tendenz, sich im physischen Raum niederzuschlagen, wodurch der durch Individuen und Gruppen angeeignete und geprägte *physische Raum* ein Indikator für deren Stellung im *sozialen Raum* wird. Ein Teil der Trägheit der konstitutiven Strukturen des sozialen Raums basiert darauf, daß diese Strukturen im physischen Raum eingelagert sind und eine Veränderung die Versetzung und Entwurzelung von Menschen bedeuten würde (Bourdieu 1991:26).

Räume werden von Individuen und Gruppen angeeignet, und durch Verlagerung des Körpers, der Körperhaltung und Stellungen des Körpers werden die Strukturen sozialer Ordnung in Raumstrukturen umgewandelt und können sozial als Aufstieg oder Abstieg qualifiziert werden.[59] Die Teilnahme an Handlungen in diesen Orten kann damit als hochgradig prestige- bzw. statusbezogen gesehen werden. Damit ist der angeeignete Raum der Ort, an dem sich Macht bestätigt: in der Durchsetzung

---

[58] Klassisch ist hier sicherlich Max Webers berühmte Studie über die „Protestantische Ethik" zu nennen, in der deutlich wird, „wie Ideen in der Geschichte wirksam werden" (Weber 1978:76).

[59] Als Beispiele lassen sich die respektvolle Haltung des Denkmals, die erhöhte und exponierte Position von Ehrentribünen und Ehrensitzen, sowie Sitzordnungen (z.B. Kirchenplätze mit Namensschildern für städtische Honoratioren und das Bürgertum) nennen, die die Interdependenz von räumlicher Anordnung und sozialer Ordnung widerspiegeln.

eigener Interessen und Sicherung von Verteilungschancen. Er ist damit Folge von Kapitalausstattung und der Auseinandersetzung um Aneignungschancen. „Der soziale Raum ist somit zugleich in der Objektivität der räumlichen Strukturen eingeschrieben und in die subjektiven Strukturen, die zum Teil aus der Inkorporation dieser objektiven Strukturen hervorgehen" (Bourdieu 1991:28). Kapitallosigkeit führt somit zu der Erfahrung, an einen Raum gebunden und der Möglichkeit beraubt zu sein, sich über Nähe zu anderen „potenten" bzw. symbolträchtigen Räumen Vorteile und Zugangschancen zu knappen Gütern zu sichern. Kapitallosigkeit heißt damit nicht Heimatlosigkeit, wohl aber Verlust von Wahlmöglichkeiten und Optionen.

Damit haben physische Räume, durch ungleich verteilte Aneignungschancen gesellschaftlicher Güter, die in ihnen lebende Menschen besitzen, eine unterschiedliche Wertigkeit. Dementsprechend beinhaltet die Zugehörigkeit zu einem Raum auch Distinktionsmöglichkeiten und Diskreditierung. Besonders in Begriffen wie „Ghetto" und „Oberstadt" werden die Verknüpfung von sozialem und physischem Raum sowie die damit zusammenhängenden Akkumulationschancen deutlich. *Macht* bedeutet in diesem Zusammenhang, eine bestimmte Raumnutzung durchsetzen und unliebsame Personen fernhalten zu können. Entsprechend erfordert gerade der Zugang zu exklusiven Räumen nicht nur ökonomisches und kulturelles, sondern eben auch soziales Kapital. Durch die Nutzung der Räume wird es dem einzelnen erlaubt, *symbolisch* am akkumulierten Kapital aller zu partizipieren. Es ist damit der Habitus, „der das Habitat macht, in dem Sinne, daß er bestimmte Präferenzen für einen mehr oder weniger adäquaten Gebrauch des Habitats ausbildet" (Bourdieu 1991:32) und, wie ergänzt werden kann, über verfügbare Ressourcen neben Raumnutzung auch zu einer weitgehenden Kontrolle von Zu- und Abgangsbedingungen führt.

Somit ist die prägende Wirkung der sozialen Bedingungen auf den Raum angesprochen. Dabei ist erneut zu berücksichtigen, daß sich Bourdieu immer auf ausgebildete kapitalistische Gesellschaften bezieht, deren historischen Strukturen zu weitreichenden Unterschieden zwischen sozialen Klassen geführt hat. Es stellt sich aber die Frage, wie sich solche Bedingungen innerhalb einer Gemeinschaft auswirken, in der auf ökonomischer Ungleichverteilung basierende soziale Differenzierungsprozesse nicht so ausgeprägt sind, wie im Kapitalismus. Unter solchen gesellschaftlichen Verhältnissen - und eingedenk der von Bourdieu aufgezeigten Relevanz räumlicher Aneignung -, ist davon auszugehen, daß die bisherige „Raumnutzung", Raumerfahrung und symbolische Bedeutung der räumlichen Umwelt (im weitesten Sinne also die Aufrechterhaltung des bestehenden Habitats), auch als Abwehr einer externen Kolonialisierung, zur Sicherung des eigenen Habitus' und der eigenen Identität beibehalten werden können.

An diese Zusammenhänge anknüpfend kann weiter argumentiert werden, daß eine materiell-physische Erfassung der Raumstruktur zu kurz greift, weil eine solche Sichtweise nur die Aussage zuläßt, daß Gegenstände einen erdräumlichen Standort besitzen. Dagegen kommt es vielmehr darauf an, den gesellschaftlichen Bedingungs- und Erklärungszusammenhang deutlich zu machen, der zu den Raumstrukturen geführt hat. Ferner müssen die gesellschaftlichen Funktionen und Beziehungen berücksichtigt werden, die einzelne Raumelemente in den gesellschaftlichen Raum einbinden. Um auf solche Funktionen einzugehen und die gesellschaftlichen Kräfte zu erfassen, die prägend für die Raumstruktur sind, geht Läpple vom „Matrix-Raum" aus (1991a:42; 1991b:194ff.). Der gesellschaftliche Raum ist von seinem Herstellungs-, Verwendungs- und Aneignungszusammenhang seines materiellen Substrats zu verstehen und immer als *gesellschaftlich produzierter Raum* zu sehen. Seinen Charakter erfährt er dabei durch die in ihm stattfindende und ihn prägende gesellschaftliche Praxis.

Im gesellschaftlichen Raum vergegenwärtigt sich darüber hinaus auch Geschichte, die nur im durch materielles Milieu aufbewahrtem kollektiven Gedächtnis erhalten bleiben kann. Anders als es im stark auf gesellschaftliche Differenzierung abstellenden Ansatz Bourdieus hervorgehoben wird, betont Läpple damit die identitätsbildende Funktion von *Gemeinschaften*. Das kollektive Gedächtnis bezieht sich in einer solchen Sichtweise auf die Region, die als durch ähnliche Ressourcenausstattung der Orte, gemeinsame Tradition der Menschen, spezifische Artikulation der Arbeits- und Lebensbedingungen und spezifisches Raumverständnis begriffen wird (Läpple 1991a:44f).[60] Die *Gesamtheit* gesellschaftlicher Räume läßt sich nur dann erfassen, wenn die historische Bestimmtheit, soziale und ökonomische Entwicklung, politische und kulturelle Vermittlungsformen sowie die ökologische Einbindung erfaßt werden (Läpple 1991:46).

Ähnlich wie Läpple (1991) beschreibt auch Schweigel (1993) im Rahmen der Modernisierungsdiskussion in Ostdeutschland unter Rückgriff auf Habitus und dessen Veränderung im Sinne Bourdieus ein holistisches Raumkonzept. Sie geht von der These aus, daß Lebens- und Wirtschaftsregionen einen spezifischen sozialen Raum bilden. Dabei sind bestimmte Ressourcen und Strukturen in diesem Raum vorhanden, deren Existenz als historisch gewachsen angesehen werden muß. Sie sind aufgebaut, aufgezwungen, übernommen oder auch zurückgewiesen worden (1993:138). Eine soziale Theorie des Raumes muß daher auch ökonomische, kulturelle und soziale Dimensionen umfassen. Raum wird dabei als historisches Produkt begriffen, als „Punkt des Zusammentreffens von materieller, finanzieller und raumzeitlicher Planung der Gesellschaft" (Szell 1990:253). Weiterhin sind die Bewohner einer Region mit spezifischen Fähigkeiten, Möglichkeiten und Ressourcen ausgestattet, wodurch Räume durch solche spezifischen Strukturen zu beschreiben sind und einen eigenen Charakter erhalten und damit abgrenzbar von anderen Räumen sind.

Deutlich sollte bisher geworden sein, daß dem Raum deshalb Bedeutung im Transformationsprozeß zukommt, weil sich in ihm *bestimmte Strukturen* niederschlagen und manifestieren - und sich natürlich auch in der Vergangenheit niedergeschlagen

---

[60] Das kollektive Gedächtnis ist somit mit bestimmten Regionen und damit Bedingungen verbunden, die das Gefühl der Gemeinsamkeit (Wir-Gruppe) unterstützen. Damit besteht für das kollektive Gedächtnis ein anderer Bezugspunkt als ihn Bourdieu mit der Klassengesellschaft herausarbeitet.

haben -, die eine Anpassung der Menschen an veränderte Bedingungen erschweren, sie aber ebenso erleichtern können.

2.3 Das Identitätskonzept des symbolischen Interaktionismus

Nachdem wir uns über Bourdieu und die anschließende Diskussion der Frage nach der kontinuitätsfördernden Funktion des Raumes genähert haben, läßt sich die dem Raum in diesem Prozeß zukommende Bedeutung auch von einer phänomenologischen bzw. interaktionistischen Position aus begreifen. Dadurch wird eine Operationalisierung der angesprochenen Forderungen und Begriffe leichter ermöglicht, und es können handlungsleitende und subjektive Empfindungen einbezogen werden. Zudem lassen sich dadurch die beiden Seiten des gesellschaftlichen Prozesses, der aus Veränderung und Kontinuität besteht, deutlicher herausarbeiten. Zu diesem Zweck sollen die bisherigen Ausführung mit Überlegungen und Annahmen zur Identität verknüpft werden.

Zu betrachten sind in diesem Zusammenhang Entstehung und Folgen der mit dem Raum (Erlebnisraum, Heimat) verbundenen vielfältigen subjektiven Empfindungen. Durch den gesellschaftlichen Umbruch kommt es zu einem Verlust der Heimat, so wie man sie kannte. Damit ist im weitesten Sinne eine Gefährdung „räumlicher Identität" mit Entfremdung und Überformung des Bestehenden angesprochen (vgl. u.a. Mai 1993). Wird Raum so begriffen, bedeutet der soziale Umbruch immer auch „ein Eindringen des Fremden in Gesellschaft und Lebenswelt" (Mai 1993:233) und damit in einen subjektiv empfundenen, emotional hochgradig „aufgeladenen" Raum. Im konkreten Fall der Veränderung in Ostdeutschland kann somit die Anwesenheit Westdeutscher in Schlüsselpositionen von Kultur, Verwaltung, Wirtschaft und Politik in diesem Raum als etwas Fremdes, alle Lebensbereiche Durchdringendes aufgefaßt werden (Mai 1993:233). In Verlängerung dieses Arguments von Mai läßt sich die fehlende „Entsorgung der Vergangenheit" und damit der Verbleib von SED-Funktionären in Leitungsfunktionen in gleicher Weise interpretieren, weil sich selbst Bekanntes in Fremdes, Unzeitgemäßes und Deplaziertes verwandelt. In Mais Ansatz tritt die Verknüpfung von Raum, Identität und subjektiver Empfindung hervor, wie sie auch von anderen Autoren herausgestellt wurde (vgl. Weichhart 1990; Pohl 1993).[61]

Mit Betrachtungen innerhalb eines solchen Theorierahmens beziehen wir uns nachdrücklich auf Positionen der Sozialgeographie und der soziologischen Erfassung des Alltagshandelns. Trotz vielfältiger Ausprägung liegt die Gemeinsamkeit der Positionen in der Berufung auf das „interpretative Paradigma". Der gemeinsame Bezugspunkt ist damit das menschliche Handeln mit intentionaler und reflexi-

---

[61] Weiterhin wären in diesem Zusammenhang Konzepte zu nennen, die sich mit der Frage von regionaler Betroffenheit und kollektivem Handeln auseinandersetzen. Der Frage also, wie Bevölkerungsgruppen einer Region auf äußere Einschränkungen bzw. Bedrohungen reagieren. Vor allem in bezug auf Protestbewegungen und neue soziale Bewegungen lassen sich hier verschiedene Beispiele finden (vgl. u.a. Meier-Dallach 1980; Gerdes 1985; Kreckel et al. 1986; Danielzyk/Wiegandt 1987). Eine intensivere Auseinandersetzung mit diesen Konzepten würde hier allerdings den Blick für unser zugrunde liegendes Thema verstellen.

ver Eingebundenheit in gesellschaftliche Wertsysteme (Danielzyk/Krüger 1990). Alltagswissen ist im wesentlichen durch deren Übernahme im Sozialisationsprozeß gekennzeichnet und erhält eine Selbstverständlichkeit, die routinisiertes Handeln ermöglicht. Grundlegende Veränderungen des Alltagswissens sind somit nur in Zeiten umfassenden Wandels und Krisen zu erwarten (vgl. Meuser 1986:143ff.). Die Nähe dieser theoretischen Position zu Bourdieus Habituskonzept ist unverkennbar.

Da wir uns im Rahmen der folgenden Diskussion mit dem Identitätsbegriff auseinandersetzten, der sowohl als *individuelle* als auch *kollektive* Kategorie (sozial, ethnisch, räumlich) verstanden werden soll, erscheint es sinnvoll, zunächst das Identitätskonzept des symbolischen Interaktionismus darzustellen, um daran die weiterführende Begrifflichkeit zu entwickeln. Zudem wird schon bei der Betrachtung des Ansatzes Meads (1973) die doppelte Bedeutung der Identität herausgestellt: der Identität kann sowohl ein bewahrender als auch ein verändernder Charakter zukommen. Allerdings wird dieser Zusammenhang bei der Verwendung des Begriffs häufig vernachlässigt und vor allem die Kontinuität in den Mittelpunkt gestellt.

Die Identität[62] nimmt im symbolischen Interaktionismus eine entscheidende Stellung ein. Nur durch sie kann gewährleistet werden, daß Individuen überhaupt interagieren können und somit der Fortbestand der Gesellschaft garantiert wird. Durch soziale Differenzierung kommt es zur Ausbildung unterschiedlicher Normen, Einstellungen und Interpretationsmuster. Individuen müssen sich damit unterschiedlichen Bedingungen anpassen und in verschiedenen Situationen kontextgerecht handeln. Gleichzeitig müssen sie sich als zuverlässige Interaktionspartner herausstellen, sie müssen *Konsistenz* und *Kontinuität* herstellen. In der aktuellen Situation muß das Individuum zeigen, daß sich seine bisherigen und gleichzeitigen Identitäten mit der momentan dargestellten vereinbaren lassen. Ereignisse, die die Person in den Augen der Interaktionspartner diskreditieren könnten, müssen so integriert werden, daß sie die Situation nicht stören. Mißlingt dies, hat das gravierende Einflüsse auf die Interaktonsbeziehungen und die Funktionsfähigkeiten von Organisationen (vgl. Krappmann 1972).

Was aber ist Identität und was kann unter ethnischer, kultureller, sozialer[63] und räumlicher Identität verstanden werden. Um solche Begriffe eindeutig fassen zu

---

[62] Die Begriffe Identität und Selbst (Self) werden im folgenden synonym verwandt, auch wenn es Autoren gibt, die hier Unterschiede deutlich hervortreten lassen. Wenn auf solche Autoren bezug genommen wird, werden die Unterschiede an den entsprechenden Stellen deutlich gemacht.

[63] Dies bezieht sich auf den allgemeinen Begriff der sozialen Identität, wenn mit dem Begriff die gesellschaftlich-kulturelle Seite angesprochen ist und nicht auf den von Goffman (1975) geprägten Begriff rekurriert wird. Denn dort ist soziale Identität sehr stark an das Individuum gebunden. Die soziale Identität erwartet eine Unterordnung unter allgemeine Erwartungen, die persönliche Identität hingegen die Unterscheidung von allen anderen Individuen. Es existiert somit gleichzeitig die Forderung so zu sein, wie alle anderen und doch niemandem gleich zu sein. In beiden Fällen muß das Individuum balancieren, um die Interaktion nicht zu gefährden. Das Individuum handelt, als ob es auf die Erwartungen eingeht, macht aber durch Vorbehalte deutlich, auch noch anders zu sein als die anderen. Auch bei dieser Darstellung

können, ist es notwendig, zunächst von der individuellen Ebene der Identitätsbildung auszugehen, um anschließend Aussagen über kollektive Ausprägungen der Identität und deren Bildung treffen zu können.

Identität wird nicht nur zugeschrieben, sondern erfordert auch eine Eigenleistung des Individuums. Damit ist impliziert, daß Identität auch mißlingen kann. Viele Autoren gehen von einer stabilen Identität aus, die irgendwann nach Durchleben bestimmter Bedingungen bzw. Bewältigung verschiedener Entwicklungskrisen quasi fertiggestellt ist und kaum Änderungen unterworfen ist. Eine solche Ansicht unterstellt z.B. Erikson, wenn er formuliert: „Das Gefühl der Ich-Identität ist das angesammelte Vertrauen darauf, daß der Einheitlichkeit und Kontinuität, die man in den Augen anderer hat, eine Fähigkeit entspricht, eine innere Einheit und Kontinuität aufrechtzuerhalten" (1966:107). Andere Autoren betonen hingegen die sich wandelnden Elemente und den lebenslangen Aufbau- und Änderungsprozeß. Besonders deutlich wird das bei Gergen (1979), der die *prinzipielle Situationsabhängigkeit* der Identität darlegt.

Mead (1973) unterscheidet grundsätzlich zwischen Verhaltensweisen, die keine Identität erfordern und Handlungen, die Identität voraussetzen. Die ersteren sind solche gewohnheitsmäßigen Handlungen, bei denen das Individuum kaum zu denken braucht, die routinemäßig ablaufen. Damit kann man von *habitualisiertem Verhalten* sprechen.[64] Weder solche Handlungen noch das bloße Vorhandensein des lebenden Organismus erfordert zwangsläufig Identität. Das „zum Objektwerden" der Identität geschieht dadurch, daß das Individuum die Haltung anderer Individuen innerhalb seines gesellschaftlichen Erfahrungskontextes einnimmt (Mead 1973:180). Damit ist zunächst nichts anderes ausgedrückt, als daß sich der einzelne nur im Spiegel[65] der umgebenden Individuen als Objekt wahrnehmen kann, in deren Reaktionen auf sein Handeln.

Diese Reaktionen der anderen kann das Individuum im Denken vorwegnehmen.[66] Hierdurch wird das Individuum zurück an den gesellschaftlichen Prozeß gebunden. Der einzelne erfährt sich nicht direkt, sondern nur vermittelt über die Mitglieder der eigenen gesellschaftlichen Gruppe, entweder in der konkreten Interaktion oder der verallgemeinerten Sicht der Gesamtgruppe, womit die internalisierten Normerwartungen aus vorangegangenen Interaktionen zum Tragen kommen.

---

verhält sich das Individuum so, als ob es einzigartig wäre, um so den Erwartungen anderer nachzukommen.

[64] Siehe in diesem Zusammenhang auch Schütz (1960) und Schütz/Luckmann (1975).

[65] Cooley (1964*)* prägte in diesem Zusammenhang den Begriff des *looking-glass self*. Dieses Phänomen der Identifizierung über andere findet sich auch in der Phänomenologie Berger/Luckmanns (1980:142).

[66] Eine genaue Definition und eine Beschreibung der Funktion liefert Rose: „Denken ist die Prüfung möglicher symbolischer Lösungen und anderer zukünftiger Handlungsabläufe auf ihre relativen Vor- und Nachteile entsprechend den Werten des einzelnen und die Entscheidung für eine dieser Möglichkeiten" (Rose 1973: 273).

Die Entwicklung der Identität erfolgt in der Sozialisation[67] durch das ständige Eintreten in verschiedene immer komplexere gesellschaftliche Prozesse, in denen die Antizipations- und Übernahmefähigkeit permanent zunimmt.[68] Dabei wird die umgebende Gemeinschaft mit ihrem Regel- und Normensystem verinnerlicht. Die organisierte Gemeinschaft, die dem einzelnen seine einheitliche Identität gibt und verinnerlicht wird, nennt Mead das „verallgemeinerte Andere"[69] (Mead 1973:196). Mead stellt diesem allgemeinen Anderen den signifikanten Anderen gegenüber. Unter signifikantem Anderen versteht er Personen, deren Haltung in der *konkreten Situation* die Reaktion des Individuums beeinflussen und für bestimmte Anpassungsprozesse sowie Normen- und Wertübernahme eine entscheidende Rolle spielen.

Nur durch das Vorhandensein verallgemeinerter Anderer im Bewußtsein ist Denken möglich, nur dadurch kann ein „logisches Universum" entstehen, ein System gemeinsamer Bedeutungen (Mead 1973:198). Hier ist bereits die Wechselwirkung zwischen Individuum und Gesellschaft angedeutet. Identität ist nur innerhalb einer sozialen Gemeinschaft möglich, und durch sein Handeln verändert der einzelne die Gemeinschaft, wie er auch selbst durch diese verändert und geprägt wird.

Auch Habermas (1982a und 1982b) und Nunner-Winkler (1988) entwickeln ein dreistufiges Modell, bei dem der Verlauf von der natürlichen Identität über die rollengebundene Identität zur Ich-Identität geht. Ein wichtiger Mechanismus des Lernens ist hierbei die Umsetzung äußerer Interaktionsmuster (Strukturen) in innere Vorgänge (Internalisierung). Anhand zentraler Aspekte der Entwicklung des *moralischen Bewußtseins*[70] will Habermas zeigen, daß der Prozeß der Ich-Entwicklung einer Entwicklungslogik folgt und daß Ich-Identität nicht lediglich die kognitive Beherrschung anspricht, sondern auch die Fähigkeit, eigene Bedürfnisse in Kommunikationsstrukturen mit einzubringen. Denn solange sich das Individuum von seiner inneren Natur abschnürt, kann es keine Freiheit gegenüber den bestehenden Normensystemen geben (vgl. Habermas 1982b).

Wichtig bleibt bei der konzeptionellen Fassung der Identität die Frage der Wechselwirkung zwischen Identität und umfassender Gesellschaft. Jedes Mitglied einer Interaktion muß die Haltung des Gegenüber einnehmen, um die Situation zu kontrollieren (d.h. in Gesten die Reaktion des anderen bei sich hervorrufen), als auch die verallgemeinerte Haltung der Gesamtgesellschaft einnehmen, um so zu handeln, wie jedes Mitglied der Gesellschaft. Somit besteht ein strukturelles und ein prozessuales Element. Um diesen beiden Elementen Rechnung zu tragen, unterteilt Mead die Identität in „I" und „me". Er unterscheidet ein Bewußtsein, „I", das sich

---

[67] Eine Einschätzung zu Meads Bedeutung als Sozialisationstheoretiker findet sich bei Krappmann (1985).

[68] Mead unterteilt den Prozeß der Identitätsgewinnung in der Frühsozialisation in drei Phasen: Imitation, Nachahmendes Spiel ('play') und Wettkampf ('game'), in dem von der Imitation ausgehend immer mehr Rollen und Haltungen eingenommen werden.

[69] Der gemeinte Sinn wird im amerikanischen Original noch deutlicher, denn Mead spricht vom 'generalized other'.

[70] Den Begriff und die Entwicklungsstufen zum moralischen Bewußtsein entwickelt Habermas (1982b; 1983) unter Bezug auf Kohlberg (1995).

eines gesellschaftlichen Elements, „me", bewußt ist. Als „me" wird die Haltung der anderen bezeichnet, die wir als Kontrolle für die eigene Handlung übernehmen, jener Teil der Identität, der durch die Anerkennung der Gemeinschaft erhalten wird. Dem steht das „I" gegenüber, das neben dem Aspekt der Gruppenmitgliedschaft die Reaktion und Veränderung der Gemeinschaft in diesen Prozeß hineinbringt. Die Fragestellung ist damit, wie ein Individuum ein gesellschaftliches Wesen „me" sein und gleichzeitig über Spontaneität und Kreativität verfügen kann.[71] Identität erfordert die Möglichkeit der gesellschaftlichen Veränderung. Durch das „me" wird die gesellschaftliche Haltung in die Reaktion der ganzen Gemeinschaft hineingenommen, wodurch eine andere Gesellschaft erst entstehen kann. Durch die Hereinnahme von Gesten in das Verhalten des Einzelnen ergeben sich Veränderungen, die in der Erfahrung aller Individuen einer Gesellschaft stattfinden. Der einzelne kann sich nur selbst verwirklichen, indem er den anderen in seiner Beziehung zu sich erkennt, nur über die Einnahme der Haltung anderer kann Identität verwirklicht werden.

Hier tritt das Neue, das Kreative hervor, neben der Anpassung des „me" schafft das „I" über die Übermittlung von Gesten eine neuartige Situation, indem es seine eigenen Ansichten hervorbringt, sich behauptet, „dann läuft ein Prozeß ab, der vorher in der Erfahrung nicht gegeben war" (Mead 1973:240). *Geist* ist dann dieser Prozeß, bei dem sich etwas entwickelt, was vorher nicht vorhanden war, sich aber aus den bestehenden Elementen zusammensetzt, es wird also eine neue *Emergenzstufe* geschaffen.[72] Da jeder Mensch ständig auf die Gesellschaft reagiert, und jede Anpassung Veränderung und Reaktion darauf auch eine Veränderung des Einzelnen bedeutet, besteht hier ein wechselseitiger Prozeß. Veränderung ist somit ein langsamer Anpassungsprozeß.[73]

Einen Antrieb für die Kreativität sieht Mead in dem Bedürfnis - ohne aber dessen Entstehungsursache näher darzulegen -, die eigene Überlegenheit herauszustellen. Mit Freud könnte man sagen, daß zu dem Ich hier auch der Trieb, also Es, kommt. Das Individuum ist darauf bedacht, gewisse Befriedigungen aus Situationen zu ziehen. Durch seine Überlegenheit, d.h. Fähigkeiten, die andere nicht haben, verändert das Individuum die Umwelt. Ungleichheit ist somit die Triebkraft, um Identität zu behaupten.[74]

---

[71] Krappmann (1997:415) stellt in gleicher Weise fest, daß bei Mead nicht geklärt wird, woher das „I" die Fähigkeit bezieht, in sozialen Interaktionen abstimmend zu handeln. „Offen bleibt bei Mead, woher das 'I' seine Kraft zur Interpretation der Erwartungen bezieht".

[72] Mead stellt hier analog zur Chemie fest, daß zwar etwas 'Neues' entsteht, aber aus den Teilen, die bereits vorhanden sind. „Als Sauerstoff und Wasserstoff zum ersten Mal zusammentrafen, entwickelte sich Wasser. Wasser ist seitdem eine Verbindung aus Wasserstoff und Sauerstoff, doch war es in diesen beiden verschiedenen Elementen nicht schon gegeben" (Mead 1973: 242).

[73] Wodurch plausibel wird, daß Transformationsprozesse Krisen wie Unsicherheit, Orientierungslosigkeit oder Identitätsbelastungen auslösen können.

[74] Distinktion wird auch von Elias als eine Ursache des fortschreitenden Zivilisationsprozesses der Gesellschaft gesehen. Ähnlich argumentiert auch Bourdieu in „Die feinen Unterschiede" (1987).

Das „me" kann somit als Struktur gefaßt werden, in deren Rahmen das „I" neue Entwicklungen auslösen kann. Durch die Fassung des „me" als gesellschaftliche Komponente und des „I" als spontane Haltung bleibt die Frage offen, wie die Kreativität des I überhaupt entstehen kann. Denn auch das „I" besteht ja im Grunde wiederum nur aus den Erfahrungen, die bisher gemacht wurden. Bedenkt man die Prämisse des symbolischen Interaktionismus, so wird die soziale Funktion des Individuums erst gesellschaftlich erworben.[75] Menze schreibt über die Abhängigkeit dieser beiden Elemente: „It is the social aspect, 'me' which develops first; the 'I' develops from the 'me'" (Menze, 1978:9). Krappmann weist auf die Leerstelle im Konzept hin. „Es wird letztlich nicht geklärt, worauf die Fähigkeit des G.H. Meadschen 'I' beruht, sich gegen die im 'me' übernommenen Erwartungen durchzusetzen" (1972:21).

Krappmann definiert in Anlehnung an Mead die Leistung, die ein Individuum bei der Beteiligung in einer Kommunikation erbringen muß, als Identität. In der Identität interpretiert das Individuum die aktuelle Situation und die Erwartungen der Interaktionspartner und stellt sich darauf ein. Somit ist hiermit kein starres Selbstbild impliziert, sondern Identität stellt „eine immer wieder neue Verknüpfung früherer und anderer Interaktionsbeteiligungen des Individuums mit den Erwartungen und Bedürfnissen, die in der aktuellen Situation auftreten, dar" (Krappmann 1972:9). Hiermit sind schon beide Seiten der Identität angedeutet, die sozialen Anforderungen („me") und die Eigenleistung („I"), die nur vor dem Hintergrund vergangener Interaktionen zu verstehen sind. Neben einer situativen Wendung bezieht sich Krappmann auch auf die Konsistenz über Zeitperioden hinweg. Hierbei werden die sozialen Beteiligungen des Individuums in der gegenwärtigen Situation zu einer Biographie des Individuums, mit allen Ereignissen des Lebens, hergestellt. Geschieht dies, also die Hereinnahme von außerhalb der momentanen Situation liegenden Handlungsbeteiligungen, so ist ein höheres Maß an Konsistenz zu erwarten. Identität bedeutet somit eine Balance zwischen:

1. verschiedenen, widersprüchlichen Erwartungen,
2. zwischen Anforderungen von anderen und eigenen Bedürfnissen sowie
3. zwischen dem Verlangen nach Darstellung dessen, worin das Individuum sich von anderen unterscheidet, und der Notwendigkeit, die Anerkennung der anderen für seine Identität zu finden.

Gerade durch diese verschiedenen Interpretationen und Erwartungen ist dem Individuum die Möglichkeit der Individuierung gegeben. Diese Möglichkeit bindet Krappmann dann zurück an die Sozialstruktur: „Die Chance des Individuums, sich als identisches darzustellen, soll hier von sozialstrukturellen Gegebenheiten abgeleitet werden, nämlich von der Inkonsistenz der Normensysteme und den Widersprüchlichkeiten zwischen den Handlungskontexten in sozialen Systemen her" (Krappmann 1972:10).

---

[75] Allerdings muß in diesem Zusammenhang darauf hingewiesen werden, daß sich in Meads Argumentation biologistische Anklänge finden lassen, mit denen die Kreativität des „I" begründet wird (vgl. Mead 1973:244ff. und Krappmann 1972:22).

Hier ist von einem Prozeß der Identitätstransformation zu sprechen. Ebenso wie der soziale Wandel innerhalb dieses Gedankengebäudes nur als sukzessive Veränderung vorstellbar ist, verändert sich auch die Identität in langsamen Prozessen. Das Individuum „bringt" stets die gebildete Identität in Interaktionen ein, um sie darin zu modifizieren.

Die Nähe des Themas Identität zur Sozialpsychologie macht es geradezu erforderlich, hier auch Überlegungen einzubeziehen, wie sie von psychologischen Autoren getroffen werden. Einigkeit herrscht bei allen hier behandelten Autoren darüber, daß das Selbstkonzept von sozialen Umweltbedingungen beeinflußt wird. Unterschiede bestehen lediglich darin, wieweit die Flexibilität geht.

Am weitesten geht in diesem Zusammenhang Gergen (1979), der der Annahme der „traditionellen Theorie" widerspricht, daß ein Individuum im Normalfall ein stabiles, überdauerndes Selbstkonzept erwirbt, das während des Lebens erhalten bleibt und die notwendige Kontinuität der Identität liefert. Statt dessen geht er davon aus, daß ein solches starres Selbstkonzept im Widerspruch zur Erfahrung steht, da das Bild, das man selbst von sich hat, gerade nicht stabil und dauerhaft erscheint, sondern in den unterschiedlichen sozialen Beziehungen variiert, weil sich das Verhalten des Individuums mit Wechsel der Bezugsgruppe und anderen Handlungserwartungen ändert. Der Mensch ist durch eine Vielzahl von Faktoren beeinflußbar, so daß eine objektive Verankerung seines Selbstkonzepts kaum möglich ist. Jede Handlung erfährt ihre konzeptuelle Bedeutung erst durch ihre soziale Bewertung. Somit ist auch der Vergleichsprozeß abhängig von der Bezugsgruppe. Verhalten bewirkt erst dann Änderungen im Selbstkonzept, wenn es klassifiziert wird. Klassifizierungen und Bedeutungszuschreibungen beruhen ihrerseits weitgehend auf der Ansicht anderer (Gergen 1979:83).

Einen elaborierteren Ansatz legt Epstein (1979) vor. Er argumentiert, daß Menschen verschiedene Theorien von der Wirklichkeit entwickeln, um ihre Erfahrungswelt zu ordnen. Diese Theorien umfassen Selbsttheorien, Umwelttheorien und Theorien über Wechselwirkung zwischen Selbst und Umwelt. Das heißt, ihm geht es primär darum aufzuzeigen, wie Selbsttheorien entstehen und Einwirkung auf das Selbstkonzept haben.

Die Selbsttheorie besteht aus Postulaten verschiedener Ordnung. Die Postulate unterster Ordnung sind dabei Generalisierungen aus unmittelbaren Erfahrungen. Solche werden dann zu übergeordneten und diese dann zu noch höheren zusammengefaßt. Die unteren Postulate können widerlegt werden, ohne daß dies weitreichendere Folgen hat, da sie kaum andere Aspekte einschließen. Dies ist jedoch bei solchen höherer Ordnung nicht mehr der Fall, da hierbei gleichzeitig andere Postulate mitbetroffen werden. Andererseits unterliegen Postulate höherer Ordnung nicht den empirischen Erfahrungen, sie haben eher Einfluß darauf, welche Erfahrungen Individuen machen, bzw. welche Situationen sie aktiv aufsuchen.

Die Theorien werden in Interaktionen mit anderen konstruiert, ohne daß sich die Individuen dessen bewußt sind. „Die Konstruktion von Selbsttheorien stellt keinen Zweck an sich dar, sondern liefert ein konzeptuelles Gerüst mit den Funktionen, Erfahrungsdaten zu assimilieren, die Lust-Unlust-Balance über vorhersehbare Zeiträume zu maximieren und das Selbstwertgefühl aufrechtzuerhalten" (Epstein 1979:17). Nach Epstein vollzieht sich der Aufbau eines Selbstsystems so lange, „wie Hinweise auf die Unterscheidung zwischen Ich und Außenwelt verfügbar sind und diese Differenzierung Belohnungswert hat" (Epstein 1979:17).

Wenn die Selbsttheorie ihre Funktionen[76] nicht mehr erfüllen kann, gerät sie unter Druck, d.h. die Person hat Angst. Wenn der Druck zu groß wird, erfolgt eine Desorganisation der Selbsttheorie. Eine Möglichkeit sich vor Desorganisation zu schützen, ist es, sich vor neuen Informationen zu verschließen, und sich an vorgeschriebene Verhaltens- und Denkstrategien zu halten. Bedrohung führt somit zu Einengung der Selbsttheorie, auf der anderen Seite führt Bestätigung, also Funktionserfüllung, zu vermehrter Offenheit und Spontaneität (vgl. Epstein 1979:21).

Die Selbsttheorie ist eng mit Emotionen verknüpft, was allein damit zu erklären ist, daß eine ihrer Funktionen die Aufrechterhaltung der Lust-Unlust-Balance ist. Positive emotionale Reaktionen (z.B. durch Lösung von inneren Konflikten oder Assimilation neuer Informationen) führen zu positiven Gefühlszuständen und prinzipiell zu Anpassung, denn sie setzen Prozesse zunehmender Integration und Differenzierung des konzeptuellen Systems in Gang (Epstein 1979:22). Gegenteilige Vorgänge führen zu Angst.

Somit ist das Individuum einem Wachstumsprozeß unterworfen. Öffnet es sich neuen Erfahrungen, so kann das mit Bedrohung und Angst verbunden sein. Gelingt jedoch die Assimilation neuer Informationen, erfolgen Angstreduktion und positive Selbstreaktionen, die mit zunehmendem Gefühlen der Sicherheit verbunden sind (Epstein 1979:22). Das Individuum laviert also zwischen der Vermeidung von Angst und damit dem Null-Wachstum und der Übernahme von Angst und dem damit verbundenem Wachstum. Kompliziert wird dieses Modell noch dadurch, daß bei sehr starken Bedrohungspotentialen die Angst so stark werden kann, daß sie eher Rückzug als Wachstum bewirkt. Es besteht somit eine Wechselwirkung zwischen Umwelt und Individuum, wie sie oben bereits dargestellt wurde.

Der Ansatz macht deutlich, daß die Grundlagen für ein Wachstum des Selbstkonzepts in der Sozialisation vermittelt werden. Hieran sind dann die Möglichkeiten geknüpft, aus wechselnden Umweltbedingungen weitere positive Impulse für die Identitätsbildung zu bekommen. Damit ist angesprochen, daß sich die Identität sowohl weiterentwickeln kann, als auch unter negativen Bedingungen stagnieren kann, und unangepaßt der Umwelt gegenübersteht.

Die konzeptionelle Fassung der Identität von Wells/Stryker (1988:215) legt nahe, daß soziale Identitäten durch soziale Netzwerke und Beziehungen beeinflußt werden. Sie beziehen sich damit nicht auf Selbstwahrnehmungen, sondern in Interaktionen mit anderen Personen, durch verbales und nonverbales Feedback oder durch sozialen Vergleich werden Hinweise und Erwartungen aufgenommen, als Effekte des Interaktionskontextes. Neue Beziehungen führen dazu, daß Personen sensibler

---

[76] Wie bereits erwähnt, unterscheidet Epstein (1979) drei Funktionen: Übernahme von Erfahrungsdaten, Maximierung einer Lust-Unlust-Balance und Aufrechterhaltung des Selbstwertgefühls.

werden für Hinweise von anderen über deren Erwartungen. Wenn also der Lebenslauf neue Muster von Beziehungen eröffnet, können auch radikale Restrukturierungen des Selbst hervorgerufen werden.

Generell lassen sich hier zwei Aussagen über die Stärke der Beeinflussung des Selbst treffen.

1. Je schneller eine Sequenz von Änderungen in dem Muster von Beziehungen geschieht, desto größer wird die Instabilität der Struktur der Bedeutsamkeit sein.
2. Je länger die Dauer in einem Lebensabschnitt vor der Änderung, desto resistenter wird die Identität gegenüber Veränderungen der Bedeutsamkeit (nach Wells/Stryker 1988:215).

Somit kann von Lebenszyklen ausgegangen werden, in denen sich das Selbst wandelt. Phasen zwischen Stabilität und Wandel, die auf sozialen Bedingungen aufbauen. Das Selbstkonzept reagiert zwar auf soziale Gegebenheiten, es kann jedoch nicht als vollständig determiniert betrachtet werden. Es ist notwendig, die Verbindung zwischen Durchlässigkeit und Reziprozität von Selbst und Lebenslauf zu sehen, und zu bedenken, daß das Selbst nicht automatisch offen für erwartete Veränderungen ist.

Alle angesprochenen Autoren sehen die Notwendigkeit, die Identität als wandelbares Konzept zu fassen. Diese Notwendigkeit basiert sicherlich auf dem Funktionszusammenhang moderner Gesellschaften, die einem stetigen Wandel unterworfen sind und einen stetigen Anpassungsprozeß von Individuen erfordern. Somit muß sich auch das Individuum permanent neuen Bedingungen stellen. Komplementär zu einem raschen Wandel der Gesellschaft besteht somit die Veränderung der Identität.

Bereits Mead hat darauf hingewiesen, daß das Individuum mehrere „me's" besitzt. „Identität zu wahren bedeutet, diese 'me's' trotz ihrer Verschiedenartigkeit in ihrer jeweiligen Bedeutung für die Beteiligung des Individuums in einer Interaktionssituation präsent zu machen" (Krappmann 1972:25). Für Krappmann muß sich der soziale Prozeß durch Einheit auszeichnen, damit das Individuum Konsistenz und Kontinuität in seiner Identität zeigen kann. Somit sind hier nur Identitätstransformationen vorstellbar, die sich durch sukzessive Veränderung auszeichnen. In der Fassung von Mead, der diese fortwährende Konsistenz nicht in gleicher Weise eingearbeitet hat, kann die Identität somit noch als ungleich wandelbarer betrachtet werden, weil nicht alle „me's" in der Situation „synchronisiert" werden müssen. Das Übermaß an Stabilität, das Gergen in seinem Ansatz ausmacht, entsteht nur vom Standpunkt der prinzipiellen Wandelbarkeit und Loslösung von jeglicher Persönlichkeit. Die Identität bei Krappmann kommt einer gefestigten Persönlichkeit dadurch näher, daß sie sich durch ihre relative Stabilität und prinzipielle Wandelbarkeit auszeichnet.

In Epsteins Ansatz werden einerseits alle Forderungen des symbolischen Interaktionismus bedacht, darüber hinaus werden ein hierarchischer Aufbau der Identität beschrieben und Bedingungen hervorgehoben, die für Wandel oder Stabilität sprechen. Im Normalfall geht er von sukzessiven Anpassungsprozessen aus, bei denen sich die Identität entsprechend der Umweltbedingungen und der damit verbundenen verinnerlichten Postulate wandelt. Aber es sind bei schwerwiegender Änderung der Umweltbedingungen auch vollständige Reorganisationen des Selbst möglich. Andererseits macht er auch deutlich, daß sich Individuen vor neuen Informationen und Erfahrungen zurückziehen können, um ihr Selbst nicht zu gefährden. Somit nennt er sowohl die Bedingungen für Wandel als auch für „Stagnation" des Selbst.

Zusammenfassend läßt sich feststellen, daß alle Autoren von einer Identitätstransformation ausgehen, die weitgehend auf Umwelteinflüssen basiert, bei denen das Individuum aber selbst auf Situationen eingeht und keinem strikten Automatismus in Anpassungsprozessen unterworfen ist.

Diese relativ breite Darstellung der Gedanken des symbolischen Interaktionismus zur Identität hatte den Zweck, die häufig verkürzte, an der Psychologie festgemachte Verwendung des Begriffes gesellschaftstheoretisch einzubinden. Damit kann sich Identität als wichtiger analytischer Begriff bei der Erfassung persönlicher und kollektiver Verarbeitungs- und Bewahrungskompetenz im gesellschaftlichen Veränderungsprozessen erweisen. Diese Rolle und generell seine wissenschaftliche Tauglichkeit wird dem Konstrukt in der sozialgeographischen Diskussion gelegentlich abgesprochen (z.B. Aschauer 1996). Andere Autoren arbeiten hingegen die Vorzüge eines solchen Konzeptes heraus (Weichhart 1990; Mai 1996). Die gegenteiligen Positionen sollen im folgenden kurz mit dem Ziel gegenübergestellt werden, die theoretische Bedeutung hervorzuheben, die dem Identitätsbegriff zukommen kann.

2.4 Identität als sozialwissenschaftlicher Begriff

Mit Recht weist Aschauer (1996) darauf hin, daß der Identitätsbegriff inflationär gebraucht wird und zur Beschreibung unterschiedlicher Zusammenhänge herangezogen wird. Damit bekommt dieser Begriff ohne Frage einen „schillernden" Charakter. Aschauer (1996:13f.) geht jedoch zu weit, wenn er zu dem Schluß kommt, der Begriff sei für den wissenschaftlichen Gebrauch untauglich, da sich hinter ihm unterschiedliche Bedeutungen und Funktionen verbergen. In seiner Argumentation, für deren Beleg er Quellen aus verschiedenen wissenschaftlichen Disziplinen heranzieht, versucht er darzulegen, aus welchen Gründen sein Schluß gerechtfertigt ist.

Ausgehend von dem Satz A=A gelangt er zunächst zu der Aussage, daß Identität wandelbar ist, da der Mensch permanent einen Prozeß durchläuft - was kaum jemand bestreiten wird.[77] Aschauer betrachtet zunächst lediglich die *personale Identität*. Sein Kritikpunkt läßt sich verkürzt dahingehend zusammenfassen, Identität

---

[77] Nur am Rande sei bemerkt, daß Aschauer in diesem Zusammenhang mit Norbert Elias einen *„Klassiker der Gruppenidentität"* zitiert - allerdings zieht er Elias nur heran, um die prinzipielle Wandelbarkeit des Menschen zu verdeutlichen.

müsse bedeuten, mit irgendetwas gleich bzw. identisch zu sein. Gehe man vom Adjektiv „identisch" aus, dessen Gebrauch nur komparativ, d.h. als Relationsbegriff sinnvoll sei, werde eindeutig feststellbar, daß bei einer Substantivierung dieses Begriffs in „Identität" diese wichtige Bedeutung fortfalle. Es mache somit keinen Sinn zu sagen, jemand habe eine bestimmte Identität, weil damit die Aussage fehle, womit er identisch sei (1996:6f.).

Eine solche Aussage, die man im übrigen bei vielen Autoren finden kann (vgl. z.B. Zimmermann 1993:65)[78], läßt uns allerdings mit einer rein monadischen Sichtweise von Individuen zurück. Aus dieser Perspektive macht es tatsächlich keinen Sinn von Identität zu sprechen. Denn wenn ich ein Individuum in einem Raum verorte, ohne es in soziale Bezüge zu stellen, verliere ich den Blick für das Wesentliche der Bestimmung von Identität. Die Komponenten der Identität umfassen entsprechend bei den meisten sozialwissenschaftlichen Autoren sowohl eine gesellschaftliche, als auch eine persönliche Leistung. Erst als Resultat aus diesen Komponenten entsteht gewissermaßen dialektisch Identität. Identität bedeutet damit Handeln innerhalb der Gesellschaft, nach deren Regeln und Normen bei gleichzeitiger persönlicher Modifizierung dieser übernommenen Anforderungen. Damit bekommt auch die Frage nach der *Selbstähnlichkeit* einen anderen Stellenwert. Wenn das Individuum nicht als monadisches Wesen dargestellt wird, sondern die sozialen Bezüge berücksichtigt werden, heißt Selbstähnlichkeit *Kontinuität* in historischer Perspektive und in unterschiedlichen Interaktionskontexten. Das Individuum erweist sich für andere als verläßlich und schafft dadurch Handlungssicherheit. Fehlt eine derartige Identität, lassen sich keine routinisierten Handlungen mehr ausführen. Alles wird beliebig und unsicher. Zudem ist auf niemanden mehr Verlaß. Genau hier liegt das von Mai (1993) aufgeworfene Problem, das von Aschauer (1996:5, FN 10) fälschlich als bloßes „Menetekel" und „Klagen über die 'Entfremdung' und die 'Identitätsverluste'" bezeichnet wird. Mai (1993) macht in erster Linie deutlich, daß die soziale Umwelt durch gesellschaftliche Transformationsprozesse nicht mehr berechenbar ist, kurzum keine Identität mehr stiften kann, da Kontinuität durch Kontingenz aufgelöst wird. Soziale Desorientierung heißt damit fehlende Anschlußfähigkeit der eigenen Erwartungen und ungenügende Übernahme der Erwartungen anderer.[79] Mit anderen Worten: Fehlt die soziale Einbettung des Individuums, dann entsteht tatsächlich das monadische Wesen, das sich nur selbstähnlich sein kann, da es auf sein Verhalten keine adäquaten Reaktionen anderer bekommt.

Eine Sichtweise, wie die von Mai (1993) vertretene, knüpft damit an andere sozialwissenschaftliche Beiträge zur Identität und deren Entstehung an. Bei Mead (1973) findet sich das Moment der Übernahme gesellschaftlicher Anforderungen,

---

[78] Anzumerken bleibt hierbei, daß Zimmermann diese Sichtweise nur als Ausgangspunkt seiner Betrachtung nimmt und angesichts von Begriffen wie z.B. Ich-Identität und Wir-Identität feststellt: „Die Gebrauchsweisen des Wortes Identität sind hier mit dem relationalen Gebrauch von identisch nur noch sehr vermittelt in Verbindung zu bringen" (1993:66).

[79] Eine solche Sichtweise läßt sich auch an anomietheoretische Überlegungen E. Durkheims (1983) anknüpfen. Transformationsprozesse können aus dieser Perspektive als veränderte gesellschaftliche Regelungsstrukturen wahrgenommen werden, die zumindest kurzfristig dazu führen, daß Unsicherheit über gesellschaftliche Normen und Werte besteht.

Erwartungen und Normen, womit Identifizierung, Einbindung und Bewußtheit angesprochen sind. Der Mensch braucht als soziales Wesen die Bestätigung durch andere für seine Orientierung und für sein lebensnotwendiges Gefühl der Sicherheit. Identität ist mehr als nur Bestandteil der Rhetorik von Politikern, wie es Aschauer (1996:10) anzunehmen scheint, sondern schafft umfassende Einbindung und gesellschaftliche Orientierung. Damit sind wir bei einem weiteren Kritikpunkt Aschauers angelangt. Aschauer attestiert ethnischer Identität - als einer möglichen Form der Gruppenidentität - Unklarheit und Beliebigkeit.

Doch der Umstand, daß allgemeine Sinnzusammenhänge, wie auch ethnische Einbindungen und ihre Bedeutungen, gelernt werden müssen und sich auf soziale Konstruktionen beziehen können, belegt noch nicht die Untauglichkeit des Konzeptes Identität. Im Sinne des symbolischen Interaktionismus wird dadurch nur die Wandelbarkeit von Bedeutungsinhalten festgestellt.[80] Die bisherigen Ausführungen in 2.3 dürften gezeigt haben, daß sich Bedeutungsverschiebungen gesellschaftlicher Objekte und Symbole weder wahllos noch in Sprüngen ergeben. Soziale Konstruktionen knüpfen an soziale Tatbestände oder bestehende soziale Konstruktionen an und führen zu sukzessiven Bedeutungsverschiebungen. Soziale Merkmale, die z.B. bei der Fassung von Ethnizität herangezogen werden und auf die sich soziale Konstruktionen beziehen, sind aber - und da ist Aschauer zuzustimmen - kaum als objektive und diskrete Kategorien zu verstehen. Daher sind sowohl soziale Konstruktionen als auch die zu ihrer Konstruktion herangezogenen sozialen Tatbestände zu hinterfragen. Soziale Konstruktionen entspringen keinesfalls immer der Politik oder der Wissenschaft, sondern sie erwachsen ebenso aus lebensweltlichen Zusammenhängen. Damit sind sie nicht vorbehaltlos mit strategischen Setzungen auf eine Stufe zu stellen.

Wie Aschauer richtig verdeutlicht, bleibt es allemal wichtig im Blick zu behalten, *zu welchem Zweck* soziale Konstruktionen entstehen. Ethnizität bzw. ethnische Merkmalskategorien sind auch dann, wenn sie sich als reine soziale Konstruktionen erweisen, sozial wirksam und können soziale Machtverhältnisse ausdrücken, konsolidieren oder auch verändern. „Der Prozeß, daß ethnische Merkmale zunächst als solche definiert werden und dann eine gesellschaftliche Bedeutung erhalten, wird als Ethnisierung bezeichnet" (Aschauer 1996:10). Dadurch besteht natürlich die Gefahr, ethnische bzw. nationale Identitäten zu mißbrauchen, zu emotionalisieren, zu überhöhen und zu transzendieren, um damit politische Ziele verfolgen zu können. Auf der anderen Seite kann ethnische Identität Ausdruck gemeinschaftlicher Zusammenhänge und Erfahrungen sein und damit im strategischen Sinne als zweckfrei gesehen werden. Diese unterschiedlichen Sichtweisen und Funktionen innerhalb des ethnischen Diskurses gilt es zu erkennen. Also müssen Bedeutung,

---

[80] Blumer faßt prägnant die drei grundlegenden Prämissen des symbolischen Interaktionismus zusammen: „Die erste Prämisse besagt, daß Menschen 'Dingen' gegenüber auf der Grundlage der Bedeutungen handeln, die diese Dinge für sie besitzen. ... Die zweite Prämisse besagt, daß die Bedeutung solcher Dinge aus der sozialen Interaktion, die man mit seinen Mitmenschen eingeht, abgeleitet ist oder aus ihr entsteht. ... Die dritte Prämisse besagt, daß diese Bedeutungen in einem interpretativen Prozeß, den die Person in ihrer Auseinandersetzung mit den ihr begegnenden Dingen benutzt, gehandhabt und abgeändert werden" (1980:81).

Zweck und Funktion des ethnischen Bezugs in Argumentationen hinterfragt werden.

Es soll nicht weiter auf die als grundlegende Kritik anzusehende Auseinandersetzung mit dem Identitätsbegriff bei Aschauer eingegangen werden, die trotz der vorgebrachten Anmerkungen in Teilen ihre Berechtigung hat. Dennoch sei abschließend bemerkt, daß Aschauer bei seinen Betrachtungen zur Identität primär auf sozialpsychologische und psychologische Arbeiten[81] rekurriert und m.E. nicht in angemessener Weise auf fundamentale Theoretiker der Identität (Mead, Krappmann, Habermas) eingeht, die insbesondere zu einer Klärung der kollektiven Komponente des Identitätsbegriffs wichtige Beiträge geliefert haben. Bezieht man diese ein, dann läßt sich die Bedeutung des Begriffs nicht nur für die Sozialgeographie herausstellen, wie es bereits dem von Aschauer (1996) kritisierten Weichhart (1990) eindrucksvoll gelungen ist. Darüber hinaus kann damit auch die Notwendigkeit der Verwendung eines Konstruktes wie Identität für die Analyse individueller und kollektiver Anpassungsprozesse in Phasen gesellschaftlicher Veränderung fruchtbar gemacht werden.

Nachdem in der bisherigen Argumentation auf die Bedeutung der Identität aus begrifflich-definitorischer, individueller und teilweise „ethnischer" Sicht eingegangen wurde, soll im folgenden daran anknüpfend die kollektive Dimension des Begriffs im Mittelpunkt der Betrachtung stehen.

Die Ausführungen in Kapitel 2.3 haben gezeigt, wie gesellschaftliche Veränderungen von Individuen sowohl Anpassungen als auch Kreativität erfordern, um mit entstehenden Krisenlagen umzugehen. Gleichzeitig bieten sich Anschlußmöglichkeiten an diese Darstellung für die Fassung kollektiver Bewußtseinsformen als kulturelle, ethnische und räumliche Identität. Ein Autor sozialgeographischer Provenienz, der sich mit der Erfassung kultureller Identität im weitesten Sinne beschäftigt, ist Werlen (1987; 1989; 1992). In seinen Arbeiten zieht er handlungs- und strukturtheoretische Ansätze der Sozial- und Kulturforschung heran, um die Bedeutung kultureller Identität grundlegend zu erörtern.

Anknüpfend an den Strukturbegriff von Giddens (1988; 1984), der zwischen Strukturierung und Struktur unterteilt und dabei ähnliche Zusammenhänge thematisiert wie Bourdieu (1987; vgl. auch Kapitel 2.1), der von Struktur und Praxis spricht, entwirft Werlen Grundlagen einer *handlungstheoretische Sozialgeographie*. Bevor näher auf die Argumentation Werlens eingegangen wird, sollte daher zunächst die Definition Giddens zu Struktur und Strukturierung betrachtet werden:

> „Strukturierung als Reproduktion von Handlungsweisen bezieht sich abstrakt auf dynamische Prozesse, durch die Strukturen erzeugt werden. Unter Dualität von Struktur verstehe ich, daß gesellschaftliche Strukturen sowohl durch das menschliche Handeln konstituiert werden, als auch zur gleichen Zeit das Medium dieser Konstitutionen sind" (Giddens 1984:158).

---

[81] Und nur in diesen Disziplinen scheint er die Geschichte des Konstrukts Identität festzumachen: „Es ist schon verblüffend, welch rasante Konjunktur dieses Wort in den letzten Jahren erfahren hat, während es zuvor nur in der Entwicklungspsychologie ... und in Seminaren zur Geschichte der Philosophie auftauchte" (Aschauer 1996:1).

Die Verwandtschaft zum bereits dargestellten Struktur-Praxis-Ansatz Bourdieus (1987) ist unverkennbar. Strukturen wirken auf menschliche Handlungsweisen und werden gleichzeitig durch diese geschaffen bzw. verändert. Gesellschaftliche Reproduktion ist genau innerhalb dieser komplexen Beziehung von Strukturierung und Struktur zu verstehen. Handlungen in konkreten Interaktionen konstituieren damit die soziale Welt, und gleichzeitig beziehen sich Handelnde auf moralische und semantische Regeln sowie verfügbare Ressourcen. Diese drei Elemente werden von Giddens (1984:150) als Weltbilder (Systeme semantischer Regeln), Legitimation (Systeme moralischer Regeln) und Herrschaft (Systeme von Ressourcen) bezeichnet. Gemeinsam, als integrierte Elemente konstituieren diese drei die Kultur: Wenn sich die Mitglieder einer Gesellschaft „auf eine kollektive Totalität als ein integriertes System semantischer und moralischer Regeln beziehen, können wir von der Existenz einer gemeinsamen Kultur sprechen" (Giddens 1984:150). Damit ist jedoch nicht ausgesagt, daß Gesellschaftsmitglieder von den zugrundeliegenden Regeln abstrakte Formulierungen liefern können, sondern es besteht ein geteiltes Wissen darüber, wie Regeln auf neue Sachverhalte angewendet werden müssen und in welchen Kontexten sie anwendbar sind.

Auch wenn damit eine gemeinsame Kultur angesprochen ist, ist nicht gemeint, daß diese widerspruchsfrei oder homogen ist. Giddens (1984:152) spricht von Konflikten und Widersprüchen, die in der Gesellschaft auftreten können. Konflikte können entstehen, wenn sich Interagierende auf die gleichen Regeln beziehen, aber unterschiedliche Ressourcen zur Verfügung haben, um ihre Interessen durchzusetzen. Widersprüche sind dagegen dadurch bestimmt, daß Gegensätze zwischen bestimmten Regeln entstehen, auf denen die Kultur beruht.[82]

Nach Werlen (1992) bezieht sich *kulturelle Identität* auf die Ausführungsart von Strukturierungsprozessen oder die Art der Anwendung verschiedener Regeln, ohne daß es zwischen den strukturellen Prinzipien zu Gegensätzen kommt. Kulturelle Identität ist dann erreicht, „wenn der Handelnde in den Strukturierungsprozessen die intersubjektiv geteilten semantischen und moralischen Regeln mit dem subjektiven Wissen widerspruchsfrei in Anschlag bringen kann" (Werlen 1992:12).

Fassen wir dies als die Grundlage der weiteren Erörterung zusammen, so ist Kultur ein Bezugssystem von Regeln und Normen, auf die sich die Interagierenden beziehen. Zudem lassen sich unter Kultur auch die materiellen Artefakte subsumieren, sofern nicht nur ihre reine Existenz einbezogen wird, sondern es um den Verwendungszweck der Erschaffung und ihren symbolischen Gehalt geht. Kulturelle Iden-

---

[82] Während Konflikte intra-kulturelle Probleme thematisieren, sind Widersprüche inter-kulturell zu verstehen. Zur Verdeutlichung seien zwei Beispiele von Giddens genannt. „Der Begriff des Konflikts ist eng verbunden mit 'Interessen' ..., die wiederum 'Bedürfnisse', die die Handelnden in die Interaktion einbringen, logisch voraussetzen; Konflikt ist, im Sinne von aktiver Auseinandersetzung bei Interessengegensätzen, eine Eigenschaft von Interaktion" (1984:152). „Widerspruch kann als Gegensatz zwischen strukturellen 'Prinzipien' begriffen werden: z.B. der zwischen einer starren Arbeitsordnung, wie sie für den Feudalismus kennzeichnend ist, und der freien Mobilität der Arbeit, die durch die während einer bestimmten Periode in der europäischen Geschichte aufkommenden kapitalistischen Märkte hervorgerufen wurde" (Giddens 1984:152).

tität läßt sich vereinfacht als widerspruchslose Einbindung in geteilte Regelsysteme fassen. Werlen formuliert entsprechend, daß kulturelle Identität sich auf die „Reziprozität der Bedeutungskonstitutionen mehrerer in Interaktion stehender Subjekte bzw. auf die intersubjektiv geteilten Deutungsmuster bezieht" (1992:14). Gemeinsame Handlungsweisen führen damit zur Ausbildung und Tradierung von Sitten, Bräuchen und Gewohnheiten, weil sich Handeln auf geteilte Regelsysteme bezieht. „Die Mitglieder einer Gesellschaft drücken ihre Zugehörigkeit zu einem bestimmten Kulturbereich dann aus, wenn sie sich bewußt, weniger bewußt oder routinemäßig gemeinsam auf diese Werte beziehen" (Werlen 1992:13). Dieser Kultur- und Identitätsbegriff ist aber nicht statisch zu verstehen. Denn Handeln vollzieht sich immer im Rahmen von Interpretationsprozessen, die strukturierte Bedingungen immer wieder modifizieren und neu strukturieren.

Zu einem an diese Überlegungen anschließenden Begriff kultureller Identität gelangt Zimmermann (1993:83), indem er auf den Habitus nach Bourdieu, mit dem spezifische Lebensweisen als Dispositionen und Routinen zu verstehen sind, und auf ein Gruppen-Bewußtsein rekurriert. Mit Bewußtsein ist angesprochen, daß sich die eigene Gruppe, zu der sich der einzelne zugehörig fühlt, aufgrund von Lebensweise bzw. Habitus von anderen Gruppen unterscheidet und dies zur Bildung eines Wir-Bewußtseins führt, wodurch andere abgewertet werden und die interne Kohäsion gestärkt wird.

> „Identität wird in diesem Falle zu einem politischen Begriff. Man wird sich seines Habitus bewußt, und er wird dann thematisiert, wenn er bedroht ist und wenn diese Bedrohung als negativ erfahren wird. Wenn sozialer Wandel nicht akzeptiert, sondern (von außen) oktroyiert wird, wie in vielen kolonialen und neokolonialen Verhältnissen, oder wenn Minderheiten assimiliert werden und eine Situation der Bedrohung" (Zimmermann 1993:83).

Damit hat Gruppenidentität[83] immer etwas mit Selbstbestimmung zu tun, als gemeinsame Anstrengung zur Sicherung der Lebensweise, die, wie bereits mehrfach verdeutlicht wurde, dynamisch und wandelbar zu sehen ist. In dieser Weise wird Gruppenidentität bei Elias/Scotson (1993) als wichtige Machtressource herausgearbeitet. Soziale Gruppen, die sich durch Kohäsion auszeichnen, die vor allem darauf basiert, daß die Gruppenmitglieder eine Vielzahl gemeinsamer Erfahrungen teilen, sind eher in der Lage, ihre Position zu sichern, als Gruppen, die keinen starken internen Zusammenhang aufweisen und entsprechend kein Wir-Gefühl ausgebildet haben. Generell gehen Elias/Scotson davon aus, daß ein höherer Kohäsionsgrad von sozialen Gruppen „ein wesentliches Element ihrer Machtüberlegenheit darstellt" (1993:12).[84] Gruppenidentität kann sich dabei auf unterschiedliche so-

---

[83] Die verschiedenen Beispiele von Gruppenidentität zeigen, daß es sich teilweise um reale Gruppen handelt, teilweise aber auch um kognitive, emische Kategorien. Das Gefühl, zu einer bestimmten „Gruppe" zu gehören, setzt somit nicht unbedingt voraus, daß eine regelmäßige, zeitlich überdauernde Beziehung zwischen den Mitgliedern besteht.

[84] Von allgemeinen Aussagen wie „Ich bin Deutscher" oder „Ich bin Ausländer" ausgehend, kommen Elias/Scotson zu dem Schluß, daß Identität immer einen Doppelcharakter trägt. Sie ist sowohl Selbstbeschreibung als auch Abgrenzung. „Diese und ähnliche Aspekte der Gruppenidentität eines Menschen sind ebenso fest in seine persönliche Identität einverwoben wie

ziale Bedingungen beziehen. Sie kann sowohl auf ethnischer Zugehörigkeit als auch auf gemeinsamen Leben innerhalb einer bestimmten Region mit gefühlter bzw. tatkräftig unterstützter Gemeinsamkeit basieren. Dadurch schafft Gruppenidentität Sicherheit und Orientierung, führt aber ebenso zu sozialer Kontrolle. Mit den Worten Elias/Scotsons läßt sich dieser Zusammenhang für die alteingesessenen Familien der von ihnen untersuchten Gemeinde folgendermaßen darstellen:

> „Die Mitglieder der 'alten Familien' waren durch Bande emotionaler Vertrautheit, reichend von der Intimität althergebrachter Freundschaften bis zu der althergebrachter Feindschaften, aneinander gebunden" (1993:38).

Der Rückgriff auf die Annahmen zu persönlicher und kultureller Identität hat die begriffliche Basis geschaffen, um weitere kollektive Identitäten thematisieren zu können. Mit der räumlichen bzw. regionalen und ethnischen Identität werden im folgenden weitere „Gruppenidentitäten" thematisiert, die bei der Betrachtung der Wendefolgen in der Oberlausitz von Bedeutung sind. Denn es sind vor allem solche Aspekte, wie gemeinsames Leben innerhalb eines bestimmten Raumes und Bewußtsein des Gefühls, zu einer Ethnie zu gehören, die diese Orientierungs- und Sicherungsfunktion erfüllen können. Damit bekommen der Raum und die ethnische Zugehörigkeit eine Bedeutung für die Vergesellschaftung der Menschen. Dabei ist allerdings mit Simmel (1992) davon auszugehen, daß der Mensch und die Vergesellschaftung Ausgangspunkt für die Betrachtung sind, nicht der Raum an sich. Der Raum wird dadurch nicht irrelevant, sondern er erhält seine spezifische Bedeutung durch die in ihm agierenden Menschen. „Indem wir uns im alltäglichen Lebensvollzug durch Sequenzen von Räumen bewegen, in denen wir jeweils spezifische Zwecke verfolgen, definieren wir Raum eben auch erst durch Handeln" (Hamm 1989:524). Da sich im Raum aber soziale Prozesse vergegenständlichen, bezieht sich Handeln auf physische Konfigurationen, die als „materialisierte Bündel sozialer Normen" (Hamm 1989:524) verstanden werden müssen.

2.5 Räumliche und regionale Identität

Regionale Identität kann als Spezialfall kollektiver Identitätsbildung gesehen werden. Dieser spezielle Fall wurde jedoch aus soziologischer und sozialpsychologischer Sicht bisher nur unzureichend thematisiert (Danielzyk/Krüger 1990:27). Regionale Identität bezieht sich auf den Raum oder die Region als materiales Substrat, in denen Handlungsabläufe stattfinden. Eine spezifische Art der raumbezogenen Identität findet sich bei Weichhart (1989; 1990). Er unterscheidet die *„Identifikation mit der Region"*, als das Wissen um Zugehörigkeit zu einem Heimatraum auf lebensweltlicher Ebene, von der *„Identifikation der Region"*, aufgrund der sozialkulturellen Bedeutung, die sie für Denken, Fühlen und Handeln der Bevölkerung hat sowie eine *„kollektive räumliche Identität"*, die auf gemeinsam in der Region gemachten Erfahrung basiert (Weichhart 1989). Das kollektive Ge-

---

solche Elemente, die ihn von anderen Mitgliedern seiner Wir-Gruppe unterscheiden" (1993:44). Man hat es „im Falle von Wir-Bild und Wir-Ideal mit individuellen Versionen kollektiver Phantasie" zu tun (1993:45).

dächtnis, wie es bei Halbwachs (1985) thematisiert wird, ist eine ähnliche Herangehensweise, diese kollektive Identität zu begreifen.

Die von Weichhart angesprochenen drei „Identifikationstypen" sind als analytische Kategorien nicht trennscharf, da alle drei im Grunde genommen auf den Erfahrungen basieren, die im Raum gemacht wurden. Erst durch diese Erfahrungen entsteht ein Wissen um Zugehörigkeit zu einer Region, und nur dadurch bekommt der Raum Bedeutung für Denken, Handeln und Fühlen. Der Raum muß mit Bedeutungen und Symbolen „aufgeladen" werden, um selbst wirksam zu sein. Das ist eine der angesprochenen Grundbedingungen der Identitätsentwicklung, auf die sich auch Weichhart stützt.

In seiner Argumentation geht Weichhart zunächst von der klassischen Fassung der Identitätsbildung aus und bezieht sich dabei vor allem auf Mead (1973) und Graumann (1983). In der Auseinandersetzung des Individuums mit seiner Umwelt entwickelt sich die Persönlichkeit, wobei sowohl gesellschaftliche Strukturen als auch soziale Bezugssysteme als Vorbild dienen können. Durch unterschiedliche Arten der Identifikation bilden sich *multiple Identitäten* heraus.

Auf den Raum bezogen lassen sich nach Weichhart vier unterschiedliche Ausprägungen räumlicher Identität feststellen:

* subjektiv wahrgenommene Identität eines bestimmten Raumausschnittes;
* kollektiv wahrgenommene Identität eines bestimmten Raumausschnittes;
* jener Ausschnitt der Umwelt, den ein Individuum in sein Selbstkonzept einbezieht;
* Identität einer Gruppe, die einen bestimmten Raumausschnitt als Teilelement des „Wir-Konzepts" übernimmt und zur Abgrenzung gegenüber anderen benutzt (1990:94).

Während sich die ersten beiden Ausprägungen auf die Wahrnehmungsseite von Individuen und Gruppen beziehen und der Raum als Einheit im Vordergrund steht, geht es bei den beiden anderen besonders um die „Aufladungen" des Raumes mit Bedeutungsinhalten, die durch soziale Interaktionen vermittelt werden. Nicht übersehen werden darf allerdings, daß auch die *Wahrnehmungsaspekte*, wie sie in den ersten beiden Ausprägungen angesprochen werden, über Sozialisation und vorgefundene Handlungskontexte vermittelt sind. Mit anderen Worten, die Art und Weise, wie Umwelt wahrgenommen wird, und ob überhaupt bestimmte Ausschnitte aus dieser Umwelt als Einheit empfunden werden, hängt nicht zuletzt von den Erfahrungen ab, die in ihr gemacht wurden.

Unter offensichtlichem Rückgriff auf Parsons' AGIL-Schema (Parsons/Shils 1951) stellt Weichhart (ohne jedoch auf Parsons einzugehen) fest, daß der systemfunktionale Nutzen räumlicher Identität in einem Beitrag zur *Integration*, *Stabilisierung* und *Aufrechterhaltung* der *zeitlichen Konstanz* von Sozialsystemen liege und zudem zur Entwicklung der Ich-Identität der Menschen beitrage. Funktionalität räumlicher Identität besteht damit sowohl für die Erhaltung des umgebenden Systems als auch für die individuelle Entwicklung.

Der Nutzen räumlicher Identität der individuellen Ebene wird von Weichhart daher vor allem in der „Entwicklung und Aufrechterhaltung der personalen Einheit menschlicher Individuen" (1900: 94) gesehen. Hierbei unterscheidet er vier verschiedene Funktionen, zu denen räumliche Identität beiträgt:

1. Sicherheit;
2. Aktivität und Stimulation;
3. Soziale Interaktion und Symbolik;
4. Identifikation/Individuation.

ad 1) *Sicherheit* bekommt in Zusammenhang mit der räumlichen Identität[85] einen bedeutenden Stellenwert. Denn Sicherheit meint nicht nur die Abwesenheit physischer Bedrohung, sondern in erster Linie die Sicherheit der „Umwelterfahrung". Mit Hinweis auf den von Luhmann (z.B. 1984; 1988) in der Systemtheorie verwendeten Begriff der *Reduktion von Komplexität* stellt Weichhart fest, daß es für Individuen von hohem Nutzen ist, wenn die Wahrnehmung und Wertung der Umwelt auf konstanten und handhabbaren Strukturen basiert.[86] In Hinblick auf räumliche Identität heißt das, daß sich Individuen bei ihren Handlungen auf Elemente ihres physischen Raumes beziehen, „die als Landmarken, Areale, Einzugs- und Zuständigkeitsgebiete, Barrieren, Pfade etc. aber natürlich auch als Symbolträger oder als emotional aufgeladene Ausschnitte der Wirklichkeit klassifiziert werden" (Weichhart 1990: 35). Es sind vor allem die letzten genannten Aspekte, denen bei der Identifikation mit dem Raum eine wichtige Rolle zukommt. Denn erst durch die symbolische Aufladung und Aneignung von Räumen wird eine *vertraute Umwelt* geschaffen, auf die sich Handeln bezieht und in der es stattfindet. Damit ist neben dem funktionalen Aspekt immer auch ein emotionaler angesprochen, denn „Lebensräume werden niemals nur funktional genutzt, niemals nur verwaltet und 'beplant'; sie werden lebensweltlich-territorial behauptet, identifikativ angeeignet und kulturell erst ausgestaltet" (Lipp 1984:24). Aufgrund dieser Bindungen und Identifikationen entstehen Sicherheit in Handlungsabläufen, Handlungsroutinen und die Möglichkeit der Aktivierung und der „Raumnutzung" nach eigenen Vorstellungen. Auf die damit angesprochene zweite Funktion geht Weichhart unter den Begriffen Aktivität und Stimulation ein.

ad 2) Mit *Aktivität und Stimulation* ist nach Weichhart das „Wachstumsprinzip der Selbstverwirklichung" (1990:37) angesprochen. Bestimmte, identifizierbare Umweltausschnitte wirken für Handlungspläne und Handlungen anregend. Die Umwelt besitzt damit einen „Aufforderungscharakter" (Lewin 1926). Mit dieser Funktion ist wiederum die Aneignung von Raumaspekten verbunden. Handlungen die-

---

[85] Die Begriffe „räumliche" und „raumbezogene" Identität werden synonym verwendet.

[86] Diese Zusammenhang läßt sich ebenso an der Phänomenologie von Schütz (1971) bzw. Berger/Luckmanns (1980) festmachen, weil gerade in diesem Ansatz die Bedeutung routinisierter Handlungsabläufe thematisiert wird. „Habitualisierte Tätigkeiten behalten natürlich ihren sinnhaften Charakter für jeden von uns, auch wenn ihr jeweiliger Sinn als Routine zum allgemeinen Wissensvorrat gehört, zur Gewißheit geworden und dem Einzelnen für künftige Verwendung zuhanden ist. Gewöhnung bringt den psychologisch wichtigen Gewinn der begrenzten Auswahl" (Berger/Luckmann 1980:57).

nen der Selbstverwirklichung vor allem dann, wenn sie bleibende Veränderungen in der materialen Umwelt bewirken. Das „Hinterlassen von Spuren, in denen man sich selbst ... wiedererkennt" (Mai 1989:13), gibt dem einzelnen zumindest ein Gefühl von Selbstbestimmtheit. „Der engere Lebensraum des Menschen ist jener Bereich, den er (zumindest in Grenzen und im Gunstfalle) kontrollieren, nutzen, beeinflussen, erobern, durch eigene Aktivitäten gestalten kann" (Weichhart 1990:38). Durch die eigene Ausgestaltung und Aneignung des Raumes läßt sich somit erst eine stabile räumliche Identität gewinnen (Greverus 1979). Auf den damit einhergehenden Sicherheitsaspekt weist auch Mai (1995:3) hin. Er gibt aber zugleich zu bedenken, daß Sicherheit nicht notwendig auf Dauer gestellt ist. Denn wenn die Umwelt angeeignet werden kann, ist es auch möglich, daß sie entfremdet wird, wenn „Aneignungschancen" verlorengehen. So signalisiere die „Dialektik von Aneignung und Entfremdung auch die Bedrohung von Identität: wer seine Heimat verliert oder ihr durch Modernisierungsprozesse entfremdet wird, erleidet Identitätsverlust und Sinnkrise" (1995:3). In solchen Prozessen geht damit die von Weichhart hervorgehobene Sicherheit verloren, weil die Bedeutungsstrukturen eines Raumes routinemäßiges Handeln (im Sinne von Schütz/Luckmann 1975 bzw. Berger/Luckmann 1980)[87] erschweren und neue kontingente und unklare Möglichkeiten anbieten.

Deutlich wird die Interdependenz zwischen den beiden von Weichhart gewählten Funktionen. Empfundene (physische und psychische) Sicherheit wird durch Aneignung und Symbolbelegung gewonnen. Aneignung und Symbolbelegung werden selbst wiederum durch einen als „sicher" empfundenen Raum angeregt und gefördert. Allerdings lassen sich in Anlehnung an die von Mai angedeuteten Verlustaspekte auch andere Prozesse nennen, die eine „Einmischung" in räumliche Aneignungsbedingungen erforderlich machen, wie z.B. die Bedrohung des selbstgestalteten Raums durch äußere Veränderungen. Bürgerinitiativen gegen Braunkohletagebau, Flugplatzerweiterungen, Tiefflugschneisen oder Autobahnen sind sichtbare Reaktionen auf eingeschränkte Handlungschancen und „Entfremdungsprozesse" im Raum. Die Teilnahme an diesen Bewegungen stellt damit für den einzelnen den Versuch dar, fehlende Autonomie wiederaufzubauen und selbst innerhalb des Raumes wieder „Ursache von etwas" zu werden.

ad 3) Mit *sozialer Interaktion* und *Symbolik* spricht Weichhart die eigentliche Schaffung der Identität innerhalb des Raumes an, die selbst wiederum zu einer emotionalen territorialen Bindung führt. Entsprechend nennt er in diesem Zusammenhang die zugrundeliegenden Motive: Statusstreben, Zugehörigkeit und Liebe (1990:39). Raum wird zum symbolischen Bedeutungsträger sozialer Interaktion und sozialer Werte. Treinen (1965; 1974) spricht in diesem Zusammenhang von der „symbolischen Ortsbezogenheit" und meint damit, daß Ortsnamen häufig für im jeweiligen Raum stattfindende Handlungssituationen und die Qualität sozialer Beziehungen stehen. Allerdings greift man zu kurz, wenn man Symbole lediglich

---

[87] „Aber sogar der unproblematische Teil der Alltagswelt-Wirklichkeit ist nur solange unproblematisch, wie man ihn nicht problematisiert, das heißt, solange seine Kontinuität nicht durch das Auftauchen eines Problems durchbrochen wird" (Berger/Luckmann 1980:27).

an bestimmten Orts*namen* festzumachen sucht, wie es in den Arbeiten von Treinen der Fall ist. Weichhart faßt die symbolische Komponente daher weiter und bezieht sie auf den Raum als territoriale „Projektionsfläche von Werten, Sinnkonfigurationen und sozialen Bezügen" (1990:39). Unter Bezug auf Halbwachs (1985) verweist Weichhart auf die umfassende Funktion, die dem Raum in diesem Zusammenhang vor allem für die empfundene Zugehörigkeit zu einer Gemeinschaft zukommt. „Der physische Raum ist einer der Ausdrucksträger und Symbole für die Inhalte des 'kollektiven Gedächtnisses' ... sozialer Systeme, in das die Individuen im Verlaufe des Sozialisationsprozesses eingebunden werden und das ebenfalls dazu beiträgt, ihnen Sicherheit und Konstanzerfahrung zu vermitteln" (1990:39).

Zugehörigkeitsgefühle basieren somit auf geteilten Werten, Einstellungen und Haltungen, die eingenommen werden und die durch materiale Bedingungen ihre Manifestation erhalten. Zwar weist Weichhart darauf hin, daß diese Bedeutungszuschreibung nicht exklusiv an ganz bestimmte Zeichen geknüpft sind, da Statusträger austauschbar seien. Aber er macht nicht deutlich, daß diese symbolische Belegung der Raumstrukturen auch handfestere Konsequenzen hat. Ihm geht es in erster Linie nur um die Funktion, die materiale Statusträger erbringen: „Das durchgestylte Eigenheim in einem statushohen Wohngebiet, das den Besitzer auf komfortable Weise alle Aspekte der Wohnfunktion verwirklichen läßt, ist damit gleichzeitig Zeichen und physische Realisation der sozialen Position seines Besitzers" (Weichhart 1990:40).

Gegenüber dieser relativ verkürzten Sicht wurde im Rahmen der Darstellung des Ansatzes Bourdieus (1991) darauf hingewiesen, daß diese symbolische Raumbesetzung durchaus auch geeignet ist, soziale Unterschiede sowie Macht- und Herrschaftsverhältnisse auszudrücken, wenn Elemente des physischen Raums zugleich Ausdrucksmittel von Statuszuschreibung und Abwertung sind, wie es die hinter den Begriffen „sozialer Brennpunkt" und „Oberstadt" stehenden sozialen Strukturbedingungen verdeutlichen. Symbolische Grenzziehungen können daher mit manifesten Reproduktionschancen verbunden sein, Macht sichern und für benachteiligte Personen Chancenlosigkeit bzw. Einschränkung von Handlungschancen bedeuten. Dadurch wird nochmals auf den engen Bezug zur Aktivitäts- und Stimulationsfunktion hingedeutet, denn diese Funktion wird für benachteiligte Personen nur in äußerst eingeschränkter und räumlich begrenzter Weise vorhanden sein.

ad 4) Als letzte Funktion nennt Weichhart *Identifikation* und *Individuation*. Damit ist im Grunde „*nicht mehr*" als das Programm der Identität gemeint. Individuen sind bestrebt, sich selbst wiederzufinden und sich selbst zu definieren. „Der hier angesprochene Nutzen raumbezogener Identität besteht für das Individuum also darin, daß in seinen Bewußtseinsprozessen ein Komplex positiv und negativ gewichteter kognitiver Strukturen als Repräsentation physischer Umweltausschnitte verfügbar ist und die Designate und Konnotate dieser Strukturen" (Weichhart 1990:41) ihm verdeutlichen, wer es ist und welchen Wert es besitzt. Daß solche Prozesse und Identifikationen wiederum eng an die generelle Identitätsbildung und die anderen Funktionen geknüpft sind, vor allem an die Aktivierung und Möglichkeit der Aneignung, ist offensichtlich.

68

Deutlich wird an allen vier herangezogenen Funktionen die Schwierigkeit der eindeutigen Begriffsbestimmung. Räumliche Identität wird von Weichhart zwar nach ihrer Funktion untersucht, dazu bezieht er sich aber immer wieder auf ihre Genese. Eine befriedigende Trennschärfe kann daher weder in den vier von ihm vorgestellten Kategorien noch zwischen Nutzen, Funktion und Genese erlangt werden. Dieses Problem ist allerdings nicht Weichhart anzulasten, der sich um eine funktionale Bestimmung bemüht und räumliche Identität dabei in ihrer Gesamtheit vorstellen will. Eine analytische Trennung in die einzelnen Funktionen und Motive der Identitätsbildung wird immer mit dem Problem der wechselseitigen Bedingtheit dieser Funktionen konfrontiert sein. Trotz klassifikatorischer Unklarheiten zeigt die von Weichhart durchgeführte Begriffsbestimmung vor allem die Vielschichtigkeit räumlicher Identität. Diese Vielschichtigkeit verdoppelt sich jedoch gewissermaßen dadurch, daß die auf individueller Ebene angesiedelten Funktionen in ähnlicher Weise auf der Ebene sozialer Systeme abgreifbar sind.

Denn neben diesen dargestellten Funktionen auf individueller Ebene, bei der die Frage im Vordergrund steht, was die räumliche Identität dem einzelnen für einen Nutzen bringt, geht Weichhart der Frage nach, welche Funktion raumbezogener Identität in bezug auf soziale Systeme zukommt.

Aus dem gesamten Aufbau der bisherigen Diskussion und dem Bezug zum symbolischen Interaktionismus dürfte bereits deutlich geworden sein, daß zwischen personaler und sozialer Ebene vielfältige Interdependenzen bestehen. Daher würde eine funktionale Analyse auf sozialer, kollektiver Ebene die gleichen Ergebnisse bringen, wie auf der Ebene des Individuums. Diese Ebene muß aber von der kollektiven aus analytischen Erwägungen getrennt werden, weil sich nach Weichhart kollektive Identitäten unmittelbar auf soziale Prozesse beziehen. Entsprechend kommt er zu einer einfachen Begriffsbestimmung kollektiver Identität, die aufgrund der bisherigen Erörterungen zur individuellen Ebene verständlich ist:

„Durch die Kontextualisierung, den Beitrag zur Vermittlung einer gemeinsamen Bezugspraxis, ergibt sich für die Teilnehmer sozialer Kommunikation und Interaktion eine Reduktion von Streß und Komplexität, wird eine Verläßlichkeit und Vertrautheit der Rahmenbedingungen von sozialen Prozessen geschaffen, wird Sicherheit vermittelt" (1990:46).

Eine vollständige Betrachtung der bisher angesprochenen Funktionen, wie dies für die individuellen Ebene geschah, ist für die soziale Ebene nicht nötig, weil der Begriff der Identität, wenn er aus den Annahmen des symbolischen Interaktionismus abgeleitet wird, gar nicht die Notwendigkeit erfordert, individuelle und soziale Prozesse zu trennen. Die Vorstellungen und Sichtweisen, die das Individuum übernimmt, ergeben sich ja gerade aus den kollektiven Vorstellungen. Diese tradierten kollektiven Vorstellungen werden wiederum durch individuelle Handlungen verändert und modifiziert. Was daher für die individuelle Ebene galt, läßt sich analog für die kollektive Ebene fassen. Dieser enge Bezug findet sich auch in Weichharts Darstellung, wenn er z.B. die Symbolik auf der individuellen Ebene mit dem kollektiven Gedächtnis erläutert.

Daß raumbezogene Identität, als kollektive Vorstellungen über bestimmte Raummerkmale und gemeinsamer Schatz ortspezifischer Informationen und Wissen um Alltagspraxis in einem bestimmten Raum, einen generellen Orientierungsrahmen darstellt, der routinisiertes Handeln ermöglicht, ist aus dieser theoretischen Position daher unstrittig. Dies schließt nicht aus, daß unterschiedliche Gruppen andere Lebens- und Erfahrungsbereiche haben, wie es die Beschreibungen unterschiedlicher Bedeutungsinhalte bei Bourdieu (1991) zeigen, die sich in „gruppenspezifischen Auffassungsdifferenzen bei der inhaltlichen Ausprägung der Teilaspekte raumbezogener Identität" (Weichhart 1993:49) niederschlagen. Diese spezifischen Fassungen räumlicher Identität auf der Grundlage unterschiedlicher Lebens- und Handlungspraxis sind daher konsistent mit den Annahmen der theoretischen Grundlagen.

Ein bedeutsamer Aspekt kollektiver Identität, der bisher kaum angesprochen wurde, dürfte dagegen der Prozeß der *Gruppenkohäsion* sein. Denn es ist vor allem diese Kohäsion oder Integration, die die oben angesprochenen Funktionen erst ermöglicht. Vor allem in bezug auf Stadtviertel finden sich zu dieser Fragestellung zahlreiche Untersuchungen (vgl. Schneider 1986; Rivlin 1987). Als wichtige Faktoren für *erfolgreiche Integration* innerhalb bestimmter Wohnviertel werden die Gebürtigkeit, Wohndauer, Sozialkontakte, physisch-räumliche Struktur des Viertels und die historische Tiefe seiner baulich-sozialen Entwicklung genannt (Weichhart 1990:53). Damit wird nicht nur auf die sozialen Beziehungen verwiesen, sondern ebenso auf die mit Symbolik aufgeladene Bedeutung der baulichen Anordnung - wobei nicht übersehen werden darf, daß diese selbst wiederum Ausdruck sozialer Interaktionsbeziehungen ist.

Ein weiterer wichtiger Aspekt der Integration liegt in der *direkten Kommunikation*. Unter Bezug auf die Dialektforschung und Konzepte der Ortsloyalität und Ortsorientiertheit zieht Weichhart (1990:54f.) den Schluß, daß zwischen sprachlichem Dialekt und räumlicher Bindung ein interdependenter Zusammenhang besteht. Ortsloyalität zeigt sich im Festhalten an Verhaltensweisen und Sprachverhalten, die an einem bestimmten Ort ausgeübt werden.

Allerdings stellt er in bezug auf räumlich soziale Bindungen an das jeweilige Wohnviertel (Ortsloyalität) ebenso fest, daß in der Regel keine *soziale Gruppe* im eigentlichen Sinn in den jeweiligen in Frage stehenden Regionen vorhanden ist. Entsprechend benutzt er den Begriff der *symbolischen Gruppe* bzw. *symbolischen Gemeinschaft,* um zu zeigen, daß sich die damit verbundene räumliche Identität und das „Wir-Gefühl" auf diese „symbolischen Sozialgebilde" beziehen. Die Handelnden in bestimmte Regionen handeln damit so, als ob sie innerhalb primärgruppenartiger Sozialsysteme eingebunden wären. „Durch die Reaktion und die Attitüden der Beteiligten, also der im betreffenden Raumausschnitt beheimateten Personen, (wird) einfach unterstellt, daß eine räumlich abgrenzbare Gemeinschaft, ein Gruppenzusammenhang auf lokaler oder regionaler Basis gegeben sei" (Weichhart 1990:70).

Generell verweist Weichhart bei der Beschreibung der Generierung solcher Identitäten auf den *Symbolcharakter.* Bezugspunkte räumlicher Identität sind daher

Symbole, die sowohl die verbindlichen Sinnstrukturen repräsentieren, die durch die Interaktion intersubjektiv geschaffen wurden, als auch selbst äußere Zeichen der Gruppenbindung. Symbolträger reichen, wie bereits ausgeführt, von Ortsnamen, über physisch-materielle Gegenstände, Objekte des täglichen Gebrauchs, lokalhistorische Begebenheiten, Mythen, Verhaltensweisen, Charaktereigenschaften, Trachten bis hin zur Sprache. Gerade mit der Sprache kann Gemeinsamkeit nach außen demonstriert werden, und sie kann ebenso als Ausschlußkriterium denjenigen gegenüber eingesetzt werden, die sie nicht sprechen (Abgrenzung).

Als besonders wichtig zur Generierung solcher symbolischer Gemeinschaften wird von Weichhart die Nachbarschaft gesehen. Die in den konkreten Situationen handelnden Menschen müssen die Rollen ausfüllen, die ihnen über die Nachbarschaft zufallen.

> „Die wichtigste Anforderung für den Rolleninhaber ist die Demonstration einer unverbindlich-freundlichen Geneigtheit, verbunden mit einer Bereitschaft zur spontanen Hilfeleistung bei Notfällen und in alltäglichen Versorgungssituationen. Neben einer grundsätzlichen Bereitschaft zu beiläufigen Gesprächen wird vor allem die Respektierung der engeren Privatsphäre des jeweiligen Interaktionspartners erwartet" (Weichhart 1990:72).

Bei dieser Beschreibung fällt besonders auf, daß verschiedene Aspekte der Einbindung eine Bedeutung spielen. Neben den funktionalen Aspekt tritt der emotionale und das Gefühl der Dazugehörigkeit bei gleichzeitig als relativ offen empfundenen Sozialbeziehungen, die direkte soziale Kontrolle zu umgehen scheinen. Symbolische Gruppen, wie Nachbarschaftsbeziehungen und regionale, lokale Gemeinschaften, werden von den in ihnen Handelnden als Gruppe empfunden (symbolische Gruppe). In ihnen entwickelt sich das Gefühl der Gemeinsamkeit in bezug auf den Raum, damit räumliche Identität.

Ein ähnlicher Zusammenhang, wenn auch ohne den Bezug auf symbolische Gruppen, wird auch von Mai (1995:5) dargestellt, der an der Entwicklung räumlicher Identität den gleichen Prozeß beteiligt sieht, wie er hier für die Entstehung der Identität generell vorgestellt wurde. Im Sozialisationsprozeß stellt sich eine „Vertrautheit mit der physischen und sozialen Umwelt" ein, die Gefühle von „Geborgenheit, Sicherheit und Kontinuität" stiftet. Daß kollektive Identität dabei immer auch Abgrenzung gegenüber anderen bedeuten kann, wird dabei von Mai als ein komplementärer Aspekt der Identität gesehen. Anders als Elias/Scotson (1993) bindet Mai dies allerdings nur kursorisch an den Machtaspekt und Versuche zurück, sich Ressourcen zu sichern. Für ihn steht unbestreitbar der emotionale Aspekt der Schaffung von Sicherheit, Vertrautheit und Stiftung des Wir-Gefühls im Vordergrund. Der geographische Ort ist dabei nur einer der möglichen Kristallisationspunkte sozialer Bezüge, allerdings ein bedeutsamer. „Immer hat soziales Handeln einen räumlichen Bezug, indem es zu verorten ist, den Raum gestaltet bzw. nutzt und Spuren hinterläßt" (Mai 1995:5).

Will man *räumliche Identität* prägnant zusammenfassen, bietet sich für die hier angesprochene räumliche Identität und deren Ausgangsbedingungen eine Definition von Mai (1995) an: Nach den theoretischen Annahmen der phänomenologischen

Soziologie (Schütz/Luckmann 1975; Berger/Luckmann 1980) oder der „Theorie kommunikativen Handelns" (für die Sozialgeographie z.B. Danielzyk/Krüger 1990; Sedlacek 1989)

„konstituiert sich Regionalbewußtsein bzw. räumliche Identität durch sinnstiftendes soziales Handeln im Alltag, der innerhalb spezifischer räumlicher Bezüge im wesentlichen selbstverständlich und routinisiert abläuft und seine interpretativen Orientierungen aus den Wissensbeständen von Alltagserfahrungen ableitet" (Mai 1995:7).

Wurden in diesem Kapitel 2.5 bisher Autoren dargestellt, die die Notwendigkeit der Thematisierung räumlicher Identität als unstrittig wahrnehmen und die, wenn überhaupt, nur an einzelnen Punkten theoretische Differenzen aufweisen, kann nicht verleugnet werden, daß räumliche Identität und Regionalbewußtsein nicht von allen Sozialgeographen in dieser Weise betrachtet werden. Unter Bezug auf Aschauer (1996) wurde bereits auf andere Sichtweisen hingewiesen. Diese kritischen Stellungnahmen lassen sich allerdings noch weiter fassen.

So kann die Frage aufgeworfen werden, ob angesichts umfassender Modernisierungs- und Individualisierungsprozesse überhaupt noch abgrenzbare Regionen zu finden sind, auf die sich Menschen in ihren Handlungen beziehen. Mit anderen Worten: Gibt es überhaupt noch Räume, die eine identitätsstiftende Funktion aufweisen? Bevor diese Frage genauer verfolgt werden kann, muß untersucht werden, was eigentlich eine „Region" ist, auf die sich Identität beziehen soll.

In dieser Arbeit wird anknüpfend an Köstlin (1980) der Standpunkt vertreten, daß Regionen soziale Konstruktionen sind, die damit auch unter bestimmten gesellschaftlichen Bedingungen anders wahrgenommen werden können, also keinesfalls statisch sind.

„Region ist als sich wandelndes und (durch Menschen) wandelbares Ereignis in unterschiedlichsten Phänomenen manifest. Es gibt deshalb keine festliegende Bedeutung von Region. Region bedeutet in verschiedenen - auch wissenschaftlichen - Lebenswelten (= konstruierten Wirklichkeiten) je und je ein Verschiedenes. Sie werden subjektiv verschieden erfahren, und sie bedeuten im historischen Kontext (objektiv) etwas anderes" (1980:33).

Dadurch läßt sich Regionalbewußtsein (oder räumliche Identität) vor allem dann aktivieren, wenn es bedroht ist oder wenn andere gesellschaftliche Zusammenhänge als bedrohlich erfahren werden. Denn wenn Sicherheit, Sinnstiftung, Symbolbelegung und Aneignungschancen wichtige Funktionen kollektiver Identität sind, wird eine Reaktivierung dieser kollektiven, symbolisch aufgeladenen Gefühle vor allem bei der einsetzenden Suche nach Absicherung angesichts veränderter Bedingungen erwartbar sein. Damit besteht die Gefahr, daß regionale Identität politisiert werden und mit singulären Interessen verbunden werden kann.

„Regionalbewußtsein und regionale Identität sind also keine 'natürlichen' Ereignisse, die als Wirkungen bestimmter regionaler Sonderqualitäten eo ipso auftreten oder Ausdruck zugrundeliegender, ahistorischer 'Persistenzen' sind, sondern sie werden i.d.R. im Zuge bestimmter Ereignisse in Gang gesetzt, auf die Bewußtseinsebene gehoben und - von entscheidender Bedeutung - interpretiert" (Goetze

1994:186). Der Bezug auf regionale Eigenschaften und Regionalbewußtsein kann somit Ausdruck und Reaktion auf universalistische gesellschaftliche Tendenzen sein. Identität läßt sich gerade durch die Erhaltung des Herkunftsspezifischen sichern (Pohl 1993:43). Partikularismus und Universalismus sind damit keine gegensätzlichen, widersprüchlichen Begriffe, sondern können aufeinander verweisen. Der Region kann innerhalb einer globaler werdenden Weltgesellschaft als identifikativer Bezugspunkt eine wichtige Rolle zukommen. Wie die bisherigen Ausführungen zeigten, kann die Region als Raum wahrgenommen werden, in dem Sicherheit gefühlt wird, Vertrauen aufgebaut ist und Routinisierungen von Handlungen möglich sind. Damit sind Region und Regionalbewußtsein komplementär zu einer Weltgesellschaft zu sehen, die sich nur über lokale Bezüge integrieren läßt. Prägnant wird dieser Zusammenhang von Lokalität und Globalisierung von Danielzyk/Krüger (1994:114) zusammengefaßt:

> „Der Code Raum/Regionalität ist Mittel zur Reduktion von Komplexität. Er schafft die Möglichkeit der Identitätsvergewisserung im überschaubaren Maßstab miterlebbarer Erfahrungsbestände. Eine Identitätsbildung im Gesamtsystem kann sich also auch regional darstellen, da gerade auf dieser Ebene Sozialintegration kompensatorisch zur Systemfunktionalität wirkt."

Trotz dieser der räumlichen Identität zuerkannten Funktionalität gibt es in der Sozialgeographie prominente Vertreter, wie vor allem Hard (1987; 1987; 1990) und Bahrenberg (1987), die sich gegen den Begriff des Regionalbewußtseins und die Regionalbewußtseinsforschung aussprechen. Ihre Kritik bezieht sich neben den Methoden vor allem auf die theoretische Konzeption, die Artefakte produziere, einer veralteten Weltsicht nachhänge und Ideologisierungen ermögliche. Die Kritikpunkte lassen sich folgendermaßen zusammenfassen[88]:

1. Die Frage nach raumbezogener Identität läßt sich nur sinnvoll für vorindustrielle, segmentäre Gesellschaften stellen. Für heutige Gesellschaften sind diese Aspekte irrelevant und höchstens Beleg eskapistischer Ideologien.
2. Da generell alles räumlich ist und sich Handeln immer im Raum abspielt, ist es angesichts raumunabhängiger sozialer Strukturen unsinnig, den Raum als theoretische Variable einzubeziehen.
3. Regionalbewußtsein kann als Instrument der Machtausübung und Manipulation genutzt werden.
4. Es wird festgestellt, daß moderne Sozialsysteme Kommunikationssysteme sind und damit kaum über eine räumliche Struktur verfügen. Universalistische Tendenzen führen zudem dazu, daß Differenzierungen nivelliert werden.
5. Generell wirft Hard der Regionalbewußtseinsforschung vor, daß fachspezifische Denkfehler der Geographen hinter der Etablierung einer unangemessenen Raumabstraktion stehe. Soziale Phänomene werden auf räumliche Kodes zurückbezogen.

---

[88] Zusammenfassungen der Kritikpunkte finden sich überdies bei Danielzyk/Krüger (1990), Weichhart (1990) und Pohl (1993).

Da sich die Kritik Hards (1987) vor allem an den Arbeiten von Blotevogel/Heinritz/Popp (1986; 1987) festmachte, bezog sich die Diskussion immer auf diese Ansätze. Mai (1995:6) stellt fest, daß deren Idee der „homogenen Bewußtseinsräume" mit Zugehörigkeitsgefühlen zu einem Raum, noch dem traditionellen Konzept der „Räume gleichen Verhaltens" verpflichtet sei und immer noch vom „Raum als Gegenstandskategorie" ausginge und daher zu kurz greife. Entsprechend sieht er, daß sich Hards (1987) Kritik primär auf diesen Ansatz richtete, den er allerdings als überwunden ansieht. Sozialgeographische Erforschung des Regionalbewußtseins habe daher nicht nur die empirische Abgrenzung von Identifikations- und Heimaträumen zu leisten, sondern müsse sich auf das Alltagsbewußtsein, die Sozialkultur und die Wahrnehmung der Entwicklung in der Region beziehen. Neuere sozialgeographische Studien zu Regionalbewußtsein würden daher vor allem die Möglichkeiten der phänomenologischen und interaktionistischen Soziologie nutzen und sich mit qualitativ ausgerichteter Forschung um eine „Sozialgeographie des Alltags" bemühen.

Ausführlicher beschäftigt sich Weichhart (1990) mit diesen Kritikpunkten. Da sich die bisherige Diskussion mit dessen Beitrag auseinandersetzte, läßt sich seine Erwiderung auf die Position Hards (1987) kurz daran anknüpfend darlegen. Dem Kritikpunkt, daß es keine sinnvolle Fragestellung in modernen, differenzierten und hochindustriellen Gesellschaften sei, nach raumbezogener Identität zu forschen, läßt sich die bisherige Diskussion entgegenstellen. Darin wurde gezeigt, daß bei einer phänomenologischen und interaktionistischen Sichtweise die Frage nach der Bedeutung des Raumes und der Raumaneignung eine wichtige Rolle spielt. Weichhart geht sogar soweit festzustellen, daß die Geographie die Bedeutung der räumlichen Identität offensichtlich zu spät festgestellt habe, weil andere Wissenschaften aus Nachbardisziplinen sich dieses Themas bereits angenommen haben (1990:8). Damit ist zugleich der zweite Kritikpunkt angesprochen, der in gleicher Weise beantwortet werden kann. Zwar finden Handlungen immer im Raum statt, aber Räume haben funktionale Bedeutung als symbolische Repräsentationen und Inhalte psychischer und sozialer Systeme. Zudem kann die Frage, wie diese Bedeutung zustande kommt, thematisiert werden. Gleichzeitig gesteht Weichhart Hards Kritik aber eine gewisse Berechtigung zu, sofern sie sich auf die Darstellung und Konzeption räumlicher Identität beziehe:

„Offensichtlich ist es nämlich der Sozialgeographie bisher nicht gelungen, eine theoretische Konzeption der Person/Gesellschaft-Raum-Interaktion zu erarbeiten, die von Nachbardisziplinen als Theorieimport hätte übernommen werden können" (1990:11).

Als weitere Gegenkritik wirft Weichhart (1990:11) Hard vor, daß sich dieser mit der Systemtheorie Luhmanns (1984) einem bestimmten soziologischen Ansatz verpflichtet fühle und seine Kritik aus dieser Richtung thematisiere. Aus dieser theoretischen Grundlage und den damit verbundenen Abstraktionen sei es tatsächlich notwendig zu postulieren, daß soziale Systeme, wie Luhmann sagt, „nicht aus psychischen Systemen, geschweige denn aus leibhaftigen Menschen bestehen" (1984:346). Zu ergänzen ist hier, daß sich andere theoretische Konzeptionen sehr wohl mit den leibhaftigen Menschen und ihren sozialen Beziehungen auseinander-setzen und die daraus folgenden Ergebnisse und Implikationen zu ihrem For-schungsthema machen.

Generell scheint mir daher die Kritik Hards dann überzogen, wenn sie sich nicht nur auf den auch von Mai (1995) kritisierten Ansatz von Blotevogel/Heinritz/Popp (1986; 1987) und ähnliche Arbeiten bezieht, sondern pauschal jegliche Forschung nach „räumlicher Identität" bzw. „Regionalbewußtsein" aus der sozialgeographi-schen Forschung eliminieren will. Dies läßt sich tatsächlich nur auf der Grundlage eines anderen forschungstheoretischen Paradigmas vertreten, das in der vorliegen-den Arbeit, die sich der qualitativen Sozialforschung verpflichtet sieht, allerdings nicht zur Anwendung kommt. Würde die Geographie tatsächlich Alltagshandeln, Identität und soziale Einbettung in räumlicher und regionaler Hinsicht nicht behan-deln, würde sie damit einen Teil ihres ureignen Forschungsgebiets preisgeben und anderen Nachbardisziplinen überlassen, die Region und Regionalität als bedeu-tungsvolle Grundlagen vergleichender sozialwissenschaftlicher Analysen sehen. Kulturwissenschaftliche und soziologische Überlegungen zur Erforschung von Transformationsprozessen in Ostdeutschland belegen dies:

> „Gehaltvolle qualitative Analysen aus der Teilnehmerperspektive, in denen die Ein-bettung des Alltagshandelns in soziokulturelle Kontexte, Sinnstrukturen und Bezie-hungsformen thematisiert wird und die neuen Phänomene des Lebens im struktu-rellen Wandel überhaupt erst angemessen zur Sprache gebracht werden, sind noch immer äußerst selten. Der Zugriff auf Region und Regionalität ermöglicht und er-heischt nicht zuletzt eine dezidiert *kulturwissenschaftliche Perspektive der sozial-wissenschaftlichen Transformationsforschung* unter den verschiedenen theoreti-schen Ansätzen, die um Interpretationshoheit und Definitionsmacht des Wandels in Ostdeutschland konkurrieren. Es wird künftig gerade in regional verorteten vergle-chenden Analysen zu zeigen sein, wie Ungleichzeitigkeiten in den einzelnen Hand-lungsbereichen der Transformation entstanden sind" (Koch/Woderich 1996:14; Hervorhebungen im Original).

Entsprechend ist die Frage nach kollektiver Identität ein wichtiger Teil der vorlie-genden Forschung. Diese ist für die Analyse der Lebensbedingungen und Wende-folgen in der Oberlausitz jedoch nicht nur in räumlicher bzw. regionaler Hinsicht bedeutsam, sondern auch als *ethnische Identität*.

2.6 Ethnizität und ethnische Identität

In der bisherigen Diskussion wurde bereits die Frage angedeutet, ob es angesichts eines umfassenden Modernisierungsprozesses überhaupt noch sinnvoll ist, von Ethnizität und ethnischer Identität zu sprechen. Dies vor allem, weil die Begriffe Ethnie und Ethnizität häufig unklar sind und nicht eindeutig feststeht, worauf sie letztendlich gründen. Im folgenden werden daher Definitionsansätze und Definitio-nen von Ethnie bzw. Ethnizität angesprochen, um die mit den Begriffen angespro-chenen Zusammenhänge darzulegen und um daran anschließend deutlich zu ma-chen, wo angesichts der Bedingungen in der Oberlausitz die Bedeutung von Ethni-zität und kollektiver Identität (ethnisch und räumlich) noch liegen kann.

Verschiedene Autoren haben Kriterien zusammengestellt, wann eine soziale Gruppe als Ethnie zu begreifen ist. Bedeutsam war lange Zeit die Unterscheidung in „subjektive" und „objektive" Kriterien bei der Festlegung ethnischer Definitionen. Andere Autoren vertraten dagegen eine „primordiale" Sichtweise, wiederum andere eine „situative" und wieder andere legten „symbolische" Ansätze vor.

Objektive und subjektive Definitionsgrundlagen der Ethnizität wurden besonders bis in die Mitte der 70er Jahren dieses Jahrhunderts vielfach diskutiert (Heinz 1993:262). Die Vertreter der *objektiven* Sichtweise betrachten als Bedingung von Ethnizität real existierende, empirisch faßbare Phänomene, die etwas über Art, Qualität und Bedingungen für die Zugehörigkeit zu einer ethnischen Einheit aussagen (Heinz 1993:262). Wie Lentz (1995:24) anmerkt, wird dabei vereinzelt auch postuliert, daß ethnische Gruppen neben der Kultur auch bestimmte genetische Gemeinsamkeiten aufweisen, wodurch der „verpönte" Rassebegriff zumindest implizit wieder aufgenommen wird (vgl. Lentz 1995:24).[89] Das Problem eines solchen Ansatz ist aber, daß von vornherein wichtige Fragen der Genese, Struktur und Funktion ethnischer Gruppen ausgeklammert werden (vgl. Barth 1969:11).

Subjektive Definitionen sehen Ethnizität hingegen als kognitiven Prozeß, der dazu führt, daß sich Individuen selbst als von anderen verschieden wahrnehmen. Das schließt ein, daß sie sich einer bestimmten Gruppe zugehörig betrachten und von anderen auch in dieser Weise wahrgenommen werden. Damit steht die gefühlte, affektive Bindung an eine irgendwie geartete ethnische Einheit im Mittelpunkt der Definition, und Ethnizität wird zu einem Wahrnehmungsphänomen (Heinz 1993:262). In dieser Hinsicht läßt sich Max Weber interpretieren, wenn er ethnische Gruppen definiert.

> „Wir wollen solche Menschengruppen, welche auf Grund von Aehnlichkeiten des äußeren Habitus oder der Sitten oder beider oder von Erinnerungen an Kolonisation und Wanderung einen subjektiven Glauben an eine Abstammungsgemeinschaft hegen, derart, daß dieser für die Propagierung von Vergemeinschaftungen wichtig wird, dann, wenn sie nicht 'Sippen' darstellen, 'ethnische' Gruppen nennen, ganz einerlei, ob eine Blutsgemeinschaft objektiv vorliegt oder nicht" (Weber 1972:237).

Klar hervorgehoben wird von Weber in dieser Definition, daß eine Definition ethnischer Gruppen nicht auf einer tatsächlichen gemeinsamen Abstammung basieren muß, sondern daß es ausreichend ist, wenn ein Glaube an eine Abstammungsgemeinschaft besteht. Bei Weber lassen sich noch weitergehende Hinweise finden, die ethnische Gruppen charakterisieren. Eine wichtige Aussage, die zu unterschiedlichen Interpretationen führen kann, bezieht sich auf die Politisierung ethnischer Gruppen. Nach Weber (1972:237) erleichtert der Glaube an die Abstammungsgemeinschaft eine politische Vergemeinschaftung, obwohl sie nicht notwendig dazu führt. Lentz (1995:79) sieht dies als reine Möglichkeit und stellt fest, daß

---

[89] Vertreter einer soziobiologischen Position sind z.B. Wilson (1975) und van den Berghe (1981; 1986). Für van den Berghe haben ethnische Gefühle ihren Ursprung in verwandtschaftlichen Beziehungen. In seinen theoretischen Annahmen steht der evolutionäre Kampf menschlicher „Gene" um ihren Fortbestand im Vordergrund (vgl. auch Heinz 1993:309).

Weber ethnische Gruppen durch den *Glauben* an die Verwandtschaft hinreichend bestimmt habe.

Anders wird Weber von Heinz (1993:264) interpretiert, der davon ausgeht, daß in der Definition der „Glaube" allein nicht ausreiche, sondern noch eine wie auch immer geartete „Mobilisierung" erfolgen müsse, bevor man von ethnischer Gruppe sprechen könne. Folgt man dieser Interpretation, muß die Vergemeinschaftung noch propagiert werden und Ausdruck in einem Gemeinschaftshandeln finden. Damit wäre Weber nicht mehr der rein subjektiven Sichtweise zuzurechnen, sondern ethnische Gruppen würden über ihr Handeln bestimmbar sein, das auf dem Glauben an eine gemeinsame Abstammung basiert.

Ein weiterer Diskurs, der unter dem Stichwort Primordialismus geführt wird, berührt auch die Frage nach dem rationalen Handeln der Gruppenmitglieder. Innerhalb dieses Diskurses geht es um die Frage, inwieweit Ethnizität von den Betroffenen rational und bewußt eingesetzt wird, um daraus Vorteile zu ziehen bzw. inwieweit Ethnizität eher emotionale Bindungen und soziale Beziehungen betrifft, die nicht kontrolliert werden können. Diese letztere Position setzt voraus, daß sich Ethnizität auf einen Bestand primordialer, auf nichts zurückführbare Loyalitäten bezieht, die eine gewisse Eigendynamik besitzen (vgl. Heinz 1993:272). Damit sind sie Bedingungen der menschlichen Existenz. Primordiale Bindungen beruhen auf Gegebenheiten der sozialen Beziehungen wie Nachbarschaft und Verwandtschaftsbeziehungen, aber auch der qua Geburt bestehenden Zugehörigkeit zu Religions- oder Sprachgemeinschaften (Geertz 1963:108f.). „Die Gemeinsamkeiten des 'Blutes', der Sprache und der Kultur können nach Geertz Meinung einen überwältigenden Zwang ausüben, der in dieser Bindung selber liegt und nicht durch gemeinsame Interessen erklärt werden kann" (Heinz 1993:273). Primordiale Bindungen eignen sich nach Geertz (1963:114) daher zur Politisierung, jedoch müssen sie nicht politisiert werden. Entsprechend finden sich bei Geertz (1963) Belege, die zeigen, daß das Interesse an einer Politisierung bzw. Mobilisierung primordialer Gefühle sich an Eliten festmachen läßt, wenn es z.B. um Durchsetzungen von Nationalstaaten geht und die Existenz von Minderheiten negiert werden soll. Weiterhin lassen sich diese primordialen Gefühle auch von Minderheiten selbst politisieren, wenn sie dadurch die Möglichkeit haben, Ressourcen zu erlangen.

Lentz (1995:25) stellt fest, daß durch die Betonung des gefühlsmäßigen und nichtrationalen Charakters sozialer Beziehungen die instrumentelle Seite lediglich sekundär betrachtet werde. Dadurch werde die Rolle, die der Ethnizität bei der Monopolisierung von Ressourcen zukomme, unzureichend berücksichtigt. Lentz hat sicherlich insofern Recht, als eine Politisierung ethnischer Beziehungen in dieser theoretischen Sichtweise immer eine bestehende ethnische „Basisidentität" voraussetzt, die vor allen anderen sozialen Identifikationen Priorität hat (1995:24). Dadurch bekomme die ethnische Identität eine hervorgehobene Rolle neben anderen kollektiven Identitäten, die ihr jedoch nicht ohne weiteres zuerkannt werden könne.

Solche impliziten Hierarchisierungen werden im *Formalismus* vermieden. Im Gegensatz zu Primordialisten gehen Formalisten davon aus, daß in komplexen Gesellschaften Individuen so sozialisiert sind, daß sie sich verschiedene Identitäten zuschreiben können. Ethnizität ist damit eine mögliche Identität, „mit der Individuen einander als soziale Wesen begreifen können" (Heinz 1995:281). Diese Sichtweise der Ethnizität hebt neben der prinzipiellen Wandelbarkeit vor allem auf die strategische Nutzbarmachung ethnischer Identität ab. Damit kommt der formalistische Ansatz dem *situationalen* relativ nahe, der ebenfalls als Gegensatz zum primordialen Ansatz Ethnizität als situationsspezifisch annehmbar sieht. Aus situativer Sicht führt die Zugehörigkeit zu einer Ethnie nicht notwendig zur Bildung ethnischer Gruppen. „Vielmehr handelt es sich um eine 'Ressource', auf die man sich berufen kann, wenn die Zusammenarbeit bei der Verfolgung gemeinsamer Ziele wünschenswert erscheint" (Rex 1990:147). Damit werden in dieser Sichtweise vor allem die Möglichkeiten der Instrumentalisierung der Ethnizität hervorgehoben. Ethnizität wird damit zum strategischen Mittel, um auf gesellschaftliche Bedingungen reagieren zu können.

Generell zeigen die verschiedenen Ansätze, daß sehr unterschiedliche theoretische Grundannahmen bestehen, um Ethnizität zu erfassen. Darüber hinaus haben die in den einzelnen Diskursen thematisierten Grundannahmen zu vielfältigen Definitionsversuchen geführt,[90] die allerdings mit zahlreichen Schwierigkeiten behaftet sind. Häufig wird in solchen Definitionen versucht, subjektive und objektive Kriterien gleichermaßen zu berücksichtigen, um möglichst alle empirischen Möglichkeiten zu berücksichtigen. Inwieweit man aber mit solchen Kriterienkatalogen zu allgemeingültigen und „objektiven" Definitionen von Ethnien gelangt, soll die folgende Auseinandersetzung mit solchen Konzepten zeigen.

Barth nennt mit biologischer Reproduktion, geteilten kulturellen Werten, einem gemeinsamen Aktionsraum und Selbstidentifikation bzw. Unverwechselbarkeit vier Kriterien, die in vielen Definitionsversuchen von Ethnien zu finden sind (1969:10ff.). Thiemer-Sachse zählt zu den ethnischen Merkmalen Kultur, Sprache, Wirtschaft, Lebensweise in einem bestimmten Territorium und das „Bewußtsein alles dessen" (1993:11). Noch weiter geht Scherrer (1993:47), der einen Kriterienkatalog mit 10 Attributen aufzählt, um die Schaffung einer Nationalität darzulegen. Eine ethnische Gemeinschaft, die über einige oder alle dieser Attribute verfüge, schaffe eine unverwechselbare, gemeinsame Identität und könne somit das Recht der Selbstbestimmung beanspruchen. Eine ethnische Gruppe kann demnach als Nationalität verstanden werden, wenn sie

1. als „eine historisch gewachsene oder wiederentdeckte *Gemeinschaft* von Menschen verstanden wird, welche sich größtenteils *selbst reproduziert*,
2. einen einheitlichen eigenen *Namen* hat (der oft nichts anderes als 'Mensch' bedeutet),
3. über eine spezifische, *andersartige* gemeinsame *Kultur*, insbesondere eine eigene *Sprache*, verfügt,

---

[90] Isajiw (1974) stellt bei Durchsicht von 27 Definitionen über Ethnien verschiedene Merkmale heraus. Nach Häufigkeit der Nennungen ergibt sich folgende Reihenfolge: gemeinsame Abstammung, gleiche Kultur, Religion, Klasse und Sprache.

4. ein **kollektives Gedächtnis** oder *geschichtliche Erinnerung* (welche Mythen einschließt) hat, d.h. an Gründermythen oder Entstehungsmythen gemeinsamer Abstammung anknüpft,
5. wodurch **Solidarität** und Wir-Gefühl vermittelt wird,
6. die einen Kommunikations- und **Interaktionsraum** darstellt und eine Öffentlichkeit konstituiert,
7. über eine mit ihr identifizierbare **Produktions- und Lebensweise** verfügt,
8. eine wie immer geartete **sozio-politische Organisation** entwickelt,
9. ein angebbares **Gebiet/Territorium** besiedelt, und
10. deren Mitglieder sich selbst identifizieren und **unverwechselbar** sind, d.h. durch andere als Mitglieder dieser bestimmten Gemeinschaft identifiziert werden können und daher eine Gemeinschaft bilden, die nicht mit anderen Gemeinschaften verwechselt werden kann" (1993:47f.; Hervorhebungen im Original).

Auch wenn es sich hier offensichtlich um eine relativ umfassende Aufzählung handelt, bleiben einige Unklarheiten. Auf welches Attribut kann verzichtet werden, wenn, wie Scherrer (1993:48) sagt, „einige oder alle dieser Attribute" erst eine „ethno-nationale Gemeinschaft" schaffen, die „das völkerrechtliche Prinzip der Selbstbestimmung beanspruchen" kann. Nur kursorisch soll auf einige weitere Schwierigkeiten eingegangen werden. Was heißt „größtenteils selbst reproduziert"? Wie groß muß der Anteil gleichethnischer Elternschaften sein, um dieses Kriterium zu erfüllen? Während die eigene Sprache relativ eindeutig ist, ist dies für die Kultur nicht der Fall. Was heißt „andersartige gemeinsame Kultur" angesichts einer zunehmenden Globalisierung und Universalisierung der Werte und der Konsummöglichkeiten?[91] In gleicher Richtung ist die Frage in bezug auf identifizierbare „Produktions- und Lebensweise" zu stellen. Was ist mit einer „sozio-politischen Organisation" gemeint, wo beginnt eine solche Organisation? Reicht es aus, wenn sich angebbare formelle oder informelle Führer herauskristallisiert haben, oder muß eine wie auch immer geartete politische Basis vorhanden sein? Was heißt Territorium? Muß es ein abgrenzbarer Raum sein, der überwiegend oder nur teilweise von der bestimmten Gruppe besiedelt wird?

Um solche Schwachstellen wissend, spricht Scherrer auch von einer Maximaldefinition und von subjektiven und objektiven Kriterien, die einige Streitfragen provozieren könnten. „Je eindeutiger und zahlreicher die genannten Eigenschaften auf eine bestimmte Nation(alität) zutreffen, desto näher kommen sie einem konstruierten *Idealtypus*" (Scherrer 1993:49; Hervorhebung im Original).

Die Kriterien wurden hier ausführlich aufgeführt, um zu zeigen, wie viele Schwierigkeiten es bereits bereitet, einen scheinbar relativ klaren und überschaubaren Tatbestand wie *Ethnie* eindeutig festzulegen. Die Probleme nehmen aber noch dadurch zu, daß Ethnizität als politisches Konzept zu betrachten ist (wie dies z.B. von

---

[91] Kritik am Kulturbegriff findet sich auch bei Aschauer (1996:8), der deutlich macht, daß es kaum möglich ist, exakt zu bestimmen, was für bestimmte ethnische Gruppen als Kulturmerkmal herangezogen werden kann.

Aschauer 1996 hervorgehoben wurde) und sogar zum „Kampfbegriff" werden kann. Welche Probleme damit verbunden sein können, zeigen in neuerer Zeit die Beispiele Jugoslawien und Ruanda, aber auch die Autonomiebestrebungen der Basken, Katalanen und Korsen (die Liste ließe sich beliebig fortschreiben). Auch bei den sich hinter den Länder- und Gruppennamen verbergenden „sozialen Einheiten" hätte man einige Schwierigkeiten, die oben angesprochenen Attribute klar zuzuweisen. In bezug auf die Sorben der Lausitz würde man sicherlich noch größere Probleme haben, ob angesichts der Möglichkeit, unterschiedliche Attribute verschiedenartig zu werten, von einer Ethnie gesprochen werden kann (haben die Sorben ein angebbares Territorium; verfügen sie noch über eine besondere Produktions- und Lebensweise; existiert neben der Sprache noch eine andersartige gemeinsame Kultur etc.). Wie so häufig scheint es also schwierig zu sein, für soziale Konstruktionen wie Ethnie/Ethnizität eindeutige, angebbare Kriterien zu finden, die eine stimmige Zuordnung gewährleisten.

Damit sind wir bei der bereits angesprochene Frage angelangt: Ist es angesichts solcher definitorischer Schwierigkeiten bedeutungslos geworden, überhaupt *Ethnizität* und *ethnische Identität* in wissenschaftliche Betrachtungen einzubeziehen? Eine Antwort wurde oben bereits angedeutet: Auch wenn Ethnien häufig reine soziale Konstrukte sind, in denen teilweise bestimmte soziale Gruppen wahllos und willkürlich zu einer Ethnie zusammengefaßt wurden (man denke an die Zeit des Kolonialismus), so werden sie jedoch spätestens durch ihre *Konstruktion* soziale Tatbestände, auf die reagiert wird. In vielen sozialen Konflikten bekommt die ethnische Zugehörigkeit eine wichtige Bedeutung, sowohl von den Beobachtern solcher Konflikte wie auch von den darin beteiligten Konfliktparteien. Dies schließt nicht aus, daß sich hinter diesen *„ethnischen Konflikten"* ganz andere *Konfliktlinien* verbergen und Ethnizität nur als eine mögliche Ressource, Legitimierung oder Ideologisierung herangezogen wird.

Bei aller kritisierten Unzulänglichkeit der Klassifikation von Ethnien über verschiedene Attribute, läßt sich feststellen, daß viele „soziale Einheiten" tatsächlich eine eigene ethnische Identität ausbilden und davon ausgehen, daß sie sich dadurch von anderen Gruppen/Ethnien unterscheiden. Diese Identität basiert häufig nicht zuletzt darauf, daß eine gemeinsame Abstammung *behauptet wird*. Auch wenn Ethnizität im eigentlichen Sinne nicht genetisch oder primordial bestimmbar ist, wird sie von den Angehörigen sozialer Gruppen häufig nach diesem Kriterium eingeordnet.

Diese soziale Konstruktion eröffnet daher die Möglichkeit, danach zu fragen, welche Interessen dazu geführt haben, abgrenzbare, selbst- und fremdidentifizierbare ethnische Gruppen zu schaffen. Andere sozialen Konstruktionen sind hingegen so alt, daß solche Fragen nicht mehr sinnvoll gestellt werden können. Ein solcher Fall findet sich bei den Sorben. Sie gelangten vor über 1000 Jahren in ein Gebiet, das heute zu Sachsen und Brandenburg gehört, besiedelten es und wurden im Rahmen der deutschen Ostkolonisierung „germanisiert". Allerdings konnten sie dennoch lange Zeit zumindest Teile ihrer eigenen Kultur aufrechterhalten. So haben sich bei den Sorben neben der Sprache auch bestimmte Traditionen und Bräuche erhalten (vgl. dazu Kapitel 4 sowie Tschernokoshewa 1994 und Elle/Elle 1995). Damit ist die Grundlage der ethnischen Identität angesprochen. Aus dem gemeinsamen Leben innerhalb einer Region, das mit vielfältigen sozialen Interaktionen verbunden ist, der gemeinsamen Abstammung und der Abgrenzung zu anderen ethnischen Gruppen entspringt eine ethnische Identität. Diese ist von der regionalen oder räumlichen dadurch zu unterscheiden, daß sie nur die „ethnische" Gruppe einschließt, nicht aber alle in der Region lebenden Menschen.

Da grundlegende Definitionen zu Identität bereits dargelegt wurden, kann ethnische Identität als Bewußtsein[92] gefaßt werden, zu einer bestimmten Gruppe ethnischen Ursprungs zu gehören, die dem Individuum selbst immer wieder verdeutlicht, Teil der Gruppe zu sein. In diesem Sinne lassen sich auch Ethnizität und ethnische Identität als Synonyme verwenden, da Ethnizität, wenn man an Webers Definition ethnischer Gruppen denkt, an den *Glauben* einer gemeinsamen Abstammung gebunden ist. Die Funktionen gefühlter sozialer Zugehörigkeiten gehen aber weiter, wie (Tajfel/Turner 1979) in bezug auf soziale Gruppen hervorheben:

> „Social categorizations are conceived here as cognitive tools that segment, classify, and order the social environment, and thus enable the individual to undertake many forms of social actions. But they do not merely systematize the social world; they also provide a system of orientation for self-reference: they create and define the individual's place in society. Social groups, understood in this sense, provide their members with an identification of themselves in social terms" (Tajfel/Turner 1979:40).

In ähnlicher Weise wird auch in symbolistischen Ansätzen zur Erklärung von Ethnizität bzw. ethnischer Identität argumentiert. Grundlage sozialer, kollektiver Identität sind soziale Beziehungen und tradiertes Wissen um die eigene Geschichte und Bedeutung der eigenen Gemeinschaft. Kollektive Identität wird somit ähnlich wie bei Werlen (1992) in Abhängigkeit von einem Symbolset gesehen, das sich aus der geschichtlichen Erfahrung der Gruppe ergibt (Spicer 1980:347). Vergangene Erfahrungen und Begebenheiten werden über Generationen tradiert, erfahren Bedeutungszunahmen und -aufladungen und leiten späteres Handeln an. Erfahrungen werden darüber hinaus mit bestimmten Orten, Personen und allgemeinen Ereignissen verbunden und damit z.T. räumlich verortet. Gerade in dem geteilten Symbolsystem, dem Set gemeinsamer Bedeutungen, sieht Spicer (1980) die Gründe, warum ethnische Gruppen langfristig bestehen bleiben. Entsprechend allgemeiner theoretischer Annahmen, wie sie z.B. im symbolischen Interaktionismus anzutreffen sind, ist ethnische Identität jedoch nicht allein durch die Vergangenheit bestimmt, sondern ebenso durch Kultur, Sprache und Territorium.[93] „Diese Elemente der Umwelt beeinflussen - so Spicer - in bedeutender Weise die spezifische Natur der Symbole, da jede ethnische Gruppe ständig neue Erfahrungen sammelt, die in Beziehung gesetzt werden zum bereits bestehenden Bedeutungsfeld und die in das

---

[92] Bei verschiedenen Autoren ist das vorhandene Bewußtsein bereits konstituierend für die Schaffung einer Ethnie (Weber 1972; Barth 1968).

[93] Der Bezug des Ansatzes Spicers zum symbolischen Interaktionismus (Mead 1973, Blumer 1980), zum kollektiven Gedächtnis Halbwachs (1985) und zur Phänomenologie Berger/Luckmanns (1980) ist offensichtlich.

Identitätssystem inkorporiert werden aufgrund vorangegangener Erfahrungen und durch die Interpretation der neuen Ereignisse durch diese Erfahrungen" (Heinz 1993:135).

Auf der Grundlage dieses, durch kollektive Geschichte und ethnische Gruppe mitbedingten Handelns entsteht nach Spicer (1980:349) eine „ethnische Terminologie". Ethnische Terminologien grenzen ethnische Gruppen voneinander ab. Die Grenzerhaltung ist damit eine bedeutende Funktion der langfristigen Sicherung der eigenen Ethnizität, wie dies bereits von Barth (1969) dargestellt wurde. Mittel solcher Grenzziehungen sind unter anderem die Bezeichnungen für verschiedene ethnische Gruppen. Insbesondere der Eigenbezeichnung kommt dabei eine bedeutende Rolle zu, weil sie häufig mit überhöhten moralischen Qualitäten der eigenen Gruppe versehen wird und ihr eine gewisse Exklusivität zugewiesen wird (Heinz 1993:135). Durch diese Selbstidentifikation und Grenzziehungen können aber auch Gegensätze erst erschaffen werden. „Ethnische Konventionen überpointieren die wirklichen Unterschiede bzw. schaffen diese Unterschiede erst" (Esser 1988:237).

Bei Elias/Scotson (1993) findet sich eine analoge Erklärung für die Entstehung des Wir-Gefühls sozialer Gruppen in Abgrenzung zu anderen. „Gemeinsam ist all diesen Fällen, daß die mächtigere Gruppe sich selbst als die 'besseren' Menschen ansieht, ausgestattet mit einem Gruppencharisma, einem spezifischen Wert, an dem ihre sämtlichen Mitglieder teilhaben und der den anderen abgeht" (1993:8). Der eigenen Gruppe werden damit die positiven Eigenschaften zugeschrieben, der abgewerteten Gruppe die negativen.

Weitere bedeutsame „Identitätsaufhänger" neben Gruppennamen sind geographische Orte sowie deren Namen, Werte, Traditionen, Bräuche, Zeremonien und Rituale (Spicer 1980:351-354). „Es sind nach Spicer jedoch nicht die Symbole an sich, sondern die kulturellen Bedeutungen, die ihnen zugeschrieben werden, die die Identität ausmachen" (Heinz 1993:136). Durch den handlungsleitenden Bezug zur Ethnizität wird diese symbolisch aufgeladen und gewissermaßen „transzendiert".

Neben die Bedeutung der Symbole treten auch die schon im Zusammenhang mit der kulturellen Identität angesprochenen moralischen Regeln (Spicer 1971:798). In ihnen wird verdeutlicht, wie sich ein Individuum der eigenen Ethnie zu verhalten hat, und vor allem, wie es sich gegenüber „Außenseitern" verhalten muß. Auch dieser Zusammenhang findet sich bei Elias/Scotson (1993) thematisiert, obwohl sie hierbei die Sicht einer „etablierten Gruppe" darlegen.

> „Außenseiter werden ... kollektiv und individuell als anomisch empfunden. Deshalb erregt der engere Verkehr mit ihnen unangenehme Gefühle. Sie gefährden die eingebaute Abwehr der Etabliertengruppe gegen Verletzungen der gemeinsamen Normen und Tabus, von deren Befolgung sowohl die Stellung des einzelnen unter seinen Gruppengenossen als auch seine Selbstachtung, sein Stolz, seine Identität als Mitglied der 'besseren' Gruppe abhängen" (18).

Eine solche Sichtweise der ethnischen Identität, wie sie hier angedeutet wird, kommt der subjektivistischen und primordialen Position relativ nahe. Denn das Vorhandensein einer „Wahlmöglichkeiten" der Ethnizität und ethnischer Identität ist sicherlich davon beeinflußt, in welche soziale Kategorie jemand hineingeboren und unter welchen Bedingungen er sozialisiert wird. Ethnizität kann damit zwar strategisch eingesetzt werden, sie ist jedoch nicht völlig frei wählbar. Sie kann auf einem Gefühl der Gemeinsamkeit oder einem tatsächlich als ethnisch empfundenen Merkmal basieren. Wichtig scheint mir in diesem Zusammenhang zu sein, daß die *Bedeutung* der Gefühle bzw. Merkmale im Sozialisationsprozeß erworben wird, wodurch persönliche und kollektive Identität eng aneinander gebunden sind. Aus diesem Grund spricht die Definition von Zimmermann zumindest inhaltlich bedeutsame Aspekte ethnischer Identität an:

> „Der Begriff ethnische Identität wird angewandt, wenn man davon spricht, daß sich eine Gruppe von einer anderen durch bestimmte (nämlich ethnisch bedingte) Merkmale unterscheidet. Bei dieser Verwendung des Begriffs wird davon ausgegangen, daß eine Identitätsrelation innerhalb der Gruppenmitglieder vorliegt, d.h. daß sie identisch im Hinblick auf bestimmte Merkmale sind" (1993: 98).

Abschließend soll nochmals kurz der Vorteil der Definition der Ethnizität bzw. ethnischen Identität als symbolisch tradierte Konstruktion, die damit subjektive Definitionselemente im Sinne der Definition ethnischer Gruppen Webers enthält, dargestellt werden. Der auf diese Weise gefaßte Begriff weist vielfältige Vorteile gegenüber objektiven Definitionen auf. Weiterhin finden sich zumindest Berührungspunkte zu primordialen Definitionen, sofern diese so verstanden werden, daß die Tradierung und symbolische „Aufladung" zu Bedingungen führt, an denen sich in bestimmten sozialen Kontexten aufwachsende Individuen orientieren.

Diese symbolisch orientierte Definition erlaubt es somit, danach zu fragen, warum Ethnizität in Gemeinschaften beginnt, eine Rolle zu spielen, in der sie vorher nicht thematisiert wurde. Zudem lenkt sie das Augenmerk auf die Bedeutung, die der „Abstammungsgruppe" zukommt. Bedeutungswandel kann somit in Abhängigkeit von gesellschaftlichen Veränderungen festgestellt werden. Damit rücken Fragen in den Vordergrund, wie ethnische Identität geschwächt wird und droht, als sozialer und symbolischer Kristallisationspunkt zu verschwinden, genauso wie Fragen nach ihrer „Revitalisierung".

Generell wird Ethnizität damit weder als feststehend interpretiert noch statisch gefaßt, sondern es wird der dynamische Aspekt in den Vordergrund gestellt, der trotz stattfindender Tradierung immer wieder Veränderungen durch Anpassung an neue gesellschaftliche Bedingungen erlaubt.

Bevor nach der Darlegung der theoretischen Grundlagen auf die Methode und die Feldforschung eingegangen wird, sollen die Implikationen aus der bisherigen Erörterung an den Bedingungen in Ostdeutschland verdeutlicht werden. Im folgenden geht es damit um die Frage, welche Bedeutung verschiedenen Identitäten und dem in Ostdeutschland ausgebildeten Habitus bei der Aufarbeitung der Wende und ihrer Folgen zukommt. Dazu wird nicht nur auf den theoretischen Bezugsrahmen rekurriert, sondern ebenso auf die Erörterung zu Modernisierungsprozessen in Ostdeutschland (s. Kapitel 1).

2.7 Identität zwischen Kontinuität und sozialem Wandel

Das Ergebnis der bisherigen Erörterung des 2. Kapitels läßt sich verkürzt relativ einfach zusammenfassen: Soziale Strukturen sind prägend für die Ausbildung von Habitus und Identität. Kommt es zu einer Veränderung dieser prägenden Bedingungen, ist nicht mit *spontanen* Anpassungsreaktionen an diese neuen Verhältnisse zu rechnen, sondern es sind *langfristige, sukzessive* Anpassungs*prozesse* zu erwarten. Dadurch entsteht ein Mißverhältnis zwischen „*sozialer Struktur*" und „*kulturellen Mustern*" (bzw. kultureller Praxis), das von den Betroffenen als „Entfremdung" und „Heimatlosigkeit" wahrgenommen werden kann. Die dargestellten Konzepte Identität und Habitus wurden in diesem Zusammenhang sowohl als individuelle Dispositionen als auch als kollektive Anbindungen und Orientierungen betrachtet.

Die an den Begriffen Modernisierung und Identität angeknüpfte Fragestellung ließe sich in Teilen auch an die neuere Diskussion um Globalisierung und Lokalität anbinden. Nach der Wende wurde Ostdeutschland ebenso wie andere Teile der Welt in den Prozeß der Globalisierung, d.h. in die alles umspannende Weltgesellschaft eingebunden - vor allem in ökonomischer und finanzieller Hinsicht -, wodurch alte Grenzen und Bestehendes brüchig wird. „Wenn Gesellschaften sich nämlich durch Grenzen auszeichnen, die sie gegenüber einer Umwelt absetzen, dann sind diese im Zuge der Globalisierung durchlässiger geworden oder gar verschwunden" (Altvater/Mahnkopf 1997:12). Damit ist ein umfassender Universalisierungsprozeß angedeutet, der dazu führen kann, daß tradierte Kulturmuster durch scheinbar normierte neue „Konsumexistenzen" aufgebrochen werden, denn Globalisierung bedeutet das Verschwinden von möglichen Differenzierungen und Unterschieden zwischen „territorial verfassten und nationalstaatlich zusammengefassten Gesellschaften mehr und mehr" (Altvater/Mahnkopf 1997:45). Aufgefangen werden können solche Prozesse, die teilweise mit Prozessen der „Entbettung" als dem „Herausheben" aus ortsgebundenen sozialen Beziehungen und Interaktionszusammenhängen (Giddens 1995:33) verknüpft sind, durch den neuerlichen Bezug auf eben diese lokalen Interaktionsstrukturen als Gegengewicht zu nivellierenden, „weltgesellschaftlichen" Prozessen. Damit ist wiederum die Bedeutung regionalgebundener Identitäten angesprochen.

Im folgenden soll an diese Überlegungen anknüpfend dargestellt werden, wie *Entfremdungsprozesse* in Ostdeutschland aussehen und welche Implikationen sich daraus ziehen lassen. Dazu stehen allgemeine Überlegungen und empirische Ergebnisse zur ostdeutschen Krisengesellschaft im Vordergrund der Betrachtung. Die Einbeziehung der Verhältnisse der Oberlausitz, bzw. das Eingehen auf ethnische bzw. regionale Identität, kann erst sinnvoll nach der Darstellung des Dorfes und der Ergebnisse der eigenen empirischen Erhebung in Kapitel 4 und 5 erfolgen. Im vorliegenden Kapitel können zu diesem Thema daher zunächst nur Andeutungen erfolgen. Entsprechend ist das vorliegende Kapitel der Versuch, die Veränderungen ist Ostdeutschland in bezug auf ihre Bedeutung für Identität darzustellen. Die nach der Vorstellung der empirischen Daten stattfindende Einbeziehung ethnischer und regionaler Identität in der Oberlausitz hat dann die Aufgabe aufzuzeigen, wo angesichts umfassender gesellschaftlicher Transformationen weiterhin Anknüpfungspunkte für Orientierungen und Identitätsbildung zu sehen sind.

a) Transformation in Ostdeutschland

Ein Blick auf die empirische Seite der gesellschaftlichen Veränderung kann die Bedeutung der stattfindenden Veränderungsprozesse aus Sicht des Habitus- und Identitätskonzeptes kurz verdeutlichen.

Relativ schnell fallen in Ostdeutschland bisherige Barrieren verschiedenster Art fort. Zu denken ist hier unter anderem an nach der Wende möglich gewordene Berufs- und Schulwahl, berufliche Auf- und „Umstiegsmöglichkeiten" sowie erweiterte Konsummöglichkeiten. Veränderungen innerhalb der gesellschaftlichen Struktur gehen einher mit sozialen Differenzierungsprozessen, die zwar in den ländlichen Gebieten Ostdeutschlands erst langsam in stärkerem Ausmaß erkennbar werden, gleichzeitig durch stattfindende Vergleiche mit Bedingungen in den alten Bundesländern eine andere Qualität bekommen: Beginnende Binnendifferenzierung, die es in diesem Maße in der DDR nicht gab, fällt zusammen mit teilweiser Deprivation gegenüber der Bevölkerung in den alten Bundesländern. Zudem entstehen parallel zu den angesprochene abgebauten Barrieren durch die Übernahme der neuen Wirtschafts- und Rechtsordnung in anderen Bereichen neue Hindernisse und wahrgenommene Problemlagen.

Diese Veränderungen lassen sich durch einen Rückblick auf DDR-Bedingungen (wie sie z.T. auch schon im ersten Kapitel vorgestellt wurden) aus Sicht der Theorie Bourdieus (1987) verdeutlichen. In der DDR war vor allem soziales Kapital in einer Wirtschaft knapper Güter von größter Bedeutung für die eigene Versorgungslage und hatte daher einen entsprechend hohen Stellenwert. Dagegen war kulturelles Kapital und die Möglichkeit seiner Akkumulation stark an politische und staatliche Bedingungen geknüpft und fiel damit nicht in dem Ausmaß, wie es Bourdieu (1987) für westliche Gesellschaften deutlich macht, mit „Vererbung" (Reproduktion in der Generationenfolge durch kulturelle Kapitalübertragung) zusammen, obwohl natürlich bestimmte Gruppen (Parteifunktionäre, Arbeiter und Bauern) bevorzugten Zugang zu Bildungseinrichtungen hatten und Kinder aus Familien ehemaliger Mittel- und Oberschichten (Kinder Bürgerlicher) in bestimmten Bereichen von diesem Zugang teilweise ausgeschlossen waren. Aber Akkumulationschancen waren anders verteilt und basierten weniger auf der Klassenzugehörigkeit der Primärfamilie als auf Bedingungen politischer Einbindung - und waren damit eher „wählbar" als in industriellen Klassengesellschaften. An solchen Bedingungen zeigt sich die Notwendigkeit der Einbindung in private Nischen, um eine Versorgung mit Gütern, die nicht zur Grundversorgung gehörten, sicherzustellen. Ebenso kam solchen Nischen die Funktion der Stiftung von Solidarität und Sicherheit zu (vgl. Mai/Viehrig 1992). Durch enge Beziehungen und stattfindende Interaktion konnte somit eine kollektive Identität geschaffen werden.

Dies war auch angesichts gesellschaftlicher Rahmenbedingungen notwendig. Reißig (1993) charakterisiert die DDR-Gesellschaft als „geschlossene Industriegesellschaft". Der Lebensstandard lag auf einem relativ niedrigem Niveau, von offizieller Seite wurde eine Politik der Angleichung der Lebensverhältnisse verfolgt, die dazu führte, daß Schichtungsdifferenzierungen weniger ausgeprägt waren als in Westdeutschland. Durch diese Bedingungen waren die Möglichkeiten der Selbstgestaltung des Lebenslaufes sehr viel eingeschränkter (Spellerberg 1995:232). Spielräume fehlten vor allem bei Jugendlichen, die zwischen dem Leben im Elternhaus und neuen Verpflichtungen des Erwachsenenlebens kaum Freiräume des Experimentierens fanden, was Georg (1993:28) dazu veranlaßte, die Jugendphase in der DDR als „Phase zeitlich fest definierter Übergänge ohne kulturelle Autonomie" zu bezeichnen.

Aber nicht nur für Jugendliche fand das Leben in relativ festen, eng abgesteckten Bahnen statt. Für den Großteil der Bevölkerung bestanden soziale, staatlich organisierte Einbindungen in verschiedene Institutionen (Massenorganisationen) und Betriebe, die vielfältige Aufgaben übernahmen. Es wurde bereits darauf verwiesen, daß die Herrschaftsordnung der DDR durch die simplifizierende Behauptung charakterisierbar ist, daß neben individueller Entmündigung ein System von Betreuungs-, Sicherungs- und Versorgungsleistungen bestand, die zumindest denjenigen zugestanden wurden, die sich den Regeln des Systems fügten (Weiß 1996:107f.). Komplementär zur privaten Nischenbildung fand daher noch eine „staatlich verordnete" Kollektivierung statt bzw. ging diese der privaten Initiative voraus. Das Leben in Kollektiven und kollektiv empfundener Identität hatte einen hohen Stellenwert, dessen Inhalt auch dem Satz „Wir sind das Volk" eine andere, nicht nur politisch zu wertende Bedeutung zukommen läßt.[94]

Eine solche Sichtweise wird auch von Gebhardt/Kamphausen (1994) nahegelegt, die in ihrer Studie zu zwei Dörfern in Ost- und Westdeutschland auf die Gemeinschaftsideologie in Ostdeutschland eingehen. Sie heben besonders den Aspekt hervor, daß die sozialen und wirtschaftlichen Bedingungen in der DDR soziale Beziehungen und das „Gemeinschaftswesen" stützten. Ein etwas längeres Zitat kann als Beleg für die aufgestellten Thesen gesehen werden, daß Gemeinschaft und Gemeinschaftshandeln in der DDR einen breiten, bedeutenden Stellenwert hatte und zudem für den Staat funktional war:

„Das sozialistische System konnte in Werda deshalb so problemlos akzeptiert werden, weil es - jedenfalls in seinen alltäglichen Konsequenzen - die althergebrachte Ordnung nicht unter Erneuerungsdruck setzte. In einer Dorfgemeinschaft, in der jeder nahezu alles vom anderen weiß, werden Spitzeldienste zur Farce. In einer Dorfgemeinschaft, in der die traditionellen Mechanismen der sozialen Kontrolle Homogenität erzwingen, bedarf es keinerlei politischer Disziplinarmaßnahmen seitens der Partei oder des Staates. Die Sozialform die das sozialistische System anbot, entsprach so in vielem der überkommenen Gemeinschaftsrealität, der ideologische Überbau wurde entweder nicht ernstgenommen oder stillschweigend ignoriert und damit auch toleriert. Wenn das Wort 'Kollektiv' politisch erwüscht (!) war, dann sagte man halt 'Kollektiv' statt 'Gemeinschaft', die Sache aber blieb die gleiche. Noch mehr: Der Sozialismus als Gleichheitsideologie verhinderte das Einsetzen so-

---

[94] Das „Wir" verweist somit nicht auf den Gegensatz von Wir und Ihr im Sinne von „Ihr da oben", sondern hebt die gemeinschaftlich empfundene Zusammengehörigkeit hervor.

zialer Differenzierungsprozesse, die sich aus der Steigerung der Produktivkräfte notwendig ergeben hätten, wären ihr (!) nicht ideologische Fesseln angelegt worden. So stützte das sozialistische Gleichheitspostulat die Bewahrung der alten, traditionellen Gemeinschaftswerte, indem es die Entstehung einer die Struktur des Dorfes sprengenden sozialen Ungleichheit verhinderte oder jedenfalls begrenzte" (1994:162f.).

Die Veränderungen im gesellschaftlichen Transformationsprozeß bedeuteten für viele dieser kollektiv empfundenen Identitäten den Entzug der sinnstiftenden Basis. Als wichtige Veränderungen lassen sich Verschiebungen von Verantwortung und Anforderungen sehen. Es kann als grundsätzlicher Unterschied bezeichnet werden, ob für Kinderbetreuung, Moralerziehung, Freizeitgestaltung und Altersversorgung eine zentrale Anlaufstelle vorhanden war, wie der Betrieb oder das Arbeitskollektiv, oder ob individuelle Gestaltung vorherrscht, mit der Notwendigkeit der Eigeninitiative (vgl. Splittermann 1995:5). Solche Veränderungen fallen um so stärker ins Gewicht, als sie mit dem Wegfall eines Großteils an Entscheidungskompetenz verbunden waren. Bestand nach der Wende die Erwartung, daß die Bevölkerung in einem demokratisch verfaßten Staat mehr Mitspracherecht erhalten würde, sahen sich viele DDR-Bürger relativ schnell eines besseren belehrt.

Thomas (1994) spricht davon, daß den Ostdeutschen in der Transformationsgesellschaft wenige „Handlungsräume" (besser wäre Entscheidungsräume) zugestanden werden. Die Dominanz westdeutscher Akteure läßt sich zudem an den mangelnden Aktionsräumen feststellen, die angesichts der weiterhin stattfindenden Übertragung von Regelungen sowie strukturellen und institutionellen Positionsbesetzungen mit Westbürgern wahrgenommen werden. „Gegenüber den Erstarrungen und Verkrustungen des DDR-Systems hat bisher der Transformationsprozeß noch kaum Öffnungen und so neue Handlungschancen gebracht, sondern neue Verkrustungen, neue Schließungen" (Thomas 1994:138). In dieser Weise nehmen weite Teile der ostdeutschen Bevölkerung die Wendeveränderungen wahr. „Der Frage, ob sie den Beitritt als Kolonialisierung empfinden würden, stimmten im Oktober 1991 53% der Ostdeutschen zu (ein Jahr früher waren es 46 Prozent)" (Thomas 1994:136). Die Zahlen lassen die Interpretation zu, daß die Wende für die Bevölkerung in Ostdeutschland mit der Erfahrung von Rücksetzungs- und Ausgrenzungsprozessen verbunden ist.

Vor diesem Hintergrund ist es nicht verwunderlich, daß „rückwärtsgerichtete" Erwartungen immer wieder neu auftauchen. Die DDR-Vergangenheit erscheint angesichts der nun wahrgenommenen gesellschaftlichen Bedingungen in einem anderen Licht. Daß sich eine solche Sichtweise, die teilweise als nostalgische Verklärung zu sehen ist, nicht nur bei den „Wendeverlierern" zeigt, hebt Thomas (1994:137) hervor, denn auch die „neuen Selbständigen" blicken auf die DDR positiv zurück, und dies bezieht sich auch auf ihre Sichtweise zu früheren Möglichkeiten, individuelle Lebensvorstellungen zu verwirklichen. Die Ursachen solcher rückgewandter Tendenzen liegen sicherlich im „mangelnden sozialen und kulturellen Sinnanschluß, der neuen Entmündigung durch einseitige Inanspruchnahme aller Deutungs- und Problemlösungskompetenz, die in größerem Maße soziale Aktivität begrenzt" (Thomas 1994:137).

Das Unbehagen vieler DDR-Bürger an den neuen Bedingungen basiert auf der wahrgenommenen (und zumindest verbal vollzogenen) „Enteignung" eigener Leistungen und Fähigkeiten und fehlenden Anerkennung. Koch (1994:83) sieht die ostdeutsche Bevölkerung daher in zweifacher Weise abgewertet. Aber gerade hierin sieht er offensichtlich Chancen für Veränderungen. „Die Renaissance ostdeutschen Wir- und Selbstbewußtseins ist Ausdruck von Interessen- und Identitätskonflikten bei der deutschen Vereinigung ... Interessen verlangen nach Befriedigung oder Ausgleich, Identitäten nach Anerkennung, Bestätigung" (Koch 1994:83). Durch die unzureichende Einbeziehung ostdeutscher Interessen im Rahmen der Wiedervereinigung und der Diskriminierung ostdeutscher Leistungen konstatiert er eine gewisse Trotzreaktion, die zum Aufbau eines ostdeutschen Selbstbewußtseins und zu einer Wiedererstarkung ostdeutscher Identität führt. Getragen wird ein solches Bewußtsein durch das Wissen um die eigenen Fähigkeiten, das trotz dieser offensichtlich stattfindenden Abwertung vorhanden ist. „Der Renaissance ostdeutschen Wir- und Selbstbewußtseins ist die Gewißheit eingeschrieben, daß ein selektiver Rückbezug auf DDR-Mitgiften, Erfahrungen und Erbschaften einen Zuwachs an Problemlösungskapazität bedeutet" (Koch 1994:87).

Allerdings werden solche Rückbezüge nur selten in praktische Politik umgesetzt. Die Notwendigkeit der Einbeziehung dieser damit brach liegenden Möglichkeiten und Entwicklungspotentiale vor allem in Hinblick auf die regionalen und kollektiven Identitätsgefühle wird auch von Hradil (1995) angesprochen. Er orientiert sich an den Gemeinschaftsorientierungen und verweist auf fehlende Bezüge zu spezifischen „Errungenschaften" der DDR. Er zieht den Schluß, daß die kollektive Identität und die Fähigkeit der Organisation im Chaos, die Beziehungsnetzwerke erfordert, als möglicher Vorteil im Veränderungsprozeß nicht ungenutzt gelassen werden sollten, da ostdeutsche Traditionen, Besonderheiten und Lebensweisen den Funktionsmängeln der Industriegesellschaft abhelfen könnten: „Sowohl die Netzwerke und Gemeinschaften, die noch aus DDR-Zeiten bestehen und gerade heute in Zeiten des Umbruchs wirksam werden, als auch die im Zuge der Transformation gestärkten Wir-Gefühle und regionalen Identitäten könnten sich im Gegenteil sogar als Motor des Modernisierungsprozesses herausstellen" (Hradil 1995:13).

Koch (1994) faßt die Identitäten der Ostdeutschen schon heute so, als ob die in den Ausführungen Hradils angesprochene Einbeziehung positiver Aspekte tatsächlich stattfinden würde. Er attestiert zumindest Teilen der ostdeutschen Bevölkerung eine eigene Identität, die sich auf ihre Stärken auch gegenüber dem Westen berufen kann. „Ostdeutsche Identitäten und DDR-Identitäten stehen in einem Spannungsverhältnis, ... wenn wir unter kollektiven Identitäten, Vorstellungen über Zusammengehöriges und Trennendes - bezogen auf DDR-Bürger - verstehen. ... In ostdeutschen Identitäten werden DDR-Identität(en) negiert, bewahrt und zugleich auf eine andere Stufe transformiert" (Koch 1994:79f.). Seine dialektische Darstellung ostdeutscher Identitäten und ihrer Funktionen enthält daher einen gehörigen Touch an Utopie, denn die Bedingungen, die darin angedeutet werden, sind bis jetzt noch nicht in dieser Weise durchgesetzt. Zudem bleibt angesichts der generellen „Übernahme" und des „Implodierens" der DDR die Frage, inwieweit nun, nach mehreren Jahren deutscher Einheit, die Vorzeichen nochmals geändert werden. Denn wenn aus den in den Zitaten dargestellten Identitäten langfristig eine sicherheitsstiftende, nicht mehr zu Abwertungen und Diskriminierungen führende, kollektiv empfundene Einheit entstehen soll, ist mehr zu fordern als eine politische Kurskorrektur, sondern dies ist, wie die bisherige Diskussion gezeigt hat, nur mit einer vollständigen Infragestellung der Rechtmäßigkeit des bisherigen Umgangs mit den Bürgern der „Beitrittsländer" möglich. In dieser Weise ist der eher resignative Schluß Thomas' (1994:136) zu verstehen: „Die Tatsache, daß nach wie vor zu wenig ostdeutsche Lebensgeschichte als Wert betrachtet und in ihrer Ambivalenz 'gerechnet' wird, ist eine gravierende und kontraproduktive Fehlstelle im Vereinigungsprozeß."

Eine ostdeutsche Identität, die der „Entfremdung" und Gefühlen der „Fremdheit im eigenen Lande" entgegensteht, scheint angesichts der allumfassenden Veränderungen, die gerade ihr „Eigenes" entwertet und zudem ehemals bestehende Kollektive bzw. Gemeinschaften betrifft, zumindest für Ostdeutschland langfristig kaum aufrechterhalten werden zu können. Die noch vorhandene „Ostidentität" kann höchstens die Funktion haben, weitergehende Prozesse mit Selbstbewußtsein zu verfolgen. Andere Erwartungen sind dagegen illusorisch, da sie eine vollständige Veränderung politischen Handelns erfordern würden. Ostdeutsche Identität und dadurch angesprochene Vorteile und Handlungsmöglichkeiten werden damit langfristig verlorengehen.

b) Räumliche und ethnische Identität in der Oberlausitz

Solche allgemeinen Bedingungen sind daher für die Identität von Bedeutung. Empfundene Zugehörigkeit, Kollektivität und Sicherheit kommen abhanden und lassen sich nur noch in lokalen, primären Gruppen wiederfinden. Beispiel solcher Primärgruppen sind regionale und ethnische Gemeinschaften. In diesen kann die verlorengegangene Sicherheit zumindest noch in Teilen erfahren werden. Somit kann die These vertreten werden, daß die umfassende, Identität sichernde Kollektivität durch allgemeine gesellschaftliche Veränderungen brüchig geworden ist und sich weitgehend nur noch in vertrauter Umwelt identitätsstiftende soziale Beziehungen finden. Ein Ansatzpunkt der vorliegenden Untersuchung ist es daher, diese Beziehungen mit der Analyse sozialer Netzwerke genauer zu betrachten. Gewissermaßen auf der Mesoebene zwischen den der Globalisierung zuzuschreibenden Entfremdungsprozessen und der individuellen Einbindung in soziale Beziehungsnetzwerke läßt sich zu analytischen Zwecken die kollektive Identität verorten, die sich auf die Region und die Ethnizität beziehen kann.

Wie bereits angedeutet, erfolgt eine Rückbeziehung auf den theoretischen Bezugsrahmen erst nach der Darstellung von sozialen Beziehungen, Problemen und Orientierungen der dörflichen Bevölkerung.

3. Methoden

3.1 Qualitative Feldforschung: Erfordernisse und Probleme

Verschiedene Wissenschaften haben sich ausgiebig mit dem Problem qualitativer Feldforschung auseinandergesetzt. Aus Sicht der Ethnologie[95], Geographie und Soziologie lassen sich für eine Reihe von Fragestellungen sowohl die Notwendigkeit der qualitativen Feldforschung postulieren als auch deren größten Gefahren innerhalb des Forschungsprozesses benennen. Zumindest innerhalb von Teilen dieser drei Wissenschaftsdisziplinen[96] werden vergleichbare Untersuchungsgegenstände (Alltagswelt, soziales Handeln) mit ähnlichen methodologischen Grundprämissen, methodischen „Instrumenten", Herangehensweisen, Interpretationen, Beschreibungen[97] erforscht und in Ergebnissen dargestellt. Jedoch geben nur wenige Forscher Hinweise und Anleitungen für die Lösung unterschiedlicher Probleme des Feldzugangs.

Die grundlegende Prämisse ist das Verstehen von Handlungen, die Erfassung des Sinns. Im Mittelpunkt dieses Ansatzes steht damit die Rekonstruktion des Alltagsverständnisses und des Handelns auf Grundlage des interpretativen Paradigmas, das eng mit der Chicagoer Schule der Soziologie (als deren Vertreter u.a. Thomas, Park, Burgess und Mead zu nennen sind)[98] verbunden ist. Zudem zeigen sich Ver-

---

[95] Unter diese Bezeichnung läßt sich m.E. auch die Volkskunde subsumieren, auch wenn diese Einschätzung vielleicht nicht von allen Vertretern dieses Faches geteilt wird. Kaschuba (1995) stellt mit Blick auf die Neuorientierung der Fächer Ethnologie und Volkskunde an der Humboldt-Universität zu Berlin eine Frage, die diese Zuordnung stützt: „Wieviel Nähe zur Volkskunde und wieviel Annäherung an Spielarten der außereuropäischen Ethnologie soll das Firmenetikett ‘Europäische Ethnologie’ signalisieren?" (8). Zudem macht Kaschuba an gleicher Stelle deutlich, daß die Schnittpunkte der verschiedenen Fächer einen stärkeren inter- und transdisziplinären Charakter bekommen, was auch die Aufsatzsammlung belegt, die unter dem Untertitel „Perspektiven europäischer Ethnologie" herausgegeben wurde. Von einer früheren weitgehend synonymen Verwendung der Begriffe Volkskunde, Ethnographie und Ethnologie spricht auch Kohl (1993:99). In neuerer Zeit habe sich dann aber eine Differenzierung zwischen Ethnographie und Ethnologie durchgesetzt. Die Ethnographie kann als beschreibende Darstellung fremder Ethnien gefaßt werden, Ethnologie ist dagegen umfassender. Damit ist die Wissenschaft von „fremden menschlichen Gruppierungen" angesprochen, bzw. die systematische Auswertung empirischer Daten. Ferner verweist Kohl (1993:95) darauf, daß sich die Volkskunde bedingt durch die Ethnologie gewandelt habe und zahlreiche Institute ihre Namen entsprechend geändert hätten. Von daher wird auch von Kohl Ethnologie als der Oberbegriff gesehen.

[96] In zahlreichen Forschungen der Soziologie, die im Bereich qualitativer Forschung auf eine lange Tradition zurückblicken kann, aber immer stärker auch in geographischen Arbeiten nähert man sich dem Untersuchungsgegenstand mit qualitativen und ethnographischen Methoden und ist bemüht, soziale Tatbestände umfassend und authentisch darzustellen (vgl. zur Vielfalt der Methoden auch innerhalb des qualitativen Paradigmas u.a. Gerdes 1979; Girtler 1984; Lamnek 1989; Schnell et al. 1989; Spöhring 1989; Bohnsack 1991; Flick et al. 1991; Strauss 1991; Denzin 1992; Denzin/Lincoln 1994).

[97] Oder es wird, wie Geertz (1985) durch den Terminus „Dichte Beschreibung" verdeutlicht, durch Verknüpfung der Beobachtungen, Beschreibungen, Interpretationen und sozialstrukturellen Bedingungen ein umfassendes methodisches „Programm" entwickelt.

[98] Die u.a. mit ihren Werken „Social Behavior and Personality" (Thomas 1951), „An Introduction to the Science of Sociology" (Park/Burgess 1921) und „Geist, Identität und Gesell-

bindungen zum phänomenologischen Ansatz (Schütz 1960, Berger/Luckmann 1975) und zur Ethnologie (Jeggle 1984a; v. Maanen 1988; Kohl 1993; Kaschuba 1995). Aber auch in der *neueren Sozialgeographie* finden diese Ansätze breite Berücksichtigung in unterschiedlichen Arbeiten (u.a. bei Chai et al. 1986; Sedlacek 1989; Weichhart 1990; Danielzyk/Krüger/Schäfer 1995; Mai 1996; theoretisch grundlegend: Werlen 1987).

Innerhalb dieses Paradigmas wurde von Anfang an die Notwendigkeit betont, die Standpunkte der Handelnden zu erfassen, um Interaktionen, soziale Prozesse und gesellschaftlichen Wandel verstehen zu können und so eine Gesamtsicht sozialer Phänomene, die immer komplexer Natur sind, zu erlangen. Dabei geht es nicht nur um die Überprüfung von Einzelhypothesen, sondern um die Entdeckung und das Herausarbeiten *struktureller Zusammenhänge*. Handeln wird also als vom Kontext geprägt begriffen und ist damit nur innerhalb dessen Bedingungen erfahrbar. Es kommt damit darauf an, Handlungen innerhalb des sozialen Kontextes zu erfassen und zu verstehen. Denn eigenes soziales Handeln ist beeinflußt durch Handlungen der umgebenden Gemeinschaft. Blumer faßt diese Interdependenz von verschiedenen Handlungen prägnant zusammen, wenn er die empirische soziale Welt kennzeichnet:

> „Diese Welt ist das tatsächliche Zusammenleben von Menschen. Es besteht aus dem, was sie - individuell und kollektiv - erfahren und tun, wenn sie an ihrer jeweiligen Lebensform teilnehmen; es umfaßt die großen Bereiche miteinander verflochtener Aktivitäten, die entstehen, wenn die Handlungen einiger sich ausweiten und die Handlungen anderer beeinflussen; und es schließt die große Vielzahl von Beziehungen zwischen den Teilnehmern ein" (1980:117).

Glaser und Strauss (1967) stellen als adäquate Theorie zur Erfassung solch komplexer Zusammenhänge die *grounded theory* vor. Damit entwickeln sie ein Verfahren, bei dem Theorie und Hypothesen in der eigentlichen Forschungssituation durch die Kontrastierung beobachteter Fälle mit der Realität generiert werden (vgl. dazu auch Corbin/Strauss 1990 und Strauss/Corbin 1990). Als Grundprämissen gehen die Autoren analog zur obigen Darlegungen davon aus, daß soziale Phänomene nicht statisch sind, sondern sich gesellschaftliche Konstellationen verändern. Folglich kann auch Forschung nicht statisch sein, wenn sie das Prozeßhafte an sozialen Phänomenen erfassen will. Zweitens gehen sie davon aus, daß Handlungen nicht determiniert sind, sondern Akteure ihr Schicksal durch Reaktionen auf soziale Bedingungen selbst beeinflussen können. Forschung muß sich entsprechend nicht nur auf relevante Bedingungen konzentrieren, die Handeln beeinflussen, sondern ebenso die Konsequenzen sozialen Handelns untersuchen.

Auf diesen beiden Prämissen basiert ein Verfahren für den Forschungsprozeß, in dem Corbin/Strauss (1990:419ff) zufolge unterschiedliche Forderungen berücksichtigt werden sollten. Einige dieser Forderungen werden im folgenden kurz vorgestellt.

---

schaft" (Mead 1973 am. Original 1934), das postum nach Vorlesungsmitschriften und Aufzeichnungen herausgegeben wurde, theoretische und methodische Grundlagen qualitativer Forschung legten.

1. Die Datengewinnung soll nicht von der Datenanalyse getrennt vollzogen werden. Es handelt sich um einen zusammenhängenden Forschungsprozeß, bei dem Datengewinnung und -analyse reflexiv zueinander stehen. Die Analyse erster Felderfahrungen und Interviews leitet weitere Interviews und Beobachtungen. Damit ist jedoch nicht ausgesagt, daß konzeptionslos verfahren wird, denn jeder Forscher hat bestimmte Fragestellungen und (zumindest vorläufige) Vorstellungen für seine Feldstudien. Er wird solange entsprechend dieser Vorstellungen Daten gewinnen, bis sie sich als irrelevant herausstellen. In diesem Fall erfolgen Modifikationen entsprechend der gewonnenen Daten und Analysen. Diese neu gewonnenen Daten und Einsichten werden in folgende Phasen des Forschungsprozesses übernommen und dort auf ihre Bedeutung und Brauchbarkeit überprüft. Damit entwickelt sich der Forschungsprozeß und nähert sich der Komplexität der Realität an.

   „The research process itself, therefore, guides the researcher to examine all of the possibly rewarding avenues toward understanding" (Corbin/Strauss 1990:420).

   Auf die Notwendigkeit der Verbindung von Theoriebildung und Forschung macht bereits Blumer (1980) mit dem Begriff der *Exploration* aufmerksam. Mit der explorativen Forschung können zwei Ziele verfolgt werden. Es ist die Möglichkeit, mit der der Forscher umfassende Bekanntschaft zu einem Bereich sozialen Lebens herstellen kann, den er bisher nicht kannte. Zudem lassen sich durch die Kenntnisse im Feld Untersuchungsfragestellungen und Untersuchungspläne entwerfen und verbessern, so daß die Probleme des Forschers „seine Untersuchungsausrichtung, seine Daten, seine analytischen Beziehungen und seine Interpretationen aus dem zu untersuchenden empirischen Leben hervorgehen und in ihm begründet bleiben" (Blumer 1980:122).

2. Begriffe sind die zugrunde liegenden Einheiten der Analyse. Im Laufe des Forschungsprozesses werden bestimmte Vorfälle, soziale Erscheinungen und Beobachtungen mit bestimmten Begriffen belegt. Ähnliche oder sinngleiche Zusammenhänge werden mit den gleichen Begriffen belegt. Durch ein solches Vorgehen werden Begriffe immer zahlreicher und abstrakter. Begriffe, die zu den gleichen sozialen Phänomenen gehören, werden dann zu Kategorien zusammengefaßt, die als „cornerstone" einer sich entwickelnden Theorie begriffen werden.

3. Die Datengewinnung basiert - wie bereits angesprochen - auf theoretischer Grundlage. „When a project is begun, the researcher brings to it some idea of the phenomenon he or she wants to study, then based on this knowledge selects groups of individuals, an organization or community most representative of that phenomenon" (Corbin/Strauss 1990:420).

   Für Blumer (1980:107) spielen Konzepte die entscheidende Rolle im Forschungsprozeß, da sie die vorausgehenden Entwürfe sind, die der Wissenschaftler von der Realität hat und den Rahmen abgeben, innerhalb dessen seine Forschung verläuft. Nach der grounded theory müssen solche Konzepte immer wieder hinterfragt und neu strukturiert werden, sofern sie sich als unbrauchbar erweisen.

4. In der Analyse werden beständig Vergleiche herangezogen. Bestimmte Ereignisse, die beobachtet werden oder die sich in Interviews herausstellen, werden mit anderen Ereignissen auf Ähnlichkeiten oder Differenzen verglichen, die bereits bekannt geworden sind. Dadurch werden voreilige Schlußfolgerungen vermieden und Präzision sowie Konsistenz erlangt, weil Sachverhalte immer neu überprüft und kategorisiert werden.

Der gesamte Forschungsprozeß nach methodologischer Ausrichtung der *grounded theory* basiert auf weiteren Forderungen, die hier nicht alle aufgeführt werden können (eine ausführliche Darstellungen findet sich bei Strauss/Corbin 1990). Mit der verkürzten Darstellung sind aber einige wichtige Aspekte der Datengewinnung angesprochen, die in der vorliegende Arbeit Berücksichtigung gefunden haben, obwohl die zugrunde liegenden Konzepte (Netzwerkanalyse, soziale Unterstützung) bereits vor dem Beginn der Feldforschung feststanden. Als besonders bedeutsam im Zusammenhang der Forderungen der grounded theory und des symbolischen Interaktionismus[99] erscheint mir vor allem zu sein, daß die Menschen, in deren Lebensbereich die Forschung stattfindet, am „Geschehen" teilnehmen und selbst zu Akteuren im Forschungsprozeß[100] werden können.

Damit bekommt die Sichtweise der Betroffenen höhere Relevanz, da sie in den Forschungsprozeß einbezogen werden und nicht der Forschungsprozeß von außen ihrer Lebenswelt aufoktroyiert wird. Obwohl ein solcher Ansatz ein wenig den Anschein einer „Methodologie des Nichtwissens" bekommt, ist dieses Verfahren notwendig, um der Komplexität der Realität gerecht zu werden. Dies kann nur geschehen, wenn sich der Forscher in der Forschungssituation interaktiv mit den Menschen im Forschungsfeld auseinandersetzt. Dann können auch a priori nicht bekannte Zusammenhänge[101] thematisiert und analysiert werden.

Feldforschung ist aber auch schon bei der Grundannahme zwangsläufig intendiert, denn wenn es um das Verstehen von Handlungen geht, muß eine Teilnahme am Prozeß der Verständigung stattfinden. Dieser Zusammenhang wird von Habermas zusammengefaßt:

„Bedeutungen, ob sie nun in Handlungen, Institutionen, Arbeitsprodukten, Worten, Kooperationszusammenhängen oder Dokumenten verkörpert sind, können nur *von innen* erschlossen werden. Die symbolisch vorstrukturierte Wirklichkeit bildet ein

---

[99] Die getrennte Nennung der grounded theory und des symbolischen Interaktionismus soll nicht bedeuten, daß beide getrennt voneinander gesehen werden. Im Gegenteil ist Strauss selbst dem symbolischen Interaktionismus zuzurechnen. Corbin/Strauss nennen ihn auch als Quelle der grounded theory, wenn sie darlegen: „Grounded theory derives its theoretical underpinnings from Pragmatism ... and Symbolic Interactionism" (1990:419).

[100] Das ist auch konsistent mit der Grundannahme der grounded theory und des symbolischen Interaktionismus, denn Menschen handeln Bedingungen und Gegenständen gegenüber aufgrund der Bedeutung, die diese für sie besitzen (Blumer 1980:81). Durch ihr Handeln verändern sie diese Bedingungen wiederum.

[101] Damit dient Forschung nicht nur der Bestätigung des *irgendwie* schon gewußten, sondern eröffnet neue Perspektiven, Zusammenhänge und Erkenntnisse.

Universum, das gegenüber den Blicken eines kommunikationsunfähigen Beobachters hermetisch verschlossen, eben unverständlich bleiben müßte. Die Lebenswelt öffnet sich nur einem Subjekt, das von seiner Sprach- und Handlungskompetenz Gebrauch macht. Es verschafft sich dadurch Zugang, daß es an den Kommunikationen der Angehörigen mindestens virtuell teilnimmt und so selber zu einem mindestens potentiellen Angehörigen wird" (1987:165; Hervorhebung im Original).

Sinnverstehen erfordert im Rahmen der Feldforschung damit Zugang zu der Gruppe der zu Untersuchenden, um *kommunikationsfähig* zu werden und so am sozialen Diskurs teilnehmen zu können. Dieser Prozeß, der eine einseitige Annäherung an Bedingungen im Feld zu sein scheint, erfordert darüber hinaus noch eine Auseinandersetzung, Relativierung und Distanzierung von eigenen „Normalitätsmustern" bzw. denen der eigenen Kultur und des eigenen Milieus. „An deren Stelle treten - da Reflexion immer Gegenhorizonte voraussetzt - empirisch fundierte Horizonte anderer Untersuchungsmilieus" (Bohnsack, 1991:86). Fremdverstehen erfordert damit reflexiven Umgang mit den Voraussetzungen der eigenen Lebenswelt und schließt die Relativierung der Standpunkte dieser Lebenswelt durch die Übernahme möglicher anderer Alltagsverständnisse ein.

Nach Schütz (1971:50) sind damit sozialwissenschaftliche Konstruktionen, d.h. in diesem Sinne Erklärungsmuster für *alltagsweltliche Zusammenhänge* und *Sinnkategorien,* Konstruktionen 2. Grades, die sich auf die Sinnkategorien der Handelnden selbst beziehen (Konstruktionen 1. Grades). Damit ist die Methode der verstehenden Wissenschaft konkretisiert. Sie ist bestrebt, theoretische Konstrukte von Verhaltensmustern zu bilden, um „die subjektiven Beweggründe des Handelns verständlich zu machen" (Giddens 1984:36). Dabei bezieht sich der Wissenschaftler auf den Prozeß des Typisierens der Handelnden. In der unmittelbaren Interaktion mit anderen bringt der einzelne einen Vorrat „alltäglichen Verstehens" ein, mit dem andere typisiert werden und deren Reaktion auf Handeln kalkuliert wird, so daß die Kommunikation aufrechterhalten wird. Die von Sozialwissenschaftlern formulierten Begriffe zweiten Grades gehorchen dem „Postulat der Adäquanz". Ein sozialwissenschaftlicher Begriff muß so konstruiert sein, „daß eine innerhalb der Lebenswelt durch das Individuum ausgeführte Handlung, die mit der typischen Konstruktion übereinstimmt, für den Handelnden selbst ebenso verständlich wäre wie für seine Mitmenschen und das im Rahmen des Alltagsdenkens" (Schütz 1971:50). Damit handelt es sich um Konstruktionen, die auf den Konstruktionen aufbauen, die von Handelnden selbst gebildet werden. Konstruktionen 2. Grades basieren somit auf den Konstruktionen 1. Grades.

Geertz (1977) spricht bereits in Hinblick auf mögliche Interpretationen von *erfahrungsnahen* und *erfahrungsfernen* Begriffen. Die Konstruktionen 1. Grades sind damit die Sinnkategorien der Alltagswelt, die direkt an diese anknüpfen. Sie können als erfahrungsnahe Begriffe bezeichnet werden. Erklärungen und „Übersetzungen" dieser Konstruktionen in Wissenschaftssprache sind Konstruktionen 2. Grades, die sich nicht auf die unmittelbaren Sinnkategorien der Alltagswelt beziehen und somit als erfahrungsferne Erklärungen bezeichnet werden. Der Forscher verfolgt somit zwei Interessen, die bereits den Forschungsprozeß in dessen Entstehen leiten müssen: er ist bemüht, die anderen und deren Alltagswelt konkret zu verstehen (1. Sinnkonstruktion) und diese verstandenen Zusammenhänge in eine Wissenschaftssprache zu übersetzen (2. Sinnkonstruktion). Der Forschungsprozeß steht folglich in einer Dialektik von Ferne und Nähe, dem gleichzeitigen Einmischen und dem „Sich-Herausnehmen", wie es mit den von Elias (1983) verwendeten Begriffspaar von Engagement und Distanzierung gut zu umschreiben ist.[102] Der Forscher nimmt somit eine Position ein, die der Beschreibung der Situation des „Fremden" in Simmels „Exkurs über den Fremden" (1992:764ff.) nicht unähnlich ist, denn in ihm verbinden sich Nähe und Ferne. Dieser Aspekt findet sich ebenso in der Abhandlung über den Fremden bei Schütz, der daran die Begriffe Objektivität und Loyalität knüpft (Schütz 1972:68).

Bei diesem Verstehen im Interaktionszusammenhang bleibt die Frage offen, welche Rolle der Forscher einnimmt. Diese Frage ist bereits durch das Begriffspaar Engagement und Distanzierung angeklungen. Die Bandbreite möglicher Einbeziehungen reicht vom unauffälligen Zuschauer bis zum eingreifenden und verändernden Akteur, der in Alltagszusammenhängen eingebunden ist. Diese letzte Position wird als *going native* beschrieben und meint die vollständige Übernahme der Perspektive der Untersuchungssubjekte, die einem „Abtauchen" in die fremde Lebenswelt gleicht. Hiermit ist sowohl eine Kritik an der Methode angesprochen als auch die häufig von quantitativ arbeitenden Sozialforschern postulierte Furcht, sich zu sehr auf das Untersuchungsobjekt einzulassen. Natürlich handelt es sich hierbei weitgehend um eine Illusion, denn es ist einem Fremden nahezu unmöglich, Einheimischer zu werden und zudem noch von den Autochthonen als solcher anerkannt zu werden. Dazu fehlen ihm nicht nur aufgrund der unterschiedlichen Sozialisationserfahrungen die Voraussetzungen. Noch bedeutsamer dürfte sein, daß er nicht in gleicher Weise von gesellschaftlichen Prozessen betroffen ist, wie die Menschen, an deren Leben er partizipiert. Das Beispiel der Feldforschung in Ostdeutschland macht dies besonders deutlich. Zwar kann sich beim Feldforscher z.B. für die Probleme und Belastungen von „Vorruheständlern" Empathie entwickeln, aber niemals wird der Forscher in gleicher Weise existentiell belastet sein. Die in der beschriebenen Methode geforderte Zweiseitigkeit von Engagement und Distanzierung wird sich somit fast zwangsläufig immer wieder einstellen. Das Leben von „Vorruheständlern" und Arbeitslosen kann beschrieben, ihre Handlungen können interpretiert und ihre Verluste nachvollzogen werden, jedoch müssen die Menschen es selbst *durchleiden*. Der Fremde kann, wenn er genügend Daten und Informationen gesammelt hat, der Situation in Ostdeutschland den Rücken kehren, die Betroffenen aber müssen diese Bedingungen „*aushalten*" und unter ihnen neue *Orientie-*

---

[102] Obwohl Elias (1983) in seinem Buch über Engagement und Distanzierung auf generelle wissenssoziologische Fragestellungen eingeht, macht er doch das Grundproblem menschlichen Zusammenlebens und damit auch das des Forschers in der Interaktion mit den Menschen, die er erforscht, deutlich: „Die Möglichkeit eines jeden geordneten Gruppenlebens beruht auf dem Zusammenspiel zwischen engagierenden und distanzierenden Impulsen im menschlichen Denken und Handeln, die sich gegenseitig in Schach halten" (1983:10). Man muß sich in der Forschungssituation folglich auf bestimmte Zusammenhänge einlassen, emotionales Engagement zeigen, aber auch die Möglichkeit besitzen, sich zurückzunehmen, sich selbst zu kontrollieren und Situationen mit affektiver Neutralität zu verfolgen und zu beurteilen.

rungen und Lebensperspektiven entwickeln.[103] Wegen dieser fehlenden Betroffenheit[104] kann sich ein „Hinzugekommener" immer wieder zurücknehmen und eine andere Perspektive einnehmen, die es ihm gestattet, Zusammenhänge anders als der direkt Betroffene zu sehen. Es ist gar nicht möglich, „from the native's point of view" (Geertz 1977) Probleme zu erfahren und betroffen zu sein. Allerdings ist es möglich, sich dieser Sichtweise zu nähern, Probleme aufzuspüren sowie Hoffnungen und Hoffnungslosigkeiten zu entdecken und zu verstehen, wenn man mit entsprechenden Menschen längere Zeit in Kontakt ist.

Trotz Einbindung und Distanzierung besteht aber ein schmaler Grat, auf dem Feldforschung vollzogen werden muß. Die Seite der „Lebensweltanalyse" (Hitzler/Honer 1991) mit praktischer Mitgliedschaft am Geschehen und existentieller Innensicht ist gekennzeichnet durch den Aufbau von Vertrauen. Nach methodischer Grundlegung des symbolischen Interaktionismus (vgl. u.a. Blumer 1980) ist die persönliche Teilnahme durch Zusammenleben und Kontakte Voraussetzung zur Erfassung alltäglicher Erfahrungen.[105] Es soll damit eine zwanglose Anpassung an die Untersuchungskultur stattfinden, um der zu erforschenden Gruppe so nahe zu kommen, daß die Gegenwart als etwas 'Normales' und 'Gewöhnliches' betrachtet wird (Denzin 1978). Dies soll gewährleisten, daß das Leben und Denken in einer natürlichen Umgebung nachvollzogen werden kann.

Jeggle (1984b:39ff.) weist auf Probleme hin, die bei einer solchen Vorgehensweise entstehen können, und arbeitet vor allem die Bedeutung des in diesem Zusammenhang schwierigen Begriffs Vertrauen deutlich heraus. Das „Eintauchen" in die Gemeinschaft ist zwar wichtig für das unmittelbare Verstehen der Lebenswelt der Handelnden, aber hinderlich, weil damit ein Teil der Distanz verlorengeht. Diese kann nur adäquat aufrechterhalten werden, wenn bei der Arbeit im Feld vorhandene Gefühle, Lust, Unlust, Probleme u.ä - festgehalten werden (Forschungstagebuch), wodurch auch die Erreichung einer illusionären Vertrautheit in Frage gestellt wird. Der Forschungsprozeß an sich sollte den Menschen, in deren Lebenswelt man eindringt, transparent und zugänglich gemacht werden. Dadurch werden auch spätere Interpretationen einsichtiger und nachvollziehbar.[106]

---

[103] Es wird die Menschen in ihrer Situation nur wenig trösten können, daß aufgrund der ökonomischen und sozialen Bedingungen in der „ehemaligen" BRD Fremderfahrungen von Arbeitslosigkeit und relativer Deprivation schnell „am eigenen Leib" nachvollzogen werden könnten.

[104] Gemeint ist die Betroffenheit von Personen in sozialen Kontexten, die durch Bedingungen an der Realisierung von Lebenschancen behindert werden. Diese ist nicht zu verwechseln mit der „Berufs"-Betroffenheit, wie sie bei Politikern in Sonntagsreden angesichts des Schicksals einzelner - oder auch vieler - immer wieder anzutreffen ist.

[105] „Die Antwort ist einfach, daß die empirische soziale Welt aus einem fortlaufenden Zusammenleben besteht, und daß man in einen engen Kontakt mit diesem Leben eintreten muß, um zu wissen, was in ihm vorgeht" (Blumer 1980:120). Hitzler/Honer sprechen in gleicher Weise davon, daß der Forscher in der Lebensweltanalyse die praktische „Mitgliedschaft an dem Geschehen, das erforscht werden soll, also der Gewinnung einer existentiellen Innensicht" (1991:383) erwerben muß.

[106] Wobei natürlich nicht davon auszugehen ist, daß Interpretationen intersubjektiven Charakter haben (können).

Besser als Vertrautheit anzustreben ist es daher, den Doppelcharakter auch in Interaktionszusammenhängen deutlich zu machen. Zwar ist es notwendig, an Alltagsgespräche anzuknüpfen und von den Menschen akzeptiert zu werden, aber in Interviews muß die Rolle des Forschers deutlich gemacht werden. Der Forscher ist aufgefordert herauszustellen, daß er Ziele verfolgt, die über den Gruppenzusammenhang hinausweisen und damit auch eigene Interessen verfolgt, die nur z.T. komplementär zu den Alltagsproblemen sind. Nach Jeggle (1984b) sollte schon aus ethischen Gründen die Forschungsphase nicht auf einer „halbe Lüge" (Riehl 1869) basieren. Es sollte nicht von Vertrauen geredet sowie Zweckfreiheit vorgetäuscht und gleichzeitig eigene Zielsetzungen verfolgt werden, um an möglichst alle Informationen heranzukommen. Insbesondere die Verbindung dieses Standpunktes zur grounded theory macht m.E. deutlich, daß die konsistenteren, authentischeren und umfangreicheren Informationen gerade dann gewonnen werden können, wenn der Doppelcharakter des Forschungsprozesses deutlich gemacht wird. Dann erst treten in den Interviews die Brüche auf, die die eigene Position in Frage stellen können.

Natürlich heißt das nicht, daß in der langen Phase des Aufenthalts auf der Basis des Herausstellens eines angesprochenen Doppelcharakters in der anderen Kultur nicht auch Vertrauen zu verschiedenen Personen aufgebaut werden kann. Dieses basiert dann aber auf dem gegenseitigen Akzeptieren der Rollen. Es kann durchaus hilfreich sein, ein gutes Verhältnis zu Schlüsselpersonen aufzubauen, weil diese auch dafür sorgen können, weitere Kontakte zu knüpfen. Schlüsselpersonen stehen dann quasi als Bürgen bereit und erleichtern den Zugang zu anderen Personen. Wichtig dabei aus ethischer Sicht ist aber, daß die eigentliche Zielsetzung vermittelt wird, um nicht einen heimlichen „Voyeurismus" oder ein verstecktes „Aushorchen" zu betreiben (vgl. dazu Spöhring 1989:126). Dabei spielt es auch eine Rolle, getroffene Zusagen bezüglich der Anonymität zu halten.

Natürlich hat die Fremdheit des Forschers auch Vorteile. Eine völlige Übernahme der zu untersuchenden Kultur würde auch bedeuten, Zusammenhänge unhinterfragt zu übernehmen, ohne sich über deren Bedeutung klar zu werden. Cicourel (1970) weist darauf hin, daß je fremder das Feld ist, desto eher die Alltäglichkeiten des Lebenszusammenhangs hinterfragt werden. Somit werden Sachverhalte erfaßt, die sonst für die Forschungssubjekte *„fraglos"* blieben.

In der Geographie beschäftigte sich u.a. Anne Buttimer (1984a) mit der Frage der Bedeutung von Beobachtung und Teilnahme in wahrnehmungsgeographischer Forschung. Die Geographie hat in ihren Augen in vielen früheren Forschungen die Rolle des „Outsiders" eingenommen. Der Geograph habe als distanzierter Beobachter versucht, eine objektive Haltung gegenüber gewonnenen Daten einzunehmen (Buttimer 1984b:69). Dieser Rolle stellt sie die Haltung eines „Insiders" gegenüber, die auf der Alltagserfahrung in bestimmten sozialen Lebenswelten gründet. „Reine Geographie" müsse dann versuchen, beide Haltungen, die subjektiven Erkenntnisse und objektiven Deutungen, zu kombinieren (1984b:69). Auch in ihrer Sicht spiegelt sich damit die Dialektik von zwei Sinnwelten wider, die kombiniert werden müssen.

Um diese Möglichkeiten zu erhalten, ist ein Perspektivenwechsel nötig, denn beide Seiten des Verstehens der Realität können nur berücksichtigt werden, wenn der Forscher an konkreten Lebenswelten teilnimmt. Der Forscher muß also die Beobachtungsperspektive aufgeben und an der Lebenswelt partizipieren. Aschauer (1992:194) kritisiert an dieser Sichtweise, daß sie zwar zunächst wie ein wissenschaftspraktischer und -theoretischer Fortschritt wirke, daß Buttimer aber wichtige Aspekte übersehe. Bei seiner Kritik stützt er sich auf das folgende, von Buttimer (1984a) verwendete Schaubild:

Abbildung 3.1: Von der Beobachtung zur Partizipation

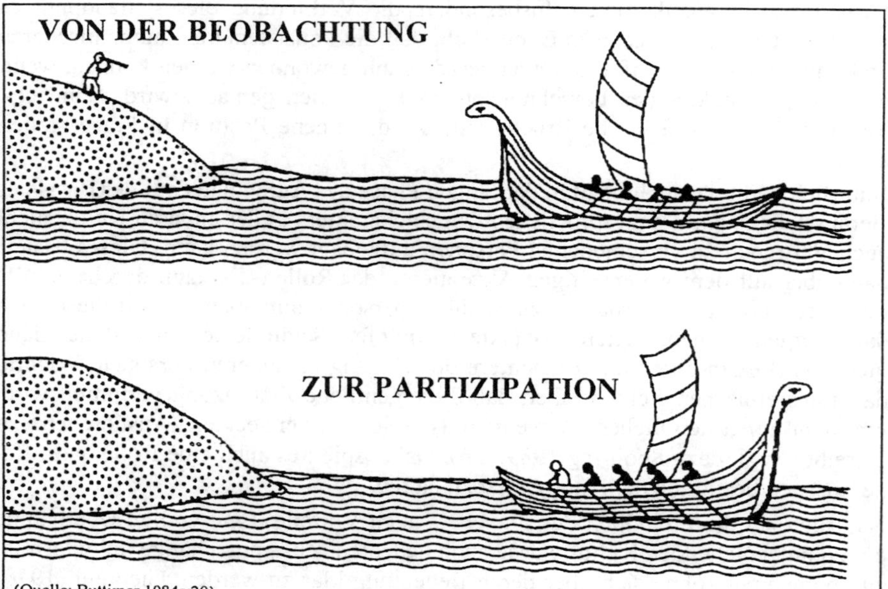

(Quelle: Buttimer 1984a:20)

Aschauers Kritik bezieht sich auf die Qualität der Partizipation. „So fällt auf, daß der Insider-Ruderer weder den Rest der Besatzung sehen kann noch die Richtung, in die das Schiff fährt. Er wird demnach wie die anderen (oder gerade im Gegensatz zu diesen?) Schwielen an den Händen und einen schmerzenden Rücken bekommen (und den Glauben an die 'Authentizität' seiner Erfahrungen), aber was wie und warum passiert, das bleibt ihm verborgen" (Aschauer 1992:194).

Als zweiten Punkt hebt er hervor, daß Buttimer mit ihrem Bild übersehe, daß soziale Realität sehr viel vielschichtiger ist, als sie es darstellt. Ihr fehle gewissermaßen die hierarchische Rangordnung, da sie suggeriere, daß sich alle in der gleichen gesellschaftlichen Position befinden. „Bei Menschen mitzuspielen, die keinen Einfluß auf die Spielregeln haben, trägt nur wenig zur Erkenntnis dessen bei, warum sie mitspielen und warum ihnen mitgespielt wird" (Aschauer 1992:194). Somit erscheint Aschauer die Insider-Perspektive geeignet, eine herrschaftsfreie Gesellschaft zu untersuchen, sie trage ansonsten aber zur Verschleierung der Herrschafts-beziehungen bei.

Läßt man sich bei dieser Einschätzung von der reinen Inspektion des Bildes leiten, so zeigt die Argumentation Aschauers tatsächlich Witz und offensichtlich entlarvende Logik. Allerdings glaube ich, daß er damit ein wenig über das gesetzte Ziel hinausschießt, denn der Forschungsprozeß ist auch bei Buttimer nicht allein durch die teilnehmende Beobachtung bestimmt, und Schaubilder können nur eine grobe Vereinfachung der Realität darstellen. Wie Aschauer selbst anmerkt, kritisierte auch Sedlacek (1989:12) Buttimer, weil sie viele Fragen, die sich in bestimmten Kontexten aufdrängen könnten, gar nicht stellt (auch Sedlacek bleibt dabei sehr stark dem dargestellten Bild verhaftet). Aber Sedlacek führt dann weiter aus, daß durch Reflexion und Offenheit des Forschungsprozesses neue Erkenntnisse möglich sind.[107] Zielsetzung qualitativer Forschung auf Basis einzelner Fallstudien könne es demnach auch nicht sein, „gesicherte Erkenntnis" gesetzmäßiger Verhaltensweisen zu erlangen, die Möglichkeiten der Steuerung in Massengesellschaft anbieten, wie er es für die empirisch-analytischen Sozialwissenschaft feststellt, sondern es gehe darum, Erkenntnisse der Konstitution der Lebenswelt zu erhalten. „Vielmehr erfahren wir durch unser kumuliertes Wissen ein neues Bewußtsein über die Konstitution der Lebenswelt, die Möglichkeiten und Chancen ihrer Gestaltung, mögliche Lösungen und Strategien der Bewältigung von Lebenssituationen" (Sedlacek 1989:13).

In bezug auf Aschauers Kritikpunkte an Buttimer läßt sich die Argumentation aber auch in anderer Weise aufnehmen. Die Partizipation in der Lebenswelt macht nicht blind für Bedingungen, die den zu beobachtenden sozialen Raum beeinträchtigen. Die Dialektik von *fremd* und *vertraut* verweist immer wieder auf die Möglichkeit, Neues zu entdecken, was sogar den handelnden Individuen nicht immer bewußt ist oder bereits zu routinisiertem - und damit unhinterfragtem - Verhalten geworden ist. Folglich sind es - um im Bild zu bleiben - gerade die Schwielen an den Händen des „Insider-Ruderers", die Schlaglichter auf Zusammenhänge werfen, die sich im und neben dem Boot abspielen. Die qualitative Feldforschung verweist immer wieder auf die Notwendigkeiten, Bedingungen sozialen Handelns nicht unberücksichtigt zu lassen. Die „Bootperspektive" allein bleibt damit nicht ausreichend. Es ist sogar grundlegende Prämisse der grounded theory, Bedingungen, die soziales Handeln beeinflussen, zu berücksichtigen. Zudem müssen die Rückwirkungen des Handelns auf soziale Bedingungen untersucht werden. „Thus, grounded theory seeks not only to uncover relevant conditions but also to determine how the actors under investigation actively respond to those conditions, and to the consequences of their actions" (Corbin/Strauss 1990:419). An dieser Sichtweise wird deutlich, daß die Akteure selbst nicht blind sind für die sie umgebenden Bedingungen. Sie wissen schon, warum sie rudern und wohin die Fahrt geht, wenn sie auch nicht un-

---

[107] „Dies setzt voraus, daß die Untersuchung den jeweiligen Kontext berücksichtigt, d.h. auch, daß ständig die Orts-, Zeit und Interessengebundenheit sowohl der untersuchten Akteure und ihrer Handlungen als auch des Forschers mitreflektiert und bewußtgehalten wird" (Sedlacek 1989:13).

bedingt das Ziel mitbestimmen. Ihnen ist auch bewußt, daß es neben den Ruder-
bänken auch die Offiziersmesse gibt. Qualitative Feldforschung findet somit niemals in nur utopisch denkbaren herrschaftsfreien Räumen statt. Sozialstrukturelle
Bedingungen schaffen aber unterschiedliche Handlungsmuster und -möglichkeiten.
Auch hier spielen die „conditions" und „constraints" eine wichtige Rolle. Sie sind
nicht für alle gleich. Nicht jeder hat die Möglichkeit, von der Ruderbank zum Steu-
errad zu wechseln. Dennoch müssen die Handelnden in ihrer jeweiligen Situation
mit den bestehenden „constraints" zurechtkommen. Auch in qualitativen Studien
geht man nicht davon aus, daß alle den gleichen Bedingungen unterworfen sind.
Menschen haben unterschiedliche Ressourcen und müssen sich mit unterschiedlichen Belastungen auseinandersetzen. Sowohl die Ressourcenausstattung als auch
die Belastungen können sozialstrukturell ungleich verteilt sein (auch das ist im Begriff „Lebenswelt" impliziert, weil sich Handelnde dort mit ihnen als ihrer Realität
auseinandersetzen müssen)[108]. Folglich geht es in den vorliegenden Analysen darum aufzuzeigen, welche Belastungen und Unterstützungspotentiale bei verschiedenen Personengruppen vorliegen, um festzustellen, wie sie eine Krise in ihrer Lebenswelt bewältigen.

Man würde Aschauer nicht gerecht werden, wenn man seine methodischen Überlegungen auf die Kritik an Buttimer reduziert, zumal er Schlüsse daraus zieht und
seine Forschung entsprechend strukturiert. Distanzwahrung, Integration des Forschenden und andere Notwendigkeiten des Forschungsprozesses werden von ihm
dargelegt (1992:195). Darüber hinaus macht er in weiteren methodischen Anmerkungen deutlich, worin das eigentliche Dilemma in Interviewsituationen begründet
liegt. Es sei der unauflösbare Widerspruch zwischen der Erzeugung eines
„normalen" Gesprächssituation bei gleichzeitigem Einsatz von Fragen, die immer
über das normale Gespräch hinausweisen (durch Suggestion, Unterstellung, Bestätigung, Ablehnung etc.). Damit, so sein Argument, verbleiben solche Interview-
gespräche häufig zwischen Spontaneität und Restriktivität und damit in einer Situation, die sich innerhalb des Gesprächs nicht auflösen läßt (Aschauer 1992:195).
Daher ist Aschauer (1992:196) auch zuzustimmen, daß der Auswertungsphase eine
herausragende Rolle zukommt. Allerdings sei hier nochmals auf die grounded
theory verwiesen und hervorgehoben, daß eine Auswertungsphase nicht getrennt
von einer Erhebungsphase zu sehen ist, weil es - nach dieser Sicht - unumgänglich
ist, die Forschung als Prozeß zu verstehen, mit allen daran gekoppelten Implikationen, wie sie z.T. oben dargestellt wurden.

Neben solchen methodischen Fragestellungen sind aber auch andere spezifische
Schwierigkeiten zu bedenken, die in der Interaktion mit den Menschen in ihrer Le-

---

[108] „Die Realität der Welt des täglichen Lebens ... gründet auf ihrer Struktur als Wirkwelt, d.h.
auf Relevanzstrukturen des abwägenden Handelns und des instrumentellen Wirkens"
(Grathoff 1987:57). „Wissenschaftliches Forschen ... wird die Realität der Lebenswelt (ihre
Träume und Fiktionen, ihre Ideologien- und Theoribildungen) von dem trennen, was als in-
tersubjektive Wirklichkeit nicht nur das alltägliche Handeln, sondern auch jene weiteren
Realitäten trägt und konstituiert" (Grathoff 1987:57f). Die Zitate von Grathoff verdeutlichen
m.E., daß es nicht nur um intersubjektiv vermittelte Bewußtseinsinhalte geht, sondern auch
um die konstituierenden Elemente von Handlungen.

benswelt auftauchen können. Sie reichen von dem Problem, daß der Forscher bestimmte Defizite mitbringt, nicht in den Kontext hineingelassen wird, bis zu Überhäufung mit belanglosen Informationen (vgl. u.a. Dechmann 1978:111f.; Hopf 1978 und 1991; Hopf/Weingarten 1979; Schumann et al. 1982:45; Jeggle 1984c; Schnell et al. 1989:363ff.).[109] Weiterhin ist darauf zu achten, daß Schlüsselinformanten oder Kontaktpersonen aus einem Kontext kommen, der für das Untersuchungsfeld repräsentativ ist. Als Verletzung einer solchen Voraussetzung ist der weitreichende Bezug auf bestimmte Personengruppen zu nennen. Insbesondere sind hier Lehrer, Pfarrer oder informelle Führer zu erwähnen, die ihre eigene Sicht der Fragestellung erklären. Dabei kann es zu Diskrepanzen mit der Sichtweise der im Untersuchungsfeld handelnden Menschen kommen. Denn häufig können Mitglieder aus der Gruppe der „Honoratioren" auch als „Laien-Ethnologen" (Lindner 1984:60) gesehen werden. Sie schildern kaum noch ihre Wahrnehmungen und Beobachtungen, sondern liefern bereits Interpretationen von Zusammenhängen. Damit ist in ihren Informationen häufig schon der Übergang von der 1. zur 2. Sinnkonstruktion vollzogen.

Trotz der geschilderten, gleichsam komplementären Beziehung von Analyse und Datengewinnung „verdichten" sich die Aussagen und Beobachtungen nicht „von selbst". Trotz der „Beteiligung" der handelnden Menschen am Forschungsprozeß bleibt natürlich die Informationsverdichtung subjektiv durch den Forscher bestimmt (vgl. dazu auch Wiegandt 1989: 143). Allerdings ist durch die lange Zeit des Forschungsaufenthalts und durch die Kontakte zu den Menschen diese Subjektivität nicht mehr die gleiche, wie vor dem Forschungsprozeß. Auch dieses Element ist in Zusammenhang des Begriffspaares „Vertrautheit" und „Fremdheit" bereits angesprochen worden. Es waren ja gerade die Sichtweise, Ressourcenausstattungen und Problembelastungen der Menschen in konkreten Situationen und Handlungskontexten, die die Forschung leiteten. Verdichtungen von z.B. Problemlagen und Entwürfe von Konzepten basieren folglich nicht auf einer abgehobenen Subjektivität, sondern unterliegen bis zu einem gewissen Grad einer „Intersubjektivität". Auch bei Fallanalysen kommt es nicht darauf an, die Betroffenheit des einzelnen herauszustellen, sondern das generell zugrunde liegende strukturelle Muster zu verdeutlichen. Ob dies immer zur Zufriedenheit (vor allem der befragten Menschen) gelingen kann, ist nicht eindeutig zu beantworten. Jedoch sollte immer das Bemühen im Vordergrund stehen - und der Autor der vorliegenden Arbeit war be-

---

[109] Als konkrete Probleme werden bei Spöhring (1989) und Jeggle (1984c:101ff) genannt:
- Stereotypisierung (Ablehnung des Forschenden durch die im Untersuchungsfeld handelnden Menschen macht die Forschung unmöglich),
- Zuordnung eines „offiziellen Führers", der den Forschenden abschottet und somit das Sammeln von Informationen verhindert;
- Rücknahme von Zusagen auf Informationen;
- geringe Kooperation;
- Verweigerung;
- „Sich-Dumm-Stellen" (d.h. vorgeben nichts zu wissen);
- „Gescheit-Stellen" (d.h. den Forscher in Informationen „ertrinken" lassen);
- „Gastfreundschaft" (d.h. Zuweisung eines Platzes, der weitergehende Interaktionen beeinträchtigt).

strebt, dieses Ziel zu erreichen -, die Bedingungen und Möglichkeiten der handelnden Menschen so authentisch wie möglich darzustellen. Dazu ist es aufgrund der Komplexität sozialen Lebens immer notwendig, wichtige Kristallisationspunkte herauszugreifen. Wichtigkeit und Bedeutung ergeben sich folglich auch nicht aus der subjektiven Sicht des Forschers, sondern aus der kollektiven Sicht der Menschen, in deren Lebenswelt der Forscher aufgenommen wurde.

3.2 Feldforschung in der katholischen Oberlausitz

Um darzustellen, wie diesen methodischen Kriterien Rechnung getragen wurde, aber auch, um die geforderte Transparenz bei der Darstellung und Analyse der Ergebnisse zu gewährleisten, sollen im folgenden kurz der Feldzugang und die Kontaktaufnahme zu einzelnen Informanten geschildert werden.

Die Feldforschung fand vom August bis November 1992 und von März bis Juli 1993 statt. Die Auswahl des Dorfes in der Oberlausitz erfolgte, nachdem mehrere Dörfer in der Region zwischen Bautzen, Kamenz und Hoyerswerda im Rahmen einer Exkursion besichtigt wurden und mit Menschen der Region über Ethnizität, Wendebedingungen und Veränderungen gesprochen wurde. Ausschlaggebend für die Wahl des Untersuchungsdorfes waren vor allem der hohe Anteil an Sorben, die religiöse Einbindung[110], die guten Kontakte, die schon bei ersten Gesprächen einen guten Feldzugang erhoffen ließen, und die relative Überschaubarkeit des Ortes.

Die Feldforschung gliederte sich - entsprechend der Konzeption des Forschungsantrages (vgl. Mai/Viehrig 1992) - in zwei Abschnitte, eine erste, *„explorative Phase"* (in Anlehnung an Blumer 1980:122) und die Hauptphase der Feldforschung mit der Erhebung von Problemen, Belastungen und sozialen Netzwerken. Die *explorative Phase* galt vor allem dem Einleben im Dorf, dem Vertrautwerden mit den damals noch fremden Bedingungen in Ostdeutschland, die noch deutlich durch die DDR-Vergangenheit geprägt waren, der Erhebung wichtiger dörflicher Zusammenhänge und der Erkundung dörflicher Alltagspraxis. Besonderes Augenmerk war dabei auf die sozialen und ökonomischen Folgen des Transformationsprozesses in der Region gerichtet (Auflösung der Landwirtschaftlichen Produktionsgenossenschaft, Arbeitslosigkeit, soziale Differenzierung, Veränderung der Versorgungslage, Kommunalpolitik, Vereinsaktivitäten und dörfliche Kulturpflege durch Aktivitäten lokaler sorbischer Organisationen). Es ging in diesem Zusammenhang speziell darum, die Rahmenbedingungen als Vorbereitung der eigentlichen Netzwerkanalyse zu erfassen. Dabei stand die Frage im Vordergrund, inwieweit sich die strukturellen gesellschaftlichen Veränderungen auf die Lebensbedingungen der Dorfbewohner auswirken.

In der *Hauptphase der Feldforschung* wurden mit den Methoden *qualitativer Sozialforschung* Daten über Belastungen, Konflikte, Probleme und egozentrierte Netz-

---

[110] Diese beiden Aspekte waren deshalb von besonderer Bedeutung, weil im Gesamtprojekt ein Vergleich zwischen Nieder- und Oberlausitz angelegt ist.

werke von einzelnen Personen bestimmter Lebensformgruppen gesammelt.[111] In der Regel entstammten die Zentralfiguren (Ego) der Netzwerkanalyse der Ethnie der Sorben. In einigen Fällen wurden aber ebenso die sozialen Netzwerke von Deutschen erhoben, um den Grad ihrer Integration zu analysieren und einen Vergleich zu den sozialen Netzwerken sorbischer Dorfbewohner zu ermöglichen.

Der Zugang ins Feld wurde durch Schlüssel- und Kontaktpersonen vereinfacht, die schon lange im Dorf lebten und sich bereits nach kurzem Kontakt bereit erklärt hatten, in der ersten Phase des Einlebens im Dorf behilflich zu sein. Mit der Zeit und mit zunehmendem Bekanntheitsgrad wurde das Knüpfen weiterer Kontakte einfacher, wozu auch Bekanntschaften sowie die Teilnahme an Feiern und Aktivitäten im dörflichen Zusammenhang beitrugen. Hierzu gehörten Familienfeiern der Gastfamilie, Dorffeiern, Hilfe bei Arbeiten in Haus und Hof, „Gespräche über den Gartenzaun" etc. Weiterhin eröffneten sich später Kontakte über Schlüsselinformanten und mit der Zeit gewonnene gute Bekannte. Zudem sprach es sich herum, daß „jemand im Dorf ist", um etwas über Sorben und Veränderungen durch die Wende zu erfahren. Von vornherein wurde auf die Fragestellung des Projekts hingewiesen. Dies nicht nur wegen der oben angesprochenen ethischen Verpflichtung, sondern auch, um Interesse zu wecken und so an Kontaktpersonen aus den verschiedenen Lebensformgruppen zu gelangen. Denn es war davon auszugehen, daß sich die Auskunftsbereitschaft mit dem Wissen um die Fragestellung erhöhen würde. Den Dorfbewohnern sollte vermittelt werden, daß ihre Alltagssichtweisen und Problembewältigung als wichtige Inhalte des Forschungsprojekts angesehen und sie als Experten für Veränderungsprozesse ernstgenommen würden. Transparenz erweist sich daher nicht nur ethisch als bedeutsam, sondern erhöht bei einer Thematik, die sich mit den Interessen der zu untersuchenden Personen überschneidet, auch die Teilnahmebereitschaft.

Neben der teilnehmenden Beobachtung von verschiedenen Zusammenhängen und zur grundsätzlichen Eruierung von Netzwerken, wurden 20 ausführliche Leitfadeninterviews (teilstandardisierte Interviews) mit narrativen Elementen durchgeführt.[112] Die teilnehmende Beobachtung hatte ihre besondere Bedeutung in Situationen, in denen für die Erhaltung und Entwicklung des persönlichen Netzwerkes wichtige soziale Interaktionen erfaßt wurden und von Gesprächen am Arbeitsplatz über Kneipenkontakte und Nachbarschaftshilfe zu Kulturveranstaltungen der Ver-

---

[111] Da die Gesamtforschung auf einen Vergleich zwischen Ober- und Niederlausitz angelegt war, wurde in allen Dörfern in entsprechender Weise verfahren (vgl. Mai/Buchholt 1995).

[112] Die genaue Klassifizierung von Interviews ist nicht in allen Studien und Methodenbüchern in gleicher Weise gewählt. Die Begriffe Leitfadeninterview bzw. teilstandardisiertes Interview werden von mir synonym verwendet. Dabei beziehe ich mich auf die Definition von Hopf (1991). Sie schreibt, daß teilstandardisierte Interviews auch als semistrukturierte oder Leitfadeninterviews bezeichnet werden und in ihrer genaueren Konzeption sehr unterschiedlich sein können. „Entscheidend für die Abgrenzung zu standardisierten Interviews ist, daß es im Interview keine Antwortvorgaben gibt und daß die Befragten ihre Ansichten und Erfahrungen frei artikulieren können" (1991:177). Zudem können bestimmte Themenkomplexe durch Nachfragen ergänzt werden und Gesichtspunkte aufgegriffen werden, „die von den Befragten unabhängig vom Gesprächsleitfaden in die Interviewsituation eingebracht werden, sofern diese im Fragekontext der Untersuchung als bedeutsam erscheinen (1991:177).

einigung der Sorben (Domowina) reichten. Weiterhin diente sie der „Triangulation" von erhobenen Daten, denn durch sie konnten z.B. in Interviews dargelegte Zusammenhänge Bestätigung finden.

Bei der Erhebung persönlicher Netzwerke galt das Interesse vor allem materiellen und emotionalen Aspekten sozialer Unterstützung in persönlichen und kollektiven Krisensituationen im Transformationsprozeß. Darüber hinaus wurden aber auch die Bedingungen der DDR-Zeit als wichtige Grundlagen des Handelns auch nach der Wende erfaßt, wozu auch die Erhebung der Biographie gezählt werden kann.[113] Neben der qualitativen Forschung wurde noch eine standardisierte Erhebung durchgeführt. Es wurde angestrebt, in jedem Haushalt mit dem weiblichen oder männlichem Haushaltsvorstand einen Fragebogen zu sozioökonomischem Status, sorbischer Sprachkompetenz und Einbindung in die Dorfgemeinschaft auszufüllen. Von den 92 Haushalten des Dorfes konnten 90 erfaßt werden (Rücklauf = 97,8%). Lediglich in zwei Haushalten wurden Auskünfte verweigert. Die Zahl der Ein-Personen-Haushalte ist bei den Frauen höher als bei den Männern. Daher ergibt sich bei einer Differenzierung nach Geschlecht eine Gesamtzahl von 86 Frauen und 75 Männern, für die sozioökonomische Daten vorliegen.

Die standardisierte Erhebung hatte darüber hinaus noch die Funktion, weitere Kontakte zu Personen zu knüpfen. Durch die explorative Phase und die Befragung konnten daher Mitglieder verschiedener Lebensformgruppen identifiziert werden, die zu weitergehenden teilstandardisierten Interviews bereit waren. Der Begriff Lebensformgruppe wird in 3.3 näher ausgeführt. Die ursprüngliche Erwartung war, daß Angehörige gleicher Lebensformgruppen ähnliche Lebensstile haben, in vergleichbaren soziokulturellen Milieus leben und strukturell übereinstimmende persönliche Netzwerke besitzen.

Während die Fragebogenerhebung relativ einfach durchzuführen war, wurde bei den teilstandardisierten Interviews darauf geachtet, daß vor dem eigentlichen Interview schon Kontakt zu den Probanden bestand, um so die Fragestellung zu verdeutlichen und eine gewisse Vertrautheit herzustellen, die aufgrund des Fragenkomplexes zum persönlichen Bereich, notwendig schien. Somit wurde versucht, mit jedem Probanden mehrere Gespräche zu führen: die ersten als relativ offene, allgemeine Gespräche, während spätere sich stärker auf Fragen zu Netzwerken und Wendeproblematik bezogen. Die ersten Gespräche fanden in der Regel ohne Aufzeichnungsgerät statt. In ihnen wurde versucht, etwas über die Biographie, die Zeit vor der Wende sowie Einschätzungen und Erwartungen im Zusammenhang mit der Wende zu erfahren. Da sich die Kontakte aber erst langsam festigten, kam es häufiger vor, daß vor dem eigentlichen Interviewtermin mehrere Gespräche geführt wurden, die sich z.T. schon sehr dicht an der Fragestellung orientierten, die aber ebenfalls relativ belanglose Zusammenhänge zum Inhalt haben konnten. Auch bestanden Kontakte nach dem Interview weiter, wodurch einzelne Zusammenhänge aus den Gesprächen weiterverfolgt werden konnten, die Sichtweise der Betroffenen

---

[113] Ohne daß hier vollständig auf die Biographieforschung Bezug genommen wurde, fanden die Techniken autobiographisch-narrativen Interviews, wie sie u.a. von Schütze (1983) und Hoerning (1980) dargestellt werden, zumindest teilweise Berücksichtigung.

durch teilnehmende Beobachtung bestätigt bzw. ergänzt wurde oder neue Aspekte durch Nachfragen noch geklärt werden konnten.

Zudem erklärten sich einige jugendliche Dorfbewohner dazu bereit, Tagebücher zu führen, in denen sie ihren Tagesablauf und ihre Kontakte zu anderen Personen über mehrere Wochen aufzeichneten. Dies bot sich vor allem bei Jugendlichen an, weil diese in ihrer Freizeitgestaltung den dörflichen Raum weit hinter sich lassen und über vielfältige Kontakte verfügen.

Die teilnehmenden Beobachtungen an zahlreichen Begebenheiten hatten je nach Situation unterschiedlichen Charakter. Sie reichten von der Teilnahme an Zeremonien wie Gottesdiensten, Prozessionen und Osterreiten über öffentliche Feste und Begegnungen bis hin zur Teilnahme an privaten Feiern und Alltagshandlungen. Während der Teilnahme an diesen öffentlichen und privaten Geschehnissen wurden, von wenigen Ausnahmen abgesehen, keine eigenen Videoaufzeichnungen gemacht, um durch die technischen Geräte nicht den Ablauf zu stören. Eigene Videoaufzeichnungen liegen dagegen von den Vorbereitungen verschiedener Osterreiter, die von Karfreitag bis kurz vor Prozessionsbeginn am Ostersonntag ihre Pferde pflegen und für die Prozession schmücken, sowie von dem Osterreiten selbst vor. Daneben konnten noch einige Dorfbewohner bei gemeinsamen Gesprächen aufgenommen werden, die bei traditionellen Bräuchen gehalten wurden: Erstellung einer křińćka (traditionelle sorbische Hochzeitsgabe der Paten der Braut aus Butter) und dörfliches Hexenbrennen.

In unmittelbaren Anschluß an die beobachteten Ereignisse habe ich in der Regel kurze Notizen und Memos diktiert. Zum Teil wurden Notizen auch während der Zusammenkünfte direkt mitgeschrieben und später ergänzt. Diese Memos und Notizen wurden dann abgeschrieben und ausgedruckt. Während Memos und Notizen damit nach wenigen Tagen in gedruckter Form vorlagen, fanden im Feld selbst noch keine umfangreichen Transkriptionen der Interviews statt. Die Transkriptionen wurden erst nach Beendigung des Feldaufenthalts durchgeführt. Allerdings stand mir im Feld ein Abspielgerät für die Tonbänder zur Verfügung, so daß ich die Interviews mehrfach anhören konnte und sie im Feld zur Erstellung von wichtigen Oberbegriffen und Konzepten nutzen konnte. Dadurch bestand auch die Möglichkeit, nochmals auf die in den Interviews angesprochene Sachverhalte mit den entsprechenden Personen gezielt einzugehen.

Allen Personen des Dorfes wurde vollständige Anonymisierung der Daten zugesichert. Es wurde auch deutlich gemacht, daß weder der Ortsname noch die Namen der umliegenden Gemeinden genannt werden. Den Dorfbewohnern wurde verdeutlicht, daß Äußerungen über andere diesen nicht direkt zugänglich gemacht werden, bevor sie anonymisiert wurden. Aus diesem Grund verbot sich das von Ilien/Jeggle (1978) bzw. Jeggle (1977) nahegelegte Verfahren, die Dorfbewohner mit den im Feld durchgeführten Analysen zu konfrontieren, bevor diese auf Identifizierbarkeit überprüft wurden.

In der retrospektiven Betrachtung und Beschreibung verschiedener Autoren scheinen Feldaufenthalte immer sehr „glatt" und problemlos abgelaufen zu sein. Wie die

Darstellung in 3.1 zeigte, können sich aber in der Forschungsphase verschiedene Probleme stellen, die nicht immer leicht zu lösen sind. In der vorliegenden Forschung gab es z.b. Verweigerungen einzelner Personen, geringe Kooperation, die sich in häufigem Schweigen bei Interviews zeigte. Solche Probleme wurden aber schon bei ersten Kontakten deutlich, so daß keine weiteren Anstrengungen unternommen wurden, mit diesen Personen weitergehende Interviews zu führen. Auch dies ist eine ethische Frage: der Untersuchende muß auch das Recht der Menschen anerkennen, Fremden nicht ohne weiteres aktuelle Probleme und Schwierigkeiten mitteilen zu wollen. Zum Glück bezogen sich solche „Verweigerungen" oder „Kooperationsbeschränkungen" auf nur wenige Personen, so daß die Auswahl von Repräsentanten ausgewählter Lebensformgruppen nicht beeinträchtigt wurde. Insgesamt zeigten sich die meisten Dorfbewohner äußerst kooperativ und an der Untersuchung interessiert.

3.3 Lebensformgruppen als Analyseeinheit

In der in Kapitel 1 geführten Diskussion wurde mehrfach auf die sich verändernden sozialen Beziehungen im Verlauf der Modernisierung hingewiesen. Bei Hradil (1987:51ff.) und Bolte (1990:42f.) ist die These zu finden, daß sich schichtspezifische Subkulturen auflösen und zu einer Vielfalt sozialen Milieus und Lebensstilen führen, die immer weniger mit den klassischen Ursachen gesellschaftlicher Ungleichheit zusammenhängen. Andere Autoren gehen sogar davon aus, daß eher von einer zunehmenden Individualisierung als von einer Pluralisierung der Lebensbedingungen gesprochen werden könne, die mit einer Ausdifferenzierung von Individuallagen verbunden sei (Beck 1986). Welche dieser Thesen im Endeffekt der gesellschaftlichen Realität am nächsten kommt, ob also die gesellschaftliche Entwicklung einer Individualisierung, Pluralisierung oder vielleicht sogar einer Individualisierung in der Pluralisierung entgegenstrebt, ist für die hier zu erörternde Fragestellung weitgehend bedeutungslos, da alle Thesen mit zunehmender Orientierungslosigkeit und der Notwendigkeit sozialer Einbindung verbunden werden können (vgl. dazu auch Berger/Luckmann 1995).[114] Wichtig an diesen Thesen für die Konzeption der Forschung ist dagegen, daß Versuche unternommen werden müssen, komplexer werdende Sozialstrukturen, die sich nicht mehr durch reine Klassenzugehörigkeiten bestimmen lassen, in ihrer Totalität begrifflich zu fassen.

Neuere Modelle zur empirischen Erfassung sozialstruktureller Realität gehen entsprechend nicht mehr von unterschiedlichen Schichten- oder Klassenmodellen und damit von der Einbindung in den Produktionsprozeß als wichtigstem bzw. alleinigem bestimmenden Element aus, sondern tragen der Tatsache Rechnung, daß Per-

---

[114] Weidenfeld verweist auf das Sinnproblem, das sich durch die gesellschaftliche Veränderung ergibt, wenn er fragt: „Wie läßt sich Sinn durch die Wahrnehmung pluraler Angebote realisieren? Wie vereinbaren Menschen die zahlreichen Rollen und sozialen Zusammenhänge, in denen sie agieren? Mit anderen Worten: Wie halten Menschen eine stabile Identität aufrecht?" (1995:5).

sonengruppen über unterschiedliche Ressourcen verfügen, die die gesellschaftliche Positionierung beeinflussen.

Dadurch werden *soziale Lagen* herausgestellt, in die die Bevölkerung nach unterschiedlicher Verteilung von materiellen Ressourcen und Lebenszufriedenheit (als Indikator für subjektive Wohlfahrt) eingeteilt werden (vgl. Geißler 1992:69). Neben dem Berufsstatus und der Lebenszufriedenheit werden noch Kriterien wie Geschlecht und Alter berücksichtigt. Ohne hier auf die vielfältigen Soziallagen eingehen zu wollen, die ein solches Modell umfaßt, zeigt eine Analyse für die BRD, eine Anzahl von 44 sozialen Lagen (vgl. Zapf 1989:113). Geißler (1992:71) hebt hervor, daß diese 44 Soziallagen „einen relativ differenzierten Einblick in die Verteilung der materiellen Ressourcen und der Unterschiede im subjektiven Wohlbefinden der westdeutschen Bevölkerung eröffnen." Allerdings basiert der hier dargestellte Zusammenhang auf rein quantitativ erhobenen Daten und läßt kaum eine genauere Einklassifizierung einzelner Personen zu, wenn qualitative Daten erhoben werden.[115]

Daher scheinen nicht zuletzt wegen der qualitativen Orientierung für den hier verfolgten Zusammenhang *„soziale Milieus"*, wie sie vom SINUS-Institut (Becker/Nowak 1982) erstellt wurden, sehr viel besser geeignet zu sein, sich Lebensformgruppen zu nähern. In diesem Ansatz steht die sozialstrukturelle Verortung der verschiedenen Milieus als prägend im Vordergrund. Jedoch gehen die Forscher zunächst nicht von objektiven Soziallagen der Menschen aus, sondern berücksichtigen deren Bewußtsein und Lebensweise. Die Bevölkerung wird zuerst nach verschiedenen Wertorientierungen und Lebensstilen untergliedert, und dann wird untersucht, in welchen Schichten diese Milieus typischerweise vorzufinden sind. Damit handelt es sich um einen anderen Milieubegriff als den Grathoffs (1989) oder den der klassischen Soziologie. Milieu nach Definition des SINUS-Instituts bezieht sich gerade nicht auf den „Lebensweltbegriff" oder auf soziale Umwelten, in denen die darin lebenden Menschen Einstellungen und Verhaltensweisen teilen. „Soziale Milieus fassen, um es sehr vereinfacht auszudrücken, Menschen zusammen, die sich in Lebensauffassung und Lebensweise ähneln, die also subkulturelle Einheiten innerhalb der Gesellschaft bilden" (Becker/ Nowak 1985:14). Wie solche Milieus in einem Koordinatensystem angeordnet sind, in dem unterschiedliche Wertorientierungen (traditionell, materiell, postmateriell)[116] (Abszissenachse) und verschiedene („klassische") Schichten (Ordinatenachse) abgetragen sind, zeigt die Abbildung 3.2. Durch die Berücksichtigung der klassischen Schichteinteilung wird verdeutlicht, in welchen Schichten die verschiedenen Milieus zu verorten sind.

---

[115] Die im Rahmen einer solchen Analyse erstellten Daten lassen z.B. Aussagen zu, daß die Lebenszufriedenheit der männlichen führenden Angestellten auf einer Skala, die von 0 - 10 reicht bei 7,5 liegt, die der nicht-erwerbstätigen Männer dagegen nur bei 5,1 (vgl. die Tabelle in Zapf 1989:113).

[116] In der Aufteilung in unterschiedliche Wertorientierung zeigen sich m.E. Parallelen zu Ingleharts Konzept des Wertewandels in Industriegesellschaften (1979).

Da es sich um einen Ansatz handelt, der für die Bedingungen der „ehemaligen" BRD konzipiert wurde, sollten nicht grundlegende Bedingungen, die aus entwikkelten kapitalistischen Gesellschaften stammen, ohne weiteres mit denen einer dörfliche Region in einer Transformationsgesellschaft gleichgesetzt werden. Denn diese ist nicht in gleichem Maße von durchlaufenen sozialen Differenzierungsprozessen gekennzeichnet. Der Ansatz erscheint jedoch vor allem deshalb vielversprechend zu sein, weil er nicht von a priori festgelegten Personengruppen (und damit scheinbaren „Wesenseinheiten") ausgeht. Durch ein eher induktives Vorgehen ist es möglich, aus dem gewonnen Material Differenzen und Gleichartigkeiten herauszuarbeiten. Damit werden in der Analyse keine Affirmationen für vorab definierte Wesenszüge gesucht, sondern die gefundenen individuellen Lagen, Betroffenheiten und Ausstattungen mit Ressourcen gestatten es, Milieuzugehörigkeiten (verstanden als Lebensauffassung, Lebensweise und subjektive Bewältigung) als eindeutige Zuordnungen vorzunehmen, die quer zu Berufspositionen liegen können.

Abbildung 3.2: Soziale Milieus in der Bundesrepublik

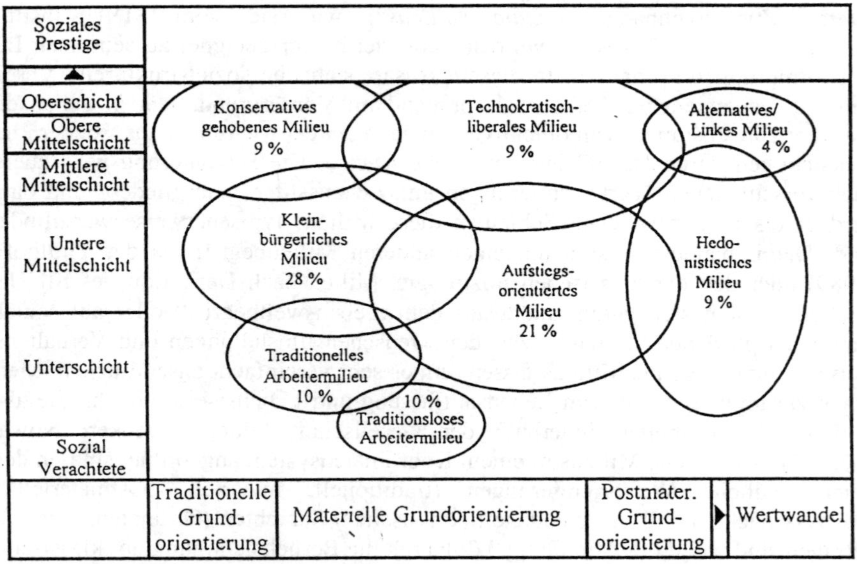

(Quelle: nach Becker/Nowak 1985:14)

Gleichwohl beziehen sich das Vorgehen im Feld, die Analyse und die Darstellung zunächst auf Berufsgruppen. Anders als die vom SINUS-Institut gewählte Methode gehe ich somit zunächst von der Position im Berufsleben aus, weil sich daran in einer Transformationsgesellschaft soziale Differenzierungsprozesse abzeichnen können. Diese Klassifikation ist aber nur vorläufig und muß durch Analysen mit Inhalt gefüllt werden, da davon auszugehen ist, daß Bedingungen aus der DDR-Zeit und andere Ressourcenausstattungen zu Lebensformen, Lebensweisen und Lebensauffassungen beitragen. Daher soll ausgehend von diesen einzelnen „Statusgruppen" durch Hinzunahme ihrer Statusveränderung, Wendebetroffenheit und Ressourcen-ausstattung versucht werden, eine umfassendere Typologie zu bilden, in der Diffe-renzierungen innerhalb der zunächst gebildeten Kategorien möglich sind, um so ei-nem „Milieu" im Sinne der Sinus-Studien näher zu kommen. Hierbei sollte der Milieubegriff - der, wie sich nun gezeigt hat, anders als der von Grathoff (1987; 1989) geprägte, ein sozialstruktureller und kein handlungstheoretischer ist - nicht überstrapaziert werden. Gleichwohl lassen sich angesichts des vorgestellten metho-dischen Rahmens der vorliegenden Arbeit Anlehnungen an den Milieubegriff Grathoffs durchaus vornehmen, der „Lebenswelt" und „Milieu" in einem engen Zusammenhang sieht (1987:54ff). Durch ein solches Vorgehen lassen sich auch einfache Dichotomien wie Verlierer und Gewinner der Wende, Aufsteiger und Ab-steiger sowie Privilegierte und Deklassierte mit Inhalt füllen. Zudem läßt sich zei-gen, daß Positionen nicht durch einfache, eindimensionale Bedingungen festgelegt sind.

Lebensformgruppen[117] bleiben damit zentraler Bestandteil der Analyse. Allerdings werden sie im ersten Schritt als bloße Kategorien verstanden. Diese beziehen sich mehr oder weniger auf bestimmte Statusgruppen. Jedoch teilen manche dieser Statusgruppen auch Lebensstile und Wendebetroffenheit (wie sich trotz weiterer Differenzierung bei Rentnern, Jugendlichen und „Vorruheständlern" zeigt), wäh-rend andere sich eher durch Heterogenität auszeichnen (Selbständige, Arbeiter, Angestellte). Daher ist es m.E. weiterhin legitim, wegen der Ähnlichkeit der erst-genannten Gruppen zunächst von Lebensformgruppen zu sprechen.[118] Um dem Sachverhalt Rechnung zu tragen, daß die so gebildeten Kategorien erst nach der Darstellung der Einzelfälle „mit Inhalt gefüllt" werden, wird im folgenden zwi-schen *Lebensformgruppen* und *Lebensformmilieus* unterschieden. Während so in den Einzelanalysen noch auf die zugrunde liegenden Kategorien (die Lebensform-gruppen[119]) Bezug genommen wird (Rentner, „Vorruheständler", Arbeitslose, Ar-beiter, Angestellte, Selbständige, Jugendliche), läßt sich in einem späteren Analy-seschritt, wenn in die Kategorisierung persönliche Belastungen, Ressourcen und Betroffenheit durch Wendeveränderung einbezogen werden, hingegen von Lebens-formmilieus sprechen, da hier auf tatsächliche Gemeinsamkeiten abgestellt wird, die jedoch quer zu den Berufspositionen liegen können. Weder mit *Gruppe* noch mit *Milieu* ist aber im marxschen Sinne die Entwicklung eines *Gruppenbewußt-*

---

[117] Mit Lebensformgruppe wird nicht an den von Schütz (1981) geprägten Begriff der Lebens-form angeknüpft, der Sinnkonstitution, Symbolisierung und Intersubjektivität zum Thema hat. Dabei sind Lebensformen vereinfacht ausgedrückt „Bewußtseinsschichten", die in einer hierarchischen Beziehung zueinander stehen (vgl. Srubar 1981:36f.) „Unter Lebensform ist - vorläufig dem Leser noch nicht ganz verständlich - die Einstellung des Ichbewußtseins zur Welt gemeint" (Schütz 1981:110).

[118] Von einer ähnlichen Einteilung, die mit der hier vertretenen jedoch nicht identisch ist, geht auch Spellerberg (1995) aus. „Mit Lebensformen meinen wir die Haushaltsform und die Teilnahme am Erwerbsleben, mit Lebensführung bezeichnen wir Werthaltungen und Leitbil-der, und Lebensstile nehmen auf das kulturelle und symbolische Verhalten Bezug."

[119] Auch wenn der Begriff *Lebensformkategorien* dem gemeinten Sachverhalt näher kommt, scheint für die in Betracht kommenden Zusammenhänge der Terminus Gruppe gebräuchli-cher zu sein.

seins angesprochen - also die Entwicklung des Bewußtseins von einer gemeinsamen sozialen Lage und damit der Übergang von der „Gruppe an sich" zur „Gruppe für sich", mit der zahlreiche weitere Implikationen verbunden sind.[120]

Ein weiterer Grund, warum ich mich im folgenden zunächst auf die Lebensformgruppe als Kategorie der Stellung im Berufsprozeß beziehe, ist die angestrebte Vergleichbarkeit in der Netzwerkanalyse. So behält man zumindest eine feste Größe, die für die in der Kategorie zusammengefaßten Personen identisch ist. Bevor mit der Darstellung des Dorfes und der Einzelfälle begonnen wird, wird kurz auf die Netzwerkanalyse und einige Ergebnisse der Netzwerk- und Unterstützungsforschung als wichtiger Grundlage der Forschung eingegangen.

3.4 Netzwerkanalyse

In sich verändernden gesellschaftlichen Strukturen bleiben Beziehungen nicht einfach bestehen, sondern müssen geschaffen und aufrechterhalten werden, um mit neuen Anforderungen umgehen zu können. Hierbei dienen *soziale Netzwerke* insbesondere der Schaffung von Sicherheit, bei der Verarbeitung einer als Bedrohung empfundenen Situation und der Abfederung existentieller Gefahren, die mit allgemeinen Veränderungen zusammenhängen. Dabei ist davon auszugehen, daß soziale Kontexte, in die Individuen eingebunden sind, und die Stellung innerhalb der Sozialstruktur Wahlmöglichkeiten und potentielle Unterstützungsleistung beeinflussen, so daß tiefgreifender sozialer Wandel mit gravierenden Veränderungen in Netzwerken zusammenfallen kann.

In soziale Beziehungen muß investiert werden (bewußt oder unbewußt). Der einzelne muß quasi als Unternehmer seiner sozialen Beziehungen fungieren und Beziehungsarbeit leisten, um sie als potentielle und aktuelle Ressourcen zur Verfügung zu haben. Soziale Beziehungen sind damit im Sinne Bourdieus (1987) als *soziales Kapital* anzusehen, das in Krisenzeiten aktiviert werden kann.

Grundlegend scheint hier die Unterscheidung Bourdieus in kulturelles, soziales und ökonomisches Kapital zu sein, dessen Verteilung maßgeblich für gesellschaftliche Machtprozesse und Ungleichheiten ist. Das Ausmaß der einzelnen Kapitalarten sichert Ressourcen im gesellschaftlichen Produktions- und Reproduktionsprozeß. Der Umfang des Sozialkapitals ist eng mit der Ausdehnung des sozialen Netzwerks verknüpft, d.h. von Beziehungen, die mobilisiert werden können, und dem Umfang des sozialen, ökonomischen, kulturellen oder symbolischen Kapitals, welches die mobilisierten Personen selbst wiederum besitzen (Bourdieu 1983:191). Es sind also nicht nur die Anzahl von Beziehungen zu anderen für Unterstützungsleistungen bedeutsam, sondern auch deren eigene Ressourcen. Diese Bedingungen sollen an-

---

[120] Mit der „Klasse an sich" wird in der marxistischen Theorie eine Klasse bezeichnet, die noch kein Bewußtsein ihrer eigenen Interessenlage entwickelt hat, die sich somit noch nicht zur Klasse als Handlungseinheit zusammengefunden hat. Der Begriff „Klasse für sich" bezeichnet dagegen eine andere Qualität des Klassenbewußtseins. Die Klasse ist sich ihrer Klasseninteressen bewußt und organisiert sich, um die Veränderung der sozialen Verhältnissen voranzutreiben (vgl. Fuchs et al. 1978; Bischoff 1978).

hand der theoretischen Bedingungen der Netzwerkanalyse näher angesprochen werden.

Eine Richtung der Netzwerkanalyse[121] beschäftigt sich mit dem Bestand und der Veränderung dieser Beziehungen im engeren Raum und stellt das Individuum als Referenzpunkt in den Mittelpunkt der Analyse (egozentriertes Netzwerk). Von besonderem Interesse ist dabei, welche Netzwerkbeziehungen zur Unterstützung bei Problemen und Krisen herangezogen werden können, d.h. welche direkten Kontakte zu anderen Personen und zwischen diesen bestehen. Boissevain (1973) spricht in diesem Zusammenhang von Zone der ersten Ordnung.[122] Beschäftigte sich der frühere kulturanthropologische Ansatz mit der Analyse sozialer Beziehungen in Dörfern, städtischen Teilbereichen, Familien- und Verwandtschaftssystemen oder Organisationen,[123] so wird die Netzwerkanalyse inzwischen auch zur Erforschung der Interaktion in der Alltagswelt genutzt, wobei ein Hauptaugenmerk auf *nichtinstitutionalisierten Unterstützungsnetzwerken* beruht (vgl. u.a. Kähler 1983; Klusmann 1986; Röhrle 1987; Nestmann 1988; Schwarzer/Leppin 1989).[124]

In der Netzwerkanalyse wird zwischen totalen und partialen Netzwerken unterschieden. In der totalen Netzwerkanalyse wird angestrebt, *alle* denkbaren sozialen Beziehungen von einer bestimmten Menge von Einheiten zu erfassen, in der Regel Einzelpersonen aber auch Familien, Paare, Gruppen (vgl. Kaufmann et al. 1989:13). Partiale Netzwerke beziehen sich dagegen auf bestimmte Arten von Beziehungen innerhalb von totalen Netzwerken, wie z.B. auf Religionszugehörigkeit, Verwandtschaftsbeziehungen oder bestimmten Arten von Unterstützung. Die mei-

---

[121] Der Begriff Netzwerkanalyse wird für die unterschiedlichsten Verfahren benutzt, die mit vielfältigen Methoden qualitativer und quantitativer Sozialforschung analysiert werden. Da im hier vorliegenden Kontext vor allem egozentrierte Netzwerke betrachtet werden, die zudem mit qualitativen Verfahren erforscht und analysiert werden, wird nur sehr kursorisch auf andere Methoden der Netzwerkforschung eingegangen. Auch egozentrierte Netzwerke werden nicht nur über qualitative Erhebungen erfaßt, wie verschiedene Studien zeigen (vgl. Baumann et al. 1987; Hoffmeyer-Zlotnik 1987; Pfennig/Pfennig 1987; Wolf 1993). Quantitative Erforschungen von Netzwerken und Überblicke über verschiedene Verfahren der Netzwerkanalyse finden sich u.a. bei Whitten/Wolfe (1973), Pfouts/Safier (1981), Alba (1982), Keupp (1984), Pfingstmann/Baumann (1987); Scott (1988), Bernard (1990), Marsden (1990), Scott 1991). Zudem gibt es noch verschiedene Analysen und Darstellungen sozialer Netzwerke bis hin zu spieltheoretischen und graphenthentheoretischen Verfahren (vgl. Hummel 1981; Noma 1986).

[122] „By primary or first-order zone I mean all the persons to which a given person (ego) can trace a social relationship, and has personally met, and the interconnection between these persons" (Boissevain 1973:8).

[123] Eine frühe Dorfstudie findet sich bei Barnes (1954), der Netzwerke mit unregelmäßig geknüpften Fischernetzen vergleicht. Soziale Netzwerk- und Familienanalysen wurden von Bott (1957) durchgeführt. Konzeptionen und theoretische Weiterentwicklungen des Konstruktes soziales Netzwerk finden sich u.a. bei Mitchell 1969 und 1974; Boissevain 1973 und 1979; Wellman 1981, 1983 und 1988; Hall/Wellman 1985; Keupp/Röhrle 1987; Lomnitz 1988; Schweizer 1988; Klusman 1989. Die Methoden der quantitativ orientierten Netzwerkanalyse werden in Pappi (1988) dargestellt.

[124] Der Netzwerkansatz versucht die Art herauszuarbeiten, wie Menschen untereinander verbunden sind, in Begriffen von verschiedenen normativen Rahmen und wie das Verhalten einer Person im Lichte der Muster der Beziehungen in diesem Rahmen verstanden werden kann (Mitchell 1969:49).

sten empirischen Untersuchungen verfolgen jedoch weder eine totale noch eine partiale Netzwerkanalyse, sondern nähern sich der egozentrierten Analyse an (Kaufmann et al. 1989:14). Die Aussagen von Boissevain und Kaufmann et al. führen auf frühe Netzwerkanalysen von Barnes (1954) zurück, dessen Beschreibungen sozialer Netzwerke sich in folgender Weise darstellen lassen (vgl. auch Kaufmann et al. 1989):

Abbildung 3.3: „First order star" und „first order zone" von EGO

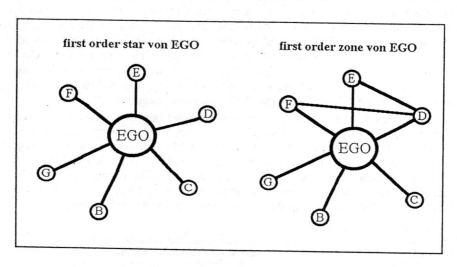

Betrachtet man nicht nur die erste Zone und die dort bestehenden sozialen Beziehungen, läßt die Netzwerkanalyse auch die Darstellung der Beziehungen in weiteren Zonen zu. Aus diesen Zonen lassen sich dann Verbindungen zu Ego rekonstruieren. Mit abnehmender Entfernung zu EGO verringert sich dabei die Intensität der dargestellten Beziehungen, die sich je nach zugrundeliegender Analyse auf unterschiedliche Inhalte beziehen können (z.B. „emotionales" soziales Netzwerk; „instrumentelles" soziales Netzwerk). Eine solche Darstellungsart, wie sie in Abbildung 3.4 skizziert ist, findet sich bei Boissevain (1974).

In der in der vorliegenden Arbeit vorgestellten Analyse beziehen wir uns auf die Darstellung des „first order star von EGO", weil es um die Offenlegung der Betroffenheit von Wendefolgen und der direkten sozialen Beziehungen geht, die diese Probleme abmildern helfen. Hierbei geht es vor allem um Austauschbeziehungen und Unterstützungsleistungen. Das egozentrierte Netzwerk ist somit „ein System von Transaktionen ..., in dem Ressourcen getauscht, Informationen übertragen, Einfluß und Autorität ausgeübt, Unterstützung mobilisiert, Koalitionen gebildet, Aktivitäten koordiniert, Vertrauen aufgebaut oder durch Gemeinsamkeiten Sentiments gestiftet werden" (Ziegler 1984:435).

Abbildung 3.4: Soziale Netzwerkbeziehungen verschiedener Zonen

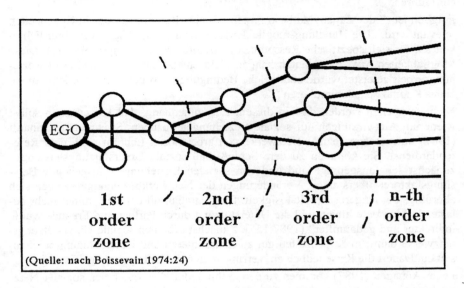

| 1st order zone | 2nd order zone | 3rd order zone | n-th order zone |

(Quelle: nach Boissevain 1974:24)

Da die Situation in Ostdeutschland als Krisensituation bezeichnet werden kann, die mit vielfältigen Einbrüchen in die Alltagswelt der Menschen verbunden ist, stellt sich die Frage, welche Funktion sozialen Netzwerken in Krisenzeiten zukommt. In der Literatur wird dieser Aspekt anhand unterschiedlicher „Krisenlagen" untersucht.

Die Unterstützungsleistungen sozialer Beziehungen in persönlichen Krisenzeiten und die abfedernde Wirkung in bezug auf Krankheit und Streß ist weitgehend dokumentiert. „So wissen wir, daß chronische Erkrankungen besser ertragen und lebbare Formen dafür gefunden werden können, wenn soziale Unterstützung vorhanden ist. Depressionen treten seltener auf oder werden schneller überwunden, wenn ein vertrauensvolles Netzwerk enger sozialer Beziehungen vorhanden ist" (Keupp 1987:30). Dieses gilt nicht nur für Krankheiten, sondern für eine ganze Anzahl von Krisensituationen. Neben den erwartbaren Krisen („normal crises") helfen soziale Netzwerke auch in belastenden Situationen wie Partnertrennung, Berufsstreß und Arbeitslosigkeit. Dabei ist davon auszugehen, daß nicht alle sozialen Netzwerke bzw. mögliche Netzwerkkonfigurationen für alle Problemlagen in gleicher Weise adäquate Unterstützungen bereitstellen können. Konkrete Problemlagen müssen mit daraus resultierenden Bedürfnissen und Netzwerkbeziehungen bzw. spezifischen Netzwerkmustern in Verbindung gebracht werden. Keupp (1987:32) konkretisiert dies an einem Beispiel: „So wird eine Frau, die ihren engsten Partner verloren hat, von einem kleinen und dichten Netzwerk möglicherweise die adäquate emotionale Unterstützung in der Phase der Trauerarbeit erhalten. Das gleiche Netzwerk kann bei der gleichen Frau zur Einengung von Handlungsalternativen (mangelnde Information, enge Rollendefinition und mangelnde praktische Hilfe etc.) führen."

Folglich ist es der Zugang zu bestimmten sozialen Ressourcen, der in Krisenzeiten relevant wird. „Die Handlungsmöglichkeiten einer Person hängen von ihrer Fähigkeit ab, für sich spezifische Ressourcen zu mobilisieren" (Keupp 1987:40). Diese Möglichkeiten bzw. Fähigkeiten hängen nicht zuletzt davon ab, inwieweit Beziehungsarbeit geleistet wurde und welche Bedingungen vorgefunden wurden, um soziales Kapital zu „akkumulieren".

Nicht übersehen werden darf in diesem Zusammenhang, daß Krisenzeiten selbst wiederum Auswirkungen auf soziale Beziehungen ausüben. Strehmel/Degenhardt (1987) untersuchen soziale Netzwerke von arbeitslosen Lehrern nach dem Referendardienst. Sie kommen zu dem Schluß, daß soziale Unterstützungsleistungen zunächst sehr ausgeprägt sind und von sozialen Beziehungen ausgehende Belastungsfaktoren übersteigen. Veränderungen der Netzwerkbeziehungen zeigen sich allerdings bei längerer Arbeitslosigkeit. Dann „traten mit der Zeit immer mehr belastende Momente hinzu, und die Unterstützung durch Partner und Freunde wurde indirekter und gedämpfter" (1987:155). Zunächst scheinen soziale Unterstützungsnetzwerke damit in Krisenzeiten gut zu funktionieren und Unterstützung bereitzustellen. Dauert die Krise jedoch an, verringert sich die Unterstützungsleistung.

Feger/Auhagen (1987) kommen zu dem Schluß, daß die Annahmen sozialer Netzwerkforschung darauf hinauslaufen, daß in Krisenzeiten „Ressourcen-Arme" mit einer sukzessiven Zunahme ihrer Isolierung rechnen müssen. Je länger die Beeinträchtigung dauert (z.B. Krise, Krankheit), desto mehr verarmt das persönliche Netzwerk. Eine solche Entwicklung ist um so tragischer, wenn man die Ergebnisse von Ell (1984:137) heranzieht. Ell stellt heraus, daß der Bedarf an social support dann am größten ist, wenn das Individuum in Wandlungsprozesse einbezogen ist (persönlich oder gesellschaftlich). Dies sei um so stärker der Fall, wenn Belastungen ungeplant und plötzlich „hereinbrechen". Unter solchen Bedingungen sei der abfedernde Effekt sozialer Unterstützungsleistungen am größten. Fallen diese Unterstützungsleistungen jedoch weg, ist das Individuum bei der Verarbeitung der Problemlage auf sich selbst gestellt.

Ein Unterstützungsnetzwerk ist eine Anzahl von untereinander bestehenden Beziehungen zwischen einer Anzahl von Individuen, die beständig Muster von Unterstützung und Bestärkungen bereitstellen, mit den Anforderungen des Lebens zurechtzukommen.[125] Weil Beziehungen häufig auf gegenseitigem Austausch basieren, besteht die Erwartung, daß jeder auch etwas zu geben hat, weil er sonst für andere an Bedeutung verliert und sich gewissermaßen vom sozialen Netzwerk „abschneidet". Netzwerkarbeit bzw. Beziehungsarbeit kommt damit ein hoher Stellenwert zu.

Diese intensive „Pflege" sozialer Beziehungen zahlt sich in der Regel in Notsituationen aus und wird offensichtlich von Frauen stärker betrieben als von Männern

---

[125] „Menschen werden dabei mit Knoten gleichgesetzt, die durch Linien oder Bänder mit anderen Menschen (Knoten) in Verbindung stehen" (Kähler, 1983:225).

(vgl. Strauss 1990:506).[126] Wellman/Wortley (1990:581) stellen zudem fest, daß Frauen sehr viel häufiger emotionale Unterstützung anbieten als Männer.[127] Eine weitere häufig vorgefundene Differenzierung von Männern und Frauen betrifft die Art der Kontakte. Frauen haben mehr verwandtschaftliche Kontakte als Männer (Moore 1990:733). Zudem zeichnen sich die Kontakte von Frauen durch größere Intensität aus: „Girls and women may be more likely to interact in settings that promote intensive as compared to extensive contacts" (Feiring/Coates1987:618). Diese spezifischen Strukturen zeigen sich auch in der Aufgabenverteilung der Familien in bezug auf Beziehungsarbeit. Für Haushalte von Doppelverdienern, die zumindest außer Haus den gleichen Belastungen ausgesetzt sind, stellt Wellman fest: „Yet it is the women who maintain the East Yorker's networks - contributing much sociability and emotional aid, as well as a good deal of companion-ship - because it is the women who do the great majority of their housholds' domestic work, even if they also do large amounts of paid work" (1985).[128] Neben der bezahlten Arbeit und der Hausarbeit tragen die Frauen damit auch die Last der Beziehungsarbeit.

Neben geschlechtsspezifischen Unterschieden bei sozialen Unterstützungen und Netzwerkkontakten zeichnen sich häufig auch schichtspezifische Verteilungen ab. Siegrist (1987:374) faßt zusammen, daß untere soziale Schichten bei wichtigen Indikatoren sozialer Unterstützung gegenüber höheren Schichten benachteiligt sind. Dazu kommt, daß untere Schichten ihre sozialen Kontakte nicht in gleicher Weise nutzen können, wie höhere Schichten. „Das ist erwartbar, geht es doch um soziale Fertigkeiten, die unter der Bedingungen von mangelnder sozialer Partizipation und mangelnder Autonomie am Arbeitsplatz sowie geringen Chancen, sich als sozial kompetent zu erleben, kaum zu entwickeln sind" (Siegrist 1987:374). Vor allem in Krisenzeiten fehlen Unterschichtsangehörigen dann wichtige soziale Kontakte und protektive Beziehungen zu anderen Menschen. Diese Konstellation ist nicht zuletzt deshalb zu erwarten, weil Unterschichtsangehörige (insbesondere der unteren Unterschicht) häufig stärker in verwandtschaftliche soziale Beziehungen eingebunden sind - ihnen somit weitergehende soziale Kontakte fehlen -, was mit dem Begriff „Familismus" verdeutlicht wird (Strohmeier 1983:178).

---

[126] Veiell/Herrle (1991) kommen in ihrer empirischen Studie zu dem Ergebnis, daß Netzwerke geschlechtshomogen sind und Frauen sehr viel häufiger auf der Geberseite zu finden sind. Dies erklären sie u.a. mit der Hausfrauenrolle, die eine größeren Erreichbarkeit von Frauen für andere Familienmitglieder schafft (1991:243).

[127] Dieses Phänomen wird in zahlreichen Untersuchungen immer wieder bestätigt. Stokes/Levin (1986:1069) schreiben: „Consistent with their group orientations, men more often have friendships that focus on shared interests and activities; for women, friendships focus more on trust and self-disclosure." In ihrer Untersuchung führen Stokes/Wilson diesen Tatbestand auf Sozialisationsbedingungen zurück, die Mädchen und Frauen generell eine eher zurückgezogene, umsorgende und umsorgte gesellschaftliche Position zugestehen. „The socialization of females, on the other hand, typically places less emphasis on independence and more on verbal expressiveness. For females expressions of support and caring are given and received more easily than for males" (1984:66).

[128] Untersuchungen zu Unterstützungsleistungen von Ehepaaren und nicht verheirateten Paaren zeigen keine Unterschiede in bezug auf erbrachte Unterstützungsleistungen (Hurlbert/Acock 1990; Diewald 1993).

Betrachtet man die Unterschiede in der sozialen Unterstützung, die unterschiedliche Gruppen in der Gesellschaft erhalten, darf der Altersaspekt nicht übersehen werden. In zahlreichen Untersuchungen wird immer wieder darauf verwiesen, daß alte Menschen immer stärker isoliert werden und diese Isolation zum „sozialen Tod" (Wischer/Klimke 1988:68) führt. Das Bild alter Menschen, deren Sozialbeziehungen sich weitgehend auf ihre Familie beschränken (Weeks/Cuellar 1981:388; Stoller/Pugliesi 1988:499), findet immer wieder Bestätigung, verlangt aber eine differenzierte Betrachtung. Schubert (1990) stellt die Bedeutung der Familie für Hilfebeziehungen im Alter nicht in Frage, unterscheidet jedoch spezifische Belastungen. „Ältere Menschen in Großstädten, in Ein-Personen-Haushalten, in Mietwohnungen und in Wohngebieten mit Stapelbauweise können seltener bzw. weniger verläßliche Helfer für Notfälle angeben; andererseits wohnen die genannten Hilfeoptionen häufiger weiter entfernt als bei älteren Menschen in Landkreisen, in Mehr-Personen-Haushalten, im Eigentum und in Wohnquartieren mit individueller Bauweise" (1990:19). Worin die zunehmende Hilfebedürftigkeit alter Menschen begründet liegt, illustrieren Kaufmann et al. (1989). Notfälle und belastende Lebensereignisse (Hilfebedürftigkeit) führen dazu, daß alte Menschen instrumentelle Hilfen für Verrichtungen benötigen, die sie früher selbst erledigten. Weiterhin führt die zunehmende Gefahr des „Rollenschocks" durch einen Partnerverlust dazu, daß die Angewiesenheit auf emotionale Hilfe zunimmt. „Schließlich ist auch informative Unterstützung verstärkt notwendig, da sozialer Wandel und technischer Fortschritt viele alte Menschen vor Probleme stellt" (Kaufmann et al. 1989:37). In solchen Konstellationen gilt die Familie dann als wichtigster Ansprechpartner, wenn es um Unterstützung geht.

Die sozialen Beziehungen Jugendlicher werden von Gmür/Straus (1994) ähnlich differenziert betrachtet. Sie gelangen zu fünf verschiedenen sozialen Einbindungsmustern, die von sehr starker Familienorientierung, über soziale Isolation, subkulturelle Einbindung, Partnerzentrierung bis zu individualisierten Freundschaftsnetzwerken reichen. Die Autoren gelangen zu der Schlußfolgerung, daß zwar der peer group eine wichtige Rolle im Beziehungssystem Jugendlicher zukommt, jedoch insgesamt eine „Desynchronisierung" der Jugendphase stattfindet. „Für den einzelnen Jugendlichen bedeutet dies, daß er in seinem Alltag mit immer höherer Wahrscheinlichkeit auf Gleichaltrige trifft, die an sehr unterschiedlichen Entwicklungsaufgaben arbeiten, nur noch teilweise ähnliche Interessenhorizonte aufweisen und oft auch in verschiedenen Netzwerkbezügen leben" (Gmür/Strauss 1994:242). Damit kann man die Argumentation dahingehend erweitern, daß sich an Jugendlichen offensichtlich die gesellschaftlichen Individualisierungs- bzw. Pluralisierungstendenzen am deutlichsten nachweisen lassen.

Während Netzwerkstudien in puncto Geschlecht, Schicht und Alter weitgehend differenzierte Ergebnisse zeigen, die allerdings eine generelle Tendenz bestätigen, sind die Ergebnisse in bezug auf Ethnizität in der Regel eindeutiger. Ethnische Bindungen in Netzwerken werden häufig mit traditionellen Lebensformen (im weitesten Sinne vormodernen) gleichgesetzt, die hinderlich für soziale Aufstiegsprozesse sind. Allerdings hängen die Ergebnisse empirischer Forschungen unter anderem vom gesellschaftlichen Status der untersuchten Bevölkerungsteile, von der kulturellen Bedingtheit sozialer Netzwerke und von der zugrunde liegenden Forschungsfrage ab. Werden Netzwerke autochthoner Minderheiten, die sozial depriviert sind, mit denen der Majorität in Industriestaaten verglichen, ist nicht verwunderlich, daß die ersteren über mehrere Verwandtschaftskontakte verfügen, in Haushalten mit mehreren Generationen leben und häufiger mit Verwandten in Kontakt treten (vgl. Strain/Chappell 1989).[129] Solche Netzwerke scheinen darüber hinaus nicht geeignet zu sein, weitreichende Aufstiegskanäle zu sichern. Diese Feststellungen sind zudem konsistent mit Studien in ländlichen Regionen der BRD. Darin wird hervorgehoben, daß verwandtschaftliche Beziehungen auf dem Lande „eng geknüpft und fest geknotet" sind (Lenz 1987). Aber auch andere Netzwerke weisen relativ traditionelle, ethnische Bindungen auf, wie dies von Weimann (1983) in Israel an Beziehungen von Immigranten gefunden wurde. Die ethnische Zugehörigkeit erweist sich als stark bindender Faktor. „The findings that cross-ethnic chains are less efficient than same-ethnic chains in terms of completion rate and length of chains, that the choice of an intermediary is based on ethnic similarity, that the crossing of the ethnic boundary constitutes a major obstacle to the completion of the chain, and that such a crossing is delayed until the final stages when it no longer is avoidable - all have a common feature: they all point to the effect of the ethnic factor on the structure of acquaintance networks" (1983:299f.). Andere Studien zeigen, daß durch soziale Netzwerke Mitglieder ethnischer Gruppen von wichtigen Ressourcen abgeschnitten und in ihrer Aufwärtsmobilität behindert werden (Anderson/Christie 1978). Auf den ersten Blick scheinen ethnische Bindungen soziale Aufstiege in modernen Gesellschaften zu behindern. Betrachtet man jedoch andere Gruppenbildungsprozesse, wie das z.B. im Konzept strategischer Gruppen getan wird, können sich ethnische Bindungen als wichtige Bedingungen erweisen, um Ressourcen zu „erobern" und zu sichern (vgl. Evers/Schiel 1987; Evers/Schiel 1989; Buchholt 1990). Denn bestimmte ethnische Gruppen - seien es Minoritäten oder Majoritäten - können den Zugang zu gesellschaftlichen Aufstiegskanälen dominieren.

Unterschiedliche Ansätze und Studien zeigen somit, daß Geschlecht, Alter, Schicht und Ethnizität Einfluß auf Ressourcen sozialer Unterstützung und Mobilitätschancen in Gesellschaften haben. Will man die differenzierten Betrachtungen auf einen einfachen Nenner bringen - sofern dies überhaupt möglich ist -, zeigt sich, daß die Netzwerke von alten Menschen, Frauen, ethnischen Minderheiten (zumindest wenn man sich auf westliche Industriegesellschaften bezieht) und der Unterschicht weniger Mobilitätschancen bieten. In bezug auf soziale Unterstützung kann jedoch keine eindeutige Schlußfolgerung gezogen werden, da Alte, Frauen und Minderheiten häufig über emotional enge soziale Kontakte verfügen.

Nach dieser kursorischen Übersicht über einige wichtige Bedingungen, die auf die Ausgestaltung von sozialen Netzwerken Auswirkungen haben können, soll nun die

---

[129] Auch die sozialen Netzwerke alter Menschen werden durch die Ethnizität beeinflußt. Weeks/Cuellar (1981) stellen in einer Studie fest, daß Immigranten im Alter eher auf familiäre Unterstützung zurückgreifen können als alte Menschen, die im Land geboren sind.

Netzwerkanalyse etwas genauer betrachtet werden. Bei der Erforschung von Netzwerken bezieht man sich auf verschiedene Charakteristika, die der Erfassung und Beschreibung sozialer Kontakte dienen. Es lassen sich strukturelle von interaktionalen Bedingungen unterscheiden. Schweizer (1988) schlägt vor, zunächst die strukturellen Bedingungen zu erfassen. Die interaktionalen Ausprägungen können dann die Wirkung und den Einfluß einzelner Beziehungen deutlich machen. Diesem Vorschlag werden wir zumindest in der Darstellung folgen. Allein haben die strukturellen Eigenschaften nur begrenzten Aussagewert, denn sie machen wenig deutlich, wie Ego den tatsächlichen Bestand an Unterstützung einschätzt. Wichtig für empfundene Sicherheit ist die individuelle Sichtweise der potentiellen Unterstützung, die das eigene Netzwerk bereitstellt, unabhängig davon, ob diese tatsächlich auch geleistet wird.

Abbildung 3.5: Charakteristika sozialer Netzwerke

Struktur:	Interaktion:
• Dichte (Cliquen, Cluster)	• Inhalt
• Erreichbarkeit	• Intensität (bzw. Emotionalität)
• Größe	• Komplexität
• Reichweite	(uniplex vs. multiplex)
• Homogenität/Heterogenität	• Beständigkeit
	• Gerichtetheit (Symmetrie)
	• Kontakthäufigkeit

Dennoch lassen sich mit den strukturellen Charakteristika einige Annahmen verknüpfen, deren Bedeutung z.T. in Studien bestätigt wurden. Mit der *Dichte* wird ausgesagt, inwieweit jeder einzelne innerhalb des Netzes mit anderen in Verbindung steht. Dabei ist von besonderem Interesse, wo sich Bereiche größerer Dichte (Cliquen und Cluster)[130] herausbilden (relative Dichte). Ein besonderes Augenmerk sollte zudem darauf gerichtet sein, aus welchen Kontexten sich diese Cluster bilden, denn häufig sind es bestimmte Segmente, die sich als dicht erweisen. Aus solchen Segmenten ergeben sich verschiedene Implikationen. Es ist davon auszugehen, daß in „dichten Netzen" oder dichten Teilbereichen Normen und Werte besser durchgesetzt werden können und bestimmte Informationen vorhanden sind. Gleichzeitig kann in solchen Segmenten aber auch soziale Kontrolle besser durchgesetzt werden. Wie Bott (1957) betont, üben dichte Netzwerke Druck auf die Mitglieder aus, Normen einzuhalten, gleichzeitig binden Normen aber die Individuen aneinander, so daß Hilfe eher gewährt wird. Nachbarschaftsbeziehungen sind traditionell dicht und klar abgegrenzt und bieten damit die strukturellen Voraussetzungen für Solidarität, Emotionalität, Aktivitäten und leichtere Mobilisierung von Unterstützung (Wellman/Leighton 1979). Insbesondere wenn die Mitglieder des

---

[130] In Cliquen kennt jeder jeden; in Clustern kennt sich die überwiegende Mehrheit untereinander.

Netzwerks aus dem gleichen Kontext kommen, besteht eine gewisse Homogenität, d.h. Erfahrungshorizonte sind gleich, und auf Veränderungen kann nur schlecht reagiert werden.

Mit der *Erreichbarkeit* ist angesprochen, über wie viele Positionen eine bestimmte Person (Position) vom Zentrum (EGO) aus erreichbar ist, d.h. wie viele Personen als „Brücken" fungieren. Die Personen gleicher Erreichbarkeit befinden sich somit in einer „Zone". Nach Mitchell (1969) macht es keinen Sinn, hinter die zweite Zone der Beziehungen zu gehen, weil diese kaum das Verhalten des Individuums beeinflussen. Weitere Aspekte der Erreichbarkeit sind die über Brücken oder Gatekeeper zu mobilisierenden Netzwerksegmente bzw. anderen Netzwerke, die als Ressourcen herangezogen werden können.

Größe: Große Netzwerke versprechen ausgedehnte potentielle Hilfe, da die Wahrscheinlichkeit steigt, in Notlagen adäquate Helfer zu finden. Aber für solche Netzwerke muß auch mehr Zeit investiert werden, und es bestehen weitreichende Verantwortungen und Anforderungen. Mit zunehmender Größe steigen damit Vorteile und Kosten an. Ebenso wie bei der Dichte wird deutlich, daß trotz großer Netzwerke die Bandbreite unterschiedlicher Hilfeleistungen relativ eingeschränkt sein kann, wenn die Netzwerkmitglieder aus dem gleichen gemeinschaftlichen Kontext kommen.

Dieser Zusammenhang wird unter dem Stichwort *Reichweite* thematisiert. Damit wird in der Regel die sozialstrukturelle Vielfalt der Interaktionspartner angesprochen. Bei großer Reichweite bieten sich mehr potentielle Helfer in verschiedenen Bereichen an. Häufig wird unter Reichweite auch nur die territoriale Ausdehnung verstanden. Mit größerer Entfernung steigen die Kosten an, die notwendig sind, um die Beziehungen aufrechtzuerhalten. Gleichzeitig erweitert sich aber auch der Erfahrungshorizont bzw. vermehren sich die Kontexte, aus denen Hilfe und Unterstützung zu erwarten sind. Dies trifft besonders dann zu, wenn räumliche Entfernung bzw. Ausdehnung mit sozialstruktureller Vielfalt zusammenfallen (Bourdieu 1991). Wenn es um die Reichweite geht, ist auf jeden Fall zu unterscheiden, ob es sich um *soziale Reichweite* handelt, womit die Möglichkeit angesprochen ist, Personen mit unterschiedlichen Positionen innerhalb der Sozialstruktur erreichen zu können, oder um *territoriale* bzw. *geographische Reichweite*. Mit dieser wird die Entfernung sozialer Interaktionspartner vom Wohnort „Egos" angesprochen. Eine solche Unterscheidung muß unabhängig davon erfolgen, ob Aspekte koinzidieren, die die Unterstützung oder die Interaktion begünstigen (bzw. verhindern).

Mit *Heterogenität/Homogenität* ist angesprochen, inwieweit sich Netzwerkpartner nach demographischen Merkmalen wie Alter, Geschlecht, Beruf etc. unterscheiden bzw. sich ähneln.

Bei den interaktionalen Bedingungen steht der *Inhalt* am Anfang der Betrachtung. Mit Inhalt ist der Aspekt des Austauschs angesprochen. Es wird untersucht, was ausgetauscht wird, wie z.B. emotionale Unterstützung, kognitive Orientierung, instrumentelle Hilfe, Wertorientierung, Informationen etc. Nach der Menge der ausgetauschten Leistungen - oder rollenanalytisch ausgedrückt: nach der Anzahl verschiedener Rollen zwischen den Interaktionspartnern - unterscheidet man *uniplexe* von *multiplexen* Netzwerken. Dabei ist bedeutsam, für welche Dinge Unterstützung geleistet wird und wo eine Adäquanz von Problemen und Hilfen besteht. Denn nur wenn adäquate Ressourcen vorhanden sind, kann sich beim einzelnen ein Gefühl der Sicherheit und Eingebundenheit einstellen. Auf diesen Zusammenhang wird auch in der sozialen Streßforschung eingegangen. Komplementär zu den verschiedenen Inhalten, die innerhalb sozialer Netzwerke ausgetauscht werden, besteht ein System sozialer Unterstützungsleistungen, die helfen, Krisensituationen zu meistern. Diese nicht immer ganz trennscharf formulierten Unterstützungsleistungen sind emotionale, instrumentelle, informationelle Unterstützung sowie Unterstützung der Selbstbewertung.[131]

- Mit *emotionaler sozialer Unterstützung* ist vor allem die Realisierung positiver Sozialbeziehungen angesprochen. Es sind in erster Linie Anerkennung, Wertschätzung, Vertrauen und Sympathie, die für den Rückhalt entscheidend sind, die eine Person verspürt. Diese Aspekte vermitteln dem Individuum das Gefühl der Zugehörigkeit und der Akzeptanz (Röhrle 1987:89; Schröder/Schmitt 1988:153). Durch die Empfindung sozialer Integration wird die Belastbarkeit von Personen in schwierigen Situationen verstärkt (Schwarzer/Leppin 1990:398). Zudem ist davon auszugehen, daß in konkreten Fällen ebenfalls von anderen emotionale Unterstützung als Anteilnahme in Krisenzeiten erfolgt. Mit emotionaler Unterstützung ist besonders der kognitive Aspekt sozialen Rückhalts angesprochen, denn diese Unterstützung kann negative Emotionen im Krisenfall abmildern. Diese Art der Unterstützungsleistung erfolgt in erster Linie von Personen, zu denen Vertrauensverhältnisse bestehen (Keupp 1987:31; Lenz 1987:204ff.; Schwarzer/Leppin 1989:18).

---

[131] Auch die Unterstützungsforschung (Unterstützung wird auch in deutschen Arbeiten häufig als social support bezeichnet) ist in ihren Inhalten und der Anzahl zu berücksichtigender Komponenten nicht immer eindeutig. „Social support is a multi-dimensional concept that includes distinct but related categories of social contacts as well as social resources" (Donald/Ware 1984:366). Autoren unterscheiden zwischen unterschiedlichen Unterstützungsleistungen:
- instrumentelle und expressive Unterstützung (Dean/Lin 1977);
- emotional unterstützendes Verhalten, problemlösendes Verhalten, indirekter persönlicher Einfluß und Aktivitäten in der Umgebung (Gottlieb 1978);
- instrumentelle, aktive und materielle Unterstützung (Cobb 1979);
- von der „Geberseite" gehen Silver/Wortmann (1980) aus: positive Gefühle zeigen; Übereinstimmung mit Werten, Wahrnehmungen und Gefühlen; Ermutigung zum offenen Ausdrücken von Werten und Gefühlen; materielle Hilfe; vermitteln und verdeutlichen, daß die Person Teil eines sozialen Systems gegenseitiger Hilfe ist;
- tangible, informational and emotional support (Schaefer et al. 1981);
- emotionale, instrumentelle und informationale Unterstützung (House 1981),
- emotionale, instrumentelle, informationelle und bewertende Unterstützung (House/Kahn 1985);
- instrumental, informational and appraisal support (Wilcox/Vernberg 1985);
- psychological (wiederum unterteilt in emotional und kognitiv) und instrumenteller support (unterteilt in praktisch und informational) (Veiel 1985);
- perceived and received support (Wethington/Kessler 1986);
- emotionale Unterstützung erleben; Unterstützung beim Problemlösen erleben; praktische und materielle Unterstützung erleben; soziale Integration erleben; Beziehungssicherheit erleben (Sommer/Fydrich 1989).
Trotz Vielfalt der einzelnen Inhalte und Komponenten wird bei fast allen Autoren die Bedeutung der Unterscheidung von emotionaler, instrumenteller und informationeller Hilfe hervorgehoben.

- Die *instrumentelle Unterstützung* dagegen betont unmittelbare konkrete Hilfs-maßnahmen, die zur Problembewältigung beitragen (Schwarzer 1992:142). Dies kann materielle Hilfe sein (Geld, Waren, Gegenstände) oder sich auf aktive Hilfeleistungen beziehen (Versorgung von Blumen und Tieren, Kinderbetreuung, Botengänge, Schularbeitenhilfe etc.). Keupp macht deutlich, daß vor allem bei schwereren Problemen enge, vertraute Sozialkontakte angesprochen werden, da bei diesen die Hemmschwelle weniger hoch ist (Keupp 1987:31).

- Auch bei der *informationellen Unterstützung* werden Aktivitäten angesprochen, die helfen, Probleme direkt anzugehen. Allerdings handelt es sich in diesem Fall um Ratschläge und den Austausch von Informationen, die das Problemlösungspotential einer Person verändern können (Schwarzer 1992:142). Träger der Unterstützungsleistung sind alle Arten von sozialen Kontakten, wobei aufgrund der Informationsvielfalt entfernteren Kontakten ein größerer Stellenwert zuerkannt werden sollte. Auf die Bedeutung entfernterer Sozialkontakte bei der Informationsgewinnung geht Granovetter (1983) mit seinem Begriff der „weak ties" ein (s. dazu unten).

- Als vierte Unterstützungsart wird die *Selbstbewertungsunterstützung* genannt. Damit sind Informationen und Aktivitäten angesprochen, die dazu angetan sind, die Selbstbewertung zu stärken. Durch bestimmte Reaktionen ihrer sozialen Umwelt wird die Person in ihrem Selbstbild bestärkt und ist so eher in der Lage, in krisenhaften Situationen den eigenen Fähigkeiten zu vertrauen. Als Träger solcher Unterstützungsleistungen werden Personen genannt, die sich in ähnlichen Situationen befinden bzw. befanden (Schröder/Schmitt 1988:153), wodurch sich eine Solidarität der gemeinsamen Betroffenheit einstellen kann.

Bei dieser letzten Unterstützungsart tritt die mangelnde Trennschärfe zu den anderen Unterstützungsleistungen deutlich hervor, denn selbstwertsteigernde Reaktionen lassen sich ebenso bei emotionaler und instrumenteller Unterstützung erwarten. Denn emotionale und instrumentelle Unterstützung zeichneten sich dadurch aus, daß sie die Empfindung des Individuums unterstützen, sozialen Rückhalt zu besitzen und nicht allein zu handeln. Durch eine Verbesserung des Wissens um Alternativen (informationelle Unterstützung) können sich ebenfalls selbstwerterhöhende Reaktionen zeigen, da die allgemeine Kompetenz durch die hinzugewonnenen Informationen höher eingeschätzt werden kann.

Als analytische Kategorien machen die Unterstützungsarten deutlich, wie eine Unterstützung erfolgen kann. Es kann aber kaum postuliert werden, welche Wirkung sie beim Individuum haben. Daher scheinen mir die erstern drei Kategorien für eine Analyse durchaus angemessen zu sein, auch wenn z.B. instrumentelle Hilfe durchaus mit emotionaler Unterstützung zusammenfallen kann. Die vierte Kategorie, die Selbstbewertungsunterstützung, liegt dagegen quer zur Logik der drei anderen Unterstützungsarten und betrachtet lediglich, welche Reaktionen die Unterstützung im Individuum auslöst. Damit ist sie zumindest für eine Analyse auf der Handlungsebene untauglich.

Daß Unterstützungsleistungen nicht immer eine einzelne Funktion erfüllen, wie es die Trennung der vier Kategorien suggeriert, ist bei Theoretikern, die sich mit der Netzwerkanalyse beschäftigen, unstrittig. Untersucht wird eher, in welchen Bereichen sozialer Netzwerke sich im Zuge des Modernisierungsprozesses Veränderungen bei Unterstützungsleistungen ergeben haben. Autoren wie Wellman (1979) und Wellman/Leighton (1979)[132] gehen davon aus, daß in traditionellen Gesellschaften nahezu jede Beziehung vielen Interessen und Funktionen diente bzw. viele Rollen umschloß, wodurch sich die gegenseitige Verpflichtung erhöhte. Dagegen zeichnen sich moderne Gesellschaften dadurch aus, daß sich die Beziehungen häufig auf nur eine Funktion oder Rolle beschränken. Modernisierung wird damit mit weiten und schwachen Beziehungen zu Interaktionspartnern gleichgesetzt (urbane Gesellschaften); dörfliche Gemeinschaften entsprechend mit nahen, starken und inflexiblen Beziehungen. Jedoch zeigen Studien, daß nicht so sehr von funktionalen Gesichtspunkten her argumentiert werden kann, sondern eher von einem Wandel von verwandtschaftlichen zu nicht-verwandtschaftlichen Beziehungen gesprochen werden muß. Denn andere selbstgewählte, intime Beziehungen übernehmen die multiplexen Funktionen traditioneller Verwandtschaftsbeziehungen (Wellman 1979). Zu einem anderen Ergebnis gelangen Höllinger/Haller (1990) in einer ländervergleichenden Studie. Sie stellen fest, daß trotz eventuell fehlender direkter sozialer Kontakte Familienbeziehungen auch in Industrieländern immer noch eine wichtige Funktion in Notsituationen spielen: „Although in the English- and German-speaking countries spatial distance from parents is larger than in Italy and Hungary, the data suggest that relations with parents and children do not lose their emotional strength" (1990:120).

Ein weiterer, mit dem Inhalt verbundener Aspekt ist die *Reziprozität*, die in Netzwerken hergestellt werden muß. Lomnitz (1988) geht in einem theoretischen Modell davon aus, daß in formellen Netzwerken sehr viel Wert auf gegenseitigen (äquivalenten) Austausch gelegt wird, während informelle Netzwerke häufig sozial eingebunden sind und daher einer Logik folgen, die quer zu marktorientierten Formen des Austausches liegt. In gleicher Weise argumentiert auch Uehera (1990), die in einer qualitativen Studie mit schwarzen Arbeiterinnen feststellt, daß informeller Austausch eher generalisiert erfolgt und solche generalisierten Austauschsysteme mit einem höheren Grad an Solidarität und Unterstützung verbunden sind (1990:521). In ähnlicher Weise argumentiert auch Wills, der aufgrund von Studien feststellt, daß ein Unterschied zwischen „Austauschbeziehungen" und „Gemeinschaftsbeziehungen" besteht. „Their research indicates that in communal relationships, interpersonal behavior is governed more by a felt desire to respond to the other's needs and less by exchange principles" (1985:64).

Mitchell (1969:23f) hebt zudem hervor, daß multiplexe Beziehungen stärker seien und durch sie leichter andere Personen zur Unterstützung mobilisiert und Personen selbst häufiger in Anspruch genommen werden könnten. Damit ist die Unterscheidung von schwachen und starken Beziehungen angesprochen, die Verbindung von

---

[132] Wellman (1979) geht der Frage, wie sich moderne von traditionellen Netzwerken unterscheiden, anhand der Differenzierung von drei Hypothesen nach. Der Ausgangspunkt der ersten ist in Anlehnung an Tönnies die Aussage, daß Gemeinschaften und deren Beziehungsstrukturen verloren gehen (community lost). Die zweite besagt, daß sich Gemeinschaften trotz Wandels - gewissermaßen als Reaktion auf den Wandel - erhalten (community saved). Als drittes besagt die Liberalisierungsthese, daß sich für alte, traditionelle Inhalte neue, frei wählbare Beziehungen finden, die den traditionellen funktional in nichts nachstehen (Wellman 1979).

inhaltlichen Aspekten zum Strukturmerkmal „Dichte". Granovetter (1983) geht davon aus, daß in starken Beziehungen häufig Personen von gleichem sozialen Status agieren. Verdeutlicht wird dieses, wenn man statt einer dyadischen Beziehung die mehrerer Personen betrachtet. Wenn eine starke Beziehung zu einer weiteren Person besteht, dann ist davon auszugehen, daß diese homogen ist und zudem eine starke Beziehung zu beiden anderen Akteuren besteht. In solchen Beziehungen verläuft der Informationsfluß Granovetter (1983) zufolge in engen Zirkeln. „Damit sind sie zwar für die in die Triade involvierten Personen integrativ, nach außen schirmen sie sie jedoch eher ab" (Mayr-Kleffel 1991:72). Dadurch entsteht die bereits angesprochene Clusterung sozialer Netzwerke. Schwache Beziehungen eröffnen dagegen den Zugang zu sozialstrukturell effizienteren Informationen und schaffen bessere Voraussetzungen für berufliche Mobilität. Wegener (1987:279) weist darauf hin, daß „Fremde", wie sie bei Simmel dargestellt sind, Objekte schwacher Beziehungen sind. Ein weiterer Aspekt sozialer Beziehungen hängt mit der Statusdifferenz zusammen. Soziale Ressourcen, über die eine vermittelte, „schwache Beziehung" verfügt, werden in der Regel auf Statusniveaus gerichtet sein, die unter dem eigenen liegen (Wegener 1987:293). Dieses hierarchische Verhältnis bei der Nutzung sozialen Kapitals belegt schon Bourdieu (1987).

Zusammenfassend kann zu schwachen Beziehungen gesagt werden, daß Granovetter (1983) mit der Klassifizierung stark/schwach die Dichte mit Multiplexität und Intensität von Beziehungen verbindet. Für die Forschung ergibt sich dabei allerdings das Problem, daß „weak ties" häufig nicht genannt und nicht so häufig beobachtet werden. „Starke Beziehungen" sind dagegen eher bewußt, leichter identifizierbar und häufiger vorzufinden (Adelman et al. 1987:127).

Denn mit *Intensität* ist angesprochen, wie stark Personen aneinander gebunden sind, welche Emotionalität besteht und wie groß die Verpflichtung gegenseitiger Anteilnahme ist. Damit ist Intensität ein Charakteristikum, dessen Vorhandensein bzw. Ausmaß im Grunde nur vom Befragten selbst bewertet werden kann (emische Sicht).

Unter dem Begriff *Beständigkeit* wird die zeitliche Dauer von Beziehungen gefaßt. Es wird davon ausgegangen, daß soziale Beziehungen von langer Dauer in der Regel mit positiven Erfahrungen verbunden sind, weil in ihnen Bestärkungen und Unterstützungsleistungen stattfinden. In solchen Beziehungen wird gegenseitige Hilfe ausgetauscht, weil die persönliche Lebenslage bekannt ist und dieses Wissen Hilfe eher ermöglicht. Beständigkeit ist damit auch mit Verhaltenssicherheit verbunden. Personen, die sich lange kennen, haben eine gemeinsame Vergangenheit hinter sich und wissen, wie andere in bestimmten Situationen reagieren. „Sie hatten miteinander einen Gruppenprozeß durchlaufen - von der Vergangenheit über die Gegenwart auf die Zukunft hin -, der ihnen einen Schatz an gemeinsamen Erinnerungen, Sympathien und Antipathien lieferte" (Elias/Scotson 1993:37). Elias/Scotson weisen auf einen möglichen Effekt der Beständigkeit hin, denn durch die Gemeinsamkeit entwickelt sich ein Wir-Gefühl, das mit einer Abschottung gegenüber äußeren Einflüssen verbunden sein kann, die die Aufnahme weiterer Interaktionen versperrt.

Allerdings zeichnen sich beständige soziale Kontakte nicht zwangsläufig durch weitreichende Unterstützung aus, denn ebenso ist vorstellbar, daß auch negative, belastende Beziehungen langfristig aufrechterhalten werden und sich damit Belastungen perpetuieren. Da Familienbeziehungen und Kontakte am Arbeitsplatz nicht frei wählbar sind, können in solchen Beziehungen Belastungen langfristig fortdauern.[133] Weitere Beispiele von „nie endenden" Problembeziehungen findet man in manchen Nachbarschaftskonflikten, die sich jahrelang an kleineren Konflikten immer wieder neu entzünden.[134]

Der *Symmetrie* von Beziehungen kommt laut der obigen Definition von Unterstützungsnetzwerken besondere Bedeutung zu, denn sie sichert den langfristigen Bestand. Es ist davon auszugehen, daß stark einseitige Beziehungen, in denen keine Reziprozität hergestellt wird, kaum langfristigen Bestand haben und insbesondere in Krisenzeiten kaum zur Verfügung stehen werden. Aufrechterhaltung und Reproduktion von sozialen Netzwerken kann damit für den einzelnen immer mit Vorleistungen verbunden sein, die sich aber in Krisenzeiten auszahlen können.

Betrachtet man die interaktiven Modellannahmen in ihrer Gesamtheit läßt sich überspitzt formulieren, daß dichte, multiplexe, intensive und beständige Netzwerke zwar ein relatives Gefühl der Sicherheit vermitteln können, aber für die Anpassung in Krisenzeiten relativ ungeeignet sind, da sie kaum Informationskanäle für innovative Neuerungen bereitstellen. Schwache Beziehungen zu Menschen aus anderen gesellschaftlichen Kontexten erhöhen erst die Möglichkeit, Informationen für den Umgang mit gesellschaftlichen Veränderungen zu erhalten. Allerdings scheinen solche Beziehungen ein gewisses Maß an gesellschaftlicher Differenzierung vorauszusetzen.[135] Lammers (1992:121) kritisiert zu Recht, daß in vielen Ansätzen und Untersuchungen der Unterstützungsaspekt sozialer Netzwerke im Vordergrund steht bzw. als alleiniger Untersuchungsaspekt behandelt wird. Soziale Netzwerke zeichnen sich demgegenüber auch dadurch aus, daß von ihnen Belastungen und soziale Kontrolle ausgehen. Eine Netzwerkanalyse darf entsprechend Keupp nicht dazu tendieren, soziale Netzwerke auf reine Unterstützungsaspekte zu reduzieren, die helfen, „auch den größten Druck und die tiefsten Widersprüche noch einigermaßen unbeschadet zu überstehen" (1987:30).

---

[133] Auf den Aspekt sozialer Kontrolle und Belastungen durch das soziale Netzwerk macht Belle (1982a; 1982b) aufmerksam. Weiterhin stellt sie fest, daß der Streßfaktor häufig dann sehr groß ist, wenn FreundInnen und Verwandte im selben Wohnblock wohnen. Auch Cohler/Lieberman (1981) stellen in ihrer Studie fest, daß soziale Beziehungen auch als Streß wahrgenommen werden können.

[134] Daß in vielen Modellen zur Wirkung sozialer Unterstützung nur auf die positiven Aspekte Bezug genommen wird, kritisieren verschiedene Autoren (Rook 1984; Shinn et al. 1984; Antonucci 1985; House et al. 1988).

[135] Für diese Sichtweise spricht auch, daß sich in einer vergleichenden Studien Unterschiede in Nutzung und Auswirkungen sozialer Netzwerke in verschiedenen Ländern zeigen (Graaf/Flap 1988). Zu einer anderen Sichtweise gelangt Cadelina, der vier verschieden Gemeinschaften untersucht, die vom „‚primitive' to the 'urban' type" reichen. Er stellt in allen vier Gemeinschaften in Krisenzeiten ähnliche Strategien der Ressourcenmobilisierung fest: „1) an increase in the quantity of resources; 2) an improvement in the quality of resources; and 3) a more constant and continuous inflow of resources" (1985:71).

In der Analyse sozialer Beziehungen in einem sorbischen Dorf in Ostsachsen soll den genannten Kriterien Rechnung getragen werden. Neben der Unterstützungsleistung, die sich aus den sozialen Beziehungen ergeben, werden ebenso Belastungen und allgemeine „Krisensymptome" des gesellschaftlichen Transformationsprozesses erfaßt. Dabei wird vor allem die unterschiedliche Betroffenheit und Ressourcenausstattung verschiedener Lebensformgruppen im Zentrum der Untersuchung stehen.

4. Ein Dorf in der katholischen Oberlausitz

Das Gebiet der Lausitz wurde ebenso wie weite Gebiete zwischen Saale und Neiße bereits im 7. Jahrhundert von slawischen Stämmen besiedelt, die sich in der Zeit der Völkerwanderung hier niederließen.[136] Aber den sorbischen Stämmen (oder „Wenden", wie sie von deutscher Seite genannt wurden)[137] gelang es nie, einen eigenen Staat zu gründen. Das gesamte Gebiet gelangte somit im 12. Jahrhundert unter deutsche Herrschaft. In den folgenden Jahrhunderten fand eine weitreichende *„Germanisierung"* statt, durch die das sorbische Siedlungsgebiet auf das der Stämme der Milzener Sorben (Oberlausitz: *„Milzane"*) und Lusizer Sorben (Niederlausitz: *„Lunsizi"*) zurückgedrängt wurde. Die Karte 1 (Seite 127) zeigt anhand der politischen Gliederung der sorbischen Stämme die ursprüngliche Ausdehnung der slawischen Ansiedlungen, die im Westen von der Saale begrenzt wurden. Im Norden reichte das Gebiet fast bis zu einer gedachten Linie, die heute durch die Städte Magdeburg und Eisenhüttenstadt beschrieben werden kann. Im Osten waren Ansiedlungen noch östlich der Neiße zu finden.[138] Südlich läßt sich die Grenze ungefähr an den heutigen Städten Saalfeld, Gera, Chemnitz und Dresden festmachen. Die Teilung der Lausitz in Ober- und Niederlausitz basiert damit z.t. auf den alten Stämmen und Traditionen, ist aber gleichzeitig Ausdruck der wechselvollen Geschichte der Region. Während die Niederlausitz und nördliche Gebiete der Oberlausitz ein Teil des Landes Brandenburg sind und nahezu immer preußisch waren, gehörte der katholische Teil der Oberlausitz fast immer zu Sachsen. Im Verlauf der Geschichte hatten Teile der Lausitz (1490-1635) zwischenzeitlich den Status von böhmischen Lehen, wodurch sich der Grundsatz des Augsburger Reichstages 1555 „cuius regio, eius religio" nicht vollständig durchsetzte. Während nahezu die gesamte Lausitz protestantisch wurde, blieb ein Teil der Oberlausitz bis heute römisch-katholisch. Die Zahl der in den Dörfern des Dreiecks zwischen Hoyerswerda, Bautzen und Kamenz lebenden sorbischen Katholiken wird auf ca. 10 000 - 15 000 geschätzt.[139]

---

[136] Die Angaben zur Geschichte der Region beziehen sich auf die durch ein Autorenkollektiv (1974) bearbeitete Ausgabe „Geschichte der Sorben" sowie auf Kunze (1980), Scholze (1990b), Maćica Serbska (1991), Marti (1992) und Domowina-Verlag (1992).

[137] Die Bezeichnung „Wenden" wird auch heute noch von den Sorben der Niederlausitz zur Selbstidentifikation benutzt, während sie in der Oberlausitz als Schimpfwort wahrgenommen wird.

[138] Als Orientierungspunkte für die geographische Lage der sorbischen Stämme wurden diese Städte, die im 9. Jahrhundert noch nicht existierten, in die Karte aufgenommen.

[139] Insgesamt wird die Zahl aller Sorben der Ober- und Niederlausitz auf 50 000 - 60 000 geschätzt (vgl. z.B. Domowina Verlag 1992). Walde geht in einem Vortrag von einer Gesamtzahl katholischer Sorben von 10 000 aus (persönliche Mitteilung während seines Vortrag 1994 in Loccum). In einer von der Maćica Serbska 1991 herausgegebenen Schrift ist von 15 000 die Rede. Der Bevölkerungsanteil der Sorben im sorbischen Gebiet Sachsens wird von Elle/Elle (1995:169) mit ca. 14 % angegeben. Als Basis dienen dabei auch die protestantischen Gebiete der Lausitz außerhalb des katholischen Kerngebiets.

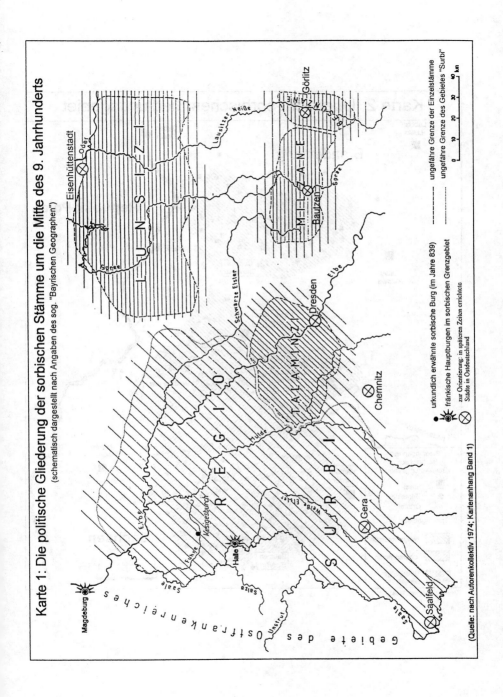

Karte 1: Die politische Gliederung der sorbischen Stämme um die Mitte des 9. Jahrhunderts
(schematisch dargestellt nach Angaben des sog. "Bayrischen Geographen")

Legend:
- ⊗ urkundlich erwähnte sorbische Burg (im Jahre 839)
- ☀ fränkische Hauptburgen im sorbischen Grenzgebiet
- ⊗ zur Orientierung: in späteren Zeiten errichtete Städte in Ostdeutschland
- ------- ungefähre Grenze der Einzelstämme
- ········ ungefähre Grenze des Gebietes "Surbi"

(Quelle: nach Autorenkollektiv 1974; Kartenanhang Band 1)

127

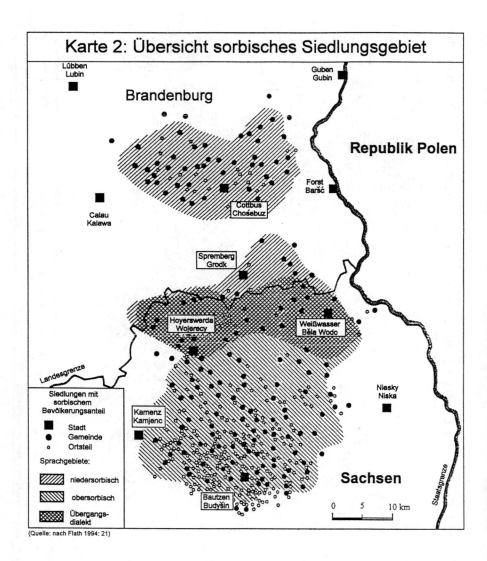

Karte 2: Übersicht sorbisches Siedlungsgebiet

Lübben
Lubin

Brandenburg

Guben
Gubin

Republik Polen

Calau
Kalawa

Forst
Barść

Cottbus
Chośebuz

Spremberg
Grodk

Hoyerswerda
Wojerecy

Weißwasser
Běla Wodo

Landesgrenze

Niesky
Niska

Siedlungen mit
sorbischem
Bevölkerungsanteil

■ Stadt
● Gemeinde
o Ortsteil

Sprachgebiete:

Kamenz
Kamjenc

Sachsen

niedersorbisch

obersorbisch

Übergangs-
dialekt

Bautzen
Budyšin

Staatsgrenze

0   5   10 km

(Quelle: nach Flath 1994: 21)

128

Karte 3: Freistaat Sachsen: Kreisübersicht

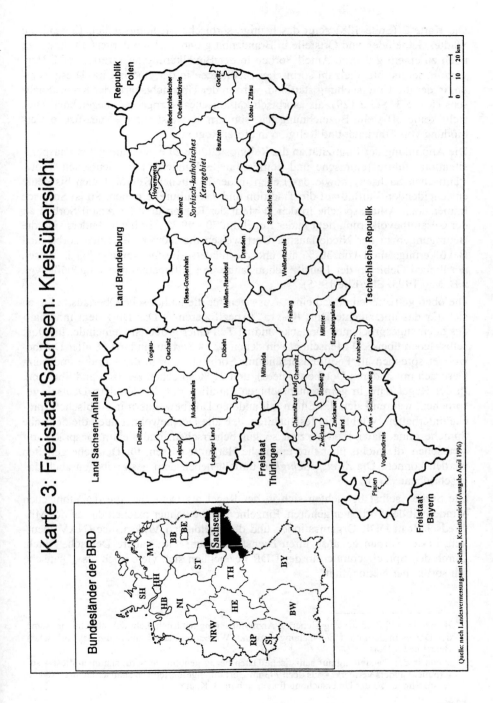

Bundesländer der BRD

SH, HH, HB, MV, NI, BB, BE, ST, Sachsen, NRW, TH, HE, BY, RP, SL, BW

Land Sachsen-Anhalt

Land Brandenburg

Republik Polen

Tschechische Republik

Freistaat Thüringen

Freistaat Bayern

Delitzsch
Torgau-Oschatz
Leipzig
Leipziger Land
Muldentalkreis
Döbeln
Riesa-Großenhain
Meißen-Radebeul
Mittweida
Chemnitzer Land
Chemnitz
Stollberg
Zwickau
Zwickauer Land
Aue - Schwarzenberg
Plauen
Vogtlandkreis
Annaberg
Mittlerer Erzgebirgskreis
Freiberg
Weißeritzkreis
Dresden
Sächsische Schweiz
Bautzen
Löbau - Zittau
Görlitz
Niederschlesischer Oberlausitzkreis
Kamenz
Hoyerswerda
Sorbisch-katholisches Kerngebiet

0 10 20 km

Quelle: nach Landesvermessungsamt Sachsen, Kreisübersicht (Ausgabe April 1996)

129

Die Karte 2 (Seite 128) zeigt das heutige sorbische Siedlungsgebiet. Es sind die Städte, Gemeinden und Ortsteile in Brandenburg und Sachsen dargestellt, in denen noch zu einem größeren Anteil Sorben in der Bevölkerung anzutreffen sind. Hervorzuheben ist die Vielzahl sorbischer Siedlungen in der Oberlausitz. Diese Region, in der die Untersuchung stattfand, wird in der Übersichtskarte der Kreise Sachsens (Karte 3, Seite 129), als „sorbisch-katholisches Kerngebiet" bezeichnet. Dies stellt keine offizielle Bezeichnung dar, sondern verweist auf die spezifische Verbindung von Ethnizität und Religion in dieser Region.

Die Anbindung der Ethnizität an die Religiosität, die zu einer „doppelten Diasporasituation" führte (ethnische und konfessionelle Minderheit im deutschen, protestantischen Sachsen), sowie das Leben in der ländlichen Region haben bis heute entscheidenden Einfluß auf die Tradition und das kulturelle Leben. So ist Sorbisch immer noch Alltagssprache in den Dörfern der Region und der Anteil Sorben an der Gesamtbevölkerung liegt in der Regel mit 70 - 90 % sehr hoch. Anders sind die Bedingungen in der Niederlausitz. Dort weisen die Dörfer nur einen sorbischen Bevölkerungsanteil von 30 % auf und die niedersorbische Sprache hat in diesen nördlichen Gebieten der Lausitz schon lange ihre Alltagsfunktion eingebüßt (vgl. z.B. Mai 1995, Elle/Elle 1995).

Die oben getroffenen allgemeinen Aussagen für die katholische Oberlausitz lassen sich für das untersuchte Dorf *Wjeska*[140] spezifizieren.[141] Das Dorf liegt innerhalb des oben angesprochenen Dreiecks und ist Teil einer größeren Gemeinde. Im Dorf selbst leben über 350 Menschen, von denen 82 % Sorben sind. 64 % aller Dorfbewohner sprechen als Familiensprache nur Sorbisch (d.h. in der Familie und beim Gespräch mit anderen Dorfbewohnern), und 21 % sprechen Deutsch und Sorbisch. In der Regel wird in gemischtsprachigen Familien mit den Kindern Deutsch gesprochen, während sich die Eltern mit anderen Dorfbewohnern in sorbischer Sprache unterhalten. Wichtig ist festzuhalten, daß alle Dorfbewohner auch die deutsche Sprache ohne slawischen Akzent so gut beherrschen, daß sie im Gespräch mit Deutschen, die nichts über ihre ethnische Herkunft wissen, für Deutsche gehalten werden können. Die *Zweisprachigkeit* umfaßt neben dem gesprochenen auch das geschriebene Wort.

Die Sorben selbst betrachten sich in der Regel als Deutsche, die der ethnischen Minderheit der Sorben angehören. Einzelne Dorfbewohner machen das an der Mitgliedschaft in DDR Organisationen und der Nationalen Volksarmee (NAV) deutlich, in der Sorben genauso ihren Dienst versahen, wie „andere Deutsche" auch. Durch den Sprachgebrauch in der DDR bezeichnen sich viele noch als „Deutsche mit sorbischer Nationalität".

---

[140] *Wjeska* ist aufgrund der zugesicherten Anonymisierung natürlich nicht der tatsächliche Name des Dorfes in dem die Untersuchung stattfand. Wjeska ist das Diminutivum des sorbischen Begriffes für Dorf.

[141] Wenn in der Darstellung auf statistische Daten bezug genommen wird, stammen diese - sofern nicht anders vermerkt - aus der 1993 im Dorf durchgeführten Haushaltserhebung. Nähere Ausführungen zu der Untersuchung finden sich im 3. Kapitel.

„Also man müßte das trennen, irgendwie. Also die Staatsangehörigkeit, die ist ja normal deutsch, zu Deutschland. Und als Nationalität naja, ist man Sorbe. Also Sorbe in Deutschland" (Interview mit Ludwig Z., Student, 27 Jahre).

Der Ort *Wjeska* muß in Verbindung mit dem etwas größeren Hauptort *Wosadna*[142] in wenigen Kilometern Entfernung gesehen werden, weil er als Teil der Gemeinde sowohl in politischer als auch kirchlicher Hinsicht zu diesem Ort gehört. Die Geistlichen aus *Wosadna* sind für die Gläubigen dieser Gemeinde zuständig, zu denen auch die Menschen aus *Wjeska* gehören, die die Kirche in *Wosadna* besuchen. Nahezu alle Dorfbewohner sind gläubig. Aber auch wenn ein starker Bezug zur Gemeinde *Wosadna* vorhanden ist, bestehen im Dorf doch eigene Aktivitäten in sorbischer Tradition, wenn diese auch nach der Wende wesentlich geringer ausfallen.

Es handelt sich um ein altes Arbeiterdorf.[143] Da die landwirtschaftlichen Erträge der Flächen rings um das Dorf schon immer schlechter waren als in der eigentlich mit guten landwirtschaftlichen Nutzböden ausgestatteten Oberlausitz,[144] gab es in dem Dorf im wesentlichen nur kleine Höfe mit Zu- und Nebenerwerbslandwirtschaft. Ursprünglich waren die Menschen daher als Gesinde an den größeren Gütern in der Umgebung beschäftigt oder gingen in den Steinbrüchen der Region ihrer Beschäftigung nach. Wegen der langen Arbeitstage, zu denen die Arbeiter ihren Proviant in Rucksäcken mitnahmen, bezeichneten sie sich als Rucksackbauern (wie die Dorfbewohner auch heute noch z.T. stolz bekunden).

Nach *Gründung der DDR* entstanden in der Region verschiedene Betriebe (Schamottewerk, Ausstattungswerk für die NVA, Ziegelbrennerei etc.), und in den 60er Jahren wurden auch die ehemaligen kleinen Landwirtschaften und Flächen zu einer LPG[145] zusammengefaßt. Die Dorfbewohner fanden somit entweder direkt bei der LPG oder den neu entstandenen Betrieben in den umliegenden Dörfern Be-

---

[142] Die Übersetzung von Wosadna ist Kirchdorf. Auch dies ist nicht der tatsächliche Namen des Ortes, er wurde deshalb gewählt, weil im Hauptort auch die Kirche zu finden ist. Im weiteren Verlauf der Arbeit werden alle Dorfnamen geändert, um eine Identifikation zu verhindern. Falls in Zitaten Dorf- oder Personennamen auftauchen, die verändert wurden, sind diese kursiv dargestellt. Dagegen werden Städtenamen in den Zitaten nicht verändert (wie z.B. Bautzen, Kamenz, Bischofswerda oder Dresden). Eine Anonymisierung erscheint wegen der Vielzahl der dort ansässigen Personen nicht nötig zu sein.

[143] Die Einwohner selbst bezeichnen es so. Belege für einen relativ starken Arbeiteranteil lassen sich auch finden, wenn die Elterngeneration der jetzt noch ansässigen Dorfbevölkerung herangezogen wird: mehr als 50 % der Väter der männlichen Haushaltsvorstände und über 40 % der der weiblichen waren Arbeiter.

[144] Nach Auskunft eines LPG-Mitglieds haben die zum Dorf gehörigen Flächen eine Ackerzahl von ca. 40, während sich für andere Gebiete der Oberlausitz durchaus Ackerzahlen von 60 und mehr finden lassen. Mit der Ackerzahl bzw. Bodenzahl lassen sich Ertragsfähigkeiten von Böden berechnen und vergleichen.

[145] Die Geschichte der LPG-Gründungen verlief sehr wechselhaft, da es zunächst unterschiedliche LPG-Typen gab, zu derem Beitritt die Bauern z.T. unter Anwendung massiver Druckmittel gezwungen wurden. So bestand im Ort zunächst eine kleinere LPG, die dann mit denen der Nachbarorte zu einer größeren zusammengelegt wurde. Neben den zahlreichen Studien, die sich mit den LPGs in der DDR beschäftigen (u.a. Mallmann 1990; Reichelt 1992; Nehrig 1993), findet sich auch ein literarisch/dokumentarisches Buch von C. Schneider (1991), das sich mit den Bedingungen der LPG-Gründungen in der Oberlausitz beschäftigt.

schäftigung. Daher gab es schon immer nur wenige Pendler, wodurch sich das Leben sehr stark auf die eigene Region fokussierte.

Die *Altersstruktur* zeigt, daß zwar relativ viele ältere Menschen im Dorf leben,[146] aber dennoch viele junge Familien mit Kindern ansässig sind. Man kann daher nicht von einer „Überalterung" sprechen. Ein Grund dafür dürfte darin liegen, daß in der Regel der jüngste Sohn einer Familie das elterliche Haus erbt. Bis zur Übernahme des elterlichen Hauses lebt er mit seiner eigenen Familie und seinen Eltern bereits darin. Eine weitere Ursache kann darin gesehen werden, daß die „mittlere" Generation zum großen Teil über die sorbische Sprache in die traditionelle Kultur eingebunden ist (nur in diesem begrenzten Gebiet können sorbischsprachige Interaktionspartner gefunden werden), wodurch es nicht zu umfangreichen Abwanderungen kommt, wie sie nach der Wende in anderen Regionen Ostdeutschlands typisch sind. Selbst die Familien bzw. Personen des Dorfes, die nach der Wende fortgezogen sind, blieben in der Region, was auch auf die Integration in die vorhandene Sprachgemeinschaft und auf soziale und kulturelle Bindungen zurückzuführen ist.

Dieser starke *Bezug auf den Nahbereich* führte jedoch nach der Wende zu Anpassungsproblemen, denn alte Großbetriebe wurden geschlossen oder „abgewickelt", und nur wenige Betriebe neu gegründet. Daher wird das nun notwendige Fahren zum Arbeitsplatz als negative Wendefolge thematisiert. Belastender ist aber der Verlust der Arbeitsplätze. Die Zahl der *Arbeitslosen* ist zwar gemessen an den über 15 % der Gesamtregion relativ gering, dafür befinden sich aber viele ältere Dorfbewohner im Vorruhestand[147] und einige in AB-Maßnahmen. Insgesamt nehmen ca. 50 % der erwachsenen Dorfbevölkerung nicht mehr am Erwerbsleben teil. Im Ort gibt es zwei Gewerbebetriebe mit wenigen Beschäftigten, eine Gaststätte und ein Lebensmittelgeschäft („Konsum"), das nach der Wende geschlossen, nun jedoch von einem neuen Besitzer eröffnet wurde. Daneben gibt es keine Neugründungen von Betrieben und nur wenige Selbständige oder Bauern. Im Dorf selbst bestehen nur sehr wenige Arbeitsplätze. Neben Familien, in denen beide Ehepartner Arbeit haben, gibt es viele Rentner, Einzelverdiener und „Vorruheständler". Insgesamt gesehen lassen sich weitreichende soziale Differenzierungsprozesse feststellen, wobei die typischen „Wende-Folgen", wie sie in anderen Gebieten der ehemaligen DDR deutlich werden (Fortzug, Pendler, exorbitant steigende Arbeitslosenzahlen), nicht feststellbar sind.

---

[146] So sind 52 % der noch lebenden Haushaltsvorstände mindestens 55 Jahre alt (50,7 % der Männer und 54,6 % der Frauen). Die Altersgrenze von 55 wurde gewählt, weil dieses Alter häufig mit dem Statuswechsel vom Arbeitnehmer zum Bezieher von Transferleistungen (Übergangsgeld, Vorruhestandszahlungen) zusammenfällt. Zieht man die klassische Grenze des Rentenalters heran (65 Jahre), wird das relativ hohe Alter der Dorfbevölkerung nicht mehr so deutlich hervorgehoben, denn 23 % sind 65 oder älter (19,2 % der Männer und 27 % der Frauen).

[147] Auf die Belastungen der Menschen in solchen unsicheren und unbefriedigenden Lebenssituationen wird im Rahmen der Netzwerkanalyse noch näher eingegangen.

Religion

Es besteht eine starke *römisch-katholische Bindung*[148] nahezu aller Menschen im Dorf, die sich auch in der DDR-Zeit, in einem schon aus ideologischen Gründen als säkularisiert geltendem Staat, gehalten hat. So sind gut 97 % der Dorfbewohner katholisch (vgl. Tabelle 4.1), und es gehen 90 % von ihnen mindestens einmal wöchentlich in die Kirche. Der Kirchgang an Sonn- und Feiertagen war auch zu DDR-Zeiten obligatorisch, und selbst SED-Bürgermeister und Parteisekretäre nahmen daran teil.[149] An diesem Verhalten der Dorfbevölkerung hat sich durch die Wende nichts geändert (vgl. Tabelle 4.2). Allerdings kam es zu Widersprüchen, wenn von staatlicher Seite Forderungen gestellt wurden, an der Jugendweihe teilzunehmen. Dann stimmten einige Dorfbewohner aus Gründen der späteren Arbeitsplatzwahl und der beruflichen Karriere der Teilnahme ihrer Kinder an der Jugendweihe trotz bestehender religiöser Einbindung zu.[150] Andere beriefen sich auf die kirchliche Orientierung und nahmen für sich und ihre Kinder berufliche und schulische Repressalien in Kauf. Allerdings gab es nach Bekunden der Dorfbewohner außer der Jugendweihe kaum andere bedeutsame Entscheidungen, die auf eine Alternativwahl zwischen Kirche und Staat hinausliefen. Der Schutz der sorbischen Minderheit umfaßte offensichtlich auch weitgehend die freie Religionswahl und -ausübung.[151]

---

[148] Mit der religiösen Einstellung der katholischen Obersorben u.a. anhand der Auswertung von Kirchenzeitungen beschäftigt sich auch Walde (1996).

[149] Was ein wenig deutlich macht, daß den Sorben als Minderheit tatsächlich z.T. Rechte zugestanden wurden, die andere DDR-Bürger nicht besaßen. Es ist kaum denkbar, daß in anderen Regionen SED-Kader eine starke religiöse Anbindung besitzen und öffentlich machen konnten, ohne daß das Einfluß auf ihre politische Position gehabt hätte.

[150] Daß die Jugendweihe in der DDR gegen kirchliche Initiationsriten gerichtet war, läßt sich an ihrer Einbindung in staatliche Strukturen und an Teilen ihrer Inhalte herausstellen. Die Jugendweihe bekam ab 1955 vom „Zentralen Ausschuß für Jugendweihe" und von der Freien Deutschen Jugend (FDJ) eine ideologische Ausrichtung. „Es sollte nicht nur verhindert werden, daß die Eltern ihre Kinder zur Konfirmation oder Firmung schickten. In den zehn Vorbereitungsstunden galt es, den Marxismus-Leninismus in den Köpfen der 14jährigen zu festigen. Dazu dienten Themen wie 'Freundschaft zum Lande Lenins - Herzenssache unseres Volkes' oder 'Dein Recht und Deine Pflicht im Sozialismus'. Im Zentrum der anschließenden Feier stand das Gelöbnis, bei dem die Jugendlichen versprechen mußten, im 'Geiste des proletarischen Internationalismus' zu leben und für das 'sozialistische Vaterland' einzutreten" (Honnigfort 1997:24). Honnigfort führt an gleicher Stelle weiter aus, daß die Teilnahme an der Jugendweihe zwar als freiwillig galt, Verweigerer jedoch Schwierigkeiten bei der Zulassung zum Studium bekommen konnten.

[151] Auf die weitreichende Beziehung zwischen der staatlich eingebundenen Massenorganisation Domowina und der Kirchenführung macht Oschlies (1991:63) aufmerksam, der von einem Konsens zwischen beiden ausgeht: „Anders ging es auch nicht - wollte die zu drei Vierteln aus SED-Mitgliedern bestehende Domowina-Führung nicht vollends zum Fremdkörper unter den zu über drei Vierteln kirchlichen Sorben werden. Die Domowina hatte Geld - die Kirchen hatten den Rückhalt bei den Sorben ... Was lag also näher, als daß beide sich einander annäherten".

Tabelle 4.1: Konfessionszugehörigkeit der Dorfbewohner[152]		
	Männer	Frauen
kath.	97,6 %	97,7 %
ev.	2,4 %	2,3 %
Anzahl abs.	84	87

Quelle: Haushaltserhebung 1993 (eigene Befragung)

Tabelle 4.2: Regelmäßiger Kirchgang der Dorfbewohner	vor der Wende		nach der Wende	
	Männer	Frauen	Männer	Frauen
wöchentl.	93,3 %	93,0 %	90,7 %	90,7 %
selten	4,0 %	5,8 %	6,7 %	8,2 %
gar nicht	2,7 %	1,2 %	2,7 %	1,2 %
Anzahl abs.	75	86	75	86

Quelle: Haushaltserhebung 1993 (eigene Befragung)

Die starke religiöse Einbindung und die Verbindung der Kirche mit der sorbischen Tradition war immer mit ausgeprägter *sozialer Kontrolle* im Dorf verbunden. Es wurde - und wird - darauf geachtet, wer überhaupt in die Messe geht. Auch wird darüber geredet - und damit im informellen Rahmen sanktioniert -, wenn am kirchlichen Feiertag die Wäsche auf die Leine gehängt wird und viele Jugendliche und junge Männer z.B. am Fronleichnams-Tag nur an einer Prozession teilnehmen (am liebsten nachmittags) und statt dessen am Vorabend lange trinken („Solange sie noch zu Hause wohnen, sollten doch ihre Eltern darauf achten")[153]. Ebenso ist es Gesprächsthema, wer in welche Messe geht. Es wird jeden Sonntag ein Gottesdienst in sorbischer und einer in deutscher Sprache gehalten. An den Kirchgängern, die immer in den deutschen Gottesdienst gehen, zeigt sich für die Dorfbewohner, daß ihre Kinder bald kein Sorbisch mehr sprechen werden. Denn insbesondere die Kirche wird als Gradmesser der Integration in die sorbische Tradition genommen. Es wird davon ausgegangen, daß diejenigen, die nicht in den sorbischen Gottesdienst gehen, auch ihren Kindern die sorbische Sprache und Tradition nicht mehr nahebringen. Durch diese soziale Kontrolle des Kirchgangs wird Einfluß auf diejenigen genommen, die den Erhalt der sorbischen Sprache und Tradition vielleicht nicht mehr als erhaltenswert erachten. Soziale Kontrolle dient damit der Erhaltung

---

[152] Wie bereits in Kapitel 4 angedeutet, kann es bei einigen statistischen Angaben zu Differenzen in bezug auf die Anzahl der Befragten kommen, weil verschiedene, weitgehend als unveränderlich angesehene Sachverhalte für verstorbene Ehegatten erfaßt wurden (Geburtsdatum, Berufsausbildung, Konfessionszugehörigkeit, ethnische Zugehörigkeit etc.).

[153] Zitat aus Befragung Gerda Z., Rentnerin, 73 Jahre.

sorbischer Sprachkompetenz (unabhängig davon, inwieweit dies angesichts der angesprochenen Modernisierungstendenzen tatsächlich gelingen kann). Die Kirche wird zudem als „Schule der Erwachsenen" bezeichnet, weil dort noch das „reine" Sorbisch gesprochen und aufrechterhalten wird, während die Alltagssprache insbesondere durch die Anlehnung an deutsche Begriffe von den Sorben selbst als „liederlich" bezeichnet wird. Ein solches Selbstverständnis der Rolle der Kirche in Hinblick auf die sorbische Sprache wird auch von Pfarrern geäußert. Gerade sie fordern dann auch neben religiöser Bindung sehr stark die Aufrechterhaltung und Einübung der sorbischen Sprache in Schule und Kirche. Ein gewisser Grad an sozialer Kontrolle in bezug auf sorbisches Sprachverhalten wird nicht nur von den Dorfbewohnern untereinander ausgeübt, sondern erfolgt zudem von kirchlicher Seite.

Sehr viele Bewohner des Dorfes gehen sonntags zweimal in die Kirche, morgens zur Messe und nachmittags in die Andacht. Einige Ältere fahren zudem jeden Tag in die Kirche, die einige Kilometer entfernt ist. Mehrere Frauen treffen sich darüber hinaus noch jeden Dienstag im Dorf und beten den Rosenkranz, um für Frieden und Wohlergehen zu bitten. Diese starke religiöse Einbindung läßt sich auch an der generellen Werthaltung wiederfinden. Neben der angesprochenen sozialen Kontrolle zeigt sich dies an der ablehnenden Einstellung zu Abtreibung, Zölibat, Homosexualität, vorehelichem Sexualverhalten etc. Auch die geringe Scheidungsrate in diesem Gebiet ist sicherlich auf die katholische Bindung und die damit einhergehende soziale Kontrolle zurückzuführen.

Zudem finden sich noch alte Vorbehalte gegenüber dem protestantischen Glauben. Deutlich wird dies daran, daß es im Dorf kaum gemischtkonfessionelle Ehen gibt. Sie wurden früher überhaupt nicht toleriert. Das ist zwar inzwischen in der Region anders geworden, dennoch kommen solche Ehen im Dorf Wjeska - abgesehen von zwei Ausnahmen - nicht vor. Gemischtkonfessionelle Ehen bereiten immer noch Probleme, wie aus Berichten über einen Fall im Nachbardorf deutlich wurde: bei einer gemischtkonfessionellen Hochzeit soll es der Priester abgelehnt haben, die kirchlichen Zeremonien auch für Protestanten durchzuführen.

Bis vor wenigen Jahren dominierte die Konfession die Ethnizität. So war es für ein Mitglied der sorbischen Gemeinde leichter, daß ein *katholischer deutscher* Partner toleriert wurde als ein *evangelischer Sorbe*. Entsprechend sind von den Ehepaaren des Dorfes 72,9 % sorbisch und 20 % gemischtethnisch.[154] Noch stärker ist allerdings die konfessionelle Gebundenheit der Ehepaare, denn 96,3 % sind katholisch und lediglich 2,4 % gemischtkonfessionell (bei diesen handelt es sich wiederum um gemischtethnische Ehen).[155]

---

[154] Auch bei einem der rein deutschen Ehepaare, die insgesamt nur einen Anteil von 7,1 % ausmachen, würden die meisten Dorfbewohner davon ausgehen, daß es sich um eine gemischtethnische Familie handelt. Eine Tante der Ehefrau trägt als alteingesessene Sorbin noch die sorbische Tracht und macht deutlich, daß auch alle Vorfahren der Frau sorbischer Herkunft sind.

[155] Ethnische Zugehörigkeit und Konfession wurden auch für verstorbene Partner erhoben. Daher beziehen sich die Angaben auf alle Ehen des Dorfes, sofern noch einer der Ehepartner lebt. Aus Gesprächen mit Dorfbewohnern konnte zudem entnommen werden, daß auch in den

Auch heute noch lassen Reaktionen der Bevölkerung darauf schließen, daß „Evangelische" und „Preußen" nicht so gerne in der Dorfgemeinschaft gesehen werden. Sorbische Protestanten werden nicht der eigenen ethnischen Gruppe zugerechnet, denn diese „sind keine von uns". Historisch sei deren Ansiedlung in der Oberlausitz als „Schlag gegen das Sorbentum" gedacht gewesen, um einen „Keil zwischen die Sorben zu treiben".[156]

Die sorbische Kultur ist insgesamt sehr stark an kirchliche Aktivitäten gebunden. Die dörflich sorbische Tradition[157] existiert zum großen Teil nur noch in der Sprache. Auch im alltäglichen Dorfbild finden sich nur noch insgesamt 17 Trachtenträgerinnen.[158] An den kirchlichen Feiertagen sind die jungen Mädchen dann jedoch als Družkas (Brautjungfern) fest in die Prozession eingebunden. Dann finden sich auch mehrere Frauen in der sorbischen Festtracht. Dennoch fällt bei den Prozessionen zu Fronleichnam oder bei den sorbischen Zuschauerinnen beim Osterreiten auf, daß die meisten ebenfalls nicht mehr in der Festtracht gehen. Viele junge Frauen gehen nicht einmal mehr im dunklen Rock und weißer Bluse, was von den Älteren sehr negativ beurteilt wird. Es sind in der Regel sehr stark ritualisierte Veranstaltungen, in denen sorbische Kultur noch gelebt wird. Zudem steht diese sorbische Tradition immer in enger Verbindung zur katholischen Kirche.

Da die Werte der Kirche verinnerlicht sind, steht sie selbst außerhalb jeglicher Kritik. Stasi-Vorwürfe gegen einige Priester werden demnach als Versuch der Spaltung gewertet, und nur wenige sagen hinter vorgehaltener Hand Negatives über die betreffenden Pfarrer. Eine Ausnahme besteht nur, wenn die Einflüsse und Forderungen der Kirche zu weit reichen. So wurden die Aufforderung eines Geistlichen zurückgewiesen, die Gläubigen sollten vom Begrüßungsgeld[159] 10 - 20 % an die Kirche geben oder die jüngeren Männer sollten vor Ostern einige Tage für die Kirche arbeiten. Das geht den Mitgliedern aufgrund des sichtbaren Reichtums der Kirche und des sich nur langsam entwickelnden Wohlstandes doch zu weit.

---

beiden Haushalten, die an der standardisierten Befragung nicht teilnahmen, sorbisch-katholische Ehepaare leben. Dabei war es nicht nötig, in Gesprächen entsprechende Fragen zu stellen, denn häufig treffen die Dorfbewohner allgemeine Aussagen über bestimmte Personen und Haushalte, wenn dörfliche Zusammenhänge zur Sprache kommen (wer in welchem Gebäude lebt, wer früher dort gelebt hat, wo im Dorf die sorbische Tradition noch geachtet wird, welche Verwandtschafts- und Patenschaftsstrukturen bestehen etc.).

[156] Zitate aus Befragung Martin Z., Lehrer, 55 Jahre.

[157] Die sorbische Tradition und Bräuche beziehen sich in der Regel auf Sprache und Religion. Außerhalb der kirchlichen Anbindung stehende traditionelle Bräuche gibt es kaum noch. Zudem machen Osterreiten, Ostereierrollen, Ostersingen etc. deutlich, daß hier - wie in anderen Gebieten auch - eine frühe Übernahme heidnischen Kulturguts durch die Kirche stattgefunden hat.

[158] 90 % der Dorfbevölkerung geben an, in der Familie noch sorbisches Brauchtum zu pflegen. 32 % nennen dabei nur die Sprache, 18 % Sprache und Tracht, 25 % Sprache und das Tragen der Festtracht und 15 % Sprache, Festtracht, Osterreiten und Ostereiermalen. Sieht man einmal von der Sprache ab, ist neben den kirchlichen bedingten Bräuchen (kirchliche Feiertage mit dem Tragen der Festtracht, Osterreiten, Ostereiermalen) nur das Tragen der Tracht als typisches Brauchtum verblieben.

[159] Gemeint sind die von der BRD an die DDR-Bürger einmalig bezahlten 100 DM bei Grenzübertritt.

136

Dennoch wird die herausragende Stellung der Kirche und der Geistlichen als Träger des Sorbentums immer wieder belegt. Die Menschen betonen zudem stets die Rolle, die der Kirche bei der Stützung des Sorbentums zukommt (Beichte, relative Einbezogenheit in die Kirche, Gebrauch der sorbischen Sprache im Gottesdienst und in der Gemeindearbeit[160], institutioneller Schutz vor der Willkür des Staates etc.). In bezug auf die NS-Zeit wird das Verbot der sorbischen Sprache und die Unterdrückung[161] als förderlich für den Zusammenhalt gesehen, denn durch den Druck fand sich die Gemeinschaft erst zusammen und ging erstarkt aus dieser Zeit hervor. Daraus werden dann Parallelen zur DDR-Zeit gezogen und als Erklärungsansätze für die Existenz einer starken obersorbischen Gemeinschaft gesehen. Gleichzeitig leitet sich daraus - wohl nicht zu unrecht - die zunehmende Besorgnis ab, daß mit einer fortschreitenden Individualisierung das sorbische Element wegfallen könnte, insbesondere wenn die Kirche die Schutzfunktion nicht mehr ausfüllen muß.

Die starke christliche Orientierung wird durch den häufig verwendeten Gruß „Bud`z chwaleny Jezus Chrystus" (Gelobt sei Jesus Christus), die zahlreichen Kruzifixe im Dorf, das öffentliche Beten des Rosenkranzes und die Wichtigkeit der Patenbeziehungen bei Familienfeiern eindringlich belegt. Patenschaft ist aber auch für die Nachbarn wichtig, die damit ihre gegenseitige Wertschätzung bekunden. Dies kann sogar zu Familienstreitigkeiten führen, wenn, wie in einem Fall, ein Elternpaar „seine Nachbarn übergangen hat" und für sein Kind einen anderen Paten ausgesucht hat. Jedoch scheinen auch die Patenbeziehungen an Substanz zu verlieren. Von vielen Geburtstagen und Feiern nimmt der Pate gar keine Notiz mehr. Auch unterliegt die Tradition, vor Ostern den Patenkindern Geschenke zukommen zu lassen, Auflösungstendenzen. Dies ist teilweise symbolisch für den Bedeutungsrückgang der gelebten sorbischen Kultur zu sehen.

Für die älteren Menschen der Region werden häufig Busfahrten organisiert, von denen manche von der Kirche mitgetragen werden (Fahrten zu den katholischen Wallfahrtsstätten in Lourdes und Fatima, nach Israel - aber auch Tagesfahrten z.B. in die Tschechische Republik). Sehr häufig haben diese Fahrten einen religiösen Bezug und sind mit Messen und Wallfahrten verbunden. Ein Reisebericht, der für

---

[160] Es gibt sogar noch katholisch-sorbische Organisationen, wie z.B. den Cyrill-Methodius-Verein, in dem sich Prister und Laien bemühen, „die Verkündigung des Glaubens gemäß sorbischen Verhältnissen umzusetzen" (Maćica Serbska 1991:79) und der - wie ein Dorfbewohner hervorhebt, der in der Arbeitsgemeinschaft aktiv ist - junge Gemeindemitglieder in Ehe- und Familienfragen berät.

[161] Nicht übersehen werden darf in diesem Zusammenhang die teilweise unterschiedliche Sichtweise der Betroffenen. Zwar wird betont, daß es unter Sorben keine Nazis gab, dennoch zeigen sich auf alten Fotos das Hitlerbild an der Wand einer Gaststätte, ganze sorbische Hochzeitsgesellschaften in Wehrmachtsuniformen, sorbische Angehörige des Stahlhelms auf Motorrädern etc. Deutlich wird immer wieder eine Ambivalenz zum Deutschen in allen Facetten, d.h. eine gewisse Assimilation und Anpassung bei gleichzeitigem Versuch der Abwehr negativer Seiten - was offensichtlich nicht immer gelingen konnte.

eine in sorbischer Sprache erscheinende Zeitung geschrieben wurde, zeigt dies deutlich auf: [162]

Rentnerfahrt

Schon einen Tag vor dem Namenstagfest, Mittwoch, den 23. Juni, hatten wir einen Ausflug geplant, es war keine Fahrt ins Blaue, sondern eine Fahrt ins Grüne. Die Abfahrt war früh um 7 Uhr und wir wußten nicht, wohin es gehen würde. Auf dem Hinweg beteten wir das Frühgebet und sangen Kirchenlieder. Ganz überrascht waren wir, als wir in Dresden im Ordinariat des Bischofs ausstiegen. In der Hauskapelle feierte unser Kaplan *F.* mit uns die heilige Messe. Danach begrüßte uns der Weihbischof und erklärte uns Verschiedenes und brachte auch seine Sorgen zum Ausdruck, z.b., daß er fünf Kapläne benötigen würde, aber in diesem Jahr nur einer geweiht wird. Später besichtigten wir die Hofkirchenkathedrale und den Zwinger. Kaplan *F.* erklärte alles sehr ausführlich. Einen kurzen Mittagsimbiß am Bus und dann fuhren wir mit dem Schiff bis Pillnitz, wo ein guter Kaffee und Kuchen auf uns wartete. Die Elbefahrt dauerte 1,5 Stunden. Auf dem Heimweg sangen wir schöne Lieder. Um 18 Uhr feierten wir in unserer Kapelle den Dankesgottesdienst. Herrn Kaplan *F.* und allen, die dazu beigetragen haben, dieses Fest zu organisieren, spreche ich im Namen aller ein herzliches „Vergelt's Gott" aus.

Wenige sehen diese religiöse Einbindung kritisch. Nur vereinzelt wird die Einschätzung geäußert, daß die Menschen nicht bereit seien, sich in ihrem Denken und Handeln - auch mit der nun endlich bestehenden Möglichkeit des Reisens und neuen Freiheiten - einmal aus dem kirchlichen Gedankengut zu lösen. Diesen Zusammenhang drückte ein Dorfbewohner sehr drastisch aus: „Sie verbleiben doch in diesem Sumpf der Kirche. Die fahren nicht ins Ausland, um was anderes zu sehen, sondern machen Wallfahrten mit dem Pfarrer nach Lourdes oder Fatima, die wollen doch nichts anderes".[163] Eine solche negative Sichtweise wird jedoch von den wenigsten Dorfbewohnern geteilt, die sich immer auf die schützende Funktion der Kirche sowohl gegenüber dem Staat als auch für die sorbische Tradition beziehen.

Politische Orientierung

Die Anbindung an die Kirche schlägt sich auch in einem politischen *Konservatismus* nieder.[164] Im Gemeinderat verfügt die CDU über eine stabile Mehrheit. Sie ist aus den letzten Wahlen mit einem riesigen Stimmenanteil als Sieger hervorgegangen. Es herrscht allgemein die Annahme vor, daß nur die CDU in der Lage sei, die anstehenden gesellschaftlichen Probleme zu lösen. Gleichzeitig läßt sich bei der Dorfbevölkerung aber weder vor noch nach der Wende eine breite parteipolitische

---

[162] Der Bericht wurde von Frau Gerda Z. aus dem Dorf in sorbischer Sprache verfaßt und in einem Wochenblatt veröffentlicht. Die hier abgedruckte Übersetzung ist von Gerda Z. angefertigt worden. Eine genaue Quellenangabe unterbleibt wegen der den Dorfbewohnern zugesicherten Anonymisierung.

[163] Aussage eines katholischen Dorfbewohners.

[164] Wobei die religiöse Einbindung wohl die generell starke konservative Tendenz in Sachsen bestärkt.

Organisierung feststellen.[165] Mit der zunehmenden Erkenntnis, daß die Folgen der Wende nicht alle positiv sind, nimmt aber die Frustration zu und das Interesse an der Politik ab. Viele äußern, bei den nächsten Wahlen nicht mehr wählen zu gehen, weil auch unter den neuen Verhältnissen keine Möglichkeiten politischer Einflußnahme bestehen. Selbst Mitglieder des Gemeinderates teilen solche Ansichten. Das hebt klar die Unsicherheit und Schwierigkeiten hervor, unter den neuen Bedingungen - selbst unter relativ überschaubaren Bedingungen wie sie die Gemeinde bietet - etwas bewirken zu können.

Sorbisch-dörfliche Tradition und Vereine, Kommunikation

Auf „weltlicher" Seite macht sich die Wende damit stärker bemerkbar. Auffallend ist ein Bruch in den früheren *dörflichen Aktivitäten*. Gerade in dieser Hinsicht ist eine Lethargie zu konstatieren, die von vielen Dorfbewohnern gezeigt und wahrgenommen wird. Die Menschen warten erst einmal ab und engagieren sich öffentlich kaum noch, was als Zeichen zunehmender *Unsicherheit* und *Orientierungslosigkeit* gedeutet werden kann.

Die sozialen und kulturellen Aktivitäten waren früher sehr viel ausgeprägter. Dies betrifft sowohl deren Bandbreite als auch die Organisierung und Finanzierung. So gab es von der Gemeinde und der Domowina[166] (Sorbischer Dachverband) veranstaltete Feiern und Feste. Auch LPG, DFD[167], Sportverein, Kaninchenzuchtverein und andere waren aktiv. Die Gelder kamen aus öffentlichen Töpfen (Gemeinde, LPG, Fond der DFD, Vereine etc.). Weiterhin stellten andere Organisationen Arbeitskräfte zur Verfügung und beteiligten sich an Aktivitäten. So übernahm die NVA aus Kamenz bei Sportfesten wichtige Aufgaben, was den geordneten Ablauf (Ordner, Hilfskräfte) und auch Vorführungen (Fallschirmspringen, Schießstand) angeht. Auch standen für die Durchführung neben den Organisationen hauptamtliche Helfer zur Verfügung. In öffentlichen Gebäuden und Anlagen waren deren

---

[165] Die wenigen SED-Parteimitglieder, die es vor der Wende gab, sind allen Dorfbewohnern bekannt. Dieser Sachverhalt, der wenigen SED-Mitgliedschaften, wird in Gesprächen gelegentlich thematisiert, um zu verdeutlichen, daß Sorben dem Staat zumindest kritisch gegenüberstanden.

[166] Die Geschichte der Domowina ist sehr wechselvoll. Sie wurde 1912 als Dachverband der sorbischen Vereinigungen gegründet. Unter NS-Herrschaft 1937 wurde die öffentliche Tätigkeit der Domowina verboten. Nach dem Zweiten Weltkrieg kam es beim Neuaufbau zu zahlreichen Führungskämpfen zwischen verschiedenen Gruppierungen (Domowina-Verlag 1992:17f.). Es fand aber eine eindeutige Anbindung an den DDR-Staat statt. In einem 1969 in der DDR erschienenen Buch zur Sorbenpolitik heißt es entsprechend: „Mit aktiver Unterstützung und großer ideologischer Hilfe der Partei entwickelte sich die Domowina in den Jahren 1945 bis 1952 zu einer politisch bedeutsamen Massenorganisation im zweisprachigen Gebiet der Lausitz. ... Mit der aktiven Teilnahme am Aufbau der Grundlagen des Sozialismus half sie maßgeblich, die politischen und sozialen Grundlagen der Gleichberechtigung der Sorben zu festigen" (Cyž 1969:52f.). Nach der Wende 1989 wurde die Domowina wiederum den neuen Bedingungen angepaßt. „Nach heftigen internen Auseinandersetzungen setzte sich die Erneuerungsbewegung durch: Die Domowina wurde unter Rückgriff auf die Strukturen der zwanziger Jahre von einer zentralistischen Organisation in einen Dachverband sorbischer Vereine umstrukturiert" (Maćica Serbska 1991:16).

[167] Demokratischer Frauenbund Deutschlands

Leiter, Hausmeister und Putzfrauen bei der Organisation und Durchführung solcher Feste natürlich beteiligt. Aber auch die anderen Bewohner des Ortes hatten Aufgaben zu erfüllen, für die sie in der Regel entlohnt wurden. Im Normalfall wurden für eine Stunde Arbeit 5 Mark bezahlt. Insgesamt wurde der Charakter von Festen dann natürlich von offizieller Seite immer mitbestimmt. Die Teilnahme kam - nicht zuletzt wegen der wahrzunehmenden Aufgaben - häufig einer Verpflichtung gleich.

Nach der Wende wird es immer schwieriger, solche Feste zu organisieren. Nur wenige der Organisationen, die früher für die Veranstaltungen verantwortlich waren, existieren noch, Gelder stehen nicht mehr zur Verfügung, und Personen, die von sich aus als Veranstalter auftreten, sind kaum anzutreffen, was von vielen Personen im Dorf mit Bedauern festgestellt wird. So wird insbesondere den Funktionären von Vereinen und der Gemeinde angelastet, zu wenig für die Allgemeinheit zu tun. Es würden nicht nur Personen fehlen, die organisieren, sondern auch solche, die über Charisma verfügen, „um die Leute mitzureißen". Deutlich wird aber auch, daß es angesichts der Unsicherheit und finanziellen Lage Schwierigkeiten gibt, Personen zu finden, die Feste und Veranstaltungen besuchen.

Bei fehlenden Organisationen wird auch an die *Domowina* gedacht, die von vielen skeptisch betrachtet wird, weil an deren Spitze noch die alten Funktionäre stehen, deren frühere Rolle in der SED-Zeit nicht immer geklärt sei. Aber selbst wenn keine Verdächtigungen oder Hinweise auf SED- oder Stasi-Tätigkeiten von örtlichen Funktionären vorliegen, wird der Verband immer noch mit der SED in Verbindung gebracht. Dieses Problem findet sich einerseits auf der dörflichen Ebene, es betrifft aber auch die Domowina insgesamt. Daher werden die alten geistigen „Vordenker" an der Verbandsspitze mit Argwohn betrachtet, weil sie für einen bestimmten Kurs des Verbands verantwortlich waren, d.h. sich mit dem Staat arrangiert hatten und nun in den Augen der Menschen die neuen Verhältnisse wieder kommentieren und mitgestalten, was sie in den Verdacht bringt, *„Wendehälse"* zu sein. Insbesondere deshalb, weil von der Domowina in der Vergangenheit eine relative Anbindung an den Staat vollzogen wurde. Dadurch waren auch die Veranstaltungen z.T. politisiert, was nur selten auf Zustimmung stieß:

> „Wissen Sie, die Leute haben's satt gehabt: im Betrieb ging das los mit dem Ganzen, Parteilehrjahr und was alles und hier ging das auf der selben Basis weiter, die Leute hatten das mal satt. Überall das Muß. Man war vom Betrieb aus schon so ausgelastet mit sozialistischer Brigade, da mußten die Wettbewerbe erfüllt werden, ne, da hat man ja zu Hause noch manchmal schreiben müssen, daß man das für den Betrieb schafft, weil man's ja auf Arbeit auch nicht geschafft hat. Nich wa. Da hier dann auch noch, das wurde dann zuviel. Ne. Da hat man ja mal etwas anderes erwartet. Is so. Das hat die Leute so vorn Kopf gestoßen, ne, das Ganze" (Interview mit Gisela D., Vorruhestand, 57 Jahre).

Zudem wird kritisch angemerkt, daß der sorbische Jugendverband billig an die FDJ „verschachert" worden sei. Das Dilemma liegt auf dörflicher Ebene darin, daß die Domowina immer Teil der staatlichen Politik war. Ihre Funktionäre und Leiter haben nach dem Empfinden der Bevölkerung Vorteile genossen und sind jetzt nicht bereit, angesichts ihrer früheren Privilegien und Tätigkeit in staatlichen Organisationen, ihre Positionen frei zu geben. Hinzu kommt, daß - wie es ein Dorfbewohner ausdrückt - bei einem so „kleinen Volk jeder jeden kennt" und über die Vergangenheit von fast allen etwas bekannt ist. Viele warten daher darauf, daß die Vorsitzenden der Ortsvereine Platz für Nachfolger machen, bevor sie sich wieder in irgendeiner Weise an Aktivitäten beteiligen. Diese Konstellation und neuere Erwartungen führen zu gegenseitigen Schuldzuweisung ehemaliger und aktueller Funktionäre, ohne daß es zu Veränderungen führt.

Deshalb finden für die übriggebliebenen Mitglieder der Domowina kaum noch Veranstaltungen statt. In den gut 9 Monaten meines Feldaufenthaltes trafen sich die Domowinamitglieder nur zu insgesamt zwei Veranstaltungen, während in früheren Zeiten, insbesondere in den Herbst- und Wintermonaten, häufig 14tägig Vorträge, Veranstaltungen, Theateraufführungen, gemeinsame Liederabende etc. angeboten wurden und ein wichtiger Bestandteil ethnisch dörflicher Kultur waren. Wenn heute doch noch Veranstaltungen von der Domowina organisiert werden, nehmen daran in der Regel nur noch ältere Dorfbewohner teil. Dieser Mangel an dörflichen Veranstaltungen - nicht nur der Domowina - wird von den Dorfbewohnern sehr bedauert. Dennoch wird kaum etwas dagegen getan, was zu weitgehendem privaten Charakter von Festen (z.B. Kirmes, Geburtstage etc.) führt. Gleichzeitig trägt die Abnahme organisierter Veranstaltungen offensichtlich zu einer Intensivierung der Verwandtschafts- und Nachbarschaftsbeziehungen bei. Die Veränderung führt zu einer Individualisierung sozialer Kontakte, die früher aufgrund der weitgehenden Organisierung kollektiv aufrechterhalten wurden. Das kann u.a. an Zahlen zur Vereins- und Verbandsmitgliedschaft deutlich gemacht werden (s. Tabelle 4.3).

36,1 % der Männer und 57,4 % der Frauen, die vor der Wende einem Verein angehörten, traten nach der Wende aus.[168] Bedeutsam an diesen Zahlen dürfte in diesem Zusammenhang sein, daß nur die Vereinszugehörigkeit berücksichtigt wurde, nicht die Parteimitgliedschaft. Offensichtlich werden die Vereine aus der DDR-Zeit von vielen mit der früheren staatlichen Ordnung gleichgesetzt.

---

[168] Die Daten werden auch durch die Mitgliederzahlen bestätigt, die der Domowinavorsitzende angibt. Er nennt 114 bis 120 Mitglieder, die die Domowina „in den besten Zeiten" hatte. Nach der Wende seien die meisten Mitglieder ausgetreten und inzwischen belaufe sich die Mitgliederzahl nur noch auf 44.

Tabelle 4.3: Vereinsmitgliedschaft der Dorfbewohner[169]

Mitgliedschaft in Vereinen und Verbänden (Männer)			Mitgliedschaft in Vereinen und Verbänden (Frauen)		
nach der Wende	vor der Wende		nach der Wende	vor der Wende	
	nein	ja		nein	ja
nein	14	22	nein	24	35
	100 %	36,1 %		96 %	57,4 %
ja	0	39	ja	1	26
		63,9 %		4 %	42,6 %
Anzahl abs.	14	61	Anzahl abs.	25	61
Anteil %	100 %	100%	Anteil %	100%	100%
N=75			N=86		

Quelle: Haushaltserhebung 1993 (eigene Befragung)

Neben der zurückgehenden Vereinsmitgliedschaft besteht insgesamt eine Gefährdung der alten dörflichen *Kommunikationsstruktur.* Die Schließung des „Konsums"
und der Post wird von allen als ziemlicher Verlust gesehen, nicht nur wegen der
mangelnden Möglichkeiten des Einkaufens, sondern auch wegen fehlender Kommunikationsmöglichkeiten, denn insbesondere der „Konsum" diente häufig als sozialer Treffpunkt.[170] Ähnliches kann auch über den Sport ausgesagt werden, bei
dem früher alt und jung zusammenkamen. Aber zum einen kommen die Jugendlichen nicht mehr so häufig, zum andern ist es vielen Älteren zu weit bis zu den lokalen Sportstätten, die abseits des Dorfes liegen. Der bereits in der DDR-Zeit voll-
zogene Zusammenschluß des Sportvereins mit dem eines Nachbardorfes führte dazu, daß die Identifizierung mit dem Verein teilweise zurückging. Allerdings ist diese Identifikation vor allem bei einigen älteren Dorfbewohnern noch ungebrochen,
zumal es sich auch weiterhin um einen sorbischen Verein handelt.

Zudem lassen sich weitere Bedingungen in der Vergangenheit feststellen, die einen
Rückgang der Kommunikationsmöglichkeiten bewirken. Denn die Gastwirtschaft
war zu DDR-Zeiten sehr häufig auswärtigen Gästen vorbehalten, und viele Dorfbewohner fahren auch heute noch ungern dort hin, weil sie früher offensichtlich nur
lustlos bedient bzw. nicht beachtet wurden.[171] Auch sind nach Angaben von einigen

---

[169] Dargestellt sind Spaltenprozente, um die Veränderungen zu verdeutlichen.

[170] In einem Zeitungsbericht der *serbske nowiny* stellt eine Dorfbewohnerin die infrastrukturellen
Verluste dar, die im Laufe der Zeit die Kommunikation im Dorf erschweren. Dabei verweist
sie besonders auf den „Konsum" und die negativen Auswirkungen, die dessen Schließung für
die Kommunikation im Dorf hatte. (Der Zeitungsbericht liegt dem Verfasser vor, die Quelle
wird jedoch nicht genau spezifiziert, weil in ihr der Name des Ortes genannt wird).

[171] Ein Dorfbewohner hebt diesen Zusammenhang hervor: „Nein, weil vor der Wende, da konnte
auch ein *Wjeskaler* rausgehen wie er wollte, er hat, er hat sehr lange auf sein Bier gewartet.

Dorfbewohnern in der Vergangenheit für lang geplante Feste frühzeitig bestellte besondere Biersorten vom Gastwirt z.T. nicht geliefert worden, was sie heute als Grund nehmen, die Gastwirtschaft nicht mehr zu besuchen.

Anzeichen einer Veränderung bietet die Wiedereröffnung des Ladens unter neuer Leitung - was allerdings nicht vollständig auf Gegenliebe gestoßen ist, weil einige die Erwartung hatten, der Laden würde von einem sorbischen Kaufmann übernommen.[172] Die Konkurrenz der Supermärkte und die Möglichkeiten, mit dem PKW zu entfernteren Geschäften zu fahren, um so günstigere Waren einzukaufen (die DDR-üblichen „Einheitsverkaufspreise" fielen mit der Marktwirtschaft weg), führten allerdings dazu, daß einmal verlorene Kommunikationsmöglichkeiten nicht mehr in gleichem Maße vorhanden und kaum regenerierbar sind.

Gemeinsame Treffen und kurzer Austausch sind damit auf die Nachbarschaft zurückverwiesen. Diese Kontakte können zumindest z.T. als institutionalisiert betrachtet werden. Häufig werden solche Gespräche über einen Zweck oder vorgetäuschten Grund aufgenommen und mit dem gemeinsamen Trinken einer Flasche Bier verknüpft.

Aber auch andere kulturelle und traditionelle Aktivitäten, die vor der Wende noch häufiger stattfanden, wie z.B. das Maibaumwerfen, finden nicht mehr statt, weil auch die Jugend davon ausgeht, daß sowieso niemand zum Tanz geht.[173] Früher waren insbesondere die Älteren in diese Vergnügungen eingebunden und sorgten damit für einen Volks- bzw. Dorffestcharakter und zudem für einen finanziellen Gewinn auf seiten der jugendlichen Veranstalter. Ein weiterer alter Brauch, das Hexenbrennen (ein Frühjahrsbrauch, der mit dem Osterfeuer in anderen Regionen vergleichbar ist) fand dieses Jahr zum ersten Mal nach der Wende wieder statt, zeigte sich aber als reine Veranstaltung für Kinder, bei der ebenfalls nur wenige Jugendliche anwesend waren.[174] Es findet eine *Infantilisierung* und *Folklorisierung von Bräuchen* statt, die jedoch nicht so weit geht, wie es Mai (1996) für die Niederlausitz feststellen konnte. Während Mai darlegt, daß dort jegliche sorbische Tradition nur noch als Folklore stattfindet,[175] zeigt sich dies in der Oberlausitz nur an einigen wenigen Bräuchen, wie z.B Hexenbrennen und Fasching.

Und nach der Wende ham sich die Leute gesagt, naja, wenn vor der Wende so was war, jetzt gehn wir ooch nicht rein. Und er hat uns nicht gebraucht. Er hat seine Gesellschaften gehabt. Und da warn wir eben nie willkommen. Da konnten wir ja vielleicht mal sehn, wer dort ist. Da liegt, mir liegt doch da nichts dran. Der soll doch (...) machen was er will. ... Die *Wjeskaschen* wurden rausgeekelt, alle. Das war alles, äh, Absicht. Ne" (Interview mit Jano T., Handwerker, 42 Jahre).

[172] Viele Sorben wollen das Wiedererstarken des ethnische Elements im Dorf in allen Bereichen stützen. Für diese war es daher besonders wichtig, einen sorbischen Ladeninhaber im Dorf anzusiedeln.

[173] Eine Einschätzung, die nicht zuletzt mit Blick auf die gegenwärtige finanzielle Situation vieler Dorfbewohner geäußert wird.

[174] Im Gegensatz zu anderen Dörfern der Umgebung, in denen das Hexenbrennen zu einem Dorffest wird, zu dem auch Menschen aus umliegenden Dörfern kommen.

[175] Mai illustriert dies an verschiedenen Sachverhalten, von denen der folgende wegen der deutlich herausgearbeiteten Symbolik besonders illustrativ ist: „Folklorisierung und also Krise der sorbischen Dorfkultur erscheint in vielerlei Gewand: Die bereits zu DDR-Zeiten an der traditionellen Stelle des Maibaums im Zentrum des Dorfes errichtete TV-Sammelantenne (als

Es besteht weitgehend Interessenlosigkeit, die aber auch von einigen damit begründet wird, daß sämtliche Vergnügungen nun teurer bezahlt werden müssen. Zwischen Alten und Jungen gibt es keine offenen Konflikte, aber bei Festen kommen die Jungen häufig nicht mehr mit den Alten zusammen, was auch von den Älteren mit Bedauern gesehen wird. Zum Teil wird das auch der sozialen Kontrolle zugeschrieben, weil die Alten dann über die Jugend „herziehe", sie trinke zuviel und kleide oder benehme sich nicht richtig. Insgesamt richtet sich damit die soziale Kontrolle auf die gesamte Bandbreite möglicher jugendlicher Verhaltensweisen, was gerade unter den Bedingungen von neuen Freizeitmöglichkeiten und neuer Freiheit zu einem Rückzug der Jugend aus gemeinsamen Aktivitäten führt. Beispielhaft ist, daß die Jugendlichen sich an einem Veranstaltungsabend der Domowina an der Tür zum Festsaal versammelten und Billardtische wieder aufstellten, bevor das letzte Lied verklungen war. Dieses Verhalten hatte für die anwesenden Älteren den Charakter einer Aufforderung, den Saal zu verlassen.

Jugendliche finden daneben noch weitere Möglichkeiten, ihre Freizeit zu gestalten. So ist der Jugendklub unter Mithilfe der Gemeinde und Eigeninitiative der Jugendlichen wiederentstanden. Dieser zeigt sich nicht nur als Kommunikationstreffpunkt für dörfliche Jugendliche, sondern bringt auch aus den umgebenden Gebieten Jugendliche ins Dorf. Allerdings führte die Existenz des Jugendclubs nicht zu einer Stärkung des dörflichen Zusammenhalts der Jugendlichen. Statt dessen bleibt er verschiedenen örtlichen Jugendlichen aufgrund alter Rivalität zwischen den Dorfteilen verschlossen.

Derartige Veränderungen lassen sich jedoch nicht nur bei Jugendlichen feststellen. Es muß weiterhin davon ausgegangen werden, daß fehlende Kommunikationsmöglichkeiten durch „Gespräche über den Gartenzaun" kompensiert werden, weil kaum noch die alten kommunikativen Treffpunkte vorhanden sind. Andere Möglichkeiten des Treffens sind stark eingeschränkt. Früher gab es neben den dörflichen Aktivitäten noch Brigadetreffen und andere, über die Arbeit vermittelte Freizeitgestaltungen, die nun nicht mehr stattfinden (Freizeit- und Urlaubsfahrten, LPG-Feiern etc.).

Die eigentlichen Feste, die tatsächlich noch in dörflicher Tradition stehen, scheinen nun eher privat organisiert zu werden. Hochzeiten, Taufen, Geburtstage und die Kirmes sind weitgehend Familienfeiern, zu denen neben der Verwandtschaft noch enge Freunde und die Paten eingeladen werden. Zwar wird im Dorf bei der Kirmes mit Ständen und Karussels etwas geboten, diese finden aber nur wenig Zuspruch. An solchen Tagen ist man lieber unter sich, und es fehlt die Motivation, in die Öffentlichkeit zu gehen, zumal durch die Verteuerung der Lebensmittel die finanziellen Mittel nicht immer vorhanden sind.[176] Dagegen wird traditionsgemäß beim

---

Transmitter von Massenkultur) und Verdrängung des Maibaumes an den Ortsrand symbolisieren in gewisser Weise Marginalisierung und Entwertung der sorbischen Kultur" (1996:129).

[176] „Die Leute schaun heute mehr auf'n Pfennig und heute, 'ne Flasche Bier kostet, sagen wir eben eine Mark und dort bezahlst du für die gleiche noch dreißig. Das ist das nächste. Also, das hängt also mit der ganzen Wirtschaft so 'n bißchen zusammen und wir müssen also folgendes, das Angebot ist höher als früher, also man sieht viel Dinge, die man sich kaufen

Polterabend auch die gesamte Dorfjugend eingeladen. Gemeinsamkeiten bestehen noch in der gegenseitigen Geschenkübergabe zu besonderen Tagen, wie Einschulung, Geburtstag und Hochzeit. War es aber früher so, daß im größeren Umkreis etwas gegeben wurde, bezieht sich dies heute primär auf den Nahbereich. Im übrigen wird der Wert der Geschenke taxiert, um auch bei Gegengaben preislich nicht falsch zu liegen.[177] Daran wird vor allem die zunehmende Materialisierung beklagt, denn Dinge, die die Kinder vor der Wende noch erfreuten, werden kaum noch gewürdigt. Die Notwendigkeit der Herstellung von Reziprozität bestand bereits vor der Wende, aber die Bedingungen des knappen Gütermarktes sorgten dafür, daß der reine Tauschcharakter nicht in den Vordergrund trat. Bedingt durch die zunehmende Materialisierung werden die Gegenstände teurer, und folglich müssen Gegengeschenke an Wert zunehmen, um zu einem Ausgleich zu gelangen.

Als letzte intakte kulturelle Organisation wird von den Dorfbewohnern noch die Feuerwehr gesehen, die zumindest gelegentlich Feste organisierte. Aber auch an einer solchen Sichtweise äußern einige Dorfbewohner Zweifel:

„...naja, so ham wir, daß ham wir damals mehr gemacht, feuerwehrmäßig ooch so, das ist ja, Feuerwehrgruppe besteht ja noch alles, aber die machen auch nicht viel. ... Ja, ham wir, jedes Jahr. Wie mir, zu unserer Zeit damals, ach wir (?) hab ich ja noch mitgemacht bis so 40, 45 Jahre, is vielleicht 10 Jahre, bin ich aus der Feuerwehr raus, ne, wir ham jedes Jahr unsern unsere Feuerwehr auch abends gemacht hier, Feuerwehrball ham wir das genannt, meistens immer Februar, zur Faschingzeit so, newa, im Winter, wenn alle so, wenn draußen der Streß so 'n bissl abgelegt wurde, Winter, wo jeder Zeit hat, als Faschingsveranstaltung, weil, wurde organisiert oder wenn Fasching ham wir ooch gemacht hier mit den Feuerwehrleuten und Maientanz ooch mal. Der Sponsor oder Veranstalter war die Feuerwehr" (Interview mit Hans C., Vorruhestand, 58 Jahre).

Nachbarschaft und soziale Unterstützung

Früher revitalisierte sich die Gemeinschaft sehr viel stärker durch das „Wirtschaften des Mangels", weil notwendigerweise andere Dorfbewohner zur kooperativen Ressourcenaneignung herangezogen werden mußten. Dies bezog sich immer sowohl auf Informationskanäle als auch Unterstützungsleistungen.[178] Durch die Bedingungen nach der Wende fallen solche Hilfeleistungen in breitem Rahmen fort, und die Nachbarschaftshilfe geht zurück. Zudem ist aufgrund der beruflicher Einbindung die zur Verfügung stehende Zeit enger bemessen. Nach der Wende bieten sich neue Handlungsmöglichkeiten (Hausrenovierung, Heizungseinbau, Badeinbau, Fenster- und Rolladeneinbau), die zunächst zu einem verstärkten Engagement für die eigenen Belange führen. Gegenseitige Hilfeleistungen erfolgen

---

möchte, also irgendwo muß man also anfangen zu sparen. Also sagt man - ich sag ihnen auch ganz ehrlich, mir ist danach momentan: Ich wollte eigentlich aufn Bier fahren mmmh, naja, und da naja, 'sicher kannste fahren', und da ham wir uns gesagt, wir trinken zu Hause 'ne Flasche Wein" (Interview mit Korla F., Rentner, 66 Jahre). Solche oder ähnliche Aussagen finden sich bei fast allen Altersgruppen.

[177] Nahezu alle Haushalte des Dorfes (96 %) schenken an diesen Tagen noch etwas. Allerdings wird in der Regel dabei nur die nahe Nachbarschaft berücksichtigt.

[178] Dies wird ein Thema der ausführlichen Netzwerkanalyse sein.

somit fast nur noch im engen nachbarschaftlichen oder verwandtschaftlichen Bereich. Zu berücksichtigen ist vor allem, daß es sich dabei um gewachsene Beziehungen handelt, die auch auf gemeinsam durchlebten Schwierigkeiten beruhen, sich stets als verläßlich erwiesen und somit im Laufe der Zeit an Intensität gewonnen haben. Die Netzwerkanalysen werden noch deutlich machen, daß es sich um sehr vielschichtige Funktionen handelt, für die diese Beziehungen wichtig sind.

Dennoch scheint sich die angesprochene Lethargie, die die Vereinsorientierung betrifft, offensichtlich auch in den sozialen Beziehungen wiederzufinden. Unsicherheiten in bezug auf Personen konnten bisher kaum ausgeräumt werden. Der Rückzug auf bestehende Kontakte scheint daher zunächst die sicherste Strategie zu sein. Hier wird auch die Unsicherheit der Investitionen eine Rolle spielen. Denn die Einsicht in das vergangene Leben des anderen schafft natürlich gewachsenes Vertrauen und emotive Sicherheit.[179] Gleichzeitig entgeht man damit den Kosten des Aufbaus von neuen Beziehungen und der Gefahr, von diesen neuen Kontakten belastet zu werden.

Allgemein kann von einem Verlust an Arbeitsbeziehungen und sinnstiftender Arbeit ausgegangen werden. Auf der anderen Seite erweist sich die Nachbarschaft und die Familie als hochgradig vertraute und Sicherheit gebende soziale Umwelt. Dabei wird aber sehr stark nach *Funktionen differenziert*. Nur wenige Mitglieder der Nachbarschaft erreichen den Status von Freunden. Dadurch werden automatisch Familien- und Verwandtschaftsbeziehungen als Rückhalt bei Problemen aufgewertet. Diese Netzwerke reproduzieren sich quasi automatisch durch Familienfeiern sowie gegenseitige Besuche und bleiben damit als Ressource vorhanden.

Der Rückhalt für verschiedene Hilfeleistungen kann relativ pauschal abgehandelt werden. Für emotionale Unterstützung und auch Rat bei Entscheidungen etc. ist in erster Linie die Familie zuständig. Darüber hinaus sind noch gute Freunde von Bedeutung, die sich aber in der Regel nicht aus der Nachbarschaft rekrutieren. Die Nachbarschaft steht wiederum für alle materiellen Dinge zur Verfügung, mit Ausnahme von größeren Geldleistungen. Denn größere Geldleistungen setzen wieder ein Vertrauensverhältnis voraus, das es nur unter guten Freunden oder Verwandten gibt. Der gleiche Zusammenhang gilt bei privaten Problemen.

> „Ja das, das ist erst einmal innerhalb der verwandtschaftlichen Verhältnisse und zweitens innerhalb guter kameradschaftlicher Verhältnisse und im Dritten wird es schwer werden. R. *Matej*, hier, das ist mein Cousin. Also wenn ich heute sagen würde, 'Hör mal *Matej*, weißte wàs, ich muß übermorgen, nech, ich brauch unbedingt 10000 Mark Geld, kannst Du nicht...' 'Ja, ich brings Dir dann runter, ich fahre morgen holen' Ja, ne. Auch R. *Frank*, das ist wieder mein Paten-, Firmpatenkind. Auch bei dem - ohne weiteres.... Denn das ist eben so, auch unter im allgemeinen unter verwandtschaftlichen Verhältnissen.... Wenn ich jetzt zu meinem Bruder käme, da ist es ja logisch. Also, obwohl es auch nicht überall logisch ist. Und wenn ich bei meinem Schwager käme, sagt er: 'Wieviel brauchst du?'" (Interview mit Martin Z., Lehrer, 55 Jahre).

---

[179] In ähnlicher Weise erklären auch Elias/Scotson (1993) den Zusammenhalt verschiedener Gruppen in ihrer Untersuchung in einem englischen Vorort.

„Ja, das kommt drauf an, was es betrifft. Ist es ein Familienproblem, das in der Familie geklärt, is' es was, wo man denkt, man könnt 'nen Nachbarn fragen, was denkst Du darüber oder was hättest Du gemacht, das macht man dann ooch, aber im Allgemeinen, kommt drauf an, was es für ein Problem ist, ne" (Interview mit Jurij D., Vorruhestand, 57 Jahre).

„Ach, naja, naja. Was ist das, ne wichtige, naja so irgend 'n großen Koof oder was, was weeß ich oder was. Na, was heeßt wichtig, das macht man sowieso in der Familie, die kauft ja oder die oder ich, die kauft ja was er haben will. Naja, da sagste ooch mal, was würdst denn Du machen, Schwester oder Nachbarn fragt man ja auch selten oder so. Meinst Du ooch, ich würde mir das und das kaufen, oder ist das oder haste 'n andern Vorschlag" (Interview mit Hans C., Vorruhestand, 58 Jahre).

Zudem holen sich viele Dorfbewohner bei den Nachbarn Rat und Beistand bei Entscheidungen und Problemen, die alle betreffen (Gas- und Wasseranschluß, Heizungseinbau etc.). So sind die Veränderungen Bestandteil ihrer Gespräche auf der Straße und bei Zusammenkünften. Denn es kommen hohe Kosten auf die einzelnen zu, wenn sie ihre alten Öfen gegen neue Zentralheizungen austauschen, wenn sie einen Gasanschluß legen lassen, wenn der neue Wasseranschluß bezahlt werden muß etc. Solche Fragen werden z.T. an die gestellt, die sich schon früher eine Ölheizung haben einbauen lassen, oder es wird versucht, bei den anderen Nachbarn Personen zu finden, die in vergleichbaren Situationen ähnlich handeln. Das unterstützt die These, daß insbesondere bei Veränderungen und Unsicherheit die Notwendigkeit der Erweiterung sozialer Kontakte besonders groß ist. Bei solchen Fragen werden jedoch nicht völlig neue Kontakte gesucht, sondern zunächst wird in der nahen Umgebung nach Rat gefragt (Revitalisierung des Bestehenden). Solidarität oder Beistand wird zudem häufig bei Personen gesucht, die sich in gleicher oder ähnlicher Lage befinden.

Natürlich tauchen Probleme mit der Umstellung des Wassers, Gasanschluß und zunehmenden Kosten auf, die mit anderen besprochen werden. Aber eine Frau macht die Grenzen deutlich, bis zu denen dieser Beistand geht: „...man will ja nicht die anderen mit seinen Dingen belasten" (Interview mit Gerda Z., Rentnerin, 73 Jahre).

Es wird als wichtig herausgestellt, mit den meisten Dorfbewohnern positive Beziehungen aufzubauen. Das stellt sicher, daß man „überall hingehen kann und einem niemand etwas nachträgt". Denn damit erhält man sich die Möglichkeit, „daß man im Falle von Schwierigkeiten jemanden hat, an den man sich wenden kann". Daher wird auch bei Nachbarschaftshilfe stets versucht, eine Gegenleistung zu schaffen (Bereiten von Essen, Bereitstellen von Getränken etc.). Deutlich wird, daß in der Regel versucht wird, Reziprozität herzustellen, auch wenn es schwer fällt. Ein Mann schildert Schwierigkeiten, die er hatte, um die Leistung von Handwerkern beim Hausbau zu vergüten. Neben dem ausgemachten Stundenlohn mußte er die Handwerker noch bewirten. Über Dritte kam er an die notwendigen Essensmarken, um Reziprozität herstellen zu können:

„Essen, voll Ess..., volles Essen, niwa, wenn die kamen. Naja, wir mußten vier Mark geben und kein Essen, niwa, weil wir hatten ja damals noch auf Marken mit Fleisch und so. Jetzt, wo kriegst nun Fleisch her und alles. Und da hatten wir wieder gute Bekannte, niwa, die ham mehr Kinder gehabt und 'ne Landwirtschaft, da ham wir von denen die Marken gekriegt. Wir ham ja keene Landwirtschaft, wir konnten ja nicht schlachten und nischt. Wir warn ja auf die Marken angewiesen, das war damals 'n bissl schlecht, niwa" (Interview mit Jakob P., Rentner, 70 Jahre).

Damit ist Reziprozität ein tragendes Element der Gemeinschaft. Allerdings wird nicht in jeder Beziehung angenommen, daß sich Reziprozität schon von allein einstellen wird, z.T. wird relativ intensiv auf „Gegengaben" und Ausgleich geachtet. Wenn jemand zu häufig in die Situation kommt, nur Gebender zu sein, wird er weitere Wünsche in der Regel ausschlagen:

„Obwohl, obwohl man auch solche hat, die das dann natürlich ausnutzen, aber dort sagt man's dann nur zwei Mal und beim dritten Mal: 'Du, weißt Du, entschuldige, aber Du hast noch bei mir zwei Mal zurückzutauschen, Du hast's wohl vergessen. Wenn das zurückgetauscht ist, dann machen wir's wieder'. So in schönem Ton" (Interview mit Martin Z., Lehrer, 55 Jahre).

Von einem anderen Befragten wird festgestellt, daß es nur noch wenig Nachbarschaftshilfe gibt, weil die meisten kaum noch Felder besitzen und den Bau der Häuser abgeschlossen haben. Daher könne man sich niemanden zu Hilfe holen, denn man wisse ja nicht, ob und wann man überhaupt noch für den anderen arbeiten kann. Vor allem, weil einer viel zu arbeiten habe, und andere nur wenig. Das schließe jedoch nicht aus, daß sich die meisten von bestimmten Nachbarn kleinere Geldbeträge für den Einkauf oder kleinere Besorgungen leihen. Denn insbesondere bei Geld kann die Äquivalenz relativ leicht wieder hergestellt werden. Verschiedentlich ist somit festzustellen, daß die Monetarisierung für geleistete Hilfe zunimmt. Als Gegenleistung für einfache Hilfeleistungen, wie z.B. Überprüfung des Heizungssystems, kleine Reparaturen an Kraftfahrzeugen oder Ausbessern von Stalltüren) wird häufig Geld gezahlt.

Aber nicht nur in bezug auf Geldbeträge erhält die Nachbarschaft eine wichtige Bedeutung. Nachbarschaft heißt tatsächlich die nahe Umgebung und schließt nicht das ganze Dorf ein. Das Dorf kann in drei „Unterdörfer" eingeteilt werden, in denen nähere Kontakte bestehen. In der eigenen Definition wird Nachbarschaft gleichgesetzt mit materieller Hilfe und gelegentlichem Zusammentreffen. Freundschaftsbeziehungen werden von Nachbarschaftsbeziehungen getrennt betrachtet und bestehen in der Regel seltener zu Personen in der direkten Nachbarschaft. Dennoch sind Personen aus der Nachbarschaft auch Ansprechpartner bei der Suche nach Rat in technischen Fragen. Emotionale Unterstützung wird dagegen nahezu immer bei Freunden und Verwandten gesucht (wobei damit nicht ausgeschlossen ist, daß sich Freunde in der Nachbarschaft befinden).

Dabei muß die Frage thematisiert werden, was noch als Nachbarschaftshilfe zu werten ist, und was schon Schwarzarbeit ist. Es wird zwar immer auf die Feststellung Wert gelegt, die Häuser seien in Nachbarschaftshilfe gebaut worden, aber die gelernten Handwerker (Maurer, Zimmermann) bekamen auch zu DDR-Zeiten in der Regel 10 Mark Stundenlohn, und Handlanger wurden mit 5 Mark entlohnt. Dabei war es auch üblich, daß den Fachleuten mehr geboten wurde, um sie auf die eigene Baustelle zu bekommen. Die Trennung zwischen Schwarzarbeit und Nachbarschaftshilfe ist somit nicht eindeutig. Allerdings ist feststellbar, daß der Umfang gegenseitig geleisteter Hilfe abnimmt. Eine bedeutende Ursache für diese Abnahme sehen die Dorfbewohner in den steigenden Arbeitsplatzanforderungen und der Notwendigkeit der Sicherung von Arbeitsplätzen. Hinzu kommt noch, daß mit Überstunden mehr Geld zu verdienen ist, als mit Schwarzarbeit, bei der häufig auch weiterhin nur ein Stundenlohn von 10 DM zu erzielen ist. Für solche Summen sind Arbeitskräfte nicht mehr in gleichem Umfang wie vor der Wende zu bekommen. Dies wird als Beleg dafür gesehen, daß die persönlichen Beziehungen in der Nachbarschaft zurückgehen. Auch wenn die Häuser nicht in Nachbarschaftshilfe gebaut wurden, so gab es doch auch reziproke Beziehungen beim Hausbau. Dies war z.B. dann der Fall, wenn zwei Häuser in der gleichen Zeit bzw. nacheinander gebaut wurden und die Bauherren gegenseitig einspringen konnten. Ähnliches gilt für Hilfe von Familienmitgliedern oder wenn eigene, anstehende Arbeiten Hilfe erforderten, so daß durch „Vorleistungen" spätere Hilfe eingeworben werden konnte. Zudem wurde früher sehr viel häufiger Deputatware (Ziegel, Holz etc.) getauscht. Andere Hilfen, die nicht diesen enormen Zeitaufwand wie ein Hausbau benötigen, werden jedoch auch nach der Wende noch geleistet:

„Bei ihm das gleiche. Wenn er was braucht, er weiß, wo ich meine Werkzeuge habe. Holt er das, und wenn niemand zu Hause ist, nimmt er sich's trotzdem und sagt hinterher: 'Ich hab mir das mal geliehen' und schafft's wieder hier her. Erledigt. Also, ne gute nachbarschaftliche Beziehung" (Interview mit Martin Z., Lehrer, 55 Jahre).

„Und wenn er wirklich mal in der Klemme war, hat er gesagt: 'Mensch Du, ich krieg heut abend 'n Lastzug hier', meintwegen vier- oder fünftausend Ziegel 'und ich brauche heut Abend vier Mann. Du, hast'e da jemand?'. 'Na ja, bring ich den und den mal mit.' Naja. So ging das. Da wurde geholfen. Flasche Bier nachher getrunken, Flasche Schnaps oder so, fürs Dankeschön ham wir ooch nicht gearbeitet direkt, ne, das. Sag ja, ham wir da eben 'n Bier getrunken 'n bissl noch und hinterher da 'ne Stunde gequatsch worden" (Interview mit Hans C., Vorruhestand, 58 Jahre).

„Würd sagen helfen, wenn was ist, wird durchaus gemacht, alles mit Nachbarschaftshilfe, da wird keen Pfennig dafür verlangt. Da hilft jeder jedem. Ich helfe dem mal, der hilft mir mal und da fragt keener: 'Was kriegst Du?' und 'Was kriegst Du?', da wird sich mal ne Flasche Bier getrunken und und..." (Interview mit Jurij D., Vorruhestand, 57 Jahre).

Dies kann als Beleg gelten, daß die alten, gewachsenen Nachbarschaftsstrukturen zumindest bei den Älteren noch Bestand haben. Zwar kann dies auch noch bei einigen Jugendlichen festgestellt werden, doch scheint bei diesen der dörfliche Zusammenhalt abzunehmen. Als eine Ursache ist die gesteigerte Mobilität zu sehen. Die Jugendlichen, die früher gemeinsam mit dem Rad zum Tanzsaal gefahren sind, fahren heute vereinzelt mit dem eigenen Auto (häufig Trabant) zu einer der neu entstandenen Diskotheken. Aber auch unter den Alteingesessenen tauchen die ersten Probleme auf. Es wird berichtet, daß man nicht mehr wie früher zu jedem im Dorf gehen könne, denn von einigen bekomme man schon Absagen, wenn um Hilfe nachgefragt wird. Man besinnt sich somit auf alte, nahe und als sicher eingeschätzte Kontakte.

Gemeinsam durchgeführte Arbeiten für die Gemeinschaft gehen durch die jetzt vergebenen Mittel für AB-Maßnahmen zurück (Säuberung der Straßengräben, Pflanzung von Bäumen etc.). Früher waren solche Maßnahmen und gemeinsame Anstrengungen im Rahmen der sozialistischen Ideologie als *Nationales Aufbauwerk* (NAW, z.b. Bau von Freizeitanlagen, Errichtung von Geschäften, Kultur- und Sportstätten) wichtig für das „kollektive Bewußtsein". Das Fehlen solcher allgemeinen Aufgaben schwächt somit die Gemeinschaft und verstärkt *Individualisierungstendenzen*, zumal kaum andere gemeinsame Handlungsmöglichkeiten bestehen, die in dieser Richtung Kompensation bieten könnten. Im Gegenteil führt eine weitergehende Monetarisierung solcher Hilfeleistungen zu einem Verlust an Solidarität. Anders als vor der Wende ist nicht-monetäre Reziprozität damit ein Phänomen, das sich weitgehend nur noch in Verwandtschafts- und Freundschaftbeziehungen findet, bei denen sich Reziprozität ohnehin über eine subtilere Art des Austauschs herstellt. Nicht ganz so ausgeprägt ist dies in der nahen Nachbarschaft, obwohl sich auch in diesem Bereich Belege für diese Art der Reziprozität nachweisen lassen („Denen habe ich so viel geholfen, die werden mir auch helfen." „Da hab ich noch was gut.").

Gemeinschaft und soziale Differenzierung

Wenn auch das Dorf von vielen als *Gemeinschaft* beschrieben wird, werden doch Brüche deutlich, die durch Prozesse sozialer Differenzierung hervorgerufen werden. Diese lassen sich sowohl am Einkommen als auch am Vorhandensein einer Arbeitsstelle festmachen. Betrachtet man zunächst das Einkommen, werden einige Veränderungen wahrnehmbar. Vor der Wende bestanden aufgrund der sozialistischen Politik und Ideologie kaum Differenzen im Einkommen zwischen den einzelnen Berufsgruppen, die im Dorf anzutreffen waren. Tabelle 4.4 verdeutlicht diesen Zusammenhang. Das Nettoeinkommen von 70 % der Haushalte des Dorfes wurde in der Spanne von 1000-2500 Mark angegeben, mit nur wenigen Abweichungen nach oben und unten. Nach der Wende finden sich in diesem Bereich zwar immer noch fast 65 %, dafür aber 22 % in der Gruppe über 3000 DM, in der vor der Wende nur 1,2 % der Haushalte des Dorfes waren. Dagegen hat die Zahl der relativ Deprivierten abgenommen. Die Tatsache, daß vor der Wende 25 % aller Haushalte unter 1000 Mark verdienten, ist auf die schlechte Versorgungslage der Rentner in der DDR zurückzuführen. Nach der Wende hat sich dies klar verändert. Lediglich 7,3 % aller Haushalte verfügen nur noch über ein Einkommen, das unter 1000 DM liegt. Insgesamt zeigt sich, daß aufgrund der Veränderungen „ärmere" Haushalte aus dem unteren Bereich in den mittleren aufgestiegen sind.[180] Zudem

---

[180] Da sich die Struktur der Haushalte kaum verändert hat, lassen sich die Einkommen vor und nach der Wende trotz einiger methodischer Bedenken miteinander vergleichen. Denn wichtig ist vor allem die relative Veränderung des Haushaltseinkommens. Ein Vergleich der Pro-Kopf-Anteile an den Haushaltseinkommen illustriert diese Tendenz. Standen dem einzelnen vor der Wende im Schnitt 584 Mark zur Verfügung, sind es nach der Wende 860 DM. Vor der „Wende" betrug der Pro-Kopf-Anteil am Einkommen in der Mehrzahl der Haushalte (59,3 %) unter 500 Mark, nach der Wende läßt sich dies nur noch für 20,7 % der Haushalte

hat sich die finanzielle Situation einer etwas größeren Anzahl von Haushalten so verbessert, daß sie aus dem „mittleren" Bereich in den „oberen" aufgestiegen sind. Damit zeichnet sich eine klare soziale Differenzierung ab, die jedoch trotz scheinbarer Niveauanhebung in allen Bereichen für einzelne Gruppen aus dem unteren Bereich auch mit Belastungen verbunden ist. Denn auf die Frage nach dem *Auskommen mit dem Einkommen* beurteilen immerhin 19 % die Versorgungslage vor der Wende besser, und 40 % sehen trotz der angedeuteten Veränderungen keinen Unterschied. Lediglich 41,1 % kommen nach eigenem Bekunden nach der Wende besser mit ihrem Geld zurecht.

Tabelle 4.4: Netto-Haushaltseinkommen der Dorfbewohner vor und nach der Wende		
	vor Wende Mark (DDR)	nach Wende DM
bis 500	7,4	/
bis 1000	18,5	7,3
bis 1500	22,2	18,3
bis 2000	34,6	28,0
bis 2500	13,6	18,3
bis 3000	2,5	6,1
über 3000	1,2	22,0
Anzahl abs.	81	82
fehlende Werte	9 [181]	8

Quelle: Haushaltserhebung 1993 (eigene Befragung)

Wenn man von Einkommen der Haushalte in Ostdeutschland spricht, besteht immer auch die Frage, wie die enormen Mietsteigerungen, von denen immer wieder die Rede ist, kompensiert werden können. Für die Bewohner des Dorfes liegt hier allerdings kein Problem, denn die Häuser sind fast ausnahmslos im Eigentum der darin lebenden Dorfbewohner oder deren Eltern bzw. deren Kindern, wenn das Eigentum bereits überschrieben wurde.

Ein weiterer, eng mit dem Einkommen verknüpfter wichtiger Aspekt der materiellen Ausstattung ist der Arbeitsplatz. Personen die eine Arbeit haben, besitzen damit die Möglichkeit, am materiellen Wohlstand teilzunehmen. Dabei werden durchaus Versuche unternommen, andere auszustechen, verschiedene Dinge zur Schau zu stellen und die neue Lebensart symbolisch und praktisch vorzuführen. Das führt natürlich auch zu Neid. So sagt ein gut verdienender Dorfbewohner, daß „einige auf den Rücken fallen würden, wenn sie erfahren, was ich verdiene" und er hält es deshalb, ganz im Gegensatz zu früher, geheim, um nicht „den Neid der anderen

---

feststellen. Auch am oberen Ende der Skala ist diese Veränderung vorzufinden. Vor der Wende entfiel nur auf 2,5 % der Haushalte ein Pro-Kopf-Anteil von über 1000 Mark, nach der Wende trifft dies für 17 % zu.

[181] Fehlende Werte ergeben sich dadurch, daß einige Befragte diese Frage nicht beantworten wollten. Offensichtlich war es für eine Person leichter das aktuelle Haushaltseinkommen mitzuteilen als das frühere.

hervorzurufen". Eine andere gutsituierte Dorfbewohnerin sagt, daß sie die Gelegenheit hätte, einen „großen Westwagen"[182] zu fahren, dies aber nicht wolle, um nicht den Neid der anderen zu schüren. Bestand vor der Wende eine häufig berichtete Sorge darin, in politischen Diskussionen etwas Falsches zu sagen, besteht nun stärker die Befürchtung, den Neid der anderen zu wecken. Also werden bestimmte Dinge tabuisiert. Bei sich selbst festgestellter Neid und die Furcht davor, andere könnten einem selbst etwas neiden, werden von den Dorfbewohnern als weitere Indikatoren der allumfassenden Veränderungen gedeutet, die die Orientierung und Neugestaltung von Beziehungen erschweren. Dies wirkt sich negativ auf soziale Netzwerke und gegenseitige Unterstützung aus. Denn soziale Netzwerke basieren vor allem auf gegenseitiger Unterstützung (Reziprozität, emotionale Bindung). Aufkommender Neid wird deshalb von vielen Dorfbewohnern als Bedrohung empfunden, da die Aufrechterhaltung der Reziprozität erschwert wird. Dies kann aus der Position von „Neidern" illustriert werden: eigene Leistungen erscheinen als unwichtig und bedeutungslos, weil der oder die anderen bereits über Dinge verfügen, die der „Neider" nicht besitzt. Auf der anderen Seite sind Hilfeleistungen von Personen wertlos, von denen angenommen wird, daß sie mehr als man selbst besitzen, denn ihre tatsächliche oder potentielle „Solidarität" ist scheinbar mit keinerlei Aufwand verbunden. In dieser Weise läßt sich auch Schoeck (1966:18) interpretieren, der Neid als ein Phänomen beschreibt, das sozialen Unterstützungshandlungen diametral entgegengesetzt zu sein scheint.[183]

Prinzipiell wird im Dorf eine Phase der *sozialen Differenzierung* durchlaufen, bei der durch Veränderung von Besitz und Konsumgewohnheiten auch das gegenseitige Vertrauen der Menschen untereinander in Mitleidenschaft gezogen wird. Gleichzeitig wird der zunehmende Materialismus auch in bezug auf Waren beklagt. Gerade die Waren, die früher aus dem Westen kamen (Schokolade, Strümpfe, Seife, Kaffee etc.), erfahren einen Wertverlust und sind mittlerweile vom Luxusgut zum unbeachteten Allgemeingut geworden. Über das Bedauern solcher Veränderung wird gleichzeitig das Unverständnis über die sich auf materiellen Werten neu formierende Gemeinschaft ausgedrückt. Dies zeige sich in der zunehmenden Verweildauer vor dem Fernseher und dem uneingeschränkten privaten Konsum, der zumindest teilweise mit einem Rückzug aus der Gemeinschaft verbunden sei.

---

[182] Ein Wagen der gehobenen Mittelklasse ist ein vielbegehrtes Statusobjekt, zumal sich nicht alle Dorfbewohner ein entsprechendes Fahrzeug leisten können.

[183] „Wie man aber seit jeher gesehen hat, ist der Neider kaum an einer Überführung irgendwelcher Werte aus dem Besitz des anderen an sich selbst interessiert. Er möchte den anderen beraubt, enteignet, entblößt, gedemütigt, geschädigt sehen, er malt sich aber fast nie im einzelnen aus, wie eine Übertragung der fremden Güter an ihn selbst möglich wäre" (Schoeck 1966:18). Auch Simmel (1992) weist in seiner Arbeit über den Streit darauf hin, daß Neid von Begriffen wie Haß, Eifersucht und Mißgunst eingerahmt ist. Für Kant ist der Neid ein Laster der Menschen, das der „Menschenliebe" entgegengesetzt ist. Der Haß ist dabei allerdings nicht offen und gewalttätig „sondern geheim und verschleiert, welcher zu der Pflichtvergessenheit gegen seinen Nächsten noch Niederträchtigkeit hinzutut und so zugleich die Pflichten gegen sich selbst verletzt. Der Neid (*livor*) als Hang, das Wohl anderer mit Schmerz wahrzunehmen" (1920:316).

Offensichtlich wegen solcher *Individualisierungstendenzen* wird die eigene *Tradition* als schützenswert gegenüber Angriffen von innen und außen betrachtet. Die sorbische Tradition mit ihrer Geschichte und dem Bezug auf die Region, die eine nicht unwesentliche Grenze durch die gemeinsame *Sprache* findet, ist damit neben der kirchlichen Anbindung ein wichtiges Moment *kollektiver Bindung* (kollektives Gedächtnis). Das Hauptaugenmerk ist dabei auf die Sprache gerichtet. So werden gemischtethnische Hochzeiten auch deshalb nicht gern gesehen, weil sich zeigt, daß Kinder aus diesen Familien nur geringe sorbische Sprachkompetenz entwikkeln. Schlimmer ist es in den Augen der Dorfbevölkerung aber, wenn die Kinder sorbischer Eheleute Deutsch sprechen bzw. in sorbischen Familien ausschließlich Deutsch gesprochen wird. Natürlich ist allen Beteiligten klar, aus welchen Gründen die Kinder mit der deutschen Sprache aufwachsen sollen, denn ihre Eltern sehen darin die Chance, daß ihre Kinder besser lernen, mit den Anforderungen des Schul- und Arbeitslebens umzugehen. Hinzu tritt zudem das Moment der Distinktion. Die sorbische Sprache wird von Deutschen, aber auch von nicht mehr Sorbisch sprechenden Sorben als Bauernsprache verunglimpft. Indem die Eltern ihre Kinder nicht mehr die Sprache lehren bzw. sie nicht auf die sorbische Schule schicken, schützen sie die eigenen Kinder vor solchen Stigmatisierungen und Anfeindungen, unterminieren damit aber gleichzeitig die sorbische Tradition.

Identität und ethnische Konflikte

Insgesamt besteht so eine Angst vor dem Rückgang der Sprache, der gekoppelt ist mit der Angst vor einem *Identitätsverlust*. Auch lastet von außen Druck auf der generellen Sprachkompetenz. Mehrere Dorfbewohner äußerten die Ansicht, daß Sorben aus Angst vor Repressionen in den Städten (Bautzen, Kamenz) kaum noch Sorbisch sprechen. Zudem wurden bereits sorbische Kinder und Jugendliche in den Städten oder in der Diskothek von deutschen Jugendlichen wegen ihrer Sprache angegriffen. Aus Furcht vor ähnlichen Angriffen verhalten sie sich *unauffällig*, d.h. sie benutzen nicht mehr die sorbische Sprache:

„In der Disco rede ich immer deutsch. Weil sonst kommt eener vorbei und sagt, Sorben, was wollt denn ihr hier, raus. Das kommt manchmal vor" (Interview mit Lukas T., Arbeitsuchender, 15 Jahre).

Daneben gibt es noch latente *Konflikte* zwischen Deutschen und Sorben, die sich unter anderem in Spannungen in der Schule ausdrücken. In sorbischen Schulen bzw. Klassen (den sogenannten A-Schulen/A-Klassen) wird in den ersten Jahren der Unterricht in allen Fächern in sorbischer Sprache abgehalten. In höheren Klassen erfolgt der Unterricht dann in deutscher Sprache (Ausnahme das Fach Sorbisch, das weiterhin unterrichtet wird). Andere Grundschulen (B-Schulen/B-Klassen) unterrichten alle Fächer in Deutsch und es existiert daneben ein Wahlfach Sorbisch.[184] Für manche Eltern ist es schwierig, ihre Kinder vom fakultativen Sor-

---

[184] Bereits in der DDR war der Unterricht in sorbischer Sprache keine Pflicht für alle Schüler im zweisprachigen Gebiet - selbst nicht für sorbische. Sie war ein Angebot an Schüler und Eltern, um zweisprachige Kommunikationskompetenz zu erlauben (vgl. Hansen 1991:196). „Nach der 4. Durchführungsbestimmung vom 20.12.1968 (§4,4) konnte bereits ab einer

bischunterricht fern zu halten bzw. sie nicht in A-Klassen zu schicken. So fürchten einige die soziale Kontrolle der Nachbarn und Lehrer, wenn sie ihre Kinder nicht am Sorbischunterricht teilnehmen lassen. Andere Eltern mutmaßen, daß der Sorbischunterricht absichtlich zeitlich so gelegt wird, daß nicht teilnehmende Kinder eine unbeaufsichtigte Freistunde haben. Wie Dorfbewohner berichten, gibt es vor allem auf Elternversammlungen in den Schulen wegen dieser Aspekte immer wieder Auseinandersetzungen.[185]

In solche Konflikte greift auch die Kirche ein. Ein Priester einer Gemeinde bezeichnete die Eltern, die ihre Kinder auf eine deutsche Schule schicken wollten, als „Mörder am sorbischen Volk“.[186] Es zeigt sich eine deutliche Verbindung der Identität mit der Sprache, was zu sehr emotionalisierten Diskussionen und Konflikten mit gegenseitiger Abwertung führt.

Die *Sprache* unterliegt einem äußeren Druck von der umgebenden deutschen Mehrheit und einem inneren Druck, weil Sorben auf diesen äußeren Druck reagieren und Deutsche in das sorbische Sprachgebiet zuwandern. Insgesamt besteht das Problem, die Sprache und die Tradition zu erhalten. Aus diesem Grund werden Nichtsorben häufig isoliert. Ein Zugehen auf diese Personen würde bedeuten, die Sprache in gewachsenen Lebenszusammenhängen nicht zu benutzen. Gerade dadurch besteht nach Auffassung vieler Sorben die Gefahr, als Alltagssprache stärker die deutsche Sprache zu benutzen. Dem scheint eine allgemeine Angst vor der „Germanisierung“ zugrunde zu liegen, bzw. die Angst vor dem Verlust eigener, „gelebter“ Kultur, denn Ethnizität ist für die Sorben vor allem mit der katholischen Anbindung und der Ausübung der Muttersprache verbunden.[187]

Gruppengröße von 5 Schülern Sorbischunterricht durchgeführt werden. Darüber hinaus sollten allen Kindern - sorbischen und deutschen - im zweisprachigen Gebiet Kenntnisse über Geschichte und Kultur der Sorben vermittelt werden (§ 1,5). Schüler, die in der ersten Klasse zum Sorbischunterricht gemeldet wurden, erhielten diesen Unterricht bis zum Abschluß der Schule (§ 4,3)“ (Hansen 1991:196). Trotz dieser weitgehenden Förderung blieb der sorbischsprachige Unterricht fakultativ und wurde nicht von allen sorbischen Schülern angenommen.

[185] Als Beispiel für diese Auseinandersetzung kann ein Zitat eines sorbischen Dorfbewohners herangezogen werden: „*G. Franz*, der ist ein Sorbe. Die Mutter ist noch in Tracht gegangen. Aber die Kinder können kein Wort Sorbisch und wenn der gegen das Sorbentum hetzen kann, dann hetzt der dagegen. Ich meine, das ist Hetze. Und sein Schwiegersohn tritt offen in *Susod* gegen den sorbischen Unterricht in der Schule auf. Und das sind bittere Randerscheinungen. Da kann man nicht sagen, das sind Deutsche, sondern das sind Renegaten, die hier also, - ja, ist das richtig ausgedrückt Renegat, ja - so. Und das ist was ganz Bitteres, was wir durchmachen“ (Interview mit Korla F., Rentner, 66 Jahre).

[186] In einem Zeitungsbericht H. Šymjelic’s in der *serbske nowiny*, der sorbischsprachigen Tageszeitung, vom 7.Juli 1992 heißt es dazu: „Wie hat doch Kaplan Jakubaš in Rosenthal ganz richtig das Töten ungeborenen Lebens verglichen mit der Zunahme sorbischer Eltern, die mit ihren Kindern Deutsch sprechen - als Mord an den Eltern und am Volk“ (Wiedergabe nach einer Rohübersetzung L. Elle, Sorbisches Institut in Bautzen).

[187] Elle/Elle (1995) verweisen auf bedeutende Funktion der Kirche und der Sprache für die Herausbildung der sorbischen Identität. Diese Bedeutung der Sprache findet sich auch in einem Artikel der *serbske noviny* vom 7. Juli 1992. In dem von H. Šymjelic verfaßten Beitrag geht es um den Sprachverlust vor allem durch die mangelnde Beteiligung am Sorbischunterricht: „Und ich weiß von Lehrern, wie sie viele Schüler fast auf Knien gebeten haben, daß sie sich am Englischunterricht beteiligen. Auch Eltern guter Schüler lehnten das „unnütze“ Englisch

Der Gebrauch der deutschen Sprache zur Verständigung im Dorf würde noch weitere Assimilation an die deutsche Kultur und damit einen Bruch mit der eigenen Tradition bedeuten. Daher wird von der „Minderheit" - in diesem Fall den Deutschen im Dorf - das Erlernen der sorbischen Sprache erwartet. Die Erwartung, daß die Zugezogenen die Sprache der Autochthonen erlernen müssen, drückt eine sorbische Frau mit dem Sprichwort aus: „Wessen Brot ich eß, dessen Lied ich sing." Tatsächlich wird nach einer gewissen Zeit, die Deutsche im Dorf leben, nicht mehr Deutsch mit ihnen geredet, sondern erwartet, daß sie Sorbisch verstehen und Gesprächen folgen können.

Neben den Problemen in der Schule lassen sich weitere, zumindest latente Konflikte zwischen Deutschen und Sorben feststellen. Es wird darauf hingewiesen, daß es mit Zugezogenen immer Schwierigkeiten geben werde, weil diese sich nie vollständig auf das Sorbentum einstellen könnten. Solche Probleme können durch ein Beispiel belegt werden. Eine deutsche Frau wollte eine Gymnastikgruppe aufbauen, für die sowohl ein Raum als auch Interessentinnen vorhanden waren. Ihr wurde aber im Vorfeld von einem sorbischen Kollegen gesagt, daß sie das nur machen könne, wenn sie Sorbin sei, weil sonst natürlich niemand kommen würde.

Die Probleme des gemeinsamen Miteinanders zweier Ethnien in einem Gebiet treten deutlich hervor, wenn sie auch aufgrund des geringen Anteils von Deutschen nicht immer virulent werden. Auf keinen Fall darf aber übersehen werden, daß die sorbische Kultur stärkeren Auflösungstendenzen unterliegt und daher auch gewisse Schutzfunktionen benötigt. Es ist ein schmaler Grad zwischen der Gemeinsamkeit und der Ablehnung der anderen Sprache und Kultur.

Die Verbindung der *Sprachgrenzen* mit einer Grenze der eigenen Kultur, Geschichte und Tradition zeigt sich an der Akzeptanz des sorbischen Radioprogramms für dieses Gebiet. Obwohl versichert wird, auch die Sprache der „Niederländer"[188] zu verstehen, wird das Radio ausgestellt, wenn Sendungen in niedersorbischer Sprache ausgestrahlt werden. Die Sorben der Niederlausitz werden nicht der eigenen Kultur zugerechnet, obwohl man sehr stolz ist, wenn im Fernsehen oder in Bildbänden auf Menschen in deren Trachten verwiesen werden kann. Zum Teil ist diese Ablehnung religiös bedingt, da die Sorben der Niederlausitz Protestanten sind. Sie basiert aber auch auf offenkundig althergebrachten und irrationalen politischen oder regionalen Vorbehalten, da die Gebiete, in denen protestantische Sorben lebten, zum überwiegenden Teil immer zu Preußen gehörten. Zudem scheinen die katholischen Sorben der Oberlausitz das Gefühl zu haben, die „besseren Sorben" zu sein, denn durch den religiösen Schutz und den Weiterbestand ihrer Sprache in der Alltagskultur signalisieren sie ihre Stärke bei der Bewahrung der Tradition.[189]

---

ab. Und heute wollen sie sich rächen am Sorbischen, an der Muttersprache" (Wiedergabe nach einer Rohübersetzung von L. Elle, Sorbisches Institut in Bautzen).

[188] Die Sorben der Niederlausitz werden häufig als „Niederländer" bezeichnet.

[189] In verschiedenen Gesprächen heben Dorfbewohner hervor, daß die Niedersorben oder „Niederländer" kaum noch ihre eigene Sprache sprächen. Daher seien sie nicht so traditionsverbunden wie die Obersorben und wären schon sehr früh „germanisiert" worden. Die

Die *Traditionsverbundenheit* mit der dörflichen Kultur spiegelt sich auch in den alten Hofnamen, mit denen Familien belegt werden, aber auch in der häufigen Rekapitulierung der Verwandtschaftsbeziehungen, was nicht nur einen funktionalen sondern auch einen emotionalen Aspekt besitzt. Das Herausstellen der Verwandtschaftsbeziehung ist einsehbar Teil des Lebens in der Diaspora. Man versichert sich einer eigenen, gemeinsamen Geschichte. Darüber hinaus kann es als Versuch gewertet werden, die Identität zu wahren und dabei die Verdienste der Ahnen einzuschließen und eine empfundene Gemeinschaft herzustellen (kollektives Gedächtnis).

Orientierung, Fremdheit und Unsicherheit

Komplementär zu dieser Bewahrung der Tradition, die natürlich auch Sicherheit gibt, findet sich die zunehmende *Angst vor Fremden*. So wird gleichzeitig berichtet, daß auf der Straße früher alle Menschen mitgenommen wurden, unabhängig davon, ob man sie kannte oder nicht, und nachts alle Hoftore unverschlossen blieben. Steigende Kriminalitätsraten und Diebstähle, die anders als früher öffentlich bekannt werden, rufen eine zunehmende Unsicherheit hervor. Häufig taucht das Argument auf, daß es solche Zustände, wie sie im Moment vorherrschen, „unter Erich" nicht gegeben hätte. Zudem werden auch Bedingungen der NS-Zeit verharmlost, denn es wird gesagt, daß es auch „unter Adolf" so etwas nicht gab. Damit wird immer wieder hervorgehoben, daß durch härteres staatliches Durchgreifen einige gesellschaftliche Bedingungen besser werden würden.

Eine *diffuse Angst* wird auf alles Fremde projiziert. Selbst die zunehmenden Ausländerzahlen im Westen führen zur Angst um die eigene Sicherheit und die Identität als *Deutsche*. Die Sorben verstehen sich selbst als Deutsche und haben keine gemeinsame slawische Identität mit den östlichen Nachbarländern ausgebildet. Im Gegenteil bestehen gegenüber Polen, Russen und Tschechen Abgrenzungen - aber auch gegenüber Menschen aus südlichen Ländern (Italien, Türkei, Spanien), deren Anwesenheit im Westen Deutschlands als Bedrohung empfunden wird.

Somit wird in Fragen, die die Asylproblematik betreffen, rigide geurteilt. Selbst Dorfbewohner, die mit früheren Flüchtlingen verheiratet sind, sagen, daß Asylbewerber dort bleiben sollten, „wo sie herkommen". Insgesamt wird von vielen die Angst geäußert, in Deutschland lebten sowieso zu viele Fremde, zumal der Westen schon „voller Türken" sei. So wurde auch die Einquartierung von Asylbewerbern in einem Nachbardorf sehr negativ beurteilt. Trotz der jahrzehntelangen Ideologie der Brüdervölker und des propagierten Antifaschismus wird in Krisenzeiten relativ schnell wieder auf einfache Erklärungs- und Orientierungsmuster zurückgegriffen.

„Germanisierung" wird dabei häufig in Verbindung zum protestantischen Glauben gebracht. Die katholische Kirche wird demgegenüber immer als Bewahrerin des Sorbentums dargestellt. Selbst in der Selbstbezeichnung unterscheiden sich die Ober- und den Niedersorben. Die Sorben der Niederlausitz bezeichnen sich mit dem Wort *Wenden*, das für die katholischen Sorben ein Schimpfwort ist, welches offenbar häufig von Deutschen in Verbindung mit abwertenden Substantiven gebraucht wurde und wird, wie z.B. „wendischer Pöbel". Auch dieser Aspekt belegt für viele Obersorben wiederum die Inferiorität der Niedersorben, die es offensichtlich nicht fertig brächten, sich gegen Beleidigungen zu wehren.

Auf der einen Seite sehen sich die Menschen vom Westen aus diskriminiert. Gleichzeitig reagieren sie dies gegenüber anderen Volksgruppen ab, indem sie z.B. die Weißrussen, Polen oder Rumänen („Zigeuner")[190] wegen ihrer „Faulheit" als für ihre prekäre Lage verantwortlich betrachten. Es findet sich auch ein beachtliches Potential an Fremdenhaß.[191] So werden alle Asiaten prinzipiell als „Fitschies" bezeichnet, und besonders Schwarze, die z.T. in der Umgebung wohnen (*Susod*), werden auf offener Straße als „Neger" beschimpft und mit Prügeln bedroht. Eine Frau weiß von solchen Vorfällen zu berichten und sagt: „Die haben es auch nicht leicht. Es ist nicht schön, daß man mit denen so umgeht".[192] Auffallend ist, daß Vietnamesen deutlich positiver beurteilt werden als Afrikaner.

> „Mit den Fitschies[193] hatten wir nie Schwierigkeiten, die stehen immer ruhig und verkaufen ihre Sachen und benehmen sich. Aber die Algerier und Kubaner waren schon früher anders. Mit denen hat es häufiger Ärger gegeben" (Gespräch mit Sabina R., Frührentnerin, 50 Jahre).

Hinzu tritt die Angst, vom Westen „überrollt" zu werden. Einige westliche Handwerks- und Baufirmen drängen nach Einschätzung Beschäftigter aus der Baubranche mit Dumpingpreisen auf den Markt, den die östlichen, regionalen Baufirmen nicht halten können. Dadurch haben viele Beschäftigte Angst um ihren Arbeitsplatz. Sie gehen davon aus, daß ihre Unternehmen sich langfristig nicht werden behaupten können. Weiterhin besteht die Angst vor dem Arbeitsplatzverlust wegen der Werkverträge mit Polen/CSFR (was wiederum den Fremdenhaß verstärkt) und wegen der Errichtung von großen Kaufhäusern, die sich negativ auf die Infrastruktur auswirken kann.

Auch die Bürokratisierung und die westlichen Geschäftsgebaren (Versicherungen, Hausierer, Billigwaren, Drohungen mit Rechtsanwälten, fehlende Kulanz etc.), der Kostenanstieg in allen Bereichen, die Unsicherheit in bezug auf einen sicheren Arbeitsplatz und die schlechten Berufsaussichten für die Kinder lassen eine generell wahrgenommene, häufig aber diffuse Unsicherheit entstehen, die nur schwer zu kompensieren ist. Zudem darf nicht übersehen werden, daß Orientierungsmuster auch über Medien verbreitet werden. Die Anzahl der Satellitenschüsseln, die den Empfang unzähliger Sender ermöglichen, ist sehr schnell gestiegen. Ohne auf die

---

[190] Ein Dorfbewohner sagt: „Und eene, wenn de Jahrzehnt nischt machts am Hausl, dann fällt's ooch ein, niwa. Dann ist das Dach runter, die Polen, die machen doch nischt. Die machen doch nur, das'n Dach übern Kopf ham, wolln mal sagen". Ein anderer verdeutlicht, daß Polen und Russen schon früher nicht arbeiten konnten und dies erst von den Deutschen lernen mußten. Ihre Anwesenheit wird entsprechend als Belastung empfunden: „Die sollen doch lieber zu Hause bleiben und dort was aufbauen, als zu uns zu kommen, und hier abkassieren".

[191] In einem Gespräch lassen sich zwei Dorfbewohner darüber aus, daß Polen, „Zigeuner" und andere Mitglieder östlicher Völker Deutschland „kaputt machen" werden und die Deutschen aufpassen müßten, was an der eigenen Grenze passiere. Dabei wird vor allem hervorgehoben, daß die erhöhte Kriminalitätsrate an den Zigeunern und Polen liege, die nun immer über die Grenzen kämen. Jugendliche machen zudem häufig üble Witze über Somalis, Juden und andere Minderheiten.

[192] Interview mit Gerda Z., Rentnerin, 73 Jahre.

[193] „Fitschies" wird von manchen Personen generell für Ausländer verwendet, in der Regel sind damit aber Asiaten, vor allem Vietnamesen, gemeint.

Rolle der Medien in der modernen Welt auch nur ansatzweise eingehen zu wollen, kann festgestellt werden, daß sich mit der Verbreitung des Privatfernsehens auch die Inhalte in Richtung auf Weckung von Konsumbedürfnissen (Marcuse (1967:25): „falsche Bedürfnissen"), Unterhaltung, Sensationsjournalismus, Schüren von Ängsten und Anbieten von einfachen Lösungen verschoben haben. Orientierungsmuster also, die bei der Verarbeitung einer Krisenlage keine hinreichende Unterstützung bieten können.

Alle diese *diffusen* Ängste und Vorurteile können als Ausdruck der Unsicherheit und der Orientierungslosigkeit gesehen werden. Allerdings darf nicht unberücksichtigt bleiben, daß „westliche Verhaltensweisen" relativ schnell zu einem Gefühl der Kolonisierung, „Fremdheit im eigenen Land" und Nutzlosigkeit führten. Denn insgeheim wird ja suggeriert, daß nicht nur das politisch-gesellschaftliche System für die schlechten Bedingungen verantwortlich war, sondern auch die Bevölkerung, die es nicht gelernt habe, zu arbeiten und schon gar nicht, sich gegen ein ungerechtes politisches System aufzulehnen.[194]

Damit sind die Dorfbewohner für *Erklärungs- und Orientierungshilfen* an die nähere Umgebung verwiesen, auf Beziehungen, die auch einem Wandel unterliegen und nicht mehr die Sicherheit wie zu Zeiten der DDR bieten können. Aus dieser Perspektive war die DDR-Zeit natürlich trotz Beschneidung privater Rechte mit relativer Kontinuität und Sicherheit verbunden. Dadurch hat sich ein gesellschaftlicher Pragmatismus ausgeweitet. Die Steigerung des Aspirationsniveaus kam frühestens mit der Erkenntnis, daß der DDR-Staat auch „bröckeln" könnte. Die Nachwendezeit macht jedoch deutlich, daß die Erwartungen und Hoffnungen nicht so einfach erfüllt werden können und eine Phase des schmerzhaften Verzichts und Verlustes an Sicherheit durchlebt werden muß. Der größten Belastung sind in diesem Zusammenhang Personen ausgesetzt, die keine Aufgaben mehr zu erfüllen haben. Sie werden damit von erhofften Verbesserungen, die sie an die Wende geknüpft hatten, abgeschnitten.

„Die Leute mußten zu Hause bleiben. Und konnten se noch in ihren Betrieb - auf Kurzarbeit null hieß das - und konnten welche hingehen noch, da hat auch noch keiner was gesagt, weil se ihr Geld bekamen. Nun kommt das, was ich so als Tragik empfinde. Die Wende kam und was passierte nun hier: Logo, die Firmen mußten zumachen" (Interview mit Curd B., Vorruhestand, 58 Jahre).

Wir ham ja nie, nie wollen bis 65 so direkt arbeiten. So bis 60 hätte ich gerne gearbeitet, no. Das ist dann, dann haste noch'n paar Jahre für dich" (Interview mit Hans C., Vorruhestand, 58 Jahre).

So gibt es Menschen, die subjektiv das Gefühl haben, daß es ihnen schlechter geht als vor der Wende. Dies scheint auch ein objektiver Tatbestand zu sein. Denn wenn zwei Ehepartner in der DDR Arbeit hatten, konnten sie ihre Grundbedürfnisse gut befriedigen und hatten zusätzlich noch Mittel übrig, die sie z.B. in die Veränderung und Modernisierung des Hauses investieren konnten oder für die sie aufgrund der

---

[194] Diese pauschalisierenden Vorwürfe werden natürlich besonders aufmerksam verfolgt, wenn sie von Politikern kommen, die scheinbar die Gleichheit in Sonntagsreden immer wieder einfordern.

Versorgungslage mit bestimmten Gütern vorübergehend keine Verwendung hatten. Nach der Wende finden sich mehrere Familien, in denen beide Ehepartner mit Vorruhestandszahlungen in Höhe von weniger als 800 DM auskommen müssen. Nun können sie sich zwar - wie sie sagen - elektrische Geräte kaufen, die billiger geworden sind, aber ihre Lebenshaltungskosten sind gestiegen, so daß die finanziellen Mittel, wenn überhaupt, nur knapp für ihre Grundversorgung reichen. Der Vorteil der Menschen im Dorf ist, daß sie in der Regel in eigenen Häusern wohnen und sie somit von der allgemeinen Mietsteigerung nicht betroffen sind. Dennoch haben sie steigende Kosten für Gas, Kohle, Wasser, Abfallentsorgung, Versicherungen, Grundsteuer, Strom oder Modernisierungsmaßnahmen. Viele Familien klagen zudem über zunehmende Kosten, die früher in diesem Ausmaß nicht aufgebracht werden mußten. Es entstehen zusätzliche Kosten durch die Kinder in den Oberschulen und Internaten. Damit müssen regelmäßig Beträge aufgebracht werden, die zu DDR-Zeiten nicht anfielen und nun für viele, gemessen am tatsächlich vorhandenen Einkommen, relativ hohe Kostenfaktoren darstellen.

Die *Arbeitsplatzlage* stellt sich nicht nur für ältere Arbeitnehmer als Problem da, sondern auch viele Jugendliche haben Schwierigkeiten, eine adäquate Ausbildung und einen späteren Arbeitsplatz zu bekommen. Damit erhalten die letzten Jahre in der Schule zwar eine gewisse Bedeutung, aber von vielen wird Schulbildung gleichzeitig als nutzlos betrachtet, weil selbst bei guten Noten ein Arbeits- oder Ausbildungsplatz nicht garantiert wird. Damit entsteht eine Unsicherheit, die sich generell im Arbeitsleben abzeichnet. War es früher so, daß jeder fast immer eine Arbeit hatte und damit abgesichert war, so trifft dies nicht mehr zu und die Betroffenen haben große Probleme damit umzugehen. Dies wird als einer der größten Nachteile der Wende gesehen. Die generell zunehmende Unsicherheit wird immer wieder in verschiedenen Beispielen thematisiert.

Viele Dorfbewohner schätzen es als schwierig ein, in der Region eine adäquate Arbeit zu finden, wollen aber dennoch hier bleiben. Dies ist in der Regel mit unterqualifizierter Arbeit oder Arbeitsplatzverlust verbunden. Besonders für Menschen, die früher immer in Beschäftigungsverhältnissen standen und die nun in AB-Maßnahmen Arbeiten verrichten müssen, die ihrem Ausbildungsgrad in keiner Weise entsprechen, entstehen auf diese Weise schwierige Lebenssituationen. Das gleiche gilt, wie oben bereits angesprochen, für diejenigen, die aus dem Arbeitsprozeß direkt in den Vorruhestand gingen. Aber auch diese betonen immer wieder, daß es für die knapp über 50jährigen am schwierigsten sei. Denn diese seien für den „Übergang" oder die „Vorruhe" noch zu jung, für den Arbeitsmarkt mit einem Überangebot an Arbeitskräften aber bereits zu alt.

Zusammenfassung

Zusammenfassend lassen sich verschiedene Aspekte dörflicher Veränderung und Kontinuität benennen. Als bedeutsam für die Neuformierung sozialer Netzwerke erwiesen sich verschiedene Aspekte der gesellschaftlichen Veränderung: die Auflösung der alten Massenorganisationen, Vorruhestandsregelung, der Bedeutungsverlust der informellen Tauschwirtschaft, soziale Differenzierung, Konsum und neue räumliche Mobilität. Weiterhin läßt sich feststellen, daß nach der Wende nur noch wenige dörfliche Feste veranstaltet werden, lokale Vereine aufgelöst sind oder nur noch ein stark reduziertes Vereinsleben führen. In diesem Zusammenhang ist auch die Vergangenheit der *Domowina*, des sorbischen Dachverbandes, von entscheidender Bedeutung. Die Domowina wird von vielen Dorfbewohnern trotz Umstrukturierung nach der Wende als Teil der ehemaligen staatlichen Ordnung gesehen. Daher vollzog sich nach der Wende ein breiter Austritt von Mitgliedern.

Aber nicht nur der Anteil der organisierten Freizeit ist nach der Wende erheblich zurückgegangen, auch ehemals bestehende dörfliche Treffpunkte sind geschlossen, verschiedene soziale Kontakte und Beziehungen verlieren ihre Funktion oder erweisen sich, belastet durch Ergebnisse aus der Zeit vor der Wende, als nicht länger tragbar. Insgesamt zeichnet sich damit eine deutliche Veränderung sozialer Beziehungen der dörflichen Gemeinschaft ab. Genau wie für Ostdeutschland generell änderten sich mit der Wende die günstigen Bedingungen für beständige Revitalisierung sozialer Beziehungen relativ schnell. Insbesondere die fehlende kollektive Organisation von Festen und das Auseinanderbrechen der Arbeitskollektive führten dazu, daß die Aufrechterhaltung sozialer Beziehungen wieder sehr viel stärker individualisiert wurde.

Generell ist festzustellen, daß die Menschen sich nach der Wende kaum noch öffentlich engagieren, was als Zeichen zunehmender Unsicherheit und Orientierungslosigkeit gedeutet werden kann. Dies gilt sowohl für das „dörfliche Leben", als auch für die sorbische Tradition. Von wenigen Ausnahmen abgesehen, werden keine typisch sorbischen bzw. dörflichen Feste (z.B. Maibaumwerfen) mehr durchgeführt. Der „Rückzug ins Private" wird immer als wichtiger Bestandteil der DDR-Kultur herausgestellt,[195] so daß die Frage provoziert wird, wo denn nach der Wende das Neue liegt. Frühere Nischen zeichneten sich vor allem dadurch aus, daß in ihnen die Mängel des Versorgungssystems ausgeglichen und in ihnen Räume für politische, offene Gespräche gefunden werden konnten. Damit soll diesen Nischen der Charakter einer privaten Opposition gegen staatliche Strukturen nicht aberkannt werden - egal wie folgenlos diese auch immer gewesen sein mag. Nach der Wende bekommt der Rückzug aber durch den Wegfall wichtiger Teile der informellen Interaktionsstrukturen einen veränderten Stellenwert. Nicht mehr die Versorgung steht im Vordergrund, sondern der Versuch, angesichts sich wandelnder sozialer Bedingungen neue Orientierungen zu finden. Soziale Nischen zeichnen sich entsprechend weniger durch Opposition als vielmehr durch *Sinnstiftung* aus, für Menschen, die aus ihren angestammten und „*traditionellen Bahnen*" gerissen wurden.

Als Gegentendenz zu dieser „Enttraditionalisierung" läßt sich die Beziehung zur Kirche und die Anbindung bestimmter Traditionen an kirchliche Feier- und Festtage nennen. An diesen Zeremonien - insbesondere dem Osterreiten und den Fronleichnamsprozessionen - nehmen viele junge Mädchen in Brautjungferntracht teil,

---

[195] Auch wenn dieser „Rückzug ins Private" und das Suchen von Nischen schon immer als Teil der DDR-Kultur gesehen wurde, wird in der derzeitigen Situation deutlich, daß er nun mit dem Rückzug von ehemals wichtigen sozialen Beziehungen verbunden ist.

aber auch einige Frauen tragen dann die sorbische Festtracht. Religiöse Feste haben damit eine gewisse Bedeutung für Traditionsbewahrung und dörfliches Gemeinschaftshandeln. Allerdings können sie die *Gesamtheit* ehemals bestehender *Orientierungen* und *gemeinschaftlicher Organisiertheit* nicht vollständig ersetzen (zu denken ist hier insbesondere an die früheren Aktivitäten der Domowina, Gemeinde, LPG etc.). Vor dem Hintergrund dieser weitreichenden Veränderungen muß die derzeitige Situation der sozialen Beziehungen und Kontakte im Dorf gesehen werden.

Insbesondere die *doppelte Diasporasituation* (wie oben dargelegt, sind katholische Sorben in der Oberlausitz ethnisch und konfessionell in der Minderheit) förderte in der Vergangenheit die starke ethnische, dörfliche und religiöse Einbindung. Die starke ethnisch-konfessionelle Bindung führte dazu, daß die meisten Verwandten im gleichen Dorf oder im begrenzten katholisch-sorbischen Siedlungsraum beheimatet sind, wodurch *ethnische Identität* natürlich aufrechterhalten wurde.

Die meisten älteren Dorfbewohner sprechen im täglichen Leben (außerhalb von Arbeitsbezügen) noch fast ausschließlich die sorbische Sprache, obwohl sie natürlich auch die deutsche Sprache beherrschen. Allerdings werden durch die Sprache auch „Grenzen" aufgebaut. Zwar sind alle Dorfbewohner sofort bereit, mit einem fremden Deutschen in deutscher Sprache zu sprechen. Diese Bereitschaft gilt aber in nur begrenztem Maße, wenn Gespräche mit alteingesessenen Deutschen geführt werden. Es lassen sich damit zumindest latente Konflikte zwischen Deutschen und Sorben feststellen, die sich insbesondere am Streit um den sorbischsprachigen Schulunterricht manifestieren. Zudem wird von vielen Befragten darauf hingewiesen, daß es mit zugezogenen Deutschen immer Schwierigkeiten geben wird, weil diese sich nie vollständig auf das Sorbentum einstellen könnten. Das zeigt sich z.B. in der folgenden Passage eines Interviews mit einem sorbischen Dorfbewohner:

> „Die wurden auch nicht in *Wjeska* akzeptiert. Ganz einfach deshalb, die *Wjeskauer* waren immer Sorben und dort saßen draußen immer Deutsche. Und wenn man mit ihnen sprechen wollte, dann mußte man immer Deutsch sprechen. Und das, das vertrug sich nicht. Und, und andersmal, alle, jetzt nichts gegen die Deutschen, aber alle Deutschen, die nach Wjeska gekommen sind, die ham immer am Rand des Kuchens geknabbert" (Interview mit Martin Z., Lehrer, 55 Jahre).

Es lassen sich daher Probleme des gemeinsamen Miteinanders zweier Ethnien feststellen, wenn diese auch aufgrund des geringen Anteils von Deutschen im Dorf nicht immer offenkundig werden. Auf keinen Fall darf aber übersehen werden, daß die sorbische Kultur starken Auflösungstendenzen unterliegt und daher auch gewisse Schutzfunktionen benötigt. Es ist ein schmaler Grad zwischen der Gemeinsamkeit und der Ablehnung der anderen Sprache und Kultur, insbesondere weil Sorben zwar im Dorf die Majorität stellen, in der Region jedoch eine Minderheit sind, die verschiedenen Anfeindungen und Gefährdungen ihrer Kultur ausgesetzt ist. Das zeigt sich auch am Verlust der Sprachkompetenz Jugendlicher und Kinder. In einigen Familien im Dorf gehen die Großmütter noch in sorbischer Tracht und unterhalten sich nahezu ausschließlich in sorbischer Sprache, während die Enkelkinder kein Sorbisch mehr sprechen. Gerade auf solche Fälle wird in der dörflichen

Kommunikation immer wieder hingewiesen, wenn von der Gefahr des Verlustes einer eigenen, ethnisch geprägten Identität die Rede ist. Neben dieser „inneren" Gefährdung finden sich nach der Wende insbesondere bei Jugendlichen außerhalb des Dorfes häufig Beispiele für öffentliche Diffamierungen bis zu Gewalttätigkeiten wegen des Gebrauchs der sorbischen Sprache. Das führt auch dazu, daß die Sprache im Alltag außerhalb des Dorfes nur selten benutzt wird.

> „Ja, das hat mir *Lena* erzählt. Daß also solche äh, wie muß man sagen, sind schon Jünglinge oder was es sind, die dann gegen die sorbischen Mädchen, naja, Bautzen ist ja Bautzen, ist ja viel Deutsche, niwa. Und wenn die dann zum sorbischen Institut[196] gelaufen sind, die ham jetzt Angst, wenn se so Sorbisch sprechen unternander. Sind schon angepöbelt oder so, das gibts schon, das gibts schon. ..... Ja, eben nach der Wende. Vorher nicht. Vorher nicht. Da hat sich keiner beschwert oder was. Da haste gesprochen, da haste" (Interview mit Gerda Z., Rentnerin, 73 Jahre).

Aus solchen Bedingungen und der wahrgenommenen Fremdheit im eigenen Land erklären sich vielleicht auch die Äußerungen der Dorfbewohner gegenüber Fremden und Ausländern. Es scheinen vor allem die generelle Unsicherheit und eigene Gefährdung in vielen gesellschaftlichen Bereichen zu sein, die schnell zur Übernahme einfacher Erklärungsmuster und Schuldzuschreibungen führen. Angesichts der selbst erfahrenen „Entwurzelung" wird das Fremde als Bedrohung der noch verbliebenen Sicherheit aufgefaßt. Ohne die ausländerfeindlichen Äußerungen entschuldigen zu wollen, lassen sie sich sicherlich zu einem Teil auf Überforderung bzw. empfundenen „Streß" angesichts einer alle Bereiche umfassenden Umwälzung zurückführen.

Wenn man die Veränderungen in den bestehenden *sozialen Netzwerken* in Zusammenhang mit dem dörflichen Bezugsrahmen zusammenfaßt, dann findet sich insbesondere bei den älteren Dorfbewohnern die Tendenz, bestehende Beziehungen zu bewahren. Die Menschen sind zunächst häufig bemüht, ihre alten, bestehenden sozialen Beziehungen aufrecht zu erhalten, sowohl in der Verwandtschaft, als auch der Nachbarschaft. Die Kernfamilie erweist sich bei Älteren als sehr wichtig, und auch der weiteren Verwandtschaft und Freunden kommt ein hoher Stellenwert zu. Die bestehende Unsicherheit wird - so weit es möglich ist - durch eine Rückbesinnung auf Vertrautes abgebaut. Gleichzeitig besteht keine Notwendigkeit zu Neuerungen, weil sich Beziehungen als adäquat erwiesen haben und nur wenige Kontakte durch die Vergangenheit belastet erscheinen. Es handelt sich damit häufig um „gewachsene sorbische Netzwerke". Die sozialen Netzwerke reproduzieren sich im Nahbereich über Feste und Feiern, wobei auch der kirchlichen Bindung eine Rolle zukommt (Kirmes, Martinssingen, Ostern z.T. mit Patengeschenken, Osterreiteressen, Namenstag, Familienmessen, Kreuzweihe). Weiterhin sind die Menschen über Wallfahrten und kirchlich organisierte Freizeitfahrten eingebunden. Zudem finden sich Verwandte auch im persönlichen Nahbereich, weil sie aufgrund der begrenzten Möglichkeiten, ihre Sprache zu sprechen und sorbische Ehepartner zu finden, häufig in der näheren Umgebung siedeln.

---

[196] Gemeint ist in diesem Falle das sorbische Gymnasium.

Die *Verwandtschafts- und Freundesbeziehungen* (Vertrauensbeziehungen) müssen wegen ihrer Multiplexität auch nicht unbedingt vollständig reziprok sein, während bei anderen Beziehungen schon darauf geachtet wird. Der Zusammenhalt ist unter älteren Dorfbewohnern stärker als unter Jugendlichen (Mobilität/Entzug der Kontrolle). Insgesamt haben sich die intimeren Sozialbeziehungen kaum geändert und auch die Ressourcen sind häufig noch die gleichen. Es läßt sich von einer Kontinuität und Binnenorientierung der sozialen Netzwerke sprechen, wenn auch bei einigen Personen in bestimmten Bereichen eine Reduzierung der Nähe und Reichweite (Verlust von Arbeitsbeziehungen etc.) anzutreffen ist. Aber auch Arbeitsbeziehungen unterliegen einem Wandel. Nicht nur die Beziehungen sind wichtig, sondern auch die eigene Einbindung in neu entstehende Strukturen. Diese Einschätzungen gilt es im Rahmen der Netzwerkanalyse noch an Einzelfällen näher aufzuzeigen, um daraus generelle Schlüsse zu ziehen.

5. Soziale Netzwerke in einem Dorf
der katholischen Oberlausitz

Eine wichtige Ausgangsfrage der vorliegenden Arbeit lautet: Wie verändern sich soziale Netzwerke im Dorf, welche Beziehungen haben Bestand und bei welchen Gruppen zeichnen sich Veränderungen ab. Mit den Methoden der sozialen Netzwerkanalyse soll untersucht werden, wie Menschen der ethnischen Minderheit ihren dörflichen Alltag angesichts einer Krise der Lebenswelt bewältigen, wie sie soziale Beziehungen in Strategien zur Problemlösung einsetzen und welche Potentiale bzw. Ressourcen unterschiedliche Lebensformgruppen besitzen.

Dazu wird zunächst kurz aufgezeigt, wie die Befragten frühere soziale Beziehungen, die sie in der DDR-Zeit hatten, darstellen. Demnach waren soziale Kontakte sehr stark in arbeitsorganisierte Vollzüge eingebunden. Neben den normalen Kontakten während der Arbeit wurden noch Betriebsfeste, Feiern, Brigadefeiern etc. organisiert, die die Bindung des Kollektivs stärkten. Häufiger noch als Nachbarschaftsbeziehungen wurden betriebliche Kontakte für politische Gespräche und zur Aufarbeitung privater Schwierigkeiten genutzt. Hier störten weder räumliche Nähe, noch die Einsicht in die eigenen Angelegenheiten durch die Nachbarn, noch soziale Kontrolle. Dies ist für derartige Funktionen wichtig, weil dadurch eine Gesprächsführung über emotionale und belastende Themen erleichtert wird. Darüber hinaus waren diese Beziehungen relativ belastbar und sicher, weil sie oftmals durch vielfältige und langjährige Erfahrungen stabilisiert waren. Zudem wurden hier Erfahrungen ausgetauscht, was außerhalb des eigenen dörflichen Umfeldes geschah, und es wurden Einblicke in politische und gesellschaftliche Zusammenhänge diskutiert. Zusätzlich dienten sowohl betriebliche Informationskanäle, als auch Kontakte im Dorf dazu, herauszufinden, wann es bestimmte Waren gab, und man half sich untereinander bei der Beschaffung, z.B. wenn bestimmte Waren rationiert waren und je Person nur begrenzte Mengen abgegeben, aber mehr benötigt wurde. Der eigentliche Tauschhandel begründete nur einen sehr viel loseren Kontakt, war faktisch nur auf den Austausch bezogen und zeigte kaum weitergehende Folgen. Häufig wurden die auf diese Weise erstandenen Waren mit Geld bezahlt, was den ephemeren Charakter dieser Beziehung verdeutlicht.[197] Weitaus wichtiger waren demgegenüber Informationen sowie Hilfen beim Abholen von Waren durch Arbeitskollegen oder Dorfbekanntschaften. Zudem gab es häufig noch den Austausch von Deputatwaren.[198] Aber auch hieraus entwickelte sich selten eine längerfristige Beziehung, denn es handelte sich vorwiegend um einmalige Austauschaktionen, da

---

[197] Simmel (1989) weist eindrucksvoll auf den wenig beziehungsfördernden Charakter des Geldes hin.

[198] Beschäftigte der Betriebe bekamen in gewissen Abständen Waren, die in ihren Betrieben hergestellt wurden: je nach Branche Kohlen, Ziegel, Holz etc.

die Waren für bestimmte Zwecke gebraucht wurden.[199] Wichtiger waren dagegen Personen, die Kontakte zu solchen Personen vermitteln und herstellen konnten, die notwendige Hilfeleistungen oder Waren anbieten konnten. Diese vermittelnde Funktion wurde ebenfalls teilweise durch Arbeitskollegen übernommen, die damit gewissermaßen als Schaltstellen zu Personen mit einem Angebot an Produkten fungierten, die selbst benötigt wurden. Netzwerkanalytisch können sie als „Brücken" oder „Gatekeeper" zu anderen sozialen Netzwerken bezeichnet werden.

Sowohl innerhalb des Dorfes als auch zwischen Kollegen waren Kontakte dauerhafter, weil diese Personengruppen auch zu Hilfeleistungen herangezogen wurden. Ein häufig angesprochenes Beispiel war dabei der Hausbau, bei dem vielfache Hilfen (Sand herbeischaffen, Steine abladen, Material besorgen) erforderlich waren. Zu solchen Verrichtungen wurden teilweise Betriebsfahrzeuge oder -mittel eingesetzt, z.T. sogar mit Wissen der Leitungskader - insbesondere wenn es um deren Bautätigkeiten ging. Hans C., der früher als Kraftfahrer in einem Baubetrieb beschäftigt war, berichtet von solchen Fahrten für Mitglieder der Betriebsleitung, die während der regulären Arbeitszeit stattfanden:

> „Und ich habe für die Leute gefahrn ooch hier für die Bauleitung und so, von denen haste nischt gekriegt. Paar Mark Trinkgeld, das. Die ham das während der Arbeitszeit...." (Interview mit Hans C., Vorruhestand, 58 Jahre).

Abgesehen von solchen mehr oder weniger angeordneten Fahrten wurde jedoch großer Wert auf Reziprozität gelegt und Hilfe z.T. mit Gegenhilfe oder mit Einladungen zu Feiern vergolten, so daß solche Netzwerksegmente eine gewisse Beständigkeit aufwiesen.[200] Für das eigentliche Bauen des Hauses mußte man aber auf Facharbeiter zurückgreifen, die für ihre Arbeit Geld nahmen (nach Auskunft von Dorfbewohnern wurden in den letzten Jahren der DDR für einen „schwarz" arbei-

---

[199] In diesem Zusammenhang läßt sich für die hier in Betracht kommenden Beziehungen im Dorf keinesfalls die Existenz eines „Kleinstunternehmers" feststellen, wie sie von Mai (1996) konstatiert wurde. In dessen Beschreibung treten angesichts eines Autolackierers deutlich die sich über Warenaustausch reproduzierenden sozialen Beziehungen hervor, die sich über Reziprozität und Dreiecksgeschäfte stabilisieren und damit ihren ephemeren Charakter verlieren. Allerdings wird bei einem Vergleich der Reflexion der Dorfbevölkerung der Oberlausitz über ihre sozialen Beziehungen mit Mais Ausführungen deutlich, daß Verfestigung und Strukturierung ökonomischer Funktionen zu stabilen Beziehungen an bestimmte strukturelle Bedingungen gebunden waren. Waren diese Strukturen nicht vorhanden, konnte sich auf dem „grauen" oder „schwarzen" Markt kein zentraler „Kleinunternehmer" herausbilden, der einen Teil des Naturaltausches „kontrollierte".

[200] Die unterschiedliche Sichtweise, inwieweit und in welcher Weise Reziprozität hergestellt werden mußte, auch in bezug auf Statusungleichheit zwischen den Hilfeleistenden, findet sich in den Aussagen Hans Cs: „Der hat damals 'ne neue Wohnung gekriegt, und da ham se erst die alte, newa, ham wir ausgeräumt, erstmal die Neue renoviert, dorte, dann geholfen. Ham wir die alte Bude ausgeräumt, dann ham wir noch das renoviert. Weil der das ja hinterlassen mußte, ne. Ham wir ooch da geholfen, Tapezieren und Möbel na, das ham wir ooch alles so gemacht. Da hat der gesagt, na, da machen wir mal 'n richtiges Essen, ne, da hat der uns abends eingeladen, sind wir ins Hotel gegangen und ham dann ordentlich gegessen. Geld wollten wir nicht haben, unter Kollegen, niwa" (Interview mit Hans C., Vorruhestand, 58 Jahre).

tenden Maurer 10 - 12 Mark gezahlt, für Personen, die Handlangertätigkeiten verrichteten 5 - 6 Mark).

Ebenso wie der Kontakt zu Kollegen hatten auch die Beziehungen zur Nachbarschaft und übrigen Dorfgemeinschaft eine Funktion in der Ressourcenaneignung. Aber auch für die emotionale Sicherheit waren sie bedeutsam. Denn diese Kontakte wurden durch verschiedene Feste, Feiern, Organisationen, Vereine und Betriebe immer wieder reaktiviert und aufrechterhalten. Dabei kam es durchaus zu Überschneidungen der „Verkehrskreise" (Schneider 1969:64ff) bzw. zur „Kreuzung sozialer Kreise" (Simmel 1992:456ff.), wenn z.b. zur LPG-Feier auch die Dorfbewohner eingeladen wurden.

Mit der Wende änderten sich diese günstigen Bedingungen für eine beständige „Revitalisierung" der Kontakte relativ schnell. Insbesondere die fehlende kollektive Organisation von Festen und das Auseinanderbrechen der Arbeitskollektive führten dazu, daß die Aufrechterhaltung sozialer Beziehungen wieder sehr viel stärker individualisiert wurde. Diese Zusammenhänge werden Teil der weiteren Betrachtungen sein.

Während in den Kapiteln 1 und 4 gesamtgesellschaftliche Veränderungen und allgemeine Bedingungen der dörflichen Gemeinschaft dargestellt wurden, soll nun auf Problemlagen und soziale Beziehungen anhand von Repräsentanten verschiedener *Lebensformgruppen* näher eingegangen werden. Wie bereits im „Methodenkapitel" ausgeführt wurde, werden als Lebensformgruppe keine sozialen Gruppen im soziologischen Sinne verstanden, die sich durch regelmäßiges, aufeinander bezogenes Handeln auszeichnen, sondern Menschen, die ähnliche soziale und ökonomische Bedingungen teilen, auf vergleichbare Ressourcen zurückgreifen können und einer gewissen Altersklasse angehören.[201] Die untersuchungsleitenden Ausgangsfragen lauten: Wie bewältigen Menschen einzelner Lebensformgruppen im Dorf ihren Alltag angesichts einer Krise der Lebenswelt? Von welchen Problemlagen sind sie betroffen? Welche Ressourcen stehen ihnen zur Verfügung? Welcher Einfluß kommt der ethnischen Zugehörigkeit bei der Ressourcensicherung und Verarbeitung von Problemen zu?

Wie in Kapitel 3 ausführlich dargestellt wurde, war die Feldforschung weitgehend dem qualitativen Paradigma verbunden. Daher werden sich in der folgenden *qualitativen Inhaltsanalyse* biographische Schilderungen, Interviewpassagen und Interpretationen ergänzen. Teilweise wurden Interviewpassagen für die Darstellung gerade deshalb ausgewählt, um *Interpretationen* nachvollziehbar zu machen und die *Authentizität* des gesprochenen Wortes - soweit dies überhaupt in schriftlicher Form möglich ist - zu bewahren.[202] Im Mittelpunkt der Analyse stehen aus diesem

---

[201] Somit kommt der Begriff dem der sozialen Kategorie näher als dem der sozialen Gruppe.

[202] Damit ist jedoch nicht gemeint, daß alle Interviewpassagen und die Darstellungen unreflektiert übernommen werden. Eine besonders wichtiger Einschränkung ergibt sich durch die zugesicherte Anonymisierung. Wie in der Einleitung bereits dargestellt, werden Funktionen, über die Personen eindeutig bestimmbar sind, nicht genannt. Weiterhin wird z.T. darauf verzichtet, persönliche Beziehungen bis ins Detail zu schildern, um nicht eine Identifizierung der

Grund nicht nur soziale Netzwerke, sondern auch die allgemeinen Bedingungen und Ressourcen verschiedener Repräsentanten ausgesuchter Lebensformgruppen. Denn erst wenn diese Bedingungen mit einbezogen werden, d.h. auf konkrete Belastungen und soziale Unterstützung eingegangen wird, können die Bedeutung sozialer Netzwerke und das Ausmaß von Veränderungsprozessen in ihrer ganzen Tragweite adäquat eingeordnet und bewertet werden. Wichtig ist, nochmals darauf hinzuweisen, daß es sich um die Sichtweise der Dorfbewohner handelt, auf die Bezug genommen wird. Auf ihre Wahrnehmung und Belastung von Problemen kommt es an.

Im einzelnen werden bei der Betrachtung der einzelnen Netzwerke spezifische Bedingungen einzelner Lebensformgruppen herausgearbeitet. Aus diesem Grund und um Redundanzen zu vermeiden, gliedern sich die Darstellungen nach keinem festen Schema. Allerdings wird jeweils auf ganz bestimmte Zusammenhänge Bezug genommen, die die soziale Situation vor und nach der Wende angemessen beschreiben können. Im einzelnen werden in den Beschreibungen und Einzelfallanalysen folgende Aspekte zu einem mehr oder weniger umfassenden Gesamtbild synthetisiert:

1. Bedingungen, Probleme und soziale Einbindung in der DDR-Zeit;
2. Wende und gesellschaftlicher Umbruch als bedeutsames Lebensereignis;
3. Folgen der Wende und Verarbeitungsressourcen;
4. Soziale Netzwerke und deren Veränderungen.

Bei der Darstellung werden nicht die Netzwerke aller Personen graphisch dargestellt. Ebenfalls werden nicht sämtliche sozialen Beziehungen für die Beschreibung herangezogen. Dies geschieht aus dem Grund, da sonst bedeutende Aspekte und Zusammenhänge zugunsten der deskriptiven Beschreibungen, die wenig über die empfundene Einbindung aussagen, wegfallen müßten. Einzelne Netzwerke werden vielmehr exemplarisch vorgestellt, um daran die prinzipielle Einbindung der entsprechenden Lebensformgruppe zu zeigen, bei anderen bezieht sich die Darstellung dagegen auf Problemlagen, Neuerungen und Sichtweisen, um alle wichtigen Aspekte der Veränderung zu berücksichtigen und die Gesamtheit der Problembetroffenheit zu erfassen.

Die sozialen Kontakte innerhalb des Dorfes, wie sie in der graphischen Darstellung vorgestellt werden, haben damit weitgehend die Funktion, die von den Betroffenen dargestellte Einbindung zu verdeutlichen, sie können die Zusammenhänge nicht erklären. Dazu dienen eher die *qualitativen* Beschreibungen zu Problembelastung, Wendebetroffenheit und artikulierten Erwartungen. In die graphische Darstellung sind entsprechend die sozialen Beziehungen aufgenommen, die die Befragten

---

beteiligten Personen zu ermöglichen. Hierbei sollte allerdings berücksichtigt werden, daß die Darstellung für die daraus abzuleitenden Schlußfolgerungen nicht unbedingt bis in alle Einzelheiten gehen muß. Damit ist die Entscheidung zwischen umfassender Authentizität in der Darstellung und Anonymisierung eindeutig zugunsten der Anonymisierung getroffen worden.

selbst als wichtig und bedeutsam für ihre Lebenslage dargestellt haben. Daß sie darüber hinaus soziale Kontakte zu anderen Personen haben, die sie aber selbst nicht für wichtig oder erwähnenswert halten, ist unstrittig. Durch die teilnehmenden Beobachtungen gab es immer wieder Gelegenheiten, daß soziale Beziehungen der Befragten offenkundig wurden. Sofern diese nicht in den Interviews genannt waren, wurden die Befragten darauf angesprochen, um zu erfahren, wie sie selbst diese einschätzten. Zudem hatten Befragte in den Interviews immer wieder Gelegenheit, für verschiedene Probleme ihre Unterstützung und ihre soziale Einbindung deutlich zu machen. Trotz dieser Versuche der vollständigen Erfassung sozialer Beziehungen bleibt natürlich immer das Problem in Befragungen nach sozialen Beziehungen, daß z.b. einzelne, durchaus wichtige soziale Kontakte nicht erinnert werden oder die Nennung von den bestimmten Personen ausbleibt, weil die Kontakte von den Betroffenen selbst als dirkreditierend gesehen werden. Um Verzerrungen durch solche allgemeinen Bedingungen möglichst gering zu halten, wurden als methodische Grundlage Leitfadeninterviews, teilnehmende Beobachtung und ein langer Feldaufenthalt gewählt. Es wurde so vorgegangen, um das für die Erhebung sozialer Netzwerke und Problembelastungen notwendige Vertrauen aufzubauen. Dies sollte bei der nachfolgenden Darstellung bedacht werden.

5.1 Einzelne Netzwerke verschiedener Lebensformgruppen: Probleme, Einbindung, Veränderungen und Adäquanz sozialer Beziehungen

5.1.1   Lebensformgruppe *Rentner*

Sorbische Rentnerin

Frau Gerda Z. ist 73 Jahre alt. Sie wurde im Dorf als Tochter eines im Ort ansässigen Gewerbetreibenden geboren. Neben der Arbeit in seinem kleinen Familienbetrieb, dessen Gebäude in den 50er Jahren abgerissen wurde, bewirtschaftete ihr Vater noch eine kleine Landwirtschaft von ca. 5 ha. Gerda Z.s Eltern waren Sorben, und in der Familie wurde nur Sorbisch gesprochen. Ihr gesamtes Leben, mit Ausnahme eines Jahres, das sie als junges Mädchen in einer Haushaltsstellung in Dresden verbrachte, lebte Gerda Z. im Dorf oder dessen Umgebung. In der Kriegszeit kümmerte sie sich im nahen Lazarett um Kriegsverwundete. Dort lernte sie ihren Mann kennen. Nach dem Zweiten Weltkrieg entschloß sich das Ehepaar, wegen Frau Z.s Verbundenheit zur Region und zur sorbischen Sprache in der Lausitz zu bleiben, obwohl die Eltern des Mannes Eigentümer eines größeren Hofes im Westen Deutschlands waren, den dieser auch später erbte.

Bis zur Gründung der LPG bewirtschaftete die Familie die kleine Landwirtschaft der Eltern Frau Z.s und betrieb weiterhin den kleinen Betrieb des Vaters. Zudem arbeitete der Mann in einem nahen Steinbruch. Mit Gründung der LPG begann

Frau Z. in der LPG zu arbeiten, in der auch ihr Mann zeitweise in gehobener Position beschäftigt war. Die Arbeit in der Landwirtschaft wird von Frau Z. als hart und anstrengend beschrieben, auch wenn sie durch kollektive Treffen und informelle Möglichkeiten des Feierns während der Arbeitszeit aufgelockert wurde. In ihren Schilderungen zur DDR-Vergangenheit und zur LPG lassen sich die Eingebundenheit in die Gemeinschaft und die schweren Arbeitsbedingungen hervorheben.

> „Na schwer. Wir sind mit dem Traktor gefahren, so geackert, das wissen sie ja, wie das ist. Da ham wir draufgestanden in Gummistiefeln und mit der, mit, mit dem, mit der Harken, wie sie sagen, ham wir den Mist runtergeschmissen. Das war die Arbeit, die wir leisten mußten. ... Ach die, die erste Zeit oder naja auch dann noch, da hat jemand Geburtstag gehabt oder wenn mir bei uns so in der Nähe vom Konsum waren, da ham wir eben gefeiert. Und da hat uns keener was gesagt. Da ham wir manchmal 'n halben Tag gesessen. Das war auch schön. Und da hat keiner was gesagt. Nächsten Tag ham wir wieder fleißig gearbeitet. Aber in der letzten Zeit eben, da gings nicht mehr, da wurde mehr Kontrolle oder ja, da war das nicht mehr. ... Na klar, das warn auch schöne Tage. Schwer, schwere Arbeit und naja" (Interview mit Gerda Z., Rentnerin, 73 Jahre).

Darüber hinaus verstärkt sich der Eindruck, daß sich Frau Z. durch die DDR-Bedingungen - insoweit sie sich auf politische Repressionen beziehen - nur an einigen wenigen Punkten beeinträchtigt fühlte. Offensichtlich ist es zumindest in der Retrospektive die frühere Integration in die Gemeinschaft, die ein Gefühl von Repressivität und Unterdrückung kaum aufkommen läßt. Dazu trägt sicherlich ihre politische Arbeit bei, die sie als angenehme Zusammenkünfte schildert. Über lange Jahre hinweg war Frau Z. Vorsitzende der Ortsgruppe eines Verbandes, dessen politische Arbeit und Funktion sie herunterspielt und stärker den Zusammenhang zur sorbisch-katholischen Kultur betont. Ihre Tochter stellt diesen Sachverhalt anders dar, denn für sie stand zu jeder Zeit die politische Funktion des örtlichen Verbandes als staatliche Organisation im Vordergrund. Sie macht deutlich, daß ihre Mutter diesen Aspekt der Zusammenkünfte gerne vergißt. In der Tat taucht die politische Seite der Verbandsarbeit in den Schilderungen Gerda Z.s nicht auf:

> „Aber ich war auch, wir sind sogar zur Maiandacht gefahren und es hat keiner was gesagt. Oder hier bei uns, hier ham wir uns die Stühle hingestellt und ham abends zusammen gesessen, weil wir gesagt haben, wir müssen mal wieder. Da sind die von Kamenz gekommen, die Frauen, die ich heute noch treffe, die rufen heute noch und sagen: 'Mensch war das schön, als wir noch zu Dir rausgekommen sind.' Aber war nischts Politisches" (Interview mit Gerda Z., Rentnerin, 73 Jahre).

Frau Gerda Z. hat fünf Kinder, die bis zur Wende alle in der Region lebten und durch die Erziehung in der Familie Sorbisch und Deutsch sprechen. Durch die Beziehung zu Verwandten des Mannes hatte die Familie schon immer „Westkontakte". Auf diese Weise und durch die Erbschaft nach dem Tode der Eltern des Mannes galt die Familie im Dorf schon immer als relativ wohlhabend, und sie verfügte auch über einige materielle Vorteile. So fuhr das Ehepaar einen „Wartburg", auf den es nicht die obligatorischen 15 Jahre warten mußte, da der Wagen vom „Westanwalt" der Familie aus der Erbschaft bezahlt wurde. Ansonsten bekam die Familie - wie es nach Aussagen von Gerda Z. den Bestimmungen der

DDR entsprach - nicht die Möglichkeit, über größere Beträge ihres Erbes zu verfügen. Durch ihre Kontakte in den Westen war es der Familie leichter möglich, sich in den 70er Jahren ein neues Einfamilienhaus zu bauen, denn dadurch vereinfachte sich die Materialbeschaffung. Allerdings weist Frau Z. immer wieder darauf hin, wie wichtig beim Bau trotz allem die Hilfe anderer Dorfbewohner war. Das damals gebaute Haus bewohnte Frau Z. nach dem Tode ihres Mannes in den 80er Jahren zunächst mit der Familie ihres jüngsten Sohnes; seit zwei Jahren lebt sie dort allein. Bei der Verrichtung der wichtigsten Aufgaben im und um das Haus kann sie in der Regel auf die Hilfe ihrer in der näheren Umgebung wohnenden Kinder zurückgreifen. Bereits vor der Wende war sie Rentnerin. Durch die Rentenerhöhung ist sie seit der Wende finanziell bessergestellt.

Gerda Z. legt besonderen Wert auf die sorbische Tradition, die sich in ihren Augen in einigen Bräuchen, vor allem aber in der Sprache zeigt. Sie spricht in der Regel mit allen Dorfbewohnern und ihrer Familie nur Sorbisch. Zudem macht sie explizit deutlich, daß die sorbische Kultur sehr eng mit der katholischen Religion verbunden sei. Die Religion wird von ihr - wie von den meisten Befragten - als Teil der Ethnizität begriffen. Gerda Z. hebt immer wieder die Bedeutung der sorbisch-katholischen Gemeinschaft und der sorbischen Nachbarschaft hervor, die angesichts der vielfältigen Veränderungsprozesse die nötige Hilfe und Sicherheit geben.

Gerda Z. schreibt Gedichte und Berichte in sorbischer Sprache, die sie in sorbischen Zeitungen veröffentlicht. Von anderen Dorfbewohnern und Sorben aus der Region wird sie häufig gebeten, sorbische Gedichte zu Hochzeiten, Geburtstagen und anderen Familienfesten zu verfassen. Durch diese Tätigkeit hat Frau Z. natürlich zahlreiche Beziehungen zu den Menschen im Dorf und in der Umgebung. Dennoch fehlen ihr für einige wichtige Aspekte des Lebens nach der Wende entsprechende Kontakte.

„Aber das, was jetzt ist, das ist für uns alte Leute besonders schwer. Das ist dies und jenes, was de gar nicht begreifst, das Zehnte, mit dem, wie - wie mit dem, was ich gestern bekommen hab und alles. Also da muß man schon jemanden wirklich befragen. Jetzt hab ich zur Zeit Sie und wenn Sie fort sind, dann muß ich warten, wenn die *Lydia* kommt oder ich muß zu *Karl* gehn. Weil die *Lydia* ist ja auch auf der Sparkasse und kann mir schon dies und jenes sagen" (Interview mit Gerda Z., Rentnerin, 73 Jahre).

„Wissen Sie was, wie schwer das ist. Die Leute könn' eben auch nicht so beraten in gerade dem Fall, was hier bei uns jetzt ist, niwa. Es, es ist ganz schwer. Das könn ja nicht einmal meine Kinder, wenn die auch sagen, laß. Aber das Alter ist ja da. Das ist ja das Schwere. Das ist das Schwere" (Interview mit Gerda Z., Rentnerin, 73 Jahre).

Gerade zur Erklärung der neuen rechtlichen Lage und neuer Bestimmungen fehlen kompetente Netzwerkpartner. Ihr Fehlen führt zu zunehmender Verunsicherung. Hinzu kommt, daß sich insbesondere ältere Leute über die späteren Regelungen ihres Besitzes sehr viele Gedanken machen. Allerdings wird in vielen Bereichen ein auch nur ansatzweise zufriedenstellender Einblick in neue Bestimmungen kaum möglich gemacht.

„Früher, wenn da jemand ein Testament - der hats gekriegt und brauchte je nach dem, was die geschrieben hat, rausgeben oder was. Jetzt ist ja, erbt ja jeder, wer weeß was, von wer bis wo" (Interview mit Gerda Z., Rentnerin, 73 Jahre).

Aber auch andere Veränderungsprozesse stoßen bei alten Leuten auf Mißtrauen, so daß sie sich überfordert fühlen. Die LPG änderte ihre Gesellschaftsform, und die ehemaligen Landbesitzer wurden nach ihrem eigenen Bekunden nur unzureichend über die Weiterentwicklung aufgeklärt. Statt der Rückgabe der Flächen oder einer Geldauszahlung bekamen die Eigentümer Besitzanteile entsprechend der Größe ihres eingebrachten Landes. Dadurch wird der gesamte Prozeß der LPG-Gründung in den 60er Jahren, bei dem der Eintritt teilweise durch massiven Druck erzwungen wurde, wieder präsent.

„... und jetzt ham wir diese Schwierigkeiten mit diesen, daß man hier ein Dings wird, Aktionär und so weiter. Das ist zu wenig aufgeklärt worden. Die alten Leute, die ham ja gar keine Ahnung von Aktionär. Erst ham wir müssen so viel reinzahlen in die LPG-Genossenschaft, daß wir überhaupt Mitglied geworden sind, oder daß wir unser Viehzeug, wo mir abgeben mußten, mußten wir viel einzahlen. ... Und jetzt ist man Aktionär. Was will man mit 73 Jahren noch als Aktionär. Hätten se uns doch unser Geld ausgezahlt und damit wärs geschehen. Und das sind die Probleme, was die alten Leute, - 's sind meistens ältere Leute, niwa, die die ganzen Jahre LPG - niwa. Viele wählen ja schon nicht mehr. Ham ja da schon nicht mehr mit erreicht" (Interview mit Gerda Z., Rentnerin, 73 Jahre).

Trotz der schwierigen Bedingungen in der Vergangenheit wird der mit der Wende verbundene Verlust in weiten Bereichen des alltäglichen Lebens als sehr einschneidend empfunden. Die wahrgenommene Unmöglichkeit, in gesellschaftliche Prozesse einzugreifen, sei es auf allgemeiner politischer Ebene oder nur in Entscheidungsstrukturen der LPG-Nachfolgeorganisation, wird als großer Mangel erlebt. Insbesondere bei älteren Leuten fällt zudem immer wieder auf, daß sie als negative Wendefolgen den Rückgang alter Gemeinsamkeiten und die Neuformierung der Gemeinschaft auf veränderter materieller Grundlage beklagen:

„Die Menschen schätzen alles nicht mehr, weil man das jeden Tag hat. Wir ham alles viel - viel mehr geschätzt und ham auch gelebt. So muß ich sagen. Und neidlos und zufriedener, viel, viel zufriedener. Und wurde eben untereinander hier eben rundherum mal gefeiert oder mal gesessen und so weiter. Das fehlt jetzt. Weil kriegst ja überall alles. Da ist nicht mehr extra" (Interview mit Gerda Z., Rentnerin, 73 Jahre).

„Ja, es ist eben dadurch, eben durch die Wende, weil sie jetzt überall hinfahr'n durften und alles, da fahr'n sie mal da hin, mal da hin, mal da hin und dann fällt das schon zu hier im Dorf, äh, leider mehr alles flach, niwa" (Interview mit Gerda Z., Rentnerin, 73 Jahre).

Durch die Veränderungen sind insbesondere alte Menschen auf Beziehungen im Dorf verwiesen. Erweist sich die Dorfgemeinschaft aber in zunehmendem Maße als mobil, geht neben dem Verlust alter Orientierungsmuster auch die Möglichkeit verloren, an neuen Orientierungs- und Lebenszusammenhängen zu partizipieren. Das Gefühl des teilweisen Ausschlusses von Neuerungen ist verbunden mit einer allgemeinen, eher diffusen Angst und einem zurückgerichteten Sicherheitsdenken -

einer Angst vor Fremdem und Neuem. Diese Veränderungen lassen die Zukunft unsicher erscheinen. Die Schilderungen unterschiedlicher Situationen und Quellen zunehmender Unsicherheit können daher als Beleg und Indikator für die weitreichende Überforderung durch neue Anforderungen gesehen werden.

„Mag nun Honecker, das will ich aber ganz genau erwähnen, gewesen sein, wie er will: wir haben nie eine Tür abgeschlossen. Nie. Nie. Nie. Und ich hab jeden mitgenommen, der gelaufen ist. Ob das nachts war oder wann, was ich heute nicht mehr mache. Da ist mir nicht einmal der Gedanke gekommen, der könnte mir was tun. Das kann ich gar nicht mehr. Wir ham keine Tür zugeschlossen. 'N Fenster manchmal offen und ach, keinem eingefallen dort mal -. Ach, das kannste heut' nicht mehr" (Interview mit Gerda Z., Rentnerin, 73 Jahre).

Auf diese Weise gewinnen das vertraute traditionelle Leben und die Eingebundenheit und Solidarität der ethnischen Gemeinschaft für alte Menschen einen wichtigen Stellenwert bei der Verarbeitung der Wendefolgen. Die sozialen Beziehungen bieten angesichts zunehmender Unsicherheit notwendige Unterstützung und Ressourcen. Sie erleichtern zwar nicht die Partizipationsmöglichkeiten an neuen Bedingungen, bieten aber Schutz durch Integration in vertraute, ethnisch geprägte Lebenszusammenhänge.

„Aber sonst muß ich sagen, hab - das werden Sie ja selber auch gemerkt haben, die sind hilfsbereit. Und: 'Du brauchst ja nur zu sagen und dann komm wir und wir helfen Dir.' Genauso wie der *G.* gestern hier war, *Marko G.* Der hat gesagt, also: 'Ćeta'[203], wie man so bei uns sagt, 'wenn Sie was Schweres haben oder was, sagen Sie uns, wir sind ja da, wir machen Ihnen das.' Also das. Wir - ich muß aber auch sagen, die kriegen von mir auch was'se brauchen" (Interview mit Gerda Z., Rentnerin, 73 Jahre).

Die Beziehungen basieren vielfach auf Reziprozität, die sich jedoch nicht immer im direkten Austausch ergibt, sondern sich auch aufgrund des langen engen Kontaktes immer wieder einstellt:

„Ja, das machen die Nachbarn hier eben so. Und genauso, wie ich dem hier gegeben hab, weil unsere Jungs, die Osterreiter, Pferde gehabt haben. Daß der sich die Pferde einige Tage hier. Das hilft ihm ja auch, wenn er se hier rein kann. Ja, und genauso, wie ich im Herbst immer sage, allen Nachbarn, *K.*, wie den andern, die selber kein Obst haben oder nicht so viel haben. Die dürfen sich bei mir das Obst pflücken, wenn s'es haben wollen" (Interview mit Gerda Z., Rentnerin, 73 Jahre).

Beziehungen erhalten darüber hinaus Dauerhaftigkeit und Stabilität durch ethnisch-religiös bedingte gegenseitige Verbindungen und Vertrauensbeweise. Neben der Verwandtschaft erweist sich insbesondere die Patenschaft - die natürlich katholisch und sorbisch geprägt ist und teilweise über Generationen weiterbesteht, indem Familien wechselseitig immer wieder die Patenschaft übernehmen - als wichtiges Moment der Gemeinschaft. Eine bedeutende Rolle spielt - wie im Begriff der Reziprozität bereits angedeutet ist - die Verläßlichkeit und Bestätigung der Beziehungen in der Vergangenheit. Gerade die gemeinsam geteilte Vergangenheit, die immer wieder gegenseitige Hilfe notwendig machte, bestärkte und bestärkt nicht nur

---

[203] Anrede für eine gut bekannte ältere Frau: „Tante".

die sorbische Gemeinschaft, sondern führt auch zu dem notwendigen Vertrauen in diese Beziehungen.

„Ja, die sowieso. Da geh ich ja jeden Tag mal schnell gucken. Und wir ham uns soviel Mal Pate gestanden, das hab ich Ihnen schon mal erzählt. Alle anderen und meine Vorfahren warn alle Pate dort, und die warn bei uns und so weiter. Und die Oma, den Vater ..." (Interview mit Gerda Z., Rentnerin, 73 Jahre).

„Nein, um Gottes willen. Ich vergeß das aber nicht, was früher gewesen ist. Das darf man eben auch nicht tun. Daß man nun heute sagt, ich brauch Dich nicht mehr - kann man - das darf man nicht machen" (Interview mit Gerda Z., Rentnerin, 73 Jahre).

„Nicht mit jedem, vielleicht, also - äh - ich, man schaut sich die Menschen an, die wasserdicht sind, oder dicht sind. So will ich mal sagen. Oder die selber auch Probleme haben, die se auch an jemanden bri- äh anbringen wollen und so anders auch anbringen wollen, ihres. Und dort geht man, hat man mehr Vertrauen, so will ich mal sagen" (Interview mit Gerda Z., Rentnerin, 73 Jahre).

Hinzu tritt natürlich die emotionale und finanzielle Absicherung durch die enge Familie und wenige nahe Freunde. Familie und Freunde erweisen sich damit als wichtige Ansprechpartner bei Problemen im persönlichen Bereich.

„Naja, erstmal in der engsten Familie, in der eigenen, niwa, das ist erstmal. Weiter geht man dann aber nicht, ganz selten, ganz selten. Und das ist jetzt bei euch, uns, euch - durch - mit dem Zusammenschluß ist schlechter geworden. Aber sonst" (Interview mit Gerda Z., Rentnerin, 73 Jahre).

Vor allem der Verlust früher Einbindungen in sorbische Organisationen und Vereine, die mit der Wende teilweise ein jähes Ende gefunden haben, wird von Frau Z. sehr bedauert. Bei Domowinaveranstaltungen oder sonstigen Veranstaltungen traf man sich und konnte über viele Dinge reden, für die heute kaum noch Ansprechpartner vorhanden sind.

Anbindung bieten dann vor allem alte Bekanntschaften und Freunde, die sich über die Jahre hinweg als stabil und zuverlässig erwiesen haben. Frau Z. fährt fast täglich in die Kirche oder eine kleine Kapelle im Nachbardorf. Dabei hat sich eine kleine Fahrgemeinschaft gebildet. Die gemeinsame Fahrt zum sorbischsprachigen Gottesdienst stiftet bei den Älteren ein Gefühl der Gemeinschaft und Zusammengehörigkeit.

„Aber die schätzen das und dann machen se mir, wenn ich Geburtstag habe oder Namenstag hab oder naja, Sie werden ja sehen, wenn Namenstag ist, wer da kommt, niwa. Und tun sich dann revanchieren, und ..." (Interview mit Gerda Z., Rentnerin, 73 Jahre).

Allerdings lassen sich angesichts der politischen Funktionen in der Vergangenheit, die manchen Verbandsfunktionären unterstellt wird, vor allem in bezug auf die Einbindung in sorbische Vereine Schwierigkeiten feststellen. Frau Z. verweist besonders auf eine Domowinafunktionärin, die in ihren Augen schon immer bestrebt war, ihren eigenen Vorteil zu suchen. Durch solche Personen sieht sie die Erneuerung dieser Organisationen belastet und zieht für sich selber den Schluß, dort nicht mehr mitzuarbeiten.

„Aber dadurch ist es, was man sagt, die machen sich jetzt wieder groß, bloß mir ham se nichts getan, naja, ich hab doch nichts davon. Ich hab doch nichts davon. Und ich bin immer der Meinung, die ham Kinder und die Kinder leiden noch darunter. Und wenn man da die Gusche aufmacht, nee, das will ich nicht. Aber dadurch ist das gekommen. Die ham erst groß getan und jetzt machen se sich wieder groß. Und das ist nicht in Ordnung und das sagen eben viele. ... Aber auch - das ist durch diese Wendehälse, ist alles ein bißchen (breitet Arme auseinander) ... Ja, weil sie eine Angebrütete, eine große Angebrüt und eine große Wendehals" (Interview mit Gerda Z., Rentnerin, 73 Jahre).

Die meisten engen sozialen Kontakte bestehen bei älteren sorbischen Menschen nahezu ausschließlich zu Sorben und sind auf den Nahbereich bezogen. Deutlich wird zudem die starke religiöse Einbindung auch in bezug auf die Sozialkontakte, die dazu führt, daß besonders die Gemeinschaft unter den älteren Dorfbewohnern immer wieder gestärkt wird.

Frau Z.s Problemlage und ihre sozialen Beziehungen können als typisch für Rentner angesehen werden. Reduziert man die Aussagen auf die wichtigsten Zusammenhänge, stehen einer starken Bindung an das Dorf und an seine sorbischen Bewohner, fehlende Ansprechpartner, mangelnde Sozialkontakte sowie nicht verfügbare Ratgebende bei neuen Anforderungen, die ältere Menschen überfordern, gegenüber. Dadurch verstärken sich für sie die Gefühle, an Neuerungen nicht teilhaben zu können, und es läßt sich eine beginnende Orientierungslosigkeit feststellen, für die zunehmende Ängste als Beleg gewertet werden können. Als Sicherungsressource bieten sich daher die alten, bestehenden Kontakte zur sorbischen Gemeinschaft an.

Das egozentrierte soziale Netzwerk von Gerda Z. (in allen Darstellungen ist die Zentralperson mit E. gekennzeichnet) soll exemplarisch für die soziale Einbindung von Rentnern dargestellt werden (s. Abbildung 5.1 auf der folgenden Seite). Es sei an dieser Stelle nochmals darauf hingewiesen, daß die Darstellung der sozialen Netzwerke an der *emischen Sichtweise* der Befragten orientiert ist. Ihre Einschätzung der Intensität und des Nutzens von sozialen Beziehungen steht im Mittelpunkt. Entsprechend sind die Beziehungen in fünf Ausprägungen unterteilt. Neben den *„weak ties"* im Sinne Granovetters (1983) als den Beziehungen, die weitgehend uniplex für wichtige Informationen bereitstehen, finden sich etwas stärkere soziale Beziehungen, die als „mittlere Beziehungen" bezeichnet werden und daneben noch „starke" und „sehr starke" Beziehungen. Dagegen sind Beziehungen, die von den Befragten als belastend oder konflikthaft gewertet werden, als „negative" Beziehungen gekennzeichnet. In der Darstellung sind lediglich die Wohnhäuser der Kontaktpersonen als Quadrate in der Entfernung vom Wohnort Egos dargestellt. Ansonsten finden sich keine Hinweise auf die geographische Lage des Dorfes. Die Informationsreduktion durch diese vereinfachte Darstellung erfolgt, um eine Identifizierung der Personen unmöglich zu machen.

Das Zentrum und wichtige Kontakte des sozialen Netzwerkes Gerda Z.s liegen im Untersuchungsdorf in unmittelbaren Umgebung ihres Hauses. Hier lassen sich zunächst ihre sehr starken Beziehungen zu zwei Nachbarn hervorheben, mit denen sie sich nahezu täglich trifft und weitgehend alle Probleme bespricht. Ein anderer wichtiger Kontakt besteht zu einem ehemaligen politischen Funktionsträger, der ihr bei vielen Verrichtungen in Hof und Garten hilft. So hat er z.B. gemeinsam mit einem anderen ihrer Nachbarn mehrere Tage lang Brennholz für Gerda Z. mit der Kreissäge zersägt. Zu ihren anderen Nachbarn hat sie gute Kontakte und trifft sich mit ihnen bei der Gartenarbeit, vor allem aber bei Feiern (mittlere Beziehungen).

Übersicht 5.1: Dörfliches soziales Netzwerk
Gerda Z., Rentnerin, 73 Jahre

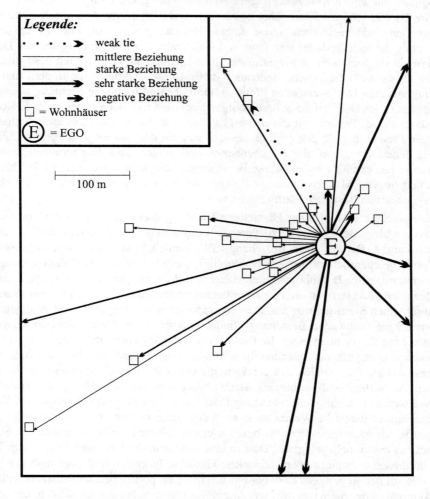

Für Gerda Z. bedeutende Kontakte sind die zu ihren Kindern, die in verschiedenen Dörfern und Städten rings um *Wjeska* leben. Diese übernehmen für sie verschiedene Aufgaben in Hof und Garten. Ihre Tochter, die in einem nahe gelegenen Dorf wohnt (sehr starke Beziehung; Pfeil in der Darstellung Richtung Süden), kommt mit ihrem Mann zumindest einmal pro Woche zu Frau Z., um sich nach ihr zu erkundigen und Aufgaben im Haus zu erledigen. Ihre Söhne kommen nicht so regelmäßig, übernehmen aber ebenfalls diverse Arbeiten und stehen ebenso wie die Tochter für wichtige Fragen zur Verfügung. Die Beziehung zu den Söhnen und deren Familien sind in der Darstellung durch drei Pfeile in östliche Richtung gekennzeichnet. Ein weiterer Pfeil, der aus dem Dorf hinausweist (Richtung Süden), symbolisiert die engen Kontakte zu einer Freundin Frau Z.s, die im gleichen Dorf wie ihre Tochter lebt. Zu dieser fährt sie häufiger und trifft dort zudem mit dem Pfarrer der Gemeinde zusammen. Diese soziale Beziehung wird von Frau Z. als sehr wichtig dargestellt, da sie hier Trost und Anteilnahme erfährt. In zwei anderen Dörfern hat sie noch weitere Freundinnen, die sie jedoch nur gelegentlich besucht und die für sie nicht die gleiche Bedeutung haben (diese sind durch die in der Darstellung aus dem Dorf weisenden Pfeile in nördliche und westliche Richtung gekennzeichnet). Im Dorf hat sie außerhalb ihrer Nachbarschaft noch engere soziale Kontakte zu zwei Frauen, mit denen sie fast täglich in die Kirche fährt und zu einem alten Freund, der sie gelegentlich besucht und mit dem sie lange Gespräche führt, bei denen vor allem alte Begebenheiten und gemeinsame Erinnerungen immer wieder neu erzählt werden (starke Beziehungen, die nicht in der direkten Nachbarschaft liegen). Mit den Frauen, mit denen sie zur Kirche fährt, trifft sie auch bei gegenseitigen Besuchen häufig zusammen.

Zwei weitere Pfeile (in der Darstellung Richtung Westen und Süwesten) bezeichnen „mittlere Beziehungen" zu Personen, mit denen Frau Z. gelegentlich zusammenkommt. Bei der einen Beziehung (SW) handelt es sich um einen Bekannten, der ihr gelegentlich mit seinem Traktor hilft, wenn sie auf dem Hof Veränderungen vornimmt, wie z.B. Abbruch einer Mauer und Wegschaffen der Steine. Die andere Beziehung (Westen) ist die zu einer alten nahen Freundin, die schon vor der Wende durch einen Streit gelitten hat, die von beiden aber nun langsam wieder aufgebaut wird. Eine „schwache Beziehung" findet sich zu einem Gemeindevertreter, von dem Frau Z. vor allem über die Pacht ihres Geländes verhandelt, von dem sie bei solchen Gelegenheiten aber häufig wichtige Dinge erfährt, die die Gemeinde betreffen. Fast alle sozialen Beziehungen, die Gerda Z. als wichtig bezeichnet, bestehen zu Sorben und Sorbinnen. Damit beschreibt die Darstellung des sozialen Netzwerks nochmals die Einbindung Frau Z.s in die sorbische Gemeinschaft. Veränderungen durch die Wende hat es nach den Angaben von Frau Z. nur wenige gegeben. Als wichtigstes Ereignis bezeichnet sie, daß die Familie eines weiteren Sohnes aus einem nahegelegenen Dorf in eine westdeutsche Großstadt umgezogen ist. Um diesen Umstand ranken zahlreiche Gerüchte innerhalb und außerhalb der Familie. In der Regel geht es dabei um die früheren politischen und staatstragenden Aktivitäten der Schwiegertochter. Allerdings bleibt es bei den Gerüchten, und niemand äußert sich konkret zu diesem Umstand.

Trotz ihrer umfassenden sozialen Einbindung macht Frau Z. deutlich, daß ihr für bestimmte Veränderungen adäquate Ansprechpartner fehlen, vor allem im Bereich neuer rechtlicher Bestimmungen.

Sorbischer Rentner I

Der 66jährige Korla F. ist sorbischer Abstammung, in der Region geboren und aufgewachsen. Gemeinsam mit seiner Frau und einer Tochter bewohnt er ein kleines Haus, das er von seinen Eltern Anfang der 60er Jahre geerbt und, wie er berichtet, mit vielen Anstrengungen restauriert hat.

Für Korla F. sind die sorbische Tradition und die enge Verbindung zur katholischen Kirche von besonderer Bedeutung. In den Gesprächen und Interviews kommt er immer wieder auf die Gefährdung der sorbischen Sprache und Kultur zu sprechen. Als Garanten für den Fortbestand der sorbischen Tradition sieht er die katholische Kirche und die ihr angeschlossenen Organisationen. Er selbst ist in vielfältiger Weise in sorbische und kirchliche Aktivitäten eingebunden. Neben seiner Arbeit in einem sorbischen Verband berät er noch junge Ehepaare, wie er betont, vor allem zu Fragen, die mit dem religiösen und sorbischen Selbstverständnis zusammenhängen. Korla F. sieht sein Leben genau in diesem Zusammenhang, in der fortwährenden Stärkung und Stützung der sorbischen Identität. Aus diesem Grund hat er auch in verschiedenen sorbischen Organisationen immer wieder Aufgaben übernommen. Durch die Wende sieht er zahlreiche Bedrohungen für die sorbische Kultur, weil viele Sorben nicht mehr bereit seien, freiwillig kulturelle und der sorbischen Gemeinschaft dienende Aufgaben zu übernehmen. Statt dessen konstatiert er eine durch die Wende und deren Folgen bedingte Individualisierung, mit der zunehmenden Tendenz, eigene Interessen in den Vordergrund zu stellen.

„Der Kampf um den Arbeitsplatz. 'Warum hab - bin ich entlassen worden?' 'Warum bin ich in Vorrente geschickt worden?' 'Warum der nicht?' Und alles das, das sind kleine, äh, ich brauchs ja nicht, sage immer, ein Sarg hat viele Nägel. Und genauso ist es auf einmal heute. Viele Dinge, die wir da noch äh -. Und in der Zeit ist es also wirklich notwendig, eines zu tun, denn diese Dorfgemeinschaft macht stabil hier, daß wir die einigermaßen stabil erhalten. Hä, und das, das ist das schwi.. - ein ganz schwieriges Unterfangen, was wir haben. Ja. Ob wir das durch die Vereine und so schaffen werden? Und nun ham wir die Stiftung für das sorbische Volk. Vielleicht ist da einiges zu machen? Aber? Ne. Und das nächste isses, wenn wir als Sorben existieren wollen, müssen wir bereit sein, ehrenamtlich zu arbeiten" (Interview mit Korla F., Rentner, 66 Jahre).

Von besonderem Gewicht im Zusammenhang mit der Gefährdung der sorbischen Kultur ist für ihn das Engagement der Jugend. Sieht er bei Erwachsenen vor allem deren Sorgen um den Arbeitsplatz als Grund für einen Rückzug aus der Gemeinschaft, sind es bei Jugendlichen die zahlreichen neuen gesellschaftlichen Angebote, Möglichkeiten und Anforderungen, die ähnliche Folgen zeitigen. Ursächlich für eine Abkehr von der sorbischen Tradition sind nach seinem Bekunden aber auch die nachlassende ethnische und kirchliche Bindung und Orientierung in den Familien.

„Der Jugend fehlt die familiäre Einbindung und die Erziehung ins Sorbische. Früher, da wurde häufig noch Sorbisch vorgelesen und äh heute ist das vorbei. Keiner will mehr mitarbeiten an Gemeinschaftsaufgaben. Keine Kinder, keine Jugendlichen, weil früher war alles vorbestimmt, und jetzt, da ist eine gewisse Freiheit da. Leichter ist es nicht geworden. ... Die Kinder lernen die Gebete nicht mehr. Früher war das Wort des Geistlichen eine Heiligkeit, heute gilt es kaum noch etwas" (Interview mit Korla F., Rentner, 66 Jahre).

Aber die Gemeinschaft sieht er nicht nur durch „interne" Veränderungen bedroht, sondern ebenso durch das Hereinbrechen fremder, gleichsam aufgezwungener gesellschaftlicher Strukturen und Bedingungen. Neben diesen Veränderungen führt die wachsende Anzahl westlicher Entscheidungsträger in bedeutenden politischen und wirtschaftlichen Positionen dazu, daß das Gefühl der „Fremdheit im eigenen Land" noch verstärkt wird.

„Und die andere Seite ist die, daß eben viele Gauner von Euch drüben hergekommen sind und - die also hier unsere Menschen aufs Kreuz legen. Das ist, die, die - auch die andere Seite. Ich meine - äh und äh - leider muß man sagen, daß die Treuhand hier versagt hat, also absolut. ... Ich, ich kann mirs nicht erlauben ein Urteil, warum das so gewesen ist, aber auf alle Fälle - und diese Frau Breuel ist in keinem Fall die Frau, die dort hingehört" (Interview mit Korla F., Rentner, 66 Jahre).

Mit „Gaunern" sind aber nicht nur Protagonisten der „großen Politik" gemeint, die zu einer instabilen sozialen Lage in Ostdeutschland beitragen. Korla F. meint auch die Hausierer, Vertreter und Bankrotteure, die sich in Ostdeutschland bereichern. Denn gerade diese Erkenntnisse, Erfahrungen und Berichte aus dem näheren Umfeld lassen bei den Betroffenen und ihren Bekannten sehr schnell den Eindruck entstehen, als sei in Ostdeutschland ein rechtsfreier Raum entstanden, in dem sich in erster Linie Westdeutsche ungestraft bereichern könnten. Als Beispiele werden immer wieder Vorfälle der „Treuhand" genannt. Sei es, daß von der Treuhandanstalt westliche Firmen ostdeutsche Betriebe übernommen haben, um unliebsame Konkurrenz auszuschalten, sei es, daß westliche Unternehmer ostdeutschen Bewerbern vorgezogen wurden oder westliche Unternehmer die Betriebe schnell in den Konkurs geführt haben. Andere Beispiele sind Selbstmorde, die nach Sichtweise vieler Dorfbewohner aufgrund von geschäftlichen und privaten Schwierigkeiten zugenommen haben. Es sind aber auch die „Drückerkolonnen" und die zahlreichen Antiquitätenaufkäufer, die fast wöchentlich ins Dorf kommen (bzw. in das Dorf einfallen) und insbesondere in den ersten Jahren nach der Wende viel Unheil und finanzielle Verluste über die Bewohner brachten. Vielfach stellten die Dorfbewohner erst später fest, daß die alten Sachen, die sie für wenig Geld veräußerten, einen hohen materiellen Wert besaßen. Diese Zusammenhänge bringt Korla F. auf einen einfachen Nenner:

„Die Leute wurden auch leichter verführt mit Tricks und wurden von westlichen Ganoven auf die Nase gelegt. Das führte natürlich zu Mißtrauen, aber das wird sich wieder geben" (Interview mit Korla F., Rentner, 66 Jahre).

Allerdings sei das Gefühl weitgehender finanzieller Übervorteilung und Ausnutzung nicht die einzige Entwicklung, die zur Unsicherheit unter der Dorfbevölkerung beitrage. Hinzu kommen die Erwartungen, die mit der Wende verbunden gewesen seien und sich für viele nach kurzer Zeit als kaum zu realisierende Hoffnungen herausgestellt hätten.

„Ne, also ich glaube, man hat zuviel versprochen. Und unsere Leute haben nur gesehen: die Westmark. Ja. Und daß man für eine Mark hart arbeiten muß, daran haben, daran haben die nicht gedacht. Aber man engt etwas ein, und man sieht das ja auch in Bautzen, ich war neulich zu einer Tagung in Bautzen. Da sind wir abends um zehn herum durch die Stadt gelaufen, die Gaststätten sind leer. Früher warn se voll. Ja. Allerdings nur noch, wir ham in Gaststätten Westpreise, aber verdienen nicht Westgeld. Das ist das Letzte. Ja" (Interview mit Korla F., Rentner, 66 Jahre).

Die Unzufriedenheit basiert nach seiner Einschätzung sehr stark auf unbefriedigten Bedürfnissen. In diesem Zusammenhang konstatiert er soziale Differenzierungsprozesse. So stellt er zwar fest, daß es nicht wenige Menschen in Ostdeutschland gibt, die nur lernen müßten zu wirtschaften, um mit den gegebenen Mitteln auszukommen. Auf der anderen Seite habe sich für viele die Situation jedoch verschlechtert. Obwohl viele Menschen mit ihren Einnahmen auskommen könnten, habe sich faktisch ihre materielle Ausstattung verändert. Früher sei gemessen am Warenangebot mehr Geld für den einzelnen verfügbar gewesen. Mit der Wende hätten aber die Einnahmen so abgenommen, daß sich viele nicht mehr alle wichtigen Dinge des täglichen Bedarfs leisten könnten. Als „Wendeverlierer" benennt er „Vorruheständler" und Arbeitslose, da deren Einkommen sowohl hinter dem anderer Dorfbewohner (vor allem auch dem der Rentner) zurückbleibe, als auch zu gering sei, um sich einen Lebensstil leisten zu können, der den neuen gesellschaftlichen Bedingungen angepaßt sei. Diese Bedingungen relativer Deprivation hebt er besonders bei den „Vorruheständlern" hervor.

„Und wenn also heute einer in Vorruhe geschickt wird und kriegt noch - im Vorruhestand, da gibts in *Wjeska* welche mit knapp 700 Mark. Das ist doch so, das ist so. Ja. Was wird. Ich weiß, von zwei Ehepaaren, die zusammen reichlich 1200 Mark haben. Aber die halten sich über Wasser und sie leben, weil sie immer Kaninchen haben und was nicht alles. Aber das ist so, das ist so. Und das ist, das ist Schwierigkeiten, das sind Schwierigkeiten, ja. Mh" (Interview mit Korla F., Rentner, 66 Jahre).

Für ihn ist die sorbische Geschichte bestimmt durch das permanente Eindringen der deutschen Kultur in die sorbische. Entsprechend fällt seine Einschätzung des Entstehens der LPGs in der katholischen Oberlausitz aus. Diese seien ein „Schlag gegen das Sorbentum" gewesen. Denn mit ihrer Etablierung wurde die sorbische Sprache mehr und mehr zurückgedrängt, da man sich während der Arbeit immer stärker nach denen richtete, die nicht Sorbisch konnten. Es fand also eine „Germanisierung" statt, die auch damit zusammenhing, daß die Leiter der LPGs in der Regel keine Sorben waren. Parallel dazu zeitigte die fortschreitende Industrialisierung im Gebiet die gleichen Folgen. Denn dadurch, daß auch in den volkseigenen Betrieben die meisten Leitungsfunktionen von Deutschen ausgeübt und Deutsche als Arbeiter angeworben wurden, sprach man bei der Arbeit in diesen Betrieben grundsätzlich Deutsch. Diese deutschen Arbeiter seien dann auch in die Region gezogen, wodurch sich das „deutsche Element" zusätzlich verstärkte. Darüber hinaus seien schon früh nach dem Krieg deutsche Flüchtlinge aus Osteuropa in der Lausitz angesiedelt worden. Hinter diesen ganzen Entwicklungen vermutet er staatliche Strategien mit dem Ziel, die sorbische Kultur weitgehend der deutschen anzugleichen bzw. sie weitgehend zu „zerstören".

„Und das ist aber wiederum bewußt gemacht worden, von der Regierung der alt - damals also, von der äh, äh damaligen Machthabern, nicht bloß unsere neuen, was Grotewohl, Pieck waren und so. Daß man hier, hier relativ viel solcher Neubürger hereingebracht hat, um zu germanisieren. Ja. Und diese Sudetendeutschen und die Schlesier, vor allem die, nicht die Schlesier so sehr, aber auch die, die aus dem ehemaligen alten Polen hergebracht wurden. Die haben gesagt, 'wir mußten dort um unsere deutsche, deutsche Identität kämpfen und wir werden hier das auch tun. Wir werden uns von den Sorben nichts vormachen lassen'. Als diese wirtschaftliche Misere für sie vorbei war, dann brach ihr Nationalchauvinismus sicherlich, wirklich, verstehen sie mich nicht falsch, durch, da waren sie auf einmal wieder die großen Deutschen. Und das ist vielleicht auch nicht immer die Schuld der Menschen, die herkommen, sondern auch gerade, daß diese - ich weiß nicht ob sie zu diesen Familien sofort den Kontakt suchen, oder sind es Zufälle - daß die zusammenkommen und das sind dann die Brückenköpfe, die ja immer wieder diese Unruhe hereinbringen" (Interview mit Korla F., Rentner, 66 Jahre).

Die Ursachen, die er hinter den Strategien der Vernichtung der sorbischen Kultur vermutet, und die Intention, die dieser allgemein stattfindenden Schwächung seiner Meinung nach zugrunde liegt, besteht für ihn in der „Mentalität" der Deutschen.

„Der Deutsche will niemanden mit einer anderen Sprache in seiner Nähe. Er ist auch zu faul, Sprachen zu lernen" (Interview mit Korla F., Rentner, 66 Jahre).

In seinen Augen sind damit die Deutschen nicht in der Lage, die Spannungen zu ertragen, die sich aus dem Miteinander zweier Kulturen in einem Gebiet ergeben. Er attestiert den Deutschen eine gewisse Grundhaltung, andere Ethnien abzuwerten. Daneben drückt Korla F. auch aus, daß es zunehmende Globalisierungs- und Universalisierungstendenzen sind, die eine separate Entwicklung in einem Gebiet kaum noch länger zulassen. Es sind damit allgemeine gesellschaftliche Entwicklungsprozesse, die Voraussetzungen und Anforderungen schaffen, an die sich die Menschen anzupassen haben. Diese Prozesse sind für Minderheiten mit umfassenden Veränderungen verbunden und können ihren Bestand gefährden.

„Ja. Das war, äh auch, äh die - Ich weiß nicht, wie ham se geschrieben? Das, glaub ich, steht doch in irgendeiner Passage drin, daß die Sorben immer abseits der großen Straßen usw. gewohnt haben und dadurch ihre Identität bewahrt haben. Und heute wohnen wir an diesen großen Straßen und mischen dort die Karten mit, wenn ich das mal so sagen darf. Das war früher nicht" (Interview mit Korla F., Rentner, 66 Jahre).

Allerdings gibt es innerhalb solcher Entwicklungen auch gegenläufige Trends, die eine vollständige Assimilierung an die deutsche Kultur bisher nicht zugelassen haben. Auch hier bezieht sich Korla F. auf einen „Mentalitätsunterschied" zwischen Deutschen und Sorben. Hinzu kommt aber, daß unter DDR-Bedingungen zahlreiche gegenseitige Unterstützungsleistungen erforderlich waren, die die Gemeinschaft immer wieder stärkten und stabilisierten.

„Also man hat da so, ich meine, wir als Sorben, wir empfinden einiges anders als der deutsche Mensch. Wir sind eine Familie, eine große Familie. Wir sind und wir kennen uns. Und deshalb kennen wir auch unsere gegenseitigen Schwächen besser. Man hat sich gegenseitig geholfen. Man hat müssen, wenn das, wenn das äh hier mal bißchen Zement kam, dann wußte das in einer halben Stunde das Dorf. 'Du, in der BHG[204] gibts Zement'. Oder: 'Dort gibts Zement'. Und dann fuhr man eben los. Das war eben das Gegenseitige. Oder wenn, man hat sich auch gegenseitig geholfen, Hänger ausgeborgt und alles, das war, das gehörte eben zum Leben. Das hat aber auch irgendwie wieder den Zusammenhalt ge.. äh - geschmiedet" (Interview mit Korla F., Rentner, 66 Jahre).

Es ist damit die gewachsene Gemeinschaft, die gekennzeichnet ist durch gegenseitiges Vertrauen, Hilfeleistungen, gemeinsam durchlebte Situationen und Schwierigkeiten. Dies führte zur Ausbildung einer gemeinsamen Identität, die Orientierungshilfen anbot und letztendlich immer noch Orientierung stiften kann.[205] Diese Prozesse lassen sich sicherlich nicht nur bei den Sorben in der Lausitz finden. Daß sie hier aber angesichts der räumlich überschaubaren Region und der bereits angedeuteten doppelten Diasporasituation (kleine ethnische und religiöse Minderheit) eine große Bedeutung gewinnen, ist unverkennbar. Diese Zusammenhänge zeigen sich auch an der Einbindung Korla F.s in die dörfliche Gemeinschaft, wie er sie kurz zusammenfaßt.

„Mir hat noch keiner Nein gesagt, wenn ich irgend etwas brauchte oder jemanden um etwas fragte. Natürlich ist jetzt ein bißchen Neid da, aber den hat es schon früher gegeben. Heute bezieht sich der Neid auf das größere Auto; auch früher auf den, der den Wartburg gefahren hat. Wer Geld verdienen wollte, hatte die Möglichkeit sich etwas dazu zu verdienen. Vor, vor, äh, äh - der, der Sorbe war nie so bedacht auf große materielle Güter. Der war zufriedener, hat sich mit dem zufrieden gegeben. Und heute beginnt also auch bei uns, also: 'Der hat Opel', so und so. Also: 'Ich mußt die nächst höhere Klasse haben.' Das war früher nicht" (Interview mit Korla F., Rentner, 66 Jahre).

Trotz gewachsener, vertrauter Beziehungen läßt sich bereits die Angst vor Veränderungsprozessen feststellen, die mit der Wende in Zusammenhang stehen. Soziale Differenzierungsprozesse erweisen sich somit als Gefährdung für bestehende soziale Netzwerke. Nach der Wende verändern sich durch unterschiedliche materielle Mittelausstattungen die Bedürfnisse und die Möglichkeiten, diese zu befriedigen. Auch wenn für Korla F. Neid kein Problem ist, das erst durch die Wende entstanden ist, macht sein Bericht doch deutlich, daß die Intensität des Phänomens zugenommen hat. Dies vor allem deshalb, weil die Gemeinschaft früher vielfach auf geteilten Anstrengungen und der Notwendigkeit basierte, in Zeiten knapper Güter

---

[204] Bäuerliche Handelsgenossenschaft.

[205] Eine solche Interpretation der Bedeutung gemeinschaftlicher Verrichtungen und durchlebter Schwierigkeiten findet sich auch in unterschiedlichen Studien, die sich mit Identitätsbildung und Entstehung von Wir-Gefühlen beschäftigen [vgl. allgemein Elias/Scotson (1993) und in bezug auf Ostdeutschland Koch (1992b) und Woderich (1996)].

gemeinsam für Abhilfe zu sorgen. Dieses Moment entfällt nach der Wende. Zudem haben die Möglichkeiten zugenommen, die verbesserten Einkommensbedingungen nach außen darstellen zu können. Diese Symbolisierung sozialer Aufstiegsprozesse kann mit einer Einschränkung sozialer Kontakte verbunden sein, wenn Beziehungen zu Personen mit ähnlichen sozialen Bedingungen gesucht werden (Schließung sozialer Kreise). Eine derartig weitreichende Veränderung kann Korla F. zwar noch nicht feststellen, wohl aber, daß der gegenseitige Neid dazu führt, mit bestimmten Personen nicht mehr im gleichen Umfang wie früher zu verkehren.

Negative Bedingungen und unzureichende Versuche, die Gemeinschaft zu stärken, stellt Korla F. auch in der Vergangenheit fest. Die für die Gemeinschaft als wichtig herausgestellte Funktion verschiedener Organisationen bestätigt er zwar für die Domowina, zieht sie aber in bezug auf andere Organisationen (z.B. den Demokratischen Frauenbund Deutschlands) in Zweifel. Sein Augenmerk liegt dabei nicht nur auf der Bedeutung, die diese Aktivitäten für die sorbische Kultur besitzen, sondern schließt die generelle Stützung wichtiger kultureller Bedingungen ein.

„Naja, also, nene, da war, äh, freilich, äh, das ist gewesen. Wir hatten hier z.B. eine DFD-Gruppe, da war die (...) ja Vorsitzende. Die ham für Kulturfonds so viel und so viel Geld bekommen. Und das Geld mußte irgendwie um die Ecke gebracht werden. Also wurden so und so Feiern und Feste gemacht. Ob das hieß Kulturfonds - ob das noch Kultur war? Das ist ja, das war, also für mich wars keine Kultur. Da hab ich mich auch immer aufgeregt, ja. (...) da wurden Saufereien und Fressereien gemacht. Auch, ja. Und äh, unter Kultur habe ich verstanden und verstehe es anders. ... Weil eben überall in jeder Brigade und jedes Vereinchen hatte seinen Kulturfonds und da bekam dafür Geld und das mußte äh also auch um die Ecke gebracht werden und das, entschuldigen sie mal, das einzige war dann Fressen und Saufen" (Interview mit Korla F., Rentner, 66 Jahre).

Korla F.s Darstellungen machen deutlich, daß es eine breite, bewußte Auseinandersetzung mit der empfundenen Gefahr des Verlustes ethnischer Identität gegeben hat. Diese Gefährdungen bestanden und bestehen jedoch nicht nur von „außen". Wie bereits angedeutet wurde, ist für ihn die „innere" Abkehr der Menschen von ihrer ethnischen Bindung mindestens ebenso bedeutsam. Diesen Zusammenhang hebt er immer wieder am Beispiel einer Familie im Dorf hervor, deren Mitglieder sich selbst nicht mehr als Sorben betrachten.

„Und das ist, das ist, was unheimlich bitter ist, was ganz bitter ist, ja. Ich meine überlegen sie mal. Menschen deren Müt.., deren Mütter und Väter noch nicht mal richtig Deutsch gekannt haben. Deren Mütter in der Tracht gewesen sind. Die wollen heute nicht mehr Sorbisch können. Das ist doch bitter. Isses auch. Deutsche die hier wohnen, die wörtlich sagen, 'diesen sorbischen Mist braucht man doch nicht zu lernen, warum ist das nun in der Schule?' Gibts auch in *Wjeska*. Das sind die bitteren Randerscheinungen. *G. Franz*, der ist ein Sorbe. Die Mutter ist noch in Tracht gegangen. Aber die Kinder können kein Wort Sorbisch und wenn der gegen das Sorbentum hetzen kann, dann hetzt er dagegen. Ich meine, das ist Hetze. Und sein Schwiegersohn tritt offen in *Susod* gegen den sorbischen Unterricht in der Schule auf. Und das sind bittere Randerscheinungen. Da kann man nicht sagen, das sind Deutsche, sondern das sind Renegaten, die hier also, - ja, ist das richtig ausgedrückt

Renegat, ja - so. Und das ist was ganz Bitteres, was wir durchmachen" (Interview mit Korla F., Rentner, 66 Jahre).

Es sind Konflikte in privaten Beziehungen und in Schulangelegenheiten, die immer wieder die Gefährdung der sorbischen Kultur aufscheinen lassen. Aber Bedrohungen finden ebenso durch die weitreichenden Veränderungen der Infrastruktur statt, wie sie von Korla F. herausgestellt werden.

„Wir aber, wenn ich die äh, diese großen Supermärkte, ja, ich weiß nicht wie das drüben ist, ich würde das gerne mal sehen, die werden ein Teil unseres Gewerbes kaputtmachen. Und werden aber auch dadurch etwas die Dorfgemeinschaft zerstören. Ja. Na" (Interview mit Korla F., Rentner, 66 Jahre).

Die seit der Wende zunehmende Unsicherheit wird dagegen auf alle Alltagsbereiche übertragen und zusätzlich noch verstärkt, indem Bedingungen aus anderen, z.T. fernen Regionen, wie sie z.B. in Großstädten oder den alten Bundesländer anzutreffen sind, einfach auf die eigene Situation übertragen werden.

„Und was also uns bedrückt, wir konnten in Kamenz unser Auto stehen lassen, brauchten's nicht abzuschließen. Wir brauchten keine Sicherheitsschlösser, da war Ruhe. Das ist also die Kriminalität, aber die hängt auch wahrscheinlich durch die Öffnung der Grenzen, hängt das auch mit zusammen. Und das wird also auch von Amerika rüberkommen, genau so, wie in den alten Bundesländern auch. Die italienische Mafia und der ganze Rauschgifthandel und was da nicht alles" (Interview mit Korla F., Rentner, 66 Jahre).

Als Schutz vor Tendenzen der Überfremdung und Unsicherheit wird von vielen Dorfbewohner immer wieder die Kirche mit ihren zahlreichen Aktivitäten herausgestellt. Korla F. bezieht in diesem Zusammenhang sogar die Öffnung der Grenze ein, die es ihm gestattet, nach langen Jahren des Wartens die bedeutungsvollen Stätten seiner Religion zu besuchen. Damit scheinen für ihn die positiven Folgen der Öffnung der Welt vor allem darin zu bestehen, nach der Zeit des empfundenen Eingesperrtseins in direkten Kontakt mit der religiösen Gemeinschaft und deren Führung zu treten.

„Gut wird, für uns ist einmal die Welt offen. Also, wenn ich daran denke, ich konnte zu DDR-Zeiten nie nach Lourdes - hätte fahren können. Und wenn, wenn es gut geht, fahre ich in ein oder zwei Jahren, wenn ich wieder gesund bin, mit dem Erzbistum Trier mit nach Rom zum Papst. Das wäre also nicht drin gewesen. Also die Welt ist also erstmal offen" (Interview mit Korla F., Rentner, 66 Jahre).

Ein für Korla F. besonders wichtiger Aspekt ist die Vergangenheitsbewältigung und die Einbindung ehemaliger Leitungskader von Partei und Verbänden in eine neue Gesellschaft. Seine Erwartungen richten sich in besonderem Maße an die Domowinaführung aller Verbandsebenen. In seinen Augen steht der „Reinigungsprozeß" noch aus, weil viele der Führungspositionen immer noch mit den Personen besetzt sind, die diese vor der Wende inne hatten. Allerdings spricht er selbst auf dörflicher Ebene niemanden derjenigen an, von denen er Rücktritte und Veränderungen erwartet, sondern geht davon aus, daß diese selbst Schlüsse aus ihrer Vergangenheit ziehen sollten.

„Sorben in der Domowina kennen sich alle, das ist die Schwierigkeit bei der Vergangenheitsbewältigung. Es kann keiner untertauchen, jeder kennt jeden. Aber wir brauchen auch jeden, aber jeden an seinem Platz. Wo der richtige Platz ist, daß muß jeder selbst wissen, und sich entsprechend seiner Vergangenheit zurückziehen" (Interview mit Korla F., Rentner, 66 Jahre).

Die häufig konstatierte Lethargie der Dorfbewohner und der früheren Organisationen sind es daher, die Veränderungen behindern. Falls überhaupt etwas unternommen wird, was nach der Wende kaum noch der Fall ist, sind es die früheren dörflichen Domowinaleiter, die sich engagieren. In seinen Augen müßten diese aber schnellstens durch andere Personen ersetzt werden, weil sie nicht mehr in der Lage sind, die Menschen im Dorf anzusprechen und zu erreichen.

Seine sozialen Beziehungen innerhalb des Dorfes bewertet Korla F. als ausreichend. Er fühlt sich gut in die Gemeinschaft eingebunden und verfügt nach eigenem Bekunden über intensive Kontakte zu einigen anderen Dorfbewohnern. Besonders nennt er dabei den Rentner Jakob P., mit dessen Familie er früher sehr viele Hilfeleistungen ausgetauscht hat, und einen früheren politischen Funktionsträger aus dem Dorf. Seine weiteren sozialen Beziehungen bezeichnet er als sehr hilfreich und zufriedenstellend. Neben seinen rein dörflichen Kontakten berichtet er über seine Einbindung in die kirchlichen Organisationen. Jedoch werden von ihm manche Begegnungen und Gespräche, die früher häufig stattfanden, wegen des noch nicht vollzogenen „Reinigungsprozesses" nicht mehr gesucht. So verlangt er besonders von dörflichen Vereins- und Verbandsrepräsentanten den Rücktritt, bevor er mit diesen wieder in Kontakt tritt. Obwohl er im Dorf gut eingebunden ist, hebt Korla F. hervor, daß er soziale Beziehungen nicht um jeden Preis aufrechterhalten will. Sicherheit gibt ihm allerdings, daß er im Notfall immer auf Mitglieder aus der dörflichen Gemeinschaft zählen kann, mit denen er durch verschiedene Austauschprozesse verbunden ist, die in der Vergangenheit stattfanden.

Sorbischer Rentner II

Jakob P. war bereits vor dem Krieg und später in der DDR als Gewerbetreibender tätig. Schon zu DDR-Zeiten ist er Rentner geworden, arbeitet aber noch immer im Betrieb. Gemeinsam mit der Familie seines Sohnes, die das obere Stockwerk bewohnt, leben er und seine Frau in einem relativ großen Haus, das in den 60er Jahren gebaut und später durch einen Anbau erweitert wurde. In der Nähe des Hauses befinden sich die Betriebsgebäude. Der Betrieb wird inzwischen von Jakobs Sohn geleitet.

Das Geschäft wurde bereits von Jakob P.s Großvater gegründet. Zwei Jahre nach dem Tod seines Vaters 1937, hat Jakob P. das Geschäft im Alter von 16 Jahren übernommen. Früher haben sie in einem Gut innerhalb des Dorfes gewohnt. Sein Bruder, der im Westen lebt und zu dem er den Kontakt schon zu DDR-Zeiten abgebrochen hat, habe sich das Gut im Westen auszahlen lassen. Generell ist er auf solche „Wessis" nicht gut zu sprechen, die aus dem Osten nach Westen gegangen sind. Diese seien die Schlimmsten, weil sie ihren Besitz verlassen hätten, ohne besonders viel dafür zu erhalten. Nun kämen sie alle wieder und versuchten, eine Entschädigung zu bekommen. In seinen Augen wollen die nur noch abkassieren. Auch seine Schwägerin komme ursprünglich aus der Oberlausitz, verhalte sich nach der Wende aber so, als ob Westdeutsche etwas besseres seien. Die meisten aus dem Westen bildeten sich ein, daß sie mehr könnten als die Ostdeutschen. Im Grunde würden Westdeutsche nur angeben und auf die ostdeutsche Bevölkerung herabblikken. Er habe immer gesagt, auch hier hätten die Menschen immer - und unter schwierigeren Bedingungen - gearbeitet. Generell stellt er Westdeutsche pauschal als raffgierig und arrogant dar.

Jakob P. nimmt im Gespräch immer wieder Bezug auf frühere Zeiten, in denen das Leben nach seiner Ansicht besser war. Dabei bezieht er sich allerdings nicht auf die DDR-Zeit, sondern knüpft direkt an die NS-Zeit an. Für ihn scheint die Wende damit auf den ersten Blick nur wenige Veränderungen gebracht zu haben. Er schimpft sowohl über die Bedingungen in der BRD als auch die, die er in der DDR miterlebte. Lediglich in „früheren Zeiten" waren die Verhältnisse für ihn annehmbar.

Obwohl er Sorbe ist, ist er auf die Domowina überhaupt nicht gut zu sprechen. Für ihn waren die Verbandsvorsitzenden und Leitungskader immer Wendehälse, wie es in seinen Augen überhaupt für die ganzen organisierten Sorben zutrifft. Allerdings bezieht er diese Aussage ausdrücklich nicht auf die organisierten Sorben im Dorf. Alle Funktionäre haben nach seiner Ansicht immer das bestehende System unterstützt, unabhängig davon, von welcher Seite gerade „der Wind wehte". Dies bezieht er auch auf die Domowina, deren Funktionäre sich eigentlich für die Belange der Sorben einsetzen sollten, sich aber zu Handlangern des Systems gemacht hätten:

> „Die haben doch mehrfach die Jacke gewendet und als das nicht mehr ging, eine neue angezogen" (Jakob P., Rentner, 70 Jahre).

Der Domowina und den Sorben ging es nach seiner Einschätzung in der NS-Zeit nicht schlecht. Noch besser sei es den Sorben allerdings zur DDR-Zeit gegangen, denn von der SED hätten sie alles bekommen, was sie sich wünschten und ihre Funktionäre seien zusätzlich noch an der Staatsmacht beteiligt gewesen. Damit war die Domowina kein Verein für die Sorben, sondern ein Verein für den Staat, der auch gegen die Menschen eingesetzt wurde. An diesen Bedingungen habe sich aber auch durch die Wende nichts geändert. Denn trotz anderer Erwartungen durch die Bevölkerung der DDR habe die Wende nicht zur Absetzung alter Führungskader geführt. Diese hätten lediglich ihre Gesinnung „gewendet", seien aber sonst in den gleichen Positionen geblieben.

Im Falle der „Vergangenheitsbewältigung" vergleicht er die Bedingungen nach der Wende mit denen nach dem Zweiten Weltkrieg. Ein ähnliches Vorgehen wie gegen ehemalige NS-Leute unter stalinistischen Bedingungen erwartete er auch nach der Wende. Dies sei aber in keinem Fall eingetreten. Nach seiner Ansicht werden die Arbeiter betrogen und die ehemaligen SED-Funktionäre von der BRD-Regierung unterstützt. All dies wird nach seiner Einschätzung dazu führen, daß die Menschen in Ostdeutschland sich immer weiter vom neuen Staat entfernen werden. Ähnliche Zusammenhänge wie in der Politik stellt er auch in bezug auf die Konkurrenz in seinem Gewerbebereich fest. Er vermutet „alte Seilschaften", die immer noch über wichtige Gegebenheiten entscheiden und ehemalige Parteimitglieder bevorzugen.

> „Das ist alles, weil die mit den Banken. Dort warn die Kommunisten drinne, die Roten, große SED-Genossen, die ooch und die ham sich, die ham sich alle gegenseitig unterstützt. Und mir ham ge.. in die Röhre geguckt. Und das find ich nicht richtig von dem Staat, niwa. Die ham nicht ein Pfennig für uns übrig, die ham kein, nischt gezeigt, das se für uns übrig haben. Na, die sind, ich kenne eenen, der wohnt zur Miete, wie der Kredite gekriegt hat, da frag ich mich noch heute. (...) Und wo mir 'n Kredit haben wollen, da mußte erstmal 'n Besitznachweis bringen, daß du überhaupt een Kredit kriegst, niwa. Aber weil überall die gleichen noch heute sitzen und die machen noch heute noch, was se wollen ..." (Jakob P., Rentner, 70 Jahre).

Er hält nicht nur Domowina und Kirche für unwichtig, sondern auch die sorbische Sprache. Obwohl er sie zu Hause mit seiner Frau immer spricht und auch der Sohn sie beherrscht, leuchtet es ihm nicht ein, warum die Kinder die Sprache immer noch in der Schule lernen. Das sei einfach verlorene Zeit, insbesondere wenn es darum ginge, Sorbisch schreiben zu lernen, denn, so Jakob P.: „Wohin kann man schon einen sorbischen Brief schreiben?"

Jakob P. hat, wie er sagt, nur wenige Beziehungen im Dorf. Neben intensiverem Kontakt zu einem anderen Rentner bestehen seine näheren sozialen Kontakte zur unmittelbaren Nachbarschaft. Allerdings will er von Nachbarschaftshilfe nichts wissen. Die habe es früher mal gegeben, aber er habe kaum mal einen Nachbarn wegen etwas fragen müssen. Inzwischen seien die meisten Menschen im Dorf zudem mit dem Hausbau fertig. Zur Herstellung von Reziprozität hätte man dann das Problem, daß hinterher wieder geholfen werden müßte und nicht absehbar sei, was auf einen zukäme.

> „Da hat sich nischt, Nachbarn oder so was, Nachbarschaftshilfe hab ich keine gebraucht und wollte keine haben, niwa, wir haben die anderen Arbeiten alle alleene gemacht beim Bau, bloß die Mäuer ham wir. Das ist so, wenn ich jetzt viel Leute habe und die kommen hier arbeiten, ich muß ja wieder abarbeiten" (Jakob P., Rentner, 70 Jahre).

Die Nachbarschaftshilfe werde aber deshalb zwangsläufig abnehmen, weil inzwischen niemand mehr aus Gefälligkeit irgendwo helfen kann. Denn diejenigen, die Arbeit hätten, müßten zusehen, daß sie ihre Arbeit auch ordentlich machten und sie nicht verlören. Wenn also jemand Hilfe brauche, dann müsse er diese auch bezahlen. Anders sei ein Ausgleich gar nicht herstellbar, weil viele gar keine Arbeit mehr für andere hätten.

> „Aber heute ist ja ooch so, niwa, wenn eener irgendwo was zu machen, dann hält ja jetzt jeder die Hand hin. Das ist logisch. Niwa, umsonst arbeiten, das geht nicht mehr. Na, wenn de umsonst arbeiten willst, niwa, der eene hat viel zu machen und der andere gar nischt, na, und ich sage hier, warum soll der denn dann immer helfen, niwa und vielleicht kriegt er dann noch 'n schlechten Dank, wies dann manchmal ooch ist" (Jakob P., Rentner, 70 Jahre).

Da sich seine sozialen Beziehungen weitgehend auf die unmittelbare Nachbarschaft beziehen und das Haus etwas abseits des Dorfkerns steht, ist Jakob P. über die dörflichen Zusammenhänge häufig nicht gut informiert.

> „Wissen'se, bei uns is so, mir sind ja außerhalb, also wenn manchmal im Dorfe eener stirbt und die Frau geht gar nicht in Konsum und sagt keener gerade was, das ist eener gestorben, da ham wir doch gar nicht weggekriegt. Wie die letzte Frau hier letztens gestorben ist, hier die Frau *Schuster* dort draußen, da ist der Neffe noch bei uns, wie heute abend, morgen wird die begraben und der sagt noch nicht mal was, daß seine Tante gestorben ist. Und ich fahre durch *Wosadna* (...), ich dachte, was ist denn hier los, so viel Autos" (Jakob P., Rentner, 70 Jahre).

Zudem tritt an dieser Äußerung klar die Bedeutung des „Konsums" für die Kommunikation im Dorf hervor. Durch die Zunahme der Supermärkte in der Region und das dadurch bedingte veränderte Einkaufsverhalten scheint der Informationsfluß schon eingeschränkt worden zu sein. Für Jakob P. sind soziale Kontakte im Dorf deshalb schwer aufrecht zu erhalten, weil er gemeinsam mit seinem Sohn sehr viel im Betrieb arbeitet. Nach Feierabend müssen sie häufig noch technische Dinge erledigen, und der Sohn hat darüber hinaus die Büroarbeit zu erledigen.

> „Bei uns ist das so, wir sitzen immer in der (...), weil wir immer sehr viel Arbeit haben, niwa, vor sieben ist ja normalerweise keen Feierabend, da is ja immer irgendwo was zu machen" (Jakob P., Rentner, 70 Jahre).

Die Arbeit im Betrieb ist unter kapitalistischen Bedingungen sehr viel schwieriger geworden. Nun haben sie im Betrieb zwar technische Neuerungen, aber die westliche und östliche Konkurrenz (durch die geöffneten Grenzen) wird immer stärker spürbar.

Natürlich äußert Jakob P. auch Ansichten darüber, wer aus dem Dorf für die „Stasi" tätig war. Das macht er daran fest, wer Vorteile hatte, die andere nicht hatten, oder wer nach der Wende Aufklärung über die Vergangenheit behinderte.[206]

Die fehlende Aufarbeitung der „Stasi-Vergangenheit" in der Bundesrepublik sowie die vermeintliche Besserstellung der „Spitzel" führt er immer wieder als Beispiele für die Förderung der ehemaligen politischen Führung durch die Bundesregierung an. Immer wieder kommt er dabei auf seine persönliche Benachteiligung zu sprechen, denn seine Interessen würden auch unter den neuen Verhältnissen niemals Berücksichtigung finden. Hinzu komme, daß plötzlich alles teurer werde und die Renten nicht entsprechend anstiegen. Da er immer „privat" war und damit sehr viel Steuern habe zahlen müssen, bekomme er nun nur eine geringe Rente. Andere, wie ehemalige politische Funktionsträger, würden dagegen hohe Renten beziehen, obwohl sie immer „gute Genossen" gewesen seien. Damit würde sich wieder zeigen, daß die „Marktwirtschaft" keinesfalls daran interessiert sei, gegen die ehemalige SED bzw. frühere Ungerechtigkeiten vorzugehen.

---

[206] Seine Einschätzungen äußert er über ganz bestimmte Situationen, die er nachdrücklich schildert. Diese werden hier jedoch nicht wiedergegeben, weil die Gefahr besteht, daß sich Personen in diesen Schilderungen wiedererkennen.

„Was, mir bleibt doch nichts übri, äh übrig, ich bin ja siebzig Jahre, ich muß ja arbeiten. Na, mit 900 Mark kommt keener hin. Na, da ham wir zusammen 900, das
sind tausenddreihundert, tausendvierhundert Mark. Und guter Genosse, die kriegen
dann mit der Frau, die ham zusammen nicht mal was gearbeitet zusammen, zu
Kommunisten Zeiten, niwa, die kriegen höhere Renten von euern Staat, also, das ist
ja jetzt ooch unser Staat, na, und die schürfen die Gelder und feixen uns eins, niwa.
Das versteh ich nicht" (Jakob P., Rentner, 70 Jahre).

Es sind aber nicht solche Veränderungen allein, die bei ihm zum Unmut führen. In
seinen Augen sorgt die Treuhandgesellschaft dafür, daß alles, was in Ostdeutschland noch Wert hat oder was der westdeutschen Wirtschaft gefährlich werden
könnte, „platt gemacht wird". Jakob P. sieht einen direkten Übergang von der Unterdrückung durch den SED-Staat zur Ausbeutung durch die „Marktwirtschaft".

„Die hat uns unterdrückt, die Kommunisten und hier ist nicht viel anderscher. Die
ham sich hier alle breet gemacht. Früher sind se hier abgehauen, denen war früher
die DDR zu dreckig, da sind se davon geloofen. Jetzt komm'se, hier, jetzt sind mir
wieder da. Und ihr - ihren Scheißdreck ham se verkooft und jetzt könnse niergens
rein, jetzt wolln se wieder Land koofen, na, die ham ja Geld drüben, niwa. Und du
guckst hier in Mond. So ist das. Hier unten ooch in *T.* eener, wollte sich äh, na, In-
dustriegebiet machen, aus äh, uffmachen, na, tut er nun so 'n bissl mit Schrott machen, ah, ist doch nur ein Dreckhaufen, was der dort hat. Aber hat ja jede Menge
Unterstützung gekriegt vom Staat. Er will uns helfen. Na die müssen doch nicht
ganz klar da sein. Das, was die bringen, das bringen wir schon lange" (Jakob P.,
Rentner, 70 Jahre).

Durch solche Veränderungen und Prozesse der Unterdrückung verlören viele Menschen den Lebensmut. Das sei schon bei der LPG-Gründung so gewesen. Es wurde
einfach bestimmt, daß sich die Bauern zusammenschließen müßten, und man habe
das dann durchgesetzt. Unter solchen Bedingungen hätten früher viele Menschen
Selbsttötungen begangen. Damals habe die westliche Presse darauf reagiert und
diese Vorfälle angeprangert. Nach der Wende seien ähnliche Vorfälle geschehen.
Zwar habe die Presse darüber geschrieben, aber das habe nicht dazu geführt, daß
sich irgend etwas änderte.

Besonders fällt ihm zudem die Zunahme der Kriminalität auf. Heute sei es im Dorf
ja auch nicht weniger sicher geworden, denn hier kenne noch jeder jeden. Wenn
ein anderes Auto im Dorf steht, passen die Leute schon auf. Aber generell gibt es in
der Gesellschaft eine Zunahme von Verbrechen und Gewalt.

Die Jüngeren, wie sein Sohn, sagten immer, wie schlimm es unter den Nazis gewesen sei. Die hätten das aber nicht erlebt. Da er die damalige Zeit miterlebt habe,
wisse er, daß es so schlimm gar nicht gewesen sei. Ganz im Gegenteil, zunächst
gab es keine Arbeitslosigkeit mehr, denn die Notstandsarbeit hätte im Dorf einige
Veränderungen bewirkt. Diese Notstandsarbeit sei so ähnlich gewesen wie die jetzigen AB-Maßnahmen.

Aber auch in der DDR gab es einige Aspekte, die besser waren als die jetzigen Bedingungen. Was in der DDR sehr günstig gewesen sei, war das Bauen. Damals
hätte man für nur 40 000 Mark noch ein Haus bauen können. Hinzu kam noch, daß
die Kredite „unter Honecker" so günstig gewesen sein. Dies habe sich nach der

Wende drastisch geändert, so daß er generell das Gefühl hat, daß die Ostdeutschen von den Westdeutschen „ausgenommen" werden. Dazu trägt auch die Art und Weise bei, wie sich die Westdeutschen verhalten. Was er an den Westdeutschen am allerwenigsten mag, ist ihre Art, allen erzählen zu wollen, wie etwas gemacht werde. Natürlich sei der Westen in bezug auf bestimmte Dinge im Vorteil gewesen. Aber die generelle Arbeitshaltung sei im Osten besser gewesen.

„Mir ham Erfahrung in der, aber die drüben nicht. Niwa. Die brauchen nich erzählen, wir müssen arbeiten lernen. Sollen die da erstmal richtig arbeiten lernen. Daß ich, daß Ihr z.B. in der Technik und genau diese Computersachen und diese ganze Firle.., Elektrikfirlefanz, daß Ihr da weiter ward als wir, das stimmt, weil bei uns da wurde ja unheimlich gebremst" (Jakob P., Rentner, 70 Jahre).

In seiner Freizeit orientiert sich Jakob P. sehr stark am dörflichen Leben in der näheren Umgebung des Hauses. Seine wenigen näheren Bekannten im Dorf findet er in der Nachbarschaft. Da trotz der generellen Verbesserung des Versorgungsstandes der Rentner seine Rente und die seiner Frau nicht ausreichen, um ihnen einen angemessenen Ruhestand zu sichern, arbeitet er immer noch im Betrieb seines Sohnes. Von dieser Arbeit wird sein Tagesablauf sehr stark bestimmt. Die Wende war für ihn kaum mit tieferen Einschnitten und Veränderungen verbunden, weil er die DDR-Zeit in gleicher Weise negativ sieht, wie die Zeit nach der Wende. Die von ihm geführte Darlegung gesellschaftlicher Probleme bezieht sich daher vor allem auf die Benachteiligungen und Ungerechtigkeiten, die für ihn in beiden Systemen bestanden. Seine an die Wende geknüpften Hoffnungen erwiesen sich relativ schnell als nicht realisierbar. Anknüpfungspunkte für mögliche Veränderungen und Verarbeitungsmöglichkeiten sucht er allerdings nicht in seinem persönlichen Umfeld, sondern in der Forderung nach einem repressiven politischen System, in dem er soziale Gleichheit vermutet.

Zusammenfassung Lebensformgruppe Rentner

Betrachtet man die Gemeinsamkeiten der sozialen Netzwerke und Problembelastungen der sorbischen Rentner, fällt der starke Bezug auf den sozialen Nahraum auf, der trotz angedeuteter räumlicher Mobilität (Jakob P. durch seine Arbeit; Gerda Z. durch ihre täglichen Fahrten in die Kirche) besteht. Soziale Beziehungen finden sich entsprechend im näheren räumlichen Umfeld. Die Einschätzung der Wende und der mit ihr verbundenen Probleme wird von den drei Rentnern in ähnlicher Weise dargestellt, wenn auch politische Wertorientierungen Verschiebungen in der Bewertung verursachen. Vor allem werden die Auflösungstendenzen der sorbischen Gemeinschaft, die fehlende Vergangenheitsbewältigung mit bestehenden „Seilschaften" und die allgemein zunehmende Unsicherheit beklagt.

5.1.2 Lebensformgruppe „*Vorruheständler*"

In sorbischer Gemeinschaft aufgewachsener Deutscher im Vorruhestand

Größere Probleme bei der Verarbeitung der Wende und deren Folgen als bei Rentnern lassen sich bei „Vorruheständlern" feststellen. Die folgende Darstellung beschreibt einen deutschen Dorfbewohner, der allerdings schon als Kind die sorbische Sprache erlernte und später eine Sorbin aus dem Dorf heiratete. Obwohl er Deutscher ist, weisen seine Problemlage und sein soziales Netzwerk typische Charakteristika auf, wie sie auch bei sorbischen „Vorruheständlern" anzutreffen sind. Er wurde bewußt für diese Darstellung ausgewählt, denn an seinen Sozialbeziehungen lassen sich sowohl Unterschiede zu den später ins Dorf zugezogenen Deutschen als auch Parallelen zur sozialen Einbindung anderer sorbischer „Vorruheständler" aufzeigen.

Obwohl Hans C. Deutscher ist, wird er von einigen für einen Sorben gehalten. Er kam als Flüchtlingskind 1945 aus Schlesien in ein nahes sorbischsprachiges Dorf und besuchte ab der 4. Klasse die sorbische Schule. Daher hat er schon früh die sorbische Sprache gelernt, die er offensichtlich sehr gut beherrscht. In der Familie und der Kommunikation mit anderen Dorfbewohnern spricht er gewöhnlich Sorbisch. Er lebt seit seiner Heirat 1959 im Dorf und war die meiste Zeit seines Arbeitslebens als Fahrer von Baulastwagen beschäftigt. Wenige Jahre vor der Wende nahm er eine Stelle in einer nahen Fabrik an. Diesen Schritt bereut er heute noch, denn nach der Wende wurde sein Betrieb „abgewickelt" und er kam zunächst in eine AB-Maßnahme und wechselte dann in den Vorruhestand. Als LKW-Fahrer hätte er - wie er sagt - heute noch seine Arbeitsstelle, denn in dem Baubetrieb, in dem er früher beschäftigt war, sei niemand entlassen worden.

Seine geringen Vorruhestandsbezüge kann er gelegentlich aufbessern, indem er für seinen früheren Betrieb LKW fährt. Das macht er allerdings nur sehr selten, weil er monatlich lediglich 120 DM hinzuverdienen darf, ohne daß seine Bezüge gekürzt werden. Seine schlechte finanzielle Lage und ökonomische Unsicherheit machen ihm offensichtlich sehr zu schaffen, denn er thematisiert diese Zusammenhänge immer wieder. Dabei verweist er häufig auf die Diskrepanz zwischen Bedingungen zu DDR-Zeiten, als es zwar nicht alle Konsumgüter zu kaufen gab, aber die Menschen ein Gefühl sozialer Sicherheit und ihr finanzielles Auskommen hatten, mit der Zeit nach der Wende, in der sich die Verhältnisse gewissermaßen umgekehrt haben: Nun gibt es zwar alle Güter, aber das Geld fehlt, sie zu erstehen.

„Gibts keen zurück, müssen wir durch. Das müssen wir, eben auf uns nehmen und da müssen wir uns durchbeißen. Ne. Der eene wird's, manchen wird's alles heute besser gehen, wie früher hier, wird ooch welche geben, denen's schlechter geht. Das ist ooch Fakt, daß so manche hier mehr zu kratzen haben wie erst. Ja, früher ham die Geld gehabt und so, heute nich, heute, sage ja, die 53er Jahrgänge und so, die da auf der, auf der Straße sitzen und hier nirgends reinkommen, die müssen sich auch ihre Mark dann bissl mehr angucken. ... Das sind eben so, Leute, der Unterschied ist - ist jetzt größer wie früher, würd ich sagen, geworden. Ich sage die Reichen, jetzt wird's Reiche geben, Arme und Mittlere ooch, die so schwimmen, niwa. Aber, aber früher,

naja, zu unserer Zeit, nach'm DDR-System, ne, da würd ich sagen, da war der Unterschied nicht so groß. Geldsäcke hat'ste ooch gehabt. Aber wir hatten alle Geld,
mal so sagen. Eener mehr, eener weniger aber es konnte hier jeder koofen, er hats
bloß nicht gekriegt, nich" (Interview mit Hans C., Vorruhestand, 58 Jahre).

Politische Repressionen hat Hans C. nach eigenen Angaben kaum empfunden. Für
ihn scheint zuzutreffen, was Lay (1993) einmal ausdrückte - und was sich offensichtlich in dörflichen Zusammenhängen sehr stark wiederfinden läßt -, daß derjeni-
ge, der keine politischen Ambitionen und keine Aufstiegserwartungen hatte, in
der DDR innerhalb seiner privaten Nischen ein relativ unbedrängtes, freies Leben
führen konnte. Die in den Worten freies Leben und private Nischen wiederzufin-
dende „Beschaulichkeit" - so schwer sie angesichts vielfältiger Berichte über tota-
litäres Regime, Staatsterror und alltägliche Repressionen nachvollziehbar ist -
scheint zumindest zu großen Teilen für Hans C., wie auch für viele andere Ostdeutsche, mit der Wende verlorengegangen zu sein.

Nicht unterschätzt werden darf in diesem Zusammenhang die Bedeutung der Arbeit. Wie viele „Vorruheständler" ist Hans C. überhaupt nicht auf ein Leben ohne
Arbeit vorbereitet. Die Arbeit war immer bestimmender Lebensinhalt. Aber nicht
nur dieser Lebensinhalt ging durch die Wende verloren, sondern mangelnde finanzielle Ausstattung und fehlende Absicherung führten zu einem prinzipiellen Gefühl
der Unsicherheit. „Vorruheständler" weisen immer wieder darauf hin, wie schwierig es angesichts ständig steigender Kosten ist, mit den relativ gering bemessenen
Vorruhestandszahlungen auszukommen.

„Und das lenkt doch mal ab, also wenn de weeßt daheeme, oh, der Monat wieder
rum, bezahlen das hier aach, und jetzt kommt dies noch Müll dazu, dann kommt das
und ziehn se Strom ab und das und dann kommt der Wasserableser usw. Da kann dir
schwarz werden vor den Augen. Das nützt aber alles nicht. Und da mußte eben mal
abschalten, naja. Ach ja. Wie eben gesagt, von eenem alleene haste zu kratzen, von
den Pfennigen. Weil wir ja noch nie nach dem System angeglichen sind. Ob das die,
wie ich jetzt bin, Altersübergangsgeld oder unsere Rentner sind oder so, niwa ..."
(Interview mit Hans C., Vorruhestand, 58 Jahre).

Die existentiellen Ängste entstehen nicht zuletzt durch diese geringen Vorruhestandszahlungen, die so knapp bemessen sind, daß ein alleinlebender Bezieher dieser Transferleistungen kaum in der Lage ist, eine halbwegs gesicherte Existenz zu
führen. Ebenso besteht wegen der angespannten finanziellen Lage die Angst vor
weiteren Belastungen im privaten Bereich, die die finanziellen Möglichkeiten so
stark einschränken würden, daß an die Sicherung eines minimalen Lebensstandards
kaum noch zu denken ist. Immer wieder betont Hans C. daher, daß beim Tod eines
Ehepartners der überlebende Partner nicht mehr über ausreichende finanzielle
Mittel verfügen würde.

„Ich sage immer, wenn eener, wenn ich jetzt alleene wäre oder die Frau hier alleen
wär, könns'te nich leben. Das ist alles, dies ist alles bezahlt, ne. Von ihrer paar
Mark, die se kriegt, ham ich ja erzählt, daß die 700, 750 Mark; 1600 ham wir zusammen. Das ist doch schon, wenn wir von zween das bissl Geld rausgibst, das ist
anders, als wenn eener für alles aufkommen muß" (Interview mit Hans C., Vorruhestand, 58 Jahre).

Aufgrund des frühzeitigen Übergangs in den ungewollten Ruhestand fühlt Hans C. seine frühere Arbeit entwertet. Er hat sein ganzes Leben hart gearbeitet - z.t. unter zahlreichen Belastungen und schweren innerbetrieblichen Bedingungen - und muß nun feststellen, daß ihm das mit den knappen Vorruhebezügen nicht honoriert wird. Darüber hinaus fühlt er sich als faul diffamiert. Wie viele Ostdeutsche hat er das Gefühl, vielfach unterschwellig oder auch offen so behandelt zu werden, als ob DDR-Bürger in ihrem gesamten Berufsleben weitgehend unproduktiv gewesen wären und weder früher noch heute wichtige gesellschaftliche Leistungen erbringen könnten. In diesem Zusammenhang spielen vor allem Berichterstattungen und Kommentare in den Medien sowie Vorurteile und Verallgemeinerungen von Westdeutschen eine Rolle. Zu denken ist hier an einseitige Darstellungen der Bedingungen in der ehemaligen DDR und der derzeitigen Situation in Ostdeutschland, Bemerkungen zu Transferzahlungen zur Finanzierung des „Aufschwungs Ost", Diskussionen über den „Solidaritätszuschlag" sowie an weitere vielfältige Diskussionen, in denen implizit oder explizit - häufig auf infame Weise - die vermeintliche Inferiorität Ostdeutschlands und damit seiner Bewohner und deren Unfähigkeit, sich gegen ein repressives System aufzulehnen, deutlich gemacht werden sollen. Es sind vor allem Ältere, die sich durch solche Zuschreibungen herabgewürdigt und stigmatisiert fühlen, nicht zuletzt auch deshalb, weil sie durch generelle wirtschaftliche Bedingungen und Veränderungen auf dem Arbeitsmarkt keine Möglichkeit mehr zur „Legalbewährung" haben.

„Und wenn die dann mal angepaßt werden, alles mal, da gehn, wir ham ja, die Jahre - vierzig - ich rede immer von vierzig Jahre. Ja ist ja bald 40 Jahre gewesen, ist egal. Die ham genauso gearbeitet, no, und wir sind bloß in 'ne andere Richtung gelaufen. Unsere Arbeit wurde nicht so anerkannt oder wir sind zu nischts gekommen, mal so sagen" (Interview mit Hans C., Vorruhestand, 58 Jahre).

Es ist aber nicht nur diese fehlende Möglichkeit, durch eigene, nun besser bezahlte Arbeit zumindest für sich selbst einen Gegenbeweis anzutreten, sondern durch fehlende Arbeitsplätze können zudem mit der Wende verbundene Lebenspläne und Erwartungen nicht erfüllt werden.

„Weil de jetzt wirklich noch, wenn de Arbeit hast, schönes Geld verdienst, und für das Geld, kann man sich ooch was leisten, das ist die andere Seite. ... Aber naja, wenn ich noch arbeiten könnte, hätt ich zwee oder zweenhalb verdienen können, je nachdem, was man für ne Arbeit macht, ne Tätigkeit, ne, das hätte man ooch noch zwee Jahre durchgestanden, ne" (Interview mit Hans C., Vorruhestand, 58 Jahre).

Die private Situation wird daher insbesondere in materieller Hinsicht als ausweglos empfunden. Die mit der Wende verbundenen vielfältigen Erwartungen des ökonomischen Aufschwungs erweisen sich als nicht realisierbar. Die Hoffnung, in den wenigen Jahren des Erwerbslebens noch einmal „gut verdienen" und so an Neuerungen partizipieren zu können, erweist sich für ältere Menschen als illusorisch. Zudem führen soziale Vergleichsprozesse dazu, daß die eigene materielle Lage als besonders schlecht empfunden wird. Neben den ehemaligen Parteimitgliedern und Leitungskadern (den sog. „roten Socken"), die in Gesprächen immer wieder als diejenigen hervorgehoben werden, die sowohl früher als auch heute zu den materiell Bessergestellten zählen, da sie es immer verstanden, sich das „größte Stück vom Kuchen abzuschneiden", und die nach allgemeiner Sichtweise auch nach der Wende über die besserdotierten Stellungen zu verfügen scheinen, sind als Vergleichsgruppe vor allem die Gutverdienenden in der näheren Umgebung zu nennen. Damit sind in erster Linie „Doppelverdiener" angesprochen, Ehepaare oder Familien also, in denen beide Ehepartner über einen Arbeitsplatz verfügen.

„Dann hieß auf einmal hier, die warn schon wieder schlauer, die warn uns immer überlegen, ja. Die ham uns unter der Knute gehabt in der Hand, in Schach und dann, dann warn se schon wieder raffiniert. Naja, das ist egal. Dafür gehts jetzt allen gut. Die Reichen ham, naja, das ist ja fest, immer, die Reichen werden immer reicher dabei und arme Hunde haste eben auch hier, die haste ja überall, die haste in jedem Land" (Interview mit Hans C., Vorruhestand, 58 Jahre).

Die Ausweglosigkeit der Situation und seine Ängste werden besonders an C.s Schilderungen deutlich, die sich auf seine Versuche beziehen, nach der Wende wieder eine Arbeit zu bekommen, um so überhaupt einen rechtlichen Anspruch auf Übergangsgeld und Vorruhestand zu erhalten. Immer wieder sprach er einen Gemeindevertreter an, um eine ABM-Stelle zu bekommen. Mit dieser Schilderung will er vor allem darauf aufmerksam machen, daß er diese Situation, die für seine Existenz ungemein wichtig war, als sehr entwürdigend empfunden hat:

„Ich hab (...) mindestens zwanzig Mal angehauen. ... Meine Frau hat gesagt: 'Da ist der (...), geh raus!' Ich, ich - da komms'te Dir blöde vor, wie so'n Bettler. Naja, ich hab ihn immer wieder an - fort -, und das hat sich ausgezahlt. ... Aber ich war damals auch ganz schön fertig erst einmal, ne" (Interview mit Hans C., Vorruhestand, 58 Jahre).

Hätte er letzten Endes diese Arbeit nicht bekommen, hätte er, wie er sagt, nicht die Vorruhestandsregelung in Anspruch nehmen können, sondern wäre arbeitslos geworden. Angesichts der eigenen Situation und der generellen wirtschaftlichen Lage stellt er Arbeitslosigkeit für Menschen seines Alters aus ökonomischer Perspektive als eines der schlimmsten Schicksale nach der Wende dar. Allerdings macht er deutlich, daß die derzeitigen Bedingungen für „Vorruheständler" lediglich um Nuancen besser sind.

„Die sagen, Mensch damals haste, wenn der Monat rum war, dein Geld gekriegt und jetzt, jetzt mußte betteln oder was. Gerade hier jetzt mit dem Altersübergangsgeld oder Vorruheständler ... und viele jetzt, die 54 und 55 sind, auf der, auf der Kippe stehen, ne. Für die ist klar, daß diese Leute nie, äh, die sind vielleicht mit sich selbst nicht zufrieden und - und - und - und sehen deshalb schwarz in die Zukunft. Äh, weil in dem Alter noch Arbeit zu finden, das ist schwer und dann äh, du kriegst ja bloß so ne gewisse Zeit dein Arbeitslosengeld ..." (Interview mit Hans C., Vorruhestand, 58 Jahre).

In diesem Zusammenhang spielt natürlich auch die zunehmend stärker werdende Empfindung eine wichtige Rolle, unnötig und überflüssig zu sein. Damit sind Prozesse angesprochen, mit denen auch Menschen Schwierigkeiten haben, die den „normalen" Übergang von der Erwerbstätigkeit in den Altersruhestand vollziehen (vgl. hierzu z.B. Kolland 1996). Von solchen Belastungen, die für ihn durch den Übergang in die Beschäftigungslosigkeit und später in den Vorruhestand entstan-

den, berichtet auch Hans C. Hierbei decken sich weitgehend Eigensicht mit Fremd-
sicht von Freunden und Nachbarn. Besonders einsichtig wird dieser schwierige
Verarbeitungsprozeß, wenn man die Sichtweise anderer Dorfbewohner heranzieht,
die noch im Arbeitsprozeß stehen:

> „Die dann Vorruhe beantragen und wenn sie sie bekommen, naja, ist eben nicht viel.
> Weil die meisten wenig verdient haben vorher. Davon ist das ja alles irgendwie ab-
> hängig, und wenn dann beide zusammen, also eben zusammen sitzen, also beide
> Partner, Frau und Mann, dann ist es doch, hab ich so gemerkt und auch den Ein-
> druck, daß es dann Probleme gibt, weil, weil das nicht gewohnt ist. Ne. Das halbe
> Leben im Prinzip, die warn beide immer arbeiten oder ham sich nur schnell nur
> nach Feierabend gesehen oder an den Wochenenden und wenn sich das plötzlich
> ändert, und das war ja bei vielen so. Mein Nachbar z.B. ist so ein Beispiel, Kinder
> sind aus dem Haus, beide, haben eben selber auch Familien und so. Und nun sind
> beide den ganzen Tag zu Hause. Da ist irgendwann, staut sich dann so kleine Sa-
> chen, über die man sich früher nie irgendwie Gedanken gemacht hat, das da jetzt 'n
> Problem wird ....“ (Interview mit Rudolf G., Arbeiter, 29 Jahre).

Von Hans C. wird der Prozeß der Verarbeitung solcher Probleme auf ähnliche
Weise dargestellt. Auch in seiner Darstellung finden sich die gleichen wichtigen
und prägenden Bedingungen:

> „Und dann haste ja, Mensch, naja wo ich arbeitslos war, war ich ooch schon, wann
> war das, 90 jetzt ist 92, ich war damals 54 1/2, ich konnte in die Vorruhe in nischt
> rein, das war, mir fehlte ein halbes Jahr bis 55, naja, war 54 1/2 so, das war das al-
> lerblödste Alter, was es gab, naja. Und jetzt hier, jetzt ham wir uns dran gewöhnt.
> Man, man, das heißt, man ist damit fertig geworden. Du hast gesagt, dein Alter wird
> nicht mehr gefragt, auf Deutsch oder so und jetzt tus'te so von der Hand in Mund
> leben, ne, da wirs'te mal, ich hab jetzt deswegen, meine Kinder, die ham ja, ne, die
> ham ne große Wirtschaft so, hab Instandsetzung mitgemacht, gepinselt und hab da
> getüncht. Beschäftigung haste, aber du, das ist eben Nulltarifbeschäftigung. Das ist
> eben nur, daß de nicht durchdrehst oder gar nischt machst und so“ (Interview mit
> Hans C., Vorruhestand, 58 Jahre).

Mit diesem Verlust sinnstiftender Arbeit geht mitunter eine Ritualisierung anderer
Verhaltensweisen einher. „Vorruheständler“ versuchen in einigen Fällen, ihr Leben
zu „inszenieren“, sich in einer Art darzustellen, als ob sie noch sehr viel zu erledigen und kaum freie Zeit zur Verfügung hätten.

> „Äh, die älteren Leute wie wir, da ist 'n bissl Garten, bissl rumstrecken und dorte,
> tuste jeden Tag machen, mußt ja nicht viel machen aber etwas, da denkste ja schon
> abends, na, morgen könnt ich ja das und das machen. Na gut, machste das, niwa“
> (Interview mit Hans C., Vorruhestand, 58 Jahre).

Daher kann die von Hans C. thematisierte „Nulltarifbeschäftigung“ nicht als alltäglicher Zeitvertreib gesehen werden, sondern dieses Verhalten erfüllt offensichtlich Funktionen in bezug auf die Außendarstellung und die Verarbeitung des Problems, nicht mehr gebraucht zu werden. Ein weiterer Beleg für eine solche Interpretation ist die von Hans C. geschilderte Notwendigkeit, im Dorf nicht als jemand
zu erscheinen, der keine feste Aufgabe hat oder einfach zum Spaß spazierengeht.

> „... wenn ich jetzt hier Sonntag da spazierengehe durchs Dorf oder so, oder braucht
> ja nicht Sonntag sein, kann ja mal in der Woche sein - abends, in der Woche gehn

wir ja nicht, daß ist es ja bei uns auf'm Dorfe, da geht ja keener in der Woche, die anderen arbeiten und du rennst spazieren. Obwohl, wenn du daheeme bist, kann man das doch machen, ne. Aber das ist so, das ist so eingebürgert hier. Da gehn se Sonntag, in so'n Rundgang...." (Interview mit Hans C., Vorruhestand, 58 Jahre).

Besonders bedeutsam ist in diesem Zusammenhang die empfundene soziale Kontrolle durch die Dorfgemeinschaft. Als „Dazugehörender" muß das eigene Verhalten dem der anderen angepaßt werden. Auf solchermaßen wahrgenommene Erwartungen nicht zu reagieren, hätte zumindest in der Selbstsicht die Folge, nicht mehr unmittelbar zur gewachsenen Dorfgemeinschaft zu gehören.

Gerade die empfundene Gemeinschaft im Dorf bekommt durch vielfältige Beziehungen einen wichtigen Stellenwert. Deutlich tritt noch eine ländlich-bäuerliche Sichtweise hervor, bei der die Landwirtschaft (die sich für die meisten jedoch nur noch auf Gartenanbau beschränkt, denn die wenigsten Dorfbewohner bestellen noch Felder) als Begründung dafür dient, nicht für längere Zeit abwesend sein zu können. Das Dorf erweist sich damit insbesondere für die Älteren - vielleicht auch aufgrund früherer Mobilitätsbarrieren - als alleiniger Lebensmittelpunkt, der nur selten und ungern für längere Zeit verlassen wird, da mit ihm auch Sicherheit und Orientierung verbunden sind.

„Hier eener der sagt, Mensch ich hab doch drei - drei Beete hier, wer wird denn das machen, ich kann doch nicht weg. Den Nachbarn belegen oder wieder, die dann sagen, ne, ist der blöde, wir können dem sein Garten machen und die fahrn spazieren oder so, fahrn in der Welt rum, nie. Da so'n Kopp darf man sich gar nicht machen. Aber das ist ja, bei uns ist das so, durch die Landwirtschaft hier. Die ham, die kenn nichts anderes wie arbeiten, arbeiten, arbeiten, ne, die denken, wenn se mal eene Tagesfahrt mit'm Bus machen oder mal zwee Tage wegfahren, dann hamse mal 'n Urlaub gehabt, ne" (Interview mit Hans C., Vorruhestand, 58 Jahre).

Sicherheit und Orientierung stiftet vor allem der Kontakt zu den anderen Dorfbewohnern. Dabei sind es nicht nur gegenseitige Hilfeleistungen, sondern auch alltägliche Gespräche, die das Gefühl vermitteln, in bestimmten Lebenslagen Ansprechpartner und Hilfestellungen zu bekommen. Damit erweisen sich der gewachsene dörfliche Zusammenhalt und die früher gemachten Erfahrungen als ständige Bestärkung dieses Bewußtseins.

„Das is', das kann ich nun gar nicht anders sagen. Da kann ich mich nicht entsinnen, daß da hier eener 'n andern nicht was helfen würde oder irgendwie 'ne Hilfe antragen oder anbieten oder was, niwa. Das ist doch. Weil ja hier jeder jeden kennt, ne. ... Na und wenn de den triffst, den einen oder sagste: 'Was gibts Neues oder so?' ne, oder: 'Haste schon das und das gehört?' und da vielleicht, ja, wie das so ist, da gibt ein Wort das andere und da wird manchmal 'ne halbe Stunde oder kannst 'ne ganze Stunde quatschen, niwa" (Interview mit Hans C., Vorruhestand, 58 Jahre).

Als Rückhalt und Bestärkung in einer generell zu konstatierenden persönlichen Krisenzeit und Phase der Unsicherheit besitzen für Hans C. die Kernfamilie und ein guter Freund die größte Bedeutung. Denn fast nur in der näheren sozialen Umgebung sind derartig überschaubare, Sicherheit gebende soziale Beziehungen, wie sie nun weitgehend vermißt werden, noch aufrechtzuerhalten. So ist auch bei Hans C. der starke Familienbezug seiner sozialen Beziehungen recht auffällig. Er ver-

bringt seine Freizeit, wie er sagt, am liebsten mit seinen Kindern. Die Zusammen-
kunft mit der Kernfamilie sowie kleine Hilfestellungen für die Enkelkinder (wie
Fahrräder reparieren) betrachtet er als sein Hobby. Außerdem ist ihm seine tägliche
Arbeit in einem kleinen Garten in der Nähe seines Hauses sehr wichtig. Insbesondere seine Kinder nimmt er als Unterstützungspotential wahr, auf das er bauen
kann. Allerdings finden sich in bestimmten Zusammenhängen und Lebenslagen
auch Einschränkungen. Denn in relativ unsicheren wirtschaftlichen Zeiten ist die
Hemmschwelle groß, sich mit Geldproblemen an die eigenen Kinder zu wenden,
insbesondere dann, wenn diese z.T. ähnliche Probleme haben und - wie im Falle
seiner Kinder - sich in Umschulungsmaßnahmen befinden oder arbeitslos sind. Das
frühere Bewußtsein ökonomischer Sicherheit, das besonders durch den staatlich ga-
rantierten Arbeitsplatz bedingt war, weicht nun weitgehend der Unsicherheit und
existentiellen Ängsten. Dies findet seinen Niederschlag vor allem in sozialen Beziehungen und bestimmten Bedingungen, für die plötzlich keine adäquate Hilfe
mehr zur Verfügung steht, da durch den Transformationsprozeß Veränderungen
entstehen, die trotz einer Einbindung in familiäre Beziehungen und die dörfliche
Gemeinschaft kaum kompensiert werden können.

> „Im Dorf hätt ich gar keenen angebettelt. Also das ist ja so, wie das drüben das Ge-
> setz ist, wenn de nischts mehr hast, erstmal bei deine Kinder und so. Ich hätt das nie
> fertig gebracht, ich könnte nie. Wenn ich jetzt heut inne Mangel komme, dann hätt
> ich also so gelebt, daß ich, also ich würde nie betteln können oder meine Kinder
> sagen, gib mir mal nun hundert Mark oder gib mir morgen was zu essen, das hätt ich
> nie fertig gebracht, ehrlich mal, meine Frau ooch nicht, sacht se, da will ich lieber
> nischt haben. Das wollt ich nicht haben, ne, das könnt ich nicht. No. Es ist schon so
> besser, wenn es nicht kommt, aber es ist schon richtig, wie sie sagen hier, ne, es
> könnte ja mal so was eintreffen, wie ich erst schon sagte, wenn eener alleene ist und
> hat zum - der kann, der kann in so ne Situation kommen, das ist mal, ne, abwärts
> geht, und dann stehste auf'm Nullpunkt, ne. Das ist gar nicht so einfach, das sind so
> Probleme, ne" (Interview mit Hans C., Vorruhestand, 58 Jahre).

Neben den sozialen Kontakten zur Kernfamilie und den Nachbarn unterhält Hans
C. familiäre Beziehungen zu seinen Geschwistern und denen seiner Frau. Durch
Familienfeiern werden diese Beziehungen immer wieder bestätigt, vertieft und einige nach der Wende auch reaktiviert. Als bedeutsam ist in diesem Zusammenhang
hervorzuheben, daß insbesondere ältere Dorfbewohner sich nach der Wende sehr
stark wieder auf ihren Verwandtenkreis besinnen und alte Beziehungen neu bele-
ben. Dies trifft nicht nur für „Vorruheständler" zu, sondern läßt sich ebenso bei
Rentnern feststellen. Der Verlust von Arbeitsbeziehungen und eingeschränkte Mobilität aufgrund des Alters oder wegen mangelnder finanzieller Mittel scheinen so
zu einer Fokussierung auf den sozialen und regionalen Nahbereich zu führen.

> „In *Blisko* ist eine Schwester von meiner Frau und eene ist in *Susod*. Die Frau hier,
> die eene ist in *Rosmoda* hier, bei *Nowotwar*. Und eene, und der Bruder von ihr ist in
> *Zaba*. Leben auch noch alle, so, sind die zehne. Und wenn de mal ne Feier machst,
> oder so, meene ooch hier, eene wohnt in Kamenz, die eene Schwester und eene in
> *Crykwinski*. Und wenn wir mal ne Feier machen, mal Geburtstag feiern oder mal
> sechzig werden mit der Frau, wir ham alle beede in eenen Jahr, da komm' schon so

vierzig fuffzig Männel zusammen, wenn de all (unverständlich). Deine Kinder haste dabei, haste die Enkel dabei, dann haste die Schwiegereltern beiderseits, mußte ja ooch noch einladen, bei so nem Anlaß, sonst komm' die nicht. Naja da komm schon. Als wir die Silberhochzeit gefeiert haben, da war ooch so 50 Männel, abens noch paar dazu zum Tanze, so was da, zum Kaffee komm' dann später, dann komms'te so auf fuffzig sechzig Männel schon zusammen. Wir ham beide im Dezember, die Frau und ich, da kannste nicht daheeme machen. Wir ham ja ooch den Platz nicht.... Jetzt ham wir doch Zeit, da fahrn wir eben, ne. Früher ham wir das ooch nich gemacht, da sind wir zu runden oder fünfer oder zu Anlässen gefahrn, ne, ham wir nich jeden, jeden Geburtstag nicht gefeiert. Das läßt dann automatisch nach" (Interview mit Hans C., Vorruhestand, 58 Jahre).

Durch die vielfältigen Kontakte und die Intensität der Beziehungen sind Mitglieder der Familie die ersten Ansprechpartner bei Problemen sowie beim Einholen von Ratschlägen und Hilfen. Allerdings fehlen die wichtigen Arbeitsbeziehungen, die auch durch kurze Gespräche „über den Gartenzaun" oder unverbindliche Treffen beim Einkaufen in den neu entstandenen Supermärkten nicht kompensiert werden können. Denn den Arbeitskollegen kam nicht nur eine wichtige Funktion bei der Versorgung mit Gütern zu, die sonst nicht zu beschaffen waren, mit ihnen wurde auch über Politik und weitere Probleme gesprochen, über Dinge, für die die Beziehungen in der Nachbarschaft wegen des räumlich engen Kontaktes und der damit verbundenen sozialen Kontrolle in der Regel nicht genutzt wurden. Das Segment der sozialen Beziehungen, das mit dem Verlust des Arbeitsplatzes aus dem sozialen Netzwerk herausbricht, erfüllte somit wichtige Funktionen, die kaum von anderen Beziehungen übernommen werden können.

„Ach na ja, das hat ja, soviel Kontakt hat man ja heute auch nicht mehr zu Leuten. Wenn de im Betrieb gearbeitet hast, haste doch jeden Tag 'n Haufen Leute um dich gehabt oder zumindest immer die gleichen oder, da hatste schon mehr Kontakt so nach der Außenwelt überall, niwa, da haste du naja: 'Hast Du gehört, dorte das war, oder Bautzen war.' Das, das - wenn de mit niemandem zusammen kommst, da kannste, naja erfahren haste schon früher, durch 'n Kontakt oder mehr Kontakt, wolln mal so sagen, ne, zu den, zu den Leuten oder zu den Kollegen und so, ne" (Interview mit Hans C., Vorruhestand, 58 Jahre).

Deutlich wird allemal, daß der Verlust der Arbeit mehr bedeutet als nur fehlende Beschäftigung und fehlende finanzielle Mittel. Wichtig ist aber anzumerken, daß Hans C. gut in sorbische Nachbarschaftsnetze eingebunden ist, wenn auch die territoriale Reichweite seiner Netze relativ gering ist. An diesen dörflichen Beziehungen hat die mit der Wende verbundene Erwerbslosigkeit nur wenig geändert. In erster Linie verminderte sich dadurch die Häufigkeit und Intensität der Kontakte zur weiteren Nachbarschaft. Bedingt durch den unterschiedlichen „Lebensrhythmus" von Erwerbslosen und Erwerbstätigen hat die Orientierung an der breiteren dörflichen Gemeinschaft etwas nachgelassen.[207] Dagegen besteht zur engeren Nachbar-

---

[207] Daß Zeitperspektiven, Verhaltensmuster und Lebensrhythmen stark von der Einbindung in Arbeitsprozesse geprägt sind, zeigte sich als wichtiges Ergebnis der in den 30er Jahren durchgeführten, richtungsweisenden Studie: „Die Arbeitslosen von Marienthal" von Jahoda/Lazarsfeld/Zeisel (in einer Neuauflage 1975).

schaft ausgedehnter Kontakt, der sich nach Hans C.s Angaben trotz des gleichen zeitlichen Rahmens, denn die meisten Nachbarn sind nicht erwerbstätig, weder verbessert noch verschlechtert hat. Kontakte zu sorbischen Nachbarn - seine Nachbarschaft ist sorbisch - werden immer wieder aus verschiedenen Anlässen gefestigt.

„Weil hier jeder, jeder kleine Dreck wird da gefeiert, auf deutsch gesagt. Een Geburtstag oder der hat was Neues gekauft oder der hat was, 'oh, das quietscht,' naja, das sind Anlässe, wird aus jedem Ding 'n Anlaß gemacht. Die finden immer 'n Anlaß zum Sitzen und 'n bissl quatschen und 'n paar Biere trinken, ne. Das ist dann, das sind dann schon wie große Familien, so ringsrum in der Nachbarschaft, wenn eener was hat. Komm doch mal gucken, ich hab mal wieder 'n paar neue Möbel oder was. 'Ooch, schön hier, trockenes Holz und so', naja, da wird gequatscht und schon ist 'n Anlaß da" (Interview mit Hans C., Vorruhestand, 58 Jahre).

Die ethnische Eingebundenheit bekommt einen hohen Stellenwert. Obwohl C. Deutscher ist, wird er dadurch, daß er in der katholischen Oberlausitz aufgewachsen und mit einer Sorbin verheiratet ist, praktisch als „Einheimischer" betrachtet. Denn er spricht und versteht die sorbische Sprache, geht auf sorbische Veranstaltungen und war jahrelang Mitglied der Domowina. Hinzu kommt, daß C. als Katholik in die konfessionell geprägte sorbische Gemeinschaft eingebunden ist und den sorbischsprachigen Gottesdienst besucht. Gerade durch seine Sprachkompetenz, seine Heirat mit einer Sorbin und seine konfessionelle Bindung ist Hans C. in der Nachbarschaft im Dorf gut integriert und kann trotz existentieller Ängste im materiellen Bereich auf ein ausgedehntes Unterstützungsnetzwerk zurückgreifen. Insgesamt wird an seinen Beziehungen deutlich, daß eine Integration in die ethnische Gemeinschaft sehr stark mit Sprache, Religion und Familienzugehörigkeit zusammenhängt. Die Übersicht 5.2 (s. Seite 199) soll exemplarisch für sorbische „Vorruheständler" die Einbindung ins Dorf verdeutlichen. Das dörfliche soziale Netzwerk von Hans C. zeichnet sich vor allem durch die vielfältigen Beziehungen zu der umgebenden Nachbarschaft aus, die fast ausnahmslos sorbisch ist.

Mit seinen beiden direkten Nachbarn verbinden ihn verschiedene Gemeinsamkeiten, wie gemeinsames Feiern, gegenseitige Hilfe in Notsituationen und anderes. Aber auch mit den weiteren, um ihn herum lebenden Dorfbewohnern tauscht er verschiedene Gegenstände aus und man hilft sich gegenseitig. Ihm direkt gegenüber lebt sein bester Freund, mit dem er häufig zusammenkommt und mindestens sonntags nach der Kirche gemeinsam den „Frühschoppen" zu sich nimmt. Dieser ist seine erste Ansprechstation, wenn es um wichtige Dinge und gegenseitige Unterstützung aller Art geht. Insgesamt fühlt sich Hans C. innerhalb des Dorfkerns sehr gut eingebunden und hat vielfältigen Kontakt. Dies liegt offensichtlich nicht zuletzt daran, daß bis auf einen Nachbarn, der zwei Häuser weiter lebt, alle die Personen, zu denen er Kontakt hat, nicht mehr im Arbeitsprozeß stehen. Entweder sind sie Rentner, wie zwei von ihnen, oder befinden sich wie fünf weitere im Vorruhestand. Im Dorf hat er darüber hinaus noch zwei weitere, etwas schwächere Beziehungen zu zwei anderen Männern, die ebenfalls im Vorruhestand bzw. arbeitslos sind. Mit diesen kommt er manchmal zusammen und spricht, wie er deutlich macht, über die schlechte Situation und die aussichtslose Lage, die in seinen Augen aber besonders den Arbeitslosen betrifft. Die dargestellte schwache Beziehung (weak tie) kennzeichnet den von ihm mehrfach hervorgehobenen Kontakt zu einem Gemeindevertreter, der offensichtlich der einzige war, der es ihm ermöglichte, in den Zeiten des Umbruchs eine ABM-Stelle zu bekommen, um so im Endeffekt „vorruhestandsberechtigt" zu sein.

Übersicht 5.2: Dörfliches soziales Netzwerk
Hans C., Vorruhestand, 58 Jahre

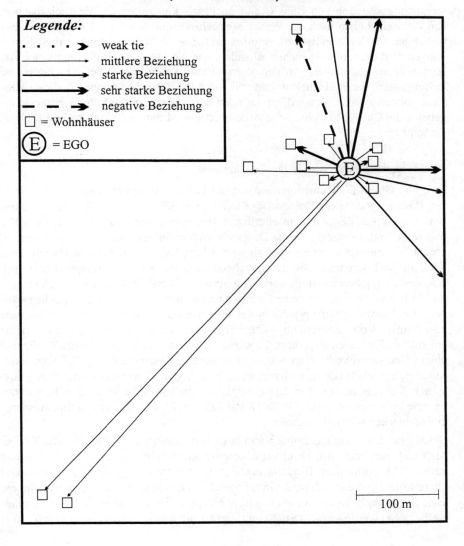

Legende:

· · · · ➤ weak tie
———————➤ mittlere Beziehung
———————➤ starke Beziehung
———————➤ sehr starke Beziehung
— — — ➤ negative Beziehung
☐ = Wohnhäuser
(E) = EGO

100 m

Die Pfeile, die Beziehungen zu außerhalb des Dorfes lebenden Personen andeuten, verweisen auf die Familien seiner Kinder, die, wie bereits verdeutlicht wurde, für ihn von besonderer Bedeutung sind (diese sind entsprechend als „sehr starke Beziehungen" gekennzeichnet). Seine Kinder leben in einem Dorf bzw. in einer Stadt, die 10 bzw. 20 km entfernt liegen. Die anderen Pfeile bezeichnen die Beziehungen zu seinen Verwandten (Geschwister der Frau und seine Schwester), die in nahen Dörfern leben.

Die graphische Darstellung kann die vorher wiedergegebene Belastungs- und Unterstützungssituation von Hans C. nur nochmals illustrieren und deutlich machen, daß sich sein Leben nach der Wende weitgehend innerhalb des Dorfes und in Beziehungen zur Verwandtschaft verorten läßt. Die für ihn wichtigen Arbeitsbeziehungen sind ebenso nicht mehr vorhanden, wie die Möglichkeit nochmals eine Arbeitsstelle zu bekommen. An den Vorruhestand knüpfen sich bei ihm zahlreiche Bedingungen, die er als diskriminierend wahrnimmt. Veränderungen in dieser Hinsicht können sich bei ihm jedoch nur noch durch eigene Verarbeitungsprozesse ergeben - die Chance auf eine neue Arbeitsstelle wird ihm sicherlich nicht mehr eingeräumt.

Gemischtethnisches Ehepaar im Vorruhestand

Jurij und Gisela D. wohnen gemeinsam mit der Mutter des Mannes in einem kleinen Haus am Rande des Dorfes. Die Kinder, zwei Söhne und eine Tochter, sind bereits vor einiger Zeit aus dem elterlichen Haushalt ausgezogen. Jurij D. ist Sorbe und seine Frau Deutsche. Gisela D. spricht außerhalb des Haushalts kein Sorbisch, obwohl sie die sorbische Sprache so weit gelernt hat, daß sie sich häufig mit ihren Kindern Sorbisch unterhält. Entsprechend sind die Kinder zweisprachig aufgewachsen und beherrschen die sorbische Sprache. Dieses Phänomen, daß Deutsche, die als Erwachsene in sorbische Familien einheiraten, zwar Sorbisch sprechen können, die Ausübung der Sprache in der Öffentlichkeit aber vermeiden, findet man sehr häufig. Von gemischtethnischen Ehepaaren werden auch Begründungen für ein solches Verhalten angeführt. Eine andere Frau aus dem Dorf, Gerda Z., die mit einem Deutschen verheiratet war, sagt in diesem Zusammenhang, daß man ihren Mann gelegentlich verspottet habe, wenn er sorbische Worte nicht ganz richtig aussprach. Daher habe er später darauf verzichtet, die sorbische Sprache außerhalb der Familie zu benutzen. Auch Gisela D. hat das Gefühl, daß die Sorben ihre Aussprache sorbischer Wörter belächeln.

Beide Ehepartner sind katholisch und besuchen zumindest wöchentlich die Kirche. Mehrfach berichtet Jurij D. in verschiedenen Gesprächen davon, daß seine Söhne aufgrund der religiösen Bindung der Familie nicht zur Jugendweihe gingen. Der ältere Sohn mußte aus diesem Grund verschiedene Benachteiligungen hinnehmen. Jurij D. berichtet, daß ihm Lehrer gesagt hätten, wenn sein Sohn nicht zur Jugendweihe gehe, werde er nicht studieren können. Er habe daraufhin geantwortet, daß sein Sohn dann eben Schornsteinfeger werde. Letztlich habe sein Sohn dann trotz Drohungen und fehlender Jugendweihe studieren können.

> J.D.[208]: „Unser Großer, der war nicht zur Jugendweihe, durfte nicht zur Schule, auf die Schule gehen. Der ist nicht gegangen. Das war zwar, ich hab gesagt: 'Zeig mir doch mal das Gesetz.' Das war ja nicht. Das gabs ja nicht, das Gesetz gabs ja nicht. Aber angewendet stands da. Die Kleenen, das ist, das sind, früher ham se sich die Kleenen geschnappt und gesagt, das sind die kleenen Kommunisten. Von der Regierung aus war das doch nicht so."
>
> G.D.: „Bloß wir ham hier Fälle gehabt, die ham an der Jugendweihe teilgenommen und ham auch nicht das gekriegt, was sie wollten. ... Hier, die Nachbarn hat nicht ihr Studium so durchziehen können, wie sie es wollte und hat die Jugendweihe gehabt, die *Franziska*, die hat nicht alles geschafft was sie wollte und hat die Jugendweihe. Wenn die Plätze nicht da warn, dann warn se nicht da, no. Und hat die Jugendweihe gehabt" (Interview mit Jurij und Gisela D., Vorruhe, 57 Jahre).

Der Stellenwert, den die Jugendweihe in der DDR hatte, tritt in den Aussagen hervor. Eine Verweigerung gegenüber dem Staat konnte Repressalien nach sich ziehen. Eine „normadäquate" Lebensführung dagegen zu Privilegien führen. Daß Vorteile aber nicht zwangsläufig kamen und auch nicht „einklagbar" waren, zeigt das Beispiel der Nachbarstochter. Durch die staatliche Vergabe von Ausbildungsstellen und Studienplätzen war es nicht immer möglich, alle Personen zu befriedigen, selbst wenn sie bestimmte „Vorleistungen" erbracht hatten. Individuelle Lösungen konnten daher an planerischen Vorgaben scheitern.

Die Bedeutung, die der Jugendweihe zukam, läßt sich auch daran ablesen, daß innerhalb der Gemeinschaft darüber diskutiert wurde, ob die Kinder daran teilnehmen sollten oder ob man es bei der Kommunion der katholischen Kirche belassen sollte. Einige Dorfbewohner berichten, daß sie ihre Kinder an beiden „Initialisierungszeremonien" haben teilnehmen lassen, um ihnen berufliche Schwierigkeiten in der Zukunft zu ersparen. Andere nahmen hingegen nur an der religiösen Veranstaltung teil.

> J.D.: „Unter Nachbarn warn ja auch verschieden die Meinungen: 'Ich laß mein Kind gehn, denn sonst kann er Nachteile haben und das will ich nicht und das möcht ich nicht.' War nich, aber zur Jugendweihe war keine klare Linie im Dorf. Ja es wurde diskutiert."
>
> G.D.: „Ja, es wurde diskutiert. Ja, es wurde diskutiert, die Jugendweihe war immer sehr diskutiert."
>
> J.D.: „Aber überwiegend war man sich nicht einig. Warn sich manche Leute auch: 'Ja, ja' ham se gesagt, 'Jugendweihe, da mußte gehen.' Viele, von *Wjeska* sind viele zur Jugendweihe gewesen. Und die Betriebe ham nen Teil bezahlt da. Hat Betriebe gegeben, die ham bis 100 Mark gegeben (Interview mit Jurij und Gisela D., Vorruhe, 57 Jahre).

---

[208] Bei den Zitaten ist Jurij D. mit J.D. gekennzeichnet, Gisela D. mit G.D.

Neben den späteren Berufschancen waren mit der Jugendweihe auch direkte materielle Zuwendungen verbunden, die von den Betrieben gezahlt wurden. Hinzu kamen - ebenso wie bei der Kommunion - natürlich die Geschenke von den Verwandten und Paten. Damit standen die Eltern in einem gewissen Entscheidungskonflikt. Auf der einen Seite mußten eigene Wünsche in bezug auf die Planung des weiteren Lebens der Kinder sowie die kurzfristigen materiellen Erwartungen der Kinder selbst berücksichtigt werden, denn die Kinder nahmen in ihren Bezugsgruppen die Vorteile der Jugendweihe wahr, wenn andere Kinder im Rahmen der Zeremonie beschenkt wurden. Auf der anderen Seite standen das religiöse Selbstverständnis und der vorhandene Legitimationsdruck gegenüber der kirchlichen Gemeinde. Für Jurij D. fiel die Entscheidung nach eigenem Bekunden relativ leicht. Denn anders als andere Dorfbewohner empfand er die gleichzeitige kirchliche und staatliche Anbindung der Domowina als Widerspruch. Daher war er weder in der Partei noch in der Domowina, da diese eine entscheidende staatstragende Funktion gehabt habe.

> J.D.: „Ach, gewaltig, gewaltig. Die Domowina wurde ja auch aufs Rote aufgebaut. Die Domowina bekam ja damals Geld vom Staat und da muß ja auch was rauskommen dabei."
>
> G.D.: „Da waren auch viele Austritte wahrscheinlich so kurz vor der Wende noch. Also was zu rot war, die Leute ham sie mit der Kirche, das hat sich nicht vereinbart, ne" (Interview mit Jurij und Gisela D., Vorruhe, 57 Jahre).

Das Doppelverhältnis von kirchlicher und staatlicher Bindung der sorbischen Tradition manifestiert sich für Jurij und Gisela D. in ehemaligen Funktionsträgern, die sorbische Katholiken und SED-Parteimitglieder gewesen seien. Mit einem von ihnen hatten sie kleinere Konflikte auszutragen, weil sie bei Anträgen nicht den Dienstweg einhielten und sie direkt an übergeordnete Stellen schickten.

> J.D.: „Aber ich hab dann auch begründet, warum ich meinen Dienstweg nicht eingehalten habe. Das konnte man nicht so einfach machen, es war ja immer ein vorgeschriebener Dienstweg früher bei uns, und der mußte eingehalten werden. Gemeinde, Rat des Kreises, Rat des Bezirkes" (Interview mit Jurij und Gisela D., Vorruhe, 57 Jahre).

Wichtiger als diese Konflikte ist aber, daß sie an der Person dieses ehemaligen politischen Funktionsträgers die Bedeutung festmachen, die die Domowina für sie besitzt. Wie dieser beziehe sich auch die Domowina nach der Wende nicht mehr auf die Grundsätze, die sie vor der Wende vehement vertreten habe. Damit verlieren solche „Institutionen" in ihren Augen an Glaubwürdigkeit. Für sie sind die Leitungskader bzw. Funktionäre an individuellen Vorteilen interessiert und nur an zweiter Stelle an der Stärkung kultureller Eigenständigkeit. Entsprechend charakterisieren sie den ehemaligen Funktionsträger als „Wendehals".

> J.D.: „Aber die Wahrheit konnte der nicht vertragen. Wenn de dem mal zu nahe getreten bist, das konnte der nicht vertragen. Hat der gebrüllt wie 'n Stier. Wie die alten Kommunisten, wie so'n alter Kommunist.

G.D.:	"Und der war beedes. Der ging, fuhr jeden Sonntag in seine Kirche. Der fuhr jeden Feiertag in die Kirche. Aber ooch großer Genosse. Ne wa. Der war beedes. Jetzt: Partei ist für ihn gar nichts. Jetzt tut er wieder für die Kirche Reklame machen. Solche Leute lieb ich ooch nicht. Ne wa. Die nicht wissen wo se hingehören, die überall Fett abschöpfen" (Interview mit Jurij und Gisela D., Vorruhe, 57 Jahre).

Die Ausstattung mit den notwendigen Gütern für den Lebensunterhalt zu DDR-Zeiten stellen sie als sehr schlecht dar. Allerdings sind die Veränderungen durch die Wende für sie in dieser Hinsicht nicht sehr ausgeprägt. Früher habe man nicht viel kaufen können, weil es nur wenig gegeben habe. Heute gebe es zwar fast alles, aber nun hätten sie kaum noch Geld, um die Waren erstehen zu können. Dies zeige sich vor allem an dem enormen Anstieg der Kosten für den täglichen Bedarf. So sei z.B. der Preis für Kohlen von 3 Mark pro Zentner auf über 15 DM gestiegen. Ähnlich sehe es auch für Kartoffeln, Strom, Grundsteuer, Abwasser etc. aus. Alle Dinge, die früher umsonst oder relativ günstig zu erstehen waren, müssen nun teuer bezahlt werden. Andere Produkte, die in der DDR früher als Luxusgüter galten, werden hingegen billiger. Aber nach eigenem Bekunden haben sie von solchen Veränderungen nur wenige Vorteile.

J.D.:	„Nur die technischen Geräte, die sind billig. Aber den Fernsehapparat habe ich für achthundert Mark gekauft, und einen neuen brauchen wir nicht. Man kauft ja nicht jedes Jahr einen neuen Fernsehapparat" (Interview mit Jurij und Gisela D., Vorruhe, 57 Jahre).

Ihr Einkommen hat sich jedoch nicht in gleicher Weise verändert. Durch ihren Übergang in die „Vorruhe" haben sie im Endeffekt weniger Mittel zur Verfügung als vor der Wende. In diesem Zusammenhang fühlen sie sich durch alte Seilschaften und das neue System benachteiligt. Denn Jurij D. war 40 Jahre lang in einem großen Werk in einem Nachbardorf beschäftigt. Erst sollte er arbeitslos werden, dann kam er aber in den Vorruhestand. Nun bekommt er eine Rente, die nur 60% seines ehemaligen Nettolohns ausmacht. Er hat das Gefühl, daß man ihn nach 40 Jahren Arbeit mit den nicht einmal 800 DM betragenden Vorruhestandszahlungen nur „abspeisen" will. Insgesamt haben sie nach eigenen Angaben nur wenig finanzielle Mittel zur Verfügung, bekämen aber „für Sozialhilfe zu viel". Sie hatten erwartet, daß zumindest die Gewerkschaft und die alte Betriebsleitung bei der Neustrukturierung des Betriebes versuchen würden, etwas mehr für altgediente Arbeitskräfte herauszuholen. Wie es in anderen Fällen auch geschehen sei, hätte man Jurij D. vor dem Übergang in den Vorruhestand gehaltlich hochstufen können. Aber dies sei nicht passiert.

J.D.:	„Ich war über 30 Jahre dort. Über dreißig Jahre, vierzig Jahre im Betrieb und davon 30 Jahre im Lager."
G.D.:	„Ja, ne ne, halbes Jahr."
J.D.:	„Halbes Jahr war das. ... War'n halbes Jahr Null. Und das war ja auch mies, wurde ja im halben, im halben Jahr hab ich ja keine Lohnerhöhung gekriegt

und nischt, das wirkt sich dann nachher alles aus, aufs Einkommen" (Interview mit Jurij und Gisela D., Vorruhe, 57 Jahre).

Entsprechend sind beide über die gesamten Umstände seiner Entlassung sehr verbittert. Bei den ehemaligen Leitungskadern habe es ihres Wissens keine Probleme gegeben, wenn diese vor der Entlassung oder vor dem Übergang in den Vorruhestand finanziell nochmals hochgestuft wurden. Wie andere „Vorruheständler" auch äußern sie zudem ihr Unverständnis darüber, daß viele aus der ehemaligen Führungsriege der Betriebe heute wiederum in leitenden Positionen sitzen und sehr viel Geld verdienen. Die Frau erzählt von einer Bekannten, deren jetzige Abteilungsleiterin die gleiche wie vor der Wende sei - allerdings nun „gewendet".

> J.D.: „Arbeit wurde nicht geschätzt. Das hat die Verwaltung ja nicht eingesehen, vorne. Die roten Brüder, die sind auch noch an der Macht."
> G.D.: „Ja, die sind heute auch noch große Leute."
> J.D.: Ja, jetzt verdienen se Tausende von Geld" (Interview mit Jurij und Gisela D., Vorruhe, 57 Jahre).

In ihrer schlechten finanziellen Situation macht sich somit auch bemerkbar, daß viele Vergünstigungen, die sie vor der Wende hatten, nun wegfallen. In dieser Hinsicht erscheint die Vergangenheit in einem besseren Licht als die Gegenwart.

> J.D.: „Ja sicher, wir ham früher wenig Geld verdient, wir sind zurechtgekommen, wir sind zurechtgekommen, wir sind zurechtgekommen."
> G.D.: „Will sagen, ja, wir sind sparen gewöhnt, also konnten wir nicht."
> J.D.: „Wir ham uns 'n Auto gekauft, davon abgesehen ... Arbeit verloren. Früher hatten wirs bequem gehabt, sind im Winter mit dem Fahrrad oder dem Bus gefahren, Wintermonate, Winterhalbjahr, ohne Bezahlung. Umsonst. Oder Kilometergeld. ... Und im Sommer hatten wir dann Kilometergeld. Groschen, Groschen für'n Kilometer."
> G.D.: „Jedenfalls Du bist hingekommen mit dem Geld."
> J.D.: „Ich bin mit Benzin hingekommen, gut mit Benzin hingekommen. Ich habe jeden Monat so dreißig Mark Kilometergeld bekommen und 10 Mark vielleicht an Benzin verfahren, mehr nicht. Mit'm Moped, weil Auto hat ich nicht. Aber da fährt man ja gerne mit dem Moped, ist doch schön" (Interview mit Jurij und Gisela D., Vorruhe, 57 Jahre).

Hinzu kommt bei ihnen - ebenso wie bei anderen „Vorruheständlern" -, daß sich durch die Wende ihre Zukunftsperspektiven verschoben haben. Ihr Leben war in vielfältiger Weise am Arbeitsprozeß orientiert. Mit dem Wegfall des Arbeitsplatzes fehlen somit wichtige Lebensinhalte. Aber die Verluste ihrer Arbeitsplätze sind nicht ihre einzigen Sorgen, denn das gleiche Schicksal traf auch ihren Schwiegersohn. Sie selbst können sich trotz der bestehenden finanziellen Schwierigkeiten mit der neuen Situation arrangieren, obwohl ihnen dies ziemlich schwer fällt, denn viele ihrer Aspirationen, die mit der Wende zunächst erreichbar schienen, stellen sich nun als unerfüllbar heraus. In diesem Zusammenhang führen sie an, daß sie gerne noch einmal verreisen würden, aber ihnen dies aufgrund ihrer Mittel zunächst nicht möglich sei. Als weitaus belastender nehmen sie damit die Lebenssituation der Familie ihrer Tochter wahr. Denn die Arbeitslosigkeit des Schwiegersohns beeinträchtigt nach ihrer Einschätzung in erheblichem Umfang die Zukunftsaussichten ihrer Kinder und Enkelkinder.

G.D.: „Na schon. Man wäre vielleicht noch auf Arbeit gegangen, wenn die Wende nicht wär, ne. Schon möglich. Unser Schwiegersohn ist auch zu Hause, bei vier Kindern. Arbeitslos ab erstem März."

J.D.: „Hat in der Kohle gearbeitet."

G.D.: „Kohle. Ja. Ist auch zu. Ist ja schwer, erstmal Arbeit zu kriegen jetzt" (Interview mit Jurij und Gisela D., Vorruhe, 57 Jahre).

Allerdings sind sie aufgrund ihrer eigenen finanziellen Situation und der Arbeitslosigkeit ihres Schwiegersohns nicht zu „Wendegegnern" geworden. Sie differenzieren sehr genau, welche Lebensumstände besser geworden sind und wo sich Nachteile ergeben haben. Trotz ihrer schlechten finanziellen Situation nehmen sie wahr, daß es früher ungleich schwieriger war, bestimmte Waren und Gegenstände zu bekommen, die sie als notwendig empfanden.

J.D.: „Es war auch für mich früher sehr, sehr schwer, einen Maurer betteln zu gehen. Was manche, die ham einfach gelöchert und dann kam er auch, dann war das klar. Und ich hab gesagt, wenn der einmal nein gesagt hat, da geh ich nicht mehr hin. Da bin ich nicht mehr hingegangen. Da hab ich das lieber alleine gemacht, da hab ich das sein lassen. Das konnt ich nicht, ich konnte das nicht. Ich bin nicht so."

G.D.: „Viel ist man gefahren."

J.D.: „Gefahren."

G.D.: „Am Telefon gehangen, wo gibts Zement. Die ganzen BHGs[209] abgerufen."

J.D.: „Wo gibts Kalk."

G.D.: „Das warn schon schlimme Zeiten. Na ja, wenn man angerufen hatte und die hatten das da, dann mußte man aber in der nächsten Stunde dort sein, wenn man was haben wollte. Es war manchmal wirklich schwierig, einen Sack Zement zu kriegen, ne."

J.D.: „Das wissen Sie ja. Das ham Sie ja schon mehrmals erfahren. Beziehungen war immer wichtig."

G.D.: „Beziehungen ja. Ich hatte ein gutes Verhältnis zu BHG-Frau in *Nowotwar*. (...) und wenn ich dann mal ein Problem hatte mit so nem Sack, dann hab ich angerufen jetzt, sagt se: 'Ja, kriegen wer demnächst'" (Interview mit Jurij und Gisela D., Vorruhe, 57 Jahre).

Aber diese schlechte Versorgungslage bot auch Vorteile, weil in den Betrieben auf sehr viele Engpässe reagiert wurde und sie damit die Möglichkeit hatten, Betriebsmittel für ihre privaten Zwecke zu nutzen. Es finden sich immer Beispiele, die belegen, daß formelle Restriktionen durch informelle Möglichkeiten ausgeglichen wurden.

G.D.: „Das war erlaubt. Die ham ja ganze Häuser gebaut nach Feierabend."

---

[209] Bäuerliche Handelsgenossenschaft.

J.D.: „Samstags auch. Hier in *Wjeska*, will sagen, hier, hier in *Wjeska* ist nicht ein Haus mehr, also ich würde bald sagen, nicht ein Haus mehr, was nach 45 nicht irgendwie neu gebaut ist. Aber von oben bis unten. Also grad hier oben die Häuser mal sagen hier" (Interview mit Jurij und Gisela D., Vorruhe, 57 Jahre).

Die Wende ist für sie vor allem mit dem Gefühl der Unsicherheit verbunden. Neben der problematischen finanziellen Situation, den Belastungen durch die Bedingungen auf dem Arbeitsmarkt und der empfundenen Ungerechtigkeit bei der Neustrukturierung der Betriebe stellen sie fest, daß auch weitere gesellschaftliche Rahmenbedingungen sich zum Nachteil verändert haben.

G.D.: „Da ist nichts passiert. Oder man konnt als Frau abends wohin gehen, da brauchte man nicht Angst haben, wo man jetzt eben wirklich schon Angst haben muß. Na. Das haben wir nicht gekannt, wirklich."

J.D.: „Nein, die Angst ham wir nicht gekannt" (Interview mit Jurij und Gisela D., Vorruhe, 57 Jahre).

Obwohl beide keine Arbeitsstelle mehr haben, heben sie die frühere Bedeutung von Arbeitskontakten hervor. Der gemeinsame Lebenszusammenhang Arbeit war nicht nur in bezug auf soziale Kontakte von außerordentlicher Relevanz, sondern war deshalb wichtig, weil über den Betrieb und die Brigade ein Großteil der Freizeit und die Partizipation an kulturellen Veranstaltungen vermittelt wurden. Denn das private Leben wurde häufig durch betriebliche Regelungen und Bedingungen mitstrukturiert.

J.D.: „Wir waren doch privat auch, da wurde gemacht, da wurde gemeinsam ins Theater gefahren und da wurde gemeinsam ein Ausflug gemacht, da war alles auf, auf Brigadekosten. Da wurde mal, wurde mal, mal 'ne Zeitlang gesammelt. Jeden Monat fünf Mark. Und da wurde dann wieder, nichts, nichts mehr. Da sagt man sich 'Guten Morgen' und 'Auf Wiedersehen' mehr nicht mehr" (Interview mit Jurij und Gisela D., Vorruhe, 57 Jahre).

Nach der Wende verlieren diese Arbeitskontakte nach Jurijs Erkenntnis für die in den Betrieben verbliebenen ehemaligen Arbeitskollegen mehr und mehr an Bedeutung. Für Jurij D. ist der Verlust aber viel umfassender, denn mit der Zwangsaufgabe des Arbeitsplatzes fallen sämtliche über den Betrieb vermittelten Sozialkontakte fort. Ein gelegentliches Treffen beim Einkaufen kann kein Ersatz bieten für die vielfältigen Funktionen, die den Arbeitskollegen und dem Brigadeleben zukamen. Jurij D. empfindet entsprechend den Übergang in den Vorruhestand - unabhängig von den ihm bekannten negativen Veränderungen der Sozialkontakte an seiner früheren Arbeitsstelle - als einschneidenden Verlust. Seine jetzige Darstellung der Veränderungen im Betrieb, die er über ehemalige Kollegen vermittelt bekommen hat, klingt ein wenig nach Dissonanzreduktion. Für ihn sind neue Arbeitsbeziehungen nicht mehr wiederherstellbar, weil er endgültig aus dem Arbeitsprozeß ausscheiden mußte. Die negative Wahrnehmung der veränderten Arbeitssituation im Betrieb kann somit auch zur Verarbeitung seiner eigenen marginalisierten Situation beitragen. Es darf bei einer solchen Interpretation jedoch nicht übersehen werden, daß sich, belegt durch Beschreibungen anderer Dorfbewohner, die noch im Beruf stehen, eine Veränderung in der Arbeitswelt durchaus feststellen läßt. Ein weiterer wichtiger Aspekt, der von Familie D. herausgestellt wird, sind die zunehmenden ökonomischen Unterschiede, die für sie mit Gefühlen der Ungerechtigkeit verbunden sind. Dabei beziehen sie sich nicht nur auf ihre eigene Abkopplung vom Arbeitsmarkt und die Arbeitslosigkeit des Schwiegersohns, sondern stellen allgemeine Veränderungen fest. Zeigen sich soziale Differenzierungsprozesse in der Regel zwischen Menschen unterschiedlichen Alters und unterschiedlicher beruflicher Stellung („Vorruheständler" vs. Arbeiter; Doppelverdiener vs. Arbeitslose etc.), weisen Jurij und Gisela D. darauf hin, daß durch das neue Rentensystem unterschiedlich hohe Rentenansprüche bestehen. Zudem führe die lange Bearbeitungsdauer der Rentenanträge dazu, daß bei vielen Rentnern Unsicherheiten und Ängste auftreten, die betroffene Personen am neuen System generell verzweifeln lassen. Neben Jurij D.s eigener Mutter seien davon andere Personen in ihrem Bekanntenkreis betroffen.

> G.D.: „Aus dem Grund ist der Frust wahrscheinlich auch so groß, ne, weil das zu große Unterschiede sind. Oder wie bei uns jetzt viele, die ham ja noch gar nicht mal den endgültigen Rentenbescheid in der Hand, ne wa. Es gibt welche, die sind schon über 'n Jahr Rentner und kriegen noch keinen Pfennig Rente. Von unserem Großen die Schwiegermutter ist seit voriges Jahr Oktober Rentner, die hat noch keine Rente gekriegt von da an bis jetzt. Der Rentenbescheid ist noch nicht bearbeitet bei ihr" (Interview mit Jurij und Gisela D., Vorruhe, 57 Jahre).

Durch die Wende hat sich in ihrem Leben viel verändert. Drehte sich früher das meiste um ihre Arbeit, über die sie auch vielfältige Kontakte zu Arbeitskollegen unterhielten, haben sie nun außerhalb der Familie nur noch wenige soziale Kontakte zu anderen Menschen. Der Vorruhestand geht mit Veränderungen des Tagesablaufs einher, die zu Inkompatibilitäten mit der Lebensgestaltung anderer Menschen führen. Im folgenden Gesprächsausschnitt zeigt sich genau dieser Veränderungsprozeß. Hatten sie früher noch häufig Gelegenheit, mit ihren Nachbarn gemeinsam ein Bier zu trinken, wird diese Möglichkeit nun dadurch aufgehoben, daß sie das Gefühl haben, die Nachbarn zu stören, weil diese anscheinend noch wichtigere, produktive Dinge zu erledigen haben als „Vorruheständler", für die der Tag vollständig zur freien Verfügung zu sein scheint.

> G.D.: „Biertrinken im Sommer ist mal gewesen. Daß man sich draußen hinsetzt und ein Bier zusammen trinkt."
> J.D.: „Es ist ja, es ist ja, die zur Arbeit gehen, die kommen meist später nach Hause, um sieben oder um acht im Sommer, früh um viere müssen sie schon wieder raus, da hat, ist jeder froh wenn er allein..."
> G.D.: „Das ist ja meistens, daß wir hier zu Hause sind und die Frau T. und M.s gehen ja noch beide arbeiten. Ne. Ja. Ist am Wochenende, da steht man schon mal 'n bissl zusammen und tauscht 'n bissl. Man sieht sich ja so kaum, no, ist klar, wenn die um viere halb fünfe heim kommen, ham die zu Hause zu tun."

Das ist normal. Man weiß ja selber, wie's uns gegangen ist, ne. Klar, wir sind dann fertig, mir machen nicht mehr bis abends um achte arbeiten, wenn wir Zeit haben, zu Hause sind. Muß ja nicht sein. Und das ist, bei den anderen ist das verständlich, daß die zu Hause zu tun haben. Ne" (Interview mit Jurij und Gisela D., Vorruhe, 57 Jahre).

Ihre Nachbarn haben noch Arbeit, und so dürfen sie diese nach ihrer Einschätzung am Abend nicht mit eigenen Interessen, Fragen oder Problemen zusätzlich behelligen. An dieser Sichtweise manifestiert sich die Beurteilung der eigenen Situation. Sie selbst werten ihre eigenen Interessen als bedeutungslos, da sie den ganzen Tag Zeit haben, sich um ihre Belange zu kümmern. Die anderen sind dagegen produktiv, sie leisten etwas und müssen zudem noch am Abend den Haushalt in Ordnung bringen. Damit handelt es sich nicht nur um einen unterschiedlichen *Lebensrhythmus* der Arbeitenden und „Vorruheständler", sondern auch um *Selbststigmatisierungsprozesse*. Aufgrund der bestehenden gesellschaftlichen Bedingungen und des unverschuldeten Vorruhestandes attestieren sie sich selbst eine Unterlegenheit. Sie können in ihrer eigenen Einschätzung nicht mehr gleichberechtigt und selbstverständlich zu den Nachbarn gehen, um ein Gespräch zu führen oder um Hilfe zu erbitten. Ihr Leben hat durch die fehlende Arbeit eine andere Bedeutung bekommen. Das zeigt sich auch an der Einschätzung eines Nachbarn, der sagt, daß er Jurij immer mal Kleinigkeiten zu reparieren gebe, z.B. das Fahrrad der Kinder, dann freue der sich, und er selbst brauche sich mit diesen Dingen nicht *auch noch* zu beschäftigen. Daran wird der gleiche Zusammenhang aus einer anderen Perspektive dargestellt. Die eigene Arbeit ist dem Nachbarn zu wichtig, als daß er sich mit einfachen Reparaturen aufhalten könnte. Aber der „Vorruheständler", der sowieso nicht wisse, wie er den Tag herumbekommen wird, wird solche Aufgaben gern übernehmen. Selbststigmatisierungen werden daher durch Fremdzuschreibungen bestärkt - auch wenn diese nicht mit einer abwertenden Intention erfolgen.

Jurij und Gisela D.s Lebenssituation ist durch die Wende stark beeinträchtigt und läßt kaum noch weitergehende Veränderungen erwarten. Eine neue Arbeitsstelle können sie sich als „Vorruheständler" nicht mehr suchen, so daß auch ein Umzug in eine andere Region keine Modifizierung in bezug auf Berufssituation und - damit aufs engste verknüpft - Selbsteinschätzung mehr bringen kann. Hinzu kommt natürlich, daß beide über viele Jahrzehnte im Dorf leben und hier ihren Lebensmittelpunkt haben.

Obwohl sie den Großteil ihres Lebens im Dorf zugebracht haben, stellt sich bei ihnen nicht das Gefühl ein, Teil des *ganzen* Dorfes zu sein. An ihren Äußerungen wird deutlich - und diese Einschätzung wird von fast allen Dorfbewohnern geteilt -, daß das Dorf aus drei abgrenzbaren Teilen besteht. Diese Trennung basiert auf vielfältigen Einflüssen, besteht aber schon sehr lange. Auch Jurij D. hatte früher zu den Menschen aus den anderen Teilen des Dorfes nur wenige intensive Kontakte.

Ihre Nachbarschaftsbeziehungen und die wenigen sozialen Dorfkontakte finden sich entsprechend weitgehend in ihrem Teil des Dorfes. Welche Beziehungen und gegenseitigen Unterstützung zwischen den Dorfbewohnern in den anderen Dorfteilen vorherrschen, entzieht sich zum größten Teil ihrer Kenntnis. Ihre Einbindung in den Dorfteil sehen sie aber generell als zufriedenstellend. Sie kommen mit ihren Nachbarn bei Feiern noch zusammen und helfen sich gegenseitig bei verschiedenen Verrichtungen. Allerdings wurde bereits deutlich, daß diese Kontakte nach der Wende aufgrund der veränderten Lebensbedingungen als „Vorruheständler" bereits nachgelassen haben.

J.D.: „Ich würde sagen, die Nachbarn halten hier an und für sich gut zusammen."

G.D.: „Gut zusammen hier, ja. Wir feiern Geburtstage 'n bissl zusammen, Nachbarn zusammen" (Interview mit Jurij und Gisela D., Vorruhe, 57 Jahre).

Die unterschiedlichen Zeithorizonte von „Vorruheständlern" und arbeitender Bevölkerung treten bei Jurij und Gisela D. sehr deutlich hervor. Mit ihrem neuen Status haben sie sich noch nicht abgefunden. Dies läßt sich vor allem daran festmachen, daß sie immer wieder die „arbeitenden Dorfbewohner" anführen, die andere Probleme haben, mit denen ihre aber nicht vergleichbar scheinen. Nähere soziale Kontakte haben sie nur zur umgebenden Nachbarschaft und zu ihren eigenen Familienangehörigen. Häufig fahren sie daher zur Tochter, deren Mann arbeitslos ist, um dort zu helfen oder mit Rat zur Seite zu stehen. Zu den Söhnen fahren sie seltener, allerdings haben diese gute berufliche Stellungen und bedürfen im Moment offensichtlich weniger elterlichen Zuspruchs.

Früher waren ihre Sozialkontakte sehr viel stärker an den Arbeitsprozeß gebunden. An der Arbeitsstelle konnte man über wichtige Zusammenhänge und Probleme reden und hatte für alle möglichen Schwierigkeiten Ansprechpartner (wie Jugendweihe oder Probleme mit der Partei), die heute fehlen. Für private Probleme stehen daher nur die Familie und die Nachbarschaft zur Verfügung. Die letztere allerdings wegen des selbst empfundenen Mangels der Beschäftigungslosigkeit nur in einem begrenzten Umfang.

Zugezogenes deutsches Ehepaar im Vorruhestand

Ähnliche Belastungsaspekte wie bei den angesprochenen sorbischen (bzw. „quasisorbischen") „Vorruheständlern" lassen sich auch bei zugezogenen deutschen „Vorruheständlern" feststellen. Jedoch finden sich gerade bei zugezogenen Deutschen Unterschiede in den mobilisierbaren Unterstützungsressourcen, wie im folgenden verdeutlichen werden soll.

Arnold und Paula H. sind Deutsche und leben seit 1968 im Dorf. Sie kamen aus Thüringen in die Lausitz. Herr H. ist Ingenieur und hatte über viele Jahre die Leitung eines Betriebes in der Region inne. Obwohl auch Paula H. gerne studiert hätte, wie sie berichtet, war es ihr als Tochter eines selbständigen Handwerkers (eines „Bürgerlichen" - wie sie mit Blick auf die DDR-Politik anmerkt) nicht möglich, einen Studienplatz zu bekommen. Statt dessen absolvierte sie zwei Lehren als Bank- und Industriekauffrau. Als gelernte Facharbeiterin konnte sie daher die Verwaltungsaufgaben im Betrieb, der von ihrem Mann geleitet wurde, übernehmen. Der Betrieb wurde jedoch bereits in den 80er Jahren geschlossen, und Herr und Frau H. wurden von einem Kombinat übernommen, das im gleichen Wirtschaftszweig in der Region tätig war. Kurz nach der Wende wurden beide in den Vorruhestand entlassen. Diese Situation ist für sie sehr belastend, weil sich ein Großteil ihrer außerverwandtschaftlichen Sozialkontakte weitgehend über Arbeitsvollzüge bestimmte und die Arbeit zentraler Lebensinhalt war.

Zu der Belastung durch den Arbeitsplatzverlust war noch die Art, wie diese Entlassung vollzogen wurde, enttäuschend. Drei Tage vor ihrem letzten Arbeitstag wurde Paula H. gesagt, daß sie nicht mehr zu kommen brauche. Arnold H. fällt die Situation nach der Wende gerade deshalb schwer, weil andere, die zum Teil älter sind als er, ihre Stellungen behielten. Dabei spielt auch eine gewichtige Rolle, daß, wie Herr H. immer wieder betont, die ehemaligen Leiter immer noch über gute Kontakte (alte Seilschaften) verfügen und sich ihre Stellungen so sichern konnten. Dies bekommt für ihn dadurch noch einen besonderen Stellenwert, weil Herr und Frau H. bereits vor der Übernahme durch die Treuhand in den Vorruhestand entlassen wurden, anderen jedoch vor der Entlassung ein innerbetrieblicher Aufstieg ermöglicht wurde und diese so, wie er berichtet, höhere Rentenzahlungen erhalten. Aus diesem Grund fühlen sich beide im Vergleich zu Menschen, die früher in ähnlicher beruflicher Position standen, depriviert. Sie müssen nun gemeinsam mit Vorruhestandszahlungen von weit unter 2000 DM auskommen.

Die Hs. haben zwei erwachsene Töchter. Die jüngere Tochter wollte eine Ausbildung in der näheren Umgebung des Dorfes absolvieren. Die Möglichkeiten dazu waren jedoch bereits vor der Wende in der Region relativ begrenzt. Mit der Wende schwanden die Arbeits- und Ausbildungsmöglichkeiten dann noch mehr. Daher zog die Tochter nach der Wende in die alten Bundesländer, um eine Ausbildung zu beginnen. Wegen der großen räumlichen Distanz kann sie die Eltern nur selten besuchen. Zu der älteren Tochter, die in Dresden lebt, haben Herr und Frau H. dagegen noch häufigeren direkten Kontakt.

Das Ehepaar wohnt zur Miete in einem dem Dorf vorgelagerten Haus ohne direkte Nachbarn. Sie ist die einzige Familie im Dorf, die nicht in ihrem eigenen Haus, bzw. im Haus von Familienangehörigen wohnt. Schon allein wegen der geographischen Lage haben sie größere Schwierigkeiten, soziale Beziehungen herzustellen und zu bewahren. Hinzu kommt noch, daß sie weder Sorben noch katholisch sind, und dadurch an vielen ethnisch oder religiös geprägten Veranstaltungen nicht teilnehmen können oder wollen. An beiden Familienmitgliedern kann eine soziale Isolierung aufgezeigt werden. Am Beispiel des Mannes wird zudem deutlich, daß er früher seine äußerst schwache Integration im Dorf nur dadurch sichern konnte, daß er als Betriebsleiter bestimmte Funktionen für die Dorfbewohner ausführte. Sein „beruflicher Abstieg" fällt entsprechend mit der sukzessiven Übernahme einer gesellschaftlichen Außenseiterrolle zusammen. Daraus läßt sich die Vermutung ableiten, daß Deutsche, die nicht Sorbisch sprechen und nicht über sorbische Familienangehörige verfügen, nur dann von den sorbischen Dorfbewohnern akzeptiert werden, wenn sie in irgendeiner Weise eine Funktion für die Gemeinschaft erfüllen können. Die folgenden kurzen Zitate belegen nachdrücklich die von H. wahrgenommene Marginalisierung:

„... da hatten wir mit allen, vielleicht mit ganz wenigen Ausnahmen einen wunderbaren Kontakt. Aus der Tatsache raus, daß die Menschen sahen, daß es vorangeht, daß was geschaffen wird, daß die Arbeitsplätze erhalten bleiben und so weiter und so fort. Und wir hatten auch Zugang von Arbeitsplätzen" (Interview mit Paula H., Vorruhestand, 59 Jahre).

„Und in dem Moment gings sukzessive abwärts. Und so sukzessive wie's abwärts ging so sukzessive ging auch rückwärts die Kontakte zwischen uns und den sorbischen Menschen hier im Ort" (Interview mit Arnold H., Vorruhestand, 63 Jahre).

„Heute behauptet er großkotzig: 'Damals ham wir euch großzügig hier aufgenommen in *Wjeska*.' Hat der mir jetzt vor Wochen erst vorgehalten. Großzügig. So, mit anderen Worten als ob wir Asylanten gewesen wären. Wir Deutschen. Deutschen. Ja. Aber wo wir hier her kamen und wo's voran ging, hat er zwar auch immer gekuckt, aber da war er ja froh, daß das dann aufwärts ging. Ja" (Interview mit Arnold H., Vorruhestand, 63 Jahre).

„Na und dann, hier kriegste manchmal nicht so viel zu sagen, da denn, haste noch Fragen, und in dem Moment, wo wir ja nun beide zu Hause sitzen, ist das Verhältnis mit ein zwei Ausnahmen, hier, aber razekal abgekühlt. Nech" (Interview mit Arnold H., Vorruhestand, 63 Jahre).

Daß sich in diesen Äußerungen nicht nur Frustration und eigene Selbsteinschätzung Arnold H.s widerspiegeln, sondern diese Ausgrenzungen, die im Laufe der Jahre stärker geworden sind, tatsächlich von anderen Dorfbewohnern durchaus gesehen werden, läßt sich an der Einschätzung von Frau Z., einer Rentnerin aus dem Dorf, ablesen. Sie berichtet, daß früher alle zu Arnold H. gegangen seien, weil sie Arbeit oder Material von ihm wollten. Aber heute, nachdem sein alter Betrieb keine Funktion mehr erfüllt, würde ihn kaum noch jemand zur Kenntnis nehmen, geschweige denn, Kontakt zu ihm suchen.

Die Reduzierung sozialer Beziehungen erstreckt sich, wie Arnold H. in seinen Schilderungen hervorhebt, auch auf allgemeine Hilfeleistungen. Allerdings bestanden seitens der alteingesessenen sorbischen Dorfbewohner offensichtlich schon immer gewisse Vorbehalte gegenüber einer zu engen Verbindung zu Arnold H.:

„Früher, wo der noch gearbeitet hat, da kam der auch und hat geholfen. Wurde ja vom Betrieb auch noch bezahlt, davon abgesehn. Weißt Du, daß geht ja sogar soweit, wenn ich mal eben was hatte, was mir persönlich auch nicht gehört hat, sondern dem Betrieb, ob das dies oder das oder jenes war, und die ham mich gefragt, wenn se was brauchten. Glaub doch nicht, daß die das am Tag geholt haben. Das ham se abends geholt, damit's keiner sieht, daß sie beim *H.* waren und vom *H.* was geholt haben. **Stimmt's?** Ja, ja. Oder fahren se mit'm Hänger oder was auch, mindestens abends, mit der Plane druf, so daß keiner sah, was da drinne war. Kisten. Ja. Da staunste wa. Das sind Tatsachen, Junge. Da ist kein Wort übertrieben" (Interview mit Arnold H., Vorruhestand, 63 Jahre).

Aber auch andere Darstellungen und Aspekte ihres Beruflebens illustrieren, daß Herr H. schon immer innerhalb der dörflichen Gemeinschaft Schwierigkeiten hatte. Er stellt heraus, daß zu DDR-Zeiten die Arbeit von Akademikern nicht so gut bezahlt wurde, wie die von Arbeitern. Ausnahmen davon waren nach seiner Schilderung nur bei Parteizugehörigkeit zu erwarten. Während er als Betriebsleiter früher nur einen Lohn von rund 1000 Mark bekam, konnten die Arbeiter bis zu 2000 Mark und mehr bekommen. Diese Diskrepanz der Wertigkeit machte sich nach seiner Darstellung bei der Arbeit bemerkbar, da ein parteiloser Betriebsführer gegenüber einem organisierten Arbeiter nur wenig Autorität besaß, da hinter dem Arbeiter die Partei und der FDGB stand - und, wie Arnold H. weiter hervorhebt, in der katholischen Oberlausitz auch die Domowina. Dadurch war es nach seinem Bekunden für deutsche Betriebsleiter nicht immer leicht, notwendige Änderungen in der Arbeitsorganisation durchzusetzen.

Arnold H. verfügt nur über wenige, kaum nennenswerte Beziehungen zu sorbischen Dorfbewohnern. Insbesondere in Hinblick auf funktionale und emotionale Unterstützung sowie bezogen auf Aspekte der Integration und Akzeptanz innerhalb der Gemeinschaft bestehen allenfalls schwache Kontakte zu Teilen der Dorfbevölkerung. Trotz gelegentlicher positiver Erfahrungen *relativer Einbindung* - bzw. teilweiser Duldung - erfährt er immer wieder Ablehnung.

„Ich will ein typisches Beispiel geben. Hier unten im Dorfe da gleich einer, dem ham wer geholfen sonst was. Hat für die Tochter Haus gebaut, alles. Ja. Na, ja. Der war auch zu Hause. Wenn ich alleine war, sagt 'Guten Tag' ich sag auch 'Guten Tag'. Ham wir uns unterhalten. Aber wenn zweie, dreie seinesgleichen dabei waren, und ich fuhr vorbei, da hat er garantiert weggeguckt" (Interview mit Arnold H., Vorruhestand, 63 Jahre).

„Also wenn Geburtstage waren in den letzten Jahren, dann bin ich immer dahin gefahren zu dem und dem und dem. So. Meine Frau hat auch Geburtstag gehabt, daß wissen die alle. Glaubst Du, daß da einer kam? Der einzige, der zu meinem Geburtstag kam, war der *Jano K.* So. Das war der einzige. Ich bin doch noch voriges Jahr hingegangen, oder vor zwei Jahren, dieses Jahr auch nicht mehr, ne" (Interview mit Arnold H., Vorruhestand, 63 Jahre).

„Und jetzt sagen die sich, na ja, nun sitzen die ooch zu Hause, nun, sind das Deutsche, die gehören nicht mehr zu uns ... Katholisch sind wir auch nicht, das kommt ja noch dazu. Ja. Mm, ja. Hat mir ja einer gesagt, wo ich gearbeitet hab, nich: 'Ja, wenn Deine Tochter 'nen Sorben heiraten würde, dann würdet, wärt ihr ja Halbsorben, die wärn dann ja schon etwas besser.' Na ja, so isses, ja. So isses" (Interview mit Arnold H., Vorruhestand, 63 Jahre).

Aufgrund fehlender konfessioneller Einbindung bieten sich für ihn und seine Frau kaum Möglichkeiten, an allgemeinen religiösen Zeremonien im Dorf teilzunehmen. Zudem weist Frau H. darauf hin, daß die Familie außerhalb des allgemeinen kulturellen und traditionellen dörflichen Lebenszusammenhangs steht, und derartige Schranken praktisch unüberwindbar sind:

„Diese Traditionen bei denen ihren Hochzeiten und so weiter und so fort. Ich wäre liebend gerne mal dabei gewesen. Wir gehörten ja nie dazu. Nie. Kann man ja auch nicht, man kann die ja nicht grob verdenken ..." (Interview mit Paula H., Vorruhe-stand, 59 Jahre).

Insgesamt ist Arnold H. aufgrund der belastenden Situation sehr verbittert. Er the-matisiert immer wieder Beispiele, die belegen, daß der Kontakt, den er in der Ver-gangenheit hatte, nur auf den Dingen basierte, die er den sorbischen Dorfbewoh-nern geben konnte. Seine Verbitterung scheint zu weitreichenden Vorurteilen ge-genüber den Dorfbewohnern und Sorben allgemein zu führen:

„Reden tu ich schon mit - zweifelsohne. Aber wenn ich mal Hilfe brauche, so, dann hat jeder eben mit sich zu tun, nich. Weil sie wissen, na ja, der *H.* hat ja nun nichts mehr zu sagen. Jo. Also werden wir auch keine Vorteile mehr ziehen - hier. Die Sorben waren ja nur darauf bestrebt, Vorteile zu ziehen. Und die hatten auch im Kommunismus, über die Nazizeit kann ich mich nicht äußern, war ich nicht hier, aber solange ich hier bin, sind die, ist die sorbische Minderheit hier in der ehemali-gen DDR von unserm Staat hinten und vorne nur gefördert worden. Wenn Dir die Leute was anderes sagen, ist das ne glatte Lüge. Ja. Die sind nur gefördert ... Und das Kuriosum ist nun, daß also heute sich wieder hinstellen, wie sehr sie unter kommunistischen Zeiten hier zu leiden hatten. Blanke Lüge. Entspricht in keiner Weise den Tatsachen. Hab ich recht?" (Interview mit Arnold H., Vorruhestand, 63 Jahre).

Allerdings sind auch solche Vorurteile und Sichtweisen nicht einseitig. Ein Bei-spiel zeigt, wie leicht es fällt, Arnold H. im Dorf zu diskreditieren. Auf einer Wahlveranstaltung der FDP in Kamenz war er in einem Trachtenanzug erschienen, zu dem auch eine Anstecknadel gehört (Schweizer Kreuz). Beides hatte er im Ur-laub in der Schweiz gekauft. Kurze Zeit später berichteten dann andere Dorfbe-wohner, Arnold H. habe auf einer Veranstaltung in schlesischer Tracht und ge-schmückt mit einem Hakenkreuz nazistische und revanchistische Reden gehalten. Von verschiedener Seite wird H. daraufhin im Dorf öffentlich bezichtigt, ein Nazi zu sein. Seine Erklärungen bezüglich seiner Kleidung und des Emblems interessie-ren jedoch niemanden und werden einfach ignoriert.

Die starke Isolation und die wahrgenommene Ablehnung durch die Dorfbevölke-rung führen wiederum zu einem Rückzug Arnold H.s aus dörflich orientierten Ver-anstaltungen. Selbst die Teilnahme an kulturellen Veranstaltungen im Dorf ist nur schwer möglich. Obwohl alle sorbischen Dorfbewohner auch die deutsche Sprache sprechen, ist eine Integration für Deutsche, sofern sie sich nicht bereit erklären, die sorbische Sprache zu lernen, scheinbar unmöglich.

Auf einer Dorffeier wird diese Schwierigkeit besonders deutlich. Alle Dorfbewoh-ner unterhalten sich in sorbischer Sprache - auch wenn H. mit am Tisch sitzt. Folg-lich kann er sich nur gelegentlich an Unterhaltungen beteiligen.[210] Arnold H. ist aber immer wieder bemüht, mit anderen an seinem Tisch ins Gespräch zu kommen, erhält aber, wenn überhaupt, nur kurze Antworten, bevor sich die anderen Festteil-nehmer wieder in Sorbisch unterhalten. Damit hat er, selbst in gelöster Stimmung,

---

[210] Ein Fremder, der nur kurze Zeit im Dorf ist, wird diese Probleme nicht haben, weil die Sor-ben dann in der Regel Deutsch sprechen. Es betrifft also nur Deutsche, die längere Zeit in der sorbischen Gemeinschaft verbringen.

wie bei einem Dorffest, kaum Chancen, seine Isolation zu durchbrechen. Es wird erwartet, daß Deutsche, die bereits länger im Dorf leben, die sorbische Sprache erlernen. Daher ist auch von Seiten der Deutschen entweder eine gewisse Anbindung (Assimilierung) an die sorbische Sprache und Kultur nötig oder aber ein Rückzug aus möglichen Beziehungen vorprogrammiert.

Wegen solcher Erfahrungen und aufgrund der empfundenen Spannungen geht Frau H. überhaupt nicht mehr zu derartigen Veranstaltungen. Sie berichtet von vielen Anlässen, die dazu führten, daß sie sich nie als Teil der Gemeinschaft verstand. Früher hatte sie Schwierigkeiten, mit sorbischen Kolleginnen ins Gespräch zu kommen, mit denen sie zur Arbeit fuhr und das Mittagessen einnahm. Nur wenn sie allein mit einer anderen Kollegin war, sprach diese Deutsch mit ihr. Ähnliches berichtet sie von ihrem Versuch, noch als Mitarbeiterin im Betrieb, den ihr Mann leitete, eine Gymnastikgruppe zu gründen. Im Vorfeld habe ihr ein sorbischer Mitarbeiter bereits klargemacht, daß keine sorbische Mitarbeiterin daran teilnehmen werde. Daraufhin habe sie sich auch nicht weiter darum gekümmert. Eher resignativ stellt sie fest, daß es somit kaum weitere Anstrengungen von ihr gab, sich im örtlichen Bereich um weitere Kontakte zu bemühen.

Neben den vorgestellten Veränderungen der sozialen Beziehungen müssen die Hs. als „Vorruheständler" natürlich auch die Folgen der Wende verarbeiten. Problematisch dürfte in diesem Zusammenhang jedoch sein, daß sie kaum über ausreichende Beziehungen verfügen, aus denen heraus ihnen jemand mit Rat, Orientierungs- und Deutungshilfe in dieser Krisenzeit zur Seite steht. Die mit der Wende verbundenen Veränderungen sind von Arnold und Paula H. daher nur schwer zu verarbeiten.

„Was hat mir die Wende gebracht? Mit 63 Jahren hat mir die Wende soviel gebracht, daß ich zu Hause sitzen muß. Und vor der Wende habe ich, kenn ich Leute, die bis 70 Jahre noch arbeiten durften. So. Und ham da 2000 Mark kassiert und ich hab für 900 Mark für den Staat gearbeitet. Und muß nun mit 63 Jahrn nach Hause gehen, damit der Fuffzigjährige Arbeit behält, das ist verständlich. Aber, daß diese Genossen, die auch so alt sind wie ich, heut noch auf ihren Posten sitzen, so, daß hab ich mir da von der Wende nicht erhofft. In keinem Fall. Das hab ich mir nicht vorgestellt. Nich daß es uns schlecht geht, wenn meine Frau sagt, es geht uns doch nicht schlecht, das kann man nicht behaupten. Aber trotzdem fühlt man sich in jedem Falle überflüssig. Wenn man diese verfluchte Ungerechtigkeit sieht. Wenn man die Leute nicht kennen würde, fünfundzw.., fast dreißig Jahre, ich kenn einige schon 40 Jahre, durch meine Beziehungen in der gesamt - ehemaligen DDR (...) Das Allerschlimmste ist, daß diese Genossen, die früher hier das Sagen - zu 90 % heute wieder fest im Sattel sind. Und die Arbeiter sagen kein Wort. Weil se Angst haben, daß sie rausfliegen. Und das wird aus den alten Bundesländern stillschweigend sanktioniert" (Interview mit Arnold H., Vorruhestand, 63 Jahre).

Deutlich wird gerade an diesen letzten Passagen, daß H. sich ohnmächtig und ungerecht behandelt fühlt. Die Erwartungen, die er mit der Wende verbunden hatte, stellten sich durch den Übergang in den Vorruhestand sehr schnell als falsch und nicht erfüllbar heraus. Wie viele andere „Vorruheständler", wollte er nach der Wende noch einmal „richtig arbeiten" und Geld verdienen, um sich so einige langersehnte Wünsche zu erfüllen. Die Nichterfüllung dieser Aspirationen würde aus seiner Sicht leichter zu ertragen sein, wenn andere nicht ihre Stellen behalten hätten oder - in seinen Augen - sogar noch bessere berufliche Positionen bekamen und sich so finanziell sehr viel mehr leisten können. Aber neben diesen finanziellen Aspekten tritt hervor, daß Arnold H. seine Arbeitsstelle auch deshalb vermißt, weil sie mit Prestige und weitreichenden sozialen Kontakten verbunden war. Seine Sozialbeziehungen waren nach seinen Schilderungen - bedingt durch die auf ethnisch-konfessioneller Tradition basierende Gemeinschaft - nahezu immer über Arbeitskontakte vermittelt. Der Verlust des Arbeitsplatzes war für ihn damit gleichbedeutend mit dem Verlust sozialer Beziehungen und nahezu jeglicher Integrationsmöglichkeit. Die Abnahme der Intensität und Quantität seiner dörflichen Kontakte, die offensichtlich bereits über einen längeren Zeitraum vor der Wende begann, konnte er über Einbindung und Beziehungen an seiner Arbeitsstelle kompensieren. Mit der Wende und mit dem Übergang in den Vorruhestand fehlt diese Kompensationsmöglichkeit nun völlig. Die Interviewauszüge belegen, daß Arnold und Paula H. der Möglichkeit einer besseren Integration in die dörfliche Gemeinschaft resignativ gegenüberstehen. Damit fehlt ihnen in einer schwierigen Lebensphase, wie dem Übergang in den Ruhestand, nahezu jegliche soziale Unterstützung.

Da es sich in diesem Fall um eine spezifische Situation innerhalb des sorbischen Dorfes handelt, soll Arnold H.s weitgehende Kontaktarmut in Übersicht 5.3 dargestellt werden. Die meisten der hier dargestellten Beziehungen sind bereits angesprochen. Fortgefallen sind die außerhalb des Dorfes liegenden zu seinen Töchtern. Die drei negativen Beziehungen zeigen Kontakte zu drei dörflichen Funktionsträgern. Von ihnen fühlt sich Arnold H. hintergangen und ausgenützt und macht sie für seinen sukzessiven Abstieg innerhalb der dörflichen Gemeinschaft zumindest mitverantwortlich. Daß dies nicht völlig aus der Luft gegriffen ist, zeigt sich z.B. daran, daß vor allem zwei von ihnen im Dorf über Situationen berichten (deren Wahrheitsgehalt zumindest nicht eindeutig geklärt ist), die Arnold H. diskreditieren. Die Ablehnung ist daher wechselseitig.

Positive soziale Kontakte im Dorf hat Arnold H. nur noch wenige. Gelegentlich geht er zu seinem nächsten Nachbarn, der einige hundert Meter entfernt wohnt und mit dem er manchmal Gespräche führt, oder er besucht eine ältere Frau, deren verstorbener Mann früher einmal ein ihm unterstellter Angestellter im Betrieb war. Allerdings bezeichnet er dies als „Höflichkeitsbesuche", deren Bedeutung von ihm selbst relativ gering eingeschätzt wird. Besser ist sein Kontakt zu einem ehemaligen Arbeiter aus dem Betrieb, den er früher geleitet hat. Mit diesem, der in der Dorfmitte wohnt, tauscht er sich häufiger aus, und sie helfen sich gegenseitig, wie Arnold H. sagt, indem sie Werkzeuge austauschen oder sich bei Arbeiten an Haus und Hof unterstützen. Ein anderer Kontakt besteht zu einem Mann in einem nahen Weiler, zu dem Arnold H. häufiger fährt und den er als seinen Freund bezeichnet. Im Dorf wird dieser soziale Kontakt negativ beurteilt und hervorgehoben, daß Arnold H. diesen Mann, der früher immer „rechtschaffen" gewesen sei, zum Alkohol bringen würde. Generell verdeutlicht die Übersicht 5.3 nochmals Arnold H.s mangelnden Möglichkeiten zur Integration innerhalb des sorbischen Dorfes.

Übersicht 5.3: Dörfliches soziales Netzwerk
Arnold H., Vorruhestand, 63 Jahre

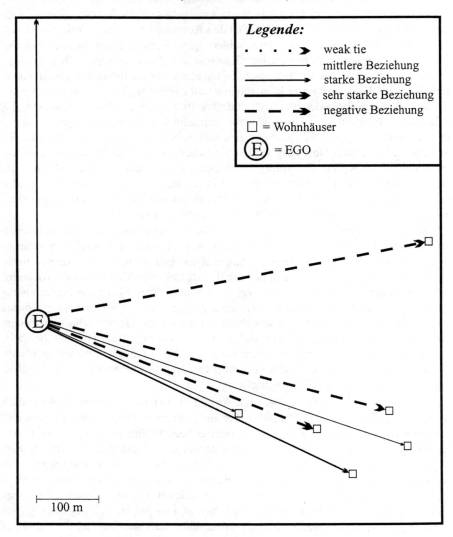

Zusammenfassung Lebensformgruppe „Vorruheständler"

Das Leben der „Vorruheständler" ist durch eine Vielzahl von Problemlagen geprägt. Neben dem Gefühl, keine Funktion mehr zu erfüllen und „nicht mehr gebraucht" zu werden, stehen existentielle Ängste und der allgemeine Verlust der Sicherheit. Die finanzielle Ausstattung ist nicht so ausgeprägt, daß eine halbwegs umfassende Partizipation an Neuerungen möglich ist. Zudem werden anfänglich hohe Erwartungen enttäuscht und führen zu einem Gefühl der Ungerechtigkeit. Zur Unterstützung sind „Vorruheständler" weitgehend auf alte Kontakte und die nähere dörfliche Gemeinschaft angewiesen. Fehlen solche ethnischen oder konfessionell geprägten Bindungen, sind die betroffenen Personen auf familiäre Beziehungen verwiesen. Vor allem für deutsche „Vorruheständler" zeigen sich dabei eklatante Schwierigkeiten, für ihre Problemlagen adäquate Unterstützung zu bekommen.

Bedeutsam erscheint darüber hinaus der unterschiedliche Zeithorizont von „Vorruheständlern" und arbeitenden Dorfbewohnern. Daran wird deutlich, daß „Vorruheständler" wegen der Radikalität der Veränderung die neue Lebenssituation nur schwer akzeptieren können und ihr Leben „nach außen" weiterhin so gestalten, als ob sie beschäftigt wären. Enttäuschung empfinden sie insbesondere durch die ehemaligen Leitungskader, die sich in ihrer Sichtweise immer noch in gut dotierten Stellungen befinden und an den Vorteilen der gesellschaftlichen Veränderung partizipieren können.

5.1.3   Lebensformgruppe *Arbeitslose*

Sorbischer Arbeitsloser I

Jan C. bewohnt gemeinsam mit seiner Frau sein ehemaliges Elternhaus am Rande des Dorfes. Das Haus hat er, wie deutlich zu sehen ist, sowohl von außen als auch von innen unter Einsatz von Arbeit und vielen Mühen bereits vor der Wende umfassend renoviert. Nach einer Maurerlehre arbeitete Jan C. zunächst in diesem gelernten Beruf und wechselte dann als Facharbeiter in ein großes Werk in einem Nachbardorf. Später war er in einem großen Werk beschäftigt, das in einem Ort liegt, der nur wenige Autominuten entfernt ist. Dieser Betrieb wurde nach der Wende geschlossen.

Wie Jan C. selbst berichtet, kommt er aus einer „einfachen" Familie mit 9 Kindern. Seine eigenen Kinder (2 Töchter) sind verheiratet und aus dem elterlichen Haushalt ausgezogen. Nach der Wende war er zunächst ein Jahr lang als ABM-Kraft beschäftigt und wurde danach arbeitslos. Mit 53 Jahren rechnet er sich nur wenige Chancen aus, überhaupt wieder Arbeit zu bekommen. Dennoch läßt er nichts unversucht, eine Arbeitsstelle zu finden. Wie er berichtet, und wie man auch immer wieder beobachten kann, spricht er viele Menschen auf mögliche Arbeitsstellen an. Daher wissen seine Nachbarn ringsherum, daß seine Arbeitslosigkeit für ihn mit starken Belastungen verbunden ist. Seine Nachbarn thematisieren seine Arbeitslosigkeit sowie die Probleme, die er damit hat. Sie hoffen, daß er bald wieder Arbeit finden wird, und sie bezeichnen Jan C. als jemanden, der ohne Arbeit nicht existieren kann.

Dies tritt auch in Gesprächen mit ihm selbst hervor. Er artikuliert umfassend die Schwierigkeiten, die es ihm bereitet, mit dem Gefühl umgehen zu müssen, nicht mehr gebraucht zu werden. Er kann sich nicht vorstellen, daß eine Arbeit, die er früher jahrelang ausgeübt hat, nun für 50jährige zu schwer geworden ist. Mittlerweile sei alles durch Technik und Maschinen leichter geworden, so daß er nach seiner Einschätzung aufgrund seiner Fähigkeiten und langen Erfahrung für die meisten Arbeiten eigentlich bevorzugt genommen werden müßte. Durch die Bedingungen nach der Wende fühlt er seine frühere Tätigkeit entwertet. Er bedauert, daß ihm keiner eine Chance gibt, seine vielfältigen Fähigkeiten, die er sich in seinem langen Berufsleben angeeignet hat, unter Beweis zu stellen. Ebenso wie manche „Vorruheständler" fühlt er sich somit um die Möglichkeit gebracht, zu zeigen, daß auch DDR-Bürger gelernt haben, „hart zu arbeiten". Durch seine Arbeitslosigkeit und die damit verbundenen finanziellen Einschränkungen fällt es ihm zudem schwer, an Neuerungen, die durch gesellschaftliche Veränderungen entstanden sind, teilzunehmen.

Wie von vielen Menschen immer wieder hervorgehoben wird, ärgert auch ihn besonders, daß die ehemaligen Leitungskader ihre Arbeit nur in den seltensten Fällen verloren haben. Falls diese doch arbeitslos wurden, seien sie die ersten gewesen, die wieder neue Anstellungen bekamen. Er berichtet von einem früheren Betriebsleiter, den er persönlich kennt, der nach der Wende im Arbeitsamt beschäftigt ist. Dabei geht es ihm um zwei Dinge. Er will zum einen deutlich machen, daß Personen, die Leitungsfunktionen hatten, diese nicht bekamen ohne in der SED zu sein. Für ihn ist es daher unverständlich, daß Personen mit dieser Vergangenheit nach der Wende in Behörden eingestellt werden. Zudem hebt er hervor, daß dieser Betriebsleiter und jetzige Arbeitsamtmitarbeiter offensichtlich nicht nur für sich selbst gesorgt hat. Dessen Frau und die Kinder hätten ebenfalls schnell wieder Arbeit in neuen Betrieben gefunden. Für Jan C. ist das ein klares Zeichen, daß man auch nach der Wende wieder Beziehungen braucht, um es „zu etwas zu bringen".

Hatte er nach der Wende zunächst gedacht, daß Parteizugehörigkeit ein Makel sei, sieht er heute, daß die alten „roten Kontakte" durchaus von Vorteil sein können. „Ohne Beziehungen geht gar nichts mehr" (Jan C., Arbeitsloser, 53 Jahre). Allerdings verfügt er selbst über keine Beziehungen, die ihm realistische Erwartungen auf einen Arbeitsplatz gestatten würden. Zudem betont er mehrfach, daß 53 ein sehr schlechtes Alter sei, um eine Arbeitsstelle zu bekommen. Es scheint, als wenn er die Hoffnung bereits aufgegeben hat, jemals wieder einen Arbeitsplatz zu erhalten.

Obwohl er sehr viel dafür unternimmt, eine Arbeitsstelle zu finden, hat er nicht vor, deswegen aus der sorbischen Region fortzuziehen. Im Dorf kennt er die Bedingungen, hat seine Sozialkontakte und braucht sich nicht umzustellen. Zudem möchte er wegen seiner Frau nicht beginnen zu pendeln. Die Menschen aus der Region, die im „Westen" arbeiten, sind nur noch an den Wochenenden zu Hause. Unter solchen Bedingungen zu arbeiten, erachtet er sowohl für sich als auch für seine Frau als untragbar. Allerdings hat er bisher noch kein Angebot erhalten, so daß er einen solchen Schritt nicht ernsthaft abwägen mußte.

Er betont, daß er gerne noch gearbeitet hätte, weil er sich im Laufe der Zeit an die Arbeit gewöhnt und mit seinem ganzen Lebensablauf auf die Arbeit eingestellt habe. Seine Arbeitslosigkeit ist verbunden mit dem Gefühl der Nutzlosigkeit und Langeweile. Er sei Frühaufsteher und habe den ganzen Tag Zeit. Noch hat seine Frau Arbeit, aber in der heutigen Zeit wisse man nie, wie lange so etwas dauere. Mit solchen Äußerungen spricht er eine weitere Unsicherheit an, denn wenn in einem Haushalt beide Ehepartner arbeitslos sind, werden die finanziellen Mittel so knapp, daß es nach seiner Ansicht selbst für das Nötigste fehlt.

Seine Langeweile und das Gefühl der Nutzlosigkeit thematisiert er häufig. Besonders im Winter wisse er nicht, was er machen solle. Dagegen gehe es ihm im Sommer immer etwas besser, weil er dann sein Haus und den Garten habe, um die er sich kümmern müsse. Aber selbst dann gebe es Tage, an denen er schon um 11 Uhr nicht mehr wisse, wie er die restlichen Stunden des Tages verbringen soll. Es blieben zwar Gespräche mit dem Nachbarn, die schon einmal eine halbe Stunde andauern könnten, aber zum einen fülle das nicht den Tag aus, zum anderen komme er sich dabei immer etwas komisch vor, denn auch der Nachbar sei im „Vorruhestand" und verheiratet, und er will „denen nicht immer auf der Pelle hängen".

Dennoch hilft er sich gerade mit diesem Nachbarn immer gegenseitig. Daher hat er vor allem zu diesem guten Kontakt. Dagegen seien die Beziehungen zu den anderen Nachbarn nicht so ausgeprägt. Zwar habe er einen Nachbarn häufig nach Arbeit gefragt, weil dieser in der Baubranche tätig sei und er gehofft habe, als gelernte Kraft wieder „auf dem Bau" unterzukommen, aber weitergehende private Bindungen haben sich zu diesem nicht entwickelt. Außerdem hätten die Nachfragen bisher zu nichts geführt.[211] Die Belastungen, die Jan C. durch seine Arbeitslosigkeit empfindet, drückt er treffend aus. Er sagt, daß er zwar nicht behaupten wolle, durch die Arbeitslosigkeit scheu geworden zu sein, aber „man bleibt doch lieber mit sich und beginnt über all die Dinge nachzudenken."

Ein weiterer Beleg für die zunehmende Reduzierung von Kontakten ist seine Angst davor, Nachbarn und Bekannten von Arbeitsstellen zu berichten, auf die er sich beworben hat. Denn dann könnte es sein, daß diese wiederum anderen, vielleicht sogar jüngeren Arbeitslosen von diesen Stellen erzählen und er so die letzte Chance verliert, wieder eine Arbeitsstelle zu erhalten. Daher beteilige er sich auch nicht mehr am dörflichen „Tratsch", weil die Gefahr zu groß sei, etwas Falsches zu erzählen und somit seine eigenen Möglichkeiten zu minimieren.

Die Eintönigkeit durch die Arbeitslosigkeit und die damit einhergehende Nutzlosigkeit wird vor allem deutlich, wenn Jan über sein Freizeitverhalten spricht. Er

---

[211] Sein Nachbar bemerkt in bezug auf Jan C., daß er gerne für ihn etwas tun würde, aber Jan C. als über 50jähriger doch relativ alt sei. Daher habe er kaum die Möglichkeit, ihn irgendwo unterzubringen.

habe außer dem Haus und dem Garten keine weiteren Angelegenheiten zu erledigen. Aber er könne, wenn er die Dinge gemacht habe, die nötig sind, nicht den ganzen übrigen Tag fernsehen. Daß das Fernsehen nun eine wichtige Rolle für ihn spielt, zeigt schon die Satellitenschüssel am Haus. Zudem berichtet er, daß er häufig bereits morgens den Apparat anschaltet, um den Tag irgendwie „herumzukriegen", ohne dauernd an die ausweglose Situation zu denken.

Feststellbar ist ein starker Rückzug auf den persönlichen Nahbereich. Man kann fast schon von einer Binnenorientierung sprechen, weil Jan C. die Familie immer wieder als einzigen, ihm noch verbliebenen Bezugspunkt anspricht. Seine Familienbeziehungen bezeichnet er als sehr wichtig. Zudem sieht er seine starke Familienorientierung als unveränderbar, da sie auf seine Erziehung zurückzuführen sei. Denn er habe schon früher bei seiner Mutter gesehen, die mit den vielen Kindern große finanzielle Schwierigkeiten hatte, wie wichtig der Familienrückhalt sei. Er berichtet, daß seine Mutter ihm von ihrem wenigen Geld immer wieder etwas zugesteckt habe. Ähnlich würde er gern gegenüber seiner Tochter handeln, aber aufgrund seiner Arbeitslosigkeit habe er dazu nicht die Möglichkeit.

Seine Tochter lebt in *Kurjawa*, einem kleinen, nahegelegenen Dorf, und hat sich mit einem kleinen Dienstleistungsgeschäft selbständig gemacht. Allerdings verdient sie nach Jan C.s Angaben nur knapp 500 DM im Monat. Zwar habe sein Schwiegersohn eine Arbeit, diese werde jedoch nur durch einen geringen Verdienst vergütet. Daher würde er gern der Familie seiner Tochter, zu der noch drei Kinder gehören, helfen. Aber selbst Kleinigkeiten, wie den Kindern Geld für Karussellfahrten oder ähnliches zuzustecken, fallen ihm finanziell schon schwer. Seine andere Tochter habe es dagegen „besser getroffen", denn ihr Mann arbeite bei einer Telefongesellschaft. Diese Firmen haben durch den Nachholbedarf im Fernmeldewesen in Ostdeutschland nach seiner Einschätzung noch genug zu tun.

Die Wende hat er im großen und ganzen positiv wahrgenommen. In der Zeit des Umbruchs habe er nicht geglaubt, wenn ihm jemand gesagt hätte, daß er einmal arbeitslos werden würde. Er wurde schnell eines besseren belehrt. In kürzester Zeit wurden die Arbeitsplätze abgebaut. Mittlerweile hat er auch in bezug auf die Veränderungen und den Westen eine andere Einstellung bekommen. Besonders bitter sei für ihn die Arroganz der „Wessis", die von sich immer meinen, daß sie alles selber geschaffen hätten, während sie genau dies den Menschen im Osten absprechen. Er habe durch eigene Arbeitsleistung zwei Häuser nach Feierabend aufgebaut und somit täglich von 6 bis 22 Uhr in der Fabrik und auf der Baustelle gearbeitet. Nun werde seine Arbeitsleistung durch den Westen abgewertet. Immer wieder werde ihm durch Fernsehberichte klargemacht, daß er nichts könne und 40 Jahre lang nichts getan habe. Er fühle sich inzwischen diffamiert, wenn er höre, daß er als Ostdeutscher erst mal lernen müsse zu arbeiten, wie es ihm eine Bekannte aus Westdeutschland gesagt habe.

Neben der empfundenen Ungerechtigkeit angesichts ehemaliger Leitungskader, die weiterhin führende Positionen einnehmen, versteht er das System des Arbeitsamtes nicht. Sein Unverständnis wird besonders durch die von ihm wahrgenommene Ungleichbehandlung genährt. Er fragt, wie es sein könne, daß er nur ein Jahr lang in einer AB-Maßnahme war, und eine ihm bekannte Frau aus Dresden sogar 3 Jahre an einer solchen Maßnahme teilnehmen durfte. Selbst die Intervention eines Gemeindevertreters, der sich für eine Verlängerung seiner ABM-Stelle einsetzte, konnte in diesem Zusammenhang nicht helfen.

Die Abwertung seiner bisherigen Leistung und die empfundene Ungerechtigkeit ist für ihn genauso schlimm wie die wahrgenommene Nutzlosigkeit. Trotz allem kann er aber der Wende noch positive Seiten abgewinnen, weil jetzt viele Dinge leichter geworden seien - allerdings brauche man zu der Realisierung nun das Geld, das ihm jedoch fehle. Er stellt sich vor, wie es wäre, wenn er noch so verdienen würde wie zu ABM-Zeiten und seine Frau so wie jetzt. Dann hätten sie die Gelegenheit, der Tochter etwas zu geben und für sich selbst etwas zur Seite zu legen. Durch die prinzipielle Gefahr, daß auch seine Frau ihre Arbeit verlieren könnte, besteht für ihn immer ein Gefühl der Unsicherheit, weil nie eindeutig klar ist, was die Zukunft bringen wird.

Die negative Seite der Wende besteht für ihn vor allem in der Arbeitslosigkeit und der empfundenen Machtlosigkeit. Es sei nicht gut, daß gerade die Personen mit Kürzungen finanzieller Leistungen rechnen müßten, die schlechter gestellt sind als die meisten anderen. Nach seiner Einschätzung müssen in der Regel diejenigen mit Einbußen rechnen, die sich am wenigsten wehren können. Trotz dieser weitgehenden Verschlechterungen durch die gesellschaftlichen Veränderungen, die er erfahren mußte, betont Jan C., daß die Wende auch positiv Seiten habe, wie z.B. das Reisen. Dadurch hatte er nach langen Jahren die Möglichkeit, zu Verwandten zu fahren.

Neben seiner Familie, dem Nachbarn, seinem Cousin und einem Bekannten verfügt er über keine weiteren intensiven sozialen Netzwerkbeziehungen im Dorf. Zwar kennt er nach eigenem Bekunden die meisten Dorfbewohner, aber das nutzt ihm nicht viel. Die meiste Freizeit hat er auch schon früher in seinem Teil des Dorfes verbracht. Außerhalb des Dorfes übt er nur noch wenige Aktivitäten aus und hat auch kaum Kontakte, die über normale Gespräche hinausführen. Insgesamt erscheint sein soziales Netzwerk von relativ geringer Reichweite, und für seine spezifischen, mit der Arbeitslosigkeit verbundenen Probleme, gibt es kaum Hilfen.

Die Übersicht 5.4 belegt nochmals die reduzierten sozialen Beziehungen von Jan C. Bis auf wenige Kontakte zur umgebenden Nachbarschaft und zwei etwas ausgedehnteren zu guten Bekannten im Dorf, mit denen er früher bereits gegenseitig Hilfe ausgetauscht hat, verfügt er kaum über weitere Kontakte im Dorf. Seit dem Beginn seiner Arbeitslosigkeit verspürt er, wie er sagt, immer weniger Lust, mit den Menschen im Dorf zusammenzukommen. Wenn er überhaupt mit anderen etwas unternimmt, versucht er in der Regel herauszufinden, ob es irgendwo Arbeitsplätze gibt, wobei sich seine Hoffnungen besonders auf die Beziehung zu seinem Nachbarn aus der Baubranche stützen (weak tie). Bisher hat er allerdings noch von keiner Seite ein Angebot für eine Arbeitsstelle bekommen.

Übersicht 5.4: Dörfliches soziales Netzwerk
Jan C., Arbeitsloser, 53 Jahre

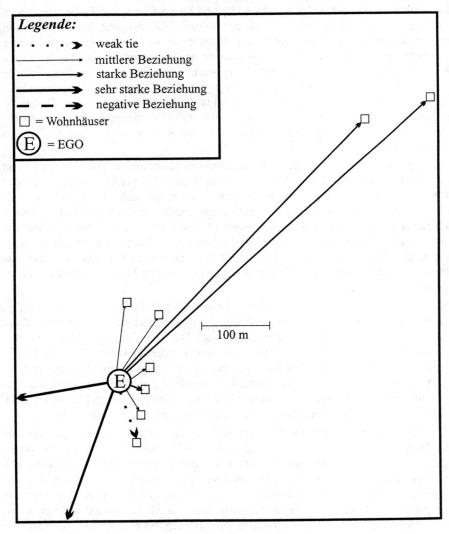

Legende:

· · · · ➤ weak tie
⎯⎯⎯⎯➤ mittlere Beziehung
⎯⎯⎯➤ starke Beziehung
⎯⎯➤ sehr starke Beziehung
– – –➤ negative Beziehung
□ = Wohnhäuser
Ⓔ = EGO

100 m

Die „sehr starken Beziehungen" verweisen auf seine Kinder, die er häufig besucht, denen er aber in diesen für ihn und auch seine Tochter schweren Zeiten nicht helfen kann. Der Kontakt zu seinen Geschwistern hat sich ebenfalls in der letzten Zeit reduziert. Generell spiegelt die Darstellung C.s eigene Einschätzung und die seiner Nachbarn wider, daß ihm vor allem die Arbeit fehle, um wieder „normal" zu leben. Es drängt sich der Eindruck auf, daß sich mit einer neuen Arbeitsstelle auch seine anderen sozialen Beziehungen wieder intensivieren würden.

Sorbischer Arbeitsloser II

Der 52jährige Handrij R. lebt mit seiner Frau im gemeinsamen Haus in *Wosadna*. Beide Ehepartner sprechen im privaten Bereich fast ausschließlich die sorbische Sprache. Das gleiche gilt für ihre Tochter und ihren Schwiegersohn, die mit ihrem eigenen Kind in einem nur wenige Kilometer entfernt liegenden Dorf leben. Entsprechend wächst ihr Enkel zweisprachig auf, da von seinen Eltern die Notwendigkeit gesehen wird, Kindern die sorbische und deutsche Sprache beizubringen.

In der DDR hatte Handrij R. verschiedene Berufe. Zunächst war er nach seiner Ausbildung zum Handwerker einige Jahre in seinem Beruf beschäftigt. Für einige Zeit zog die Familie später in eine andere Region der DDR, wo Handrij R. eine weitere Ausbildung abschloß und in diesem neuen Beruf tätig war. Allerdings gingen sie aufgrund des Heimwehs der Frau wieder zurück in die Lausitz. In der DDR war es nach Handrijs Bekunden kein Problem, in anderen Regionen schnell wieder Arbeit zu bekommen. So konnte er ohne Probleme in der näheren Umgebung des Dorfes eine Anstellung finden. Nach der Wende konnte er zunächst in seiner bisherigen Stellung weiterarbeiten. Schon bald bekam er eine auf zwei Jahre befristete ABM-Stelle. Nach diesen zwei Jahren wurde er arbeitslos, was für ihn, schon allein wegen der mit seinem Alter verbundenen schlechten Chancen auf einen neuen Arbeitsplatz, eine sehr belastende Situation darstellt. Seine Frau Sabina ist aufgrund einer schweren Krankheit Frührentnerin, so daß beide Ehepartner über viel freie Zeit verfügen. Handrij hilft allerdings seinem Schwiegersohn beim Umbau des Hauses, so daß seine Arbeitslosigkeit zunächst noch nicht - zumindest nicht durchgängig - mit dem Gefühl der Nutzlosigkeit und Langeweile verbunden ist. Allerdings lassen sich aus seinen Aussagen bereits Tendenzen herauslesen, die in diese Richtung deuten. So stellt er fest, daß mit seiner Arbeit auch ein Teil seines Lebensinhalts verlorengegangen ist, denn seine Beschäftigung war für ihn zugleich eine Art Hobby und die Möglichkeit, kreativ tätig zu sein. So konnte er Verbesserungsvorschläge einbringen und hatte Zeit zum „Tüfteln". „Man mußte einfach kreativ denken, wenn man arbeiten wollte. Jetzt ist alles da" (Handrij R., Arbeitsloser, 52 Jahre).

Sehr anschaulich schildert er die Bedingungen zu DDR-Zeiten, in denen er versuchte, verschiedene Maschinen neu zusammenzubauen, so daß sie den Arbeitserfordernissen gerecht wurden. Er berichtet in diesem Zusammenhang auch von den Schwierigkeiten bei der Materialbeschaffung, die eine effektive Aufgabenerfüllung immer wieder behinderten. Für manche Ersatzteile mußte er mehrere Stunden irgendwo anstehen, weite Wege fahren oder andere Personen „schmieren". Trotz dieser Probleme bei der Materialbeschaffung war ihm seine Tätigkeit sehr wichtig, da sie immer wieder neue Herausforderungen an ihn stellte und er seine Fähigkeiten einsetzen konnte. Den Übergang von der von ihm geschätzten kreativen Aufgabe mit Maschinen zur einfachen Tätigkeit erfuhr er dann bereits bei der Übernahme einer ABM-Stelle. Dazu sagt er: „Stupide, mit 6 Männern in der Bude zu sitzen und mit der Schaufel zu arbeiten, während man früher denken mußte." Über diese Veränderungen und Belastungen ist er sehr enttäuscht und kann sie kaum verarbeiten, denn er redet über sie nur mit seiner Frau und sonst mit niemandem, denn: „Ich rede nicht darüber, dann rege ich mich nur auf" (Handrij R., Arbeitsloser, 52 Jahre). Entsprechend bewertet er auch seine Arbeitslosigkeit. Seine Frau betont immer wieder, wie wichtig für ihn eine neue Arbeitsstelle wäre. Handrij müsse endlich wieder eine sinnvolle Beschäftigung haben, weil er sonst im Haus „die Wände hochgeht". Daher lassen sie nichts unversucht, eine Beschäftigung zu finden.

Gemeinsam mit seiner Frau fährt Handrij selbst in Dresden verschiedene Betriebe an, um sich vorzustellen. Bei einigen dieser Fahrten, bei denen ich sie begleite, wird die Hoffnungslosigkeit deutlich. Zwar besitzt er die notwendigen Qualifikationen für die Stellen, zumal er sich immer weiter qualifiziert (z.B. durch Fortbildungskurse), aber direkt oder indirekt wird ihm immer wieder nachdrücklich verdeutlicht, daß sein Alter ausschlaggebend für Absagen ist. Das führt dazu, daß er sich auf Stellen bewirbt, die in keiner Weise seinen Qualifikationen entsprechen. Er geht sogar zu einem Vorstellungsgespräch für eine Arbeitsstelle, bei der in Fußgängerzonen und vor Geschäften für einen Automobilclub geworben werden soll. Beide Ehepartner heben hervor, daß das keine Aufgabe ist, die er gut ausführen könnte, weil es ihm nicht so gut liege, fremde Menschen anzusprechen. Aber aufgrund der schlechten Arbeitsplatzlage sei er bereit, alles zu machen, wenn er nur arbeiten könne. Daher fragen sie jeden Bekannten, ob es in den Betrieben, in denen diese beschäftigt sind, noch freie Stellen gibt.

Sind Handrijs Chancen auf dem Arbeitsmarkt aufgrund seines Alters bereits relativ schlecht, so sinken sie noch, weil seiner Mobilität bei der Arbeitssuche Grenzen gesetzt sind. Durch die Krankheit seiner Frau und ihre Heimatverbundenheit sieht er sich nicht in der Lage, eine Arbeitsstelle in weiter entfernten Regionen oder den alten Bundesländern zu suchen. Wie bei anderen älteren Menschen liegt ihr Lebensmittelpunkt in der sorbischen Gemeinschaft. Aber selbst wenn sie einen Umzug in Erwägung ziehen würden, ließen doch die erwartbaren Einkommen auf keine finanzielle Verbesserung hoffen. Denn die primären und sekundären Kosten, die ein Umzug mit sich bringen würde (Umzugskosten, Mietzahlungen), würden die gesteigerten Einnahmen mindestens wieder aufzehren, wenn nicht sogar übersteigen.

Neben diesen Problemen mit der Arbeitslosigkeit sind durch seinen Arbeitsplatzverlust auch seine sozialen Beziehungen zu ehemaligen Arbeitskollegen in Mitleidenschaft gezogen. Mit seinem ehemaligem Chef haben sich Handrij und Sabina immer den „Urlaubsort geteilt". Durch gute Beziehungen war es seinem Chef immer leicht möglich, begehrte Urlaubsunterkünfte zu bekommen. In der Regel ist er jedoch nicht die ganze Zeit gefahren, sondern hat Handrij und Sabina nach der Hälfte der zugestandenen Zeit den Urlaubsplatz überlassen. Durch solche Vorkommnisse und andere private Zusammenkünfte haben sie im Laufe der Zeit sehr gute Kontakte zu ihm bekommen. Aber auch mit den anderen Kollegen war das Verhältnis bei der Arbeit sehr gut. Aufgrund der Arbeitslosigkeit und den damit zusammenhängenden Veränderungen kommt Handrij nach der Wende jedoch nicht mehr mit den Kollegen zusammen. Damit fehlen ihm soziale Beziehungen, die nicht nur wegen der angesprochenen Urlaubsfahrten für ihn wichtig waren. Denn bei der Arbeit war es für ihn immer möglich, sich über verschiedene Dinge, die ihm wichtig waren und für die er sonst keine Ansprechpartner hatte, auszutauschen. Zwar klassifiziert er diese Gespräche als unpolitisch, aber gerade deshalb boten sie Rückhalt und Sicherheit. Bei der Arbeit habe keiner versucht, ihn politisch von etwas zu überzeugen. Dort habe man sich immer gut verstanden und über alle Belange reden können. Andere Erfahrungen hat er mit einem unmittelbaren Nachbarn gemacht, der immer wieder Versuche unternommen habe, ihn politisch zu werben.

„Der Mann wollte mich überreden, in die SED zu kommen. Er hatte auch Anträge schon da gehabt. Ich habe ihm gesagt, nur wenn die Frau zur Oma darf" (Handrij R., Arbeitsloser, 52 Jahre).

Dieser Nachbar hat seines Wissens auch Leute „verpfiffen" und wegen mangelnder Arbeitsleistung angezeigt. Die Beziehung sei dann mehr oder weniger „stillschweigend im Sande verlaufen". Zumal dieser Nachbar über „Gummiohren" verfügte und man immer das Gefühl hatte, daß alles, was stattfand, weitergetragen wurde, wie Handrij berichtet. Nach der Wende war daher die Möglichkeit da, den Kontakt wegen solcher Vorkommnisse rigoros abzubrechen. Vor der Wende erschien ihnen ein solcher Schritt sehr problematisch, denn der Nachbar war in der Partei und übte eine leitende Funktion in der Gemeinde aus.

Obwohl er - wie Handrij R. berichtet - in einem „roten Betrieb" arbeitete, gab es nie Probleme, an kirchlichen Feiertagen frei zu bekommen. In der Oberlausitz sei man wegen seines Glaubens nicht unterdrückt worden. Die religiöse Bindung habe weder zu Vorteilen noch zu Nachteilen geführt. Auch heute spiele weder die ethnische Zugehörigkeit noch die Konfession eine Rolle. Probleme bei der Arbeitsplatzsuche hätten Sorben und Deutsche gleichermaßen. Die Strukturschwäche in der Region beträfe alle gleich. Größere Schwierigkeiten hätten damit nur ältere Arbeitslose, die bereits älter als 50 Jahre seien.

Vor der Wende waren Handrij und Sabina R. Mitglieder in verschiedenen Vereinen, darunter im Kaninchenzüchterverein und in der Domowina. Aus dem Kaninchenzüchterverein sind sie aber schon kurz vor der Wende herausgegangen, weil es selbst dort „zu politisch" wurde. Sogar in solchen Vereinen fanden „Auswertungen" von Parteitagen statt. In der letzten Zeit vor der Wende sei das Politische immer höher gespielt worden, und Versuche politischer Einflußnahme hätten immer zugenommen. Aus der Domowina wollten sie jedoch nicht austreten, da in diesem Verein noch immer die sorbische Tradition gepflegt werde. Jedoch beklagen sie sich darüber, daß von den dörflichen Domowinaleitern keine Veranstaltungen mehr angeboten werden. Als Ursache für solche Veränderungen nennen sie in erster Linie die allgemeine Unsicherheit.

„Aber das Vertrauen ist nicht mehr da, jeder wartet ab" (Handrij R., Arbeitsloser, 52 Jahre).

Sie vermuten, daß eine Ursache für die Rückgänge der Mitgliederzahlen und für das reduzierte Veranstaltungsangebot auch die zunehmende Rechtsradikalität ist. Die führe dazu, daß die Sorben in der Oberlausitz Angst bekämen, an Veranstaltungen teilzunehmen.

Sabina R. war früher auch Mitglied des DFD, bei dessen Veranstaltungen gemeinsam Handarbeiten erstellt, Vorträge gehalten aber auch politische Diskussionen durchgeführt wurden. Einerseits bedauert sie genau wie Handrij, daß es diese Art der organisierten „Freizeitunterhaltung" heute nicht mehr gibt, weil dadurch ein Teil des Zusammenlebens verloren gegangen sei. Andererseits bewerten beide aber den politischen Charakter aller Vereine der ehemaligen DDR sehr negativ. Nach ihrer Einschätzung hat die frühere politische Ausrichtung der Vereine dazu geführt, daß nach der Wende das Interesse für das „Gemeinsame" nicht mehr da ist. Es sei kaum möglich gewesen, in irgendeinem Verein Mitglied zu sein, ohne daß dieser zur politischen Beeinflussung genutzt wurde. Demzufolge erklärt sich für sie das Ausbleiben von Veranstaltungen und die Abkehr von Vereinen aus der früheren politischen Bindung, die alle Vereine hatten. Diese Ausrichtung der Vereine hätten die Menschen noch nicht vergessen, und es werde noch eine ganze Weile dauern, bevor ein unbefangenes Vereinsleben neu entstehen werde.

Für Handrij und Sabina ist die Wende in erster Linie mit Arbeitslosigkeit verbunden. Ansonsten betonen sie, daß sich relativ wenig an ihrem Leben geändert hat. Sie verkehren, so sagen sie, von wenigen Ausnahmen abgesehen immer noch mit den gleichen Menschen wie früher und haben auch sonst ihre Lebenseinstellung und ihren Lebensstandard kaum verändert. Durch ihre Arbeit sei es früher kein Problem gewesen, Materialien für die Renovierung des Hauses zu bekommen. Was sie selbst nicht beschaffen konnten, vor allem Holz für die Treppen und Türen, habe ihr Schwiegersohn besorgen können, der in der Holzverarbeitung tätig gewesen sei. Wegen dieser früheren guten Versorgungslage hätten sie ihr Haus immer so renoviert, daß sie nach der Wende nicht Material für weitere Veränderungen besorgen mußten. Da Handrij über genügend handwerkliches Geschick verfüge, seien sie nur selten auf Handwerker angewiesen. Es sei schon früher schwierig gewesen, Handwerker für bestimmte Arbeiten zu bekommen, und so ist es auch geblieben:

„Die Handwerker sind so geblieben wie es war, die denken man braucht sie und ist auf sie angewiesen" (Handrij R., Arbeitsloser, 52 Jahre).

Trotz dieser von ihnen dargestellten Kontinuität ihres Lebens lassen sich doch einige Veränderungen feststellen, die durch die Wende beeinflußt sind. Kurz vor der Wende haben sie nach den obligatorischen Wartejahren ihren neuen Wartburg bekommen. Nach der Wende ist der Wert dieses Autos (materiell und als Statussymbol) rapide gesunken - obwohl es sich schon um einen der in der früheren DDR begehrten „Viertakter" handelt. Während sie ihr Geld für ein „DDR-Fahrzeug" ausgegeben haben, kaufen sich die meisten Freunde und Bekannten einen „Westwagen". In vielen Gesprächen, in denen über Autos diskutiert wird, sprechen die Menschen vom Glück, das sie hatten, wenn sie nach langen Wartezeiten ihren Wartburg hätten kaufen können, dies aber durch die Wende nicht realisieren mußten. Entsprechend wird Handrij und Sabina immer wieder suggeriert, was für ein Pech sie mit ihrem Auto haben. Selbst die Mutter Sabinas, eine Rentnerin, die mit ihrem Wartburg einen Totalschaden hatte, kauft sich einen gebrauchten „Westwagen", obwohl ein Wartburg für weniger Geld anzuschaffen gewesen wäre. Sie spricht auch mit Handrij und Sabina darüber und betont, daß sie so eine „alte Karre" nun nicht mehr fahren wolle und es auch nicht mehr nötig habe.

Auch in der Oberlausitz ist das Auto nach der Wende zum wichtigsten Statusobjekt geworden. Diejenigen, die sich keinen „Westwagen" leisten können (oder wollen), geraten relativ schnell in die Situation, erklären zu müssen, warum sie sich noch keinen neuen Wagen angeschafft haben. Durch solche Veränderungen wird die Arbeitslosigkeit noch belastender, denn es wird anderen ersichtlich, daß nicht alle „*zeitgemäßen*" Gebrauchsgüter angeschafft werden können.

Als weitere Veränderung kann bei Handrij und Sabina die zunehmende Unsicherheit hervorgehoben werden, die beide immer wieder artikulieren. Diese zeigt sich sowohl an der als unzureichend empfundenen materiellen Situation als auch am Gefühl der allgemeinen Bedrohung. Der finanzielle Abstieg manifestiert sich bereits in der empfundenen sukzessiven Herabstufung in bezug auf den Arbeitsplatz, die auch mit Einkommenseinbußen verbunden war. In der ersten Zeit nach der Wende war Handrij noch als Facharbeiter mit einem Aufgabengebiet beschäftigt, das seiner Qualifikation entsprach. Anschließend kam eine ABM-Stelle mit Einschränkungen seines Aufgabengebietes. Nun bezieht er Arbeitslosengeld und ist auf der Suche nach einer Arbeitsstelle. Falls er in absehbarer Zeit keine Arbeit bekommt, wird er nochmals zum Empfänger von Arbeitslosenhilfe degradiert. Diese bisher stattgefundene permanente Verschlechterung der beruflichen Position und die kaum abzuschätzende Bedrohung, in Zukunft weitere finanzielle Einbußen hinnehmen zu müssen, führen zur permanenten Reduzierung der noch empfundenen Sicherheit.

Das Bedrohungsgefühl wird zudem durch die immer zahlreicher stattfindenden „Einbrüche" in die Alltagswelt verstärkt. Wie andere Menschen auch heben Handrij und Sabina hervor, daß früher alles sicherer war und sie nie die Hoftüren abschlossen. Inzwischen seien aber die Zeitungen voll von Berichten über Kriminalität und Gewalt. Zudem kämen immer häufiger Hausierer und Vertreter, die mit der Unwissenheit und Unsicherheit versuchten, ihr Geschäft zu machen. Sabina erzählt, daß Handrij schon einmal einen Vertrag unterschrieben habe, der sie finanziell in den Ruin gestürzt hätte. Dabei ging es um den Kauf einer Heizungsanlage, die aber, wie sich später herausstellte, völlig überteuert war. Zudem schloß der Vertrag nicht den Einbau der Anlage ein. Nur mit viel Mühe sei es ihr gelungen, den Vertrag rückgängig zu machen.

Weiterhin berichten sie von einem Angebot, das sie bekommen haben und über das sie noch nachdenken. Hierbei handelt es sich offensichtlich um ein Leasinggeschäft. Handrij kann einen Wagen für mehrere tausend DM übernehmen und bekommt dann von einer Spedition Aufträge, die er in eigener Regie erledigen kann. Wenn er nicht arbeitslos wäre, würde er nach eigenem Bekunden über ein solchermaßen unsicheres Angebot gar nicht nachdenken. Aber angesichts der derzeitigen Situation überlegen er und Sabina, ob er das Angebot annehmen soll.

Abgesehen von den finanziellen Veränderungen beklagen sie sich über verschiedene Bedingungen, die mit der Wende verbunden sind. Die negative Seite der zunehmenden Zahl von Hausierern und Vertretern sehen sie im Rückgang allgemeiner Hilfen, die früher alltäglich waren und gern geleistet wurden. Handrij hat früher häufig Autos repariert oder geholfen, wenn Autos an der Straße, an der sie wohnen, mit Defekt liegen blieben. Die Menschen seien einfach wie selbstverständlich gekommen und haben um Hilfe nachgefragt.

„Heute haben die Leute aber Angst zu klingeln und nachzufragen, aus Angst davor, als Hausierer angesehen zu werden" (Handrij R., Arbeitsloser, 52 Jahre).

Damit kann generell eine zunehmende Unsicherheit konstatiert werden, die sowohl mit der ungewissen finanziellen Situation als auch mit zahlreichen Einbrüchen in die Alltagswelt zusammenhängt.

Gefühle steigender Unsicherheit lassen sich aber auch mit früheren DDR-Bedingungen erklären. Viele Menschen äußern Verdächtigungen darüber, wer „Stasizuträger" gewesen sein könnte. Anhaltspunkte dafür werden auch von Handrij in den Privilegien gesucht, die einzelne früher genossen. Dabei bekommt bei ihm z.B. die Tatsache besondere Bedeutung, daß Familienmitglieder gemeinsam mit ihrem Partner in den Westen reisen durften, während dies anderen aus der Familie nicht gestattet wurde. Als ähnlichen Hinweis, der in gleicher Weise für „Stasikontakte" spricht, bewertet er, wenn einzelne in der Region zur Jagd gehen durften, was den meisten Dorfbewohnern versagt blieb. In der retrospektiven Betrachtung bewertet er solche Vorkommnisse als ziemlich sichere Belege dafür, daß die entsprechenden Personen „Stasikontakte" hatten. Fatal ist nur, daß diese Verdächtigungen latent vorhanden sind und kaum thematisiert werden. Damit verliert bei einigen Dorfbewohnern die Familie, die ansonsten der wichtigste Bereich emotionaler Sicherung und Orientierung ist, ihre bedeutsame Funktion. Denn die Verdächtigungen führen dazu, daß die Kontakte zu entsprechenden Personen gemieden werden und auf sie nicht mehr als „Ressourcen" sozialer Unterstützung zurückgegriffen wird.

Die wendebedingten Veränderungen im Leben von Handrij und Sabina R. manifestieren sich in verschiedenen Unwägbarkeiten in der Alltagswelt, Verlust von Vertrauen zu ehemals nahestehenden Personen und besonders in zunehmender Unsicherheit, die in erster Linie die finanzielle Situation betrifft, sich daneben aber auch auf die allgemeine Orientierung und emotionale Einbindung bezieht.

Zusammenfassung: Lebensformgruppe Arbeitslose

Es ist nicht verwunderlich, daß sich das Leben der Arbeitslosen im Dorf weitgehend um die Wiedererlangung eines Arbeitsplatzes dreht. Ihr Leben hat durch die Wende einen Einschnitt erhalten, den sie nur schwer verarbeiten können. Das soziale Leben ist genau wie vor der Wende sehr stark von der Verfügbarkeit eines Arbeitsplatzes abhängig. Knüpften sich vor der Wende die organisierten Freizeitaktivitäten (Ferienwohnungen, Brigadetreffen etc.) an den Arbeitsplatz, sind davon nun Teilhabechancen und materielle Möglichkeiten abhängig. Vor allem für die Menschen, die aufgrund des Alters noch nicht in den Vorruhestand wechseln können, ist der Arbeitsverlust zudem mit Gefährdungen des Selbstwertgefühls verbunden, wie an dem Rückzugsverhalten von Jan C. gesehen werden kann. Beide hier vorgestellten Arbeitslosen sind zwar noch relativ gut in ihre umgebenden sozialen Beziehungen eingebunden, allerdings verfügen sie über keine sozialen Kontakte, die ihre Hoffnung auf einen Arbeitsplatz einlösen oder vergrößern könnten. Ihre Einschätzung der Wende erfolgt weitgehend vor dem Hintergrund des fehlenden Arbeitsplatzes und der damit zusammenhängenden mangelnden gesellschaftlichen Partizipation.

5.1.4   Lebensformgruppe *Facharbeiter*

Sorbischer Arbeiter

Kito N. hat zwei Söhne und eine Tochter. Der 19jährige Sohn lebt bei seinen Eltern und wird gemäß der Tradition später das elterliche Haus übernehmen. Die ältere Tochter ist mit einem Deutschen verheiratet und wohnt im Dorf, jedoch nicht in unmittelbarer Nähe der Wohnung der Eltern. Der älteste Sohn wohnt in *Kurjawa*, einem Dorf in wenigen Kilometern Entfernung. Alle Familienmitglieder sprechen die sorbische Sprache, und selbst die Enkelin wird zweisprachig erzogen, obwohl der Schwiegersohn Deutscher ist. Kitos beiden Söhne nehmen in der Gemeinde, in der der ältere Sohn lebt, am Osterreiten teil. Generell ist der Familie die sorbische Tradition sehr wichtig, zu der für Kito N. auch die römisch-katholische Bindung gehört. Entsprechend fährt die Familie jeden Sonntag nach *Wosadna* in die Kirche. In der DDR hat Kito N. eine Maurerlehre absolviert und war jahrelang als Maurer beschäftigt. Neben seiner „regulären" Tätigkeit in der sozialistischen Brigade hatte er in der Regel weitere private Aufträge und half in der Region bei vielen Bauvorhaben. Dadurch hatte er zwar relativ wenig Freizeit, bekam aber seine zusätzlich geleistete Arbeit gut bezahlt. Er empfindet die finanzielle Veränderung nach der Wende nicht als einschneidend, da er bereits vor der Wende „gut verdient" hat. Obwohl er und seine Frau noch Arbeitstellen haben, und ihr Sohn, der bei ihnen lebt, sich in der Ausbildung befindet - sie somit Doppelverdiener sind und auch für ihren Sohn kaum Aufwendungen haben -, hat sich Kitos Einschätzung zufolge der Lebensstandard der Familie nach der Wende nur wenig verändert.

> „Naja, das war, weil das, die Verdienste warn doch früher nicht so, wenn 'n Mann und Frau Arbeit hatte, konnte man gut leben, da konnte man nicht sagen, daß wir schlecht gelebt haben, niwa. Wir ham uns ooch alles leisten können, bis auf große Fahrten ins Ausland. Ham wir früher nicht gemacht. ... Wir essen wie - so alles so wie früher, das hat sich nicht viel geändert. Aber bissl mehr Bier ham wir jetze, besseres, niwa und (klopft sich auf den Bauch und lacht) genug - immer" (Interview mit Kito N., Arbeiter, 55 Jahre).

Viele Veränderungen hat die Wende Kito N. auf den ersten Blick nicht gebracht. Neben dem veränderten Bierkonsum stellt er heraus, daß er sich ein anderes Auto habe kaufen können, ohne lange auf dessen Lieferung warten zu müssen. Er hatte vor langer Zeit einen „Wartburg" bestellt, dessen Lieferung auch unmittelbar bevorstand. Nach der Wende konnte sich die Familie einen „westlichen" Wagen der gehobenen Mittelklasse kaufen. Daher ist er froh, daß der langersehnte „Wartburg" nicht schon vor der Wende geliefert wurde. An seinen Äußerungen tritt zudem eindeutig hervor, daß er den Trabant, den er jahrelang fuhr, nicht als wirkliches Auto ansieht. Wie auch bei anderen Dorfbewohnern ist bei ihm das Auto nach der Wende zum wichtigen Statussymbol geworden.

> „Ja, wir wollten uns endlich 'n Auto koofen, da ham wir nun 'n besseres gekriegt. Wir wollten uns 'n Wartburg koofen. Das war unser Plan. Haus bauen wollten wir keens mehr. Das hatten wir fertig. Aber Wartburg. Wir hatten ja einen schon 14 Jahre bestellt, na 15 Jahre war ja (lacht). Na, das war gut gewesen, daß er nicht gekommen ist vor der Wende" (Interview mit Kito N., Arbeiter, 55 Jahre).

Trotz des relativ guten Haushaltseinkommens empfindet Kito die Veränderungen in einigen Bereichen als finanzielle Belastung. Für sehr viele Dinge hat er zu DDR-Zeiten nicht viel bezahlen müssen, weil diese zur Grundversorgung gehörten. In der letzten Zeit änderte sich das jedoch in vielen Bereichen. So finden sich neben allgemein steigenden Preisen im Versorgungsbereich (Strom, Wasser, Kohle, Nahrungsmittel, Versicherungen etc.) zunehmende Beiträge für Vereine und Parteien. Daran scheint ihn jedoch nicht nur der immense Beitragsanstieg zu stören, sondern in erster Linie die als enttäuschend empfundene „Kosten-Nutzen-Relation". Für einzelne Personen und die dörfliche Gemeinschaft bringt die Vereins- und Parteiarbeit nach seiner Ansicht nur wenige Vorteile. Dies stehen für ihn in keinem Verhältnis zu den gestiegenen Beiträgen:

> „Früher hatten wir, der mindeste Beitrag war der wenigste, niwa, war Mark und zehn, dann Mark dreißig und Mark fufzig. Das war ja. Aber jetzt mußte ja gleich 60 Mark haben auf'm Monat, niwa. Und der Lohn ist ja ooch nicht so viel mehr ge-

worden wie früher. Niwa. Will mal sagen, allein für diesen Parteikram jetze. Also wenn nichts los ist, für was, niwa. Da ist dann, da ist nicht mehr viel los in der Ortsgruppe von der CDU, genau wie in der Domowina ooch nicht. Ich glaube, die machen jetzt ja manchmal ab und zu was, aber viel los ist nimmer" (Interview mit Kito N., Arbeiter, 55 Jahre).

Die Parteien und Vereine, die früher Feste organisierten und Aufgaben für die Allgemeinheit übernommen haben, erledigen diese Dinge in seinen Augen gar nicht mehr oder allenfalls noch halbherzig. Diese von ihm wahrgenommene Passivität in den Organisationen führt Kito N. unter anderem auf die empfundene Nutzlosigkeit politischer Anstrengungen zurück. Die Wende war mit weitreichenden Veränderungen verbunden, die auf regionaler Ebene keinesfalls mehr steuerbar sind. Insofern läßt sich bei Kito eine gewisse *Politikverdrossenheit* erkennen. Er stellt die Frage, warum er noch zu Versammlungen seiner Partei gehen soll, wenn Beschlüsse auf Gemeindeebene die drängenden sozialen Schwierigkeiten in keiner Weise mildern können.

„Och nene. Das ist ja alles gekommen. Nur, wir ham uns hier manches andere vorgestellt gehabt. Also, wie ich erst gesagt hatte, wir ham doch nicht gedacht, da wird sich 'n bissl was anders ändern, niwa, daß wir soviel Arbeitslose hier kriegen, damit ham wir nicht gerechnet, niwa" (Interview mit Kito N., Arbeiter, 55 Jahre).

Diese Empfindungen der Machtlosigkeit und Unsicherheit bestehen für ihn nicht nur wegen mangelnden Möglichkeiten, politische Veränderungen herbeiführen zu können. Ein weiterer wichtiger Punkt ist seine eigene, als unsicher empfundene Beschäftigungssituation. Bereits vor der Wende wechselte er von der Baustelle in eine Fabrik, in der er als Arbeiter tätig wurde. Nach der Wende ist dieser Betrieb an einen ausländischen Unternehmer verkauft worden. Aus der Veräußerung des Betriebes und den damit einhergehenden Veränderungen leitet er verschiedene Schlußfolgerungen und Konsequenzen ab.

Zunächst stellt er fest, daß durch eine Übernahme kaum Veränderungen in der Unternehmensstruktur stattgefunden haben. Die früheren betrieblichen Leiter seien übernommen worden, und niemand aus dem neuen Vorstand habe ein Interesse daran, dies zu ändern. Die ehemaligen DDR-Leitungskader haben dadurch die Möglichkeit - und nutzen diese in seinen Augen auch weitgehend aus -, sich wiederum als neue Führungselite darzustellen. Die ehemals bestehende Kluft zwischen Arbeitern und Leitungskadern, die zu einem Teil durch das politische System gestützt war, da Leitungskader „Parteigenossen" waren, wird durch die neuen hierarchischen Strukturen fortgeschrieben. Dieser Zusammenhang stellt sich für Kito wie eine allgemeine Verschwörung dar, gegen die man sich nicht zur Wehr setzen kann, der er aber weitreichende Folgen zuspricht, wenn es um den eigenen Arbeitsplatz und dessen Sicherheit geht.

„Die sind doch jetze, in den Betrieben, jetze machen sie ja so, als hätten die, die in den Betrieben hier die Marktwirtschaft erfunden. Davon reden die jetze. Die Menschen, die wenden sich so schnell. Ja, ist doch so. Ja. Die dicken Gehälter, wenn die entlassen werden, die ham doch wieder schnell wieder Arbeit da. Na. Die lachen sich doch eenen. Die wolln so lange wirtschaften bis se uns raus haben. Ob das gut geht oder nicht gut geht, das juckt die doch nicht. Das ist ne kaputte Wirtschaft (Interview mit Kito N., Arbeiter, 55 Jahre).

Seinen Arbeitsplatz sieht er durch veränderte Strukturen und notwendige Modernisierungsmaßnahmen gefährdet. Dabei betont er auch sein Unverständnis gegenüber der Treuhandanstalt, die den Betrieb einem Ausländer verkauft hat. Er glaubt, daß eine Übernahme des Betriebes durch deutsche Investoren eher zu einer Arbeitsplatzsicherung geführt hätte. Offensichtlich traut er deutschen Unternehmen eher ein Handeln zu, daß die Interessen der Arbeiterschaft berücksichtigt. Der neue Betriebseigner beginnt nun mit der Umstrukturierung des Betriebes, wodurch zahlreiche Arbeitsplätze wegfallen. Kito betont daher immer wieder die Unsicherheit, die er nun in bezug auf seinen Arbeitsplatz verspürt. Angesichts seines Alters glaubt er nicht mehr daran, daß er nach einer Entlassung nochmals eine neue Arbeitsstelle finden könnte.

„Naja, aber wenn 'n deutscher Betrieb, dann hätten wir vielleicht eher gerüstet, dann hätten wir Arbeit, mehr. Na nun hat er ja gekooft, nach einem Jahr nun tut er groß entlassen jetze, da geht's los bei uns, da werd'n viel entlassen" (Interview mit Kito N., Arbeiter, 55 Jahre).

Diese allgemeinen Veränderungen bzw. firmenstrukturellen Bedingungen haben für Kito darüber hinaus dazu geführt, daß sich die Arbeitsbeziehungen generell verschlechtert haben. Der wichtigste Aspekt, der zu dieser Veränderung führte, ist in seinen Augen die Konkurrenz um die immer weniger werdenden Arbeitsplätze. Die Arbeitsbedingungen in den Brigaden der DDR-Betriebe beschreibt er als sehr viel umfassender und solidarischer. Das Brigadeleben sei damals von gegenseitiger Hilfsbereitschaft und generellem Vertrauen geprägt gewesen. Mit den Arbeitskollegen habe man sich selbst über politische Themen ausgedehnt austauschen können. Mittlerweile könne man dagegen nicht einmal mehr über den Verdienst reden, weil die Betriebsleitung das nicht wolle. Damit würde aber ein Teil des Vertrauens verlorengehen. Allerdings beschreibt Kito N. die früheren Beziehungen nicht als widerspruchslos, denn natürlich hat es in der DDR bestimmte Personengruppen gegeben, die privilegiert waren. Aber es sei trotz aller Vorbehalte alles sehr viel „offener" gewesen.

„Früher wurde große Liste, hat da jeder unterschrieben, da wußte jeder. Jetzt kriegste zu gemacht, da weeß kener was der andere verdient, wenn er dir das nicht gerade sagt, niwa. ... Ja, unter sich, da sagt man, der hat die oder die Stufe, naja, und ich hab diese, naja, das, ganz offen geht das nicht. In der Beziehung war das früher anders. Das wurde - auch so, die Lohnerhöhung, das wurde ja auch, solange man im Betrieb war, hieß es, na dann mußte wieder mal eine Lohnerhöhung kriegen, niwa. Ne, oder wenn einer in der Partei war, hat er eher eine gekriegt" (Interview mit Kito N., Arbeiter, 55 Jahre).

Kito betont aber immer wieder, daß die Wende bei ihm nicht zu den weitreichenden Veränderungen geführt habe, wie bei anderen. Er verdeutlicht dies mit einer Beschreibung seiner früheren Möglichkeiten, begehrte Güter beziehen zu können. In der Vergangenheit hat er durch seine guten Beziehungen immer wieder die für ihn notwendigen Waren bekommen können. Wenn er in bestimmten Bereichen nicht über ausreichende soziale Kontakte verfügte, sah er sich immer noch in der Lage, durch Bestechung die notwendigen Materialien zu erhalten.

„Und die Ziegel hatten wir ooch übern Betrieb. Das hat man so gemacht, dann wurde, etliche tausend ham wir ja gut gemacht, ham wir 'n Umbau gemacht, da wurde dann, hieß es dann, wurden die alten Ziegel, die wir weggerissen haben, mit heem genommen, da hab ich se eben wieder verarbeitet und die ham wir, die hab ich gekooft und das ist in unseren Gewinn gegangen. Solche Sachen konnt'ste ja machen, ich meine, das ging ja alles so ooch. Aber so konnt'ste ooch mal mein Material gekriegt, aber da mußte'ste eben Beziehungen haben. ... Ham wir nicht, ham wir nicht, nu ja, nu ja, ham se so rumgeeiert, niwa, bis den dann 20 Mark in der Hand, naja für 20 Mark ham'se die letzte Zeit nichts mehr gemacht, mußtes'te schon 50 Mark geben, niwa. Dann, dann konnt'ste wieder reden, ne, dann war 'n Weg drinne, niwa, so ungefähr. Naja, viel, mit viel mit Trinkgeld (Interview mit Kito N., Arbeiter, 55 Jahre).

Die Wende führt auch zu Folgen im umgebenden dörflichen Kontext, die die gegenseitige Unterstützung beeinträchtigen. Einzelne scheinen nun Möglichkeiten des Handelns gefunden zu haben, um ihren alten Animositäten freien Lauf zu lassen, oder sie machen deutlich, daß sie nun weniger Wert auf die dörfliche Gemeinschaft legen. Kito schildert dies an zwei Beispielen. Ein Nachbar von ihm, mit dem er nie engeren Kontakt hatte, zumal dieser aus „Preußen" komme (gemeint ist die Niederlausitz), hat nicht zugelassen, daß die neue Wasserleitung über sein Grundstück geführt wird, um Kitos Haus mit Wasser zu versorgen. Die Wasserleitung mußte daher über Umwege und mit mehr Kosten über andere Grundstücke bis zum Haus geführt werden. Ein anderes Beispiel bezieht sich auf alte Grundstücke, die jahrelang von der LPG als Wege zu den Feldern benutzt wurden. Diese Wege werden von den wenigen Bauern gebraucht, die nach der Wende ihre Felder wieder selbst - in der Regel als Nebenerwerbslandwirte - bewirtschaften. Eine Dorfbewohnerin gestattet nun einem dieser Bauern aus dem Dorf nicht mehr, über einen Weg, der auf ihrem Grundstück liegt, auf sein Feld zu fahren. Wenn ihm dieser Weg aber nicht mehr zur Verfügung steht, ist er gezwungen, weite Umwege zu machen. Zudem muß er dann andere, z.T. bestellte Felder passieren. Für Kito ist die Sachlage klar. Einige haben in seinen Augen den neuen „Zeitgeist" erkannt und wollen nun Gewinn aus den Flächen schlagen, die bisher umsonst der Allgemeinheit zur Verfügung gestanden haben.

„Naja, sind doch hier, wie manche hier, da sind doch hier, solche hier, denen steigt das in Kopp oben scheinbar jetze. Na, das ist ja jetze. Früher jetze, wo die Wege warn, sind ja, die sind ja ooch daraus gefahren, zum Feld, na. Und das war ja jahrelang. Und dies Stückchen, jetzt gehts um die Felder, dies Stückchen und das, der Weg ist dort hinter, um die Felder. Das sind aber nicht alle, das sind Einzelfälle, niwa" (Interview mit Kito N., Arbeiter, 55 Jahre).

Den Rückgang der sorbischen Kultur betrachtet Kito nicht unbedingt als Wendefolge, weil nach seiner Einschätzung schon immer weitergehende Reduzierungen sorbischer Traditionen stattgefunden haben. Durch die Wende hätten sich diese Prozesse allerdings beschleunigt.

„Das kann gar nicht anders sein, weil das 'ne Minderheit ist, und, und, und durch die, durch das Vermischen niwa, mit, mit Deutschen, naja, ich meine, die sind ja, die sprechen ja dann, wenn ein Deutscher zu Hause, wenn einer eingeheiratet hat, die sprechen ja dann grundsätzlich alles Deutsch. Niwa. Und automatisch wird das dann weniger mit der sorbischen Sprache. Die könn dann zwar, daß die Alten oder in der Schule lernen se Sorbisch, aber dann reden se später nur Deutsch, aber Sorbisch könn se ooch, aber dann reden se nur Deutsch. Dann reden se immer weniger Sorbisch. Das ist automatisch so" (Interview mit Kito N., Arbeiter, 55 Jahre).

Seine eigene Mobilität veranschlagt er als sehr gering, obwohl er die Möglichkeit eigener Arbeitslosigkeit als realistische Gefahr sieht. Allerdings betont er, daß er nicht aus der Lausitz wegziehen würde, um eine neue Arbeitsstelle zu bekommen. Er ist im Dorf geboren und hat sein ganzes Leben in *Wjeska* verbracht. Entsprechend hat er hier seine sozialen Kontakte. Damit ist für ihn der dörflich-sorbische Kontext sehr bedeutsam. Die Ausübung der Muttersprache ist ihm sehr wichtig, und Partner für eine Kommunikation in sorbischer Sprache kann er nur in der Oberlausitz finden. Zudem unterscheidet er zwischen dem möglichen Leben in der Stadt, das in Wohnblocks stattfindet, und der „Freiheit", die das Dorfleben bietet.

„Ach, da hätt ich keine Lust zu, irgendwo, gerade in solche, in der Stadt wohnen hätt ich sowieso, wo ich zeitlebens auf dem Lande war, keene Lust, ne. So gerade in so einem Blockhaus[212] irgendwo, wo hier so mit Familien, ach, ne, das wüde mir nicht liegen, dazu hätt ich keene Lust. Ich würde hier nicht fortziehen. Hätte man können schon längst nach Westen abhauen früher, wo die Grenzen noch offen waren, niwa, wo wir ledig waren. ... Naja, das ist ja, wir reden ja hier bei uns Sorbisch. Ne, die möchten wir nicht vermissen, wir nicht jetze, das wär ja ooch nicht schön. Niwa. Wenn, warum soll hier Sorbisch, also ich bin immer dafür, ich tu ooch mit die Enkel alle und werd ooch reden, daß se Sorbisch reden, niwa. Auch wenn der Schwiegersohn Deutsch spricht, wenn ich dann rede mit der Kleenen, da sagt der doch ooch nischt. Der versteht das doch ooch, bloß reden tut der nicht, weil er weil er, der ist doch erst hierhergekommen, war ooch schon älter. Der ist ja schon in achte oder neunte Schuljahr gegangen" (Interview mit Kito N., Arbeiter, 55 Jahre).

Seine sozialen Kontakte im Dorf beschränken sich auf die unmittelbare Nachbarschaft und einen langjährigen Freund, mit dem er aufgewachsen ist.

„Das sind die unmittelbaren Nachbarn hier, niwa, Z., N., L., T. und die hinteren zwei nicht oder die dreie, ne. Die warn früher ooch schon nicht eingeladen und die tun sich so wieder unternander einladen. Das ist so wie. Das wär ja sonst zuviel geworden, niwa, wenn man da jetzt alle Nachbarn oder den zweeten dritten ooch noch würd einladen, das wird dann zuviel. ...Mein Freund hab ich draußen (...). Ja. *Pawoł* (lacht). (...) Das sind doch Nachbarn, mit denen reden wir doch immer zusammen. Wie das so ist" (Interview mit Kito N., Arbeiter, 55 Jahre).

An weiteren Veranstaltungen nehmen Kito N. und seine Frau nur selten teil. Offensichtlich genügt ihnen die Nachbarschaft und Verwandtschaft, mit denen sie häufiger zusammenkommen.

„Wenn irgendso 'n Dorffest ist, in Kamenz, in *Wjeska* da gehn wir, mal spazieren oder so, aber so gehn wir nicht. Direkt mal irgendwie, daß wir Kegelclub oder sowas, sind wir nicht dabei. Früher ham wir ooch, als wir jung warn, aber jetzt da, ach.

---

[212] Mit „Blockhaus" meint Kito N. einen „Plattenbau".

Gerade daß wir - wir ham ja zu tun - daß wir mit den Geburtstagen in der Verwandtschaft, daß wir da hinkommen" (Interview mit Kito N., Arbeiter, 55 Jahre).

Allerdings haben sowohl Kito als auch seine Frau ihre nahen sozialen Kontakte.
Bei diesen Freunden und nahen Verwandten helfen sie häufiger. Kitos Frau geht
mindestens wöchentlich im Betrieb ihrer Schwester aushelfen, und Kito wird als
gelernter Maurer immer noch von verschiedenen Dorfbewohnern angesprochen.
Da Kito bereits früher sehr häufig auf den Baustellen im Dorf beschäftigt war, kann
er nach eigener Einschätzung immer noch bei vielen Dorfbewohnern um Hilfe
nachfragen. Aber in der Regel kann er die Dinge, die er verändern will, selbst erledigen. Die meisten Gefälligkeiten tauscht er daher mit einem nahen Freund aus.
Zwischen beiden stellt sich damit immer wieder ein Ausgleich ein.

Insgesamt betrachtet bedeutet die Wende für Kito in erster Linie Unsicherheit. Der
Lebensstandard und die sozialen Beziehungen von ihm und seiner Frau haben sich
kaum verändert. Da sie bereits vor der Wende ihr Haus modernisiert hatten, reichten nach der Wende einige Arbeiten aus, um es auf den für sie erforderlichen neuen
Stand zu bringen. Außer neuen Fliesen in den Bädern und einigen Kleinigkeiten
war aber kaum etwas zu erledigen. Abgesehen von der nun permanenten Bedrohung, den Arbeitsplatz zu verlieren, verläuft das Leben von Kito N. und seiner Frau
in gewohnten Bahnen.

Sorbischer Handwerker

Der 42jährige Jano T. ist im Dorf geboren und aufgewachsen. Er lebt mit seiner
Frau und seinen Kindern in einem Haus, das er auf einem Grundstück in der Nähe
seines Elternhauses gebaut hat. In seinem Elternhaus lebt noch seine Mutter mit der
Familie seiner Schwester. Darüber hinaus wohnt ein Teil seiner Verwandtschaft
unweit seines Wohnhauses im Dorf. Von einigen Dorfbewohnern wird betont, daß
es sich aufgrund der Anzahl von Familienmitgliedern bei der Familie T. fast schon
um eine „Dynastie" handle. Zudem wohnen alle im Dorf lebenden Angehörigen
der Familie im gleichen Dorfteil.

Jano T. stammt wie seine Frau aus einer sorbischen Familie mit zahlreichen Mitgliedern. In der Kernfamilie wird mit den Kindern nahezu ausnahmslos Sorbisch
gesprochen. Das gilt jedoch nicht für die Großfamilie. Während Janos Mutter noch
die sorbische Tracht trägt und auch im Alltag nur Sorbisch spricht, gilt dies nicht
für Janos Schwestern und deren Familien. Im Haushalt seiner Schwester, die in einem Haus direkt neben seinem lebt, sprechen zwar die Ehepartner untereinander
Sorbisch, mit den Kindern sprechen sie dagegen Deutsch. Seine andere Schwester
und deren Mann sprechen fast nur Deutsch, obwohl sie Sorben sind. Zwei seiner
Onkel lehnen sogar den Gebrauch der sorbischen Sprache gänzlich ab. Dieses Verhalten wird von Jano bedauert, weil er die sorbische Sprache und die sorbisch-
religiöse Tradition für wichtig erachtet.

Die Sprachkompetenz und das Sprachverhalten können somit in einzelnen Famili-
en vollständig differieren. Solche Veränderungen im Sprachverhalten geschehen

aber nicht beliebig. Als Begründung für die Ablehnung der Sprache durch die Onkel wird angegeben, daß einer von ihnen früher aufgrund seiner sorbischsprachigen Erziehung im Elternhaus die deutsche Sprache nicht fehlerfrei beherrschte. Daher sei er von Arbeitskollegen häufig verspottet worden und hätte zudem für sich selbst kaum berufliche Aufstiegs- oder Veränderungschancen gesehen. Diese Probleme habe er seinen Kindern ersparen wollen und somit den weiteren Gebrauch der sorbischen Sprache verweigert. Jano T. nimmt an einer solchen Haltung vor allem die Gefahr wahr, daß die sorbische Tradition langfristig Auflösungstendenzen unterworfen sein wird. Er sieht dagegen, daß Kinder von den Vorteilen der Beherrschung zweier Sprachen immer profitieren können.

„Wenn ich ins Ausland komme, wo keene Sorben leben, dann hab ich keene Schwierigkeiten. Weil, da werd ich anerkannt, weil ich zwee Sprachen spreche. Aber hier nicht. Hier, hier gibts Deutsche, die, die selber Sorben sind, die erklären dich für blöd, weil de Sorbisch sprichst. Und das ist schlimm. Auch hier im Ort reden Eltern, wo beide Sorben sind, mit den Kindern Deutsch. Und das ist - meines Erachtens nach sind das dumme Menschen. Weil se was den Kindern weitergeben könnten, was einfach für de Kinder wär und das machen se nicht. Das ist, das sind für mich arme Menschen" (Jano T., Handwerker, 42 Jahre).

Natürlich nimmt Jano T. Konflikte wahr, die durch die Anwendung der sorbischen Sprache im Alltag ausgelöst werden können. Zum einen könnten Kinder Hänseleien ausgesetzt sein, wenn sie die sorbische Sprache benutzen, weil andere sie für „blöd" erklären könnten, denn Deutsch werde als distinguierte Sprache angesehen, hinter der in den Augen vieler Deutscher und „abtrünniger" Sorben in der Region die sorbische als „Bauernsprache" zurückfalle. Zudem könnten Sorben für Ausländer gehalten werden und somit durch andere Arten der Ausgrenzung diskriminiert werden oder in bedrohliche Situationen geraten. Durch innere wie äußere Gefährdungen entstehen somit Spannungen, die zu einer fortschreitenden Reduzierung der sorbischen Sprachkompetenz führen können.

„Naja, gelächelt ham schon welche, wenn wir uns Sorbisch unterhalten. Das ist uns auch schon in Kamenz im Laden passiert, daß die sagen: 'Wir hörn das nicht gerne, wenn man sich Sorbisch unterhält.' Weil die das nicht verstehen. Ach, es gibt schon Leute, die komisch gucken, wenn man sich Sorbisch unterhält. Nicht überall, aber hier in unserer Gegend doch. Ist schon so. Weil die Leute denken wir sind Russen oder Polen oder Tschechen. Weil s'es nicht wissen, was da gesprochen wird. Meistens aber auch, weil das dann Sorben sind und die wolln nicht mehr Sorbisch sprechen. Viele gibts so, auch in *Susbd* und so. Gibts schon (Jano T., Handwerker, 42 Jahre).

Immer wieder artikuliert Jano T. die Gefahr, in die „Abtrünnige" mit ihrem Verhalten der Sprachablehnung die sorbische Kultur allgemein bringen. Die Reduzierung der Kommunikation in sorbischer Sprache ist für ihn der erste Schritt zur Aufgabe ethnischer Identität. Zugleich stellt er die Stützung der sorbischen Kultur durch die katholische Kirche heraus. Die Einheit von Sorbentum und Katholizismus ist für ihn unumstößlich. Daher hat er sich schon immer gegen die Domowina ausgesprochen, weil diese als Massenorganisation Teil des sozialistischen Staates war, der eine freie Religionsausübung behinderte.

„Das ist immer ein Problem gewesen mit der Domowina, das warn Kommunisten in Bautzen. Und wir warn katholische Sorben. Ich war als Jugendlicher zwei Jahre in der Domowina und dann bin ich ausgetreten, weil ich von den Kommunisten nischts wissen wollte. Deshalb bin ich heute noch nicht in der Domowina, weil sich das absolut nicht verträgt. Vielleicht geh ich mal rein, aber das ist, das ist, die Domowina ist noch nicht dort, wo se sein sollte. Und zu den Katholischen und der Domowina, das war immer ein Zwist. Und der kann nicht beigelegt werden so schnell" (Jano T., Handwerker, 42 Jahre).

Seine starke *religiöse Anbindung* manifestiert sich auch darin, daß Jano umfassend in kirchliche Zeremonien eingebunden ist. Am obligatorischen Kirchgang in den sorbischen Gottesdienst, der für Jano wichtiger Bestandteil des sonntäglichen Tagesablaufs ist, nimmt immer die ganze Familie teil. Die Bedeutung, die die katholische Kirche auch für die sorbische Sprache hat, kann nach Jano nicht hoch genug veranschlagt werden. In der Kirche werde noch „richtiges Sorbisch" gesprochen (also ohne eingeschobene deutsche Wörter). Zudem sei die Kirche der Ort, an dem alte sorbische Traditionen aufrechterhalten werden. Es muß jedoch festgehalten werden, daß diese sorbischen Traditionen teilweise kirchliche Zeremonien sind, die von Sorben ausgeübt werden (wie z.B. die Fronleichnamsprozessionen, Kommunionen und Kreuzweihen). Die Wahrnehmung dieser Rituale als Teil der sorbischen Kultur symbolisiert die empfundene enge Verknüpfung von Religion und Ethnizität, die ein Großteil der sorbischen Dorfbewohner vornimmt.

Eine Funktion, wie er der katholischen Kirche für den Erhalt der sorbischen Kultur attestiert, spricht Jano der Domowina dagegen völlig ab. Die Domowina, wie sie in der DDR existierte, betrachtet er als Ansammlung von Personen, die sich Privilegien sichern wollten. Die Eigeninteressen der Domowina-Leitungskader hätten immer im Vordergrund gestanden, und die Belange der sorbischen Gemeinschaft seien entsprechend zu kurz gekommen. Am Beispiel der Art und Weise, wie die Domowinaleitung Veranstaltungen beging, zu der die „gewöhnlichen" Mitglieder keinen Zutritt hatten, belegt Jano seine Sichtweise der Domowina.

„Das warn Veranstaltungen, die wurden, die wurden abgehalten, das warn Sektorgien. Und da wurden nur geladene Gäste, und das Fußvolk mußte draußen vor bleiben. Das hat man ja ooch selber dann erkannt, und deshalb hat sich die Domowina selber da irgendwie reingeritten beim Fußvolk" (Jano T., Handwerker, 42 Jahre).

Auch andere Sorben berichten von ähnlichen Vorfällen, bei denen ganze sorbische Lokale für die Öffentlichkeit nicht mehr zugänglich waren, wenn die Domowinaführung ihre Versammlungen abhielt. Dabei gibt es zahlreiche Mutmaßungen darüber, wie es hinter den verschlossenen Türen zuging. Diese Mutmaßungen werden durch Beschreibungen konkretisiert, in denen über die Straße wankende betrunkene Funktionäre die Hauptfiguren sind. Aber Jano unterstreicht, daß es nicht die Domowinafunktionäre allein waren, die bestimmte Vorrechte genossen. Hinzu kamen noch Parteifunktionäre, „Parteigenossen" und Mitglieder anderer staatlicher Organisationen für die Privilegien bestanden. Durch deren Vorrechte fühlte er sich selbst benachteiligt, weil bestimmten Gruppen Freiheiten bei der Nutzung öffentlicher Einrichtungen und Anlagen hatten, die eine normale Nutzung nicht mehr ge-

stattete. Hinter solchen Zuständen vermutet Jano ein System, das dazu dienen sollte, die „Normalbevölkerung" auszugrenzen. Dafür macht er politische Funktionsträger und die Leiter solcher Anlagen verantwortlich. Dessen Interesse sei es gewesen, die Dorfbewohner fernzuhalten, damit sie nicht mitbekämen, wer in diesen
öffentlichen Einrichtungen ein und aus ging. Auch andere Dorfbewohner äußern
den Verdacht, daß in verschiedenen Einrichtungen hohe SED-Funktionären und
andere regimetreue Mitarbeiter verkehrten. Diesen Verdacht hegt Jano T. auch in
bezug auf einzelne Funktionsträger aus der Region. Damit einhergehende Konflikte, der Abbruch von Beziehungen und beginnende Feindschaften werden von ihm
umfassend und gut nachvollziehbar dargestellt.[213]

Wegen dieser und anderer zahlreichen negativen Erfahrungen, die er früher mit
dem Funktionärssystem hatte, sieht er die Wende weitgehend positiv. Der wichtigste Aspekt scheint für ihn das Ende der als willkürlich empfundenen Entscheidungsstrukturen zu sein. Ihm ist seine Abhängigkeit von diesen Bedingungen und
die weitgehende Unmöglichkeit, Veränderungen herbeizuführen, offenbar immer
präsent gewesen.

> „Ich war froh, daß die Wende kam. Probleme hab ich mit den Kommunisten gehabt.
> Viel Probleme, ja, ja. Weil die so alles gemacht haben, was se machen wollten, und
> naja mmh, naja, das war schon, äh, keine, keine schöne Zeit" (Jano T., Handwerker,
> 42 Jahre).

Allerdings stellt er auch fest, daß Veränderungs- und Eingriffsmöglichkeiten nach
der Wende nur in einem relativ begrenzten Rahmen entstehen. Durch seine Mit-
wirkung im Gemeinderat, lassen sich dörfliche Bedingungen zwar beeinflussen,
aber diese sind zu einem Teil wiederum von übergeordneten politischen Strukturen
abhängig. Entsprechend stellt er bei sich selbst eine gewisse *Politikverdrossenheit*
fest, weil tiefgreifende positive Veränderungen nicht feststellbar sind und in seinen
Augen auch nicht angestrebt werden. Bei der nächsten Bundestagswahl hat er auf
jeden Fall vor, nicht mehr wählen zu gehen.

Trotz dieser Unzufriedenheit mit den gesamtgesellschaftlichen Bedingungen sieht
er die Wende durchaus positiv. Durch die Wende war es ihm endlich möglich, einen neuen Arbeitsplatz zu bekommen, den er schon lange haben wollte. Das Brigadeleben hat er aus politischen Gründen früher weitgehend abgelehnt. Daher ist er
mit den neuen Arbeitsbedingungen nach der Wende zufrieden:

> „Ich hab, ich hab. Sofort nach der Wende hab ich in dem Betrieb angefangen. Ich
> wollte vor der Wende anfangen, das war aber nicht möglich, weil - weil 'n Hand-
> werksbetrieb nur soundso viel haben durfte. Und äh er hatte seine sechs Mann, fünf
> Mann und da durfte er auch nicht einstellen. Ich wollte schon früher anfangen, aber
> er durfte nicht. Und so wie die Wende kam, da hab ich gleich angefangen. Wir kenn
> uns schon seit 1972" (Jano T., Handwerker, 42 Jahre).

---

[213] Die Identifizierbarkeit und die möglichen Folgen für das Zusammenleben in der Region verbieten es allerdings, näher auf diese Schilderungen einzugehen. Daher können die oben dargestellten Zusammenhänge in bezug auf öffentliche Einrichtungen zwar nicht mit Zitaten und
Belegen konkretisiert werden, es wird aber m.E. auch personenunabhängig deutlich, wo die
Probleme liegen, die Jano T. hier artikuliert.

Auch neue Rahmenbedingungen, die nach der Wende im Arbeitsleben feststellbar sind und von vielen sehr negativ empfunden werden, weil sich mit ihnen weitgehende Verlust- und Entsolidarisierungserlebnisse verbinden, haben für ihn wegen der generell positiv wahrgenommenen Arbeitsplatzveränderung keine große Bedeutung. Seine Frau schätzt das anders ein. Sie fragt ihn, ob er denn nach der Wende noch wisse, was seine Arbeitskollegen verdienen. In den DDR-Betrieben sei das immer allen bekannt gewesen, nach der Wende werde dies aber nicht mehr öffentlich gemacht. Von ihr wird, wie von vielen anderen Dorfbewohnern, diese „Geheimniskrämerei" sehr negativ beurteilt. Jano T. kann solche negativen Veränderungen angesichts der Vorteile im Arbeitsleben weitgehend wegrationalisieren.

„Nein. Das muß er machen. Das ist so Gesetz. Er muß das machen. Er kann nicht anders. Und das hat er ooch gesagt. Also, wir tauschen uns selber aus, hat ja jeder dasselbe. Aber es ist doch, es darf keiner wissen" (Jano T., Handwerker, 42 Jahre).

Besonders zufrieden ist Jano T. mit den neuen Möglichkeiten des Reisens. Wie für viele andere katholische Obersorben sind die Orte, denen in bezug auf die eigene Religion eine besondere Bedeutung zukommt (Rom, Lourdes, Fatima)[214], auch für ihn sehr wichtig. Nach Öffnung der Grenze ist er demgemäß zuerst nach Rom gefahren.

"Im Frühjahr, warn wir in Rom. Jaja, erstmal die Reise. Vor der Wende ham wir gesagt: „eenmal nach Rom". Und nach der Wende bin ich nach Rom gefahren. Das war mit die erste Reise, die wir gemacht haben. Wir warn schon in Rheinland-Pfalz, in Bayern. Auto ham wir uns gekooft, 'n richtiges. Ham schon 15 Jahre drauf gewartet, dann ham wir die Karte gekriegt, wir könns abholen. Wir hams nicht abgeholt. Das war zu teuer. Für 33 000 der Wartburg. Da ham wir lieber gewartet, bis das Geld dann eens zu zwee getauscht wurde, dann ham wir dann den zwee Jahre alten gekooft" (Jano T., Handwerker, 42 Jahre).

Auch die Möglichkeit, sich einen „richtigen Westwagen" zu kaufen, bewertet er positiv, zumal damit der Wartburg, dessen Bestellung nun schon 15 Jahre lief, nicht mehr abgenommen werden mußte. Als negative Wendefolgen bemerkt er vor allem die steigenden Kosten, die auch in einem Haushalt von „Doppelverdienern" zu finanziellen Belastungen führen können.

„Auch die Kinder sind teurer geworden. Alles Kosten. Meine Tochter, ja, die ist auf dem Gymnasium in Bautzen, im Internat. Das ist ja das, was mich jetzt so viel Geld kostet. Das ist es ja. Wer'n wir mal sehn, was mit Bafög jetzt wird, da hat se 'n paar Fänge, wirklich. Und da werden wir sehn. Wird schon gehn. Das wird wohl nicht so viel sein. Der ganze Lebensstandard hat sich geändert. Ich will mal sagen, das Leben ist teurer geworden, obwohl man sich nicht mehr leistet. Das Bier hat früher original so viel gekostet. Das hat bloß nicht geschmeckt. Jetzt schmeckt das Bier" (Jano T., Handwerker, 42 Jahre).

Trotz der neuen Gelegenheiten und neuen Versorgungsstrukturen hat sich in seinen Augen der Lebensstandard der Familie nicht verändert, da gleichzeitig mit der Erweiterung des Warenangebots die Kosten in allen Lebensbereichen zugenommen

---

[214] Zu diesen drei Städten werden Reisen unternommen, die von der katholischen Gemeinde mitorganisiert werden.

haben. Genauso negativ wie die „Kostenexplosion" schätzt er die Veränderungen in der dörflichen Gemeinschaft ein. Nach der Wende sei alles ruhig, und niemand würde noch Veranstaltungen organisieren oder sich für die Gemeinschaft engagieren.

„Also im Dorf würd ich sagen, is, schon vor der Wende und nach der Wende schläft alles tief, sehr tief. ... Die Leute sind ja aus der Domowina raus, die wolln auch nicht. Die. Man kann ja machen was man will, aber viel los geht nicht. Das war früher anders. Aber naja, mmh. Das ist bei uns hier draußen anders. Wir machen unsere Feste, wir feiern. Fast jedes Wochenende, wenn sich die Gelegenheit bietet. Und das tun wir so oft wie es geht, alle hier so. Wir brauchen das Dorf dann nicht, wenn se nicht wollen, dann machen wir das selber hier draußen unsere Feste. Ja da kommt man eben mit den Nachbarn noch'n bissl zusammen, in der Woche komm'ste ja nicht, da hat jeder was zu tun" (Jano T., Handwerker, 42 Jahre).

An seinen Äußerungen wird eine leichte Abschottung gegenüber dem restlichen Dorf erkennbar. Innerhalb des Dorfes stellt für ihn sein Siedlungsgebiet, in dem er mit seiner Familie lebt, eine Art Enklave dar. Innerhalb dieses Dorfbereichs halten nach seiner Ansicht die Menschen zusammen und helfen sich gegenseitig. Die fehlenden dörflichen Veranstaltungen finden somit eine Kompensation im engeren Kreis. Mit ihren Nachbarn verbringt die Familie besonders im Sommer sehr viel Zeit. Die geselligen Kontakte werden zudem durch gegenseitige Hilfeleistungen gestärkt.

Diese Beziehungen bezeichnet er als Nachbarschaftskontakte. Sie haben für ihn nicht den Status von Freundschaftsbeziehungen, denn trotz häufiger Zusammenkünfte hat Freundschaft für ihn einen Stellenwert, der offenbar nicht so einfach erreichbar ist.

„Freunde ham wir überall. Mit denen hier ringsrum, mit denen kommen wir jede Woche zusammen. Ach Bekannte und Freunde ham wir schon. Tja, so als direkter Freund? mmmh? Ach was. Na komm, wir, wir, na klar wir sehn uns jeden Tag. Aber so eigentlich Freunde gibts doch kaum" (Jano T., Handwerker, 42 Jahre).

Bereits in der DDR kamen in erster Linie seinen verwandtschaftlichen Beziehungen wichtige Funktionen zu. Gemeinsam mit seinem Schwager und Hilfe von weiteren Familienmitgliedern hat er das eigene Wohnhaus und das des Schwagers erbaut.

„Ach, wir ham früher immer viel gearbeitet. Wir ham ja die - unsere Häuser selber aufgebaut. Nachbar hat bei mir geholfen, der Schwager oder der Bruder oder die Schwester, und dann hat die gebaut oder der gebaut und dann ham wir dort ooch geholfen" (Jano T., Handwerker, 42 Jahre).

Darüber hinaus konnte er aufgrund der Versorgungslage in der DDR und wegen seiner Ausbildung gemeinsam mit seinem Schwager immer wieder beim Hausbau oder anderen Renovierungen helfen und sich somit Geld dazuverdienen.

„Und dann gabs keene Handwerksbetriebe und da sind wir nach Feierabend ooch noch gerannt wegen Tapezieren oder. Ach, ich bin ja dann aus, weil ich Maurer gelernt hab, da bin ja auch noch mauern gegangen ... " (Jano T., Handwerker, 42 Jahre).

Bei der Materialbeschaffung für seinen Hausbau aber auch für seine „Schwarzarbeit" konnte er auf seine betrieblichen Möglichkeiten zurückgreifen. Allerdings macht er deutlich, daß solche betrieblichen Kontakte in keiner Weise für weitere Unterstützung in Frage kamen, da es sich in der Regel um „gekaufte Beziehungen" gehandelt habe. Auch seine frühere Versorgungslage entspricht nicht dem „klassischen Bild", das sich Westdeutsche häufig über die Bedingungen in der DDR gemacht haben. Die Kontakte, die nötig waren, um bestimmte Waren zu bekommen, erwiesen sich nur in den seltensten Fällen als dauerhaft und belastbar. Häufig waren es gerade keine „Freundschaftsdienste", sondern andere Personen mußten für den Erhalt der Waren bestochen werden.

> „Ich hatte schon Beziehungen. Weil ich im äh Baubetrieb damals gearbeitet hab und, da hat ich 'n bissl mehr Beziehungen als 'n anderer. Das warn gekaufte Beziehungen, das war gekauft. Ja, ich hab damals viel geschmiert, ich hab damit gespart und obwohl, Fliesen hab ich trotzdem keine gekriegt. Da gabs keine" (Jano T., Handwerker, 42 Jahre).

Nicht zuletzt durch seine Einbindung in verwandtschaftliche Beziehungen und seine Nachbarschaft fühlt er sich in seinem Heimatdorf sehr wohl. Nach eigenem Bekunden würde er niemals in eine andere Region ziehen, weil ihm die Sprache und die sorbische Kultur sehr wichtig sind. Nur in der Lausitz kann er seine Sprache sprechen und anwenden und, wenn man seine Worte in entsprechender Weise interpretiert, die eigene Kultur anerkennen und „pflegen".

> „Naja. Auf alle Fälle würde eens fehlen, die Sprache. Man will sich ja mit jemanden anderes austauschen, und, und man kann ja nur eene sorbische Sprache also eene Sprache im, im Gedächtnis behalten, wenn man se ooch anwendet. Das ist wichtig. Und das ist bei uns, ist es ganz groß hier. Auf das tun wir achten" (Jano T., Handwerker, 42 Jahre).

Die Wende hat für Jano T. damit einige Veränderungen gebracht, die von ihm allerdings weitgehend positiv bewertet werden. Zu nennen sind hier insbesondere der neue Arbeitsplatz, der für ihn, angesichts der früheren Entscheidungsstrukturen, mit einer Zunahme an Freiheiten und Entscheidungsmöglichkeiten verbunden ist, sowie die generelle Möglichkeit des Reisens. Weiterhin hebt er hervor, daß die Religionsausübung, die er als Stütze der sorbischen Kultur sieht, durch die Wende erleichtert wurde und er in dieser Hinsicht eine Stärkung des ethnischen Elements feststellt. Gleichzeitig konstatiert er aber in den Familien aufgrund der neuen Bedingungen eine Abkehr von Traditionen und eine Verminderung „sorbischer Kommunikation". Damit ist seine Einschätzung der gesellschaftlichen Transformation in bezug auf die ethnische Identität entsprechend ambivalent. Ihm ist vor allem wichtig, daß in der Oberlausitz die sorbische Tradition weiterbesteht. Als Garanten einer Bewahrung sorbischer Identität sieht er die katholische Kirche in der Oberlausitz. Er hofft, daß ethnisch-religiöse Zeremonien und Traditionen wiederum ihren Niederschlag in den Familien finden werden und zu einer ethnischen Revitalisierung führen.

Das dörfliche soziale Netzwerk von Jano T. zeigt seine gute Einbindung in die Nachbarschaft. Hier leben nicht nur seine engeren Bekannten sondern auch seine Verwandten - seine Mutter und seine Schwester mit ihrem Mann, mit denen er sehr viel unternimmt.

Übersicht 5.5: Dörfliches soziales Netzwerk
Jano T., Handwerker, 42 Jahre

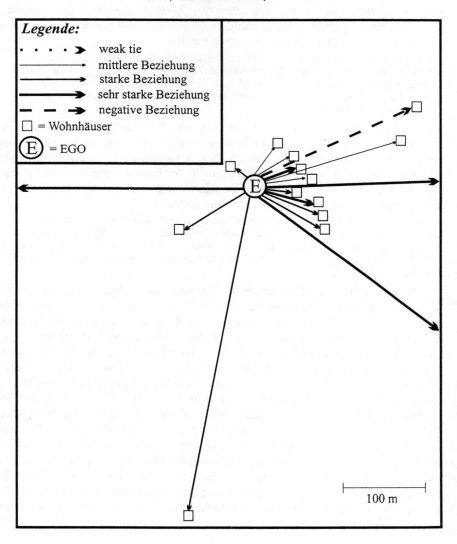

Eine weitere „sehr starke Beziehung" findet sich zu seinem Schwager, mit dem er vor der Wende die Wohnhäuser beider Familien gebaut hat und mit dem er immer noch viele Hilfen austauscht. Zudem kommen die Familien aller Nachbarn häufig zu gemeinsamen Feiern zusammen und helfen sich bei Bedarf mit benötigten Dingen aus. Zu seinen Onkeln hat er nach seinen eigenen Angaben keinen so guten Kontakt, obwohl er sich auch mit diesen trifft. Hier ist es offensichtlich die unterschiedliche Sichtweise der Sprache, die zu Disharmonien führt.

Jano T. hebt hervor, daß er zwar gegen Bezahlung in vielen Häusern des Dorfes schon Renovierungen vorgenommen hat, aber sonst nicht so viel mit den Menschen im Dorf unternimmt. Sein Lebensmittelpunkt ist die eigene Siedlung, die von ihm als Einheit empfunden wird. Lediglich zu einer Schwester seiner Frau, die in einem anderen Dorfteil lebt, besteht guter Kontakt. Diesen pflegt die Familie vor allem an Wochenenden, wenn sie die große Verwandtschaft, die weitgehend in umliegenden Dörfern lebt, besucht. Die Verwandtschaft wird durch die Pfeile gekennzeichnet, die zu den Rändern weisen.

Die von Jano T. vielfach hervorgehobene negative Beziehung zu einem örtlichen Funktionsträger, ist in der Übersicht ebenfalls dargestellt, obwohl die Gründe für die gegenseitige Ablehnung wegen der möglichen Identifizierung ein wenig im dunkeln gelassen werden mußten.

Zusammenfassung: Lebensformgruppe Facharbeiter

Generell zeigen sich bei Facharbeitern die gute Einbindung in die umgebende Nachbarschaft und die zahlreichen Kontakte zur Verwandtschaft. Beide hier vorgestellten Personen nehmen an der Wende die negativen Folgen wahr. Sie stellen fest, daß ihr höheres Einkommen keine qualitative Veränderung des Lebensstils bewirken kann, da gleichzeitig die Preise und Kosten steigen. Außerdem sind sie mit den eingeschränkten Mitsprache- und Entscheidungsmöglichkeiten unzufrieden, die nach der Wende bestehen. Ihre sozialen Kontakte finden sich vor allem in der umgebenden Nachbarschaft und der engeren Verwandtschaft. Als besonders wichtig heben sie die Bedeutung der sorbischen Gemeinschaft und der Kirche hervor, die sie als schützenswert und orientierungstiftend darstellen.

5.1.5 Lebensformgruppe *Angestellte*

Sorbischer Lehrer und Vereinsfunktionär

Martin Z. ist Mitte 50 und lebt - von wenigen Jahren einmal abgesehen, in denen er sich wegen seiner Lehrerausbildung in einem anderen sorbischsprachigen Ort aufhielt - im Untersuchungsdorf. Er bewohnt mit seiner Frau sein elterliches Haus im alten Dorfkern. Sein Sohn verbringt in der Regel nur die Wochenenden bei seinen Eltern, da er studiert. Die Tochter der Familie ist verheiratet und unlängst mit ihrem Mann und einem Kleinkind in einen nahegelegenen Ort (*Podla Sebje*) gezogen, der ebenfalls stark durch die sorbische Tradition geprägt ist.

Martin Z. ist der Sohn eines Arbeiters, der in den Steinbrüchen der Region beschäftigt war. Wie sein Vater ist Martin Z. sehr an den Belangen der Sorben und am Bestand der sorbischen Identität interessiert und fördert dieses durch Funktionärstätigkeiten. Neben der Vereinstätigkeit ist seine Verbundenheit zur sorbischen Tradition sehr durch seine Arbeit in einer sorbischen Schule geprägt, so daß innerhalb der Familie immer die sorbische Sprache gesprochen wurde und wird sowie noch verschiedene sorbische Bräuche gelebt werden. Dazu zählt wegen der von ihnen empfundenen Verbindung der sorbischen Tradition mit der Religion auch die kirchliche Anbindung der Familie, die frühere Teilnahme der Tochter in sorbischer Festtracht (družka) an den kirchlichen Prozessionen und die Ausrichtung der Hochzeitsfeier der Tochter als „sorbische Hochzeit"[215]. Der Schwiegersohn kommt ebenfalls aus einer sorbischsprachigen Familie und nimmt aktiv am Osterreiten teil.

Bereits vor der Wende beschäftigte sich Martin Z. in seiner Freizeit mit dem Reinigen und Neuanlegen von Fischteichen, von denen in der Region sehr viele vorhanden sind. Mit zwei fast gleichaltrigen Freunden, die er als seine „Kumpels"[216] bezeichnet, betreibt er seit längerer Zeit einen dieser Fischteiche. Vor der Wende konnten sie durch den Verkauf der Fische ihr Gehalt erheblich aufbessern. Bedingt durch die Öffnung der Märkte, das Überangebot an Waren und die zunehmende Konkurrenz in der Region, in der es eine Reihe von Fischteichen gibt, haben sie seit der Wende dagegen größere Mühe, die Fische zu einem Preis zu verkaufen, der ihrer Arbeit noch halbwegs gerecht wird.

Allerdings macht Martin Z. deutlich, daß er durch seine Anstellung in der Schule finanziell zu der Personengruppe gehört, der es nach der Wende im Gegensatz zu früher sehr viel besser geht. Als Akademiker - die, wie er hervorhebt, in der DDR in den seltensten Fällen mehr als Arbeiter verdient haben - verfügt er neben einem für Ostverhältnisse relativ hohen Gehalt auch über eine gesicherte Anstellung. Damit rechnet er sich selbst zu den „Gutverdienenden" und ist sich bewußt, daß er angesichts der zunehmenden Arbeitslosigkeit in der Region mit seinem relativ krisenfesten Arbeitsplatz als Lehrer zu den Privilegierten gehört. Hätte seine Frau nicht ihre Arbeit im Kinderhort verloren, müßte die Familie uneingeschränkt zu den „Wendegewinnern" gezählt werden. Aber gerade durch diese Erfahrungen und damit einhergehenden Belastungen werden von ihm die Folgen der Wende im beruflichen Bereich nicht vorbehaltlos als positiv bewertet. Dabei ist es ihm wichtig

---

[215] Hierbei kommen die meisten weiblichen Gäste in sorbischer Tracht, vor allem jedoch Braut, Trauzeuginnen und die Brautjungfern (družka). Die Feier wird wiederum von einem Hochzeitsbitter (braška) geleitet, der sich bereits im Vorfeld um die Einladung der Gäste kümmert. Natürlich ist die kirchliche Trauung obligatorisch und erst durch sie, nicht durch das Standesamt, wird in den Augen der Dorfbewohner die Ehe begründet.

[216] Seine „Kumpels" stammen interessanterweise aus einer der wenigen sorbischen Familien im Dorf, bei denen viele Familienmitglieder die sorbische Sprache ablehnen und nur Deutsch sprechen. Trotz dieses Sprachverhaltens werden beide von den Dorfbewohnern als Sorben gesehen und weitgehend akzeptiert.

klarzulegen, daß es sich in keiner Weise um ein finanzielles Problem handelt, das auf der Familie lastet, sondern um die Schwierigkeit seiner Frau, nach langen Jahren des beruflichen Eingebundenseins das Gefühl der Nutzlosigkeit zu verarbeiten. Als wichtigsten Halt unter den neuen Bedingungen sieht er für seine Frau daher die Betreuung des Enkelkinds. Durch den Verlust von vielen arbeitsvermittelten Kontakten ist sie auf familiäre Beziehungen zurückverwiesen. Häufig kommt ihre Tochter mit dem Kind zur Mutter, oder Martin Z. fährt seine Frau in das nahe *Podla Sebje*, wo sie sich um das Enkelkind kümmern kann.

Neben dieser als Einschnitt empfundenen Arbeitslosigkeit seiner Frau war die Wende auch mit Blick auf die von Martin Z. betriebene Teichwirtschaft nicht folgenlos. Denn das ehemalige Volkseigentum - den Teich hatten sie gewissermaßen auf Bitte der Gemeinde hergerichtet - wurde „rückübertragen", und der neue Eigentümer wollte ihnen kündigen. Bis jetzt ist die Pachtfrage nicht endgültig geklärt. Martin Z. macht deutlich, wie viel Arbeit sie investiert hatten, bevor überhaupt wieder Fische in den Teich verbracht werden konnten. Dies alles hätten sie zunächst gemacht, um der Gemeinde zu helfen. Später seien dann erst weitergehende Möglichkeiten des Fischverkaufs entstanden. Mittlerweile haben er und seine „Kumpel" an dieser Arbeit so viel Freude, daß sie auf keinen Fall darauf verzichten wollen.

Die materiellen und liberalisierenden Veränderungen durch die Wende werden von Martin Z. nachdrücklich begrüßt. Neben den möglichen Urlaubsfahrten und der Renovierung des Hauses (Einbau eines neuen, nun gefliesten Badezimmers) verweist er angesichts seines neu gekauften PKW vor allem auf die Veränderungen bei Wartezeiten für - zumindest in der DDR so klassifizierten - Luxusartikeln und die nun bessere Ausstattung mit vielen Dingen.

> „Auf alle Fälle erst einmal hat man sich ein neues Auto angelegt, das wollte man immer schon mal haben. Ich hab 'n Wartburg 14 oder 15 Jahre vielleicht bestellt gehabt,[217] habe Gott sei Dank keinen bekommen. So. Deshalb durfte ich mir das Auto nun kaufen, das 'n bißchen besser ist als Wartburg" (Interview mit Martin Z., Lehrer, 55 Jahre).

Die Wende erhält für Martin Z. nicht nur durch private und wirtschaftliche Veränderungen ihre Bedeutung, sondern auch durch seine Arbeit als Vereinsfunktionär. Vereine und Verbände aus der DDR-Zeit werden von der Bevölkerung daraufhin hinterfragt, inwieweit sie an die SED gebunden waren. Durch mögliche Anbindungen stehen ehemaligen Leitungskader und Vorsitzende auf allen Organisationsebe-

---

[217] Auffallend ist, daß sehr viele Dorfbewohner angeben, vor 10 bis 15 Jahren einen Wartburg bestellt zu haben. Will man dies nicht als Datierungsfehler in der retrospektiven Erinnerung werten, scheint dies auf verbesserte materielle Bedingungen in der DDR in den 80er Jahren hinzudeuten. Es war offensichtlich vielen Haushalten möglich, genügend Rücklagen zu bilden, um den unvermeidlichen „Traband" gegen ein besseres Fahrzeug auszutauschen. Zu dieser Ausstattung mit finanziellen Mitteln hat sicherlich auch das mangelnde Warenangebot in der DDR beigetragen. Daß in vielen DDR-Haushalten ein relativ hohes Sparvermögen vorhanden war, wird auch dadurch belegt, daß mehrere Dorfbewohner berichten, nach der Wende ansehnliche Summen im Verhältnis 1:2 umgetauscht zu haben, mit denen sie sich dann einen „Westwagen" zulegten.

nen unter Legitimitätsdruck wegen ihrer früheren Arbeit und ihrer Funktion im SED-Staat. Hinzu kommt die mit der Wende erfolgte „Austrittswelle" aus allen ehemaligen staatlich gebundenen Organisationen. Martin Z. reagiert auf die derzeitige Situation abwartend. Ebenso wie ein Großteil der Dorfbewohner zieht er sich von der Vereinsarbeit zunächst weitgehend zurück. Die Lage soll sich erst beruhigen, bevor er sich wieder daran beteiligt, größere Veranstaltungen zu organisieren. Dabei ist ihm durchaus bewußt, daß die Dorfbevölkerung die früheren Veranstaltungen auch als politische Manifestationen wahrgenommen hat und somit auch politische Funktionen erfüllt wurden. Er relativiert dabei seine eigene Beteiligung mit dem äußeren Druck, der generell auf Organisationen gelegen habe, politische Aufgaben zu übernehmen und entsprechende Veranstaltungen zu organisieren. Ein ausschließlicher Bezug auf rein kulturelle Aufgaben sei Vereinen nicht möglich gewesen und hätte nach seiner Einschätzung zu weitreichenden Konsequenzen bis hin zur Absetzung von Funktionären oder Auflösung geführt.

> „Ich habe an und für sich auch in der letzten Zeit ziemlich die Zügel schleife - schleifen lassen, ganz einfach auch deshalb, weil - weil ich nicht die Leute irgendwie bevormunden wollte. Die soll'n sich erst einmal mit sich selbst ins klare kommen. Denn es stand ja vieles Böses drin in der Zeitung, was wir für schlimme Sachen gemacht haben. Obwohl heute sehen sie das nun ein, daß das gar nicht so war. Denn hätte man, hätte man jetzt meinetwegen diese Veranstaltungen unpolitisch gestaltet oder noch - ich möchte mal sagen - noch unpolitischer gestaltet, als wir das gemacht hä haben. Dann - äh - wäre das schlimm gewesen" (Interview mit Martin Z., Lehrer, 55 Jahre).

An anderer Stelle hebt er nochmals hervor, daß er die kulturelle Arbeit von Vereinen, trotz der von ihm eingeräumten politischen Funktion auf keinen Fall politisch gewertet wissen will. Für ihn steht die Arbeit, die alle Vereine im sorbischen Gebiet für die dörfliche und sorbische Gemeinschaft gleistet haben, im Vordergrund. Bedeutsam ist in diesem Zusammenhang, daß sich nach seiner Einschätzung allen Dorfbewohnern ein gemeinsames Forum bot. Damit waren Vereine für ihn trotz staatlicher Einbindung Garant für den Erhalt dörflicher Kultur. Mehr noch, sie konnte diese Funktion häufig gerade wegen dieser Staatsnähe erfüllen. Denn nach seiner Ansicht wurden erst durch diese Bindung die nötigen Freiräume geschaffen, die ein kulturelles Wirken und die Erhaltung von Tradition und der dörflichen Gemeinschaft ermöglichten.

> „ ... wir haben nie irgendwelche politischen Ziele verfolgt, sondern verstanden uns immer als Organisatoren des dorf-äh - dörflichen Lebens. Und begriffen jeden mit ein, ob Deutscher oder Sorbe" (Interview mit Martin Z., Lehrer, 55 Jahre).

Diese Sichtweise, die die Offenheit der Dorfgemeinschaft für alle Bevölkerungsgruppen postuliert, wird jedoch von ihm selbst in Frage gestellt. Er verdeutlicht mehrfach, daß der Zuzug von Deutschen immer dazu geführt habe, daß traditionelle Bindungen und Sprachverhalten abnehmen. Das Problem sei, daß die sorbische Bevölkerung grundsätzlich auf andere Personengruppen eingehe, sich auf diese einstelle und somit einen Teil der eigenen Kultur aufgebe. Dies wird von ihm und anderen immer wieder als unveränderbare „Charaktereigenschaft" der Ethnie hervorgehoben. Martin Z. schildert den gemeinten Zusammenhang und damit verbundene Veränderungen recht plastisch angesichts der Ansiedlung von evangelischen Deutschen und Sorben in der Region, die er als Versuch der „Spaltung des Sorbentums" gekennzeichnet wissen möchte. Zudem betont er, daß Deutsche (zumindest solche, die kein Sorbisch sprechen) und *evangelische* Sorben nie als Teil der Gemeinschaft gesehen wurden, da das Leben mit ihnen im gemeinsamen Raum in der alltäglichen Interaktion zu offensichtlich nicht hinnehmbaren Belastungen (Aufgabe der Muttersprache) führe.[218] Auch die Übernahme der LPG-Leitung durch einen Deutschen wird von ihm vor allem wegen dieser Aspekte und den sich daraus ergebenden Folgen negativ und für die eigene Kultur als nachteilig bewertet.

> „Ich habe nichts gegen *Thomas U.* So. Aber er ist aus Thüringen. Er kann sich in unsere - äh - sorbischen Probleme konnte er sich lange Zeit nicht einleben. Er wußte zwar was hier Fakt ist. So. Er bekam den Parteiauftrag und nun ging, weil das hier ins Schleppen kam, ins Stocken kam, und damit die *Lausitzia* eben vorwärts kommt, setzte man ihn ein. So. Und, und - äh - damit - äh - wurde ja auf der einen Seite ein Stück unserer Identität äh - Identität abgegeben wiederum, nech. Die Versammlungen waren deutsch und wenn ich jetzt mal von unserer Gemeinde ausgehe, dann waren die Versammlungen nie in deutscher Sprache abgehalten worden, sei denn, da kam irgendwie 'n hoher - hoher Gast, dann mußte das natürlich laut Protokoll usw. - äh - in deutscher Sprache gemacht werden" (Interview mit Martin Z., Lehrer, 55 Jahre).

Offenbar geht es aber nicht nur um die Sprache, die als gefährdet wahrgenommen wird. Da sich die sorbische Kultur schon immer sehr stark auf den katholischen Glauben bezog, wird der Zuzug von Protestanten in das Dorf ebenfalls kritisch in bezug auf die eigene Tradition aufgefaßt. Dabei ist die Gefährdung der katholisch-sorbischen Tradition nicht so augenfällig wie die der Sprache. Angesichts eines Katholikenanteils von über 90 % im Dorf läßt sich nicht ernsthaft von einer feststellbaren Einwirkung auf kulturelle Zusammenhänge beim Zuzug einer evangelischen Familie sprechen. Die Vorbehalte werden nur dann verständlich, wenn man sich die generelle Gefährdung der sorbischen Kultur im Oberlausitzer Gebiet vergegenwärtigt. Die bereits mehrfach angedeutete *doppelte Diasporasituation* - als ethnische und konfessionelle Minderheit im deutsch-evangelischen Sachsen - führt dazu, daß auch „kleinere Störungen" der ethnischen Einheit als Funktionsverlust der Gemeinschaft wahrgenommen werden, von denen weitreichende Folgen befürchtet werden. Zudem steigt mit zunehmendem nichtsorbischen Bevölkerungsanteil die Gefahr interkonfessioneller Heiraten, die zu einer Abkehr von der Religion führen können, was angesichts der starken Verbindung zwischen Ethnizität und

---

[218] Bereits in der Dorfbeschreibung wurde auf diesen Zusammenhang verwiesen. „Die wurden auch nicht in *Wjeska* akzeptiert. Ganz einfach deshalb, die *Wjeskauer* waren immer Sorben und dort saßen draußen immer Deutsche. Und wenn man mit ihnen sprechen wollte, dann mußte man immer Deutsch sprechen. Und das, das vertrug sich nicht. Und, und andersmal, alle, jetzt nichts gegen die Deutschen, aber alle Deutschen, die nach Wjeska gekommen sind, die ham immer am Rand des Kuchens geknabbert" (Interview mit Martin Z., Lehrer, 55 Jahre).

Religion von vielen als starker Verlust sorbischer Tradition empfunden wird. Erst wenn diese Aspekte und die relativ geringe Zahl katholischer Obersorben von ca. 10 000 berücksichtigt werden, läßt sich die hier angedeutete Sorge um den *Verlust ethnischer Identität* verstehen.

Diese mehr oder weniger latenten ethnisch oder konfessionell bedingten Unstimmigkeiten bilden aber nicht die einzigen Spannungen zwischen Deutschen und Sorben. Auch Martin Z. bemerkt, daß aufgrund einiger Aussagen von sorbischen Funktionären und Reaktionen von deutschen Bewohnern der Region das Verhältnis zwischen Deutschen und Sorben nicht ungetrübt ist.

„In letzter Zeit ist etwas Spannung aufgetreten, die Spannung reingetragen durch idiotische Thesen und Behauptungen - äh - in Zeitungen meinetwegen oder über Aussagen von gewissen Leuten, die, die - äh - nicht - äh - kompetent waren für Fragen. Als es meinetwegen hier darum ging, naja: 'Das müssen rein sorbische Gemeinden werden!', hat jemand irgendwo gesagt, ohne Überlegung. Ja, er wollte ja gar nicht - ga -, daß sich etwas, etwas ändert, aber es sollten die Gemeinden bleiben, wie sie sind. Jedenfalls nicht mehr, mehr Deutsch hier investiert werden in die Gemeinden ... Na ja, da gabs schwere, schwierige Tage nach der Wende, gerade in dieser äh - und das ist noch diese Verquickung, diese, diese Sachen werden auch von anderen Seiten nochmal hereingetragen. Nur als Zündstoff" (Interview mit Martin Z., Lehrer, 55 Jahre).

Ebenso wie sich bei einem großen Teil der Dorfbewohner eine Distanz zu Vereinen und Verbänden feststellen läßt, konstatiert Martin Z. auch Spannungen in den sozialen Beziehungen der Dorfbewohner aus ähnlichen Gründen bzw. aus ebensolchen Verdächtigungen. Obwohl er dieses Phänomen zunächst der Wendezeit zuschreibt, führt er aus, daß diese Spannungen selbst in der aktuellen Situation noch nicht gelöst seien und bei unbesonnenen Äußerungen auch zu manifesten Konflikten führen können.

„Daß sich die Leute äh, nicht so wie in der Wendezeit abkapseln, denn jeder glaubte in dem anderen den Bösewicht zu sehen, vielleicht war der, vielleicht war der andere, deshalb sind die Menschen ja auch die Leute auch im allgemeinen der Meinung, man sollte doch, um diese Zwistigkeiten und diese Verängstigung und diese - naja: ‚War er's oder war er's nicht?' oder ‚Der hat das und das' und 'Der war dort und dort', und 'Der durfte' und 'Der hat 'n Auto vorzeitig gekriegt'. Aber es ist wieder zurück. Und dann fangen die Menschen an, sich Gedanken zu machen, und sie versuchen, die anderen zu verdächtigen und aus den Verdächtigungen kommt dann 'n Wortwechsel und wer weiß, wie das weitergeht" (Interview mit Martin Z., Lehrer, 55 Jahre).

Martin Z. ist sich dabei offensichtlich bewußt, daß er gerade aufgrund seiner Vereinsarbeit von einigen Dorfbewohnern ebenfalls skeptisch betrachtet wird. Zwar gibt es viele Menschen im Dorf, die seine Integrität in keiner Weise in Frage stellen, aber andere gehen davon aus, daß frühere Funktionäre für eine weitere leitende Funktion in Vereinen oder Organisationen heute diskreditiert sind. Dieser Sachverhalt wird z.T. auch klar artikuliert - allerdings nicht Martin Z. gegenüber - und führt dazu, daß sich Personen zurückziehen.

Auf der anderen Seite finden sich auch in seinem Bekannten- und Freundeskreis -
hier insbesondere bei Arbeitskontakten - Personen, die ihn in ihrem eigenen Interesse oder dem der Institution, wahrscheinlich aber - wie er vermutet - im Auftrag
von Staatsorganen belauscht haben. Als Lehrer und Verbandsfunktionär mußte er
offensichtlich immer darauf gefaßt sein, von anderen „bespitzelt" zu werden.

„Es gibt Menschen, auf die man sich nicht mehr verlassen kann, ganz einfach deshalb, weil sie sich oder sie mich zutiefst enttäuscht haben. Sie haben was Falsches
vorgemimmt, nur um - naja -, eine bessere Position zu erhalten... Es kann sich vielleicht mal wieder einrenken, aber nur - äh -, auch zwei Kollegen sind dabei, aber
nicht aus unserer Schule, auch gute Bekannte, Freunde, wo ich gesagt habe: ‚Also
wißt Ihr was, Ihr überdenkt das und dann, wenn dann viel Wasser - Klosterwasser -
runtergeflossen ist, dann, und Ihr seid der Meinung, ihr habt mir noch was zu sagen,
Ihr wißt ja, wo ich wohne. Und dann könnt Ihr kommen, dann könn wir auch zusammen 'n Schnaps trinken und 'n Kaffee trinken. Und dann können wir uns mal
wieder unterhalten. Ich bin nicht nachtragend, aber es muß von Eurer Seite kommen. Bei mir ist jetzt Schluß'. Naja, anders kann man das dann auch nicht, denn - äh
- das würde ja dann zu einer noch höheren Belastung für mich werden" (Interview
mit Martin Z., Lehrer, 55 Jahre).

Derartige Erfahrungen führten nach der Wende natürlich zu einem Abbruch von
Beziehungen. Aber neben strikten Kontaktabbrüchen finden auch subtilere Veränderungen der sozialen Beziehungen im Arbeitsbereich statt. Es sind dann besonders
die äußeren Bedingungen und die allgemeine Furcht, den relativ sicheren Arbeitsplatz am Ende durch falsches Verhalten oder falsche Aussagen zu gefährden. So
hebt Martin Z. hervor, daß andere Gemeinsamkeiten nicht mehr in dem Maße gepflegt werden, wie dies vor der Wende der Fall war. Obwohl früher Bespitzelungen
vorkamen, wird die jetzige Situation mindestens als ebenso belastend wahrgenommen.

„Da hat sich schon etwas geändert. Äh, obwohl ich jetzt nicht sagen möchte, daß
sich alles geändert hat. Aber es ist schon so, daß man heute nicht mehr den direkten
vollen Kontakt zu den Mitkollegen hat und der Mitkollege nicht zu dir. Früher
wußten wir, 'aha, äh der spitzelt und der spitzelt und der spitzelt. Wenn de was Falsches sagst, kriegste einen drufgezimmert oder wirste verwarnt oder wirste - zumin-
destens, kriegst 'n Fleck oder 'n Strich oder sowas' ... Aber es, daß so, so ein Enthu-
siasmus drinne wär, der ist weg. Äh, bezogen auf den Unterricht, bezogen auf das
kollegiale Miteinander, bezogen auf gemeinsame Feten oder was oder Feiern oder
sonst dergleichen mehr. Das, da ist heutzutage jeder wesentlich vorsichtiger als zu
DDR-Zeiten. Und jeder wählt eben auch sorgfältiger seine Wörter aus. Denn es gibt
dafür auch mehrere Gründe. 'n falscher Zungenschlag, du fliegst aus dem Schuldienst, falscher Zungenschlag, es wird das und das, falscher Schlungen - ääh, Zungenschlag, biste dort ins Fettnäpfchen getreten" (Interview mit Martin Z., Lehrer, 55
Jahre).

Neben Veränderungen im Arbeitsleben werden von Herrn Z. auch die sozialen
Wandlungsprozesse und Aktivitäten im Dorf eher negativ beurteilt. Arbeit bekomme für viele einen neuen Stellenwert, und diejenigen, die keine haben, müßten ihre
Zeit auf andere Weise ausfüllen. Bei Vorruheständlern und Arbeitslosen scheine
dies trotz vielfach fehlender Mobilität mit einem Rückzug aus der Gemeinschaft

verbunden zu sein. Während früher das Leben sehr stark durch Arbeitszusammenhänge bestimmt gewesen sei - sowohl in den Betrieben als auch in und um die eigenen Häuser - und sich durch gegenseitige Hilfe, gemeinsame Aufgabengebiete
oder betriebliche Feiern immer wieder soziale Kontakte ergeben haben, lasse sich
nun ein Zuwachs an Zeit gerade bei denjenigen feststellen, die aus dem Arbeitsprozeß ausgeschieden seien. Martin Z. führt aus, daß gerade dadurch für viele ältere
Dorfbewohner Probleme entstehen, etwas Sinnvolles mit ihrer Zeit zu machen.
Somit reproduzieren sich Beziehungen in der dörflichen Gemeinschaft nicht mehr
in gleicher Weise, wie dies vor der Wende der Fall war.

> „Denn zur DDR-Zeit gabs Arbeit, Arbeit, Arbeit. Und wenn Du dann den ganzen
> Tag gearbeitet hast oder in Schichten gearbeitet hast, dann hast du gar keine Lust
> mehr verspürt, dich irgendwie auch noch zu beteiligen. Dann haste müssen aufpas-
> sen, daß Du während des Gottesdienstes nicht eingeschlafen bist. Heute, wenn ich in
> den Ort hineinschaue, so um elf, da brennt doch, doch oftmals Licht, bei vielen
> Leuten, wo das Licht früher nicht gebrannt hat. Die sitzen, machen es sich gemüt-
> lich, trinken vielleicht 'n Bierchen, schauen sich irgenwie welche Filme an oder Se-
> rien oder weiß der Kuckuck was, denn sie haben Zeit. ‚Was soll ich denn sonst tun?'
> fragte mein Nachbar. ‚Ich hab ja nichts mehr, mein Gehöft, das hab ich dem Sohn
> verschrieben. Ich helfe ihm und wenn er nicht geholfen haben will, dann bin ich ar-
> beitslos. Zu Hause auch noch arbeitslos'" (Interview mit Martin Z., Lehrer, 55 Jah-
> re).

Aber ungleich schlimmer als dieser Rückgang gemeinsamer Aktivitäten wird von
Martin Z. die Diskrepanz innerhalb der Gemeinschaft beurteilt. Innerhalb des kleinen Dorfs leben sozial Deprivierte neben offensichtlichen oder scheinbaren
„Wendegewinnern" auf engstem Raum zusammen. Soziale Differenzierungsprozesse trennen selbst Menschen, die früher sehr viel gemeinsam verrichtet haben,
trotz unterschiedlicher Positionen über ungefähr gleiche finanzielle Mittel verfüg-
ten und sich in vielfältiger Weise gegenseitig halfen und unterstützten. Auch wenn
es in diesem Zusammenhang nicht zur Aufgabe sozialer Kontakte kommt, bleibt
doch latent immer ein Spannungsverhältnis bestehen.

> „Mir persönlich ist es auch peinlich, äh, ich ließ das vorhin schon anklingen, ich ha-
> be Arbeit, mein Kumpel hat keine. Der sitzt zu Hause. Und ich meine, wir sind von
> Kindes auf zusammen aufgewachsen, wir können uns das ganz anders sagen als
> meinetwegen mit einem anderen, mit dem man nicht in die Schule gegangen ist. Wir
> sind durch dick und dünn. Er weiß auch, was sein Bruder verdient, ne und der ver-
> dient auch so wie ich. So. Da weiß er, das - und das ist natürlich für ihn schlecht"
> (Interview mit Martin Z., Lehrer, 55 Jahre).

Diese Spannungsverhältnisse können zwar unter engen Freunden noch in irgendeiner Form thematisiert und neutralisiert werden, in weiter entfernt stehenden sozialen Kreisen scheinen diese Zusammenhänge aber zu größeren Problemen zu führen. Es ist sozialer Neid entstanden, der Sozialkontakte brüchiger werden läßt. Davon sind nicht nur Freundschaften betroffen. Ebenso ist durch solche Distanzie-
rungsprozesse die generelle Bereitschaft zur Hilfeleistungen im Dorf in Mitleidenschaft gezogen. Für Martin Z. manifestiert sich hierin die eigentliche Regression
der dörflichen Gemeinschaft. Damit wird eine Reaktivierung bzw. Regenerierung

alter vertrauter Gemeinsamkeit in seinen Augen immer schwieriger. Gerade äußere Einflüsse und strukturelle Veränderungen entziehen gewachsenen, dörflich gebundenen Beziehungen wichtige, vitalisierende Funktionen.

„Und äh wer in der, in der, in der freien Marktwirtschaft kein Egoist ist, der kommt nicht weit. Und gerade das ist das, was uns, meinem Alter, jetzt unserer Generation, so schwer fällt. So schwer fällt. Weil wir soetwas gar nicht gewohnt waren von zu Hause nicht, nicht von den Nachbarn, aber, aber es spiegelt sich ab, schon ab, auch in der Nachbarschaft so, spiegelt sich das schon ab, das Verhältnis, von anno dunnemal zu DDR-Zeit ist nicht mehr da; guckt einer den anderen schon mit anderen Augen an. Und - äh - Neid, ein größerer Neid entsteht und mit dem größeren Neid natürlich auch, wie soll man sagen: die sind noch nicht offensichtlich, aber Zwistigkeiten. ... Also so wie, wie ich Ihnen das zu anfangs sagte, also ich konnte damals zu jedem im Orte hingehen und 'ne Bitte äußern oder 'ne Frage stellen und hätte 'ne ehrliche Antwort erhalten, die Zeiten sind fast weg. In so kurzer Zeit. Man kann zwar die Frage stellen, man kann zwar hingehen, aber ob die Antwort dann ehrlich ist? Und es sind erst zwei Jahre her, daß wir darüber gesprochen haben. Oder ein Jahr vielleicht. Das, das äh ist, geht sehr schnell. ...Also es wirkt sich schon aus" (Interview mit Martin Z., Lehrer, 55 Jahre)

In den Monaten meines Feldaufenthaltes vollzog sich genau diese Veränderung. Anfangs beeinträchtigten offensichtlich soziale Veränderungen noch nicht so stark die gewachsenen Strukturen, zumal eine breite Euphorie und hohe Aspirationen die Wende trugen. Der Rückgang dieser positiven Erwartungen, insbesondere soziale Differenzierungsprozesse und entstehender Neid haben nun negative Folgen für das Leben in der dörflichen Gemeinschaft. Allerdings zeigt eine differenziertere Betrachtung, wie sie auch Martin Z. anstellt, daß längst nicht alle Beziehungen von solchen Veränderungen betroffen sind. Insbesondere nahe freundschaftliche Kontakte bleiben durch die zugrundeliegende Emotionalität bestehen - gerade weil auch weiterhin für viele Dinge Hilfe und Rat gesucht und gegeben werden müssen. Hier zeichnen sich dann alte Beziehungen eben doch durch eine gewisse Kontinuität aus, die angesichts der vielfältigen gesellschaftlichen und persönlichen Veränderungen Sicherheit geben.

„Denn - und auf der anderen Seite, sehe ich das ja auch für was Positives, für etwas Schönes, wenn man seine Heimat ehrt und - ich glaube, es ist alles. Es ist im allgemeinen, würden sagen, die Geborgenheit. Die Menschen fühlen sich hier geborgener, sie kennen jeden, sie wissen, daß, wenn Hilfe nötig ist, andere da sind. Sie wissen, daß sie sich auf die meisten Menschen verlassen können. Sie wissen auch, daß sie nicht von anderen übers Ohr gehauen werden" (Interview mit Martin Z., Lehrer, 55 Jahre).

Implizit nimmt Herr Z. eine Differenzierung vor zwischen den zahlreichen Einzelfällen, die tatsächlich mit Beziehungs- und Funktionsverlusten verbunden waren und der dennoch weiterhin bestehenden dörflichen Gemeinschaft. Gerade der Begriff „Heimat" verweist in diesem Zusammenhang auf die Sozialkontakte, die sich trotz der angedeuteten Veränderungen häufig als stabil erwiesen haben. Hinzu tritt, wie bereits mehrfach angedeutet, die bewahrende Rolle der Kirche. Neben ihrer offensichtlichen Schutzfunktion vermittelt die Kirche das Gefühl von Gemeinsamkeit und Zugehörigkeit und symbolisiert dies auch nach außen.

„Und man merkte, die Kirche hatte auch noch bei den Jugendlichen erreicht, daß sie Interesse daran fanden, daß ein Jugendleben in der Kirchgemeinde entsteht, weil ja dieses Jugendleben praktisch auch ein neues Leben zeigte, ein Leben mit nicht nur Arbeit im Mittelpunkt" (Interview mit Martin Z., Lehrer, 55 Jahre).

Übersicht 5.6: Dörfliches soziales Netzwerk
Martin Z., Lehrer, 55 Jahre

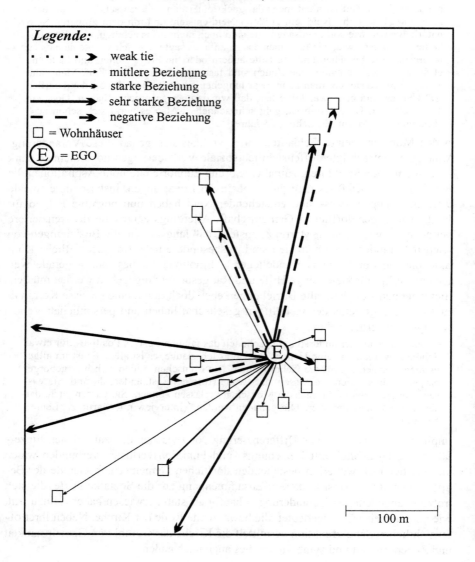

Die Übersicht 5.6 zeigt das dörfliche soziale Netzwerk von Martin Z. Auf den ersten Blick fällt seine Einbindung in die unmittelbare Nachbarschaft auf. Hier ist besonders die sehr starke Beziehung zu seinem Freund hervorzuheben, mit dem er schon gemeinsam in die Schule gegangen ist. Weitere gute Kontakte bestehen zu seinen Nachbarn.

Bei den Beziehungen zu seiner näheren Umgebung läßt sich noch die negative Beziehung zu einem ehemaligen politischen Funktionsträger benennen, dem er vorwirft, bereits vor der Wende die „Weichen falsch gestellt" zu haben und so für die abwartende Haltung der Dorfbewohner mitverantwortlich zu sein - den gleichen Sachverhalt wirft im übrigen dieser Funktionsträger Martin Z. vor.

Ein weiterer negativer Kontakte, der auf ähnlichen Behauptungen basiert und ebenfalls reziprok ist, läßt sich in bezug auf einen „neuen" Gemeindevertreter feststellen. Darüber hinaus bestehen Spannungen zu einem weiteren Dorfbewohner (negative Beziehung in der Darstellung in nördliche Richtung) wegen verschiedener Schwierigkeiten, die vor der Wende stattfanden.

Gute Kontakte hat Martin Z. aber noch zu seinem Cousin, der ebenfalls im Dorf lebt (starke Beziehung in der Darstellung Richtung Südwest). Eine mittlere Beziehung wird von Martin Z. zu einem früheren Freund und Kollegen angegeben.

Die sehr starken Beziehungen innerhalb des Dorfes symbolisieren die Kontakte zu den Freunden von Martin Z. mit denen er gemeinsam einen Fischteich betreibt. Diese bezeichnet er als seine „Kumpels" und verdeutlicht, daß sie sich immer aufeinander verlassen können. Eine weitere mittlere Beziehung im nördlichen Dorfteil verweist auf einen anderen guten Bekannten, zu dem Martin Z. immer gehen kann, wenn er Maschinen oder andere Gegenstände benötigt. Die Pfeile, die an den Rand zeigen, verweisen auf die Familien seiner Geschwister und seiner Tochter, die in nahen Dörfern leben und mit denen die Familie häufig zusammenkommt. Insgesamt verfügt Martin Z. über zahlreiche soziale Beziehungen innerhalb und außerhalb des Dorfes. Viele seiner Bekannten und Freunde sind Sorben, allerdings verfügt er ebenso über deutsche Kontakte. Generell kann daher bei ihm eine duale Orientierung sowohl im deutschen als auch sorbischen „Kontext" attestiert werden.

Sorbische Lehrerin

Maria L. wohnt mit ihrem Mann und einem gerade schulpflichtig gewordenen Sohn im Hause ihrer Schwiegereltern. Sie leben im oberen Teil des Hauses, und die Eltern, die unten wohnen, umsorgen den Sohn, wenn er von der Schule kommt. Maria L. ist Lehrerin an einer Schule in der Region. Ihr Mann war nach der Wende kurze Zeit arbeitslos und hat mittlerweile eine Anstellung bei einer Firma in Dresden gefunden. Er braucht aber nicht jeden Tag bis nach Dresden zu fahren, sondern führt in der Regel in der näheren Umgebung Montagearbeiten aus. Dadurch, daß beide Ehepartner arbeiten, und die Frau zudem im öffentlichen Dienst beschäftigt ist, gehören sie nach der Wende zu den „Besserverdienenden" im Dorf. Auch die

Schwiegereltern beziehen nach eigenen Angaben eine sehr gute Rente, so daß die Familie finanziell gut abgesichert ist.

Eine solche Situation führt, auch wegen der Vergangenheit, zu Neid und Ungerechtigkeitsgefühlen bei anderen Dorfbewohnern, denn der Schwiegervater von Maria L. war Parteifunktionär und bekleidete ein öffentliches Amt. Zu diesem Unverständnis bei anderen Dorfbewohnern tragen auch Äußerungen des Schwiegervaters bei, wenn er hervorhebt, daß er eine solche Rente, wie er sie nun bezieht, „bei den Roten" nie bekommen hätte. Die Verbitterung der anderen Dorfbewohner basiert darauf, daß der Schwiegervater als leitender Parteigenosse früher bestimmte Privilegien genoß und es nach der Wende offensichtlich wiederum geschafft hat, „sein Schäfchen zu führen".

Vorurteile werden zudem durch andere Beobachtungen genährt. Mehrere Dorfbewohner berichten von Begebenheiten aus der DDR-Zeit, in der Maria L. ins Dorf kommenden hohen Parteifunktionären in sorbischer Tracht als Zeichen der Gastfreundschaft Brot und Salz angeboten habe. Dabei wird immer wieder hervorgehoben, daß sie sonst jedoch niemals in Tracht gegangen sei. Dies wird als Beleg gewertet, daß sie es früher verstand, für sich Vorteile zu erzielen. Einige Dorfbewohner sagen, daß sie solche Dinge nie vergessen würden. Deutlich wird an solchen Schilderungen der aufbrechende Neid und die fehlende Aufarbeitung der Vergangenheit innerhalb der Gemeinschaft.

Sowohl die Familie von Maria L. als auch die Schwiegereltern sind sorbisch, und sie sprechen auch in der Familie nahezu ausschließlich die sorbische Sprache. Die Schwiegermutter von Maria L. gehört zudem zu den wenigen Sorbinnen im Dorf, die noch die sorbische Tracht tragen. Der Mann von Maria L. ist darüber hinaus ein aktiver Osterreiter. Beide Ehepaare sind auch noch in der Domowina. Dadurch verfügt Maria L. über viele Kontakte zu anderen Dorfbewohnern.

Die Wende macht sich in ihren Augen im Arbeitsbereich sehr stark bemerkbar. Die ehemalige Solidarität der Arbeitenden sei unter den Kollegen in der Schule wie auch in den Betrieben erheblich zurückgegangen. Maria L. macht dabei zunehmenden Egoismus und weitgehendes Mißtrauen aus, Wesenszüge, die es nach ihrer Einschätzung in diesem Ausmaß früher nicht gegeben habe.

> „Ja. Ja, auf alle Fälle. Also vor der Wende, ich weiß ooch nicht. Da warn wir doch 'n besseres Kollektiv. Also wir sind alle geblieben, die wir warn an der Schule, muß ich sagen. Und jetzt ist das mehr, das eigene Ich steht im Vordergrund. Ist eigentlich nicht schön. ... Es ist auch weniger persönlicher. Das war früher mehr, also da konnte man sich mehr persönlich unterhalten. Jetzt denkt man, naja, ich sage nicht zu viel, es könnte ja was sein, gerade um Geld und so weiter, das war früher alles offener. Jetzt erfährt ja keiner mehr was. Früher lagen die Lohnstreifen so im Regal, konnt' jeder reingucken, und heute kriegen die Leute 'n Brief, ne" (Interview mit Maria L., Lehrerin, 37 Jahre).

Die Situation am Arbeitsplatz habe deshalb sehr schnell negative Züge angenommen, weil lange Zeit nicht klar war, wer von den Kollegen übernommen wird. Hierbei ging es nicht nur um eventuelle „Stasikontakte", die einer späteren Weiterbeschäftigung im Weg gestanden hätten, sondern auch um die generelle Stellenpolitik und Bildungsabschlüsse des DDR-Systems. Diese Fragen waren zunächst nicht geklärt, und während dieser Phase begannen entsprechend Verheimlichungen und Abkapselungen. Die Angst davor, den Arbeitsplatz zu verlieren oder ihn durch unbedachte Äußerungen gegenüber anderen zu gefährden, sei einfach zu groß gewesen. Durch die letztlich stattgefundene Einstellung fühlt sich Maria L. nun abgesichert. Zudem stimmt die Arbeit in der Schule mit ihren Lebensplänen überein.

„Nee, Bedenken, solange ich Arbeit hab, nicht. Und solange es alles anerkannt wird, die Abschlüsse, die wir haben, hab ich keine Bedenken. Aber wenn du nicht mehr in der Arbeit bist, dann sieht das anders aus. Also ich möchte nicht zu Hause sein, sag ich ehrlich. Dazu bin ich noch zu jung, ich will arbeiten" (Interview mit Maria L., Lehrerin, 37 Jahre).

Durch die Wende hat sich in ihrer Familie im Konsumbereich sehr viel verändert. Maria L. sieht, daß das Leben nach der Wende für viele sehr viel schwieriger geworden ist. Viele Menschen haben nicht das Glück, nach der Wende sofort wieder einer Beschäftigung nachgehen zu können. Entsprechend seien diese auch benachteiligt. Die neuen Bedingungen seien einfach so, daß man Geld brauche. Wer kein Geld habe, müsse doch in vielen Bereichen Nachteile in Kauf nehmen.

„Natürlich man hat auch vielleicht den goldenen Westen gesehn, was es alles zu kaufen gibt, aber dazu braucht man Geld. Und wer Arbeit hat, der hat Geld, aber wer zu Hause ist, hat kein Geld. Der kann sich nicht alles leisten. Ich sage, man muß auch davon ausgehen: das Auge kauft mit. Und manchmal ist das Körbchen auch schneller voller als man denkt, und das Geld ist weg. Ne. Also für würd ich sagen, naja, man kann sich jetzt alles kaufen was es gibt, aber man muß das Geld haben" (Interview mit Maria L., Lehrerin, 37 Jahre).

Maria L.s Familie geht es nach der Wende finanziell sehr viel besser als vorher. Zwar hebt sie hervor, daß sie nicht mit allen Bedingungen und Veränderungen, die nun stattgefunden haben, einverstanden sei, aber in ihrem persönlichen Bereich habe sie sich doch eine Menge der Wünsche erfüllen können, an deren Realisierung früher nicht zu denken war. Nochmals hervorzuheben ist, daß Doppelverdiener aufgrund der finanziellen Zugewinne und der relativen sozialen Sicherheit zu den „Wendegewinnern" zu zählen sind - wenn man zur Klassifizierung die aufgekommene, vereinfachende Dichotomie von „Wendeverlierern" und „Wendegewinnern" heranziehen will. Durch Maria L.s weitgehende Absicherung im öffentlichen Dienst kommt es tatsächlich schon fast zu einer Privilegierung. Eine relative Sicherheit des Arbeitsplatzes, wie sie im öffentlichen Dienst zu finden ist, ist für die meisten Menschen in Ostdeutschland nicht mehr zu erreichen.[219] Maria L.s Ausführungen heben diesen Aspekt nochmals hervor:

„Wir haben uns immer gewünscht, 'n großes Auto zu fahren (...), und dann ging das in Erfüllung. Das konnten wir zu Ostzeiten nicht. Wir hatten keine Bekannten im Westen. Muß sagen, wir leben auch besser jetzt, viel besser. Wir haben auch recht viel Geld, weil wir beide arbeiten. Kann man sich was leisten dann. Auch Urlaub

---

[219] Mittlerweile treffen diese Äußerungen wohl auch für die Bedingungen in Westdeutschland zu.

usw. in die Welt, da wären wir nie hingekommen" (Interview mit Maria L., Lehrerin, 37 Jahre).

Damit hat für sie eine Veränderung stattgefunden, wie sie für die meisten Dorfbewohner nicht in gleicher Weise feststellbar ist. Für viele Menschen hat sich nach ihrer Meinung durch die Wende gar nichts verändert, weil sie vor der Wende nur wenig kaufen konnten, weil es nichts gab. Nach der Wende ist das Warenangebot reichhaltig, aber es fehlt das nötige Geld, um die Dinge auch bezahlen zu können.

„Und naja, Arbeitslose gab's bei uns ooch keene. Oder zumindest kaum, und jetzt ganz viele. Ja. Und wenn der Mensch nicht Arbeit hat, dann ist er ooch unzufrieden. Also unzufriedene Leute gabs früher ooch, weil 'se nichts zu kaufen bekommen haben, ne. Aber man hat sich dann doch - Lebensmittel gabs ja doch immer was. Aber das eine hat vielleicht immer bissl gefehlt, die kleinen Dinge, das würd ich so sehen" (Interview mit Maria L., Lehrerin, 37 Jahre).

Die nachlassende Teilnahmebereitschaft der Jugend wird von Maria L. als negative Wendefolge thematisiert. Darunter leiden vor allem alte Bräuche wie das Maibaumwerfen. Die Jugendlichen hätten keine Führung und würden nun zu viele andere Dinge angeboten bekommen.

„Die Jugendlichen von sich aus machen das überhaupt noch nicht. Vielleicht ham sie's nicht gelernt, weil sie früher auch viel von Erwachsenen und Hilfe erwartet haben. Is bißchen schade, das war in unserm Dorf 'ne gute Tradition das Maibaumwerfen. Früher haben ooch noch die äh Jungverheirateten mitgemacht ooch so die Mittel-Generation, so daß der Saal bei uns in *Wjeska* immer recht gut gefüllt war" (Interview mit Maria L., Lehrerin, 37 Jahre).

Veränderungen lassen sich damit auch in der Domowina feststellen. Früher trat fast jeder Jugendliche, spätestens nachdem er die Schule beendet hatte, in die Domowina ein. Inzwischen habe man sehr viele Mühe, überhaupt noch die Menschen in der Vereinigung zu behalten, geschweige denn, Jugendliche als neue Mitglieder zu bekommen.

„Muß ich ehrlich sagen. Weil das Interesse ooch, ist zwar da bei den Leuten, aber viele wollen eben keinen Beitrag bezahlen, weil der auch recht hoch ist. Und manche sagen, ich bleib lieber zu Hause. Vor allen Dingen die Jugendlichen ham kein Interesse mehr. Aber jetzt die Mittel-Generation, wenn ich das vergleiche, die wolln wieder gerne kommen, weil viele sind ja ooch von dieser Arbeitslosigkeit, und da ham sie dann abends doch mal 'ne Minute, wo sie viele Bekannte treffen oder wo 'se ooch mal 'n bißchen was für die Bildung tun können. Die wolln dann gerne wiederkommen. Also Für und Aber würd ich sagen, beides. Ne, aber die Jugend müßte ja auch mitziehen, ne. Aber das ist recht wenig. Also wir ham auch kein Nachwuchs, ne. Wenn ich das jetzt zurückdenke. Na vor der Wende, da war immer automatisch: Schüler der achte Klasse kamen in die Domowina. Fast alle vom Ort. Und jetzt nach der Wende, wir ham gar kein Nachwuchs" (Interview mit Maria L., Lehrerin, 37 Jahre).

Allerdings finden im Moment für die von ihr so bezeichnete „Mittel-Generation" (gemeint sind die 30 - 50jährigen) keine Veranstaltungen statt. Ob diese tatsächlich Interesse an Veranstaltungen haben, wird von verschiedenen anderen Dorfbewohnern - auch aus dieser Altersgruppe - bezweifelt. Diese gehen davon aus, daß für Vergnügungen in der Regel das nötige Geld fehlt.

256

Maria L. stellt weiter fest, daß sich das Fehlen der Jugend nicht nur kurzfristig bemerkbar machen wird, sondern langfristig mit einem Rückgang der sorbischen Kultur verbunden ist, was insgesamt einen erheblichen Einfluß auf die sorbische Kultur und Sprache haben wird. Wie sie deutlich macht, nimmt die Traditionsverbundenheit ab, und die Jugendlichen sprechen in ihren alltäglichen Handlungskontexten weitgehend nur noch die deutsche Sprache.

Maria L. fühlt sich innerhalb des Dorfes und in der Gemeinde gut eingebunden. Nicht nur durch den obligatorischen Kirchgang kenne man sich untereinander. Zudem habe sie auch verschiedene Kontakte zu anderen Familien im Dorf. Dabei würden sie und ihr Mann am meisten mit der Familie eines Freundes ihres Mannes unternehmen. Zwar ginge der Impuls von den Männern aus, aber die Frauen nehmen an Treffen ebenso teil.

Solche Kontakte sind auch wegen der Informationen wichtig, die bei gelegentlichen Treffen weitergegeben werden. Der von ihr angesprochene Freund ihres Mannes verfüge über verschiedene Kenntnisse, da er in der Fahrzeugbranche tätig sei und zudem noch eine politisches Amt ausübe.

„Aber wir haben einen sehr guten Bekannten, das ist ein Freund von meinem Mann, den tun wir fragen, der wohnt auch hier in dem Ort. Gibt viele Sachen, die das Auto betrifft und so weiter. Das tun wir schon gemeinsam mit dem beraten" (Interview mit Maria L., Lehrerin, 37 Jahre).

Als wichtige „eigene" soziale Beziehung, die nicht über den Mann vermittelt ist, sieht sie vor allem die Kontakte zu einer langjährigen Freundin, die ihr bei Problemen immer zur Seite gestanden hat. Häufig fährt sie auch mit ihrem Mann zu weit entfernt lebenden deutschen und tschechischen Bekannten. Ansonsten zeigt sich in ihren Aussagen trotz der veränderten finanziellen Verhältnisse neben dem größer werdenden Aktionsradius auch ein deutlicher Bezug auf den sozialen Nahbereich. Ihr Augenmerk richtet sich auf die dörflichen Kontakte. Hier ist sie bestrebt, mit den anderen Dorfbewohnern ein gutes Verhältnis aufzubauen.

Neben Freundschaftsbeziehungen haben auch die Nachbarn immer noch eine wichtige Funktion, besonders wenn es um gelegentliche kleinere Aushilfen geht. Dabei greift Maria L. in der Regel auf zwei Nachbarn zurück, die in den ans Grundstück angrenzenden Häusern wohnen. Es sind aber besonders die Familienbeziehungen, die letztendlich das Gefühl der Sicherheit geben.

„Naja, dann würden schon die Nachbarn sagen, hier, wir haben zu beiden Seiten recht gute Nachbarn. Schwiegermutter ist noch da. Ich hab meine Geschwister. Und meine Eltern würden auch einspringen. Also sind schon, wo man zurückgreifen könnte. Naja, wenn man angenommen kein Salz mehr hat, dann rennt man zum Nachbarn, wenn der Konsum zu hat. Oder beim Bäcker mal Brot mitbringen, machen wir auch gerne. Also ich renne dann meistens zum Nachbarn" (Interview mit Maria L., Lehrerin, 37 Jahre).

Die Nachbarschaftshilfe beschränkt sich inzwischen auf einfache Verrichtungen. Aber die Bedeutung der Nachbarschaft darf nicht unterschätzt werden, denn sie gibt ein Gefühl der Sicherheit und kann schnell Hilfe für bestimmte Engpässe oder

Notlagen bereitstellen. Allerdings sind dies andere, unbedeutendere Notsituationen als die, zu der Familienmitglieder herangezogen werden.

„Man braucht die Nachbarn manchmal eher als 'n guten Verwandten. Wenn mal was passiert oder so. Da läuft man hin. Man kann sich auch auf die Familien beide verlassen, wenn wir mal wegfahren oder so, dann sagt man Bescheid" (Interview mit Maria L., Lehrerin, 37 Jahre).

Zu „größeren Projekten" (z.B. Hausbau), die im Grunde immer schon unter Mithilfe bezahlter Fachkräfte durchgeführt wurden, werden Nachbarn kaum noch herangezogen. Dagegen fallen solche Arbeiten - wie früher auch - im Familienkreis immer noch an. Auch Maria L. findet Beispiele dafür, welche Bedeutung auch bei „sozialen Aufsteigern" immer noch der Familie zukommt.

„Mein Schwager baut und da hilft mein Mann auch einiges mit. Oh ja. Die helfen sich weiter gegenseitig. Würd sagen das ist so geblieben, hat sich nichts geändert" (Interview mit Maria L., Lehrerin, 37 Jahre).

„Naja, wenn Geburtstage sind oder irgendwie ne Feier, trifft man sich schon. Mit meinen Geschwistern mehr als seinen. Also zu allen Geburtstagen usw. fahrn wir hin jedes Jahr. Dann trifft man sich auch meist, so zu Besuch oder macht mal 'n Grillabend. Je nachdem wie die Zeit ist" (Interview mit Maria L., Lehrerin, 37 Jahre).

Die Familie wird damit von vielen Dorfbewohnern immer wieder als die Ressource dargestellt, auf die man sich beziehen kann und in der sich Reziprozität auf irgendeine Weise schon einstellen wird. Vor allem bleiben Familienmitglieder als Rückhalt in Situationen größerer Not, für die im Dorf niemand in Frage kommt, weil sich die Probleme auf private Aspekte beziehen. In den Äußerungen von Maria L. spiegelt sich nochmals die wahrgenommene Einbindung in den ethnisch geprägten sozialen Raum wider. Nicht nur die dörfliche, sondern auch die sorbische Gemeinschaft kann in ziemlich eindeutig bestimmten engen Grenzen verortet werden.

„Sonst müßt' ich meine Schwester holen. Das ist ooch zwei Kilometer bloß weiter. Das ist also auch kein Problem. Ja, die Sorben wohnen so mehr eng zusammen" (Interview mit Maria L., Lehrerin, 37 Jahre).

Daß ein solcher begrenzter Handlungsraum, in dem Mitglieder unterschiedlicher Ethnien miteinander interagieren, auch zu Problemen und Konflikten führt, zeigt sich für sie besonders in der letzten Zeit. Wie bei vielen Dorfbewohnern entzündet sich ihr Unmut an der Situation in der Schule, wenn sorbische oder deutsche Eltern ihre Kinder um jeden Preis in die deutsche Schule geben wollen. Sie versucht nochmals deutlich zu machen, daß es zur sorbischen „Mentalität" gehöre, auf Fremde einzugehen, zeigt aber zugleich auf, daß dies nicht zu einer „Selbstverleugnung" und zu einem Bruch mit der sorbischen Tradition führen dürfe.

„Denn wenn man in die große Welt kommt, dann kommt man mit dem Sorbischen nicht weit. Doch mehr territorial. Und unser Bekannter, die Frau die ist deutsch. Da müssen wir uns auch auf Deutsch unterhalten, die kann kein Sorbisch. Also ich glaube, ich akzeptiere eigentlich jeden. Aber manchmal gibts so 'n - die sind so 'n bissl Fanatiker, die wolln von den Sorben manchmal ooch nichts wissen. 'S gibt so'ne Leute hier im Orte. Das sind doch. Geben ooch ihre Kinder in die deutsche Schule, obwohl die Oma noch in Tracht geht usw. Also das ist dann, pure Egoisten sind die. Also sie können in die sorbische Schule geben, aber geben dann in die deutsche. Find ich 'n bißchen ärgerlich. Das akzeptiere ich gar nicht" (Interview mit Maria L., Lehrerin, 37 Jahre).

Für sie hat die sorbische Kultur nur dann eine Überlebenschance, wenn die Kinder und Jugendlichen schon frühzeitig in sie hineinsozialisiert werden und die ethnische Orientierung somit ein Teil des Alltagslebens wird. Bedenkt man Untersuchungsergebnisse aus der Niederlausitz, in denen die sorbische Kultur zur reinen „Folkloreveranstaltung" geworden ist (Mai 1996), werden diese Sichtweise und Forderungen von Maria L. nur zu verständlich.

Sorbe im Angestelltenverhältnis

Andreas E. ist 45 Jahre alt und wurde im Dorf geboren. Er wohnt in einem Gebäude des alten Gehöfts seiner Eltern. Während die Eltern noch Landwirtschaft betrieben - ursprünglich als Bauern, später in der LPG - hat er nie in der Landwirtschaft gearbeitet und absolvierte statt dessen ein Studium. Er ist mit einer Sorbin verheiratet und hat drei Kinder, die zweisprachig erzogen wurden. In der Familie wird fast ausschließlich Sorbisch gesprochen. Zudem besteht eine starke sorbisch-traditionelle Einbindung. Die Familie geht mindestens einmal in der Woche in den sorbischsprachigen Gottesdienst, und die Kinder nehmen an bestimmten Festtagen in Festtracht (*družka*) an Veranstaltungen teil. Der älteste Sohn wird demnächst mit seiner Frau das Elternhaus verlassen, in dem sie noch gemeinsam mit ihrem Säugling leben.

Aufgrund seines technisch orientierten Studiums ist Herr E. in einem Industriebetrieb in der Region angestellt. Bereits vor der Wende befand sich sein Arbeitsplatz im näheren Umkreis des Dorfes. Seine Frau ist Lehrerin und unterrichtet - wie schon vor der Wende - in einer sorbischen Schule in einem nahegelegenen Dorf. Seit der Wende geht es der Familie finanziell besser. Sie kann zu den „sozialen Aufsteigern" im Dorf gezählt werden. Zwar hatten beide Ehepartner auch vor der Wende Arbeit, jedoch wurde diese nicht annähernd so gut entlohnt wie dies heute der Fall ist, denn, wie schon erwähnt, verdienten Akademiker - gemessen an der Dauer ihrer Ausbildung und auch in Relation zu Westdeutschland - wenig. Hinzu kam, daß sie häufig nicht, wie dies z.B. für Handwerker zutrifft, in der günstigen Position waren, nebenher durch *Schwarzarbeit* noch etwas dazuverdienen zu können. Gerade Akademiker profitieren deshalb in besonderem Maße von den gesellschaftlichen Veränderungen, weil ihre Arbeit nun stärker den Ausbildungsqualifikationen entsprechend bezahlt wird. Das gilt natürlich nur, sofern sie auch nach der Wende über eine ausbildungsadäquate Arbeitsstelle verfügen.

Nach Andreas E.s Angaben verlief das Leben in der DDR immer in relativ ruhigen und vertrauten Bahnen. Schwierigkeiten gab es für ihn nur, wenn sich staatliche und familiär-traditionelle Normenverständnisse als inkompatibel erwiesen, wie es im sorbisch-katholischen Kerngebiet angesichts der Jugendweihe häufig der Fall war.

> „Ja, das in der Richtung, was die Jugendweihe ganz klar anbetrifft, weil das ist der einzige, äh, die einzige Angelegenheit, wo ich das so massiv verspürt habe, weil das ganz einfach, in den Betrieben auch die entsprechenden Statistiken geführt haben und - wie viele Kinder geh'n in die Jugendweihe ... Also sehr viel schlimmer war das dann bei der Frau in der Schule zum Beispiel, die, dort war das, also ging das so weit, so weit, daß man sagte: 'naja, sind denn die Voraussetzung für die sozialistische Erziehung noch gegeben, wenn die eigenen Kinder nicht zur Jugendweihe gehen?'. Und da gabs ziemlich haarige Auseinandersetzungen auch innerhalb der Familie. Diesbezüglich, weil die Frau ganz einfach zu großen Angst - zu große Angst - vor dem Verlust des Arbeitsplatzes hatte" (Interview mit Andreas E., Akademiker, 45 Jahre).

Deutlich wird an dieser Aussage vor allem, wie vielschichtig die Überlegungen waren und wie weitreichend die Konsequenzen von Entscheidungen gesehen wurden. Durch die überaus bedeutsamen und teilweise als bedrohlich wahrgenommenen Folgen waren derartige Konflikte und Probleme natürlich auch eine Belastung im privaten Bereich, die im sozialen Umfeld auch immer wieder besprochen wurden.

> „Also das hat diese, äh dieses massive Einwirken hat auch Wirkung gezeigt, also bei mir speziell ... Beim Jungen da wars dann anders, da gings dann soweit, necht, zum Direktor und der Lehrer, die ham da, da sind auch Diskussionen im Lehrerzimmer geführt worden, und es hat sich aber trotzdem an der Entscheidung nichts geändert" (Interview mit Andreas E., Akademiker, 45 Jahre).

Die Andreas E. am stärksten betreffenden Veränderungen nach der Wende lassen sich im beruflichen Bereich feststellen. Es wurden viele ehemals bestehende Einschränkungen im Arbeitsleben abgebaut, die allerdings teilweise durch neue Abhängigkeiten und weitreichende Beschneidungen von Optionen ersetzt wurden. Deutlich wird das insbesondere dann, wenn *ehemalige* Arbeitsbedingungen und Belastungen den *heutigen* gegenübergestellt werden. Zu DDR-Zeiten bestanden neben der Arbeitsplatzgarantie auch gewisse Aufstiegsmöglichkeiten, die mit der beruflichen Qualifikation zusammenhingen. Allerdings konnte ein weiterer beruflicher Aufstieg oft nur dann erfolgen, wenn neben die berufliche Qualifikation auch eine weitergehende politische Einbindung trat (Parteizugehörigkeit, Teilnahme an betrieblichen Kampfgruppen etc.). War das nicht der Fall, wie bei Andreas E., dann bestanden erhebliche Mobilitätsbarrieren.

> „Natürlich war eine Sache, wenn man sich jetzt dann fachlich so einigermaßen hochgearbeitet hat, so an einer bestimmten Ebene war Feierabend, denn dann stand ja dann die Parteizugehörigkeit ganz einfach auf'm Plan, und wenn man dort 'n ganz klaren Standpunkt bekundet hat, dann hat sich das damit dann auch erledigt. Also da wurde man da nicht massiv, ich kann jetzt nur von mir sprechen, nicht massiv jetzt in die, in die Enge getrieben. Das auf gar keenen Fall. Kampfgruppe - genau das gleiche" (Interview mit Andreas E., Akademiker, 45 Jahre).

Zwar sind seit der Wende solche Barrieren nicht mehr vorhanden, aber offensichtlich ist der Abbau an Restriktionen zugleich mit weitreichender Unsicherheit verbunden. Denn die erhoffte Verbesserung des Arbeitslebens wird nur in begrenztem

Rahmen wahrgenommen, und Brüche zeigen sich relativ schnell. Gemessen an den Bedingungen und den Möglichkeiten der Menschen im Westen Deutschlands sieht Herr E. für sich lediglich sehr begrenzte Chancen. Im Grunde genommen werden von ihm für Menschen seiner Generation keine weitreichenden, prospektiven Perspektiven gesehen. Auf der einen Seite besteht die Abhängigkeit von Arbeitgebern, deren Anforderungen erfüllt werden müssen, auf der anderen Seite finden sich kaum Möglichkeiten, sich selbständig zu machen oder innerhalb des Arbeitsgebiets nach Alternativen zu suchen.

„Daß wir diese Chance nutzen. Es ist, es ist nicht möglich. Es ist ganz einfach wirtschaft... - also, äh, äh ökonomisch nicht durchstehbar. Aus dem einfachen Grunde, es kommen sehr viele, was jetzt meine Branche ooch anbetrifft (...), sehr viel Niederlassungen aus dem westlichen Teil, und da ist das ganz einfach, die Voraussetzungen sind so nicht da. Also da muß man sagen, man wird regelrecht überrollt. Es hat äh, hier überhaupt keinen Zweck, irgendwas selbst was auf die Beine zu stellen" (Interview mit Andreas E., Akademiker, 45 Jahre).

Die ökonomische Lage Andreas E.s, die sich nach eigener Einschätzung aufgrund der vielfach unklaren gesamtwirtschaftlichen Situation relativ schnell zum Negativen wenden kann, vergleicht er mit den ökonomischen Bedingungen und Belastungen anderer Dorfbewohner.

„Ja, das ist - andere System über Nacht entstanden, bloß sei es mit den, bei den Leuten, mit denen man nun sich unterhält und spricht, die nun das Altersübergang, also die nun das Alter haben, und den Übergang nutzen, die ja nun doch, also teilweise verbittert sind. Aber das ist ja, untätig zu sein, in diesem Alter ist ja was ganz furchtbares. ... Also ich bin, bin schon fast sicher, daß es so, daß es so keiner vorgestellt hat, hundertprozentig. Ja, das ist, diese drastische, ja, und das größte Problem ist eben, das, äh der Arbeitsmarkt. Das ist, mit dem steht und fällt äh, fast alles, ja" (Interview mit Andreas E., Akademiker, 45 Jahre).

Durch die wirtschaftliche Situation wird die eigene Lage als sehr unsicher begriffen, und es entsteht die Angst, daß die positiv wahrgenommenen Wendefolgen ebenfalls nur von transitorischer Natur sind. Anpassungsprozesse, die aufgrund des sich sich rasch wandelnden ökonomischen Systems generell nur schwer möglich sind, konnten noch nicht in dem Ausmaß stattfinden, um trotz relativer finanzieller Absicherung ein Gefühl der Sicherheit zu erlangen.

„Tjaa, Sicherheit, naja, Möglichkeit würd ich mal sagen. Sicherheit nicht. Möglichkeit, ja. Ja, ich hab 'ne gewisse Möglichkeit oder 'ne entsprechende Möglichkeit. Nur ist das Problem, was heute aktuell ist oder wichtig ist, morgen fast vollkommen undiskutabel oder schon überholt. Das - also dieser Wandel, diese ständige Bewegung ist äh ist unheimlich. Äh, naja vom Tempo her rasant. Also das ist. Man kann jetze von einer, von einer Sicherheit auf bestimmten Arbeitsgebieten überhaupt nicht mehr sprechen, und das macht mir Sorge" (Interview mit Andreas E., Akademiker, 45 Jahre).

Andreas E. charakterisiert die wirtschaftliche Lage als ursächlich für beginnende Konkurrenzverhältnisse unter Beschäftigten, abnehmende Solidarität und aufkommenden Neid. Auch in diesem Zusammenhang macht er durch einen Vergleich mit der Vergangenheit deutlich, daß gerade durch Arbeitsbedingungen und die Absicherung im Arbeitsbereich in der DDR bestimmte Freiräume und Nischen bestanden, wodurch auch konträre Meinungen und Versuche, eigene Interessen durchzusetzen, nicht notwendig den existentiell belastenden Charakter bekamen, der ihnen nach der Wende angesichts des generellen Arbeitsplätzeabbaus immer wieder zukommt.

„Das ist jetzt, äh, und auch wie zu kritisieren das auch war, das ist nicht das Problem. Das konnte man ruhig machen. Denn die Gewerkschaft war war in der Beziehung doch ein ziemlich, ein ziemlich starker Hinterhalt. Ja. Und jetzt kann man sich absolut nicht mehr trauen. Wenn das die Gesellschaft oder Eigner usw. oder sein Geschäftsführer oder dann die leitenden Angestellten, wenn man dort bestimmte Sachen, die nun festgelegt wurden, irgendwie kritisch betrachtet oder in Frage stellt, dann hat sich das erledigt. Also von der Warte bin ich doch fast mächtig enttäuscht, daß das, daß hier ja, diese Unterschied der einzelnen Schichten, also, hat man was, ist man was, kann man das entsprechend auch dann wirksam gegenüber 'nem andern durchsetzen ... Ja, also das ist nun schon aus'm einfachen Grunde, weil wir momentan etwa auf 20% der Belegschaft so Belegschaft runtergefahren werden. Und da kann man sich vorstellen, früher doch, äh, da sind halt die fünffache, oder das fünffache an Arbeitskräften tätig war und jetzt nun: 'Wer ist denn der Nächste?'. Und, und jetzt versucht einer auch den andern, naja, mit'm Ellenbogen sich den Weg frei zu machen" (Interview mit Andreas E., Akademiker, 45 Jahre).

Die derart veränderten Bedingungen lassen sich nicht nur im Arbeitsbereich feststellen, sondern finden ihren Ausdruck auch in der privaten „Lebenswelt". Die beginnende soziale Differenzierung geht damit auch im Dorf nicht spurlos an den Menschen vorüber. Die Kluft wird nach E.s Ansicht besonders zwischen denjenigen, die Arbeit haben, und Arbeitslosen bzw. Vorruheständlern immer größer.

„Also es entsteht aufgrund dieser Situation schon fast ein gewisser Neid dann. Durch, durch nicht das durch Selbstverschulden eben in 'ne Situation hereingeraten zu sein, die den anderen, die jetzt noch im Arbeitsprozeß stehen und, und vielleicht eine entsprechende Stellung beziehen, also da ist der Unterschied jetzt ja, fast unglaublich" (Interview mit Andreas E., Akademiker, 45 Jahre).

Während man sich von der Wende u.a. auch einen Abbau von Rigidität und Repressionen in öffentlichen Lebensbereichen und zunehmende Freiheit im Umgang mit Behörden versprach, erweist es sich, daß sich Verschlechterungen neben den Arbeitsbedingungen vor allem in der Zunahme an Bürokratie und behördlichen Verfahrensstrukturen („Bürokratismus") bemerkbar machen. Auf diese wird daher angesichts der Selbstsicht und der wahrgenommenen westdeutschen Sicht der Bedingungen in der ehemaligen DDR mit Unverständnis reagiert. In den Bemerkungen von Andreas E. findet sich das Gefühl der Entfremdung. Selbst im kleineren Rahmen scheinen ihm kaum noch Möglichkeiten vorhanden zu sein, daß Ostdeutsche - oder Sorben - auf allgemeine Strukturen und gesellschaftliche Bedingungen Einfluß ausüben.

„... aber eins muß auch festgehalten werden, das ist das für mich auch 'n bissl Erstaunliche, daß man, was man eigentlich an und für sich der DDR vorgeworfen hat, dieser Bürokratismus, das ist ja nun fast gar nicht mehr. Also es äh, nicht viel einfacher geworden, eher noch viel, viel umfangreicher. Also das ist, jetzt weiß ich nicht wieso diese ganze Sache entstanden ist. Ob man das aus Unkenntnis so in die Welt gesetzt hat oder, das das kann ich mir nicht erklären" (Interview mit Andreas E., Akademiker, 45 Jahre).

In seinen Äußerungen hebt Andreas E. besonders die starke traditionelle Bindung der Familie hervor. Es ärgert ihn, wenn er mit Sorben Sorbisch spricht und diese absichtlich in deutscher Sprache antworten: „Die denken, das Sorbische sei weniger wert, und bezeichnen es als Bauernsprache." Das ist jedoch nach seiner Auffassung nicht die Folge der Wende. Vielmehr wurde die deutsche Sprache auch vor der Wende zur Distinktion und Abgrenzung genutzt. Entsprechend macht er deutlich, daß vielen die sorbische Sprache schon früher nicht „fein" genug war: „Die wollten was besseres sein und versuchten das auch über die Sprache." Allerdings stellt er fest, daß sich solche Tendenzen nach der Wende verstärkt haben, seit die Sorben generell von allgemeinen Veränderungsprozessen betroffen sind. Gerade durch den zunehmenden Rechtsradikalismus sehen viele Sorben die Gefahr, daß sie aufgrund der ethnischen Andersartigkeit zu Sündenböcken für die aktuelle ökonomisch-politische Situation gemacht werden. Auch wenn dieser Aspekt sich nicht durchgängig in allen Lebensbereichen finden läßt, beinhaltet er auf jeden Fall Furcht vor Repressionen - insbesondere bei jüngeren Sorben. Vor allem wird deutlich hervorgehoben, daß aufkommende Fremdenfeindlichkeit mit Auflösungstendenzen der sorbischen Kultur zusammenfällt und sich somit hier ein wichtiges Handlungsfeld für die Kulturerhaltung ergibt.

„Ja, die Beziehungen und das ist mit dem aufkommenden äh naja nun Fanatismus oder Rechtsradikalismus hier, seh ich dort eine gewisse Gefahr. Es ist, die gehört, die wird für meine Begriffe aus der Unkenntnis auch heraus, daß man sich nicht durchsetzt, daß hier die Ureinwohner die Sorben sind. Und noch viel weitergehend, nicht nur in dem Gebiet. Und das sich die andern, in Anführungsstrichen, das angemaßt haben jetze, und, und die Jugend, manchmal in ihrer, einige davon, wieder sagen, naja, denen hat irgend jemand was eingebläut und jetzt sind die so Mitläufer oder solche, solche Randalierer. Es gab ja nun schon so'ne Ausschreitungen hier in den umliegenden Dörfern bei Tanzveranstaltungen zum Beispiel. ... Daß man äh sich, daß man Angst haben muß, zu bekunden oder irgendwo zu sagen, ich bin Sorbe, ich bekenne mich dazu. Daß man sagt, die haben's besser gehabt, jetzt werdn wir mal 'n bißchen die Bude anheizen. Und das ist, würd ich mal sagen, nicht mehr unter Kontrolle. Und das ist das ganz Erschreckende" (Interview mit Andreas E., Akademiker, 45 Jahre).

Beginnende Auflösungsprozesse der ethnischen Gemeinschaft basieren daher zu einem Teil auf diesen äußeren Bedingungen. Zudem lassen sich auch innere Unsicherheiten feststellen, die diese Tendenzen noch verstärken.

„Das äh, und was die Sicherheit, diese persönliche Sicherheit anbetrifft, und letztlich daraus resultierend auch die, das würde schon voll, das wird immer nur wenige betreffen, aber da wird, da wird schon ein gewisses Schutzschild, wird da aufgebaut und gesagt, bevor ich mich da aus'm Fenster lehne und Brauch und das Sorbentum hier hochhalte, da bin ich doch lieber, geh ich doch einen Schritt zurück und da kann mir nicht so viel passieren. Da fall ich nicht auf und das wär außerordentlich schade, wenn sich so'ne Entwicklung hier verstärken würde" (Interview mit Andreas E., Akademiker, 45 Jahre).

Neben dem Verlust der Sprache weist Herr E. zudem besonders auf den enormen Wertewandel hin, der in seiner Wahrnehmung insbesondere die Jugend betrifft. Den starken Verlust früherer Werte und die Disziplinlosigkeit der Jugend sieht er zu einem großen Teil den neuen Medien geschuldet, die eine starke Auswirkung auf das Alltagsleben ausüben. Er macht aber auch deutlich, daß durch die ehemalige Verfügbarkeit bestimmter Einrichtungen für die Jugendlichen (kirchliche Jugendeinrichtungen, Schule, aber auch *Junge Pioniere*) die Einbindung sehr viel stärker war, die Jugendlichen also als integrierter Teil der Gemeinschaft begriffen wurden, so daß abweichendes Verhalten in irgendeiner Form zumindest im dörflichen Rahmen kaum anzutreffen war.

Den negativen Folgen der Wende steht derzeit allerdings - trotz aller angedeuteten Auflösungstendenzen - noch die Einbindung in die regionale und ethnische Gemeinschaft gegenüber, der Andreas E. immer noch eine wichtige Rolle zuweist.

„Also äh diese Bodenständigkeit, Bodenständigkeit, ist für mich als Sorbe enorm ausgeprägt. Also unvorstellbar irgendwo anders mich niederzulassen oder irgendwo hinzuziehen oder 'ne Arbeit zu suchen. Also das ist für mich überhaupt kein Thema. Aber das bedingt, ich würde fast schon sagen, mehr das äh - die Nationalität" (Interview mit Andreas E., Akademiker, 45 Jahre).

Neben dieser empfundenen Einbindung in die Gemeinschaft fällt allerdings gerade bei Andreas E. ein relativer Rückzug aus dörflich gebundenen sozialen Beziehungen auf. Die Ursache für den Rückgang seiner Kontakte sieht er vor allem in den zeitlichen Belastungen in seinem Beruf. Die Folge ist, daß er innerhalb des Dorfes kaum noch über engere Sozialkontakte verfügt, sofern diese nicht familiär begründet sind. Dazu scheint auch beizutragen, daß im Dorf überhaupt nur wenige in einer vergleichbaren Alters- und Berufskategorie leben.

„Ich muß immer wieder darauf zurückkommen, daß wenn man im Arbeitsprozeß steht, und bei mir speziell auch im Außendienst, da sind ja acht Stunden nichts. Sind da ja mehrere Tage wo man unterwegs ist, dann zu Hause eben nicht die anstehenden Arbeiten ent-, entsprechend machen kann oder den Kontakt zu den andern pflegen kann, äh, das äh, .. na jetzt hab ich, jetzt hab ich mich 'n bissl ver- .... Also äh, es muß, es ist zwangsläufig, daß das jeder machen muß, daß er sich jetze vorrangig nicht um die Sachen des Nachbarn kümmert, sondern seine in den Vordergrund stellt, das ist also schon. ... Im, im, ja, im Dorf selbst ist was mich speziell jetze anbetrifft, wäre kein Gesprächspartner. Hätt ich gar nicht, würd ich gar keinen so kennen. Nun gibts in unserem Dorf so von der Struktur her keinen" (Interview mit Andreas E., Akademiker, 45 Jahre).

Die fehlenden dörflichen Kontakte führen bei Andreas E. jedoch nicht zum Gefühl mangelnder Einbindung oder Akzeptanz von seiten der übrigen Dorfbevölkerung. Er ist im Dorf aufgewachsen, kennt die strukturellen Zusammenhänge und würde in bestimmten Notsituationen auch innerhalb des Dorfes Hilfe finden. Allerdings macht er darauf aufmerksam, daß sein Interesse an weitergehenden Kontakten nur sehr begrenzt ist. Seine Überlegungen bezüglich der Reichweite seiner sozialen Beziehungen verweisen auf den Funktionszusammenhang (Instrumentalisierung), in dem er die dörflichen Kontakte und potentiellen Hilfestellungen sieht.

„Mh - ja, aber die sind so, nicht so intensiv, daß man jetzt so regelmäßige Besuche da stattfinden. Aber ich möchte doch behaupten, doch hier in dem Falle naja, so 'ne gewisse Anerkennung zu genießen. Ich, äh, es ist, wäre vielleicht 'n bissl hochtrabend, aber zumindest akzeptiert zu werden, sagen wir mal so besser. Anerkennung ist nicht so das Richtige, aber eine gewisse Akzeptanz. ... Nur muß man dann abwägen, welcher Umfang und welchen Umfang nimmt die Hilfe an. Ansonsten ist es ja dann schon, is schon 'ne geschäftliche Beziehung, 'ne Auftragserteilung und die dann über diesen, dann auch über diese Form abläuft und entsprechend auch dann zu begleichen ist, also über Rechnung und so weiter" (Interview mit Andreas E., Akademiker, 45 Jahre).

Das zeigt, daß seine engeren Sozialkontakte über den dörflichen Bezugsrahmen hinausweisen. Aufgrund seiner zeitlichen Belastungen reproduzieren sich seine näheren Freundschaften primär im sportlichen Bereich. Dieser Lebenszusammenhang ist eindeutig sorbisch geprägt, da er in einer sorbischen Fußballmannschaft spielt.

„Das sind, das sind, ich sag immer nur Fußballkollegen bis jetzt. Also dort gibts dann keine familiären Beziehungen, also die sich zumindest bis jetzt entwickelt hätten. Kann sein, daß das mal verstärkt, aber auf alle Fälle ist es immer nach den Fußballspiel dann eene Genugtuung, eene gewisse Auflösung, wenn man dann zusammen sitzt, überwiegend dann die ganze Mannschaft und sich austauscht. Die ganze Runde jetzt" (Interview mit Andreas E., Akademiker, 45 Jahre).

Andreas E. findet somit soziale Unterstützung bei Bedarf im engeren Familienkreis oder bei Freunden aus der weiteren Region, die sich zum überwiegenden Teil wiederum aus seinen sportlichen Kontakten rekrutieren. Seine Problemwahrnehmung bzw. die Wahrnehmung möglicher Belastungen liegen dabei weniger im privaten Bereich, sondern beziehen sich in der Regel auf Arbeitszusammenhänge, die dann auch bestimmte Unterstützungsformen erfordern, die ihm in der Kernfamilie offensichtlich nicht zuteil werden.

„Ja, das ist, das ist ideal, wenn man das mit der Frau besprechen kann. Nur, wie gesagt, ist das mehr oder weniger ein Wunschdenken, weil bei uns speziell nun die Arbeitsgebiete so auseinanderklaffen, daß man dorte und dorte, die Frau schon meint, aber jetzt so gar nicht richtiges Verständnis haben kann und und hat. Deshalb liegt die Entscheidung meistens bei mir selber, oder aber, daß man dann im Freundeskreis darüber unterhält oder im Bekanntenkreis, wo man sagt, ach ja, der kann dir mit Sicherheit weiter helfen, der ist in der Richtung erfahren oder hat seine Erfahrungen gemacht. .... Das ist auch außerhalb des Dorfes. Also in der Umgebung sagen wir mal, in der Umgebung, die hier vielleicht mal so von 10 km" (Interview mit Andreas E., Akademiker, 45 Jahre).

Andererseits bietet sich für wichtige finanzielle Hilfeleistungen, die eine gewisse Vertrautheit und Verläßlichkeit erfordern, vor allem der engere Familienkreis und die nahe Verwandtschaft an.

„Dann würd' ich, als erster Ansprechpartner wäre äh, sicherlich die Verwandtschaft, also der Bruder oder die Mutter oder so. Ansonsten, äh, für mich käme kein Fremder jetze so in Frage" (Interview mit Andreas E., Akademiker, 45 Jahre).

Neben den Freunden vom Sport und der Familie reproduziert sich der Bekanntenkreis bei Andreas E. durch das ausgeprägte Verwandtschaftssystem.

„Ja, es sind ja nun, die Verwandtschaft ist ja nun enorm groß bei uns, die wird äh, sagen wir so, seiner Zeit ganz zwangsläufig durch die, durch die, durch die Hin durchs Hin? - äh der Gründonnerstag gepflegt, da sind ja nun sehr viele Kinder nun schon aus dem Alter raus. Und dann jetzt zu runden Geburtstagen. Man geht zu runden Geburtstagen. Da trifft man sich immer wieder. Aber ansonsten so gewöhnliche Besuche? Man sieht sich zu oft an, bei - zu bestimmten Anlässen, also das ist, das ist gar nicht so erforderlich, aufgrund der Familiengröße" (Interview mit Andreas E., Akademiker, 45 Jahre).

Obwohl die Bedingungen in den Städten als noch schlechter dargestellt werden, zeigt sich, daß auch in den Dörfern Solidarität und Hilfeleistung in Problemlagen nachlassen. Die Folgen für die Nachbarschaftshilfe lassen sich dabei nicht nur über fehlende Arbeit und begrenzte finanzielle Mittel erklären. Auch der Konkurrenzkampf in und zwischen Betrieben und die neuen Anforderungen des Arbeitslebens führen nahezu zwangsläufig zur Verschlechterung gegenseitiger Hilfeleistungen.

„Das war zu - vor der Wende überhaupt kein Thema. Mh. Es konnte jeder soviel er wollte arbeiten gehn oder nach Feierabend arbeiten gehn. Nun, das ist nun doch etwas oder ganz genau geregelt. Und deshalb ham wir auch sehr viel Angst. Und es ist auch vom Arbeitgeber wird diese Angst mit her - äh hineingetragen. Wenn man sagt also: Wehe dem, ich sehe irgend jemanden, sei's jetzt nun so'n Bauhandwerker also Bauhandwerk schon, ich seh irgend jemanden dort und dort arbeiten, also das ist, dann ist er bei mir eben entlassen. Also es ist, es wird massiver Druck ausgeübt, um - um hier is ja ganz einfach, das ist, das sind doch die Aufträge, die dann wieder verloren gehen" (Interview mit Andreas E., Akademiker, 45 Jahre).

Die Bedeutung von schwachen sozialen Beziehungen, die nötige Informationen für eventuelle berufliche Veränderungen bereitstellen können, wird sehr hoch eingeschätzt. Diese Kontakte können aber kaum aus bereits bestehenden Beziehungen entstehen, sondern entwickeln sich erst durch den Beruf und neue berufliche Aufgabenbereiche. Daher sind es insbesondere Menschen, die in besseren Positionen im Arbeitsprozeß stehen, die über solche Kontakte verfügen.

„Dies da, denn da ist ja das entsprechende Alter da, wo man ja nun, wenn man nicht durch entsprechende Bekanntheitsgrad oder durch andere Beziehungen, ja, Arbeit gäbe oder zukünftige neue oder Vermittler sagt dann, aha hier, den und den, das kannste machen, da gehste keine Gefahren. Also diese, diese persönlichen Beziehungen ham enorm an Wert gewonnen. Ja. Also da muß man aber wirklich speziell an entsprechende Stelle haben, wo man äh - die etwas bewegen kann. Nich zu irgend jemanden, sondern an den Positionen, an den Positionen, die Partner. Also das ist sehr, also dort hat man jetzt doch ganz schöne Probleme. Wenn, naja, wenn der angestammte Arbeitsplatz, in einen Mal dann in Frage gestellt wird, sich da was Neues anzupassen, also was Neues anzufangen oder so" (Interview mit Andreas E., Akademiker, 45 Jahre).

Allerdings können auch diese Kontakte nicht zu einem Gefühl der Sicherheit führen, denn aufgrund der ökonomischen Situation sind die Problembereiche zu komplex, als daß ihr Ausmaß vorher übersehen werden und adäquate potentielle Hilfe damit richtig eingeschätzt werden könnte. Daher werden auch Problemgespräche - insbesondere wenn es sich um Arbeitszusammenhänge dreht - mit neueren Bekannten geführt, wobei aber gleichzeitig alte Beziehungen aufrechterhalten werden.

„Mmmh, das ist erstmal die Leute ham sich so wesentlich nicht geändert, weil ja ganz einfach auch der Bekannten- und Verwandtschaftskreis ziemlich groß sind. Jetzt durch die Arbeit bedingt, hab ich natürlich viel, viele neue Beziehungen, aber die nicht ins Familiäre dann gehen, das geht so mehr, was mich persönlich anbetrifft. Also das ist der, damit ist der Kreis der Bekannten erweitert worden. Aber daß sich grundsätzlich die Ansprechpartner hier ändern würden, das nicht" (Interview mit Andreas E., Akademiker, 45 Jahre).

Neue Kontakte führen damit zu einem Gefühl, für bestimmte Fälle die nötigen Ansprechpartner zu haben, gleichzeitig besteht für Andreas E. noch der dörfliche Bezug, der ihm in seiner „Lebenswelt" die nötige Sicherheit gibt, um sich den neuen Aufgaben zu stellen.

Zusammenfassung Lebensformgruppe Angestellte

Trotz zahlreicher Divergenzen zwischen den Angestellten, kann doch festgestellt werden, daß alle drei durch die Wende einen sozialen Aufstieg erfahren haben. Als Angestellte und Akademiker wurden sie in der DDR - anders als in Westdeutschland - nicht ihrer Ausbildung entsprechend bezahlt. Weiterhin zeichnen sich alle drei dadurch aus, daß sie die sorbische und religiöse Gemeinschaft als sehr wichtig erachten und um ihren Bestand fürchten. Die Lehrer sind zudem noch in der Vereinsarbeit involviert. Allerdings wird von ihnen nach der Wende nur wenig unternommen. Dies wird mit den Wendeveränderungen und der Motivationslage der Bevölkerung begründet. Im Dorf sind beide in ihrer Nachbarschaft gut integriert und verfügen zudem über Kontakte, die über die Dorfebene hinausweisen. Verstärkt gilt dies für Andreas E., der durch seine Arbeit kaum noch in der Lage ist, seine dörflichen Kontakte aufrechtzuerhalten. Für ihn wird das allerdings von seiner Frau übernommen. Auf einen einfachen Nenner gebracht, handelt es sich bei den Angestellen um eine Personengruppe, die über materielle Möglichkeiten verfügt, die sie vor der Wende nicht hatte, dadurch ihre Mobilität ausdehnen kann und gleichzeitig innerhalb der sorbischen Tradition verwurzelt ist.

5.1.6   Lebensformgruppe *Selbständige*

Sorbischer Landwirt

Franz T. ist 34 Jahre alt, und er wurde in *Wjeska* geboren. Seine Eltern sind Sorben, und auch er und seine sorbische Frau sprechen zu Hause nahezu ausnahmslos Sorbisch. Franz T. lebte bis er 1984 den Ort verließ, um mit seiner Frau in ein Nachbardorf in eine Wohnung der LPG zu ziehen, bei seinen Eltern. Er machte eine Lehre in einem landwirtschaftlichen Beruf und war in der LPG als ausgelernter Facharbeiter tätig. Nach der Wende, als über die zukünftige Struktur der LPG verhandelt wurde,[220] hat er sich selbständig gemacht. Weil die Wohnung der Familie nicht länger zur Verfügung stand, denn das Haus, in dem sie lebten, war früher von

---

[220] Die LPG wurde später in eine GmbH umgewandelt.

der LPG ohne Baugenehmigung gebaut worden und mußte daher an den ursprünglichen Landeigentümer übergeben werden, zog Franz T. 1991 mit seiner Frau und zwei noch nicht schulpflichtigen Kindern zurück zu seinen Eltern in das Untersuchungsdorf. Sein Vater bewirtschaftet nach wie vor eine kleine Landwirtschaft, die Franz T. später zusammen mit dem kleinen Gehöft übernehmen wird.

Franz T.s Leben in der DDR war deutlich durch die LPG und durch seine dortige Tätigkeit geprägt. Er berichtet über zahlreiche, durch die LPG organisierte Zusammenkünfte und Feste, durch die sich soziale Beziehungen ständig reaktivierten. Darüber hinaus weist er auf die vielfältigen Funktionen solcher LPG-Feiern hin. Sie dienten nicht nur dem Aufrechterhalten sozialer Kontakte, sondern waren offenbar auch ein Spannungsventil, um während der Arbeit aufgestauten Ärger zwischen einzelnen Personen oder bestimmten innerbetrieblichen Gruppen besser kanalisieren zu können. Wie in Massenorganisationen bestanden in den LPGs Kulturfonds für betriebliche Feiern, zu denen gelegentlich die Bewohner derjenigen Dörfer eingeladen wurden, in denen die LPG Ländereien hatte.

„Naja, ja, naja, da war mal so Brigadefeier, ne, zwei drei Mal im Jahr. Dann war Betriebsfeier, oder Bereichsfeier und, und, und, na da gabs etliche Feiern, weil gabs ja direkt Fonds für Kultur, da haste Geld gehabt. Nech, ich weeß nicht, dreißig Mark oder fufzig Mark, war verschieden, pro Mitglied haste gekriegt. In die Brigadekasse und dann, das mußte verbraucht werden, das durfte nicht ausgegeben werden das Geld. Und verschiedene große Feiern, die ham'se dann Betriebsfeiern gemacht oder so. Dann öffentlich manchmal, das andere ooch noch dazugekommen sind, niwa. Naja und, aber das Organisieren das war ... Also das, das gabs, naja, das dann alle besoffen warn nie, aber na, es gab dann immer ein fröhliches Zusammensein und da haste manchmal die Probleme vergessen. Ne, wenn de gesagt hast, du hast dort was kaputt gemacht oder so, das hättste nicht brauche, naja, dann haste das mal vergessen, niwa, und nächsten Tag lief das dann wieder weiter, niwa. War schon nicht schlecht, niwa, daß man sagt, na gut, jetze machen wir 'ne Weihnachtsfeier und dann ist wieder fürs neue Jahr 'n bißchen Ruhe" (Interview mit Franz T., Landwirt, 34 Jahre).

Die vielfältigen Aktivitäten fehlen ihm seit der Wende. Als selbständiger Landwirt ist er sehr auf sich allein gestellt und muß nahezu seine gesamte Zeit für die Arbeit, die er mit Tieren und Flächen hat, aufbringen. Das hat unter anderem zur Folge, daß er an gelegentlich stattfindenden Familienfeiern gar nicht oder nur in begrenztem Rahmen teilnehmen kann.

„Ne. Sonntag ham wir mal Leute gehabt, dann geh ich früh um sechs in die Kirche. Zum Mittag halb zwölfe, halb eens wieder fort. Um viere bin ich wieder heem gefahren, weil wir Besuch hatten, meine Geschwister warn da, niwa. Das war Gründonnerstag, hatten die gefragt. Und da hatten wir uns ausgemacht, kommt doch mal. Und da bin ich schon wieder um sechse wieder fortgefahren. Und da bin erst um dreiviertel zehne zurück. Und das war der Sonntag. Die Zeit fehlt mir, hat mir jetzt jemand gesagt, 20 Stunden hätte, müßte der Tag haben für mich, das ich das hier alles bewältige, alleene. Ja, daß ich keene Hilfe brauchte oder so, aber na gut, geht nicht anders. Und dann, daß du körperlich das aushalten tust, ich ich schlafe jetze seit Mai, da weeß ich nachts nimmer was mit mir passiert im Bette naja, gut, meine Frau muß öfters mal alleene fahrn zu den Schwiegereltern oder irgendwie mal zu eenem Besuch, wo ich nicht dabei kann sein zum Geburtstag" (Interview mit Franz T., Landwirt, 34 Jahre).

Aufgrund seiner mangelnden Zeit und Arbeitsüberlastung übernimmt seine Frau die Aufgabe, Beziehungen zu Verwandten und Freunden aufrechtzuerhalten. Die Selbständigkeit läßt ihm kaum genügend Zeit, seine alten freundschaftlichen und nachbarschaftlichen Kontakte intensiv zu pflegen. Die Einbindung in die sorbische Gemeinschaft vollzieht sich bei ihm - von der Beziehungsarbeit seiner Frau einmal abgesehen - über einige wenige gemeinsame Kontakte und gegenseitigen Austausch. Dabei sind es Familienfeste und kirchlich gebundene Aktivitäten, die regelmäßig zu Zusammenkünften führen.

„...jetzt war Schuleingang für unsern, bei unserm Kleenen. Da warn alle Nachbarn da, außer Zs., weil die sind äh für älteren, ne, aber die Zs. und Rs. und - äh - T. die andern hier. T., das ist keene Verwandtschaft, die warn alle da, weil die Geschenke gegeben haben. Die ham Geschenke gegeben, ja. Und, und jetzt war Erstkommunion bei Zs. Da warn auch alle wieder da. Und der P., der hat ja jetzt Geburtstag; 40 - gewesen. Da war ich mal kurz gratulieren, weil wir an dem Tag gerade fort waren. Und der, der Vater P. war gerade 70, war meine Frau selber gratulieren, weil ich keene Zeit hat, weil ich mußte auf die Weide und wie ich wieder später heem, weil wenn man Landwirt ist, dann tut man ja 14 Stunden und mehr arbeiten" (Interview mit Franz T., Landwirt, 34 Jahre).

Trotz seiner gering bemessenen Zeit ist Franz T. relativ gut in die Gemeinschaft integriert und hat auch Freunde und Ansprechpartner im Dorf, auf deren Hilfe er bei Bedarf zurückgreifen kann.

„Naja, Bekannte hab ich, ham wir ja Nachbarn und so, Schulfreunde, na, aber das ist, ist 'n bissl wenig Zeit so, ich hab 'n bissl wenig Zeit für, für alles, niwa" (Interview mit Franz T., Landwirt, 34 Jahre)

Mögliche Hilfen und eine familiäre Einbindung sind für seine Landwirtschaft sehr wichtig, denn aufgrund der arbeitsintensiven Tätigkeit muß er häufig auf Unterstützung anderer zurückgreifen. Diese Hilfe kann wegen der von ihm nicht zu bezahlenden Löhne für Aushilfskräfte nur die Familie und der enge Freundeskreis leisten.

„Ja, der Bruder, helfen ja, tut abladen oder die Schwägerin, ja ja, das. Weil auf Arbeitskräfte biste in der Landwirschaft immer angewiesen, auf andere. ... Ja, weil das ist Familienbetrieb, das - und das bleibt auch. Also wenn wir jetze Heu laden oder so, da helf ich meinem Bruder, der hat ooch eigentlich 'n bissl was und andersrum hilft der mir. Weil, alleene schafft man das nicht. Und wenn eener sagt, ich mach das alleene, der geht kaputt dran, körperlich" (Interview mit Franz T., Landwirt, 34 Jahre).

Neben der tatkräftigen Hilfe von Verwandten und Freunden werden durch neue Anforderungen im Arbeitsbereich, die alleine kaum zu leisten sind, Kontakte und Beziehungen notwendig, die über den dörflichen Zusammenhang hinausweisen. Denn umfangreiche Neuerungen, Möglichkeiten der Finanzierung, Beobachtung der Absatzmärkte, Beantragung von Förderungsmitteln, Übergangsgeldern und Anpassungshilfen müssen nahezu gleichzeitig erfolgen und können nicht ohne Beratung durch Fachleute bewerkstelligt werden, die, aufgrund der Materie und Art der rechtlichen Bestimmungen, in der Regel aus den alten Bundesländern kommen. Im Dorf selbst lassen sich für die neuen, relativ komplexen Probleme keine adäquaten Ansprechpartner finden.

„Naja, wer kann mir denn raten? Weil viele sind ja gar nicht, jetzt ham sich ja gar nicht mit sowas befaßt. Niwa. Jetzt zur Privatisierung. Und jetzt viele im Dorfe hier, sind ja fast keine Arbeitgeber, sind ja Arbeitnehmer oder Vorruheständler oder Rentner. Niwa ... Hier bei der G., die ham bissl eher schon angefangen, da der Bauer und der hat in Hannover eine Stelle gehabt, und der, der hat ooch 'n Partner in Hannover und da hat der mich, bin ich dort hingefahren und der hat mich dann beraten hier, von dem ich die Wiesen hab. Und der hat dann gesagt, du mußt das so und so machen, daß du zu deinem Gelde kommst. Naja, da, sonst hab ich das alles alleene gemacht. Am En- am Ende naja, war der Wiedereinrichtungsplan das Maßgebende und dann der westdeutsche Vieheinkäufer, der hat ooch noch geholfen. Klar das - schwer war das schon" (Interview mit Franz T., Landwirt, 34 Jahre).

Trotz zahlreicher Hilfen ist der Schritt in die Selbständigkeit angesichts der allgemeinen strukturellen Lage mit sehr vielen Risiken verbunden, die nicht annähernd abgefedert werden können. Das begann für Franz T. schon mit dem ersten Schritt, angesichts der vielfältigen Probleme und Anbindung an die LPG eine Entscheidung zu treffen, sich in der Landwirtschaft selbständig zu machen.

„Gabs immer andere Probleme. (...) Und dann hab ich mich anders entschieden. Ich werd die Privatisieren. Da hab ich een, von, von eenen gehabt, der mich beraten hat, der war früher Schäfer und jetzt ist der Vieheinkäufer und hat mich nicht schlecht beraten. Niwa. Sonst hat ja auch, wär ich ooch arbeitslos. Und hätte mich, dann hätt ich müssen mir was anderes suchen, niwa" (Interview mit Franz T., Landwirt, 34 Jahre).

Besonders wichtig erscheint in diesem Zusammenhang auch die Notwendigkeit, sich im finanziellen Bereich auf einen völlig anderen Zeithorizont einzustellen. War Franz T. bisher durch die LPG unabhängig von dem tatsächlichen Ertrag, den die Landwirtschaft abwarf - d.h. finanziell abgesichert mit monatlichem Lohn -, ist das mit der Selbständigkeit nicht mehr gegeben. Nun ist er abhängig von den Bedingungen des Marktes, muß vorfinanzieren und sich an einen „Jahreszyklus" gewöhnen. Um sich überhaupt diese Möglichkeit zu eröffnen, mußte der Aufbau des Betriebs zunächst fremdfinanziert werden. Durch seinen westdeutschen Partner bot sich ihm die Möglichkeit.

„Und Kredite, also das hat der Westdeutsche dann bezahlt, erstmal, niwa. Ich tu ja jetzt nicht von jedem Monatsgeld einnehmen. (...) Aber. Gut ich hab erst die - die ersten Monate oder zwee Jahre nicht viel verdient, aber ich hab erstmal was auf die Beine gestellt niwa. Und und hab meine Familie ernähren können. Ob wir dann noch reich werden, das wissen wir ja nicht. Und früher sind wir ooch nicht reich gewesen, niwa" (Interview mit Franz T., Landwirt, 34 Jahre).

Ein weiteres bedeutendes Problem für die Familie ist die Arbeitslosigkeit von Frau T., die kurz nach der Wende ihre Stellung verlor und aller Wahrscheinlichkeit nach in der nächsten Zeit keine adäquate Arbeitsstelle finden wird. Eine Arbeitsstelle wäre aber nicht nur zur Abfederung des finanziellen Risikos der Landwirtschaft wichtig für die Familie. Darüber hinaus hat Frau T. trotz ihrer Kinder immer gearbeitet, was auch aufgrund der strukturellen Bedingungen (Kinderhorte) in der DDR möglich war. Nun ist sie auf familiäre Zusammenhänge und Anforderungen zurückverwiesen. Das bedeutet für sie große Belastungen, die zu Konflikten in der Familie führen.

> „Aber meine Frau, die ist nicht zufrieden, daß man, die ist zu jung, noch zu Hause zu sein. Die hätte jetzt ja noch gut so 10 Jahre können auf Arbeit gehn. Aber na, da hätten wir die Kinder, naja die Oma, die ist fast zu alt schon, die hört zu schwer. Und, und wenn die nicht folgen! Die Kinder sind ja ganz anders uffgeweckt" (Interview mit Franz T., Landwirt, 34 Jahre).

Eine weitere Belastung ist für Franz T. und seine Familie, daß tradierte Normen und Wertvorstellungen vielfach durch bundesrepublikanisches Recht oder Verwaltungsregeln zurückgewiesen werden. Das tritt besonders dann hervor, wenn aus diesen Regelungen einzelnen finanzielle Vorteile erwachsen können und sie so in die Lage versetzt werden, Forderungen zu stellen, die konträr zu tradierten Vorstellungen stehen. In Franz T.s speziellem Fall führen finanzielle Forderungen seiner Schwester zu Unsicherheit und Problemen in den sozialen Beziehungen. Im einzelnen stellt sich das Problem in folgender Weise dar. In der Region bestand ein mehr oder weniger gut funktionierendes Alterssicherungssystem. Die Kinder, die das elterliche Gehöft übernahmen, boten den Eltern den Altenteil und pflegten sie bei Bedarf. Dies ist auch noch bei vielen Familien im Ort erkennbar, bei denen z.T. drei - in einem Fall sogar vier - Generationen unter einem Dach leben. Im Fall von Franz T. fürchtet die Schwester um ihren Pflichtteil am Erbe, der ihr, seinen Aussagen zufolge, nach BRD-Recht zustehen würde. Falls er ihn jedoch auszahlen würde (oder müßte), könnte das für seinen kleinen Betrieb dramatische Folgen haben.

> „Naja eigentlich ist geblieben, bloß mit meiner Schwester hat das 'n bissl jetze nochmal, weil, ich werd die Wirtschaft zu Hause kriegen. Und nachdem das jetzt, hat die Pflicht auf ihren Zwölftel, also Recht. Und da hat die sich jetzt stark gemacht und gesagt, warum soll eener kriegen. Aber die andern viere, die verzichten. ... Jetze die Geschwister und so, die halten auch alle zu mir, weil die eben, früher war das so, schon ganz früher, wer die Eltern pflegt, und, und, und - kriegt die Wirtschaft" (Interview mit Franz T., Landwirt, 34 Jahre).

Zwar stiftet der Konflikt zunächst Solidarität zwischen den übrigen Geschwistern, aber Franz T. muß nun befürchten, daß seine Schwester auf ihrem Recht besteht und so seine Landwirtschaft gefährdet.

Trotz zahlreicher außerdörflicher Kontakte und Hilfen ist das Leben Franz T.s in erheblichem Maße auf die Region bezogen. Um seine Arbeit erfolgreich zu bewältigen, ist er auf nahe Verwandte, gleichzeitig aber auch auf auswärtige Ratgeber angewiesen, die ihm bei den als schwierig empfundenen neuen Anforderungen zur Seite stehen können. Dabei bestehen dörfliche und familiäre Beziehungen ausnahmslos zu Sorben und auswärtige Kontakte zu Deutschen. Trotz geringer Zeit zur Reaktivierung weitreichender sozialer Beziehungen außerhalb des angesprochenen Bereichs ist Franz T. gut in die sorbische Gemeinschaft integriert und nimmt an religiösen Festen und Zeremonien teil. Dazu gehört auch, daß er zumindest sonntags in den Gottesdienst geht. Die Notwendigkeit der Aufrechterhaltung weitgehender deutscher Kontakte führt nicht zur Abkehr von der sorbischen Gemeinschaft und zur Übernahme neuer universalistischer Werte. Vielmehr werden beide Bereiche im Alltag berücksichtigt, wobei ganz offensichtlich eine Trennung zwischen „Arbeitswelt" und „Lebenswelt" erfolgt.

Übersicht 5.7: Dörfliches soziales Netzwerk
Franz T., Landwirt, 34 Jahre

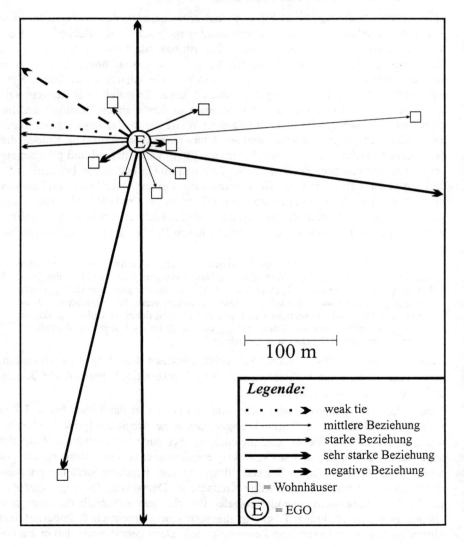

100 m

Legende:

· · · · ➤ weak tie
———————➤ mittlere Beziehung
———————➤ starke Beziehung
━━━━━━➤ sehr starke Beziehung
━ ━ ━➤ negative Beziehung
☐ = Wohnhäuser
Ⓔ = EGO

Betrachtet man die Übersicht 5.7, die das dörfliche soziale Netzwerk Franz T.s zeigt, fällt wiederum der unmittelbare Bezug zur direkten Nachbarschaft auf. Die sehr starken Beziehungen in diesem Bereich sind „Familienbeziehungen", denn im gleichen Haus mit ihm wohnen seine Eltern sowie ein Bruder. Diese stehen ihm stets beratend und hilfreich zur Seite, wenn er für seine Arbeit Hilfe braucht. Das gleiche gilt für seinen Bruder in einem Nachbarhaus, mit dem er sich gegenseitig mit der Landwirtschaft hilft. Weiterhin berichtet er von drei engeren Beziehungen (starke Beziehungen) zu guten Nachbarn, mit denen die Familie kleinere Geschenke (Schuleintritt) austauscht und die zu Feiern eingeladen werden.

Mittlere Beziehungen bestehen zu zwei Nachbarn (in der Darstellung Richtung Süden und im Südosten), zu denen Franz gelegentlich geht, wenn er kleinere Dinge für seine Landwirtschaft benötigt, mit denen er aber sonst seltener zusammenkommt. Eine weitere starke Beziehung besteht zu einem Freund, mit dem er schon die Schule besucht hat und der ihm aushilft, wenn es seine Arbeit erfordert. Zu ihm geht er auch mit seinen Problemen und berät sich bei wichtigen Fragen mit ihm.

Die sehr starken Beziehungen, die durch die Pfeile an den Bildrand dargestellt sind, verweisen auf weitere Geschwister. Für Franz T. hat die Verwandtschaft eine wichtige Bedeutung. Diese sozialen Beziehungen werden in letzter Zeit primär durch seine Frau aufrechterhalten, aber wenn immer es ihm seine Zeit ermöglicht, fährt er an Wochenenden mit zu seinen Geschwistern. Die negative Beziehung, die der Pfeil Richtung Nordwesten ausdrückt, bezieht sich auf seine Schwester, die, nachdem er später den Hof seiner Eltern übernehmen wird, von ihm ihr Pflichtteil ausbezahlt haben möchte. Dieses Verhalten wertet er für seinen Betrieb als Existenzbedrohung. Diese negative Beziehung belastet ihn nicht nur finanziell, sondern er ist auch emotional sehr enttäuscht. Zu drei Westdeutschen unterhält er Beziehungen, wobei die zu einem Landwirt in Niedersachsen rein geschäftlicher Natur ist (weak tie). Eine andere, zu einem Viehhändler, hat sich durch die vielseitigen Hilfen des Westdeutschen mittlerweile gefestigt, so daß ihn Franz T. als wichtigen und wertvollen Bekannten kennzeichnet, ohne den die eigene Landwirtschaft nicht aufzubauen gewesen wäre. Zu einem Landwirt aus Westdeutschland, der in der Oberlausitz eine Landwirtschaft übernommen hat, hat er ebenfalls gute Kontakte. Dieser hat ihm ursprünglich Weideland zur Verfügung gestellt und steht ihm nun auch mit Rat zur Seite. Zusammenfassend zeigt sich bei Franz T. eine gute Einbindung ins Dorf und damit in ein sorbisches soziales Netzwerk bei gleichzeitigen Kontakten zu Deutschen, die zunächst beruflich bedingt waren, inzwischen aber durch weitergehende Kontakte gestützt werden.

Deutscher Freiberufler

Unter den wenigen Dorfbewohnern, die ein Mitschneiden der Gespräche abgelehnt haben, finden sich auch Peter und Claudia A. Gegen Notizen und wörtliche Mitschriften hatten sie jedoch nichts einzuwenden. Sie begründen ihre Ablehnung mit der *Vergangenheit* in der DDR, Problemen, die man durch Tonbandaufzeichnungen bekommen konnte, und mit ihrem *Minderheitenstatus* als Deutsche im Dorf. Beide bezeichnen sich als Deutsche. Allerdings wird Claudia A., die in *Wjeska* geboren wurde, von anderen Dorfbewohnern als Sorbin betrachtet. Bereits ihr Vater spricht nicht mehr die sorbische Sprache und äußert sich negativ zu ihrem Gebrauch, was von vielen Dorfbewohnern sehr negativ beurteilt wird. Dagegen ging ihre Großmutter noch in sorbischer Tracht, und eine Tante von ihr, die ebenfalls im Dorf lebt, spricht fast nur Sorbisch und trägt ebenfalls täglich die sorbische Tracht.[221]

Als die Familie nach *Wjeska* gezogen ist, wurde von seiten der alteingesessenen Sorben die Frage gestellt, warum ausgerechnet Deutsche hier ins Dorf ziehen müßten. "Deutsche sollen dort wohnen bleiben, wo sie hingehören!" zitiert Claudia A. die gemachten Äußerungen. Die Familie ist katholisch, und Peter und Claudia A. gehen normalerweise monatlich in die Kirche. Sie bezeichnen sich selbst als gläubige Katholiken. Aber ihre Pfarrkirche ist nicht die im nahen *Wosadna*, sondern die in Kamenz. Das hat vor allem mit dem hiesigen Pfarrer zu tun. Dieser sei ein „reiner Sorbe" und habe früher Kinder von deutschen Eltern oder Kinder, die nur Deutsch sprachen, in andere Orte zur Kommunion geschickt und nur „rein sorbische Kinder" aufgenommen. Hinzu komme, daß es Gerüchte gibt, Pfarrer aus sorbischen Gemeinden seien früher „IM" gewesen. Für sie führt das zur Ablehnung der sorbischen Geistlichen.

Allerdings nähmen die sorbischen Menschen der Region den betreffenden Pfarrern ihre (nicht bewiesenen) Stasikontakte nicht übel, weil es so dargestellt würde, als ob sie im Sinne der Kirche gehandelt hätten. Aber für Peter und Claudia A. steht fest, daß sorbische Priester unter besonderem Schutz ihrer Gemeinden stehen. Daran zeigt sich für sie wieder einmal, in welchem „Abhängigkeitsverhältnis" die sorbischen Menschen zur Kirche stehen, da sie trotz weitreichender Vorfälle niemals an der Kirche etwas kritisierten. Das Ehepaar ist der Ansicht, daß die Priester die militantesten Verfechter des Sorbentums sind. Denn man könne davon ausgehen, daß das Sorbische eng mit dem Katholizismus zusammenhängt und beide sich gegenseitig bedingen.

Peter und Claudia A. leben mit ihren Kindern in einem großen Haus am Rand des Dorfes. Das Haus bewohnen sie erst seit einem Jahr. Sie betonen, daß sie als Deutsche natürlich eine andere Sichtweise der sorbischen Tradition und der dörflichen Probleme haben als andere Dorfbewohner. In den Gesprächen weisen beide Ehepartner mehrfach darauf hin, daß Deutsche im Dorf und im sorbischen Gebiet zur

---

[221] Auffällig ist, daß sich zwischen den untersuchten Familien immer wieder Beziehungen zeigen. Daher soll an dieser Stelle nochmals deutlich gemacht werden, daß diese Kontakte der verschiedenen Untersuchungspersonen nicht auf einem systematischen „Erhebungsfehler" beruhen, indem etwa alle Kontakte über ein „Schneeballsystem" ausgewählt wurden. Ursache ist vielmehr, daß im Dorf, auch bedingt durch die geringe räumliche Mobilität der Sorben, verschiedene „Familienclans" anzutreffen sind, die häufig aufgrund von Heiraten auch nicht über den Namen vorab identifizierbar sind. Zudem handelt es sich um ein relativ kleines Dorf, so daß sich nahezu „zwangsläufig" Verbindungslinien zwischen den Dorfbewohnern antreffen lassen.

Minderheit gehören und sie somit auch Repressionen ausgesetzt sind. Dies bezieht sich sowohl auf ihren Zuzug nach *Wjeska* als auch auf die Schulwahl der Kinder. Claudia A. berichtet, daß sie ihre Kinder nicht in die sorbische Schule schickten. Sie wollte nicht, daß ihre Kinder in allen Schulfächern in sorbischer Sprache unterrichtet werden. Da bei ihrem Zuzug der älteste Sohn schon in die siebte Klasse und die Tochter in die 5. Klasse gingen, sollten diese überhaupt nicht mehr Sorbisch lernen, sondern eine Schule in Kamenz besuchen. Aber die Busverbindung nach Kamenz sei nicht besonders gut, so daß die Kinder z.T. über eine Stunde hätten warten müssen. Daher sprach das Ehepaar bei der Gemeinde vor, um zu erfragen, ob es keine Möglichkeit gäbe, die Busse so fahren zu lassen, daß die Kinder sich nicht bereits eineinhalb Stunden vor Schulbeginn auf den Schulweg begeben müßten. Dieses Ansinnen sei aber mit dem Hinweis abgelehnt worden, daß die Kinder doch auf eine sorbische Schule gehen könnten, wie die anderen auch, weil zu diesen auch die Busverbindungen besser seien.

Darüber hinaus wurden die Kinder zunächst von den anderen Schülern geschnitten, weil sie kein Sorbisch verstehen konnten. Aber es sei nicht allein beim Druck durch die Mitschüler geblieben. Auch Eltern und Lehrer hätten immer wieder versucht, Einfluß auszuüben, damit die Kinder auch die sorbische Sprache lernten. Dagegen haben sich Peter und Claudia A. aber immer nachdrücklich zur Wehr gesetzt. Für sie sei das Lernen in sorbischer Sprache nicht nur überflüssig, sondern führe sogar zu gravierenden Nachteilen.

Weiterhin seien die Lehrpläne so angelegt, daß Inhalte des im Fach Sorbisch gehaltenen Unterrichts in anderen Bereichen vorausgesetzt würden. Dann werde schon mal gesagt, daß haben wir ja schon behandelt. So bauten andere Fächer und auch der Deutschunterricht auf dem sorbischsprachigen Unterricht auf. Daher könne man sicherlich nicht von fakultativem Sorbischunterricht sprechen. Durch die starre sorbische Spracherziehung entstünden Bildungsdefizite, die später kaum zu kompensieren seien und zudem Arbeitsmarktchancen reduzierten. Die Schule wird von Peter A. als eine Organisation bezeichnet, in der es nicht so sehr auf das Wohl der Kinder ankomme, sondern auf die Durchsetzung von politischen und ethnischen Forderungen.

Peter A. führt zudem aus, daß die Sorben häufig Schwierigkeiten hätten, die deutsche Grammatik und Orthographie richtig anzuwenden. Das führt er insbesondere auf den Schulunterricht zurück. Die Kinder lernten das einfach nicht, weil alles in sorbischer Sprache gelehrt werde, und hätten dadurch später Schwierigkeiten. Claudia A. bestätigt diese Sichtweise ihres Mannes. Eine Freundin von ihr sei vor einiger Zeit Lehrerin in *Kukawa* gewesen, und da habe es sich gezeigt, wie wenig die Kinder auf sorbischen Schulen lernten. Die Freundin habe gesagt, daß die sorbischen Schüler so wenig gewußt hätten, daß sie im Deutschaufsatz noch den Besten hätte durchfallen lassen müssen. Für Claudia A. liegen die Ursachen dafür auf der Hand. Da die sorbische Sprache immer im Vordergrund stehe, lernten die Kinder wichtige Sachen nicht mehr.

Beide Ehepartner betonen, daß sie nichts gegen das Sorbische hätten und mit den Menschen gut auskämen. Sie erachten auch die sorbische Tradition als erhaltenswert. Allerdings kommt es ihnen auf die Art an, wie diese Tradition erhalten wird. Im Moment hat das Sorbische für sie zuviel Gewicht, und die Sorben würden zu weitreichende staatliche Unterstützung bekommen. Sorbisch sollte zwar unterrichtet werden, aber doch eher untergeordnet, als zweite Fremdsprache oder fakultativ. Daneben sollten die Kinder noch etwas über die Kultur lernen. Peter A. findet den Stellenwert, der dem sorbischen Unterricht zugebilligt wird, absurd, da niemand auf der Welt außerhalb der Lausitz Sorbisch spreche. Leider sei das gesamte Bildungssystem in der Oberlausitz auf den Unterricht in sorbischer Sprache ausgerichtet, so daß in den Berufsschulen und weiterführenden Schulen weitere Probleme entstehen würden. Aus diesem Grund fanden sie es für das Wohl ihrer Kinder ungemein wichtig, sie nicht auf sorbische Schulen zu schicken.

Seine Integration in die Dorfgemeinschaft beschreibt Peter A. mit verschiedenen Beispielen. Viele Sorben sprechen Peter A. häufig in sorbischer Sprache an. Er grüßt aber nicht Sorbisch zurück, weil die Sorben dann das Gefühl hätten, „gewonnen zu haben". Von der sorbischen Sprache hält Peter A. gar nichts, denn er könne die Sprache verstehen, da es gar kein richtiges Sorbisch mehr sei. Er amüsiere sich immer, wenn die Leute im Konsum oder sonstwo Sorbisch sprächen, er aber immer verstehe, worüber sie sich unterhielten, weil so viele deutsche Worte darin enthalten seien. Offensichtlich findet im Alltag ein Wechselspiel statt, das als latenter Konflikt gedeutet werden kann. Peter A. will in deutscher Sprache angesprochen werden und wertet die sorbische Sprache ab, indem er ihr abspricht, einen eigenständigen Charakter zu besitzen. Dagegen legen die Sorben innerhalb ihres Sprachgebiets Wert darauf, daß andere Menschen die sorbische Sprache als Teil der regionalen Kultur verstehen. Dies führt immer wieder zu Spannungen und gegenseitigem Unverständnis.

Die Förderung der sorbischen Bevölkerung und ihrer Institutionen findet Peter A. zu weitreichend. Er führt an, daß die Sorben Unterstützung erhalten für ihre Zeitung, ihren Rundfunk, ihre Kultur und ihre Schulen. Als Beispiel nennt er, daß die achte Klasse in der sorbischen Schule zweigeteilt sei, deutsch- und sorbischsprachig, und nur jeweils 14 - 15 Kinder in einer Klasse seien, während in deutschen Schulen mindestens 30 Schüler eine Klasse besuchten. Die Lehrer in diesen Schulen würden aber vom Staat bezahlt und nicht von den Zuwendungen, die die Sorben bekommen. Zwar findet er es richtig, daß die Sorben unterstützt werden, allerdings bekämen sie viel zu viel und würden diese Zuwendungen mit zu großer „Selbstverständlichkeit" annehmen.

Peter und Claudia A. sind mit der Wende zufrieden. Vor der Wende war Peter A. leitender Angestellter, der „als Studierter" Arbeitern jedoch kaum etwas zu sagen hatte. Jetzt ist er selbständig und betreibt ein lukratives Büro. Seine Frau hilft ihm bei der Büroarbeit. In ihrem früheren Beruf findet Claudia A. keine Anstellung. Die Abteilung in der Firma, in der sie früher tätig war, ist geschlossen worden. Sie hebt hervor, daß durch die Übermacht der westlichen Konzerne in Ostdeutschland kaum noch Produkte aus ihrer Berufssparte hergestellt würden. Sie glaubt auch, daß sie im Westen gute Chancen auf eine gut dotierte Stelle hätte. Durch das Haus seien sie aber ortsgebunden, und da ihr Mann immer über gute Aufträge verfüge, sieht sie auch nicht die Notwendigkeit, wegen der Arbeit die Region zu verlassen. Obwohl Claudia A. nicht mehr in ihrem gelernten Beruf arbeiten kann, sehen beide Ehepartner durch die Wende für sich und vor allem für die Kinder verbesserte Chancen.

Generell sind sie daher mit der Wende sehr zufrieden. Auch früher hätten sie Westdeutschland nie als anderen Staat betrachtet. Wenn sich die Bedingungen in der DDR einmal wirklich verschlimmert hätten, der Druck zugenommen hätte oder sämtliche Aufstiegskanäle verschlossen gewesen wären, wären sie sicherlich in die BRD übergesiedelt.

Offensichtlich hat Claudia A. die früheren Bedingungen der DDR-Zeit noch immer nicht völlig überwunden. Sie kann sich gut vorstellen, daß die Stasi auch bei den Krawallen gegen Asylbewerber in Rostock und in anderen Städten „ihre Finger mit im Spiel" hatte. Die Stasi wolle doch nur Krawalle und Unruhe schaffen, um dann wieder das Ruder zu übernehmen. So scheint die Angst vor der Macht des ehemaligen Staatsapparats immer noch vorhanden zu sein.

Ein weiterer Punkt, der sie verunsichert, sind Krawalle, Autodiebstähle und zunehmende Aggressivität in allen gesellschaftlichen Bereichen. In der DDR hat es ihres Wissens solche Bedingungen nicht gegeben. Peter A. führt diese Veränderung zum einen auf das „Westfernsehen" zurück, in dem alle Arten von Gewalt dargestellt würden. Daneben sei früher viel härter durchgegriffen worden. Die Menschen mußten sowohl damit rechnen, daß sie gefaßt würden als auch mit der Verhängung härterer Strafen. Entsprechend sei die Abschreckung größer gewesen: „Früher hat sich das keiner getraut." Claudia A. meint aber nicht nur die potentielle Bedrohung, die stärker geworden sei, sondern daß immer mehr Menschen versuchen, durch Einsatz unerlaubter Mittel an ihr Ziel zu gelangen.

Zudem kritisieren sie verschiedene Bedingungen, mit denen sie nicht einverstanden sind und mit denen sie im Zusammenhang mit der Wende auch nicht gerechnet hatten. In erster Linie hätte man die positiven Seiten der DDR, die es auch gab, nicht einfach zerstören dürfen. Hier nennen sie vor allem das leistungsorientierte Bildungssystem, das es ihrer Ansicht nach im Westen nicht gibt, genügend große Ausstattung an Kindergarten- und Kinderhortplätzen, Abfall- und Mehrwegsystem etc. Darüber hinaus hätten früher viele Menschen das Obst am Straßenrand gesammelt, das heute hingegen liegen bleibe und verfaule. Damit deuten sie auf eine generelle Einschätzung der Veränderungen durch die Wende hin. Die Menschen hätten einfach zu viel und wüßten viele Dinge, die ihnen früher wertvoll waren, nicht mehr zu schätzen.

Peter A. ist entsetzt, daß es nach der Wende sogar noch einen „Bürokratisierungsschub" gegeben hat. Er hatte gedacht, in der DDR sei durch „den Plan" alles durchbürokratisiert und durchformalisiert gewesen. Nun stellt er fest, daß die Verwaltungsmaßnahmen und das Recht der BRD sehr viel weitreichendere Forderungen stellen. Er sieht dies vor allem in seinem Beruf, in dem er nun eine Unmenge von Formularen ausfüllen muß, die es früher gar nicht gegeben hat. Er glaubt auch nicht, daß dies etwas Spezifisches seiner Branche sei, sondern berichtet von ähnlichen Bedingungen in anderen Zusammenhängen. Damit ist die zunehmende Bürokratisierung für ihn ein allgemeiner Trend, der sich in allen gesellschaftlichen Bereichen antreffen läßt.

Was ihn aber besonders stört, ist die „Übernahme" durch den Westen. In sehr vielen Bereichen sitzen nun westliche Beamte oder Angestellte, die von den Bedingungen in Ostdeutschland einfach zu wenig wüßten.

> „Die kommen rein, mit weit aufgerissenem Maul und erzählen überall was zu machen ist, und es ist alles nur Luft, was sie erzählen, nichts dahinter. Anstatt erstmal ruhig zu sehen, welche Verhältnisse hier vorliegen, drohen die schnell mit dem Rechtsanwalt" (Interview mit Peter A., 38 Jahre, Selbständiger).

Dieser schnelle Wandel, der Verlust der Beschaulichkeit und die Marktorientierung mit ihren negativen Seiten machen den Menschen in der Oberlausitz „schwer zu schaffen". Plötzlich werden nur noch materielle Aspekte gesehen, und alte Werte gingen verloren.

Ähnlich argumentiert er in bezug auf die Übernahmen von Betrieben durch Westdeutsche, die von der Treuhandanstalt initiiert worden sind. „Die Wende hat alles zerstört, alle Betriebe in Sachsen." Hinter solchen Veränderungen vermutet er keinen Zufall, sondern strategisches Handeln westdeutscher Interessenvertreter: „Das wurde bewußt gemacht. Aus Konkurrenzgründen hat man alles zerstört." Trotz dieser Veränderung ist er vor allem wegen seines eigenen Aufstiegs mit den übrigen Rahmenbedingungen einverstanden, da die Arbeit wieder Spaß mache, denn wie er sagt: "Eigeninitiative wird belohnt."

Während er für sich selbst damit ökonomisch gesehen nur Verbesserungen herausstellt, sieht er auch, daß die geschilderten allgemeinen Bedingungen und die Anforderungen am Arbeitsplatz langfristig den Zusammenhalt unter den Menschen beeinträchtigen werden.

> „Es wird nachlassen, die menschlichen Beziehungen werden schlechter und damit ist es dann mehr und mehr mit der gegenseitigen Hilfe vorbei. Das liegt auch an der beruflichen Anspannung. Jeder versucht sein Schäflein ins trockene zu bringen" (Interview mit Peter A., 38 Jahre, Selbständiger).

Bezogen auf die Veränderungen im Arbeitsleben kann er kaum Aussagen machen. Da er, wie er sagt, eigentlich Eigenbrötler sei, fallen ihm keine Veränderungen auf. Aber wenn er an sein altes Kollektiv denkt, mit dem er gelegentlich noch berufsbedingt zusammentrifft, stellt er doch Veränderungen fest.

> „Früher war es ein richtiges Kollektiv, man konnte sich auf die anderen verlassen und wußte von denen auch einiges. Heute spüre ich da die Kühle zwischen den Leuten" (Interview mit Peter A., 38 Jahre, Selbständiger).

Anders als früher findet damit gegenseitige Hilfe nicht mehr statt. Es bestehe vor allem in Arbeitsbeziehungen ein Zuwachs von Angst, Mißtrauen und Neid.

Peter und Claudia A. leben wegen der Ruhe und Beschaulichkeit gern im Dorf, obwohl es einige Reibereien und Aspekte gibt, die sie nicht vollständig zufriedenstellen. Zum einen sei das kulturelle Angebot sehr schlecht, und für viele Dinge müsse man bis nach Dresden fahren, weil in Kamenz und Bautzen nur gelegentlich gute kulturelle Veranstaltungen angeboten werden.

Ein weiteres Problem stellen die Ausbildungsmöglichkeiten im Dorf und im östlichen Sachsen prinzipiell dar. Aber für ihre Kinder sieht das Ehepaar dies noch nicht als so gravierend an, weil sie über viele Beziehungen verfügen, und weil sie darauf achten, daß die Kinder eine gute schulische Ausbildung erhalten. Wenn ihre Kinder keine Ausbildungsstelle bekommen würden, hätten sie genug Bekannte, die ihren Kindern Ausbildungsplätze vermitteln könnten.

> „Ein Netz muß man weit gespannt haben, damit es geht. Dann kann man den Kindern helfen und sie schützen. Weite Netze sind wichtig, sonst nichts. In Größenordnungen läuft es nur noch über eigene Kontakte" (Interview mit Peter A., 38 Jahre, Selbständiger).

Aber es stört Peter A. auch, daß es die Kinder nicht immer leicht haben, Spielkameraden zu finden. Bei ihnen selbst sei das allerdings nicht ein so großes Problem, wie bei ihren deutschen Bekannten, die einige Häuser entfernt wohnen. Als diese zugezogen seien, hätten ihre Kinder mit den nächsten Nachbarn im dahinter gelegenen Bauernhof spielen wollen. Aber da das „100%ige Sorben" seien, hätten deren Kinder gesagt: „Mit Euch spielen wir erst, wenn ihr Sorbisch sprecht!" Dahinter stehen nach Peter und Claudia A.s Ansicht die Eltern und Großeltern, die nicht wollen, daß die Kinder Deutsch sprechen.

Als weiteren Aspekt beklagt das Ehepaar, daß es im Dorf ein relativ stabiles Regelwerk gebe und es auffalle, sobald man da ausschere. Ihnen sei es bisher nicht gelungen, in die Gemeinschaft aufgenommen zu werden. „Entweder gehört man dazu und macht die Dinge so, wie die anderen, oder es fällt auf und es wird geredet" (Interview mit Peter A., 38 Jahre, Selbständiger). Allerdings liege ihre mangelnde Einbindung auch zu einem Teil an ihnen selbst, wie Peter A. sagt, denn: „Das war schon immer so. Irgendwann will ich meine Ruhe haben, wenn ich den ganzen Tag arbeite" (Interview mit Peter A., 38 Jahre, Selbständiger). Daher habe er auf Beziehungen schon immer nur wenig Wert gelegt.

Die sozialen Beziehungen der Familie reduzieren sich im Dorf auf die unmittelbare Nachbarschaft und die Verwandtschaft der Frau. Weitergehende Kontakte entstehen primär durch die Arbeitsbeziehungen des Mannes. Zwar helfen sie auch anderen Menschen im Dorf, aber das läßt mit der Zeit nach. Es zeigt sich deutlich, daß das soziale Netz der Familie nicht dörflich „gelagert" ist, sondern eine weitgehende Orientierung in außerdörfliche Regionen besteht. Weiterhin zeigt sich, daß für die fehlende Integration im Dorf Peter A. die Verantwortung zum größten Teil bei sich sucht. Er hat kein Interesse an weiteren Kontakten. Andererseits werde er aber auch von vielen Sorben als Interaktionspartner gar nicht angenommen.

5.1.7 Lebensformgruppe *Jugendliche*

Sorbe: „Älterer Jugendlicher"

Der Begriff *Jugendlicher* wurde in der DDR sehr viel weiter gefaßt als in der BRD. Während in Westdeutschland spätestens nach Ablösung aus dem Elternhaus und Übernahme der Berufsrolle in der Regel nicht mehr von Jugendlichen gesprochen wird,[222] wurde der Statusübergang in die Erwachsenenrolle in der DDR anscheinend stärker an die Familienrolle geknüpft. Erst mit der Heirat verlor man den Status eines Jugendlichen (dies schloß natürlich nicht aus, daß es auch „Berufsjugendliche" in Leitungsfunktionen des FDJ geben konnte, für die ganz andere Kriterien galten - z.B. Egon Krenz). Diese DDR-spezifische Zuordnung des Status zeigt sich auch am Beispiel Rudolf G.s, der 29 Jahre alt ist, sich selbst aber noch zur Dorfjugend zählt und auch von anderen dieser zugerechnet wird, weil er nicht verheiratet ist.[223] Er hat im Hause seiner Eltern noch ein Zimmer, ist aber im Begriff, in ein nahes Dorf umzuziehen, in dem er sich schon um eine Wohnung bemüht hat. Sein Vater war Arbeiter in den Steinbrüchen der Region und ist nun in den „Vorruhestand" gekommen, während seine Mutter in der LPG tätig war und von deren Nachfolgegesellschaft übernommen wurde.

Nach seiner Lehre in einem VEB-Betrieb war Rudolf G. noch vier Jahre dort beschäftigt. Er wechselte dann den Beruf und wurde bei einer Gemeinde zur Erhaltung öffentlicher Anlagen eingestellt, weil er, wie er betont, an der Arbeit im erlernten Beruf keine richtige Freude hatte. Die Lehre habe er nur deshalb gemacht, weil sein Vater vom Betrieb die Stelle für ihn angeboten bekam. Demgegenüber habe ihm die Arbeit bei der Gemeinde sehr zugesagt. Folglich hat ihn sein Arbeitsplatzverlust durch die Wende sehr belastet. Er konnte zwar seine Stelle zunächst als ABM-Kraft fortführen, doch nach einem Jahr lief sie nicht zuletzt deshalb aus, weil die Gemeinde als Anstellungsträger ihren Anteil an seinem Gehalt nicht mehr aufbringen konnte. Obwohl Rudolf G., nach eigenen Angaben, aufgrund der Nachfrage auf dem Arbeitsmarkt jederzeit eine Stelle in seinem gelernten Beruf bekommen könnte, bemühte er sich um Anstellungen in anderen Bereichen und hatte bereits einen Monat nach seiner Entlassung einen neuen Arbeitsplatz in einer Kolonne von

---

[222] Allerdings zeigt sich in der wissenschaftlichen Literatur zur Jugendforschung, daß es keine feststehende Definition gibt, wann die Jugendzeit beginnt oder endet. So läßt sich bei einigen Autoren die Tendenz feststellen, die Jugend- bzw. Adoleszenzphase bei 18 Jahren enden zu lassen und die nachfolgende Lebensphase entsprechend als Nach-Jugendphase bzw. Post-Adoleszenz zu bezeichnen (vgl. Jugendwerk 1981:100; Baacke 1983:22). Andere Autoren gehen gar nicht auf feste Altersangaben ein, sondern beziehen sich ebenso wie die oben angedeutete Alltagsdefinition auf Fertigkeiten, Fähigkeiten und gesellschaftliche Rollenübernahmen (vgl. Hurrelmann et al. 1985:17ff.).

[223] Jüngere Dorfbewohner, die verheiratet sind, werden entsprechend nicht mehr der Dorfjugend zugerechnet.

Bauarbeitern. Allerdings hat er auch diese Stelle aufgrund von Umstrukturierungen und schlechter Auftragslage der Firma nach nicht einmal einem Jahr wieder verloren. Doch auch diese zweite Phase der Arbeitslosigkeit dauerte nicht lange. Nach wenigen Wochen fand er in einem anderen Baubetrieb wieder Arbeit. Rudolf G. geht davon aus, daß er diese neue Arbeitsstelle länger behalten wird. Grundsätzlich macht er sich keine Sorgen, längerfristig arbeitslos zu sein. Vielmehr geht er davon aus, daß er als junger Mensch auch in dieser strukturschwachen Region immer wieder Arbeit bekommen wird.

> „Ich war ja bei der Gemeinde, also bei der Kommune angestellt, und daß da mal Geld fehlt, das war, das hat sich dann sofort rumgesprochen nach der Wende, wo es alles so anfing mit den ganzen Westgewohnheiten. Wo - äh - klar war, daß die Einheit sich schon so über Nacht vollzieht. Und deswegen hab ich wenig Probleme damit gehabt. Ich hab dann - also ich war noch ein Jahr ABM und hab gewußt, wenn das Jahr vorbei ist, bist du arbeitslos. Und da hab ich mir eben vorgenommen, also zwei Monate kann man das schon erstmal sein. Also ich hab das dann mit Urlaub und so verbunden und - aber dann mich gekümmert" (Interview mit Rudolf G., Arbeiter, 29 Jahre).

Rudolf G.s Einschätzungen zur eigenen Situation scheinen durchaus realistisch zu sein. Auch im Zusammenhang mit der Wende hat er sich keinen Illusionen oder übersteigerten Erwartungen hingegeben. Ganz im Gegenteil war ihm offensichtlich schon vor der Wiedervereinigung klar, daß die folgenden Jahre vor allem in Ostsachsen mit einigen Problemen verbunden sein werden. Deshalb hat er sich schon frühzeitig auf mögliche Wendefolgen eingestellt und von vornherein mit den gesamtgesellschaftlichen und lokalen Veränderungen auseinandergesetzt. Daß dabei individuelle Anpassungsprozesse nötig sein würden, die nicht von allen geleistet werden können, war ihm offenbar frühzeitig bewußt.

> „Habe gewußt, daß ich, wenn ich in der Gegend bleibe, es schwer haben werde, weil kein Gewerbe und keine Firma vorhanden ist. Man muß sich eben kümmern. Die Zeit, wo einem alles gesagt wird, ist vorbei. Wenn man was braucht, muß man sich selber darum kümmern. Ist für viele schwierig. Man muß da durch. Unsicherheit und Probleme fangen ja schon früh an, es zeichnet sich doch schon in der Schule ab, wer mit der Situation zurecht kommt" (Interview mit Rudolf G., Arbeiter, 29 Jahre).

Daß ihm diese Umstellungen an neue Anforderungen weitgehend gelungen ist, macht auch seine kritische Reflexion angesichts der Schilderungen erster Erfahrungen in Westdeutschland unmittelbar nach der Maueröffnung deutlich. Mit einem Freund war er kurz nach der Maueröffnung nach West-Berlin gefahren. Der verblassende Schein der kapitalistischen Warenwelt und die begrenzte Halbwertzeit des materiellen Glanzes treten in seiner Beschreibung nur allzu deutlich hervor.

> „Es war ein gutes Gefühl kurz davor, einfach reinfahren, was früher nicht ging. Man hatte sich schon damit abgefunden, daß man das nie sehen würde. Deshalb war es schon umwerfend. Auch die Reklame et cetera zu sehen. Aber genauso schnell, wie man das Gefühl bekommt, genauso schnell geht es wieder. Plötzlich ist alles normal, obwohl vieles neu ist ... Ja und dann auch mit diesem Wohlstand und Luxus, viele Sachen sind ja wirklich in hohem Maße übertrieben und das sollte man nun

wirklich alles bissl in Grenzen zu halten, jetzt, was Luxus angeht, diese großen Autos, wo man nur noch mit dem Knopfdruck ..." (Interview mit Rudolf G., Arbeiter, 29 Jahre).

In den letzten Jahren vor der Wende war er in der DDR in der Friedensbewegung aktiv. Er setzte sich für politische Veränderungen ein und begrüßte ursprünglich die Wiedervereinigung. Dafür nahm er auch Schwierigkeiten in Kauf. Insbesondere in der „Vor-Wendezeit" hatte er wegen der Montagsdemonstrationen in Dresden nach eigenen Angaben einige Probleme mit einem ehemaligen politischen Funktionsträger der Gemeinde. Dieser war sein Vorgesetzter und hatte ihm verboten, weiterhin an den Demonstrationen teilzunehmen. Er habe sich jedoch nicht darum gekümmert, weil er es als seine Privatsache angesehen habe. Dieser Funktionsträger habe ihm zwar gedroht, aber im Endeffekt sei die Sache im Sande verlaufen. Trotz dieser negativen Erfahrungen mit gesellschaftlichen Bedingungen in der DDR, Teilen der DDR-Obrigkeit und anderen Schwierigkeiten fällt seine Einschätzung der Wendefolgen keinesfalls uneingeschränkt positiv aus.

„Also Befreiung auf keine Fall, ich hab, naja, ich war der Meinung, daß das alles zu schnell, zu spontan geht. Mit dieser ganzen Übernahme praktisch - mit den ganzen Gesetzen. Weil zu viele doch irgendwie unters Rad gekommen sind. Gerade was die, was die, das normale Volk sozusagen betrifft. Hab ich mir eben vorgestellt, daß das nicht so schnell geht, daß man da noch 'n paar Jahre mehr braucht, um das alles zu übernehmen und das System von heute auf morgen umzustellen. Da hab ich mir schon so Gedanken gemacht und Sorgen und ist ja. Vieles ist ja im Prinzip auch eingetreten dann, also jetzt. Die Versprechungen, die gemacht wurden, die sind ja zum Teil gar nicht eingehalten worden oder nur gering, in geringem Maße. Also Einheit ist für mich kein Feiertag jetzt, in dem Sinn. Also Tag der Einheit werde ich nicht irgendwo feiern gehen, nein, auf keinen Fall" (Interview mit Rudolf G., Arbeiter, 29 Jahre).

Es ist nicht nur die eigene Lage und individuelle Betroffenheit, die Rudolf G. die Wende skeptisch betrachten lassen. Hinzu kommen die weitreichenden sozialen Differenzierungsprozesse, die den Unterschied von „Wendegewinnern" und „Wendeverlierern" deutlich hervortreten lassen. Der Zusammenbruch des alten Sicherungssystems und der damit zusammenhängende Verlust überschaubarer, für alle nachvollziehbarer Gleichbehandlung - zumindest innerhalb des sozialen Sicherungssystems - verleiht der Wende in seinen Augen eine Janusköpfigkeit. Auf der einen Seite stehen dabei gewonnene Freiheit und steigende Partizipationsmöglichkeiten, auf der anderen Seite soziale Ungleichheit und Verlust an ökonomischer Sicherheit für breite Bevölkerungsteile. Diese Ungleichheit kann nach seiner Ansicht langfristig zu Spannungen zwischen verschiedenen Bevölkerungsgruppen führen, die im Ergebnis die gewachsene Gemeinschaft zerstören können.

„Na ja und dann auf jeden Fall auch dieses Verhältnis reich und arm. Ist ja manchmal sehr, sehr riesig - das - der Unterschied. Daß viele alte Leute eben auf der Strecke bleiben, weil, weil sie's nicht schaffen, mit 'ner niedrigen Rente und Wohnung. Die Mieten steigen, die Preise steigen und die Rente bleibt stehen oder fällt oder wird teilweise gar nicht bezahlt. Und die könn' sich da nicht wehren, weil sie niemanden mehr haben, der ihnen hilft oder so. Also es gibt schon einige Sachen, wo ich nicht damit einverstanden -... Wahrscheinlich wenn dann das Geld steigt oder also es um größere Summen geht oder so vielleicht kann dann sein, daß irgendwann der Neid aufkommt, wenn der eine mit Abstand weniger hat wie der andere oder so, aber das kann man nicht vorausschauen" (Interview mit Rudolf G., Arbeiter, 29 Jahre).

Diese Ambivalenz in der Wertung gesellschaftlicher Veränderungen scheint bei einer Vielzahl seiner geäußerten Ansichten durch, vor allem bei der Kontrastierung der Verhältnisse zur DDR-Zeit mit der Zeit nach der Wende. Zwar sei früher alles sehr viel stärker organisiert gewesen, aber gleichzeitig ergaben sich dadurch immer wieder Kontakte und Möglichkeiten für gegenseitigen Austausch, Unterstützung und Hilfe.

„Früher war das ja, wie gesagt, alles organisiert, geplant, also es gab, äh FDJ-Gruppe und Gewerkschaftsgruppe und, und, und. ... Und, na jetzt, fällt das ja weg, also, es gibt eben keine feste Organisation mehr oder so was, im Betrieb jetzt grade oder in der Firma. Also ich geh jetzt mal von mir aus, wo ich bin. Und da ist man schon ziemlich auf sich gestellt. ... Naja und das war früher eben auch, wie gesagt, alles mehr fester eben. Fester zusammen, weil die Betriebe, naja, die warn ja alles, äh, also hatten einen festen Standpunkt, sagen wir mal so, und da kannte man dann - oder kannte man eben fast jeden persönlich. Ja" (Interview mit Rudolf G., Arbeiter, 29 Jahre).

Von Rudolf G. werden die Veränderungen im Arbeitsbereich am gravierendsten wahrgenommen. Sowohl in seinem früheren Betrieb als auch während seiner Arbeit als Angestellter der Gemeinde hatte er offenbar sehr enge Kontakte zu Kollegen. Nach seiner Auffassung war der Leistungsdruck nicht so stark wie nach der Wende und ließ damit mehr Raum, um bei der Arbeit private oder allgemeine Themen umfassender zu erörtern. Heute bestehe neben der knapper werdenden Zeit auch die Gefahr des Arbeitsplatzverlustes. Betriebliche Anforderungen und arbeitsorganisatorische Notwendigkeiten, so Rudolf G., lassen über viele Zusammenhänge keine Gespräche mehr zu. Trotz erwarteter geringerer Organisiertheit des Arbeitsprozesses lassen Reglementierungen in keinem Falle nach, im Gegenteil: sie entstehen in Bereichen, in denen sie nicht erwartet wurden.

„Da hat man manchmal von der Arbeit her eben die Möglichkeit sich bei der Arbeit auch zu unterhalten. Das man eben nicht selber nur damit fertig werden muß. Also ich würde schon sagen, das war früher nicht besser, aber die Gelegenheiten waren doch irgendwie günstiger für solche Sachen. Das ist jetzt, kann man natürlich auch mit jedem, oder mit denjenigen, mit denen man darüber reden kann. Aber es ist eben von der Zeit her oder von der Möglichkeit her ziemlich beschränkt. ... Heute ist es ja direkt ein Betriebsgeheimnis, also bei der Firma wo ich jetzt bin, stand es im Arbeitsvertrag mit drin, daß äh über die Lohnfragen äh man zu schweigen hat, direkt, daß man da eben nicht praktisch unternander sich das austauscht. Es wird, weiß nicht, ob verlangt oder es wird nicht erwünscht, das ist ja auch wieder ein Unterschied, aber man kann fragen, wen man will, da sagt keiner mehr was" (Interview mit Rudolf G., Arbeiter, 29 Jahre).

Allerdings schildert Rudolf G. die DDR-Vergangenheit keineswegs als positives Beispiel einer intakten „gelebten Gemeinschaft", wie man angesichts der vielzitierten sozialen Eingebundenheit annehmen könnte.

Vielmehr stellt er in bezug auf die ehemalige Versorgungslage fest, daß alles schwieriger zu bekommen war und sich durch die spezifische Art des „Organisierens" keinesfalls soziale Kontakte von Dauer fanden. Er verweist im Gegenteil auf den ephemeren Charakter solcher „Tauschbeziehungen", die häufig nur materieller Natur waren, da für die zu erstehenden Waren und Dienstleistungen Schmiergelder gegeben werden mußten. Vielfach habe man die Dinge gar nicht bekommen und mußte häufig umsonst fahren, bis man jemanden „weichgekocht" habe. Vorteilhaft sei es gewesen, wenn man jemanden kannte, der über gute Beziehungen verfügte. In seinem Fall war das ein ehemaliger Kollege, der über seinen Beruf eine Menge Beziehungen hatte und, wie Rudolf G. betont, „große Namen kannte". Aber die so vermittelten Waren mußten ebenso bezahlt werden wie heute. Der Vorteil heute sei, daß man sich nicht für alle Dinge des erweiterten täglichen Bedarf anderen, z.T. fremden Menschen gegenüber, quasi unterwerfen müsse. Generell konstatiert er, daß die Beziehungen nicht dazu angetan waren, um weitergehende soziale Kontakte aufrechtzuerhalten. Beziehungen, die auf tatkräftiger Reziprozität basierten, ließen sich auch früher stärker in Nachbarschaftsbeziehungen und Arbeitskontakten finden und wurden durch soziale und räumliche Nähe sowie die Arbeitsorganisation aufrechterhalten. Brigadefeiern und Betriebsausflüge mit der FDJ-Gruppe beeinflußten diese Kontakte ebenfalls positiv. Allerdings konnten auch diese nicht immer die politisch erwartete Funktion der Integration und Kontrolle erfüllen, da trotz breiter Organisation die Möglichkeit bestand, sich der inszenierten Gemeinsamkeit zu entziehen.

„Brigadeweise, also kaum so, daß der ganze Betrieb oder so gefahren ist, sondern mehr auf Brigaden. Und dann haben wir auch immer versucht, äh, also die Jugend doch mehr oder weniger zusammen zu bringen, also jetzt FDJ-Gruppe zum Beispiel. Das ging ja bis - bis vierundzwanzig oder fünfundzwanzig Jahren warst Du eben so richtig drin in dieser Organisation, und wer Lust hatte, ist eben mitgefahren und wer nicht, der hat sich da eben frei genommen oder hat sich abgeseilt. Äh. Das ist natürlich jetzt auch nicht mehr so" (Interview mit Rudolf G., Arbeiter, 29 Jahre).

Obwohl bereits zu DDR-Zeiten die soziale Integration vor allem jüngerer Dorfbewohner ganz offenbar nicht durchgängig die Festigkeit hatte, wie es von einzelnen Personen heute suggeriert wird, fand zudem mit der Wende ein Einbruch in die dörfliche Gemeinschaft statt, der das Leben junger Erwachsener sehr veränderte. Der früheren dörflichen Gemeinschaft, auch wenn sie nicht perfekt war, trauert Rudolf G. ein wenig nach.

„Früher hat man eben versucht hier was und da. War ja nicht viel, also Möglichkeiten: Tanzsaal. Freitag, Sonnamt, Sonntag irgendwo auf - im Saal sich zu treffen mit - nicht nur Leuten aus dem Dorf, man hatte ja aus vielen Orten dann Leute gekannt, ob das mit der Schule zusammenhing oder durch die Musik oder durch Freunde - äh - man wieder neue Freunde kennengelernt hat. So, das war also die einzige Möglichkeit. Oder man hat selbst was versucht zu machen, gerade im Sommer, mal irgendwo einen Abend sich zu-zusammenzusetzen und was zu machen: Grillen, Unterhalten und so" (Interview mit Rudolf G., Arbeiter, 29 Jahre).

Der Vergleich zwischen der jetzigen Dorfjugend und den Bedingungen, unter denen sie aufwächst, und seinen eigenen Erfahrungen, die noch nicht allzu lange zurückliegen, unterstreicht diesen Zusammenhang. Trotz beginnender Individualisierungsprozesse vor der Wende erfolgt eine umfassende Herauslösung aus dörflichen Strukturen doch verstärkt erst nach der Wende. Gerade die Dorfjugend unternahm früher sehr viel mehr gemeinsam. Wie Rudolf hervorhebt, gestattete es die mangelnde Mobilität (fehlende Autos, schlecht entwickelte Infrastruktur öffentlicher Verkehrsmittel) kaum, außerhalb der Region liegende Ziele zu erreichen. Zudem traf sich die Dorfjugend mit Jugendlichen aus benachbarten Dörfern. Dabei blieben vor allem Bewohner der katholischen Oberlausitz unter sich. Wie Frau Z., eine Einwohnerin des Dorfes betont, besuchten ihre Kinder auch kurze Zeit vor der Wende bestimmte Diskotheken nicht, weil diese schon im „protestantischen Gebiet" gelegen hätten.[224] Auf jeden Fall wird durch solche Aussagen und die von Rudolf G. anschaulich geschilderte Kontaktpflege unter der Dorfjugend augenfällig, daß die nahe, sorbisch geprägte Umgebung des Dorfes den Bezugsrahmen für Unternehmungen darstellte.

Eine starke, auf der sorbischen Tradition beruhende Orientierung besitzt Rudolf G. vor allem deshalb, weil er in einer sorbischen Blaskapelle aktiv ist. Die Musiker treten bei verschiedenen Anlässen in der Region auf und spielen auch bei Prozessionen Kirchenmusik.

Trotz der sorbischen Orientierung besitzt Rudolf G. aus der Zeit vor der Wende sehr viele Kontakte zu Deutschen außerhalb des sorbischen Gebiets, die er vor allem aus seiner Armeezeit und von den Montagsdemonstrationen her kennt. Durch diese quasi duale Orientierung, d.h. den starken Bezug auf die sorbische Kultur bei gleichzeitiger Einbindung in Kultur und Zusammenhänge der umgebenden ethnischen Majorität, stellt Rudolf G. auch Entwicklungen innerhalb beider ethnischen Gemeinschaften in Frage. Wie einige andere Dorfbewohner richtet er sich dabei vor allem gegen fundamentalistische Strömungen, die er sowohl auf deutscher als auch sorbischer Seite ausmacht.

> „Es sind Sorben, die sind eben so national eingestellt, daß sie am liebsten einen Staat gründen würden, einen sorbischen Staat und genauso gibts eben Deutsche, die wieder dieses reine Deutschland haben wollen, oder die in der Richtung denken, und da gibts eben leider viele. Also dagegen bin ich sehr" (Interview mit Rudolf G., Arbeiter, 29 Jahre).

Rudolf G. zeichnet ein sehr differenziertes Bild von der Wende und den durch sie hervorgerufenen Veränderungen. Dabei gelingt es ihm immer wieder auf Brüche in der Entwicklung vor und nach der Wende aufmerksam zu machen. Er selbst schätzt die derzeitige Situation sehr emotions- und illusionslos ein. Durch sein geringes Alter und die eigene Ungebundenheit kann er sich gut auf neue Situationen ein-

---

[224] Das „protestantische Gebiet" beginnt aber bereits in einigen Kilometern Entfernung, da in den nahen Dörfern der Umgebung bereits evangelische Kirchen zu finden sind.

stellen und hat auf dem Arbeitsmarkt für den Fall, daß ihn seine jetzige Firma entlassen würde, noch gute Chancen.

Übersicht 5.8: Dörfliches soziales Netzwerk
Rudolf G., Arbeiter, 29 Jahre

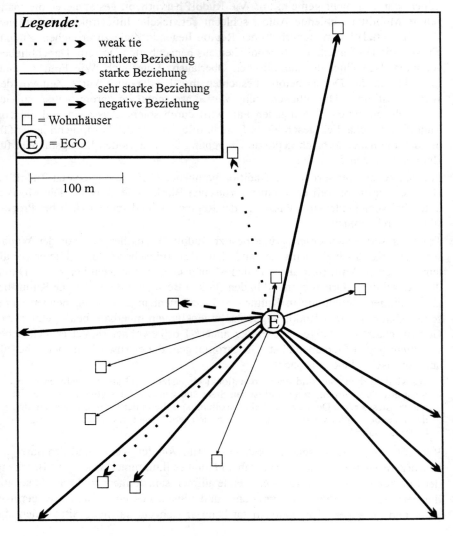

Seine sozialen Beziehungen zeichnen sich durch eine breite „Streuung" aus. Da er
sowohl im sorbischen Kerngebiet, in dem er durch sein Hobby (Musik) und seine

religiöse Bindung noch gut integriert ist, als auch in der weiteren, „deutschorientierten" Region über vielfältige Kontakte und Beziehungen verfügt, fällt ihm die Neuorientierung leicht. Er verfällt weder in rückgerichtete „Ostalgie" noch in euphorische „Wendeaspirationen". Er scheint einer derjenigen Dorfbewohner zu sein, die die derzeitige Entwicklung betrachten und für sich selbst die Schlüsse daraus ziehen, um entsprechend der neuen Bedingungen zu handeln. Dabei kann er, wie vielfach angedeutet, auf ein breites Feld sozialer Unterstützung zurückgreifen. Dies zeigt auch sein dörfliches soziales Netzwerk, das in der Übersicht 5.8 dargestellt ist.

Im Dorf hat Rudolf mehrere gute Freunde, die ihm in allen Lebenslagen, wie er sagt, mit Rat und Tat zur Seite stehen. In erster Linie bezieht sich das auf einen sehr guten Freund (sehr starke Beziehung) und einen ehemaligen Kollegen. Dieser hat schon früher immer wieder dafür gesorgt, daß Rudolf wichtige Dinge bekommen konnte, wenn diese letztlich auch bezahlt werden mußten.

Zwei weitere Freunde wohnen in relativer Nachbarschaft von ihm. Zu diesen kann er auch immer gehen, wenn er Probleme hat oder andere Schwierigkeiten. Die sehr starken Beziehungen, die über den Dorfrahmen hinausweisen, sind vielfältiger Natur. Sie beziehen sich auf nahe Verwandte, zu denen er bei privaten Problemen immer geht (so zu einem Onkel nach Bautzen), oder auf seine Freunde in Dresden, die er von der Militärzeit und den Montagsdemonstrationen her kennt. Drei weitere Pfeile (in der Darstellung in östliche Richtung) verweisen auf enge Kontakte zu seinen Geschwistern und einen guten Freund, der gemeinsam mit ihm in der Blaskapelle spielt. Schwache Kontakte besitzt er zu einem Gemeindevertreter, der nach der Wende dafür gesorgt hat, daß er eine ABM-Stelle bekam, und zu einem anderen Dorfbewohner, der ihm eine Stelle bei einer Baufirma verschaffen konnte. Die negative Beziehung kennzeichnet den ehemaligen politischen Funktionsträger, zu dem er seit den Montagsdemonstrationen kein besonders gutes Verhältnis mehr besitzt, weil der ihm die Teilnahme an den Demonstrationen verbieten wollte. Rudolf G. ist gleichsam in sorbische und deutsche Kontexte gut integriert. Neben seinen Freunden im Dorf und in der Region besitzt er vielfältige soziale Kontakte zu Deutschen, vor allem in Dresden. Damit hat er für die meisten seiner Belange und Probleme immer adäquate Ansprechpartner. Aufgrund seines Alters war es ihm nicht zuletzt durch seine schwachen sozialen Kontakte bisher immer möglich, eine Arbeitsstelle zu finden.

Sorbischer Student

Die Lebensverhältnisse von Ludwig Z. sind ebenso wie die von Rudolf G. durch Sozialisation und Jugendphase in der DDR geprägt. Auch die Einbindung von Ludwig Z. zeichnet sich durch eine duale Orientierung aus. Neben seinen engen dörflich-sorbischen Kontakten verfügt er - nicht zuletzt wegen seines Studiums in Dresden - über viele soziale Beziehungen zu Deutschen. Er ist 27 Jahre alt, hat sein Studium fast abgeschlossen und wird aller Voraussicht nach im nächsten Jahr eine

Arbeit in Sachsen annehmen. Vor der Wende ist er in der Regel mit öffentlichen Verkehrsmitteln oder mit Bekannten nach Dresden ins Studentenwohnheim und wieder nach Hause gefahren. Nach der Wende wurden die bis dahin für Jugendliche und Studierende nahezu unerschwinglichen DDR-Fahrzeuge so günstig, daß sein Vater für ihn einen PKW kaufte, so daß er nun die Fahrt im eigenen Auto antreten kann. Da er im sorbischen Fußballverein spielt, muß er allein wegen des Trainings mehrmals in der Woche zwischen Dresden und *Wjeska* pendeln. Nach dem Training und an den Wochenenden übernachtet er in der Regel bei seinen Eltern, in deren Haus er noch ein Zimmer hat.

Seit der Wende vollzog sich nach seiner Erkenntnis ein Bruch zwischen älteren Jugendlichen bzw. jungen Erwachsenen und der nachfolgenden Jugendgeneration, die neue Werte sehr viel schneller annehme und dabei alte Traditionen kaum noch beachte. Die jungen Erwachsenen - wie er - haben sich dagegen niemals von der sorbischen Tradition gelöst. Sie haben, wie Ludwig Z. hervorhebt, die sorbische Sprache, wenn immer es ihnen möglich war, gesprochen und vielfältige, der sorbischen Kultur zugerechnete Bräuche im Dorf gepflegt.

„Weil viele haben dann das Vertrauen halt verloren und da hat auch jeder selbst Probleme gehabt. Ja. Und das mit dem Maibaumwerfen, daß das nicht mehr stattfindet. Vielleicht wirds mal wieder, aber es liegt wahrscheinlich auch daran, daß jetzt ja weniger Jugendliche überhaupt im Dorf so mehr oder weniger vorhanden sind. Oder der Zusammenhang unter den Jungendlichen nicht mehr der ist. Es ist halt so, naja, so ne zwei - also so ne Spaltung irgendwie vonstatten gegangen ist. Weil manche Jugendliche, die denken sich, daß se nicht mehr Sorbisch sprechen brauchen oder daß - die wolln halt nicht mehr Sorbisch sprechen und in dem Sinne wolln se halt sowas nicht mehr machen oder - naja -, die wolln's halt nicht mehr oder das ist denen zu viel. Das sind meistens jüngere Leute, die so denken und die sind ja dann praktisch also mit der Wende erst Jugendliche geworden, also in diesem Alter. Und da denken die halt in 'ne ganz andere Richtung, denk ich mal. Und deshalb ist das so gekommen" (Interview mit Ludwig Z., Student, 27 Jahre).

Damit drückt Ludwig Z. einen Zusammenhang aus, der bei Jugendlichen eine sehr wichtige Rolle in Hinblick auf die Lösung aus traditionellen Banden spielt. Diejenigen, die mit der Wende in die Lebensphase Jugend eintraten, hatten sehr viel mehr Möglichkeiten als die älteren Jugendlichen, die sich bereits zur DDR-Zeit an den „Dualismus" von sorbischer Tradition und z.T. staatlich gebundener Freizeitaktivität gewöhnt hatten. Erst die Wende brachte neue Freizeitaktivitäten, veränderte Konsumorientierung, mediale Vielfältigkeit[225] und den Wegfall von Mobilitätsbarrieren. Dieses fiel bei den Jüngeren zusammen mit der Lösung aus dem Elternhaus - einer typischen Entwicklungsaufgabe der Jugendphase. Durch die damit verbundene „*doppelte Freiheit*" (Lösung vom Elternhaus und stattfindender Modernisierungsprozeß) konnten sich andere Orientierungsmuster entwickeln, die eng mit den gesellschaftlichen Veränderungen verbunden sind und mit Begriffen wie Differenzierung, Universalisierung und Individualisierung gekennzeichnet werden

---

[225] Schon zu DDR-Zeiten wurde für diese Region, in der kein „West-Fernsehen" empfangen werden konnte, der Begriff „*Tal der Ahnungslosen*" geprägt.

können. Die Grundlagen und Veränderungen eines so zu verstehenden Modernisierungsprozesses der Jugendlichen werden auch von Ludwig Z. hervorgehoben:

„Da jetzt jeder selbst 'n Fahrzeug hat und an Wochenenden irgendwo hinfahrn kann, da fährt er alleene hin oder irgendwie zu zweit oder zu dritt wenigstens. Ansonsten hat sich die Dorfjugend mal irgendwie abgesprochen und man ist da gemeinsam hingefahren. Also in einem größeren Rahmen dann. Und da, da hat man sich ooch vielleicht naja, besser kennen gelernt oder konnte man irgendwelche Fragen besser ausdiskutieren oder - wie z.B. das Maibaumwerfen oder so irgendwie organisieren und in der Sache. Denn so in der Woche, da trifft man ja auch nicht die Leute, weil die ja auch alle arbeiten. Am Wochenende, da hat man sich dann irgendwie getroffen und ist zusammen irgendwo - hat was unternommen, und da konnte man sowas ooch besprechen" (Interview mit Ludwig Z., Student, 27 Jahre).

Während das Leben der Jugendlichen und jungen Erwachsenen im Dorf vor der Wende noch deutlich regional und teilweise auch ethnisch bestimmt war, änderte sich dies für die nachfolgende jugendliche Generation durch die Wende relativ schnell. Ludwig Z. verweist in diesem Zusammenhang vor allem auf den Rückgang der sorbischen Sprache und die auf Grund der zunehmenden Mobilität gesteigerte Individualisierung. Die Kollektivität der Dorfgemeinschaft sei vor der Wende auch bei Jugendlichen noch sehr viel stärker vorhanden gewesen oder war doch zumindest regional - und damit häufig ethnisch - geprägt. Die „neue Jugend" verschiebt alte ethnische und regionale Grenzen und verliert damit in den Augen Ludwig Z.s stärker den Bezug zur eigenen Tradition.

„Aber das ist auch, hat sicherlich was mit dieser Mobilität ooch zu tun, die ham jetzt 'n anderen Freundeskreis, also, dieses Einzugsgebiet ist ja dadurch größer geworden und wenn man irgendwo weiter wegfährt und so und dort Leute trifft und sich mit denen zusammentut, und da sind ja meistens dann Deutsprechende bei, also Jugendliche. Und dann geht das wahrscheinlich etwas verloren - das Sorbische. Ansonsten ist man da, hat man das alles mehr im Dorf gehabt. Z.B. die Kontakte oder den Freundeskreis oder so, wird jetzt - also das breitet sich ziemlich weit aus, also dieses Territorium, wo man da irgendwie Leute kennenlernt" (Interview mit Ludwig Z., Student, 27 Jahre).

Die spezifische Situation und Sichtweise bezüglich der Veränderungen bei jungen Erwachsenen tritt in Ludwig Z.s Schilderungen deutlich hervor. Während die Dorfjugend mehr und mehr traditionelle Bindungen „abstreife", lasse sich für junge Erwachsene noch eine stärkere traditionelle dörfliche Orientierung feststellen. Das Dorf sei in der Vergangenheit als „gewachsene Gemeinschaft" erlebt worden, und dieser Gemeinschaft komme für sie auch nach der Wende zumindest teilweise noch eine Orientierungsfunktion zu. Die in den letzten DDR-Jahren und der Kindheit aufgebauten Beziehungen haben noch Bestand und werden auf vielfältige Weise aufrechterhalten.

„Ansonsten, würde ich sagen, ja, die jüngeren, verheirateten Leute oder ooch die etwas älteren Jugendlichen vielleicht, die versuchen das doch noch, also einiges auf die Beine zu stellen. Manchmal. Und daß der Zusammenhalt im Dorf eigentlich doch noch gegeben ist. Aber das liegt dann daran, daß diese Leute sich ja früher ooch schon immer wieder zusammengetan haben, z.B. so 'ne Tradition aufrecht erhalten haben oder durchgeführt haben. Dadurch kommt das jetzt. Und jetzt in der

Wendezeit ist das halt alles, hat sich das etwas gewandelt. Und dann werden die und jene noch mit angesprochen und dann wird das wie so'n kleines Dorffest, wie das damals dort, wo wir so kurz warn.[226] Oder auf'm Sportplatz draußen: wird dann meistens im Sommer mal gemacht. In dem Rahmen findet das dann meistens statt. Das stimmt schon. Mehr auf privater Ebene als auf Organisationsebene" (Interview mit Ludwig Z., Student, 27 Jahre).

Allerdings ist auch der Lebenszusammenhang dieser „älteren" Jugendlichen und jungen Erwachsenen keinesfalls ausschließlich dörflich bestimmt. Denn zu den alten dörflichen Kontakten traten bereits zu DDR-Zeiten andere Beziehungen, die über die Region hinauswiesen. Mit Personen, die nicht die sorbische Sprache sprachen, sei dann zwangsläufig Deutsch gesprochen worden. Gerade bei „dual Orientierten" fällt immer wieder auf, daß der eigenen sorbischen Sprache eine große Bedeutung zuerkannt wird. Selbst intensivere und engere Kontakte zu Deutschen scheinen dabei - anders als bei Jugendlichen, die sich schon stärker von der sorbischen Tradition gelöst haben - die empfundene sublime Bedeutung, die der eigenen Muttersprache zukommt, kaum substituieren zu können:

> „Das ist sowieso immer, ja so ne Sache, würd ich nicht sagen, aber, wenn man die ganze Woche in Dresden ist und Deutsch spricht und zu Hause kann man dann wieder Sorbisch sprechen, das geht dann irgendwie anders lang und, es muß schon irgendwie immer von Zeit zu Zeit sein. Ja. Denk ich mal. Das lockert die Sache doch etwas auf" (Interview mit Ludwig Z., Student, 27 Jahre).

Für Ludwig Z. lassen sich ähnliche Zusammenhänge finden, wie sie in bezug auf Rudolf G. festgestellt werden konnten. Auch er ist in verschiedene soziale Beziehungen eingebunden, wodurch auch in seinem Fall von einer „dualen" Orientierung gesprochen werden kann. Neben seinen dörflichen und verwandtschaftlichen Kontakten verfügt er über zahlreiche nähere „sorbische" Beziehungen, weil er in einer sorbischen Fußballmannschaft spielt. Daneben ist er durch sein Studium in Dresden in einen vornehmlich „deutsch-orientierten" Kontext eingebunden.

Sorbischer Auszubildender I

Christof N. ist 19 Jahre alt, er wohnt mit seinen Eltern nahe dem Dorfzentrum im elterlichen Haus. Das Wohnhaus wurde vom Vater gebaut, der früher als Maurer berufstätig war. Christof N. durchläuft eine Ausbildung in einem relativ großen Betrieb in einem nahegelegenen Dorf.[227] Seine Lehrstelle hat er über Beziehungen bekommen, denn eine Verwandte ist in dem Betrieb in leitender Position beschäftigt. Einen Ausbildungsplatz hätte er nach eigenem Bekunden ohne seine Beziehungen in der Region nur schwer bekommen. Denn das Angebot an Ausbildungs-

---

[226] Gemeint ist in diesem Fall ein Dorffest, bei dem Ludwig und ich einige Zeit gemeinsam anwesend waren. Bei diesem Dorffest kam die „ältere" Dorfjugend etwas später, weil sie vorher in der Disco war. Darauf bezieht sich sein „wo wir so kurz warn". Die „jüngere" Dorfjugend war an diesem Abend überhaupt nicht beim Fest erschienen.

[227] Mit der Übernahme des Betriebes wurden viele der Arbeiter entlassen. Die Zahl der früheren Mitarbeiter wird von Christof N. auf ca. 700 geschätzt, von denen mittlerweile nur noch 50 % dort beschäftigt seien.

plätzen stellt Christof N. als äußerst schlecht dar. Daher war er froh, überhaupt eine halbwegs adäquate Ausbildungsstelle gefunden zu haben.

Christofs Geschwister, beide älter als er, sind bereits vor einiger Zeit aus dem elterlichen Haus ausgezogen. Als jüngstes Kind der Familie wird er, wie es im Dorf üblich ist, später das Haus übernehmen. Nicht nur aus diesem Grund hat er schon frühzeitig angefangen, seinem Vater bei der Arbeit und Renovierung des Hauses zur Hand zu gehen. Gemeinsam haben sie schon zur DDR-Zeit eine kleine Werkstatt eingerichtet, in der Christof häufig mit seinem Vater oder einem Freund in seiner Freizeit verschiedene Dinge repariert oder herstellt.

Bei den Arbeiten und Veränderungen des Hauses, die noch zu DDR-Zeiten stattfanden, wurden Materialien zu einem guten Teil über Beziehungen besorgt. Teilweise mußte aber auch auf „Bestechung" zurückgegriffen werden, „wenn man sich nur vom Sehen gekannt hat" (Christof N., Auszubildender, 19 Jahre). Sand und andere Materialien wurde in der Regel nach Feierabend gefahren und von einem Freund gebracht, der diese Rohstoffe über seine Firma besorgen konnte: „Das lief alles, da hat keiner was gesagt" (Christof N.). Andere Dinge wurden von seinem Bruder bereitgestellt. Der hatte Arbeit in einer Baubrigade und konnte so ebenfalls über den Betrieb Materialien günstig besorgen. Genauso wichtig wie die besorgten Baustoffe waren auch Bagger und Lastwagen, die, wie Christof berichtet, häufig nach der Arbeit stärker beansprucht wurden als zur Arbeitszeit. Auf solche Hilfen habe man auch bei den Veränderungen des Hauses zurückgreifen können. Allerdings seien solche Dienstleistungen aber seit der Wende nicht mehr möglich, weil alles strenger geworden sei und die Vorgesetzten im Betrieb auf solche Dinge stärker achteten. Dadurch hätten viele Angst um ihren Arbeitsplatz und vermieden es, durch entsprechende Aktivitäten aufzufallen.

Christof sieht seine Affinität zur Arbeit in der elterlichen Werkstatt sowie seine „Sammlerleidenschaft" von allen Dingen, die noch irgendwie Verwendung finden können, durch die Bedingungen in der DDR und vor allem durch die Erfahrungen geprägt, die sein Vater gemacht hat. Früher habe jeder, der etwas verändern oder neu erstellen wollte, sich die Sachen mühevoll besorgen müssen. Sein Vater habe immer zu denjenigen gehört, die vieles sammelten und sich notwendige Maschinen besorgten, um bei Bedarf darauf zurückgreifen zu können. Christof glaubt, daß er diese Leidenschaft von seinem Vater „geerbt" hat.

Die Wende war für ihn kaum mit Angst oder Konflikten verbunden. Sie war eher Grund für ihn, Zukunftserwartungen und Aspirationen auszudehnen. Er berichtet, daß die Wende ihm fast nur Vorteile bringt, denn durch die Veränderungen seien gesellschaftliche Freiheiten gestiegen. Waren, die es früher in dieser Form nicht gegeben habe, seien nun günstig zu beziehen, und man könne zudem reisen, wann und wohin man wolle.

Insgesamt geht er davon aus, daß es Jugendlichen sehr viel einfacher fällt, sich an das neue System zu gewöhnen. „Wir nehmen das auf die leichte Schulter" (Christof N., Auszubildender, 19 Jahre). Ältere hätten sehr viel mehr Probleme, weil sie so lange in einem anderen System gelebt hätten. „Das ist vielleicht anders, wenn die Leute im Leben stehen, aber wir kamen gerade aus der Schule" (Christof N.). Er thematisiert damit den Statusübergang der Jugendlichen, der mit mehr gesellschaftlichen Freiheiten zusammenfällt und damit die Lösung aus bestehenden Strukturen, wie sie beispielsweise das Elternhaus und die Tradition darstellen, erleichtert. Als für ihn wichtigste negative Wendefolge stellt er heraus, daß seine Lehrzeit nun drei und nicht mehr zwei Jahre dauert.

Wie Christof N. bedeutet, hatte er vor der Wende keine Vorstellung von der Stasi und deren Tätigkeit. Solche Dinge hätten Jugendliche seines Alters im Dorf nicht interessiert, und entsprechend hätte man in den Schulstunden, in denen es um solche Dinge ging, „immer blöd gemacht".

„Das war ja nur in den Schulbüchern, Staatsbürgerkunde vorgekommen. Und das immer nur zum Guten des Staates" (Interview mit Christof N., Auszubildender, 19 Jahre).

Das Hauptaugenmerk der erwachsenen Dorfbewohner sei vor der Wende immer auf die Beschaffung von bestimmten Materialien und Werkzeugen ausgerichtet gewesen, so daß seines Wissens politische Schwierigkeiten und Diskussionen im Dorf kaum stattfanden. Außer im Fußballverein war Christof nie in einem Verein oder anderen Massenorganisation. Selbst den Eintritt in die DSF (Deutsch Sowjetische Freundschaft), der vom Schuldirektor seiner sorbischen Schule mit Nachdruck propagiert wurde, habe er vermeiden können. Auch in diesem Bereich sieht er, daß es Ältere aufgrund ihrer eigenen Eingebundenheit in die früheren Strukturen angesichts des gesellschaftlichen Transformationsprozesses ungleich schwerer haben, sich wieder neu zu orientieren.

Christof N. ist, wie seine Familie, katholisch, und er nimmt an den kirchlich-sorbischen Zeremonien teil. Zudem ist er aktiver Osterreiter. Wie bei anderen „älteren" Jugendlichen läßt sich bei Christof eine duale Orientierung feststellen. Die starke dörfliche Bindung ist durch seine Hobbys beeinflußt. Neben dem Arbeiten in der väterlichen Werkstatt ist hier vor allem das Fußballspiel in einem Fußballverein zu nennen, in dem noch fast ausnahmslos Sorbisch gesprochen wird. Die Spiele der Fußballmannschaft werden entsprechend von vielen Dorfbewohnern als sehr wichtig erachtet und in die Tradition der frühen sorbischen Sportvereine gestellt. Der Sport im sorbischen Verein gehört somit für viele zur ethnischen Identität. Das hat für die Spieler zur Folge, daß sie bei einem Besuch der Gaststätte immer mit anderen Dorfbewohnern ins Gespräch kommen, die sich zu den Sportlern an den Tisch setzen: „Fußball - vielmehr ist hier ja auch nicht. Die Leute sind richtig fanatisch nach Fußball" (Christof N.). Durch seine Aktivitäten sind auch die meisten seiner Freunde und Bekannten Sorben. Mit vielen von ihnen trifft sich Christof N. in der dörflichen Gaststätte oder - um die Kosten niedrig zu halten - privat.

Neben diesen stark dörflich gebundenen Unternehmungen hat sich vor allem durch die Wende seine Mobilität erhöht. Wie viele andere junge Erwachsene fährt er einen „Trabi", da diese Fahrzeuge nach der Wende günstig zu bekommen sind. Wie er betont, sei für einen Auszubildenden der Erwerb eines Fahrzeuges oder die Übernahme des „Familientrabis" vor der Wende nahezu unvorstellbar gewesen. Nun fahren er und seine Freunde zumindest an den Wochenenden zu den Diskotheken in der näheren und weiteren Umgebung. Er stellt heraus, daß sich für Jugendliche die räumliche Mobilität sehr erhöht habe. Waren die Dorfjugendlichen früher auf die Tanzsäle der nahen Region angewiesen, zu denen sie mit dem Fahrrad fuhren, besitzen viele heute Autos, mit denen sie am Wochenende zu beliebten Diskotheken bis in die Region um Dresden oder andere Bezirke fahren. Ihr Aktionsradius ist damit sehr viel großräumiger geworden.

Obwohl Christof N. eher der „jüngeren" Jugend zugerechnet werden kann, ist er aufgrund seiner Hobbys noch in ähnlicher Weise in die sorbische Gemeinschaft eingebunden wie Rudolf G. und Ludwig Z. Neben der weiträumigen Freizeitaktivität besteht noch eine Einbindung in traditionelle Handlungszusammenhänge. Dies hängt offensichtlich auch damit zusammen, daß er sehr viel mit dieser „älteren" Dorfjugend unternimmt. In der Fußballmannschaft ist er einer der jüngeren Spieler, und einer seiner besten Freunde zählt zu den „älteren" Jugendlichen. Damit übernimmt er teilweise Handlungsmuster seiner „Vorgänger-Generation". Dennoch lassen sich bei ihm Ablösungsprozesse und Neuorientierungen feststellen, wie sie für „jüngere" Jugendliche typisch sind.

Sorbischer Auszubildender II

Die Wende mit ihren vielfältigen Folgeerscheinungen wird von vielen Jugendlichen in einem ganz anderen Licht wahrgenommen als von älteren Menschen. Für Jugendliche fiel sie zusammen mit einer Lebensphase der Neuorientierung, die verbunden ist mit der Übernahme neuer Verhaltensweisen und einer Infragestellung und Abkehr von traditionellen Werten. Bastian T. ist ein Jugendlicher, an dem dieser Prozeß recht deutlich belegt werden kann. Er ist 17 Jahre alt, wurde im Dorf geboren und ist dort aufgewachsen. Seine Eltern sind Sorben, und er spricht in der Kernfamilie nahezu immer die sorbische Sprache. Nach dem Schulbesuch in der sorbischen Schule und seinem Schulabschluß begann er 1991 eine Lehre. Kurz nach der Wende verfügte Bastian T. somit über einen eigenen Verdienst. Das erhöhte seine Mobilität. Wie viele Jugendliche orientiert sich Bastian T. daher in seinem Freizeitverhalten nicht an dörflichen Bedingungen, sondern an den Möglichkeiten und Angeboten der gesamten Region. Generell lösen sich Jugendliche relativ schnell aus traditionellen Bindungen, lernen in verschiedenen Bereichen neue Menschen mit unterschiedlichen Handlungs- und Orientierungsmustern kennen und übernehmen verstärkt universalistische Verhaltensmuster und Einstellungen. Diese umfassenden Veränderungen lassen sich bei Bastian T. besonders klar erkennen und stehen daher im Mittelpunkt der folgenden Betrachtung.

In zeitlicher Nähe zur Wende waren das Verhalten und der Aktionskreis von Bastian T. noch sehr stark familiär und schulisch - und daher dörflich - beeinflußt. Hinzu kommt, daß neue Verhaltensmuster und Möglichkeiten erst erreichbar sein mußten. Bedeutsam für ihn war daher die Anschaffung eines Mopeds. Andere, etwas ältere Jugendliche übernahmen - ebenfalls mit einer gewissen Verzögerung - den alten „Trabi" der Eltern oder schafften sich einen gebrauchten „Wartburg" an, der relativ schnell den Abstieg vom begehrten, komfortableren Auto zum mißachteten Zweitwagen oder Fahrzeug für Jugendliche nahm. An dieser Ausstattung der Jugendlichen und jungen Erwachsenen mit Fahrzeugen wird neben dem schnell stattfindenden Wertewandel - der dennoch eine gewisse Zeit in Anspruch nahm - vor allem die umfangreiche Veränderung deutlich. Vor der Wende konnte sich schon allein aufgrund der langen Wartezeiten von über 10 Jahren faktisch kein Jugendlicher einen Wagen anschaffen. Einige Jahre nach der Wende ist es nahezu problemlos möglich - nicht zuletzt wegen des starken Wertverlustes der alten „Trabis" -, mit Erreichung der Volljährigkeit ein Fahrzeug zu erwerben. Der Übergang vom Jugendlichen zum jungen Erwachsenen fand für Bastian T. genau in der Übergangsphase statt. Zur Wendezeit war er noch Schüler in der sorbischen Oberschule und damit relativ stark in die sorbische Tradition eingebunden. Knapp zwei Jahre nach der Wende hat er eine Lehrstelle, selbstverdientes Geld, ein Moped bzw. Freunde, die Autos fahren, und ist so in der Lage, an vielfachen Unternehmungen und Freizeitaktivitäten teilzunehmen, an die vor der Wende kaum zu denken war. Damit findet gewissermaßen ein *„doppelter Statusübergang"* bzw. ein *„doppelter Ablösungsprozeß"* statt: gleichzeitig fallen Restriktionen und Anforderungen von Familie und Tradition sowie strukturelle Beschränkungen fort.

„Naja ist ja, ich will mal so sagen, damals als ich in der siebenten Klasse war - da war ich ja noch - schon in der achten, da ging ich noch dorte in die sorbische Schule. Und da hab ich ja ooch nur die gekannt, die dort in die Schule gehen oder grad so die aus den näheren Dörfern. Und so, wie ich nun mein Moped hab, da komm ich ja nun schon viel schneller und viel weiter in dem Bezirk und - und, wie soll ich mal sagen, zur Disco darf ich nun ooch, in meinem Alter, ich bin ja nun schon fast 18. Da lernt man ooch, einfach von Kumpeln lernen. Is schon, is schon gut, die Leute, die ich kenne" (Interview mit Bastian T., Auszubildender, 17 Jahre).

Durch die neuen Bedingungen wird auch die DDR-Vergangenheit anders wahrgenommen als von jungen Erwachsenen, die einen Teil ihrer „Jugend" noch zu DDR-Zeiten „erlebten". Für diese ist das frühere Dorfleben noch mit Begriffen wie Gemeinschaft, Zusammengehörigkeit und Unternehmungen mit Jugendlichen aus dem Dorf verbunden.[228] Genau diese Zusammenhänge verbindet Bastian T. aber nicht mit der Vorwendezeit, sondern mit der Zeit nach der Wende, in der er sich unter den neuen Bedingungen orientiert, neue Bekanntschaften gemacht und innerhalb des neu gegründeten Klubs integriert hat.

„Eigentlich ist das Vertrauen in unserem Jugendklub ziemlich groß. Die Leute machen alles. Ich, ich hab ooch schon manchen Geld geliehen. Die das erste Mal in Jugendklub warn, das Geld hab ich wiedergekriegt. Also das Vertrauen, der wächst immer mehr. Also weil man sich immer näher kennenlernt. ...Wir sind schon fast so

---

[228] vgl. hierzu die Darstellungen von Rudolf G. und Ludwig Z.

wie Brüder dadrinne. Große Familie. Junge Familie" (Interview mit Bastian T., Auszubildender, 17 Jahre).

Das Leben, so scheint es, ist weiträumiger und offener geworden. Bastian T. schildert einen typischen Sonntag seiner „Clique", der kaum noch an dörfliche Zusammenhänge gebunden ist. Die „Clique" selbst rekrutiert sich aus Jugendlichen aus unterschiedlichen Regionen der Oberlausitz und besteht zu einem nicht geringen Anteil auch aus *Deutschen*.

„Wir treffen uns immer alle dorte. Wir machen uns aus da im Klub. Daß wenn, irgendwo fahrn wir diesen Freitag hin oder diesen Sonnamt hin oder so und sagen wir uns alle oder sagt eener. Fahrn wir heut nach nach *Felsenstadt*, ja eben, dort warn wir ja nicht mehr lange. Fahrn wir hin. Sind wir nach *Felsenstadt* gefahrn. Oder letzte Woche wars so, was machen wir heute. Wars Sonntag, hat den ganzen Tag geregnet. Was machen wir heute. Fahrn wir'n bißchen rum. Wo ist denn was los? *Kukawa* (...). Sind wir hingefahren. Ham wir 'n Bierchen getrunken, schön geredet und dann wars schon so um viere, ooh nee, halb drei wars. Da ham wir uns gesagt, jetzt könn wir mal schön Kaffee trinken. Dort gabs keen Kaffee, oder dort wollten wir keen Kaffee trinken. Sind wir nach Königswartha gefahren, Kaffee trinken. Da wars um fünfe. Und um fünfe oder halb fünfe wars, um den Dreh rum, sind wir alle heeme. Und dort in Königswartha ham wir uns schon ausgemacht, wir fahrn heut abend in die Pizzeria. Nach Kamenz. Wieder heem. Umgezogen, schön gemacht und so bissl Geld eingesteckt und ab dort in die Pizzeria da, um sechse. Und dann warn wir, da wars schon so um neune und dann alle Mann, die in der Pizzeria warn, ab nach *Pjatka* zur Disco. Da war der Tag geloofen" (Interview mit Bastian T., Auszubildender, 17 Jahre).

Schon an dieser kurzen Darstellung wird deutlich, daß durch die Vielfalt der unterschiedlichen Aktivitäten der dörfliche und traditionelle Handlungsbezug verlorengehen. Wie bereits angedeutet, ist gerade bei Jugendlichen die Neuorientierung zusätzlich mit einer Lösung aus familiären und traditionellen Strukturen verbunden. Der Beruf erfordert zumindest die Übernahme der deutschen Sprache, ist aber auch sonst mit weiterer Assimilation an die deutsche Kultur verknüpft.[229] Die Familie bekommt in der Schilderung Bastian T.s lediglich die Funktion einer „Schlafstätte" zuerkannt, die sonst keine weiteren Einflüsse auf Einbindungen zu haben scheint.

„Weil ich bin ja eigentlich wenige zu Hause, ziemlich wenig sogar. Weil ich steh ja morgens um fünfe auf. Dann mach ich ab nach Bautzen. Ist ja nun schon deutsches Gebiet und dort quatsch ich den ganzen Tag Deutsch. Und dann komm ich heem, kurz mal Abendbrot essen und wieder weg. Und meistens fahr ich dann noch irgendwo was arbeiten und dann abends ist Klub. Und da wird auch Deutsch geredet. Und wenn ich ganz ehrlich bin, ich kann Deutsch besser als Sorbisch. Sorbisch da - da - da misch ich viele deutsche Wörter rein" (Interview mit Bastian T., Auszubildender, 17 Jahre).

Mit seinen Eltern spricht Bastian T. zwar fast ausschließlich in sorbischer Sprache, aber sonst spricht er, von wenigen Ausnahmen abgesehen, fast nur Deutsch. Er berichtet von Begebenheiten und Anfeindungen, die dazu führen, daß auch sorbische

---

[229] Jedoch sollte deutlich sein, daß Assimilationsprozesse vielfältiger Art durch die Sorben in der Lausitz immer schon stattgefunden haben, was sich nicht zuletzt in der allgegenwärtigen Zweisprachigkeit manifestiert.

Jugendliche, die die sorbische Sprache beherrschen, sie außerhalb der Familie kaum noch benutzen. Bei ihm scheint die Sprache ihre Alltagsfunktion außerhalb der Familie maßgeblich wegen gravierender Lebensereignisse verloren zu haben.

„Das war so 'ne Schuldisco. Und dort warn ooch solche Rechte aus - aus - aus *Kalta*, die ham mitgekriegt, daß das hier 'n paar Sorben sind und da ich grad mit meinem Kumpel Sorbisch geredet hab, mit dem sprech ich immer Sorbisch, wenn wir alleene sind. Und da ham s'es grad mal mitgekriegt. So wenn mal Musik aus ist und dann schreist Dich immer noch an, weil, wenn die Musik läuft, mußt du dich anblöken. Und da war kurz mal die Musik aus und ich hab den angeblökt und das war Sorbisch. Und da ham ses mitgekriegt, daß ich Sorbe bin. Und dann ham'se mich rausgezerrt und dann vermöbelt....Jetzt sprechen wir Deutsch, weil 's geht nimmer.... Überall wo ich bin, ist Deutsch. Außer Daheeme, da ist Sorbisch. Weil ich da weeß, da passiert mir nischts. Na und da als se mich dorte geschlagen haben, da ham wirklich - fünf Mann ham mich verdroschen...“ (Interview mit Bastian T., Auszubildender, 17 Jahre).

Bastian T. traut sich nach dieser Erfahrung in nicht vertrauten Zusammenhängen nicht mehr, die eigene Muttersprache zu sprechen, und achtet überhaupt darauf, daß seine ethnische Zugehörigkeit nicht nach außen erkennbar wird. Neben der ihm zuteil gewordenen Gewalt begründet er dies mit latenten und manifesten Stigmatisierungen und Diskreditierungen, die sich gelegentlich in Alltagssituationen ergeben haben. Diese reichen von abfälligen Worten, Kontaktvermeidung anderer Personen, Aufforderungen, die deutsche Sprache zu benutzen, bis hin zu offenen Beschimpfungen. Insgesamt zeichnet es sich ab, daß die von ihm aufgesuchte *außerdörfliche Umwelt* einem Aufrechterhalten ethnisch-traditioneller Bindungen im Wege steht.

Die neue Wertorientierung und teilweise stärkere Assimilierung an die deutsche Kultur führen auch zur Wandlung bestehender normativer Muster. Bisher akzeptierte, die sorbische Sprache und Tradition erhaltende Verhaltens- und Reaktionsweisen werden zunehmend abgelehnt und durch neue ersetzt. Dies zeigt sich auch am Sprachverhalten im Jugendklub.

„Natürlich, Sorben und Deutsche. Aber wir sprechen alle Deutsch. Weil wenn, hab ich ja schon mal erzählt. Wenn, wenn ein Sorbischer irgendwie, oder sagen wir mal, wenn fünf Sorben zusammensitzen und ein Deutscher daneben sitzt, dann sprechen wir Deutsch, damit der ooch uns versteht. Nicht daß der sich denkt, der hat, die sprechen jetzt von mir und jetzt geh ich heem. Es is ja nun, bei den älteren Menschen, is ja so: fünf Sorben treffen sich, kommt een Deutscher dazu, die sprechen trotzdem Sorbisch. Unanständig - sag ich“ (Interview mit Bastian T., Auszubildender, 17 Jahre).

Neben der Lösung aus der sorbischen Tradition findet (nahezu unweigerlich, wenn man an die Komplementarität von Ethnizität und Religion denkt) auch eine Abkehr von kirchlicher Einbindung und religiöser Überzeugung statt.

„Naja. Das, das - unser Vater ist voll überzeugt von dem Herrn Gott. ... Ich will meinen Vater jetzt nicht schlecht machen, aber der zwingt uns mehr zur Kirche gehn. Weil der, weil der davon überzeugt ist und wenn - wenn - wenn ich jetzt sage, 'Vater ich geh nie wieder in die Kirche'. Das spricht sich hier rum. Weil die Leute, die sehn ja, wenn ich nicht mit bin. 'Der wollte nicht mit.' Ja, das ist ja der Tratsch.

Und, und, und der würde in - in Verruf kommen, unser Vater. Weil der ist ziemlich von sich überzeugt: 'Ich mach alles richtig' und - naja, so isses. Ich bin nicht, also an Gott glaub ich ne" (Interview mit Bastian T., Auszubildender, 17 Jahre).

Will man den Zusammenhang nicht nur auf Wendeprozesse und darauf basierende Veränderungen jugendlichen Verhaltens zurückführen, läßt sich hieran auch eine Abkehr von elterlichen Wertvorstellungen und ein Versuch feststellen, sich der dörflichen sozialen Kontrolle zu entziehen. Aber auch dann ist zu bedenken, daß diese Möglichkeiten durch veränderte Einbindungen und alternative Orientierungsmuster mitbedingt sind, die durch den gesellschaftlichen Transformationsprozeß entstehen bzw. durch ihn erkennbar werden und Ablösungsprozesse zumindest erleichtern.

Generell läßt sich an Bastian T.s Aussagen feststellen, daß *jugendliche Arbeitnehmer* (aber auch schon Schüler, sofern sie nicht auf sorbische Schulen gehen) einem Assimilationsdruck unterliegen, da sowohl ihre Arbeitsplätze als auch ihr Freizeitverhalten deutsch und weiträumig geprägt sind. So sprechen sie in der Diskothek, im Jugendclub und bei der Arbeit Deutsch. Manche dieser Jugendlichen, deren Eltern sich zumindest im privaten Bereich noch fast ausschließlich Sorbisch unterhalten, sprechen selbst die Sprache kaum noch - obwohl sie sie z.T. noch verstehen können. Zudem gibt es außerhalb der Familie nur selten die Notwendigkeit, Sorbisch zu sprechen. Die Netze dieser Jugendlichen sind weiträumiger, ihre Mobilität ist größer und muß es aufgrund der Arbeitsmarktlage auch sein. Ansonsten entsprechen ihre sozialen Beziehungen eher denen „typischer" Jugendlicher, wie sie generell in Ostdeutschland und in anderen Industrienationen anzutreffen sind, mit einigen festen Freunden, z.T. wechselnden Intimbeziehungen und Diskothekenbesuchen in lockeren Gruppen.

Die Wende setzte bei ihnen in einer Phase der Neuorientierung und Neuformierung ein. Mit den Freiheiten der Jugendphase ergaben sich zugleich Möglichkeiten der Mobilität mit dem Ausprobieren unterschiedlichen (neuen) Freizeitverhaltens, was früher in diesem Umfang nicht möglich war.

Sorbischer Schulabgänger

Jugendliche haben mehr Probleme mit den Wendefolgen, wenn sie, wie Lukas T., nach der Schule keine Lehrstelle finden. Lukas T. ist 15 Jahre alt und bewohnt mit Eltern und Großeltern einen Bauernhof, der ca. 1 km vom Dorf entfernt liegt. Anders als bei Bastian T., dessen Tagesablauf durch Arbeit, Jugendklub und „Clique" bestimmt wird, sind Verhalten und Einbindung Lukas T.s aufgrund seines Alters noch sehr viel stärker auf das familiäre Umfeld bezogen. Da seine Eltern beide arbeiten, verbringen er und seine jüngere Schwester sehr viel Zeit mit den Großeltern. Lukas und seine Schwester sprechen Sorbisch und Deutsch, und sie werden, wie viele Kinder in der Region, religiös erzogen. So geht Lukas jeden Sonntag in die sorbische Messe, besucht donnerstags die sorbischsprachige Jugendgebetsstunde und nimmt an Wallfahrten und Prozessionen teil. Da er noch nicht über selbst-

verdientes Geld verfügt, bessert er sein Taschengeld auf, indem er auf einer Kegelbahn die Kegel aufstellt. Obwohl sein Lebenszusammenhang insgesamt noch sehr
stark familiär und kirchlich geprägt ist, lassen sich doch Lösungsprozesse aus dem
Familienzusammenhang und eine gesteigerte Mobilität feststellen. Dies hängt nicht
zuletzt mit der Beendigung der Schule und dem Übergang in einen neuen Lebensabschnitt zusammen. Lukas macht deutlich, daß er in den letzten Jahren kaum über
Kontakte verfügte, die über den familiären oder schulischen Horizont hinauswiesen. Inzwischen fährt er mehrmals im Monat mit Freunden in die Diskotheken der
Region.

> „Alle eine Woche oder alle zwei Wochen bin ich mit meinen Freunden zusammen.
> ... Fahren in die Disco, trinken Bier oder rochen Zigaretten. .... DDR-Zeiten hat ich
> kaum Bekannte, kaum. Aber jetze nach der Wende, hab ich mehr Kontakte. Fahre
> mehr rum. In die Disco und so. ... Mit 'n M. M., die Dicken. Die Dicken, die wohn
> Euch doch gegenüber, na. Mit denen, ja. ... Immer mit den M. Wenn ich in die Dis-
> co fahre nich alleene, immer mit den M. ... Und auf der Disco sind dann meine
> Freunde ooch noch" (Interview mit Lukas T., Arbeitsuchender, 15 Jahre).

Durch die gesteigerte Mobilität im Freizeitbereich werden Lukas T. allerdings Gefahren bewußt, die zu DDR-Zeiten nicht - zumindest nicht in so gravierendem
Ausmaß - vorhanden waren. Außerhalb des dörflichen Bereichs sieht er sich Anfeindungen ausgesetzt, die ihn dazu bewegen, auf die sorbische Sprache gänzlich
zu verzichten. Dies bezieht sich nicht nur auf die Diskothekenbesuche, sondern
schließt auch die umliegenden Städte ein.

> „In der Disco rede ich immer Deutsch. Weil sonst kommt eener vorbei und sagt,
> 'Sorben, was wollt denn ihr hier? Raus!'. Das kommt manchmal vor. ... Bautzen
> oder Kamenz red ich meistens Deutsch. Meistens Deutsch. Weil die sind manchmal
> auch so" (Interview mit Lukas T., Arbeitsuchender, 15 Jahre).

Die Unsicherheit und Gefährdung durch die Nutzung der Muttersprache läßt sich
vor allem bei Jugendlichen feststellen, weil sie aufgrund ihrer Mobilität häufiger
als Erwachsene oder Alte in „riskante Situationen und Räume" geraten, als die
Diskotheken und Städte zumindest in den Abend- und Nachtstunden bezeichnet
werden können. Auch wenn im Fall von Lukas T. die Nutzung der sorbischen
Muttersprache in der Familie weiterhin Sprachkompetenz und Sprachverhalten
stützt, lassen sich doch auch bei ihm zumindest erste „Ablösungstendenzen" von
der Muttersprache erkennen.

Das von ihm wahrgenommene Bedrohungspotential geht aber über diese Situationen hinaus. Zwar besteht sein Bekanntenkreis in erster Linie aus Sorben, aber er
kommt natürlich auch mit Deutschen in Kontakt, die ihn aufgrund seiner ethnischen Zugehörigkeit in seinem Sprachverhalten reglementieren. Am Beispiel von
Vorfällen bei einem Fußballspiel berichtet er von Beschimpfungen und Bedrohungen, denen er ausgesetzt war:

> „Sorben, aber der Großteil, das sind meist Sorben sondern ganz genau Deutsche, nur
> Deutsche. Die kennen gar nischt von Sorbisch. Die sind, die kenn, die sind immer
> dagegen bissl. Bissl dagegen immer, gegen die Sorben. Die sagen dann, daß man
> richtig reden soll. Ne. Die reden mit Sorben, aber wie 'se beim Fußballspielen ge-

sagt haben, wo mal die eine Mannschaft gespielt hat, aus den Sorben machen wir so Glatzköppe, so Lampignons dran, ham se ooch schon gesagt. Und da, nee - vorsichtig" (Interview mit Lukas T., Arbeitsuchender, 15 Jahre).

Allerdings führen Lukas T.s Ängste nicht nur dazu, daß er die Muttersprache in bestimmten Zusammenhängen nicht mehr gebraucht, sondern sie bewirken auch eine Reduzierung seiner sozialen Kontakte. Gerüchte um rechtsradikale Jugendliche im Jugendklub führen dazu, daß er den Klub, den er nach seiner Gründung mehrmals besucht hatte, nicht mehr betritt und somit zu vielen Jugendlichen des Dorfes nur wenige Kontakte hat.

> „Ne. Ja ich würde gerne hier in Jugendklub reingehen. Aber, ich war früher, das ist noch nicht so lange her. Wo ich mal bissl dabeigewesen bin. Aber jetze, nee. Weil jetze Unbekannte dort sind. Jetzt immer, wie ich gestern gehört habe so wegen die Rechtsradikalen ... Ich leg mich erst gar nicht mit solchen an. Wenn ich schon sehe, der hier so abrasiert hat oder ganze Glatze hat, Schluß, ist aus. Bei mir: Vorsicht. Also mit Rechten will ich gar nichts machen. Zu gefährlich, ne" (Interview mit Lukas T., Arbeitsuchender, 15 Jahre).[230]

Die Aussagen zum Jugendklub machen die Ambivalenz seiner Situation deutlich. Als arbeitsloser Jugendlicher, der über viel Freizeit und nur wenige finanzielle Mittel verfügt, hat er natürlich Interesse an sozialen Kontakten zu Gleichaltrigen. Die meisten der Jugendlichen seines Alters im Dorf gehen in den Jugendklub, während ältere, auch die, mit denen er immer in die Diskothek fährt, dem Klub fernbleiben. In seinem spezifischen Fall führen somit Gerüchte und die Anbindung an ältere Jugendliche zu Einschränkungen bei dem Knüpfen sozialer Beziehungen zu Gleichaltrigen. Das Problem läßt sich allerdings generalisieren. Durch die allgemeine Unsicherheit und die Anfeindung, denen sorbische Jugendliche besonders in ihrer Freizeit ausgesetzt sein können, sind sie bestrebt, nicht aufzufallen und Situationen zu meiden, die sie nicht kontrollieren können. Die Folge solcher Bedingungen ist die Abkehr von der Sprache und die Angst davor, sich in bestimmten Kontexten ungezwungen zu bewegen.

Das größte Problem von Lukas T. scheint aber seine Schwierigkeit zu sein, eine Lehrstelle zu bekommen. Mittlerweile haben er und seine Eltern alles mögliche versucht, sind jedoch immer wieder gescheitert. Die relative Aussichtslosigkeit führt bei Lukas T. dazu, daß er die jetzige Situation mit den Bedingungen in der DDR vergleicht. Wurde früher jedem Jugendliche eine Lehr- oder Arbeitsstelle bereitgestellt, ist es für viele Jugendliche heute fast aussichtslos, etwas zu bekommen.

> „Jetze is es schwierig 'ne Lehrstelle zu kriegen. Erst konnt man kriegen ne Lehrstelle. Kommst aus der Schule raus: „Ja, Dich nehm wir'. Aber jetzt: keene, nischt.

---

[230] Die Auseinandersetzung um diesen Jugendklub, der erst 1992 wieder neu gegründet wurde, polarisiert gewissermaßen die Jugendlichen des Dorfes. Gerüchte, daß sich in diesem Jugendklub auch rechtsradikale Jugendliche treffen hat es immer wieder gegeben. Wie die Reaktion von Lukas zeigt, verfehlen sie auch nicht ihre Wirkung bei manchen Jugendlichen. Von vielen Dorfbewohnern wird vermutet, daß Gerüchte um Rechtsradikale bewußt gestreut werden, um den Klub in Mißkredit zu bringen. Kegler, die auf der Bahn in der Nähe des Jugendklubs wöchentlich kegeln, sagen, daß sie verdächtige Jugendliche oder rechtsradikale Äußerungen wahrgenommen hätten.

...Aber das, das jetzt so schwierig ist, mit der Lehrstelle zu kriegen. Hätt ich gar nicht gedacht. Da bin ich enttäuscht" (Interview mit Lukas T., Arbeitsuchender, 15 Jahre).

Seine Enttäuschung resultiert aber nicht allein aus den fehlgeschlagenen Versuchen. Auch der Erfolg anderer Jugendlicher bei der Lehrstellensuche, der in vielen Fällen auf sozialen Beziehungen beruht, frustriert ihn zusätzlich.

„Weil sein Vater tut dorte arbeiten, hat der also seinen Sohn mit reingenommen in die Firma. Hat 'ne Lehrstelle gekriegt. Und ich hab mich ooch schon beworben, bei der Firma, nischt gehabt" (Interview mit Lukas T., Arbeitsuchender, 15 Jahre).

Seine Eltern und Großeltern verfügen nicht über solche Beziehungen. Auch Versuche, über weitere Kontakte eine Lehrstelle für ihren Sohn bzw. Enkel zu bekommen, schlugen fehl. Lukas T. führt an, daß seine Mutter immer wieder bei allen Bekannten nachgefragt hat, ob sie nicht eine Möglichkeit für ihn sähen. Aber auch vage Möglichkeiten haben sich schnell wieder zerschlagen.

„Ich hab gehört hier der von - von *Susod*, der N., der hat hier, hat meine Mutti gesagt, der wird vielleicht mich een Jahr so nehmen, wie zum ein Jahr so einarbeiten und dann bloß naja, hab ich dann, paar Tage später Brief gekriegt, er tut erst nächstes Jahr ausbilden, so Lehrlinge. Da weiß ich nichts, was ich machen soll" (Interview mit Lukas T., Arbeitsuchender, 15 Jahre).

Aus der für ihn schwierigen Situation heraus versucht Lukas T. alles, um so schnell wie möglich eine Stelle zu bekommen, und muß dabei immer wieder resignierend feststellen, daß er kaum Chancen besitzt.

„Ich hab heute eenen in der Schule gesagt, tu mal deinen Chef überreden, daß er mich hier einstellt. Er hat gesagt, der, ne, der nimmt nicht mehr. Der nimmt bloß drei Lehrlinge und wenn ich dazu komme, bin ich der Vierte. Wird nischt" (Interview mit Lukas T., Arbeitsuchender, 15 Jahre).

Aus dieser Erfahrung heraus werden von ihm die Veränderungen durch die Wende zu weiten Teilen negativ wahrgenommen und dargestellt. Er artikuliert dies immer wieder anhand der Beispiele Lehrstellenmangel, Angst vor ethnischer Verfolgung und zunehmender Unsicherheit in verschiedenen Bereichen. Seine Zukunft stellt er immer deutlicher in Abgrenzung zur potentiellen DDR-Zukunft dar. Dabei spielt wieder die Dualität von Sicherheit und Unsicherheit eine Rolle, wobei Absicherung mit der DDR assoziiert wird. Durch seine Einbindung in weitergehende Kontakte ist jedoch auch bei ihm anzunehmen, daß er langfristig auf den Gebrauch der sorbischen Sprache verzichten wird und bei ihm erweiterte Mobilität mit dem „Rückzug" aus ethnischen Bezügen komplementär ist.

5.2 Zusammenfassende Darstellung sozialer Netzwerke

Bevor näher in generalisierender Form auf soziale Netzwerke und Belastungen eingegangen wird, soll mit Blick auf die vorgestellten Einzelfälle auf die Intention der vorliegenden Arbeit eingegangen werden. Wichtig ist es, die sozialen Beziehungen und Belastungsmomente aufzuzeigen, wie sie die Menschen selbst in ihrer

Lebenswelt wahrnehmen. Damit wird versucht, die subjektiv empfundene Bedeutung von Situationen, Bedingungen und Kontexten wiederzugeben. Manche Darstellungen wurden dabei einfach „stehengelassen". Damit ist gemeint, daß auf sie zwar Bezug genommen, nicht aber Widersprüchen in allen Fällen nachgegangen wird. Dies läßt sich am besten an einem Beispiel verdeutlichen. Dorfbewohner stellen ihre Vergangenheit in der DDR vielleicht in bezug auf ihre staatliche Einbindung in einer anderen Weise dar, als andere Dorfbewohner. In einem solchen Fall werden beide Perspektiven wiedergegeben, um zu zeigen, daß ihre Sichtweise nicht von allen geteilt wird. Es würde jedoch m.E. zu weit führen, zu versuchen, die Vergangenheit so weit zu hinterfragen, daß z.B. eine eindeutige Klärung verschiedener Verwicklungen in staatstragende Funktionen am Ende deutlich gemacht werden könnte. Eine solche Aufarbeitung der Vergangenheit sollte den in Ostdeutschland lebenden Menschen vorbehalten sein und nicht von Außenstehenden vorgenommen werden.

Das so beschriebene Verfahren schließt natürlich nicht aus, daß intensiv nach Widersprüchen geforscht und in Interviews und deren Analysen auch auf „Ungereimtheiten" eingegangen wurde. Dies sollte in der Darstellung der Fälle aber bereits deutlich hervorgetreten sein.

Die verschiedenen Lebensformgruppen - vorläufig bestimmt durch die Position in der Sozialstruktur - müssen mit unterschiedlichen Problemen und Anforderungen zurechtkommen und können hierbei auf unterschiedliche Ressourcen zurückgreifen. Will man dies unter Bezugnahme auf die vorgestellten Fallstudien generalisieren und verzichtet dabei zunächst auf tiefgreifende Differenzierungen, läßt sich dies in einer vereinfachenden, nicht ganz trennscharfen Typologisierung darstellen, wie sie in Abbildung 5.9 vorliegt.

Bezieht man diese Strategien und Probleme auf verschiedene Lebensformgruppen, erscheint die erste Reaktionsform typisch für Rentner zu sein. Bei ihnen kann ein Rückzug in den privaten, vertrauten Bereich als Reaktion auf unsichere äußere Bedingungen festgestellt werden. Sie besitzen zahlreiche gewachsene Beziehungen, mit denen sie einen Großteil ihrer Geschichte teilen. Dabei handelt es sich in erster Linie um Personen, die ihre Lebenslage kennen. Diese Beständigkeit liefert Sicherheit angesichts einer sich verändernden Gesamtsituation. „Man paßt auf sich auf" und kontrolliert sich gegenseitig. Damit vollzieht sich über die Einbindung in dörflich-sorbische Kontexte eine Belebung des Gefühls der kulturellen, ethnischen Zugehörigkeit. Bestehende sorbische, dörfliche Traditionen werden in einem Nahbereich aufrechterhalten (durch private Feste und Feiern sowie kirchliche Zeremonien revitalisiert oder bestärkt: Kirmes, Martinssingen, Ostern mit Patengeschenken und Osterreiteressen, Namenstag, Familienmessen, Geburtstage, etc.). Dieser Rückzug in den privaten, vertrauten Bereich ist ihre Reaktion auf unsichere äußere Bedingungen. Diese derart charakterisierten sozialen Beziehungen erscheinen deshalb als für ihre Belange ausreichend zu sein, weil sie sich in der Regel schon vor der Wende mit dem Rentnerdasein zurechtgefunden haben und es ihnen ökonomisch besser geht als vor der Wende. Z.T. ist dieser Rückzug aber auch „zwangsläufig", weil auf dörflicher oder regionaler Ebene - somit in ihrer unmittelbaren Alltagswelt - nur noch selten Veranstaltungen stattfinden.

Abb. 5.9: Reaktionsformen ausgesuchter Lebensformgruppen auf „Einbrüche in ihre Lebenswelt"

Reaktionsformen	Lebensformgruppe, in der Reaktionsform anzutreffen ist:
1. Revitalisierung alter und bestehender Kontakte, die sich in der Vergangenheit als problemadäquat erwiesen haben, d.h. zur Unterstützung bei Problemen und Notlagen herangezogen werden konnten	Typisch für Rentner und Personen in unsicheren Beschäftigungsverhältnissen
2. Versuch, selten gepflegte Beziehungen zu aktivieren, bei gleichzeitigem Verlust einzelner Netzwerksegmente	Typisch für „Vorruheständler" und Arbeitslose
3. Schaffung neuer Kontakte bei gleichzeitiger Aufrechterhaltung „alter" Beziehungen	Typisch für örtlich gebundene Selbständige, Aufstiegsorientierte und dual Orientierte
4. Lösung aus traditionellen Bindungen und teilweise bzw. weitgehende Assimilierung an deutsche Kultur	Typisch für Jugendliche
5. fehlende Möglichkeit der Aktivierung von Beziehungen aufgrund kaum vorhandener Kontakte	Typisch für lange im Dorf lebende Deutsche
6. weiträumige soziale Beziehungen; wenige soziale Kontakte innerhalb des Dorfes	Typisch für hinzugezogene Deutsche

Die Kontinuität der engeren Beziehungen wird dabei durch alte familiäre, nachbarschaftliche, religiöse und ethnische Einbindungen bestärkt, wodurch sich ein relatives Gefühl der Sicherheit einstellt. Gleichzeitig wird in Gesprächen jedoch die Vergangenheit positiv dargestellt, und man versichert sich gegenseitig, daß früher auch nicht alles schlecht war, vieles sei sogar besser gewesen. Darin zeigt sich die Unsicherheit, denn die materiellen Vorteile können nicht überdecken, daß anfängliche Aspirationen und Erwartungen enttäuscht wurden und Kinder, Freunde oder Bekannte von Arbeitslosigkeit und ökonomischem Mangel betroffen oder bedroht sind.

Rentner beziehen sich weitgehend auf ihre Freunde, Nachbarn und Verwandten und damit auf zwei verschiedene Netzwerksegmente, die durch ihre räumliche Nähe eine relative Sicherheit und Kontinuität gewährleisten. Es sind dichte Netzwerke, deren einzelne Interaktionspartner auch untereinander wiederum zahlreiche Kontakte haben. So sind die Kinder im Dorf aufgewachsen und kennen ebenso die

Nachbarn und dörflichen Bekannten und Freunde. Dieses Element der Netzwerkdichte wird auch dadurch bestärkt, daß es kaum Zuwanderer im Dorf gibt. Für alte Kontakte werden im Dorf somit nur wenig neue „Alternativen" angeboten. Beziehungsarbeit muß sich entsprechend, will man nicht Kontakte zu Personen außerhalb des Dorfes knüpfen, auf langbekannte, vertraute Personen richten. Daß in diesem Zusammenhang das Dorf nicht als Einheit gesehen werden kann, sondern innerhalb des Dorfes offenbar territoriale Grenzen bestehen, reduziert die Reichweite der Netzwerke, intensiviert jedoch die Kontakthäufigkeit.

Freunde und Familienmitglieder sind in der Regel die ersten Ansprechpartner, wenn es um emotionale Unterstützung, Rat bei wichtigen Dingen, finanzielle Fragen, Probleme und Familienangelegenheiten geht. Gleichzeitig wird gerade in diesen Bereichen nicht immer auf Reziprozität geachtet, da davon ausgegangen wird, daß sich über die Zeit gegenseitige Unterstützungen und Hilfeleistungen in irgendeiner Form ausgleichen werden. Diese implizit vorhandene Annahme des Ausgleichs hat vor allem deshalb Bestand, weil sich diese Beziehungen durch Multiplexität auszeichnen. Gegenleistungen erfordern nicht den Bezug auf ein drittes Element, wie es beispielsweise das Geld darstellt. Dadurch werden Beziehungen weder „materialisiert" noch durch den Bezug auf einen „universellen Nivellierer"[231] herabgewürdigt. Entsprechend erweist sich die Toleranz (Ambiguitätstoleranz) in diesen engen emotionalen Bindungen als relativ groß.

Gleiches ist für Nachbarschaftsbeziehungen nicht festzustellen. Dort wird stärker auf gegenseitigen Ausgleich von Hilfeleistungen geachtet. Dies schließt aber durchaus ein, daß Vorleistungen erbracht werden, um die Nachbarschaftsbeziehungen aufrechtzuerhalten. Wenn erbrachte Leistungen aber nicht „gedankt" oder „rückerstattet" werden, kann dies zu kurz- oder langandauernden Kontaktabbrüchen führen. Klatsch und Nachrede kann zudem dazu führen, daß andere auf solche Sachverhalte aufmerksam gemacht werden und weitere „soziale Kreise" betroffen sind. Damit ist die soziale Kontrolle in diesem Bereich sehr stark spürbar. Da es den Rentnern und anderen Dorfbewohnern aber wichtig ist, über eine gute Nachbarschaft zu verfügen, sind sie in der Regel sehr darauf bedacht, Reziprozität herzustellen.

Dennoch zeigt sich die Labilität dieser Beziehungen, die auch nicht in gleichem Ausmaß multiplex sind, d.h. nicht die Vielzahl von Funktionen erfüllen, wie die Beziehungen zu Verwandten. Es geht primär um kleinere Hilfeleistungen, Austausch von materiellen Gütern für Haus und Hof, Anbieten von Gefälligkeiten, wo-

---

[231] „Das Geldwesen zerstört am gründlichsten jenes Aufsichthalten, das die vornehme Persönlichkeit charakterisiert und das von gewissen Objekten und ihrem Gewertetwerden aufgenommen wird; es drängt den Dingen einen außer ihrer selbst liegenden Maßstab auf, wie gerade die Vornehmheit ihn ablehnt; indem es die Dinge in eine Reihe, in der bloß Quantitätsunterschiede gelten, einstellt, raubt es ihnen einerseits die absolute Differenz und Distanz des einen vom anderen, andrerseits das Recht, jedes Verhältnis überhaupt, jede Qualifikation durch die wie auch ausfallende Vergleichung mit anderen abzulehnen - also die beiden Bestimmungen, deren Vereinigung das eigentümliche Ideal der Vornehmheit schafft" (Simmel 1989:541).

bei bei arbeitsintensiven Hilfen auch gelegentlich etwas bezahlt wird, was im Freundes- und Verwandtschaftsnetzwerk nicht der Fall ist. Damit besteht sowohl die Möglichkeit als auch die Notwendigkeit, dieses Netzwerksegment durch intensive Strategien und Pflege aufrechtzuerhalten. Dazu dienen nicht zuletzt Feiern, zu denen die Nachbarn eingeladen werden. Häufig werden sogar Feiern für die Nachbarn „nachgeholt". Sie finden dann erst einen Tag nach dem eigentlichen Ereignis statt, zu dem nur Freunde und Familienangehörige kommen. In dieser zeitlichen Reihung manifestieren sich unterschiedliche Bedeutungen und die Rangfolge der einzelnen Netzwerkmitglieder.

Die „dichten" Netzwerksegmente bieten damit breite Unterstützung für die Probleme des Alltags. Gleichzeitig fehlen Rentnern aber Beziehungen, die Informationskanäle für Neuerungen und den Umgang mit sich verändernden Gesellschaftsstrukturen außerhalb des dörflichen Bereichs bereitstellen. Insbesondere bei Betrachtung weiterer Netzwerkcharakteristika - fehlender Reichweite (sowohl territorial als auch bezogen auf die Sozialhierarchie), wenige schwache Beziehungen, außer den verwandtschaftlichen Kontakten kaum Brücken in anders strukturierte Netzwerke (Homogenität), hohe Beständigkeit, Kontakthäufigkeit und Intensität - wird dieser begrenzte Rahmen deutlich. Denn wie Walker et al. (1977:36) ausführen, können kleine soziale Netze mit starken Bindungen, hoher Dichte, hoher kultureller Homogenität und starker räumlicher Bindung der Mitglieder zwar eine soziale, unveränderbare Identität des Individuums aufrechterhalten, sie repräsentieren jedoch nur einen geringen Erfahrungsschatz (vgl. auch Mayr-Kleffel, 1991:209). Zudem besteht in solchen dichten und kleinen Netzwerken natürlich ein Druck, sich rollen- und normkonform zu verhalten, wodurch sich Veränderungen generell nur schlecht durchsetzen lassen.

Aufgrund des relativ starken Bezugs auf den Nahraum und der wenigen Veränderungen im ökonomischen Bereich (Arbeit, steigende Rentenzahlungen), der für diese Lebensformgruppe feststellbar ist, stehen für ihre Probleme und Belange weitgehend adäquate Hilfesysteme zur Verfügung, die besonders den Umgang mit innerdörflichen Neuerungen betreffen. Daher führt das Fehlen von Informationskanälen für Neuerungen und für Anpassung an sich verändernde Gesellschaftsstrukturen außerhalb des dörflichen Bereichs nur bedingt zu negativen Folgen für Rentner. Diese negativen Folgen schlagen sich eher in der generell wahrgenommenen Unsicherheit und dem Gefühl nieder, für bestimmte Fragestellungen und Probleme keine adäquaten Ansprechpartner mehr zu haben.

Aber nicht nur Rentner zeichnen sich durch einen „Rückzug ins Private" aus. Dies ist bei Vertretern anderer Lebensformgruppen ebenfalls zu beobachten. Auf die Veränderung und Unsicherheit, die mit der Modernisierung und Individualisierung zusammenfallen, reagieren auch Werktätige mit Resignation und Fatalismus. Hier sind in erster Linie die Personen angesprochen, die relativ unsichere Arbeitsplätze haben (z.B. Personen, in deren Firma es Hinweise darauf gibt, daß ein Großteil der Belegschaft entlassen werden soll und ABM-Kräfte) und die aufgrund ihres Alters kaum noch Chancen auf eine neue Anstellung haben dürften. Ihre Lage führt diese Personen aber nicht dazu, in ihrem sozialen Netzwerk oder darüber hinaus nach möglichen Kontakten zu suchen, um sich frühzeitig nach Möglichkeiten der Veränderung umzuschauen, sondern sie sagen von vornherein, daß sie nichts daran machen könnten, wenn der Betrieb sie nicht mehr brauche, und warten ab. Sie glauben kaum daran, daß überhaupt jemand ihnen helfen kann, eine neue Arbeit zu finden. Angesichts von 15 % Arbeitslosigkeit in dieser ostsächsischen Region dürften solche Überlegungen nicht ganz unrealistisch sein. Die hohe Arbeitslosenrate kann sicherlich einen Teil des bestehenden Fatalismus erklären.

Als Reaktion auf diese empfundene Unsicherheit und gewiß als Versuch einer Rationalisierung wird in Gesprächen mit Freunden häufig die Wende und die „Übernahme durch den Westen" thematisiert und für die Arbeitsmarktlage verantwortlich gemacht. Dabei lassen sich immer wieder Aussagen wie diese antreffen: „Die Wende hat außer einigen Sachen, die man jetzt mehr kaufen kann, nichts Gutes gebracht" (Jakob P., Rentner, 70 Jahre). Die Unsicherheit im beruflichen Bereich wird auf die gesamten Wendefolgen generalisiert, und die wenigen materiellen Vorteile können die Angst vor dem sozialen Abstieg nicht vergessen machen.

Aber auch auf anderer Ebene unterliegen Arbeitsbeziehungen einem Wandel. Sie dienen nicht mehr - wie es früher häufig der Fall war - der Versorgung mit Gütern und Hilfen, sondern bekommen durch neue Anforderungen, Bestimmungen und angesichts steigender Arbeitslosigkeit einen neuen Charakter. Es wird nicht mehr über das Einkommen gesprochen, private Gespräche und Besorgungen können nicht mehr in der Arbeitszeit stattfinden, und die gegenseitige Offenheit und Vertrautheit geht wegen der Angst um den Arbeitsplatz zurück.

„Früher konnte man auf der Arbeit über alles reden, auch politische Dinge oder über die Arbeitsbedingungen. Heute ist das vorbei, da hat jeder Angst um den Arbeitsplatz und traut sich nichts mehr" (Interview mit Curd B., Vorruhestand, 58 Jahre).

So findet im Kollegenbereich immer weniger Unterstützung statt. Bedingt durch die regionale Wirtschaftslage und die angesprochene Entfunktionalisierung von Versorgungsbeziehungen werden zunehmend Vertrauen und Solidarität im Kollegenkreis von Neid und Mißtrauen verdrängt. Mißtrauen und Neid erweisen sich aber als folgenschwer für die Aufrechterhaltung sozialer Netzwerke, da sich unter solchen Bedingungen Vertrauen nicht mehr aufbauen und Reziprozität kaum noch herstellen läßt.

Neben den fehlenden 'kollektiven Zusammentreffen' tragen zu diesen Veränderungen die Geheimhaltung des Verdienstes, sich verändernde Arbeitsvollzüge und unsichere Beschäftigungsverhältnisse bei. Für die Funktionen, die dieses Netzwerksegment früher bereitstellte, fehlt nun die Kompensation. Individualisierungsprozesse werden dabei häufig durch Monetarisierung von Arbeits- und Nachbarschaftsbeziehungen verstärkt, die mit abnehmender Sicherheit einhergeht. Die sozialen Netzwerke von Beschäftigten in unsicheren Arbeitsverhältnissen sind ähnlich denen der Rentner, aber da gerade diese Beschäftigten durch strukturelle Veränderungen stärker betroffen sind, müßten sie eher mit nach außen gerichteten Strategien reagieren, um überhaupt noch Chancen auf dem Arbeitsmarkt zu besitzen. Dies bleibt aber völlig aus. Es fehlen Sicherungsstrategien für die Zukunft, der Wandel wird fast resignativ und fatalistisch hingenommen.

Ähnliche Probleme finden sich auch bei Arbeitslosen, die jedoch stärker durch die Nutzung „*schwacher Beziehungen*" (Granovetter 1983) versuchen, Arbeit zu finden. Sie selbst und ihre näheren sozialen Kontakte (Ehepartner, Eltern, Geschwister, Kinder) fragen jeden entfernten Bekannten, der Arbeit hat, ob in seinem Betrieb noch etwas frei ist oder wo man sich vorstellen muß, wenn man um Arbeit nachfragen will. Junge Arbeitslose bekommen so in der Regel auch Anstellungen, wenn sie auch - wie das Beispiel Lukas T.s gezeigt hat - große Probleme haben, Ausbildungsplätze zu bekommen. Besonders über 50jährige haben aber kaum noch eine Chance auf dem Arbeitsmarkt, weil ihre Mobilität eingeschränkt ist und ihre Leistungen nicht mehr nachgefragt werden. Der Versuch der Aktivierung schwacher Beziehungen wird bei älteren Arbeitslosen und „Vorruheständlern" vom Rückzug auf nahe Beziehungen begleitet. Dies geschieht beinahe zwangsläufig, weil soziale Kontakte zu Personen mit weitreichenden Verbindungen bzw. sozialem Kapital, die „etwas bewirken" können, nicht vorhanden sind und auch kaum geschaffen werden können. Durch die eigene, subjektiv empfundene Nutzlosigkeit und sichtbare Reduzierung des Selbstwertgefühls fällt es dieser Personengruppe schwer, neue soziale Beziehungen zu knüpfen.

Bei den Menschen im Vorruhestand bricht mit dem Kollegenkreis - ebenso wie bei den Arbeitslosen - ein ganzes Segment des früheren Netzwerks vollständig weg. Dies wird als starker Verlust empfunden, da gerade Beziehungen zu Arbeitskollegen verschiedene Funktionen hatten. Sie standen nicht nur bei Problemen und für soziale Unterstützung zur Verfügung, sondern dienten gleichzeitig der Versorgung mit Gütern und dem Austausch über politische Fragen. Grundsätzlich ist die Situation der „Vorruheständler" aber durch mehrere Problemlagen geprägt:

* Verlust der Sicherheit;
* fehlende sinnvolle Arbeit/Funktionsverlust;
* Gefühl der Nutzlosigkeit und Langeweile;
* Einschränkung der sozialen Kontakte;
* fehlende finanzielle Möglichkeiten;
* mangelnde Partizipation an Neuerungen;
* Entwertung früherer Arbeit;
* Enttäuschung anfänglicher hoher Erwartungen;
* Ungerechtigkeitsgefühl angesichts noch in Arbeit stehender ehemaliger Leitungskader und Funktionäre.

Die mit diesen aufgeführten Begriffen charakterisierte Situation führt auch bei „Vorruheständlern" zur verstärkten Rückbesinnung auf verwandtschaftliche und nachbarschaftliche Beziehungen, wobei z.T. kaum noch wahrgenommene ehemalige Kontakte reaktiviert werden, für die bisher keine Zeit war oder kein Interesse mehr vorlag. Während sich die vergleichbare Gruppe der Rentner schon länger an die Bedingungen des Ruhestandes angepaßt hat und Arbeitslose immer noch auf einen Arbeitsplatz hoffen, waren „Vorruheständler" von Aspirationen und neuen Erwartungen erfüllt, die nun an der Realität zerbrechen. Zudem geht es den Rentnern aufgrund höherer Transferzahlungen finanziell besser als vor der Wende. „Vorruheständler" müssen dagegen Einschränkungen hinnehmen, die angesichts der steigenden Konsummöglichkeiten und der zunehmenden materiellen Ausstattung des sozialen Umfeldes im Dorf um so schmerzlicher zu ertragen sind.

„Vorruheständler", Arbeitslose und Personen mit unsicheren Beschäftigungen suchen also Sicherheit in vertrauten Beziehungen. Auf die neue Arbeitsmarktlage können sie sich angesichts der Mobilitätshindernisse nur schlecht einstellen und reagieren mit Perspektiv- und Orientierungslosigkeit sowie Rückbesinnung und Reaktivierung naher Beziehungen. Dadurch wird - auch bei den Rentnern - sicherlich die ethnische Einbindung gestärkt, denn Nachbarschaft, Familie und Freunde sind in der Regel Sorben. Einsichtig ist natürlich, daß es sich dabei nicht um eine prospektive Strategie handelt, sondern um Kontinuität der Beziehungen, bei der das ethnische Element damit nicht „strategisch" sondern lediglich „zwangsläufig" eingesetzt wird. Die Funktion ethnischer Bindung liegt auf individueller Ebene nicht in der Möglichkeit, auf materielle Ressourcen zugreifen zu können, sondern in dem Versuch, angesichts einer sich veränderten Umwelt Sicherheit zu erlangen.[232]

Eine andere Situation findet sich bei Personen mit weitreichenden beruflichen Veränderungen (Selbständigkeit, sozialer Aufstieg) und Zukunftsaspirationen (soziale und kulturelle Interessen; empfundene dörfliche Enge). Diese Bedingungen und Erwartungen setzen neue Beziehungen voraus, weil formale Veränderungen (Umgang mit neuen Bestimmungen, Möglichkeiten der Beantragung von finanziellen staatlichen Zuwendungen, Bewertung von Absatzmärkten etc.) in ihrer Komplexität allein kaum beurteilt und bewältigt werden können. Auch neue kulturelle Orientierungen und Erwartungen erfordern Kontakte, die über den regionalen Zusammenhang hinausweisen. Parallel zu dem Aufbau solcher Beziehungen steht häufig die verstärkte Rückbeziehung auf den persönlichen Nahbereich zur Abfederung von Risiken und Mobilisierung von Hilfe.

Die Öffnung für weitere Kontakte ist mit einer Einbindung in dörfliche Zusammenhänge verbunden, wodurch von einer dualen Orientierung gesprochen werden kann. Die dörflich-traditionelle Einbindung ist in der Regel rein sorbischer „Natur", die weitergehende dagegen bezieht sich auf „deutsche Kontexte" (eine Dualität, die außerhalb der Region arbeitende Dorfbewohner - zum Teil aber auch in größeren Betrieben der Umgebung angestellte Sorben - nolens volens schon immer erlebten, da in Arbeitsvollzügen fast immer Deutsch gesprochen wurde).

---

[232] Diese Einschränkung in bezug auf die individuelle Ebene muß deshalb getroffen werden, weil es natürlich (berechtigter- und notwendigerweise) Bestrebungen gibt, die kulturelle und ethnische Identität der Sorben über Verbände und Aktivitäten zu sichern, was nur bei einer Finanzierung durch den Bund und die Länder Brandenburg und Sachsen gelingen kann.

Auch jugendliche Arbeitnehmer (z.T. auch Schüler) unterliegen einem Assimilationsdruck, da sowohl ihre Arbeitsplätze als auch ihr Freizeitverhalten deutsch und weiträumig geprägt sind. Sie sprechen in der Diskothek, im dörflichen Jugendclub - der sich einer großen Beliebtheit in der gesamten Region erfreut und zu dem viele deutsche und deutschsprachige Jugendlichen kommen - und bei der Arbeit Deutsch. Viele dieser Jugendlichen, deren Eltern im Alltag nahezu ausschließlich die sorbische Sprache gebrauchen, sprechen die Sprache nicht mehr. Darüber hinaus besteht für sie außerhalb der Familie sowieso nur selten die Notwendigkeit, Sorbisch zu sprechen. Die Netze dieser Jugendlichen sind weiträumiger, ihre Mobilität ist größer und muß es aufgrund der Arbeitsmarktlage auch sein. Ihre Aktivitäten und sozialen Netzwerke orientieren sich an den neuen Freizeitangeboten. Sie gehen in kleineren, lockeren Gruppen in die Diskotheken, haben einige feste Freunde und z.T. wechselnde Intimbeziehungen. Die Wende fiel bei ihnen in eine Phase der Neuorientierung und Neuformierung. Mit den Freiheiten der Jugendphase kam zugleich die neue Mobilität, die mit vielfältigen Freizeitaktivitäten und universalistischen Wertorientierungen verbunden ist. Damit steht ihnen eine weitreichende Palette von Handlungsmöglichkeiten offen, die in diesem Ausmaß früher selbst Erwachsenen nicht zugänglich war. Die Folge dieser neuen Orientierung ist der Rückzug aus traditionellen Handlungsweisen und Orientierungen.

Abgesehen von Jugendlichen und sozialen Aufsteigern zeichnen sich die anderen sozialen Netze durch ihren starken Bezug auf sorbische Kontakte aus. Besteht bei diesen ein Rückzug auf die Familie und Nachbarschaft, so handelt es sich nahezu zwangsläufig um soziale Beziehungen zu Sorben. Die wenigen Deutschen bleiben weitgehend ausgeschlossen. Häufig sind deren Sozialkontakte - ebenso wie die sozialer Aufsteiger - daher nicht an den Ort gebunden. Mehr Probleme als jüngere, zugezogene Deutsche haben dagegen alteinwohnende Deutsche, die nicht zu Festen, Feiern oder Hochzeiten eingeladen werden und z.T. evangelisch sind, so daß selbst die Bindung über religiöse Rituale und Zeremonien wegfällt. Ihre sozialen Netze sind stark begrenzt und lassen sich im Dorf kaum revitalisieren.

Die Erweiterung sozialer Netzwerke, wenn darunter die Schaffung neuer Kontakte verstanden wird, zeigt sich in der Regel nur bei neuen Anforderungen im Arbeitsbereich und bei erhöhter Mobilität oder wenn das Dorfleben als nicht „ausreichend" für die eigene kulturelle Orientierung angesehen wird. Entsprechend findet sich dieses Phänomen fast ausnahmslos bei „sozialen Aufsteigern", Jugendlichen und Personen, die sich neuen Anforderungen gegenübersehen.

Völlig anders als bei diesen Personen, bei denen sich eine erhöhte Mobilität finden läßt, ist dagegen das Verhalten der „sozialen Absteiger". Sie ziehen sich stärker in den dörflichen und verwandtschaftlichen Bereich zurück und empfinden dort in multiplexen Beziehungen relative Sicherheit.

Insgesamt kann festgestellt werden, daß durch den Bezug auf den Nahbereich die sorbische Kultur (Sprache und z.T. auch die Tradition) im individuellen Bereich gefördert wird. Allerdings fehlt diese Revitalisierung auf kollektiver Ebene außerhalb religiöser Bindungen. Deutlich wird aber, daß dieses Rückbesinnen keine prospektive Strategie sein kann, mit neuen Anforderungen besser zurechtzukommen. Ganz im Gegenteil, durch die strukturelle Krise im gesamten Raum Ostsachsen hat es den Anschein, daß weitere Personen dem sozialen Abstieg über Arbeitslosigkeit kaum entgehen können. Dadurch wird zunehmend eine Kluft zwischen den Dorfbewohnern entstehen, die über einen Arbeitsplatz und finanzielle Mittel verfügen, und solchen, die immer stärker auf staatliche Transferleistungen angewiesen sein werden, obwohl sie sich für den Ruhestand noch als zu jung empfinden. Wegen den mit dieser Situation verbundenen psychischen Belastungen und materiellen Einschnitten können sie als relativ Deprivierte gelten.

Weiterhin haben „soziale Absteiger" keine adäquaten Beziehungen, um mit solchen Problemen umzugehen. Aufgrund der allgemeinen ökonomischen Lage bestehen für einen breiteren Bevölkerungsanteil nur wenige Möglichkeiten, soziale Beziehungen zu Personen aufzubauen, die über soziales Kapital verfügen, das in der derzeitigen Situation eine gewisse Bedeutung hat. Die sozialen Netzwerke der meisten Dorfbewohner bieten emotionale Unterstützung, Beständigkeit, materielle Hilfe, Beistand, Rat etc. Aber außer einem verstärkten Konsum finden strukturelle gesellschaftliche Veränderungen nur begrenzten Niederschlag in weitergehenden Netzwerkstrategien.

Hervorzuheben ist dagegen sicherlich die steigende Mobilität der Jugend und der „sozialen Aufsteiger". An diese Veränderungen läßt sich eine Prognose für die weitere Entwicklung knüpfen. Die momentane Festigung des ethnischen Elements (Fundamentalisierung) über starke dörfliche Kontakte und religiöse Bindungen einzelner Gruppen wird mittel- bis langfristig von einer verstärkten Assimilierung abgelöst, die auch notwendig erscheint, um den Anforderungen des gesellschaftlichen Transformationsprozesses gerecht zu werden. Damit bewirken der begrenzte sorbisch katholische Raum (Diaspora) und die Anpassungsprozesse an den gesellschaftlichen Transformationsprozeß langfristig die Auflösung der sorbischen Tradition.

Die Rückbesinnung auf alte traditionelle Beziehungen, d.h. die Kontinuität der Netzwerke, hat ihre Ursache in der Vergangenheit. Zum einen liegt die Kontinuität an der Situation in der Diaspora und der nachholenden Transformation (cultural lag).

Insbesondere die Diasporasituation förderte in der Vergangenheit die starke ethnische, dörfliche und religiöse Einbindung. Das Alltagshandeln war durch traditionelle Bräuche, kirchliche Zeremonien und religiöse Orientierungen geprägt. Dies führte dazu, daß - über Jahrzehnte hinweg - bei intrakonfessionellen und zum großen Teil intraethnischen Hochzeiten nur wenige Assimilationsprozesse stattfanden. Der Beginn einer Assimilation (Akkulturation) war folglich stärker auf den Arbeitsbereich und die Zeit nach dem zweiten Weltkrieg bezogen (Probleme der Flüchtlinge, Aufbau großer Betriebe auch im ländlich geprägten ostsächsischen Raum, Zusammenschluß der landwirtschaftlichen Betriebe zur LPG). Dennoch bezog man sich gerade durch die Gründung dieser Betriebe weiterhin auf den Nahraum und war kaum gezwungen, wegen der Arbeit mobil zu sein. Eine Assimilation an die deutsche Kultur fand gewissermaßen in der Region statt. Deutsche siedelten sich in der Region an und arbeiteten in den Betrieben oder der LPG, deren Leitungsfunktionen in der Regel von Deutschen ausgeübt wurden, auf die sich die Sorben einstellen mußten. Daher wäre es falsch, davon zu sprechen, daß früher keine Assimilierung stattgefunden habe. Diese wurde aber teilweise durch eine religiöse und damit zugleich ethnische Orientierung kompensiert.

Die starke ethnisch-konfessionelle Bindung führte dazu, daß die meisten Verwandten im gleichen Dorf oder im begrenzten katholisch-sorbischen Siedlungsraum beheimatet sind, wodurch sich die sozialen Beziehungen insgesamt natürlich verstärkten. Darüber hinaus wurde das Verwandtschaftssystem (neben dem Nachbarschaftssystem) über religiöse und traditionelle Einbindung stets bekräftigt (Familienmessen, Patenschaften, Bezug auf Ahnenreihen und „verdiente" Sorben). Zudem übernahm die Kirche neben der traditionell-ethnischen Bindung auch eine Schutzfunktion für die Sorben in der NS-Zeit und in der DDR. Sie diente als Orientierungshilfe und Bewahrerin des ethnischen Elements und der ethnischen Identität, denen sie sowohl nach außen (Anforderungen des Staates) als auch nach innen (soziale Kontrolle) Schutz bot. Daher kann man von einer Symbiose zwischen Kirche und Ethnie sprechen (deutsche Dorfbewohner sprechen von einer Instrumentalisierung des Ethnischen durch die Kirche). Denn gleichzeitig ist die katholische Kirche von der Teilnahme der sorbischen Bevölkerung an Zeremonien abhängig, und kann sich durch ihre ethnische Orientierung einen gewissen Zulauf sichern, denn sonst leben in dieser Region des protestantischen Sachsens nur wenig Katholiken. Wegen der durch die Dorfbewohner wahrgenommenen Funktionen dient die Kirche den Sorben auch nach der Wende als Orientierungsrahmen bei der aufkommenden neuen Unsicherheit. Somit kann eine gewisse Kontinuität kaum verwundern.

Hinzu kommt noch, daß die Menschen aufgrund der Erfahrungen in der SED-Zeit als *materialistisch* bezeichnet werden können, wenn man sich auf die Unterscheidung von materiellen und postmateriellen Werten bezieht (Inglehart 1979; 1980). Es wird zunächst versucht, das nachzuholen, was unter DDR-Bedingungen nicht zu erreichen war: Einbau und Umbau von Fenstern, sanitären Anlagen, Fliesen, Wasserleitungen, Heizungen, Autokauf, Reisen etc. Dieser nachzuholende Bedarf richtet gleichzeitig die Aktivitäten wiederum auf den Nahraum, denn das Material wird in neuen Geschäften in der Region bezogen und dann in Eigenarbeit oder unter Mithilfe von Freunden und Bekannten verarbeitet. Dadurch brechen auch soziale Differenzierungsprozesse erst langsam auf, denn durch diese nachholenden Veränderungen sind finanzielle Mittel zunächst gebunden. Auf der anderen Seite lassen sich aber auch Neid und empfundene Zurücksetzung feststellen. Die Ausstattung mit bestimmten Mitteln und Möglichkeiten, um sich bestimmte Dinge zu leisten, ist damit zentrales Kennzeichen dieser Differenzierung. Generell läßt sich von einem *cultural lag* sprechen, das durch die Bindung der Mittel und - auf einer generelleren Ebene - durch die mit der Wende verbundenen Unsicherheiten entsteht. Durch diese Faktoren bezieht sich ein Großteil der dörflichen Bevölkerung zunächst auf das Bestehende.

Insgesamt gibt es viele Angelegenheiten, für die eigentlich neue Kontakte nötig wären, die jedoch im dörflichen Bereich gelöst werden. Damit führt die bereits vielfach angesprochene Diasporasituation sowohl zur momentanen Aufrechterhaltung der ethnischen Identität, da religiöse und ethnische Identifizierungen eine wichtige Orientierungshilfe angesichts der Veränderungsprozesse bieten, paradoxerweise gleichzeitig aber auch zu deren langfristigen Auflösung, wenn man an die neuen Orientierungen der Jugendlichen und „sozialen Aufsteiger" denkt. Ethnische und traditionelle Orientierungen werden sich unter diesen Bedingungen kaum reproduzieren lassen.

6. Ergebnisse und Schlußfolgerungen

Als bedeutsam wurden in der vorliegenden Arbeit soziale Netzwerke im Spannungsfeld von Wandel, Kontinuität und Aspirationen herausgestellt. Als wichtigster Aspekt, von dem gesellschaftlicher Wandel in Ostdeutschland ausgeht, wurde - und das kann nicht verwundern - die umfassende gesellschaftliche Transformation gesehen, die weitreichende Folgen in allen Gesellschaftsbereichen zeitigt. Von diesen gesellschaftlichen Veränderungen gehen für die betroffene Bevölkerung nicht nur Bedrohung und Entfremdung aus, wie vielfältig dargestellt wurde, sondern an sie knüpften sich ursprünglich ebenso Aspirationen und Erwartungen. Für eine Vielzahl von Menschen waren und sind diese Erwartungen jedoch nicht realisierbar. An die Wende und an die „neue Zeit" gebundene Wünsche erwiesen sich relativ rasch als unerfüllbar, weil der Transformationsprozeß mit verschiedenen Formen der Arbeitslosigkeit zusammenfiel (neben der faktischen Arbeitslosigkeit lassen sich AB-Maßnahmen, Lehrstellenmangel und Vorruhestandsregelung nennen). Damit war von diesen negativen Folgen der Wende eine Vielzahl Menschen betroffen. Anders als von ihnen erhofft, fiel die Wende mit Gefühlen der Nutzlosigkeit, Ausgrenzung und Deprivation zusammen. Andere Veränderungen können zudem mit Orientierungsverlust, Unsicherheit und Entfremdungsprozessen in Zusammenhang gebracht werden.

Für Personen, die zwar einen Arbeitsplatz haben, deren Arbeitsstellen sich aber als nicht sicher erweisen, zeichnen sich ähnliche Auswirkungen ab. Sie leben unter der Bedrohung, daß eine langfristige Sicherung ihrer Arbeitsstellen nicht gelingt. Angesichts einer Arbeitslosenquote von über 15 %[233] in der Region wird es aufgrund der äußeren Bedingungen vielen nicht möglich sein, eine Absicherung zu bewerkstelligen. Folglich befinden sie sich in einer Situation permanenter Befürchtungen, ihren Arbeitsplatz zu verlieren, obwohl sie zumindest teilweise an materiellen Veränderungen partizipieren. Dadurch, daß diese bestehende Unsicherheit bei generell schlechter Wirtschaftslage mit neuen Konsummustern zusammenfällt, und dadurch, daß sie die Situation der „Vorruheständler" täglich vor Augen haben, wissen die Menschen, mit welchen einschneidenden Folgen ein Arbeitsplatzverlust für die Anpassung an neue Strukturen verbunden ist. Teilhabechancen an Veränderungs- und Erneuerungsprozessen ergeben sich vor allem durch ökonomische Absicherung. Wenn diese über einen sicheren Arbeitsplatz geschaffen werden kann und eine weitgehende Integration in alte und neue soziale Beziehungssysteme gelingt, können die umfassenden gesellschaftlichen „Umbrüche" am ehesten bewältigt werden.

---

[233] Diese Prozentangabe bezieht sich auf die Zeit der Erhebung. In den darauffolgenden Jahren ist die Arbeitslosenquote noch enorm gestiegen.

Allerdings zeichnen sich die sozialen Netzwerke aller dieser angesprochenen Personengruppen (Arbeitslose, ABM-Kräfte, Vorruheständler), ebenso wie die der bereits mehrfach angesprochenen Rentner, durch einen Rückzug auf bestehende soziale Beziehungen aus. Die Interpretation, daß die betroffenen Personengruppen in nahen, vertrauten Alltagswelten Schutz, Orientierung und Sicherheit suchen, soll im folgenden erneut kurz aufgenommen werden, um daran nochmals die unterschiedliche Betroffenheit verschiedener Lebensformgruppen und ihre Problembewältigung aufzuzeigen. Von da aus kann dann deutlicher herausgearbeitet werden, wieso von verschiedenen Lebensformmilieus gesprochen werden kann und wo entscheidende Unterscheidungskriterien bei der Zuordnung liegen. Denn trotz ähnlichem „Rückzugsverhalten" zeigen sich entscheidende Differenzen zwischen den verschiedenen Personen, die nicht zuletzt auf unterschiedlich ausgeprägter Überschaubarkeit, Einbindung und Kontinuität der Alltagswelt basieren.

Natürlich wird sich die folgende Betrachtung nicht nur auf die Personen beziehen, die durch die Wende offensichtlich vielfältigen Problemlagen ausgesetzt sind und mit einem Rückzug auf bestehende Sozialkontakte reagieren. In gleicher Weise werden wiederum die Lebensbedingungen der Menschen betrachtet, deren Leben und Erwartungen sich durch die Wende nur wenig oder sogar positiv verändert haben. Neben Personen in festen Anstellungen sind damit „Aufstiegsorientierte" angesprochen. An den in den Fallbeispielen berücksichtigten Lebensformgruppen wird versucht eine Binnendifferenzierung vorzunehmen, um von einfachen Dichotomien wie „Wendegewinner" und „Wendeverlierer" wegzukommen, indem die Lebensbedingungen der Menschen und die sich ergebenden Gemeinsamkeiten und Unterschiede in den Mittelpunkt gerückt werden.

Es wird angestrebt, wie bereits bei der Diskussion der Lebensformgruppen in Kapitel 3.3 angedeutet wurde, durch Berücksichtigung von Wendebetroffenheit und Ressourcenausstattung eine umfassendere Typologie zu bilden, um mit dem Begriff des Lebensformmilieus auf Gemeinsamkeiten der einzelnen Personengruppen zu kommen, die durchaus quer zu den Berufspositionen - und damit den vorher dargestellten Lebensformgruppen - liegen können. Damit wird versucht, eine Forderung einzulösen, die schon Danielzyk/Krüger (1990) aufgestellt haben, als sie formulierten, daß Lebensformgruppen nicht vorab definiert werden könnten, sondern von einem Suchprozeß ausgegangen werden müsse, „der sich die Wahrnehmung von Lebensformen im Spannungsverhältnis von übergreifenden Lebensorientierungen und Teilhabe an konkreten kleinen Lebenswelten offenhält" (1990:82).

Abschließend soll dann von dieser differenzierten Sichtweise nochmals abstrahiert werden und unter Berücksichtigung der theoretischen Konstrukte Identität und Habitus generell auf den Sicherungsaspekt und das Beharrungsvermögen angesichts gesellschaftlicher Umbrüche eingegangen werden. Dazu kann erneut an die Diskussion um die Modernisierung und deren Folgen in Ostdeutschland und die Implikationen für die Identität angeknüpft und diese Zusammenhänge für die konkrete Situation in der Oberlausitz analysiert werden.

6.1 Soziale Netzwerke und Lebensformmilieus

Entsprechend der bisherigen Darstellung stehen auch bei der abschließenden Betrachtung die *Rentner* an erster Stelle. Kurz zusammengefaßt zeichnet sich das Leben der Rentner dadurch aus, daß sie sich in der DDR bereits auf ein „Leben im Ruhestand" eingerichtet bzw. mit diesem abgefunden haben. Durch die Veränderungen der Wende geht es den meisten von ihnen finanziell besser, da Rentenzahlungen der BRD in der Regel höher liegen, als dies für die DDR der Fall war. Andererseits lassen sich auch in Einzelfällen Einschränkungen feststellen, z.B. aufgrund der Bearbeitungsdauer der Rentenanträge, steigender Lebenshaltungskosten oder wegen anderer Bedingungen (wie im Falle Jakob P.s festgestellt werden konnte, dessen Status in der DDR als Selbständiger sich nun bei der Rentenzahlung negativ bemerkbar macht). Als Gemeinsamkeit in bezug auf soziale Netzwerke und bestehende Problembelastungen läßt sich die Orientierung auf den sozialen Nahraum und die religiöse Orientierung feststellen. Die Einstellung der Rentner zur Wende und zu den mit der gesellschaftlichen Transformation verbundenen Problemen ist ähnlich. Allerdings unterliegt die Bewertung offensichtlich politischen Positionen. Gemeinsam ist den in den Fallstudien zu Wort gekommenen Rentnern, daß sie die Auflösungstendenzen der sorbischen Gemeinschaft, Abnahme der religiösen und ethnischen Orientierung, die fehlende Vergangenheitsbewältigung, die scheinbare Macht der „alten Seilschaften" und die generell empfundene zunehmende Unsicherheit beklagen.

Die Problemlage der „*Vorruheständler*" wurde in Kapitel 5.2 anhand einer einfachen Übersicht dargestellt. Darin werden ähnliche Problemsichten zum Transformationsprozeß deutlich, wie bei den Rentnern. Allerdings ist der Betroffenheitsgrad der „Vorruheständler" wesentlich höher als der der Rentner, weil sie in einem Alter sind, in dem sie hofften, am Ende ihres Arbeitslebens unter neuen gesellschaftlichen Bedingungen noch einmal für „richtiges Geld" arbeiten und sich selbst unter Beweis stellen zu können. Vor allem bei der Verarbeitung der Tatsache, daß ihnen dies verwehrt bleibt, haben sie die größten Schwierigkeiten. Entsprechend ist der Verlust der Arbeit bei ihnen mit vielfältigen weiteren Problembelastungen verbunden, die von der mangelnden Partizipation bis hin zu Gefühlen von Ohnmacht und Ungerechtigkeit reichen.

Gleiches läßt sich für *Arbeitslose* feststellen, die jedoch weiterhin das Problem haben, auf dem Arbeitsmarkt erfolgreich sein zu müssen, sofern sie nicht auf Arbeitslosenhilfe „abrutschen" wollen. Bei ihnen ist das permanente Bemühen zu erkennen, schwache Kontakte zu nutzen, um eventuell doch noch einen Arbeitsplatz zu erhalten. Die notwendige Sicherheit, um mit der Situation zurechtzukommen, finden sie wie die „Vorruheständler" in ihrem vertrauten sozialen Umfeld. Fehlt diese soziale Einbindung, lassen sich Belastungen nur schwer verarbeiten, wie angesichts der marginalisierten Lage des deutschen Ehepaars verdeutlicht wurde, bei dem beide Ehepartner „Vorruheständler" sind. Neben den Verarbeitungsschwierigkeiten aufgrund der ökonomischen Bedingungen finden sie keine Ansprechpartner, um Gefühle der Ohnmacht, Nutzlosigkeit und Ungerechtigkeit zu überwinden.

Die Sichtweisen und Problembelastungen von *Facharbeitern* wurden anhand von zwei Fallstudien ebenfalls angesprochen. Von den beiden Personen verfügt der Handwerker Jano T. über einen sicheren Arbeitsplatz, während der Facharbeiter Kito N. aufgrund seines Alters und wegen der Umstrukturierung des Betriebes damit rechnen muß, über kurz oder lang entlassen zu werden. Eine ähnliche Situation wie bei Kito N. findet sich noch bei einem sorbischen Ehepaar. Beide Ehepartner sind in AB-Maßnahmen beschäftigt. Mit diesen konnte ich zwar verschiedene Gespräche führen, sie wurden jedoch nicht in einer Fallstudie vorgestellt. Bei ihnen zeichnen sich ähnliche Zusammenhänge ab, wie bei Kito N. Die Unsicherheit des Arbeitsplatzes und die kurzfristig abzusehende Arbeitslosigkeit führen nicht zu einem Verhalten, wie es bei Arbeitslosen anzutreffen ist, nämlich dem Versuch, schwache soziale Beziehungen zu finden, die Arbeitsstellen vermitteln könnten. Statt dessen ziehen sie sich in ihr soziales Umfeld zurück. Als Erklärung für dieses fatalistische Verhalten wurde bereits auf die schwierige wirtschaftliche Lage in Ostsachsen und auf die wenigen Personen hingewiesen, die über adäquates „soziales Kapital" verfügen. Hervorzuheben ist bereits bei diesen kurzen Andeutungen, daß innerhalb der Gruppe der Arbeiter Differenzierungen vor allem aufgrund der Sicherheit des Arbeitsplatzes getroffen werden können. Denn das Gefühl, über einen sicheren Arbeitsplatz zu verfügen, ist mit weitergehenden Implikationen verbunden.

Dieser Zusammenhang läßt sich ebenso bei *Angestellten* feststellen. Insbesondere bei Lehrern zeichnen sich dabei interessante Prozesse ab. Nach der Wende mußten sie zunächst befürchten, daß eine Übernahme in den Schuldienst schwierig werden könnte, da diese von der „Abwicklung" abhing. Nachdem nun diese Übernahme stattgefunden hat, haben die Lehrer als Angestellte des öffentlichen Dienstes - nicht nur im Gegensatz zu anderen Dorfbewohnern - krisenfeste Stellungen und ein relativ hohes Einkommen. Differenzierungen in dieser Gruppe sind demnach eher von anderen Bedingungen abhängig, wie z.B. der Arbeitslosigkeit von Ehegatten und der sozialen Einbindung.

Die stärksten Unterschiede lassen sich in der Gruppe der *Selbständigen* festmachen. Dies ist nicht verwunderlich, weil sich diese Kategorie generell bei Untersuchungen zur Sozialstruktur als sehr heterogen erweist (vgl. z.B. Pappi 1979). Bei den beiden Selbständigen, die in der Studie berücksichtigt wurden, kommt zudem noch hinzu, daß einer von ihnen Deutscher ist und der andere Sorbe. Es wird auf den ersten Blick deutlich, daß sie nicht in die gleiche „Lebensformgruppe" subsumierbar sind, da es außer der Selbständigkeit kaum weitere Gemeinsamkeiten zwischen ihnen gibt.

Ähnliches gilt auch für *Jugendliche*. Obwohl sie sich in einer Vielzahl von Freizeitaktivitäten gleichen, lassen sich Unterschiede in Hinblick auf ökonomische Ausstattung und Einbindung in ethnisch-konfessionelle Zusammenhänge feststellen. Unterschiede gründen nicht zuletzt in Sozialisationsbedingungen und Wahlmöglichkeiten, die verschiedene Kohorten besitzen.

In diesen Soziallagen wird im folgenden aufgrund der Fallbeispiele eine Differenzierung vorgenommen, die die Belastungssituation sowie die Ausstattung mit ökonomischem und sozialem Kapital einbezieht. Die Darstellungen beziehen sich nicht auf „harte" Kriterien in dem Sinne, daß ihr quantitative Messungen für Problembelastungen, soziale Unterstützung und finanzielle Ausstattung zugrunde liegen - obwohl dies bei der Darstellung der finanziellen Ausstattung möglich wäre, weil in der quantitativen Erhebung für die genannten Personen das Haushaltseinkommen erfragt wurde. Da aber zugesichert wurde, die mit dem Fragebogen gewonnenen Daten lediglich für die statistische Auswertung zu nutzen und nicht auf individuelle Fälle zurückzubeziehen, erachte ich es für illegitim, die Einkommenssituation konkreter Personen daraus herzuleiten. Da die anderen Daten als abgeleitete Kriterien aus den Leitfadeninterviews und der teilnehmenden Beobachtung auf eine andere Weise Validität besitzen (augenscheinliche Validität), indem sie die Lebenssituation der Menschen einbeziehen, sollte man zudem bei der finanziellen Ausstattung keine Ausnahme machen und die von den Bewohnern selbst empfundene finanzielle Unterversorgung bzw. Besserstellung in entsprechender Weise heranziehen.

Ersichtlich wird an diesem Vorgehen, daß angestrebt wird, eine *emische Sichtweise* in die Kategorienbildung einfließen zu lassen, weil auf die Schilderung der Belastungen und Ressourcenausstattung einzelner Personen Bezug genommen wird. Daher besteht die Frage nach der Vergleichbarkeit dieser von den Menschen dargestellten Belastungen. Personen haben, und dieser Aspekt zieht sich durch die gesamte Arbeit, unterschiedliche Vorstellungen und Erwartungen und können damit von den gleichen Sachverhalten ungleich betroffen sein, bzw. von unterschiedlichen Sachverhalten in gleicher Weise. Eine Vergleichbarkeit ergibt sich daher durch die von den Personen geschilderte Bedeutung, die den Ereignissen zuerkannt wird. Diese Schilderungen sind durch zwei Bedingungen „abgesichert". Erstens beziehen sich Erzählungen auf objektive Bedingungen der Betroffenheit, denn niemand wird z.B. seine Probleme mit der Arbeitslosigkeit beschreiben, wenn er nicht arbeitslos ist. Zweitens werden die Schilderungen durch die Ergebnisse der teilnehmenden Beobachtung gestützt.

Ein weiterer wichtiger Punkt ist, daß es sich bei den in den Schaubildern dargestellten Zusammenhängen nicht um eine feste Rangfolge handeln kann, die selbst bei quantitativ erhobenen Daten zu Belastungen und Unterstützungen nur schwer erreichbar ist. Statt dessen geben die Rangplätze die dargestellte und wahrgenommene Belastung und Ausstattung wieder. Allerdings wird die Bedeutung, die Belastungen und Ausstattungen einnehmen, durch die vorgestellten Fallstudien belegt, die die hier angeführte Interpretation stützen und sich gewissermaßen auf die emische Sichtweise der Menschen beziehen.

Einfache Darstellungen können nicht die Komplexität bestehender gesellschaftlicher Zusammenhänge widerspiegeln. Gleichwohl dienen Typologien dazu, Zusammenhänge strukturiert zu erfassen und bestimmte vorhandene Muster zu verdeutlichen. Entsprechend handelt es sich an dieser Stelle nur um eine Annäherung über einige wenige Punkte, die allerdings durch die Fallstudien in Kapitel 5 eine gewisse Plausibilität erhalten.

„Wendebetroffenheit"

In Abbildung 6.1 wird eine Einordnung der in den Fallstudien vorgestellten Personen anhand ihrer Problembetroffenheit nach der Wende dargestellt. Dabei wurde angestrebt, die *empfundene Betroffenheit* von Einzelaspekten oder allgemeinen Veränderungen der Wende abzubilden. Die emische Sichtweise steht somit im Vordergrund. Nicht berücksichtigt wurden zunächst Belastungs- und Unterstützungsaspekte, die durch soziale Einbindung bestehen, also soziale Ressourcen. Je stärker die Personen von Veränderungen betroffen sind, die mit der gesellschaftlichen Veränderung zusammenhängen, desto höher wurden sie innerhalb des Schaubildes 6.1 eingeordnet.

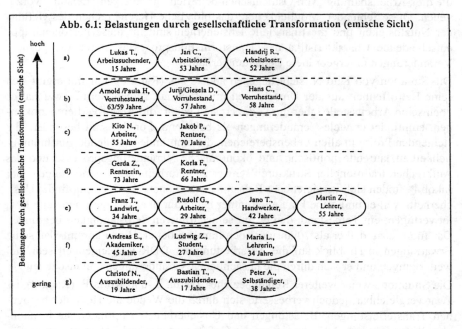

Abb. 6.1: Belastungen durch gesellschaftliche Transformation (emische Sicht)

An oberster Position (Rang a) sind die drei Personen dargestellt, für die Teilaspekte der Wende bedrohliche Formen angenommen haben. Lukas T. büßte durch die Wende weitgehend seine Chancen ein, in für ihn annehmbarer Weise in den Arbeitsmarkt integriert zu werden. Er glaubt kaum noch daran, eine Lehrstelle zu finden. Selbst seine Bemühungen, einen Praktikumsplatz zu bekommen oder in irgendeiner Weise berufliche Praxis erwerben zu können, scheitern immer wieder.

Zudem fühlt er sich in vielen Situationen nach der Wende als Sorbe bedroht. Seine Belastungen sind mit denen gleichgesetzt, über die Jan C. und Handrij R. berichten. Beide verloren ihren Arbeitsplatz und müssen weitgehend hoffnungslose Versuche unternehmen, erneut eine Arbeitsstelle zu erhalten. Durch diese Erfahrungen bekommen Bedingungen in der ehemaligen DDR, in der Arbeitsplätze abgesichert waren, für sie einen hohen Stellenwert. Die Wende ist für sie verbunden mit dem Verlust ehemaliger Sicherheit, denn ebenso wie vor der Wende besitzt Arbeit einen sinnstiftenden Charakter und ermöglicht, wie bereits vielfach angedeutet, die Teilhabe an gesellschaftlichen Veränderungsprozessen. Für alle drei Personen erhalten diese Bedingungen entscheidende Bedeutung bei der Einordnung der Wende und bei ihrer Sichtweise von Veränderungsprozessen.

Nicht viel anders ist der Betroffenheitsgrad bei den Personen, die Vorruhestandszahlungen erhalten (Rang b). Sie müssen sich zwar nicht mehr auf dem Arbeitsmarkt bewähren, haben durch ihren Übergang in den Ruhestand aber ebenfalls nur begrenzte Möglichkeiten, an Neuerungen zu partizipieren und gegen Vorurteile, die die „Arbeitshaltung" von Ostdeutschen betreffen, durch eigene Leistung vorzugehen. Diese fehlenden Möglichkeiten, das plötzliche Hereinbrechen des Gefühls der Nutzlosigkeit und die finanzielle Unsicherheit sind für diese Personengruppe entscheidende Charakteristika des Transformationsprozesses, durch die positive Veränderungen untergeordnete Bedeutung erhalten.

Die Situation von Kito N. sieht dagegen anders aus (Rang c). Für ihn ergibt sich seine Betroffenheit aus der Unsicherheit mit Blick auf seinen Beruf. Zwar hat er noch seine Arbeitsstelle, aber durch die ernste Gefahr, die Arbeit verlieren zu können, empfindet er viele Veränderungen als belastend. Für ihn sind besonders die steigenden Preise in allen Lebensbereichen, die empfundene fehlende Einflußmöglichkeit in laufende politische und ökonomische Veränderungsprozesse und das Aufbrechen traditioneller Strukturen schwer zu verarbeitende Veränderungen. Bei Jakob P. finden sich vergleichbare Belastungssituationen. Auch er empfindet Unsicherheit, weil er und seine Frau als Rentner heute nur über wenige finanzielle Mittel verfügen; ein Tatbestand, den er mit seiner früheren Selbständigkeit begründet. Das führt dazu, daß er als 70jähriger noch immer arbeitet. Hinzu kommt, daß seine Erwartungen in Hinblick auf die Aufarbeitung der DDR-Vergangenheit sehr viel weiter gingen und er sich durch die tatsächlichen Veränderungen enttäuscht zeigt.

Die Situation zweier weiterer Rentenbezieher, Gerda Z. und Korla F. (Rang d), ist zwar vergleichbar, jedoch verbesserte sich durch die Wende die Höhe der bezogenen Transferleistungen. Belastungen und Unsicherheiten empfinden sie in ähnlicher Weise wie Kito N. in bezug auf die Gefährdung der sorbischen Tradition. Für viele Veränderungen, die ihre eigenen Interessen betreffen, finden sie zudem kaum kompetente Interaktionspartner, wie es z.B. Gerda Z. mit ihrer Unsicherheit bei der Umwandlung der LPG verdeutlicht. Es sind bei älteren Menschen häufig die „kleinen Dinge des Alltags" und die generell sich verändernden gesellschaftlichen Bedingungen, die zu Unsicherheiten und Gefühlen der Unzulänglichkeit führen.

Eine andere Situation läßt sich hingegen für die Personen im nächsten Rang (e) feststellen. Von diesen wird die Wende mit ihren Veränderungen nicht unbedingt negativ aufgefaßt. Ihr Leben erfährt entweder nur wenige Veränderungen oder die Veränderungen sind dergestalt, daß sie von ihnen gut gemeistert werden können. Dies zeigt sich besonders im Falle des Landwirts Franz T., der mit seiner Betriebsgründung einige Risiken eingeht, die sich bisher aber für seinen gesamten Lebenszusammenhang nach seiner Einschätzung positiv entwickelt haben. Negative Folgen sieht er dagegen in der Arbeitslosigkeit seiner Frau. Das gleiche läßt sich bei Martin Z. erkennen, der eigentlich zu den sozialen Aufsteigern gezählt werden müßte, aber auch durch die Arbeitslosigkeit seiner Frau zu keiner „belastungsfreien" Einschätzung gelangt. Dazu trägt auch bei, daß er als Vereinsfunktionär im kulturellen Bereich einschneidende Veränderungen des dörflichen traditionellen Lebens wahrnimmt. Bei Rudolf G. fiel die Wende mit dem Erlebnis der Unsicherheit von Arbeitsplätzen und mit eigener Arbeitslosigkeit zusammen. Aufgrund seines Alters hat er auf dem Arbeitsmarkt noch gute Chancen, Arbeitsstellen zu bekommen. Seine Einschätzung der Belastungen und Vorteile der Wende zeigt deutlich die Ambivalenz der Situation auf. Dies läßt sich in anderer Weise auch für Jano T. feststellen. Zwar sieht er die Folgen der Wende positiv, da er sich selbst als Antikommunisten bezeichnet, für den die Bedingungen in der ehemaligen DDR nicht leicht waren, auf der anderen Seite empfindet er die Gefahr für die sorbische Kultur und die dörfliche Orientierung, die sich durch den Transformationsprozeß verändert, als Belastung.

Nur um Nuancen unterscheidet sich die Sichtweise der eigenen Belastungen der Personen in der nächsten Zeile (f). Wie andere Arbeitnehmer spürt auch Andreas E., daß qualifizierte Personen ebenso wie unqualifizierte kaum noch absolute Sicherheit haben, ihren Arbeitsplatz behalten zu können. Seine Arbeitsposition kann zwar als gefestigt angesehen werden, aber angesichts der zahlreichen Entlassungen, Konkurse und Umwandlungen von Betrieben belegt er immer wieder die Gefahr, die seit der Wende besteht, entlassen zu werden. Ihm fehlen die finanziellen Voraussetzungen, sich jetzt, unter den neuen Bedingungen selbständig zu machen. Ansonsten ist er mit den neuen Bedingungen zufrieden, wenn ihn auch die Veränderungen der sozialen Kontakte im Arbeitsleben und die zunehmende Gefährdung durch Rechtsradikale stören.

In ähnlicher Weise läßt sich auch die Wahrnehmung des Studenten Ludwig Z. beschreiben. Zwar hat er nun keine Sicherheit mehr, nach seinem Studium eine Anstellung zu finden, dennoch sieht er für sich günstige Chancen, später in seinem Studienfach in Sachsen eine Arbeitsstelle zu bekleiden. Die Wende brachte für ihn vielfältige Möglichkeiten und Verbesserungen, die er in positiver Weise bewertet und, wie er deutlich macht, nur wenige Nachteile. Dies läßt sich ebenso bei Maria L. feststellen, die nach der Wende eine gesicherte Anstellung im Schuldienst hat und abgesehen von einigen Folgen, die ihr im Dorf und in Hinblick auf die sorbische Tradition mißfallen, der Wende kaum negative Seiten zuschreibt.

Eine solche Sichtweise läßt sich auch für Christof N. und Bastian T. konstatieren (Rang g), wenngleich diese durchaus andere Vorstellungen und Leitbilder verfolgen. Während Bastian T. sich sehr stark aus der dörflichen Tradition löst und im weiteren Umkreis „neue Erfahrungen" macht, die vor der Wende kaum möglich waren, gilt dies bis zu einem gewissen Grad auch für Christof N., der gleichzeitig aber eine starke traditionelle Bindung über seine Sozialkontakte im Dorf hat. Generell zeigen sich aber beide mit der Wende und den neuen Möglichkeiten, die sich ihnen bieten, zufrieden, zumal sie über Lehrstellen verfügen und durch gesteigerte Mobilität an vielfältigen Freizeitaktivitäten teilnehmen können. Auch Peter A. spricht persönlich nur von positiven Folgen, die die Transformation hatte. Erst durch die Wende konnte er sich selbständig machen und die weitreichende Anerkennung in seinem Beruf finden. Negative Elemente stellt er lediglich wegen der mangelnden Nutzung einiger Errungenschaften der DDR fest, wie z.B. das System des Abfallrecyclings oder das „fordernde" Schulsystem.

Zusammenfassend läßt sich, gleichsam wiederum vereinfachend, feststellen, daß Problembelastungen und subjektive Betroffenheitsdarstellungen stark mit der Arbeitsplatzsituation korrelieren. Wenn der eigene Arbeitsplatz als sicher gesehen wird, scheinen von den Menschen andere gesellschaftliche Veränderungsprozesse ungleich leichter bewältigt werden zu können. Zwar entwickeln sie durchaus noch Empathie für die Schwierigkeiten der übrigen Bevölkerung, aber sie nehmen auch die eigenen Vorteile wahr und gehen davon aus, in ihrem Bereich aufkommende Probleme lösen zu können. Andere Positionen finden sich hingegen bei den Personen, die an die Wende weitgehende Erwartungen knüpften, nun aber aufgrund des Arbeitsplatzverlustes (Vorruhestand, Arbeitslosigkeit) feststellen, daß sie gar nicht an den Veränderungen partizipieren können. Dieser Tatbestand schlägt sich in verschiedener Hinsicht auf ihre gesellschaftliche Einbindung nieder.

Ausstattung mit sozialem Kapital

Bevor weitere singuläre Zusammenhänge in der soeben dargestellten Richtung thematisiert werden, soll zunächst auf die in Abbildung 6.2 dargestellte „Ausstattung mit sozialem Kapital" eingegangen werden. Damit nähern wir uns nochmals der eingangs angesprochenen Fragestellung, wie es Personen in unterschiedlichen Belastungssituationen gelingt, ihre sozialen Beziehungen für die Verarbeitung von Wendefolgen zu nutzen. Bei dieser Darstellung wird ebenso verfahren wie bei den Belastungen. Diejenigen, die nach ihrer Einschätzung über ausreichendes Sozialkapital verfügen, sind in der oberen Reihe angeführt. Diejenigen, die ganz unten stehen, weisen für bestimmte, für sie wichtige Situationen, Belastungen oder Ereignisse keine adäquate Hilfe bzw. Ansprechpartner auf. Da die Bedingungen in der Einzelfalldarstellung in Kapitel 5 schon umfassend herausgearbeitet wurden, sollen hier einige kurze Hinweise zu den einzelnen Personen ausreichen.

(a) Peter A. ist ins Dorf gezogen, um „in Ruhe" leben und in der nahen Stadt seiner Arbeit nachgehen zu können. Die meisten Sozialkontakte im Dorf sind für ihn nicht von Bedeutung, weil er aufgrund seiner beruflichen Einbindung über Kontakte verfügt, „die etwas bewegen können". Neben wenigen Kontakten zu den Nachbarn unterhalten er und seine Frau noch Beziehungen zur Verwandtschaft im Dorf, die in einem anderen Dorfteil lebt. Maria L. ist gut in ihre Nachbarschaft eingebunden und besitzt, vermittelt über ihre kulturelle und schulische Arbeit, vielfältige Kontakte, die sie als ausreichend erachtet.

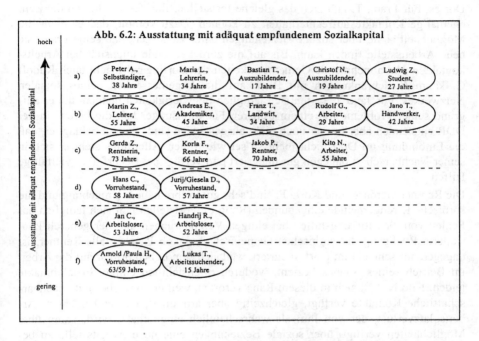

Abb. 6.2: Ausstattung mit adäquat empfundenem Sozialkapital

Die „Jugendlichen" Ludwig Z. und Christof N. haben teilweise ähnliche soziale Beziehungen, die von beiden als für ihre Belange für ausreichend und wichtig erachtet werden. Sie unterhalten vielfältige Kontakte mit der älteren „Dorfjugend" und sind darüber hinaus noch in andere Beziehungen eingebunden, die über den dörflichen Rahmen hinausweisen und für neue Orientierungen bereitstehen. Das gilt in besonderem Maße auch für Bastian T., der über den Jugendclub zahlreiche Sozialbeziehungen aufgebaut hat, die sich auf die gesamte Region erstrecken. Bei ihm läßt sich am stärksten eine Lösung aus traditionellen Bindungen beobachten.

Von diesen guten sozialen Beziehungen der in der obersten Zeile dargestellten Personen unterscheiden sich die in der zweiten Zeile (b) kaum. Es lassen sich lediglich einige schwach ausgeprägte Mängel für bestimmte Situationen finden, die darauf hindeuten, daß die bestehende Integration als unzulänglich empfunden wurde. Martin Z. nennt hier Kollegen, bei denen sich herausstellte, daß sie ihn früher bespitzelten und die nachlassende Bereitschaft einiger Menschen im Dorf, hilfreich zur Hand zu gehen. Das wertet er als entscheidende Veränderung im Dorfleben, wenn er auch deutlich macht, daß er aufgrund seiner eigenen Position über relative Sicherheit verfügt und kaum die Hilfe anderer Personen benötigt. Bei Andreas E. lassen sich ähnliche Zusammenhänge feststellen. Ihm fehlt teilweise die Einbindung in die dörflichen Strukturen, die er aufgrund seiner Arbeit nicht mehr im gleichen Maße wie früher aufrechterhalten kann. Auf der anderen Seite hat er durch seine beruflichen Aufgaben vielfältige Beziehungen zu Personen außerhalb des Dorfes. Für Franz T. läßt sich das gleiche feststellen. Ihm fehlt lediglich die Zeit, ehemalige Kontakte aufrechterhalten zu können. Dazu kommt, daß er nicht die Möglichkeit sieht, über soziale Beziehungen dafür zu sorgen, daß seine Frau eine neue Arbeitsstelle finden kann. Bis auf die zurückgehende Intensität bei Arbeitskontakten und abnehmende Gemeinsamkeiten der Dorfjugend macht auch Rudolf G. kaum Einschränkungen mit Blick auf die Angemessenheit seines sozialen Netzwerkes. Für Jano T. lassen sich lediglich Schwierigkeiten nennen, die er aufgrund seiner Probleme mit einem früheren Funktionsträger hat, die bereits in der DDR entstanden aber immer noch nicht ausgestanden sind. Zudem beklagt er, daß die Einbindung im Dorf nicht mehr so sei wie früher. Allerdings sieht er sich in seiner Nachbarschaft dagegen gut integriert und verfügt bei Bedarf über vielfältige Hilfen.

Die Rentner Gerda Z. und Korla F. sind sehr gut in ihre nähere Umgebung und die sorbische Kirchgemeinde eingebunden (Rang c). Feststellen läßt sich lediglich das Fehlen von Orientierungshilfen bei einigen Veränderungen und der generell konstatierte Rückgang der sorbischen Gemeinschaft. Jakob P., ebenfalls Rentner, ist dagegen nur schlecht im Dorf integriert, weil sich sein Leben primär auf die Arbeit im Betrieb seines Sohnes bezieht, wodurch offensichtlich einige Sozialkontakte leiden. Kito N. läßt sich in diesem Rang verorten, weil er zwar über gute nachbarschaftliche Kontakte verfügt, gleichzeitig aber artikuliert, daß er bei einem Arbeitsplatzverlust, der von ihm als wahrscheinlich eingeschätzt wird, kaum über Möglichkeiten verfügt, über soziale Beziehungen eine neue Arbeitsstelle zu bekommen.

Der Grund dafür, daß Menschen im Vorruhestand und Arbeitslose in Ränge mit wenig Sozialkapital eingeordnet werden, liegt an ihrer spezifischen Position. Zwar verfügen Hans C. sowie Jurij und Gisela D. über Kontakte zu ihrer Nachbarschaft, sie machen aber deutlich, daß sie mit vielen Dorfbewohnern seltener zusammenkommen, als dies früher der Fall war, als sie noch arbeiteten. Die Nachbarn sind noch berufstätig und haben deshalb keine Zeit bzw. einen anderen Lebensrhythmus, wodurch sich die Kontaktaufnahme erschwert. Zudem fehlen Arbeitslosen und Vorruheständlern ihre früheren Berufskollegen als Segment ihres früheren sozialen Netzwerkes, das sich für sie auch nicht reaktivieren läßt. Sie sind zwar trotz allem relativ gut in die nähere Nachbarschaft eingebunden, aber weitergehende Kontakte lassen sich kaum finden.

Jan C. ist arbeitslos und verfügt lediglich über wenige Kontakte zur unmittelbaren Nachbarschaft (Rang e). Zudem hat er keine Beziehungen, die ihm Hoffnung geben könnten, wieder eine Arbeitsstelle zu bekommen. Ähnlich ist die Situation von Handrij R. zu beschreiben, der allerdings wesentlich besser in nachbarschaftliche Beziehungen eingebunden ist als Jan C. Dagegen findet sich Lukas T. vor allem deshalb im untersten Rang, weil er bei der Suche nach einer Ausbildungsstelle und einem Vergleich mit Gleichaltrigen immer wieder erkennen muß, daß Lehrstellen vielfach über soziale Beziehungen vergeben werden, über die er und seine Eltern nicht verfügen. Dies heißt jedoch nicht, daß er innerhalb des Dorfes nicht in verschiedene Beziehungen integriert ist. Allerdings können ihm diese Beziehungen nicht dabei helfen, eine Ausbildungsstelle zu finden.

Nahezu umfassend ist dagegen die marginalisierte Position des deutschen Ehepaars im Vorruhestand (Rang f). Sie haben im Dorf kaum Ansprechpartner, um während einer Krise in einem schwierigen Lebensabschnitt Beistand bekommen zu können. Sie sind weitgehend auf sich selbst verwiesen und verfügen zudem nur über gelegentlichen Kontakt zu ihren Töchtern.

Zusammenfassend läßt sich feststellen, daß die Befragten ein unterschiedliches Ausmaß an Möglichkeiten aufweisen, für spezifische Problemlagen adäquate soziale Unterstützung zu bekommen. Hervorzuheben ist, daß diese Sozialkontakte innerhalb des Dorfes weitgehend „sorbischer Natur" sind. Allerdings bieten diese ethnisch geprägten Kontakte nur begrenzt Möglichkeiten, an gesellschaftlichen Neuerungen partizipieren zu können. Sie bieten allenfalls Sicherheit und Beistand angesichts umfassender gesellschaftlicher Veränderungen. Prospektive Strategien, die umfassenden Probleme aus dem Weg zu räumen, lassen sich dagegen für von der Wende Betroffene kaum finden. Wie die Problembelastungen zeigen sich auch die Sozialkontakte nicht unbeeinflußt von der beruflichen Position. Gleiches gilt für die im folgenden zu behandelnde Ausstattung mit ökonomischem Kapital.

Ausstattung mit ökonomischem Kapital

Die Abbildung 6.3 zeigt die Ausstattung mit ökonomischem Kapital. Wie bereits dargelegt wurde, bezieht sich die Klassifikation nicht auf die standardisierte Erhebung, sondern auf die Darstellung, wie die Interviewten ihre aktuelle Situation und finanziellen Möglichkeiten einschätzen. Daher ist die Rangfolge hier nicht so zu interpretieren, daß die finanzielle Ausstattung bei den oben in der Skala angeordneten Personen absolut hoch ist. Sie verdeutlicht vielmehr, daß die Personen über eine von ihnen als adäquat empfundene Ausstattung verfügen. Damit handelt es sich nicht um eine geldwerte Darstellung. Stärker wird Bezug auf die empfundene Adäquanz der Ausstattung genommen, weil diese in den Aussagen der Dorfbewohner hervortritt und für die Ressourcenausstattung zur Bewältigung von empfundenen Mangelsituationen maßgebend ist.

Da es auf die selbst eingeschätzte Ausstattung mit Kapital ankommt, die sich in der Betrachtung der Dorfbewohner sicherlich als relationale Größe ergibt, lassen sich auch die Jugendlichen einbeziehen, die über keinen eigenen Haushalt verfügen. Denn sie verfügen über Einkommen (Bafög, Ausbildungsvergütung) oder Taschengeld (wie Lukas T.) und müssen damit ihre Freizeitaktivitäten finanzieren. Im einzelnen lassen sich somit folgende Positionen finden, wie sie in Abbildung 6.3 dargestellt sind.

Für die Personen im ersten Rang (a) brachte die Wende einen ökonomischen Aufstieg. Vor allem Akademiker profitieren von der Wende, weil ihre Arbeit nun anders bewertet und bezahlt wird als im ehemaligen „Arbeiter- und Bauernstaat". Zudem verfügen gerade Angestellte des öffentlichen Dienstes über gesicherte und relativ hohe Einkommen.

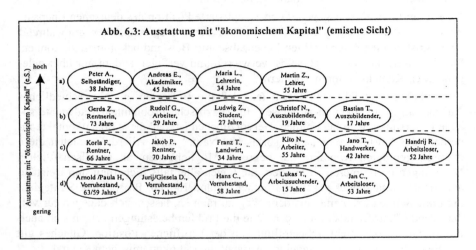

Abb. 6.3: Ausstattung mit "ökonomischem Kapital" (emische Sicht)

Sowohl Maria L. als auch Martin Z. heben hervor, daß sie sich nun sehr viele Dinge leisten können, an die sie früher nicht einmal gedacht hätten. Sie machen ebenso deutlich, daß sie im Vergleich zu anderen Dorfbewohnern finanziell sehr gut abgesichert sind. Für andere, wie für Peter A., brachte die Wende die Möglichkeit, sich selbständig zu machen. Wie er hervorhebt, verfügt er über zahlreiche gut dotierte Aufträge und verweist auf die Möglichkeiten, die er mit dem Kauf und Umbau des Hauses sowie dem Autokauf genutzt hat. Auch Andreas E. verzeichnet einen ökonomischen Aufstieg. Zum einen wird seine Arbeit besser bezahlt als früher, zum anderen ist seine Frau als Lehrerin im öffentlichen Dienst beschäftigt. Nach seinen Äußerungen hat die Familie genügend finanzielle Mittel, um einen gehobenen Lebensstandard aufrechtzuerhalten. Es fehlen nach seinen Angaben lediglich die Möglichkeiten, sich „im größeren Stile" selbständig zu machen. Allerdings sei dies nicht allein eine Frage des Geldes, sondern der generellen ökonomischen Bedingungen in Ostdeutschland. Diese seien dadurch geprägt, daß der Markt in weiten Bereichen von westdeutschen Firmen „beherrscht" werde.

Gerda Z. profitiert nicht nur von den höheren Rentenzahlungen nach der Wende, sondern macht auch deutlich, daß sie sich aufgrund ihres Erbes, das allerdings schon durch die früheren Bedingungen teilweise aufgebraucht wurde, in einer gut situierten finanziellen Position befindet (Rang b). Auch Rudolf G. ist als Alleinstehender mit seinem finanziellen Einkommen weitgehend zufrieden. Für die Dinge, die er sich leisten will, stehen ihm genügend Mittel zur Verfügung, zumal er zwischen notwendigen Gütern und Luxusartikeln unterscheidet. Er macht besonders deutlich, daß er nicht all die Dinge braucht, die der „Westen" bietet. In ähnlicher Weise ist auch die Situation der beiden Auszubildenden und des Studenten Ludwig Z. einzuschätzen. Sie alle verdeutlichen, daß es ihnen durch Ausbildungsvergütung, Bafög und Ferienjobs gelingt, sich Freizeitaktivitäten zu leisten, die ihnen wichtig sind. Von finanzieller Seite verspüren sie keine relative Deprivation im Vergleich zu anderen Jugendlichen ihres Alters.

Nicht ganz so gut wird die eigene Versorgungslage von Korla F. und Jakob P. eingeschätzt (Rang c). Die Rente des letzteren ist relativ niedrig. Allerdings verdient er sich immer noch durch seine Arbeit etwas hinzu. Korla F. verweist auf die steigenden Preise, die es ihm nicht immer gestatten, sich alles zu leisten. Gleichzeitig macht er aber deutlich, daß es ihm besser geht als den „Vorruheständlern", die auf mehr Dinge verzichten müssen. Ähnlich wird auch die finanzielle Situation von Franz T. bewertet. Er muß immer noch die Veränderungen mit der Einrichtung seiner Landwirtschaft finanziell verkraften. Inwieweit diese einmal größere Gewinne abwirft, läßt sich von ihm in der derzeitigen Situation nicht beurteilen. Im Moment reicht das Einkommen vor allem deshalb für die wichtigsten Anschaffungen, weil seine Familie bei einigen Arbeiten hilft und er dafür niemanden anstellen muß. Die ökonomische Situation von Jano T. und Kito N. wird von beiden nicht durchgängig positiv eingeschätzt, obwohl ihre Frauen ebenfalls noch über Arbeitsplätze verfügen. Zwar haben beide Familien dem Anschein nach ausreichende finanzielle Mittel, allerdings sehen sie Einschränkungen aufgrund der steigenden Kosten in allen Bereichen. Beide machen deutlich, daß sich ihr Lebensstandard abgesehen vom „Westwagen" gegenüber früher nicht verändert hat.

Die finanzielle Situation des Arbeitslosen Handrij R. ist deshalb nicht völlig desolat, weil er in seinem eigenen Haus wohnt, an dem er keine Veränderungen mehr vornehmen muß, und seine Frau, Sabina R., eine Rente bezieht. Auch mit der Höhe des Arbeitslosengeldes ist er durchaus zufrieden. Er verdeutlicht immer wieder, daß für ihn die Arbeitslosigkeit in erster Linie kein finanzielles Problem ist.

Bei Jan C., einem weiteren Arbeitslosen, stellt sich dieser Sachverhalt anders dar (Rang d). Er empfindet in für ihn wichtigen Zusammenhängen eine Mangellage, weil es ihm nicht möglich ist, die Situation seiner Tochter und deren Kinder, denen es finanziell auch nicht gut geht, verändern zu können. Er hofft zwar auf eine Verbesserung der finanziellen Situation durch eine neue Arbeitsstelle, macht jedoch stets deutlich, daß ihm diese Hoffnung selbst kaum noch realistisch erscheint.

Nahezu einheitlich wird die eigene ökonomische Situation durch die „Vorruheständler" beurteilt. In allen Fällen sind beide Ehepartner in den Vorruhestand gekommen, und die Ruhestandszahlungen sind relativ gering. Somit hat für alle die Einschätzung Hans C.s Gültigkeit: Die Vorruhestandszahlungen sind so knapp, daß beim Tode eines Ehepartners der andere kaum noch über „die Runden" kommen kann. Die materielle Situation wird folglich als sehr unsicher und fragil dargestellt. Kleinste Veränderungen auf der Kostenseite würden einschneidende Folgen haben.

Von den Jugendlichen zeichnet sich Lukas T. dadurch aus, daß es ihm häufig nicht gelingt, an allen Freizeitaktivitäten in gleicher Weise wie Gleichaltrige teilzunehmen. Sein Taschengeld bessert er dadurch auf, daß er auf der Kegelbahn Kegel aufstellt. Dennoch empfindet er bei einem Vergleich mit Jugendlichen, die eine Ausbildungsvergütung beziehen, eine finanzielle Deprivation. Die eigene Sichtweise seiner finanziellen Situation scheint daher nicht unbeeinflußt von seiner Arbeitslosigkeit zu sein.

Wie in bezug auf die Einordnung von Belastungen und Ausstattung mit sozialem Kapital zeigt sich auch bei der ökonomischen Situation eine gewisse Varianz zwischen den einzelnen Personen. Es wird nochmals deutlich, daß die Sichtweise der aktuellen Situation nicht unbeeinflußt von der Verfügung über einen Arbeitsplatz ist. Generell lassen sich damit bei den Dorfbewohnern unterschiedliche Problemlagen und eine unterschiedliche Einschätzung der Ausstattung mit sozialem sowie ökonomischem Kapital feststellen.

In der Falldarstellung wurden immer wieder „Lebensformgruppen" angesprochen, womit sich die Annahme verband, daß eine Kategorisierung über die berufliche Stellung ähnliche Belastungs-, Unterstützungs- und Orientierungsmomente in diesen Gruppen abgreifen kann. Die Darstellung zeigt, daß dies zum Teil tatsächlich der Fall ist. Belastungsmerkmale und Möglichkeiten der Erlangung sozialer Unterstützung sind bei verschiedenen Personen in vergleichbarer Weise ausgeprägt. Dies gilt vor allem für Rentner, „Vorruheständler" und Arbeitslose. Allerdings sind trotz dieser Tendenzen auch Unterschiede erkennbar. In anderen Fällen sind diese sogar so weitreichend, daß es schwerfällt, die Ansicht aufrechtzuerhalten, daß von der Zugehörigkeit zu einer dieser Lebensformgruppen auf ähnliche Belastungs-, Unterstützungs- und Deutungsmerkmale geschlossen werden kann. Differenzierungen ergeben sich bei Jugendlichen, Arbeitern und Angestellten sowie bei Selbständigen. Zudem spielt die angesprochene ethnische Zugehörigkeit bei der Integration eine nicht zu unterschätzende Rolle.

Belastungen und Ressourcen

In der folgenden Abbildung 6.4 wurde versucht, diese Differenzierungen aufzunehmen und die Personen innerhalb eines Koordinatensystems von Belastungen und Ausstattung mit adäquatem Sozialkapital einzuordnen. Zudem ist die Ausstattung mit ökonomischem Kapital berücksichtigt, indem den jeweiligen Personen eine Zahl zugeordnet wird, die ihrem Rangplatz nach Abb. 6.3 entspricht (je höher die Zahl, desto stärker die empfundene finanzielle Mangellage). Anhand der Darstellung lassen sich nun die angesprochenen *Lebensformmilieus* andeutungsweise beschreiben. Mit dieser Darstellung soll ausgedrückt werden, welchen Belastungen die Personen ausgesetzt sind und über welche Ressourcen sie verfügen, um mit diesen Belastungen umzugehen.

Bei einer ersten Ansicht der Abbildung 6.4 fallen schon einige Cluster auf. Durch eine ähnliche Lage innerhalb der Koordinaten heben sich Arbeitslose, sorbische (bzw. in sorbischen Familien lebende) „Vorruheständler", in begrenztem Maße Rentner und Jugendliche hervor. Gleiches gilt für Peter A., einen Selbständigen, und Andreas E., einen Akademiker.

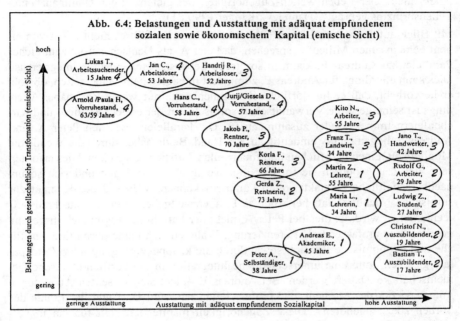

Abb. 6.4: Belastungen und Ausstattung mit adäquat empfundenem sozialen sowie ökonomischem* Kapital (emische Sicht)

* Die Ausstattung mit ökonomischem Kapital wird durch die Zahlen in den Ovalen ausgedrückt, die die Rangplätze entsprechend Abb. 6.3 wiedergeben.

Differenzierter betrachtet werden muß die Situation der Personen des rechts abgebildeten Clusters, in dem sich verschiedene Lebensformgruppen wiederfinden. Aus darstellerischen Gründen sind die einzelnen Ovale so angeordnet, daß sie sich nicht stark überlappen. In einzelnen Fällen könnte man sie durchaus deckungsgleich anordnen.

Welche Cluster lassen nun auf das Vorhandensein eines *Lebensformmilieus* schließen, in dem oben genannten Sinn, daß sie sich durch gemeinsame Betroffenheit und Einbindung in bestimmte Lebenswelten sowie durch ähnliche Grundeinstellungen und Lebensprinzipien auszeichnen? Bei einer Beantwortung dieser Frage kann man sich, um nochmals den gemeinten Sinn des Lebensformmilieus hervorzuheben, auf die Definition der Lebensformen bei Danielzyk/Krüger beziehen, die von folgender Vorstellung ausgehen. „Deutungsmuster, normative Orientierungen und darauf beziehbare kollektive Handlungsdispositionen, die im Kontext der Lebensformen entstehen, funktionieren gleichsam als transversale Elemente, als allen Mitgliedern einer Lebensform gemeinsame Bewußtseinsgehalte und Handlungsleitlinien, mit denen die Individuen an einer Vielheit unterschiedlicher 'kleiner Lebenswelten' teilhaben können. Die Menschen würden somit in der Entwicklung ihrer Bewußtseinsstrukturen und in ihrem Alltagshandeln von einem Mischverhältnis unterschiedlicher Lebenswelten-Zugehörigkeit bei gleichzeitiger Dominanz eines Lebensprinzips geprägt" (Danielzyk/Krüger 1990:81).

Mit Blick auf das untere Cluster (Peter A./Andreas E.) fällt es nicht leicht von einem gemeinsamen Milieu zu sprechen, da Peter A. als Deutscher trotz zahlreicher Parallelen zu Andreas E. kaum in sorbische Lebenszusammenhänge integriert ist. Dies kann allerdings für Andreas E. zumindest in begrenztem Maße gelten, obwohl er hervorhebt, daß er für dörfliche Zusammenhänge nur wenig Zeit habe. Allerdings ist seine gesamte Verwandtschaft sorbisch, mit der er bei Familien- und Kirchenfeiern immer wieder zusammentrifft. Die Parallelen zwischen Peter A. und Andreas E. liegen relativ eindeutig auf der Hand. Beide haben durch die Wende die Möglichkeit, einen beruflichen und finanziellen Aufstieg zu machen. Dies erfordert sehr viel Zeit, wodurch sie im Dorf nur wenig Zeit verbringen und sich so um nachbarschaftliche Kontakte kaum kümmern können. Während der Kontakt zur sorbischen Nachbarschaft bei Andreas E. aber weitgehend durch seine Frau aufrechterhalten wird, ist dies bei Peter A. nicht der Fall. Somit ergibt sich insgesamt gesehen eine umfassende Differenzierung. Während sich beide durch ihre berufliche und ökonomische Position sowie durch die knappe Verfügung über Zeitdeputate gleichen, muß eine unterschiedliche Integration in die dörflich-ethnische Gemeinschaft konstatiert werden. Bei Andreas E. findet sich in seinen Äußerungen immer wieder das Moment, daß er das Gefühl hat, zum Dorf und der Ethnie der Sorben „dazuzugehören". Diese Zugehörigkeit manifestiert sich für ihn in verschiedenen Kontexten, wie Kirchgang, Familienfesten nach traditionellen Zeremonien (Schuleintritt, Hochzeiten, Kreuzweihen etc.) und Aktivitäten in sorbischen Fußballvereinen. Insgesamt empfindet er dadurch eine gewisse Absicherung in einem sozialen, gewachsenen Umfeld.

> „Also äh diese Bodenständigkeit, Bodenständigkeit ist für mich als Sorbe enorm ausgeprägt. Also unvorstellbar irgendwo anders mich niederzulassen oder irgendwo hinzuziehen oder 'ne Arbeit zu suchen. Also das ist für mich überhaupt kein Thema. Aber das bedingt, ich würde fast schon sagen, mehr das äh - die Nationalität. Als jetzt die Umgebung oder das andere sowieso nicht. Aber das ist ein wesentlicher, der wesentliche Fakt" (Interview mit Andreas E., Akademiker, 45 Jahre).

Weiterhin wird diese Zugehörigkeit durch die von ihm thematisierten Gefährdungen gestützt, denen Sorben, nicht aber Deutsche ausgesetzt sind. Dadurch ergibt sich für ihn eine gemeinsame Betroffenheit der Sorben, die wiederum das Gefühl der Gemeinschaft bestärkt. Auch wenn die drohende Gefahr durch Rechtsradikale in der Regel Jugendliche trifft, ist Andreas E. zumindest indirekt davon betroffen, da er Kinder und Enkelkinder hat, um deren Sicherheit er sich sorgt.

Die Divergenz zwischen Peter A. und Andreas E. tritt deutlich hervor. Würde man sich lediglich an der Lebensformgruppe orientieren, die sich daraus ergibt, daß es sich bei ihnen um auf dem Land lebende „soziale Aufsteiger" handelt, würde man beide ohne weiteres unter eine gemeinsame Kategorie subsumieren können. Bezieht man allerdings die tatsächliche Lebenslage innerhalb des Dorfes mit ein, vor allem die durch die Zugehörigkeit zur Gemeinschaft geprägte ethnische Identität, kann in diesem Falle kaum von einem gemeinsamen Milieu gesprochen werden. Trotz seiner relativ schwachen innerdörflichen Anbindung zeichnet sich Andreas E. durch eine stabile ethnische Orientierung aus, wodurch bei ihm ohne weiteres von einer dualen Orientierung gesprochen werden kann. Damit ließe er sich zumindest teilweise dem rechten, großen Cluster zuordnen, vor allem wenn man an die Lebenslage von Maria L. und Martin Z. denkt, die sich innerhalb dieses Clusters befinden.

Aber es wäre verfrüht, von der Zuordnung zu einem Cluster auf ein gemeinsames Milieu im oben verdeutlichten Sinne zu schließen. Dies bedarf einer gewissen Begründung. Maria L. und Martin Z. sind in zahlreiche sorbische Aktivitäten eingebunden (Vereinszugehörigkeit und Schule) und verbringen einen Großteil ihrer freien Zeit im näheren Umfeld des Dorfes, und sie beschäftigen sich zudem mit Aufgaben, die die sorbische Tradition betreffen. Ihre Einbindung in deutsche Kontexte ist zwar vor allem in ihrer Alltagswelt vorhanden, jedoch nicht so ausgeprägt, wie die von Andreas E. Ihr Lebensmittelpunkt ist ohne Frage das Dorf. Wie bei Andreas E. führte die Wende bei ihnen nur zu wenigen Belastungen, wodurch sie fraglos zu den „sozialen Aufsteigern" gezählt werden können. Obwohl sie weniger ausgeprägt als Andreas E. in „deutsche Kontexte" integriert sind, läßt sich doch generell von einem ähnlichen Lebenszusammenhang sprechen. Wie er weisen sie weitreichende Orientierungen an der sorbischen Tradition und Gemeinschaft auf. Genauso heben sie die Bedeutung der Ethnie immer wieder hervor, weil durch sie ein Gefühl der Sicherheit trotz umfassender Veränderungsprozesse gegeben ist. Durch die teilweise ähnlich positive Einschätzung der gesellschaftlichen Veränderungen, verbesserten ökonomischen Status bei gleichzeitiger Hervorhebung der ethnischen Identität als einem bedeutsamen Faktor der Orientierung läßt sich in bezug auf diese Personengruppe von einem Lebensformmilieu sprechen, das als Milieu der „sozialen Aufsteiger mit dualer Orientierung" gekennzeichnet werden kann.

Betrachtet man das rechte Cluster weiterhin, findet man einen anderen Zusammenhang bei Franz T. und Rudolf G. Beide sind im eigentlichen Sinne „dual orientiert". Franz T. ist darauf angewiesen, daß er von deutschen Beratern Hilfestellungen bei der Einrichtung seiner Landwirtschaft und bei der Einschätzung von Absatzmärkten bekommt. Gleichzeitig benötigt er Hilfe von sorbischen Freunden und Verwandten, um in Zeiten großer Arbeitsintensität das enorme Pensum zu bewerkstelligen. Zudem ist er in die Gemeinschaft und die religiöse Gemeinde integriert. Ähnliches läßt sich auch in Hinblick auf Rudolf G. feststellen, der neben vielen sozialen Kontakten zu Deutschen, die er seit der Militärzeit und den Montagsdemonstrationen aufrechterhalten hat, in sorbische und traditionelle Aktivitäten eingebunden ist. So macht er Musik in einer sorbischen Kapelle und spielt bei kirchlichen Prozessionen und Zeremonien im Posaunenchor. Für beide war der Transformationsprozeß mit einigen Schwierigkeiten verbunden (Arbeitslosigkeit, Unsicherheit in bezug auf die Selbständigkeit), die sie allerdings weitgehend gelöst haben. Orientierung und Hilfe fanden sie dabei in ihrem sorbisch „geprägten Kontext" und in Beziehungen zu Deutschen. Sie sind bemüht, diese unterschiedlichen Anbindungen und Orientierungen bestehen zu lassen und zu intensivieren. Für beide hat die sorbische Tradition eine große Bedeutung, doch gehen sie davon aus, daß die Möglichkeit einer langfristigen Sicherung der ethnischen Identität nur bei gleichzeitiger Assimilierung an die deutsche Kultur möglich ist. Daher kann auch in diesem Fall von einem Lebensformmilieu gesprochen werden, zu dem noch Ludwig Z. und Christof N. hinzugezogen werden können. Denn das bisher Gesagte trifft auf diese in vergleichbarem Maße zu. Sie sind über den Fußballverein sehr stark in sorbische und dörfliche Kontexte integriert, nehmen an traditionellen sorbischen Veranstaltungen teil (Christof N. ist aktiver Osterreiter) und zeichnen sich gleichzeitig durch weitgehende Assimilierungsprozesse im deutschen Bereich aus. Wie andere Jugendliche haben sie in ihrer Freizeit einen großen Aktionsradius und eine universalistische Wertorientierung, die aber immer noch mit einer traditionellen Orientierung gekoppelt ist. Für sie ist die Wende keine Bedrohung, sondern durchaus kompatibel zu ihrer Lebensplanung. Für sie gilt ebenso wie für Franz T. und Rudolf G., daß sie die Vorteile und Neuerungen thematisieren, die durch die Wende entstehen, dabei aber nicht die Nachteile übersehen, von denen viele Menschen betroffen sind. Das „Milieu" weist wegen der dualen Orientierung Ähnlichkeiten zu dem der „dual orientierten Aufsteigern" auf, allerdings ist das Aufstiegsmoment kaum vorhanden. Eher läßt sich im ökonomischen Bereich auf eine gewisse Kontinuität bzw. leichte Problemlagen schließen. Dagegen bestand eine Einbeziehung von Deutschen in das soziale Netzwerk entweder schon vor der Wende und wird aufrechterhalten, oder entwickelt sich in einem stärkeren Maße nach der Wende. Wegen der geringen ökonomischen Veränderung und der weitgehenden Aufrechterhaltung der sozialen Beziehungen, zu denen teilweise neue hinzukommen, läßt sich von einem Milieu sprechen, in dem „'Konstante' mit dualer Orientierung" anzutreffen sind.

Diese Zusammenhänge sind bei Bastian T. anders zu sehen. Er gehört zu der „neuen" Jugendgeneration, die sich aus vielen traditionellen Bindungen löst. Sein Arbeits- und Freizeitverhalten ist weitgehend durch die Einbindung in die deutsche Kultur geprägt. Durch Diskriminierungs- und Anfeindungsprozesse sowie durch Integration in andere, nicht traditionell geprägte Kontexte, lehnt er althergebrachte Normen und Werte ab. Für ihn hat nach seinem eigenen Bekunden die sorbische Tradition keinen Wert mehr und verhindert eher neue Orientierungen. Die Wende ist dagegen für ihn kaum mit Belastungen verbunden. Ganz im Gegenteil, ist er zufrieden mit den neuen Möglichkeiten und Herausforderungen, die es, wie er immer wieder verdeutlicht, in diesem Maße früher nicht gegeben habe. Seine generelle Orientierung sowie Betroffenheit und Sichtweise der Wende sind typisch für Jugendliche, die beim Prozeß des Lösens vom Elternhaus gleichzeitig neue universalistische Orientierungen geboten bekommen und alte Mobilitätsbarrieren hinter sich lassen. Dieses Milieu kann daher als das der „Jugendlichen mit universalistischen Orientierungen" bezeichnet werden.

Am oberen Ende des rechten Clusters finden sich noch Kito N. und Jano T., bei denen sich durchaus ähnliche Zusammenhänge zeigen, die jedoch teilweise anders zu interpretieren sind. Beide sind noch sehr stark in „sorbische Kontexte" integriert und betonen die Bedeutung, die der sorbischen Sprache und der religiösen Orientierung zukommen. Während Jano T. einen relativ sicheren Arbeitsplatz hat und die Veränderungen durch die Wende, sofern sie seine persönliche Lebensplanung betreffen, sehr begrüßt, kann dies für Kito N. nicht festgestellt werden. Er ist eher von den Veränderungen betroffen und fühlt sich nicht zuletzt wegen der Gefahr, seinen Arbeitsplatz zu verlieren, unsicher. Die dörflich-traditionelle Einbindung stiftet für ihn Orientierungs- und Deutungshilfe, läßt ihn aber kaum auf eine Chance hoffen, bei tatsächlichem Verlust, einen neuen Arbeitsplatz zu bekommen. Daher kann seine Orientierung als rückgewandt bezeichnet werden, da er im Dorf und in der sorbischen Gemeinschaft die Sicherheit sucht, die für ihn im ökonomischen Bereich nicht mehr vorzufinden ist. Trotz dieser unterschiedlichen allgemeinen Bedingungen teilen Kito N. und Jano T. dennoch wesentliche Orientierungen und zeichnen sich vor allem durch Einschätzung der Bedeutung aus, die sie der sorbischen Tradition zubilligen. Zudem stellen beide fest, daß die allgemeinen Folgen der Wende nicht positiv einzuschätzen sind. Beide empfinden eine weitgehende Ohnmacht, in Veränderungsprozesse einzugreifen, und thematisieren die steigenden Kosten, die dazu führen, daß sich ihr Lebensstandard trotz ursprünglich anderer Erwartungen kaum verändert. Das trägt bei ihnen sichtlich zu dem Bewußtsein bei, die sorbische Tradition und religiöse Einbindung verstärkt zu suchen und, wo es geht, aufrechtzuerhalten. Wegen dieser zahlreichen Gemeinsamkeiten bei Betroffenheit, Verarbeitung und Orientierung bietet es sich trotz einiger Unterschiede in Hinblick auf die empfundene Sicherheit in diesem Fall an, von einem Lebensformmilieu zu sprechen. Wegen der weitgehend ähnlich eingeschätzten Lebensverhältnisse vor und nach der Wende werden sie als „'Konstante' mit traditioneller Orientierung" bezeichnet.

Die starke Traditionsverbundenheit wie in dem soeben angesprochenen „Milieu" läßt sich auch bei Rentnern feststellen. Vor allem bei Korla F. und Gerda Z. sind diese Bindungen sehr stark ausgeprägt, während sie bei Jakob P. offensichtlich wegen dessen politischer Orientierung fehlen. Allerdings ist und war Jakob P. wegen seiner Arbeit nur relativ schwach in die dörfliche Gemeinschaft eingebunden, was vielleicht seine fehlende ethnische Orientierung zu einem Teil erklären kann. Zudem hat sich seine ökonomische Lage anders als bei den anderen Rentnern durch die Wende nicht verbessert, denn er muß aufgrund niedriger Rentenzahlungen weiterhin im Geschäft seines Sohnes arbeiten. Während daher Korla F. und Gerda Z. zum typischen Lebensformmilieu „Rentner mit traditioneller Orientierung" zu zählen sind, für die die Wende im ökonomischen Bereich Vorteile gebracht hat und die nun in vertrauten Beziehungen Orientierungen und Deutungsmuster finden, trifft dies für Jakob P. nicht zu.

Die Lebenslage und Orientierung der „Vorruheständler" Hans C. sowie Jurij und Gisela D. gleichen sich sehr. Durch die gesellschaftliche Transformation sind sie weitgehend auf verwandtschaftliche Beziehungen zurückverwiesen, pflegen in ihrer Nachbarschaft einige Kontakte und artikulieren ansonsten die Schwierigkeiten, die sie haben, mit Berufstätigen soziale Beziehungen aufrechtzuerhalten. Gleichzeitig ist bei ihnen ein starker Bezug auf die Kernfamilie zu erkennen. Da sie weitgehend in sorbische Traditionen und verwandtschaftliche sorbische soziale Beziehungen eingebunden sind (obwohl jeweils ein Ehepartner deutsch ist), lassen sie sich einem Lebensformmilieu zuordnen, das traditionell geprägt ist.

Der gleiche Zusammenhang läßt sich auch für die älteren Arbeitslosen Jan C. und Handrij R. feststellen. Ihre Sozialkontakte beziehen sich nach der Wende vor allem auf die nähere soziale Umgebung, in der sie kaum Chancen haben, Informationen zu bekommen, die ihnen helfen, einen Arbeitsplatz zu finden. Teilweise ist ihre Reaktion auf die veränderte Situation mit einem Rückzug aus weiteren sozialen Beziehungen verbunden. Das hat Jan C. deutlich gemacht, als er davon sprach, daß er sich immer stärker zurückzieht. Dennoch sind Jan C. und Handrij R. relativ gut in Familie und Nachbarschaft eingebunden, teilen aber das gleiche Schicksal wie die Vorruheständler: aufgrund ihrer anderen Lebensbedingungen haben sie Hemmungen, Kontakte zu den Menschen ihrer Umgebung intensiv aufrechtzuerhalten, die noch einen Arbeitsplatz haben. Sie unterscheiden sich von den Vorruheständlern vor allem dadurch, daß sie immer wieder versuchen müssen, einen Arbeitsplatz zu bekommen. Dies thematisieren sie als starke und als unwürdig empfundene Belastung. Ansonsten lassen sich bei ihnen genau wie bei den „Vorruheständlern" Gefühle der Nutzlosigkeit und der ungerechten Behandlung feststellen. Da sie sehr viele Gemeinsamkeiten mit den „Vorruheständlern" aufweisen, können sie mit diesen in das Lebensformmilieu „Vorruheständler/Arbeitslose mit traditioneller Orientierung" zusammengefaßt werden. Der Arbeitslose Jan C. wird zu diesem Milieu hinzugezählt, obwohl sich bei ihm ein verstärkter Rückzug aus nachbarschaftlichen Kontakten feststellen läßt. Allerdings ändert dieser Rückzug nichts an seiner prinzipiell ethnisch geprägten Orientierung und seiner Orientierung an der Gemeinschaft. Er kann stärker als Beleg für seine fatalistische Einstellung gewertet werden, die aufgrund der desolaten Arbeitssituation besteht.

Lebensformmilieus

Zusammenfassend lassen sich damit verschiedene Lebensformmilieus bilden, deren Mitglieder sich in bestimmten Merkmalen gleichen, jedoch teilweise Unterschiede aufweisen. Entsprechend sind die Kategorien nicht völlig trennscharf, dürften für sich und die vorgenommene Zuordnung allerdings eine gewisse Plausibilität beanspruchen, die durch die Einzelfalldarstellung nachvollziehbar ist:

- A) Jugendliche mit universalistischer Orientierung;
- B) „Soziale Aufsteiger" mit dualer Orientierung;
- C) „Konstante" mit dualer Orientierung;
- D) „Konstante" mit traditioneller Orientierung;
- E) Rentner mit traditioneller Orientierung;
- F) „Vorruheständler"/Arbeitslose mit traditioneller Orientierung.

Ordnet man nochmals die Personen der Fallstudien diesen Milieus zu, ergibt sich folgende Darstellung:

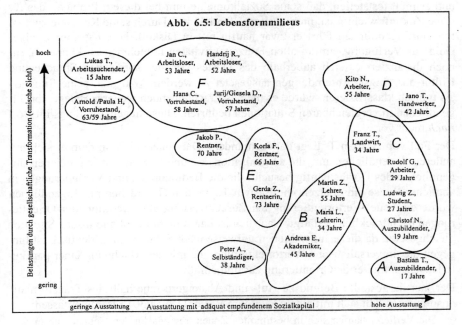

Abb. 6.5: Lebensformmilieus

Bei vier Fällen wurde auf eine Zuordnung verzichtet, weil bedingt durch die dörfliche Struktur mit einem hohen Sorbenanteil, kaum gesagt werden kann, ob es sich hierbei nur um Einzelfälle oder um typische Fälle handelt. Dennoch lassen sich zumindest theoretische Begründungen dafür finden, daß Minderheiten vor allem in Krisenzeiten vielfältige Schwierigkeiten haben, sich in Gemeinschaften zu integrieren. Bezogen auf die Fälle von Arnold und Paula H. sowie Peter A., die als Deutsche in einem sorbischen Dorf in der Minderheit sind, heißt dies, daß ihnen in Zeiten gesellschaftlichen Umbruchs die Einbindung in bestehende Gemeinschaften schwerer fällt, da sie deren Orientierung stören könnten. Es bereitet „Hinzugezogenen" (Arnold/Paula H.) bzw. „Hinzuziehenden" (Peter A.) Schwierigkeiten, sich in bestehende Gemeinschaften zu integrieren. Dies vor allem dann, wenn diese Gemeinschaften inneren und äußeren Bedrohungspotentialen ausgesetzt sind und wichtige identitätsstiftende Bedingungen, wie z.b. die Muttersprache und kollektive Handlungen, verlorengehen. Vor diesem Hintergrund ist die Marginalisierung der deutschen Familien zu verstehen und muß nicht unbedingt als Einzelfall gewertet werden. Gleichwohl läßt sich hier auch nicht von einem spezifischen Milieu sprechen, weil dazu die Vergleichsgrößen fehlen.

Für Lukas T. läßt sich feststellen, daß seine Lage eine Besonderheit darstellt. Andere Jugendliche seines Alters sind sehr viel stärker in den Jugendclub integriert. Aufgrund seiner Probleme bei der Arbeitsplatzsuche ist er von der Wende stark betroffen. Seine Versuche, eine Arbeitsstelle zu finden, scheitern immer wieder, und er muß feststellen, daß seine Sozialkontakte ihm bei diesem Problem, das für seine Zukunft wichtig ist, nicht weiterhelfen können. Durch seine Kontakte zu älteren Dorfjugendlichen fährt er zwar häufig mit in Diskotheken, hat aber weniger Geld zur Verfügung, um an allen Freizeitaktivitäten teilnehmen zu können. Dennoch distanziert er sich außerhalb des Dorfes von der sorbischen Sprache und Kultur aus Angst, Anfeindungen ausgesetzt zu werden. Will man seine Situation als typisch klassifizieren, würde es meines Erachtens noch weiterer Belege von Jugendlichen in vergleichbaren Situationen bedürfen. Diese liegen allerdings im Dorf *noch* nicht vor.

Der Fall von Bastian T. liegt dagegen anders. Der Jugendclub, in dem er sich mit anderen Jugendlichen um die Organisation kümmert, wird von zahlreichen Jugendlichen des Dorfes häufig besucht, die die Bedingungen und Veränderungen in ähnlicher Weise einschätzen wie Bastian T. Bei den Gesprächen mit Jugendlichen wurde die neue Wertorientierung bei Zurückweisung alter traditioneller Orientierungen nachdrücklich bestätigt. Natürlich ist damit nicht die ökonomische Situation gleichgesetzt, da diese Jugendlichen teilweise noch Schüler sind. Identisch ist hingegen die universalistische Wertorientierung, die mit der Ablehnung einer partikularistischen, tradierten Orientierung zusammenfällt.

Der hier dargestellte Befund zu Auf- und Absteigern innerhalb des Transformationsprozesses läßt sich mit einem Zitat von Vester (1995a:30) zusammenfassen:

> „Die Verlierer häufen sich in bestimmten Zonen: regional in den Gebieten abseits der Zentren und Transportkorridore, sozial besonders in der einst so gesicherten großen mittleren Etage der ostdeutschen Gesellschaft. ... aus der Produktion ausgegliedert wurden vor allem Frauen, Ältere, weniger Qualifizierte, Ausländer-(innen) und die weniger Mobilen."

All dies trifft auf die Sorben in einer wenig industrialisierten Region Sachsens in besonderem Maße zu. Obwohl die Arbeitslosenzahlen im Dorf nicht die unvorstellbaren Höhen wie generell in Ostdeutschland haben, zeichnet sich doch anhand der Vorruhestandsregelungen ein entscheidender Einschnitt ab. Darüber hinaus werden für viele die Beschäftigungsverhältnisse immer unsicherer. Angesichts der hohen Zahl an Personen, die aus dem Arbeitsprozeß ausgeschlossen wurden oder in ungesicherten Beschäftigungsverhältnissen stehen, und angesichts der allgemeinen Unsicherheit bekommt die Einschätzung von Brie (1994:6/7) schon fast etwas - wie ich denke *ungewollt* - zynisches, wenn er schreibt: „Wenn Arbeit neben Familie die zentrale Sinngröße ist, dann könnte sich dies in Zeiten krisenhafter Umbrüche fast als Motivationsvorsprung gegenüber den eher hedonistischen Orientierungen der Westdeutschen erweisen."

6.2 Identität, Habitus und gesellschaftliche Veränderung

In Kapitel 2.7 wurde anhand der Auseinandersetzung mit den Konzepten Habitus und Identität die These aufgestellt, daß in Ostdeutschland umfassende Gefühle der empfundenen Zugehörigkeit, Kollektivität und Sicherheit aufgrund gesellschaftlicher Umbrüche gefährdet sind und sich weitgehend nur noch in lokalen, primären Gruppen vorfinden lassen. Eine Identität sichernde Kollektivität wird damit in gesellschaftlichen Transformationsprozessen von der Tragweite der Wende in Ostdeutschland brüchig und kann nur in engen, vertrauten Sozialsystemen angetroffen werden, wie sie z.B. regionale und ethnische Gemeinschaften darstellen. Insofern wird den sozialen Bedingungen, die hinter den Konstrukten Identität und Habitus stehen, ein sicherheitsspendender und bewahrender Charakter zuerkannt.

Die Fragestellung der vorliegenden Arbeit bezieht sich auf Belastungen, Integration, soziale Unterstützung sowie deren potentiellen Wirkungen. Damit ist die Analyse weitgehend auf einer individuellen Ebene angesiedelt. Von Bohle u.a. (1997) wurde ein theoretischer Ansatzpunkt für die Betrachtung der sozialen Integration bei krisenhaften Veränderung von System- und Lebenswelt in Form einer dimensionalen Analyse vorgestellt. Integration bzw. Desintegration wird in ihrem Ansatz auf der Makroebene gesellschaftlicher Veränderungen, der Mikroebene individuellen Verhaltens sowie den Wechselwirkungen zwischen diesen Ebenen dargestellt.

In ihrer Arbeit über soziale Integration gehen die Autoren vom klassischen Anomiebegriff Durkheims (1983, 1988) und Mertons (1938, 1995) aus. Im einzelnen entwickeln sie ihre These, daß es durch die funktionale Differenzierung zu anomischen Tendenzen in einer Gesellschaft kommt. Diese gefährden jedoch nicht die bestehende Gesellschaft als Ganzes, sondern gesellschaftliche Differenzierung ist gleichzeitig mit „Interdependenzunterbrechungen" verbunden. Hiermit ist gemeint, daß es trotz der Interdependenz verschiedener gesellschaftlicher Vorgänge Entwicklungen gibt, die in anderen Teilbereichen keine Auswirkungen haben. „Die sich ausbreitende Eigenlogik und relative Autonomie gesellschaftlicher Teilbereiche führen dazu, daß sich Vorgänge des einen Teilbereiches nur vermittelt und bedingt auf andere Teilbereiche auswirken" (Bohle et al. 1997: 54). Damit ist es für den Fortbestand eines gesellschaftlichen Systems nicht mehr nötig, Krisen zu bewältigen bzw. zu lösen, sondern moderne Gesellschaften entwickeln Mechanismen und Normalisierungen, die es ihnen erlauben, trotz Krisen in Teilbereichen weiter zu bestehen. Entsprechend erscheint die Betrachtung einzelner Teilsysteme bzw. Funktionsbereiche bei der Analyse von Anomietendenzen sinnvoll. Die Autoren knüpfen an diese Überlegungen die Frage, der in der vorliegenden Arbeit ebenfalls ein gewichtiger Stellenwert zukommt, welche Integrationsmodi im Bereich System- und Sozialintegration[234] innerhalb solcher komplexen Prozesse betroffen sind. Dazu grenzen die Autoren drei unterschiedliche Krisentypen mit Auswirkungen auf soziale Integrationsprozesse voneinander ab: Strukturkrise, Regulationskrise, Kohäsionskrise. Diese Krisentypen werden von den Autoren mit bestimmten Formen individuellen Verhaltens in Verbindung gesetzt, wobei jedoch anzumerken ist, daß die Verhaltenstypen durchaus austauschbar gesehen werden müssen, zumal sie selbst keinesfalls trennscharf sind. Allerdings wird darauf hingewiesen, daß Verarbeitungsformen je nach Krisenbereich spezielle Variationen erhalten (Bohle u.a. 1997: 62).

Von *Strukturkrisen* ist dann zu sprechen, wenn sozialstrukturelle Veränderungen zu Einbrüchen führen, die zu Statusbedrohungen und Exklusionen von bestimmten Bevölkerungsgruppen führen. Auf der individuellen Ebene können solche Veränderungen mit verschiedenen Reaktionstypen verbunden sein, wie sie aus der Anomietheorie Mertons bekannt sind.[235]

Regulationskrisen haben eine Fehlanpassung von Aspirationen an faktische Gegebenheiten als Ursache. Deutlich ist bei diesem Krisentypus der klare Bezug zu Durkheims Anomietheorie zu erkennen. Durkheim geht davon aus, daß in Phasen wirtschaftlicher Schwankungen die Eindeutigkeit von Zielen und Werten für Teile der Bevölkerung nicht mehr vorhanden ist, d.h. die gesellschaftliche Regulation verliert ihre Bedeutung. Die Autoren beschränken sich nicht allein auf wirtschaftliche Schwankungen, sondern sehen Regulationskrisen als Teil des Modernisierungsprozesses. Als individuelle Folgen solcher Veränderungen werden Orientierungsverlust, Plausibilitätsverlust und Verunsicherung genannt (1997: 59).

Von *Kohäsionskrisen* ist dann zu sprechen, wenn es durch die angesprochenen gesellschaftlichen Veränderungen zu einer Schwächung der Wirksamkeit von Normen kommt (Anomie, Normenpluralismus). Dies ist mit einer Auflösung von Bindungen verbunden, was auf der individuellen Ebene mit Entfremdung, Identitätsstörungen, Isolation verbunden sein kann.[236]

---

[234] Habermas (1973) unterscheidet in Anlehnung an Lockwood (1979) System- und Sozialintegration in folgender Weise: „Von sozialer Integration sprechen wir im Hinblick auf Institutionensysteme, in denen sprechende und handelnde Subjekte vergesellschaftet sind; Gesellschaftssysteme erscheinen hier unter dem Aspekt einer Lebenswelt, die symbolisch strukturiert ist. Von Systemintegration sprechen wir im Hinblick auf die spezifischen Steuerungsleistungen eines selbstgeregelten Systems; Gesellschaftssysteme erscheinen hier unter dem Aspekt der Fähigkeit, ihre Grenzen und ihren Bestand durch Bewältigung der Komplexität einer unsteten Umwelt zu erhalten" (Habermas 1973: 14).

[235] Merton (1938) unterscheidet die fünf möglichen Reaktionstypen Konformität, Innovation, Ritualismus, Rückzug und Rebellion.

[236] Diese kurze Zusammenstellung bezieht sich nur auf einige wenige Aspekte, die von Bohle u.a. (1997) dargestellt wurden. Die Autoren entwerfen ein sehr viel komplexeres Modell, in das noch mögliche Verstärkungen oder Gegensteuerungstendenzen von intermediären Instanzen einbezogen sind. Weiterhin sind auf unterschiedlichen Ebenen Interdependenzen zwischen den verschiedenen Bereichen angedeutet, von denen die anomietheoretische Disbalance zwischen Sozialstruktur und Kultur eine wichtige Rolle spielt. Auf diese Interdependenzen soll an dieser Stelle jedoch nicht näher eingegangen werden, da es zunächst nur darauf ankommt, Dimensionen für die Integration von Personengruppen zu gewinnen und die Verbindung von Veränderungen im Modernisierungsprozeß mit individuellem Verhalten plausibel zu machen.

Faßt man diese Dimensionen für die Verhaltensebene zusammen, sind innerhalb eines gesellschaftlichen Transformationsprozesses, wie er in Ostdeutschland stattgefunden hat und weiterhin stattfindet, Statusbedrohungen, verschiedene Reaktionen abweichenden Verhaltens, Desorientierung, Verunsicherung und Entfremdungsprozesse zu erwarten.

In der vorliegenden Arbeit wurde an ausgesuchten Personengruppen einigen dieser Reaktionen nachgegangen. Ausgeklammert bleiben jedoch weitgehend die Anpassungstypen nach Merton, weil die empirische Erfassung dieser Phänomene eine andere Herangehensweise erfordert hätte.[237]

Es zeigt sich, daß vor allem bei den Lebensformgruppen Krisenerscheinungen in Form von Orientierungslosigkeit, Verunsicherung, Unsicherheit und bedingter Isolation anzutreffen sind, die von Statusbedrohungen (Arbeitslose, „Vorruheständler, Beschäftigte in unsicheren Beschäftigungsverhältnissen) betroffen sind, deren Aspirationen sich als nicht erfüllbar herausstellten (Arbeitslose, „Vorruheständler") und die nicht mehr in vollem Umfang am öffentlichen Leben partizipieren können (Rentner). Damit sind es vor allem ältere Menschen, die bei der Verarbeitung der Veränderungen Schwierigkeiten zeigen und zur eigenen Orientierung und beim Umgang mit Problemen auf alte Handlungs- und Bewältigungsstrategien zurückverwiesen sind.

Genau in diesem Kontext scheinen die Begriffe Habitus und Identität ihre Bedeutung zu entfalten. Sie verweisen auf die ehemals bestehenden Verhältnisse und Bedingungen, an die sich die Menschen angepaßt haben, in denen sie sozialisiert wurden und die sie als gesicherten Bestand ihres Wissens internalisiert haben. Daraus konnten sie auch unter schwierigen politischen und gesellschaftlichen Bedingungen ihre Sicherheit und Orientierung erlangen. Durch die Wende verändert sich jedoch eine Vielzahl gesellschaftlicher *Strukturen*, die die *Praxis* bedingen. Es besteht m.a.W. in verschiedenen Handlungskontexten keine vollständige Kongruenz mehr zwischen den Handlungsmustern, die die Menschen noch ausüben, und den neuen sozialen Bedingungen. Somit erweist sich der „alte Habitus" bzw. die „alte Identität" für den dörflichen Bezugsrahmen noch als adäquat, für sich verändernde, universalistische Strukturen jedoch als überholt. Anders sieht dies für soziale Aufsteiger und Jugendliche aus, die neue Partizipationschancen nutzen können und sich eher an veränderte Bedingungen anpassen können. Vor allem für diejenigen Personengruppen, die nicht die Möglichkeit haben, an Neuerungen zu partizipieren, besteht damit die Schwierigkeit, eine für die neuen Anforderungen angemessene Identität auszubilden.

Dieser Zusammenhang von bestehender kultureller Identität und Anpassung läßt sich für Ostdeutschland generell an neueren Forschungsergebnissen thematisieren

---

[237] Sinnvoll wäre es in diesem Bereich z.B. nach Veränderungen in Mustern des Alkoholkonsums (Rückzug nach Merton) zu fragen oder die Kriminalitätsbelastung (Innovation) für bestimmte Regionen zu erfassen. Der Ansatzpunkt der Forschung bezog sich hingegen weitgehend auf die konkrete Belastungs- und Unterstützungssituation der Bevölkerung innerhalb eines Dorfes.

und danach nochmals auf die Oberlausitz beziehen. Durch diesen generelleren Bezugspunkt kann eine Einbindung der vorab dargestellten Veränderung des dörflichen Lebens in den umfassenden gesellschaftlichen Transformationsprozeß besser erfolgen.

Gesellschaftliche Transformation

Die wirtschaftlichen Veränderungen in Ostdeutschland wurden im ersten Kapitel hinreichend vorgestellt. Deshalb soll nur ein Zitat den Zusammenhang nochmals kurz verdeutlichen:

> „In Ostdeutschland wurde die Besonderheit der erfolgreichen institutionellen Inkorporation sowie die Dominanz externer Akteure mit der wirtschaftlichen Deindustrialisierung, hoher und anhaltender Erwerbslosigkeit, eines radikalen Elitewechsels, der Bindung an Transferzahlungen in großem Umfang sowie einem erheblichen Gefälle in der Kapitalisierung, dem Einkommen und dem Lebensniveau 'erkauft'. Daraus erwachsene Problemlagen werden sich verstetigen und mittelfristig nicht umkehrbar sein" (Woderich 1996:83).

Hervorzuheben bleibt damit, daß die Menschen in Ostdeutschland den Veränderungsprozessen weitgehend gegenüberstehen, ohne tatsächlich aktiv steuernd darauf Einfluß nehmen zu können. Dies ist gemeint, wenn in diesem Zusammenhang von „Kolonialisierung der Lebenswelt" die Rede ist, die zu einer „Fremdheit im eigenen Land" führt. Strukturelle Veränderungsprozesse unterliegen der Steuerung von außen, Eingriffsmöglichkeiten sind nur bei nachrangigen Prozessen möglich und werden von den Menschen entsprechend als irrelevant wahrgenommen. Zu einer solchen Einschätzung gelangt auch Segert (1996), die allerdings zusätzlich noch betont, daß die Bedingungen der ehemaligen DDR auf die Verarbeitung der Situation nach der Wende entscheidenden Einfluß haben:

> „Die unter westdeutscher Dominanz weitgehend fremdstrukturierten Handlungsfelder werden ihrerseits durch milieugeprägte Wahrnehmungs- und Verhaltensmuster der Ostdeutschen kollektiv und individuell feinstrukturiert, ohne daß die so konstituierten Lebenschancen beispielsweise ostdeutscher Arbeiter den gesellschaftlichen Rahmen umdefinieren oder verlassen" (Segert 1996:92).

Angesichts dieser Prozesse mit ihren weitreichenden Folgen und der Betonung tradierter Verhaltensmuster ist nochmals die Frage angesprochen, wie die Menschen in Ostdeutschland mit diesen gesellschaftlichen Umbrüchen umgehen. Nicht nur in der vorliegenden Arbeit wird zu dieser Untersuchung auf die Begriffe *Identität* und *Habitus* zurückgegriffen, da sich an ihnen sowohl Veränderung als auch Bewahrendes aufzeigen läßt. Das Zitat Segerts zeigt bereits die begrenzten Teilhabechancen der ostdeutschen Menschen. Was sie in einer Situation umfassender Veränderungen in die Waagschale werfen können, scheint zunächst nur ihre Erfahrung zu sein, die sie in 40 Jahren realexistierendem Sozialismus machen konnten. Nach Koch (1991c) sind diese Bedingungen für ihre weitere Orientierung und Handlungsgewohnheit prägend, erweisen sich jedoch als unzweckmäßig:

„Die Unsicherheiten lähmen: die Menschen können mit ihren Erfahrungen die neue Ordnung nicht oder nur bedingt bewältigen. Sie erleiden einen Kulturschock. Gleichwohl steigen sie nicht aus ihren bisher praktizierten Denk- und Verhaltensmustern aus" (Koch 1991c:87).

Allerdings verändern sich strukturelle Bedingungen weiter, so daß die mit dem „Kulturschock"[238] verbundene *Krise* nicht als *Katharsis* begriffen werden kann. Mit ihr ist nur der Eintritt in weitergehende Wandlungsprozesse angesprochen, in denen Orientierungen mehr und mehr verlorengehen und sich vielfältige Folgen zeigen:

„Die Krise, der Verlust von Gewißheiten schlägt sich in einer tendenziellen Abkehr von der Um- und Mitwelt nieder im Vergleich zur Vor- und Nachwende-DDR. Verortung scheinen nur noch Familie, Freunde, kleine Gemeinschaften zu bieten" (Koch 1991c:92).

In diesem frühzeitig nach der Wende verfaßten Aufsatz beschreibt Koch die Situation offensichtlich immer noch unter dem Einfluß dieses von ihm konstatierten Kulturschocks. Diese Sichtweise wird von vielen Autoren geteilt und für viele Bedingungen in Ostdeutschland auch weiterhin als charakteristisch herausgestellt. Dabei wird durchaus zwischen verschiedenen Betroffenengruppen unterschieden, die ungleichen Bedingungen ausgesetzt sind. Trommsdorff (1995:142) spricht hier besonders Arbeitslose und Personen mit unsicherer Zukunftssicherheit an. Solche empfundenen Traumata führen dazu, auf Deutungsmuster der DDR-Zeit zurückzugreifen. „Aus der Streßforschung wissen wir, daß gerade in Belastungsperioden dominante Reaktionsmuster aktiviert werden" (Trommsdorff 1995:142). Von solchen Situationen sind nach Trommsdorff vor allem Frauen und Personen betroffen, die über 50 Jahre alt sind oder aus strukturschwachen Regionen kommen (1995:139). Gerade diese Personengruppen sind dann am ehesten von Erwartungsenttäuschungen oder Schwierigkeiten bei der Wahl zwischen verschiedenen Handlungsalternativen betroffen, weil unerwartete Persönlichkeitsmerkmale gefordert werden, die sie kaum vorweisen können. Dies wirke sich generell auf die Chancen der „Neuorientierungen bei den transformationsbedingten Identitätsprozessen" (Trommsdorff 1995:139) aus.

„Identitätskonstruktionen erweisen sich als eine kulturelle Form, in der tradierte Verhaltensmuster, Orientierungen und Lebenspraxen neu geordnet, definiert und interpretiert werden. Da die Versuche einer schnellen Konversion, die Imitation westdeutscher Lebensstile und Habitusformen, zumeist gescheitert sind, erfolgte vielfach der ostentative Rückgriff auf hergebrachte kulturelle Güter des täglichen Gebrauchs, auf Lebensformen ('eine richtige Ost-Fete machen') habitualisierte Sprach- und körperliche Ausdrucksformen der Herkunftswelt (das Grobe etwa und das Vitale), auf den geliebten Ort oder die gewohnte Lektüre" (Woderich 1996:93).

Die Einschätzung eines weitgehend *unzeitgemäßen* und *unzweckmäßigen* Rückbezugs auf tradierte Verhaltensformen - die im letzten Zitat allerdings schon teilweise negiert wird -, die mit der aktuellen Situation nicht mehr kompatibel sind und folg-

---

[238] Der Begriff Kulturschock findet für die Entfremdungs- und „Kolonialisierungsprozesse", die in Ostdeutschland nach der Wende anzutreffen sind, häufig Verwendung, um die Dramatik der Situation zu verdeutlichen (vgl. z.B. auch Mai 1993).

lich keine prospektive Problemlösungskapazität besitzen, wird hingegen in späteren Texten von Koch/Woderich (1996) „dialektisch" zurückgewiesen. Entsprechend findet sich bei ihnen eine andere Sichtweise, die weniger die Inkompatibilität der tradierten Verhaltensmuster als vielmehr deren *Gegengewicht* und *-macht* zu Entfremdungsprozessen betont. Dabei wird dieser Rückzug gewissermaßen umgedeutet und als Versuch gewertet, eigene Stärken in den Vordergrund zu spielen, um sich darüber Möglichkeiten der Aneignung einer eigenen, nun bedrohten Lebenswelt zu sichern.

> „Wiewohl das System implodiert ist, wirken soziale Strukturen, Lebensformen, Mentalitäten fort, nicht nur als Handlungsblockaden, sondern als kulturelle Ressourcen der handelnden Akteure. Handlungsfähigkeit speist sich eben nicht nur aus den Lernprozessen im Umgang mit neuen Regularien und Formularen des Handelns, sondern aus Handlungsformen, die biographisch sedimentiert sind und in der Herkunftsgesellschaft erworben wurden" (Koch/Woderich 1996:11).

Damit ist in der Definition, die auf den bewahrenden Charakter der Identität beruht, wie er theoretisch im symbolischen Interaktionismus formuliert wurde, bzw. die auf den durch gesellschaftliche Strukturen geprägten Habitus zurückgreift, ein Übergang und eine vorwärtsgerichtete Handlungsperspektive geschaffen. Der ostdeutschen Bevölkerung wird nicht lediglich eine „Opferrolle" zugebilligt, wie sie noch z.B. in das frühe Zitat von Koch (1991c) hineininterpretiert werden konnte, sondern die Menschen der neuen Länder besinnen sich nach dieser Sichtweise offensichtlich auf ihre eigenen Stärken. Die in der DDR gemachten Erfahrungen lassen sich daher als wichtige Ressourcen in der Auseinandersetzung mit einer neu strukturierten gesellschaftlichen und sozialen Umwelt nutzen.

Ostdeutsche Identität stellt damit nach Woderich (1996) eine Ressource bereit, die zur Problemlösung beitragen kann. Als Antwort auf die bestehenden Probleme steht der positive, vorwärtsgerichtete Bezug auf Vertrautes. Diese vertrauten, sicherheitgebenden Bedingungen finden sich nicht zuletzt in der eigenen Region. Hier ist eine eigene soziale Umwelt vorhanden, in der sinnstiftendes soziales Handeln im Raum möglich ist, indem Symbole dadurch entstehen, daß Artefakte mit Bedeutung aufgeladen wurden (Mai 1995:4). In dieser Richtung lassen sich wohl auch Koch/Woderich interpretieren, wenn sie neben der Identität auch dem Handlungsraum eine tragende Bedeutung zuweisen:

> „'Region' verheißt Antworten auf Fragen nach dem komplexen und komplizierten Verwobensein überkommener Strukturen, Handlungslogiken, Akteurkonstellationen und Akteurdefiziten im zeitgenössischen Transformationsprozeß; nach den Richtungen des Wandels und seinen Trägern" (Koch/Woderich 1996:13).

Faßt man die Argumentation zusammen, besteht für Identifikationsprozesse und für die Schaffung von empfundener Sicherheit angesichts einer sich generell verändernden Welt nur eine Strategie, die jedoch unterschiedlich bewertet werden kann. Entweder ist ein Bezug auf die alten sozialen Handlungsmuster, die habituelle Ausgestaltung des Lebens als rückwärtsgerichtete, unzeitgemäße und damit inkompatible Strategie zu werten, weil sie den neuen gesellschaftlichen Bedingungen nicht mehr angepaßt ist, oder sie ist der Einbezug eigener Stärken in einen Transformationsprozeß, in dem durch diese Einbeziehung eigene Positionen gesichert und alternative Handlungskonzepte „vorgelebt" werden können, indem alte und neue „Strukturen" zu einer neuen, angepaßten „Praxis" synthetisiert werden. In der vorliegenden Arbeit wird eher die erste, leider pessimistische Position vertreten. Denn die angeführten Zitate und Analyse, die sich mit der Richtung des Veränderungsprozesses beschäftigen, verweisen auf die vielfältigen neuen Anforderungen, denen durch Rückbezug auf alte Traditionen und Handlungsmuster nicht entsprochen werden kann. Es sind vor allem die ökonomische Situation und die tatsächliche wahrgenommenen Bedrohungen (Arbeitslosigkeit, Unsicherheit in Hinblick auf den Arbeitsplatz), die durch solche Strategien nicht entschärft werden können. Eine Orientierung an Gemeinschaften, die nicht über das nötige ökonomische Kapital verfügen, um Prozesse nachhaltig und wirksam beeinflussen zu können, kann langfristig nur dazu führen, daß sich diese Gemeinschaften mit ihrer bewahrenden Identität von der Gesamtentwicklung noch weiter abkoppeln und die in ihnen lebenden Menschen nur wenige Möglichkeiten besitzen, sich an die neuen Bedingungen anzupassen. Letztendlich kann eine Anpassung an neue Anforderungen nur gelingen, wenn Gemeinschaften im dialektischen Sinne „überwunden" werden. Das kann aber nur geschehen, und so sind m.e. Koch/Woderich (1996) zu interpretieren, wenn Bestehendes erhalten bleibt und Neues absorbiert wird.

Allerdings hat die Diskussion im ersten Kapitel bereits gezeigt, daß das Bestehende die Handlungsrationalität der „Entscheidungsträger der Veränderung" nicht berührt. Aus dieser pessimistischen Sichtweise ist daher anzunehmen, daß dieser angesprochene Prozeß zumindest mittelfristig zu einem weiteren Auseinanderklaffen der Schere zwischen „Wendeverlierern" und „Wendegewinnern" führen wird - wenn auch die diese Begriffe tragende Dichotomie zu simplifizierend ist, als daß sie als Analyseeinheiten taugen könnten. Wichtig bleibt festzuhalten, daß Anpassungsprozesse an neue Verhältnisse vor allem dann schwierig sind, wenn den Akteuren die Partizipationschancen verwehrt bleiben und sie nicht die Möglichkeit besitzen, in Prozesse einzugreifen, die ihre Lebenswelt nachhaltig strukturieren und beeinflussen. Diese Eingriffsmöglichkeiten sind aber nur bei einer ausreichenden und zufriedenstellenden ökonomischen Ausstattung vorhanden und fehlen vor allem den Personen, die aus dem Arbeitsprozeß „ausgegliedert" wurden. Erst durch eine ökonomische Absicherung können sich damit weitergehende Handlungs- und Gestaltungsmöglichkeiten ergeben. Für viele Bewohner Ostdeutschlands ist es aber gerade diese Grundsicherung, die nach der Wende nicht mehr besteht.

Eine mögliche Gegenargumentation gegen diese hier dargestellte Sichtweise könnte lauten, daß die Menschen in Ostdeutschland ja während der gesamten 40jährigen DDR-Zeit nur begrenzte Partizipationschancen hatten - ihnen damit nichts genommen wird, was sie schon gehabt hätten. Dem ist entgegenzuhalten, daß sich an die Wende vielfältige Aspirationen knüpften und westdeutsche Politiker mit ihren Bildern der „blühenden Landschaften" dazu beitrugen, daß die Erwartungen auf positive Veränderungen nicht erstarben. Das Bild, das der „Westen" für den „Osten" schon 1989 abgab und an dem er selbst mitwirkte, war ein anderes als das der späteren „Kolonialisierung". Dem kann noch hinzugefügt werden, daß Deprivation vor allem in Relation zu anderen besteht und nur schwer als absolute Größe festzulegen ist.[239] Ein Vergleich mit den alten Bundesländern läßt die Menschen in Ostdeutschland mit dem Gefühl zurück, „Deutsche zweiter Klasse" zu sein. Daher erwarten die Menschen in Ostdeutschland nicht mehr und nicht weniger, als die Möglichkeiten, die sie in den alten Bundesländern wahrnehmen - unabhängig davon, inwieweit bei der medialen und offiziellen Darstellung der alten Bundesländer Ideologie und politisches Kalkül eine Rolle spielt. Solange ihre Lage aber von der enormen Arbeitslosigkeit mitgeprägt ist und ihnen nur rudimentär Mitgestaltungsmöglichkeiten eingeräumt werden, werden sich diese Gefühle nicht aufheben lassen.

Problembelastung der Menschen in der Oberlausitz

Abschließend soll der Frage nachgegangen werden, inwieweit diese für Ostdeutschland konstatierten Bedingungen auch in der Oberlausitz anzutreffen sind. Die soziale Netzwerkanalyse zeigte bereits, wo Schwierigkeiten und Probleme bei der gesellschaftlichen Veränderung aufbrechen und wie die Menschen darauf reagieren. Bei vielen Menschen ist ein Rückzug auf bestehende soziale Kontakte festzustellen, ohne daß gleichzeitig eine Neuorientierung erkennbar wird. Ausnahmen finden sich unter Jugendlichen, sozialen Aufsteigern und „dual" Orientierten. Aber gerade diejenigen, die am stärksten von der Wende betroffen sind, weisen am deutlichsten Rückzugstendenzen auf. Bei dieser generellen Betrachtung kann damit die Aussage Trommsdorffs (1995:139) bestätigt werden, daß Arbeitslose und Personen mit unsicherer Zukunftssicherheit am ehesten auf alte Deutungsmuster zurückgreifen. Die Funktion, die diese Muster haben, liegt auf der Hand. Sie schaffen Sicherheit und Handlungsmöglichkeiten in vertrauten Strukturen. Anders als in anderen Regionen Ostdeutschland greift die Bevölkerung der Oberlausitz dabei auf die Tradition des Sorbentums zurück, die damit gewissermaßen zum Mediator des gesellschaftlichen Wandels wird, weil sie allgemeine Bedingungen, die sich wenig von denen anderer strukturschwacher Gebiete Ostdeutschlands unterscheiden, durch die mögliche Beziehung auf spezifische Identitäten bewältigen hilft - unabhängig davon, ob es sich hierbei um prospektive Strategien handelt.

Die Problemlage im Dorf läßt sich anhand der bestehenden und von Dorfbewohnern immer wieder artikulierten Belastungen auf vier Begriffe reduzieren:

- unsichere Arbeitsplätze;
- mangelnde DDR-Vergangenheitbewältigung
  („*Rotesockenalteseilschaften*");

---

[239] Merton (1995) beschäftigt sich innerhalb seiner Theorie des Bezugsgruppenverhaltens mit dem Aspekt der „relativen Deprivation" und macht dabei deutlich, daß das Ausmaß wahrgenommener Deprivation auf Vergleichstandards beruht.

- westdeutsche „Usurpation";
- Unsicherheit und Bedrohung von Gemeinschaft und Sprache.

Zur Arbeitsplatzunsicherheit muß keine weitere Erläuterung hinzugefügt werden, weil sie in der bisherigen Beschreibung und Erörterung häufig Gegenstand der Diskussion war. Dagegen sollten die anderen Punkte kurz angesprochen werden. Der Vorwurf, daß die DDR-Vergangenheit nach der Wende von westlichen Politikern nicht ausreichend berücksichtigt wurde und nicht in hinlänglichem Maße zu politischen und strukturellen Eingriffen geführt habe, findet sich bei fast allen Dorfbewohnern. Sie beklagen, daß Schlüsselpositionen häufig noch - oder wieder - von denjenigen bekleidet werden, die diese auch vor der Wende innehatten. Besonders vehement wird diese Sichtweise allerdings von „Vorruheständlern" vertreten, die dabei ihre eigene Betroffenheit und wahrgenommene Ungerechtigkeiten artikulieren und den „alten Seilschaften" unterstellen, daß diese für sich selbst immer noch die größten Vorteile herausholen können. Hinzu kommt, daß den neuen politischen Entscheidungsträgern in diesem Zusammenhang unterstellt wird, keinerlei Interesse an einer Aufarbeitung der Vergangenheit zu haben, weil „der Laden laufe" und der Westen profitiere.

In ähnlicher Weise wie das Problem der „alten Kader" wird das der „neuen Eliten" thematisiert, indem die Übernahme von wichtigen Positionen durch Westdeutsche als Problem dargestellt wird. Die Arbeit der Treuhandanstalt[240] wird dabei immer wieder als typisches Umgehen mit Ostdeutschland und den dort lebenden Bewohnern bewertet, weil viele Betriebe von westdeutschen Unternehmern übernommen wurden bzw. werden und diese die Betriebe häufig in den Bankrott führen oder sie nur kaufen, um sie zu schließen und sich so lästiger Konkurrenz zu entledigen. Generell gehen die Dorfbewohner davon aus, daß die Treuhandanstalt ostdeutsche Unternehmer benachteiligt.[241] Darüber hinaus darf nicht vergessen werden, daß die Veränderungsprozesse nicht nur Unternehmungen und Personen betreffen, sondern die Übernahme eines ganzen Rechtssystems mit einschließt. Den meisten Dorfbewohnern fällt dabei vor allem die enorm zunehmende Bürokratisierung auf. Dies alles sind Beispiele für Prozesse der empfundenen Dominanz westlicher Akteure, die sich noch weiter fortsetzen ließen. Auf eine weitere Auflistung soll jedoch hier verzichtet werden. Die Beispiele reichen aus, um zu verdeutlichen, daß sehr viele

---

[240] Im März 1990 wurde die Anstalt zur treuhänderischen Verwaltung des Volkseigentums (Treuhandanstalt) gegründet, deren Geschäfte ab Januar 1995 von der Bundesanstalt für vereinigungsbedingte Sonderaufgaben (BvS) übernommen wurden.

[241] Belege, die eine solche Interpretation stützen, finden sich nicht nur in der Tagespresse, sondern ebenso in Aufarbeitungen zur Arbeit der „Treuhand" (vgl. z.B. das teilweise journalistisch gehaltene Buch von Jürgs 1997). Daß die Sichtweise der Dorfbewohner nicht völlig aus der Luft gegriffen ist, zeigt auch die Kritik des Bundesrechnungshofs: „Die Treuhandanstalt/Bundesanstalt für vereinigungsbedingte Sonderaufgaben hat bei der Vergabe von Beraterleistungen die Bestimmungen des öffentlichen Vergabewesens nicht hinreichend beachtet. Interessenkollisionen und Wettbewerbsverzerrungen waren nicht ausgeschlossen" (Bundesrechnungshof 1996).

Neuerungen von Empfindungen der Zurücksetzung und von Gefühlen der Entfremdung begleitet sind.

Es sind unter anderem diese Entfremdungsprozesse, die zu einer zunehmenden Unsicherheit beitragen. Zudem läßt sich eine Veränderung der Bewertung bestimmter gesellschaftlicher Zusammenhänge feststellen, die weitere Unsicherheit mit der eigenen Situation hervorrufen. Hervorgehoben wird immer wieder die Bedeutung privater Nischen, die in der DDR durchaus gegeben waren, die mit empfundener Gemeinsamkeit und Vertrauen verbunden waren. Dieses Vertrauen stützte sich nicht zuletzt auf die vielfältigen gegenseitigen Hilfen, die zumindest innerhalb des Dorfes und dort vor allem in der Nachbarschaft wechselseitig gegeben wurden. Damit wurden Gemeinschaftsgefühle und -orientierungen von einer funktionalen Komponente bestärkt. Mit der Veränderung dieser Bedingungen fällt ein Bedeutungsverlust zusammen, der zur Empfindung abnehmender Sicherheit führt. In gleicher Weise verhält es sich mit der Sprache. Durch die deutlicher werdenden Anzeichen, daß Kinder und Jugendliche die Sprache seltener lernen und nicht mehr in allen Lebenskontexten ausüben, verstärkt sich die Sorge um den Bestand der eigenen Ethnie, für die die Sprache einer der wichtigsten empfundenen Indikatoren ist.

All diese Beispiele belegen, daß sich die Menschen in der Oberlausitz zahlreichen Prozessen gegenübersehen, die dazu führen, daß sie sich wie *Fremde in der eigenen Heimat* fühlen. Denn die großen gesellschaftlichen Veränderungen laufen ohne den Einbezug der Menschen der Oberlausitz. Eine Einschätzung dieser Bedingungen läßt sich an einen Vergleich anschließen, den der Rentner Korla F. getroffen hat:

„... daß die Sorben immer abseits der großen Straßen usw. gewohnt haben und dadurch ihre Identität bewahrt haben. Und heute wohnen wir an diesen großen Straßen und mischen dort die Karten mit, wenn ich das mal so sagen darf.“

Dem möchte man, bezogen auf die gesellschaftlichen Veränderungen und Partizipationschancen, hinzufügen, daß man die Sorben nun zwar mischen läßt, die Karten aber immer noch von anderen verteilt und zu *ihrem* Spiel benutzt werden.

Auf den ersten Blick scheint es ein Widerspruch zu sein, daß es auf der einen Seite die Gemeinschaft ist, die Gefühle der Sicherheit stiftet und diese gleichzeitig angesichts unzähliger Entfremdungsprozesse bedroht ist. Die Netzwerkanalyse hat allerdings deutlich gemacht, daß die Gemeinschaft auf Dorfebene eher in engen sozialen Netzen gestärkt wird und - gemessen an den vielfältigen Gemeinschaftsverrichtungen während der DDR-Zeit - auf breiterer, kollektiver Ebene verloren geht. Personen, die auf die Wende mit Rückzug reagieren, beziehen sich auf enge soziale Netzwerke von Freundschaft, Verwandtschaft und Nachbarschaft, weniger auf die Gemeinschaftsebene, wie es früher durch die Domowinaaktivitäten und Feiern auf Dorf-, LPG- oder Brigadeebene der Fall war. Einzige Ausnahme ist die traditionell starke Anbindung an die katholische Kirche, die die ethnische Identität weiterhin stützt. Diese Aussagen weisen jedoch nicht darauf hin, daß die bereits angesprochenen ethnischen oder räumlichen Identitäten nicht mehr vorhanden sind. Im Gegenteil, diese bestehen weiterhin, und üben eine ähnliche handlungsleitende Funktion aus, wie dies generell für Ostdeutschland konstatiert wurde (vgl. z.B. Woderich 1996). Wichtig ist es, darauf hinzuweisen, daß Identitätssuche und Orientierung an bestehenden, althergebrachten Bedingungen von einer empfundenen Auflösung eben dieser, für die Orientierung so wichtigen Gemeinschaft bedroht sind.

Generell muß konstatiert werden, daß die wendebedingten gesellschaftlichen Übergänge in der Oberlausitz nicht einfach bewältigt werden können. Die Menschen beziehen sich auf unterschiedliche Interpretations- und Deutungsmuster. Alte Orientierungsmuster werden von vielen als wichtig und bedeutsam geschätzt und erhalten teilweise eine erhöhte Wertigkeit, während andere Menschen diese Muster bereits als überholt ansehen. Somit erfolgt eine Übernahme mancher westlicher Standards nicht zuletzt deshalb, weil diese in der Wirtschaft - und damit zur Sicherung des Arbeitsplatzes - gefordert werden. Andere Anpassungen ergeben sich durch Wertmuster, die durch Massenkommunikationsmittel verbreitet werden.

Dennoch läßt sich, trotz dieser stattfindenden Prozesse bei den Sorben der Oberlausitz, der bewahrende Charakter einer ethnischen und räumlichen Identität, bzw. eines Habitus, der auf der „Praxis" einer anderen sozialstrukturellen Wirklichkeit beruht, anhand zahlreicher Bedingungen und Handlungsweisen belegen. Es ist vor allem der häufig als bedeutsam erachtete Zusammenhang von Religion und Ethnizität, der unangreifbare, transzendente Identifikationsmöglichkeiten stiftet. Dazu komplementär ist der räumliche Bezug zu sehen, der sich über in der Region allgemein akzeptierte Handlungsmuster und Vertrautheit ergibt. In Anknüpfung an Elias/Scotson (1993) läßt sich aus den Fallstudien die besondere Bedeutung der gemeinsam erlebten Vergangenheit und der „Schicksalsbetroffenheit" für die Bildung einer gemeinsamen, örtlich zu verortenden Identität hervorheben. Das trifft auch zu, obwohl durch stärker werdende soziale Differenzierungsprozesse nicht mehr alle Dorfbewohner dieser Gemeinschaft angehören.

Damit ist ein wichtiger Unterschied zu anderen Regionen in Ostdeutschland angesprochen. In der Oberlausitz kann direkt an die alte ethnische und regionale Identität angeknüpft werden. Die Gemeinsamkeit im Dorf stützt sich nicht zuletzt auf die Gewißheit, einer eigenen - einzigartigen - Ethnie anzugehören, die seit Jahrhunderten in Deutschland lebt und ihre Identität erhalten hat. Das hat etwas Bewahrendes, Vertrauen auf Kontinuität Schaffendes. Veränderungen könnten damit gelassen hingenommen werden, wenn sie nicht so einschneidend wären und neben den mangelnden Handlungschancen nicht auch die Reproduktionsfähigkeit der Ethnie selbst gefährdeten. Denn durch die aktuellen Erfordernisse werden tradierte Handlungsmuster und Interaktionsstrukturen mehr und mehr brüchig. Auch die Kirche, die zumindest während der DDR-Zeit als Bewahrerin der sorbischen Sprache und Tradition gesehen wurde, kann langfristig diese Auflösungstendenzen nicht stoppen. Generell zeigt sich die fehlende strukturierende Kraft des Ethnischen, die sich nur auf die *Dazugehörigkeit* bezieht. Damit schafft die ethnische Gemeinschaft ein trügerisches Gefühl der Sicherheit bei gleichzeitig verbreiteter genereller Unsicherheit, da aufgrund der umfassenden ökonomischen Situation Sicherheit nicht zu erreichen ist, weil keine Eingriffsmöglichkeiten offenstehen, Normen und Orientierungsmöglichkeiten diffus werden und Aspirationen nicht mehr realisiert werden können. Aus dieser Perspektive ist es daher angemessen, die gesellschaftliche Situation auf die drei Krisentypen von Bohle u.a. (1997) zu beziehen und von *Struktur-*, *Regulations-* und *Kohäsionskrise* zu sprechen.

Die Analyse deutet bei Betrachtungen von verschiedenen Ebenen immer wieder auf das gleiche Ergebnis: Diejenigen, die die Möglichkeit haben, über ökonomische Bedingungen zumindest für sich selbst eine Besserstellung erlangen zu können - wenn sie auch nicht steuernd eingreifen können -, werden sich mehr und mehr der traditionellen Basis entziehen und damit langfristig zu einer Reduzierung des ethnischen Elements beitragen. Diejenigen, die genau diese ökonomischen Möglichkeiten nicht haben, werden in der überkommenen Tradition Sicherheit, Geborgenheit und Deutungsmuster suchen und finden, aber sich dadurch nicht an die Erfordernisse der „neuen Zeit" anpassen.

In der Argumentation wird deutlich, daß der sozio-ökonomische Status als sehr bedeutender Punkt der Veränderung gesehen wird, der sich aus der Position am Arbeitsmarkt ergibt. Nur mit Arbeit und daraus resultierendem Einkommen verfügen die Menschen im Dorf über die notwendigen Mittel, um auf die gesellschaftliche Veränderung reagieren zu können. Dies schließt sowohl die Teilnahme am Konsum, als auch das angesichts der völligen Veränderungen und des Wandels notwendige Gefühl der relativen Sicherheit und Möglichkeiten des Eingreifens ein (locus of control)[242]. Es besteht ein krasser Gegensatz zur DDR-Zeit, in der Lebensläufe noch berechenbar, planbar und „sicher" waren. Nun ist Arbeitslosigkeit mit gesellschaftlichem Abstieg und relativer Deprivation verbunden. Über die Stellung in der Arbeitswelt ergeben sich somit Möglichkeiten des Aufstiegs und die Gefahr sozialer Deprivation. Zwar gibt es aufgrund der wenigen Jahre, die seit der Wende vergangen sind, und der sozialstrukturell unbefriedigenden Lage innerhalb der Region erst relativ wenig soziale „Aufstiegsprozesse", jedoch werden diese von zahlreichen und vielfältigen „Abstiegsprozesse" begleitet.

Eine wichtige Frage der Arbeit war, wie Personen unterschiedlicher Lebensformgruppen mit der Wende umgehen und Strategien entwickeln, die Krise ihrer Lebenswelt zu bewältigen. Wenn man abschließend eine generelle Zusammenfassung vornimmt, kann diese nur lauten, daß besonders von älteren Dorfbewohnern versucht wird, innerhalb der bestehenden Gemeinschaft Orientierungen und Deutungshilfen zu finden. Dieser Rückbezug auf die gemeinschaftlichen Strukturen kann aber nicht zur ökonomischen Sicherung beitragen. Diese ist angesichts der wirtschaftlichen Lage in der Oberlausitz (und dabei unterscheidet sich die Oberlau-

---

[242] Nach Rotter/Seeman/Liverant (1962) bzw. Rotter (1975) bezieht sich der locus of control bzw. die Kontrollüberzeugung vereinfacht ausgedrückt darauf, inwieweit Personen grundsätzlich daran glauben, daß ihr Handeln ihrer eigenen Kontrolle unterliegt oder durch andere beeinflußt wird.

sitz nicht grundlegend von anderen Regionen Ostdeutschlands) von den betroffenen Menschen kaum erreichbar. Auf der anderen Seite reagieren gerade Jugendliche und junge Erwachsene mit einer Nutzung des vielfältigen neuen Freizeitange-
bots, was nahezu zwangsläufig mit einer universalistischen Wertorientierung verbunden ist.

Will man aufgrund der durchgeführten Analysen eine Prognose wagen, so ist anzunehmen, daß die momentane Festigung des ethnischen Elements (Fundamentalisierung) über starke dörfliche Kontakte und religiöse Bindungen einzelner
Gruppen mittel- bis langfristig von einer verstärkten Assimilierung an die Kultur
der Majorität abgelöst wird. Diese erscheint notwendig und unabwendbar, um neu-
en Mobilitäts- und Arbeitsplatzanforderungen gerecht zu werden. Das wird langfristig zur Auflösung oder Folklorisierung der sorbischen Kultur führen, wie es bereits in der Niederlausitz (vgl. Mai 1996) erkennbar ist. Inwiefern allerdings neue
Mobilitäts- und Identifikationsmuster tatsächlich mit ökonomischer Sicherheit und
gesellschaftlicher Partizipation verbunden sein werden, kann angesichts der enormen Umwälzungen in Ostsachsen und Ostdeutschland nicht prognostiziert werden.

7. Literatur

Adelman, M.B./Parks, M.R./Albrecht, T.L., 1987: Beyond Close Relationships: Support in Weak Ties. In: Albrecht, T.L./Adelman, M.B. (Eds.): Communicating Social Support. Beverly Hills. 126-147.

Adler, F./Kretzschmar, A., 1993: Ungleichheitsstrukturen in der ehemaligen DDR. In: Geißler, R. (Hrsg.): Sozialer Umbruch in Ostdeutschland. Opladen. S. 93-118.

Alba, R.D., 1982: Taking Stock of Network Analysis: A Decade's Results. In: Research in the Sociology of Organizations, 1, 39-74.

Albrecht, G., 1987: Soziologiegeschichte. Die Zeit der Riesen: Simmel, Durkheim, Weber. Kurseinheit 2: Emile Durkheim. In: Fernuniversität Hagen - Fachbereich Erziehungs- und Sozialwissenschaften. Hagen.

Altvater, E./Mahnkopf, B., 1995: Grenzen der Globalisierung. Ökonomie, Ökologie und Politik in der Weltgesellschaft. Münster.

Anderson, G.M./Christie, T.L., 1978: Ethnic Networks: North American Perspectives. In: Connections 2.

Antonucci, T.C., 1985[2]: Personal Characteristics, Social Networks and Social Behavior. In: Binstock, R.H./Shanas, E. (Eds.): Handbook of Aging and the Social Sciences. 94-128.

Aschauer, W., 1992: Zur Produktion und Reproduktion einer Nationalität. Die Ungarndeutschen. (Erdkundliches Wissen, 107). Stuttgart.

Aschauer, W., 1996: Identität als Begriff und Realität. In: Heller, W. (Hrsg.): Identität - Regionalbewußtsein - Ethnizität. Praxis Kultur- und Sozialgeographie 13. Potsdam. S. 1-16.

Autorenkollektiv (Bearb.), 1974: Geschichte der Sorben: Gesamtdarstellung in vier Bänden. Schriftenreihe des Instituts für Sorbische Volksforschung in Bautzen. Bautzen.

Baacke, D., 1983: Die 13- bis 18-Jährigen. Einführung in die Probleme des Jugendalters. Weinheim.

Bader, V.M. et al., 1983[3]: Einführung in die Gesellschaftstheorie. Gesellschaft, Wirtschaft und Staat bei Marx und Weber. Frankfurt/Main u. New York.

Bahrenberg, G., 1987: Unsinn und Sinn des Regionalismus in der Geographie. In: Geographische Zeitschrift, 75, S. 149-160.

Barnes, J.A., 1954: Class and Communities in a Norwegian Island Parish. In: Human Relations, 7, 39-58.

Barnes, J.A., 1969: Graph Theory and Social Networks. In: Sociology, 3, 215-232.

Barth, F., 1969: Introduction. In: F. Barth (Ed.): Ethnic Groups and Boundaries. The Social Organization of Culture Difference. London. 9-38.

Baum, R., 1974: Beyond Convergence. Toward Theoretical Relevance in Quantitative Modernization Research. In: Sociological Inquiry, 44, 225-240.

Baumann, U./Laireiter, A./Pfingstmann, G./Schwarzenbacher, K., 1987: Deutschsprachige Untersuchungsverfahren zum Sozialen Netzwerk und zur Sozialen Unterstützung: Vorbemerkungen zu den Einzeldarstellungen. Kurzbericht. In: Zeitschrift für Klinische Psychologie, 16, S. 420-426.

Beck, U., 1986: Risikogesellschaft. Auf dem Weg in eine andere Moderne. Frankfurt/Main.

Beck, U./Beck-Gernsheim, E., 1990: Das ganz normale Chaos der Liebe. Frankfurt/Main.

Beck-Gernsheim, E., 1993: Individualisierungstheorie: Veränderungen des Lebenslaufs in der Moderne. In: Keupp, H. (Hrsg.): Zugänge zum Subjekt. Perspektiven einer reflexiven Sozialpsychologie. Frankfurt/Main. S. 125-146.

Becker, H., 1957: Current Sacred-Secular Theory and Its Development. In: Becker, H./Boskoff, A. (Eds.): Modern Sociological Theory in Continuity and Change. New York. 133-185.

Becker, U./Nowak, H., 1982: Lebensweltanalyse als neue Perspektive der Meinungs- und Marketingforschung. In: E.S.O.M.A.R. Congress, 2, S. 247-267.

Becker, U./Nowak, H., 1985: „Es kommt der neue Konsument". Werte im Wandel. In: Form. Zeitschrift für Gestaltung, 111, S. 13-18.

Behnken, I. et al., 1991: Schülerstudie 90. Jugendliche im Prozeß der Vereinigung. München: Juventa.

Belle, D.E., 1982a: The Stress of Caring. Woman as Providers of Social Support. In: Goldberger, L./Breznitz, S. (Eds.) Handbook of Stress. Theoretical and Clinical Aspects. New York.

Belle, D.E., 1982b: Social Ties and Social Support. In: Belle, D.E. (Ed.): Lives in Stress. Woman and Depression. Beverly Hills. 133-144.

Bender, P., 1991: Die sieben Gesichter der DDR. In: Merkur, 45, S. 292-304.

Bergem, W., 1993: Tradition und Transformation. Eine vergleichende Untersuchung zur politischen Kultur in Deutschland. Opladen.

Berger, J., 1988: Modernitätsbegriffe und Modernitätskritik in der Soziologie. In: Soziale Welt, 39, S. 224-235.

Berger, P.L./Berger, B./Kellner, H., 1975: Das Unbehagen in der Modernität. Frankfurt/Main und New York.

Berger, P.L./Luckmann, T., 1980: Die gesellschaftliche Konstruktion der Wirklichkeit. Eine Theorie der Wissenssoziologie. Frankfurt/Main.

Berger, P.L./Luckmann, T., 1995: Modernität, Pluralismus und Sinnkrise. Die Orientierung des modernen Menschen. Gütersloh.

Bernard, H.R./Johnson, E.C./Killworth, P.D./McCarty, C./Shelley, G.A./Robinson, S., 1990: Comparing Four Different Methods for Measuring Personal Social Networks. In: Social Networks, 12, 179-215.

Bischoff, J., 1978: Grundbegriffe der marxistischen Theorie: Handbuch zur Theorie der bürgerlichen Gesellschaft. Hamburg.

Blau, P.M.: 1964: Exchange and Power in Social Life. New York.

Bloch, E., 1973: Das Prinzip Hoffnung. Frankfurt/Main.

Blotevogel, H.H./Heinritz, G./Popp, H., 1986: Regionalbewußtsein. Bemerkungen zum Leitbegriff einer Tagung. In: Berichte zur deutschen Landeskunde 60, S. 103-114.

Blotevogel, H.H./Heinritz, G./Popp, H., 1987: Regionalbewußtsein - Überlegungen zu einer geographisch-landeskundlichen Forschungsinitiative. In: Informationen zur Raumentwicklung, Heft 7/8, S. 409-418.

Blumer, H., 1972: Society as Symbolic Interaction. In: Manis, J.G./Meltzer, B.N. (Eds.): Symbolic Interaction. Boston. 145-154.

Blumer, H., 1980[5]: Der methodologische Standpunkt des symbolischen Interaktionismus. In: Arbeitsgruppe Bielefelder Soziologen (Hrsg.): Alltagswissen, Interaktion und gesellschaftliche Wirklichkeit. Opladen. S. 80-146.

Bohle, H.H./Heitmeyer, W./Kühnel, W./Sander, U., 1997: Anomie in der modernen Gesellschaft: Bestandsaufnahme und Kritik eines klassischen Ansatzes soziologischer

Analyse. In: Heitmeyer, W. (Hrsg.), Was treibt die Gesellschaft auseinander. Frankfurt/M. S. 29-65

Bohnsack, R., 1991: Rekonstruktive Sozialforschung. Methodologie und Praxis qualitativer Forschung. Opladen.

Boissevain, J., 1973: An Exploration of Two First-Order Zones. In: Boissevain, J./Mitchell, J.C. (Eds.): Network Analysis. The Hague. 125-149

Boissevain, J., 1974: Friends of Friends. Networks, Manipulators and Coalitions. Oxford.

Boissevain, J., 1979: Network Analysis: A Reappraisal. In: Current Anthropology, 20, 392-394.

Bolte, K.M., 1990: Soziale Ungleichheit in der Bundesrepublik Deutschland im historischen Vergleich. In: Berger, P.A./Hradil, S. (Hrsg.): Lebenslagen - Lebensläufe - Lebensstile. Göttingen. S. 27-50.

Boswell, D.M., 1969: Personal Crises and the Mobilisation of the Social Network. In: Mitchell, J.C. (Ed.): Social Networks in Urban Situations. Analyses of Personal Relationships in Central African Towns. Manchester. 245-296.

Bott, E., 1957: Familiy and Social Network. London.

Bourdieu, P., 1979: Entwurf einer Theorie der Praxis auf der Grundlage der kabylischen Gesellschaft. Frankfurt/Main.

Bourdieu, P., 1983: Ökonomisches Kapital, kulturelles Kapital, soziales Kapital. In: R. Kreckel (Hrsg.): Zur Theorie sozialer Ungleichheiten. Sonderband 2 der Sozialen Welt. Göttingen. S. 183-198.

Bourdieu, P., 1985: Sozialer Raum und „Klassen". Zwei Vorlesungen. Frankfurt/Main.

Bourdieu, P., 1987: Die feinen Unterschiede. Kritik der gesellschaftlichen Urteilskraft. Frankfurt/Main.

Bourdieu, P., 1987a: Sozialer Sinn. Kritik der theoretischen Vernunft. Frankfurt/Main.

Bourdieu, P, 1991: Physischer, sozialer und angeeigneter physischer Raum. In: Wentz, M. (Hrsg.): Stadt-Räume. Die Zukunft des Städtischen, Band 2. Frankfurt/Main und New York. S. 25-34.

Bourdieu, P., 1992: Die verborgenen Mechanismen der Macht. Schriften zu Politik & Kultur 1. Hamburg

Bourdieu, P., 1993: Sagten Sie „populär"? In: Gebauer, G./Wulf, C. (Hrsg.): Praxis und Ästhetik. Neue Perspektiven im Denken Pierre Bourdieus. Frankfurt/Main. S. 72-92.

Brandenburg, A.G., 1971: Systemzwang und Autonomie. Düsseldorf.

Brie, M., 1994: Die Ostdeutschen auf dem Weg vom „armen Bruder" zur organisierten Minderheit? Arbeitspapier 94/1, Max-Planck-Gesellschaft. Arbeitsgruppe Transformationsprozesse in den neuen Bundesländern an der Humboldt-Universität zu Berlin.

Buchholt, H., 1990: Kirche, Kopra, Bürokraten: gesellschaftliche Entwicklung und strategisches Handeln in Nord-Sulawesi/Indonesien. Saarbrücken.

Büchner, P./Krüger, H.-H. (Hrsg.), 1991: Aufwachsen hüben und drüben. Deutschdeutsche Kindheit und Jugend vor und nach der Vereinigung. Opladen.

Bundesrechnungshof 1996: Kurzübersicht der Bemerkungen des Bundesrechnungshofes 1996 zur Haushalts- und Wirtschaftsführung des Bundes. (Internet Adresse: http://www.bundesrechnungshof.de/kurz_treuhand.html).

Buttimer, A., 1980: Home, Reach, and the Sense of Place. In: Buttimer, A./Seamon, D. (Eds.): The Human Experiance of Space and Place. London. 166-187.

Buttimer, A., 1984a: Raumbezogene Wahrnehmung: Forschungsstand und Perspektiven - Spiegel, Masken und verschiedene Milieus. In: Buttimer, A., Ideal und Wirklichkeit in der angewandten Geographie. (Münchner Geographische Hefte, 51). Kallmünz/Regensburg. S. 15-64.

Buttimer, A., 1984b: „Insider", „Outsider" und die Geographie regionaler Lebenswelten. In: Buttimer, A., Ideal und Wirklichkeit in der angewandten Geographie. (Münchner Geographische Hefte, 51). Kallmünz/Regensburg. S. 65-91.

Cadelina, R.V., 1985: Social Networks: An Ecological Analysis of Social Transactions within a Context of Crisis. In: Philippine Sociological Review, 33, 60-72.

Chai, E. et al., 1986: Heimat im Matscher Tal. Eine kulturgeographische Untersuchung zu Alltag und Identität in einem abgelegenen Hochtal Südtirols. Oldenburg.

Cicourel, A.V., 1970: Methode und Messung in der Soziologie. Frankfurt/Main.

Cobb, S., 1979: Social Support and Health Through the Life Course. In: Riley, M.W. (Ed.): Aging From Birth to Death. Interdisciplinary Perspectives. Washington. 93-106.

Cohler, B./Lieberman, M., 1981: Social Relations and Mental Health Among Three European Ethnic Groups. In: Research on Aging 3.

Cooley, C.H., 1964[4]: Human Nature and the Social Order. New York.

Corbin, J./Strauss, A., 1990: Grounded Theory Research: Procedures, Canons and Evaluative Criteria. In: Zeitschrift für Soziologie, 19, 418-427.

Danielzyk, R./Krüger, R., 1990: Ostfriesland: Regionalbewußtsein und Lebensformen. Ein Forschungskonzept und seine Begründung. Oldenburg.

Danielzyk, R./Krüger, R., 1994: Region Ostfriesland? Zum Verhältnis von Alltag, Regionalbewußtsein und Entwicklungsperspektiven in einem strukturschwachen Raum. In: Lindner, R. (Hrsg.): Die Wiederkehr des Regionalen. Über neue Formen kultureller Identität. Frankfurt/Main.

Danielzyk, R./Krüger, R./Schäfer, B., 1995: Ostfriesland - Leben in einer „besonderen Welt". Eine Untersuchung zum Verhältnis von Alltag, Kultur und Politik im regionalen Maßstab. Oldenburg.

Danielzyk, R./Wiegandt, C.-C., 1987: Regionales Alltagsbewußtsein als Entwicklungsfaktor der Regionalentwicklung? In: Informationen zur Raumentwicklung. S. 441-449.

Davis, K./Moore, W.E., 1945: Some Principles of Stratification. In: American Sociological Review, 10, 242-249.

Dean, A./Lin, N., 1977: The Stress-Buffering Role of Social Support: Problems and Prospects for Systematic Investigation. In: Journal of Nervous and Mental Health, 2, 77-109.

Dechmann, M.D., 1978: Teilnehmende Beobachtung als soziologisches Basisverhalten. Bern/Stuttgart.

Denzin, N.K., 1978[2]: The Research Act. A Theoretical Introduction to Sociological Methods. New York.

Denzin, N.K., 1992: Symbolic Interactionism and Cultural Studies. The Politics of Interpretation. Oxford/Cambridge.

Denzin, N.K./Lincoln, Y.S. (Eds.), 1994: Handbook of Qualitative Research. Thousand Oaks.

Diewald, M., 1993: Netzwerkorientierungen und Exklusivität der Paarbeziehung. Unterschiede zwischen Ehen, nichtehelichen Lebensgemeinschaften und Paarbeziehungen mit getrennten Haushalten. In: Zeitschrift für Soziologie, 22, S. 279-297.

Domowina-Verlag (Hrsg.), 1992: Die Sorben in der Lausitz. Bautzen.

351

Donald, C.A./Ware, J.E., 1984: The Measurement of Sucial Support. In: Research in Community and Mental Health, 4, 325-370.

Durkheim, E., 1983: Der Selbstmord. Frankfurt/Main (org. 1897).

Durkheim, E., 1988: Über soziale Arbeitsteilung: Studie über die Organisation höherer Gesellschaften. Frankfurt/Main. (org. 1893).

Eisenstadt, S.N., 1979: Tradition, Wandel und Modernität. Frankfurt/Main.

Elias, N., 1976: Über den Prozeß der Zivilisation. Frankfurt/Main. (zuerst 1939).

Elias, N., 1983: Engagement und Distanzierung. Arbeiten zur Wissenssoziologie. Frankfurt/Main.

Elias, N./Scotson, J.L., 1993: Etablierte und Außenseiter. Frankfurt/Main.

Ell, K., 1984: Social Networks, Social Support, and Health Status: A Review. In: Social Service Review, 58, 133-149.

Elle, E./Elle, L., 1995: Die Lausitz - eine Region zweier Kulturen in Deutschland. In: Geographische Rundschau, 47, S. 168-177.

Elle, L./Mai, U., 1996: Sozialer und ethnischer Wandlungsprozeß in Trebendorf. In: Letopis, 43, S. 14-21.

Elwert, G., 1989: Nationalität und Ethnizität. Über die Bildung von Wir-Gruppen. In: Kölner Zeitschrift für Soziologie und Sozialpsychologie, 41, S. 440-464.

Engler, W., 1992: Die zivilisatorische Lücke. Versuche über den Staatssozialismus. Frankfurt/Main.

Epstein, S., 1979: Entwurf einer Integrativen Persönlichkeitstheorie. In: S.-H. Filipp (Hrsg.): Selbstkonzeptforschung. Probleme, Befunde, Perspektiven. Stuttgart. S. 7-42.

Erikson, E.H., 1966: Identität und Lebenszyklus. Frankfurt/Main.

Ernst, J., 1994: Bedingungen und Folgen des vorzeitigen Ruhestandes in Ostdeutschland. Ergebnisse einer empirischen Erhebung. In: WSI-Mitteilungen 47, S. 498-507.

Esser, H., 1988: Ethnische Differenzierung und moderne Gesellschaft. In: Zeitschrift für Soziologie, 17, S. 235-248.

Evers, H.-D./Schiel, T., 1987: Strategische Gruppen, Klassenbildung und gesellschaftliche Entwicklung. In: Lutz, B. (Hrsg.): Soziologie und gesellschaftliche Entwicklung. Frankfurt/Main. S. 576-579.

Evers, H.-D./Schiel, T., 1989: Strategische Gruppen und bürgerlicher Staat. Eine Antikritik aus Bielefeld. In: Kölner Zeitschrift für Soziologie und Sozialpsychologie, 41, S. 563-568.

Farin, K./Seidel-Pielen, E. (Hrsg.), 1993: „Ohne Gewalt läuft nichts!". Jugend und Gewalt in Deutschland. Köln.

Feger, H./Auhagen, A.E., 1987: Unterstützende soziale Netzwerke: Sozialpsychologische Perspektiven. In: Zeitschrift für Klinische Psychologie, 16, S. 352-367.

Feiring, C./Coates, D., 1987: Social Networks and Gender Differences in the Life Space of Opportunity: Introduction. In: Sex Roles, 17, 611-620.

Feldman, A./Moore, W.E., 1965: Are Industrial Societies Becoming Alike? In: Gouldner, A.W./Miller, S.M. (Eds.): Applied Sociology. New York. 260-265.

Flath, M., 1994: Die Sorben, ein kleines Volk in Deutschland. In: Praxis Geographie, 24, S. 21.

Flick, U. et al. (Hrsg.), 1991: Handbuch Qualitative Sozialforschung: Grundlagen, Konzepte, Methoden und Anwendungen. München.

Flora, P., 1974: Modernisierungsforschung. Opladen.

Friedrich, W./Förster, P., 1991/92: Ostdeutsche Jugend 1990. In: Deutschland Archiv, 24, S. 349-359 und S. 701-714.

Friedrich, W./Schubarth, W., 1991: Ausländerfeindlichkeit und rechtsextreme Orientierungen bei ostdeutschen Jugendlichen. Eine empirische Studie. In: Deutschland Archiv, 24, S. 1052-1065.

Fuchs, W./Klima, R./Lautmann, R./Rammstedt, O./Wienhold, H. (Hrsg.), 1978[2]: Lexikon zur Soziologie. Opladen.

Gebhardt, H./Schweizer, G. (Hrsg.): 1995: Zuhause in der Großstadt. Ortsbilder und räumliche Identifikation im Verdichtungsraum Köln. Köln.

Gebhardt, W./Kamphausen, G, 1994: Zwei Dörfer in Deutschland. Mentalitätsunterschiede nach der Wiedervereinigung. Opladen.

Geertz, C., 1963: The Integrative Revolution. Primordial Sentiments and Civil Polities in the New States. In: Geertz, C. (Ed.): Old Societies and New States. New York. 105-157.

Geertz, C., 1977: From the Native's Point of View. On the Nature of Anthropological Understanding. In: Dolgin, J.L. et al. (Eds.): Symbolic Anthropology. A Reader in the Study of Symbols and Meanings. New York. 480-492.

Geertz, C., 1987: Dichte Beschreibung. Bemerkungen zu einer deutenden Theorie von Kultur. In: Geertz, C. (Hrsg.): Dichte Beschreibung. Beiträge zum Verstehen kultureller Systeme. Frankfurt/Main. S. 7-43.

Geißler, R., 1992: Die Sozialstruktur Deutschlands. Ein Studienbuch zur sozialstrukturellen Entwicklung im geteilten Deutschland. Opladen.

Geißler, R., 1993: Sozialer Umbruch in Ostdeutschland. Einleitende Bemerkungen. In: Geißler, R. (Hrsg.): Sozialer Umbruch in Ostdeutschland. Opladen. S. 7-29.

Georg, W., 1993: Modernisierung und Lebensstile Jugendlicher in Ost- und Westdeutschland. In: Aus Politik und Zeitgeschichte, B26/27, S. 20-36.

Gerdes, D., 1985: Regionalismus als soziale Bewegung. Westeuropa, Frankreich, Korsika. Frankfurt/Main und New York.

Gerdes, K. (Hrsg.) 1979: Explorative Sozialforschung. Einführende Beiträge aus „Natural Sociology" und Feldforschung in den USA. Stuttgart.

Gergen, K., 1979: Selbsterkenntnis und die wissenschaftliche Erkenntnis des sozialen Handelns. In: S.-H. Filipp (Hrsg.): Selbstkonzeptforschung. Probleme, Befunde, Perspektiven. Stuttgart. S. 75-95.

Giddens, A., 1984: Interpretative Soziologie. Eine kritische Einführung. Frankfurt/Main und New York.

Giddens, A., 1988: Die Konstitution der Gesellschaft. Grundzüge einer Theorie der Strukturierung. Frankfurt/Main.

Giddens, A., 1991: Modernity and Self-Identity. Self and Society in the Late Modern Age. Standford.

Giddens, A., 1995: Konsequenzen der Moderne. Frankfurt/Main.

Giesen, B., 1991: Einleitung. In: Giesen, B. (Hrsg.): Nationale und kulturelle Identität. Studien zur Entwicklung des kollektiven Bewußtseins in der Neuzeit. Frankfurt/Main. S. 9-18.

Ginsberg, M., 1961: Essays in Sociology and Social Philosophy: Evolution in Progress. London/Melbourne/Toronto.

Girtler, R., 1984: Methoden der qualitativen Sozialforschung. Anleitung zur Feldarbeit. Wien/Köln/Graz.

Gläßner, G.J., 1991a: Vorwort. In: Glaeßner, G.J. (Hrsg.): Eine deutsche Revolution. Der Umbruch in der DDR, seine Ursachen und Folgen. Frankfurt/Main. S. 5-8.

Gläßner, G.J., 1991b: Der Weg in die Krise und das Ende des 'realen Sozialismus'. In: Glaeßner, G.J. (Hrsg.): Eine deutsche Revolution. Der Umbruch in der DDR, seine Ursachen und Folgen. Frankfurt/Main. S. 16-42.

Glaser, B./Strauss, A., 1967: The Discovery of Grounded Theory. Chicago.

Gmür, W./Straus, F., 1994: Die Netzwerkperspektive in der Jugendforschung - Beispiel einer Netzwerkanalyse. In: Zeitschrift für Sozialisationsforschung und Erziehungssoziologie, 14, S. 227-244.

Goetze, D., 1994: Identitätsstrategien und die Konstruktion sozialer Räume. Eine spanische Fallstudie. In: Lindner, R. (Hrsg.): Die Wiederkehr des Regionalen. Über neue Formen kultureller Identität. Frankfurt/Main. S. 184-200.

Goffman, E., 1973: Asyle. Über die soziale Situation psychiatrischer Patienten und anderer Insassen. Frankfurt/Main.

Goffman, E., 1975: Stigma. Über Techniken der Bewältigung beschädigter Identität. Frankfurt/Main.

Gottlieb, B.H., 1978: The Development and Application of a Classification Scheme of Informal Helping Behaviours. In: Canadian Journal of Behavioral Sciences, 10, 105-115.

Graf, N.D. de/Flap, H.D., 1988: „With a Little Help from My Friends": Social Resources as an Explanation of Occupational Status and Income in West Germany, The Netherlands, and the United States. In: Social Forces, 67, 452-472.

Granovetter, M., 1983: The Strength of Weak Ties: A Network Theory Revisited. Sociological Theory, 1, 201-233.

Grathoff, R., 1987: Millieu und Gesellschaft. In: Phänomenologische Forschungen. „Handlungssinn und Lebenssinn", 20, S. 36-68.

Grathoff, R., 1989: Milieu und Lebenswelt. Einführung in die phänomenologische Soziologie und die sozialphänomenologische Forschung. Frankfurt/Main.

Graumann, C.F., 1983: On Multiple Identities. In: International Social Science Journal 35, 309-321.

Greive, W. (Hrsg.), 1994: Identität und Ethnizität. Loccumer Protokolle 57/93. Rehburg-Loccum.

Greverus, I.-M., 1979: Auf der Suche nach Heimat. München.

Greverus, I.-M., 1995: Die Anderen und Ich. Vom Sich Erkennen, Erkannt- und Anerkanntwerden. Kulturanthropologische Texte. Darmstadt.

Habermas, J., 1973: Legitimationsprobleme im Spätkapitalismus. Frankfurt/M.

Habermas, J., 1982a: Können komplexe Gesellschaften eine vernünftige Identität ausbilden? In: Habermas, J.: Zur Rekonstruktion des Historischen Materialismus. Frankfurt/Main. S. 92-129.

Habermas, J., 1982b: Moralentwicklung und Ich-Identität. In: Habermas, J.: Zur Rekonstruktion des Historischen Materialismus. Frankfurt/Main. S. 63-91.

Habermas, J., 1983: Moralbewußtsein und kommunikatives Handeln. Frankfurt/Main.

Habermas, J., 1984: Vorstudien und Ergänzungen zur Theorie des kommunikativen Handelns. Frankfurt/Main.

Habermas, J., 1987[4]: Theorie des kommunikativen Handelns. Frankfurt/Main.

Habermas, J., 1990: Nachholende Revolution und linker Revisionsbedarf. Was heißt Sozialismus heute? In: Habermas, J. (Hrsg.): Die nachholende Revolution. Frankfurt/Main. S. 179-204.

Habich, R./Landua, D./Seifert, W./Spellerberg, A., 1991: „Ein unbekanntes Land" - Objektive Lebensbedingungen und subjektives Wohlbefinden in Ostdeutschland. In: Aus Politik und Zeitgeschichte, B 32, S. 13-33.

Halbwachs, M., 1985: Das kollektive Gedächtnis. Frankfurt/Main.

Hall, A./Wellman, B., 1985: Social Networks and Social Support. In: Cohen, S./Syme, S.L. (Eds.): Social Support and Health. New York. 23-41.

Hall, S./du Gay, P., 1996: Cultural Identity. London/Thousand Oaks/New Delhi.

Hamm, B., 1989: Raum, sozialer. In: Endruweit, G./Trommsdorff, G., (Hrsg.): Wörterbuch der Soziologie, Bd. 2. Stuttgart. S. 524.

Hansen, G., 1991: „DDR-Bürger sorbischer Nationalität" - Anmerkungen zur Geschichte und Aktuellen Situationen einer Minderheit. In: Krüger-Potratz, M. (Hrsg.): Anderssein gab es nicht. Münster/New York. S. 191-198.

Hard, G., 1987: „Bewußtseinsräume". Interpretationen zu geographischen Versuchen, regionales Bewußtsein zu erforschen. In: Geographische Zeitschrift, 75, S. 127-148.

Hard, G., 1987a: Das Regionalbewußtsein im Spiegel der regionalistischen Utopie. In: Informationen zur Raumentwicklung, 7/8, S. 419-440.

Hard, G., 1990: „Was ist Geographie?". Reanalyse einer Frage und ihrer möglichen Antworten. In: Geographische Zeitschrift, 78, S. 1-14.

Heckmann, F., 1992: Ethnische Minderheiten, Volk und Nation. Soziologie interethnischer Beziehungen. Stuttgart.

Heidegger, M., 1971[4]: Identität und Differenz. Pfullingen.

Heinz, M., 1993: Ethnizität und ethnische Identität. Eine Begriffsgeschichte. Bonn.

Heitmeyer, W., 1992[4]b: Rechtsextremistische Orientierungen bei Jugendlichen. Empirische Ergebnisse und Erklärungsansatz einer Untersuchung zur politischen Sozialisation. München.

Heitmeyer, W., 1992a: Desintegration und Gewalt. Deutsche Jugend 3, S. 109-122.

Heitmeyer, W. et al., 1995: Gewalt. Schattenseiten der Individualisierung bei Jugendlichen aus unterschiedlichen Milieus. Weinheim u.a.

Hennig, W./Friedrich, W. (Hrsg.), 1991: Jugend in der DDR. Daten und Ergebnisse der Jugendforschung vor der Wende. München.

Hettlage, R., 1995: Integrationsleistung des Rechts im Prozeß der deutschen Einheit. In: Hettlage, R./Lenz, K. (Hrsg.): Deutschland nach der Wende. Eine Bilanz. München. S. 22-67.

Hitzler, R./Honer, A., 1991: Qualitative Verfahren zur Lebensweltanalyse. In: Flick, U. et al. (Hrsg.): Handbuch Qualitative Sozialforschung: Grundlagen, Konzepte, Methoden und Anwendungen. München. S. 382-385.

Hoerning, G.M., 1980: Biographische Methode in der Sozialforschung. In: Das Argument, 123, S. 677-687.

Hoffmeyer-Zlotnik, J., 1987: Egozentrierte Netzwerke in Massenumfragen: Ein ZUMA-Methodenforschungsprojekt. In: ZUMA-Nachrichten Nr. 20, Mannheim, S. 37-43.

Hofmann, M./Rink, D., 1993a: Die Kohlearbeiter von Espenhain. Eine Studie zur Enttraditionalisierung eines Arbeitermilieus in einer alten Industrieregion. In: Geißler, R. (Hrsg.): Sozialer Umbruch in Ostdeutschland. Opladen. S. 163-178.

Hofmann, M./Rink, D., 1993b: Mütter und Töchter - Väter und Söhne. Mentalitätswandel in zwei DDR-Generationen. In: Bios, 6, S. 199-223.

Hollander, P., 1969: Are the Two Societies Becoming Alike? In: Hollander, P. (Ed.): American and Soviet Society. Englewood Cliffs. 561-581.

Höllinger, F./M. Haller, 1990: Kinship and Social Networks in Modern Societies: A Cross-Cultural Comparison among Seven Nations. European Sociological Review, 6, S. 103-124.

Homans, G.C., 1960: Theorie der sozialen Gruppe. Köln u.a.

Honneth, A., 1984: Die zerrissene Welt der symbolischen Formen. Zum kultursoziologischen Werk Pierre Bourdieus. In: Kölner Zeitschrift für Soziologie und Sozialpsychologie, 36, S. 147-164.

Honnigfort, B., 1997: Die Jugendweihe scheidet noch heute die Geister in Ostdeutschland. In: Frankfurter Rundschau vom 5. April 1997, Nr. 79, S. 24.

Hopf, C., 1978: Die Pseudo-Exploration. Überlegungen zur Technik qualitativer Interviews in der Sozialforschung. In: Zeitschrift für Soziologie, 7, S. 97-115.

Hopf, C., 1991: Qualitative Interviews in der Sozialforschung. Ein Überblick. In: Flick, U. et al. (Hrsg.): Handbuch Qualitative Sozialforschung: Grundlagen, Konzepte, Methoden und Anwendungen. München. S. 177-182.

Hopf, C./Weingarten, E. (Hrsg.), 1979: Qualitative Sozialforschung. Stuttgart.

Hörning, K.H., 1976: Gesellschaftliche Entwicklung und soziale Schichtung. München.

House, J.S., 1981: Work Stress and Social Support. Reading.

House, J.S./Kahn, R.L., 1985: Measures and Concepts of Social Support. In: Cohen, S./Syme, S.L. (Eds.): Social Support and Social Structure. Sociological Forum 2, 135-146.

House, J.S./Umberson, D./Landis, K.R., 1988: Structures and Processes of Social Support. In: Annual Review of Sociology, 14, 293-318.

Hradil, S., 1987: Sozialstrukturanalyse in einer fortgeschrittenen Gesellschaft. Opladen.

Hradil, S., 1992a: Die „objektive" und die „subjektive" Modernisierung. Der Wandel der westdeutschen Sozialstruktur und die Wiedervereinigung. In: Aus Politik und Zeitgeschichte, B 29/30, S. 3-14.

Hradil, S., 1992b: „Lebensführung" im Umbruch. Zur Rekonstruktion einer soziologischen Kategorie. In: Thomas, M. (Hrsg.): Abbruch und Aufbruch. Sozialwissenschaften im Transformationsprozeß. Erfahrungen - Ansätze - Analysen. Berlin. S. 183-197.

Hradil, S., 1995: Die Modernisierung des Denkens. Zukunftspotentiale und „Altlasten" in Ostdeutschland. In: Aus Politik und Zeitgeschichte, B20, S. 3-15.

Hummel, H.J., 1981: Mehrebenenanalyse und Netzwerkanalyse. In: Harder, T. et al. (Hrsg.): Probleme der Mehrebenenanalyse. Band zum Kolloquium vom 12.06.1980 - 14.06.1980 in Bielefeld. Bielefeld.

Hurlbert, J.S./Acock, A.C., 1990: The Effects of Marital Status on the Form and Composition of Social Networks. In: Social Science Quarterly, 71, 163-174.

Hurrelmann, K./Rosewitz, B./Wolf, H.K., 1985: Lebensphase Jugend. Eine Einführung in die sozialwissenschaftliche Jugendforschung. Weinheim/München.

Ilien, A./Jeggle, U., 1978: Leben auf dem Dorf: Zur Sozialgeschichte des Dorfes und zur Sozialpsychologie seiner Bewohner. Opladen.

Inglehart, R., 1979: Wertewandel in den westlichen Gesellschaften. Politische Konsequenzen von materialistischen und postmaterialistischen Prioritäten. In: Klages,

H./Kmieciak, P. (Hrsg.): Wertewandel und gesellschaftlicher Wandel. Frankfurt/Main und New York. S. 279-316.

Inglehart, R., 1980: Zusammenhang zwischen sozio-ökonomischen Bedingungen und individuellen Wertprioritäten. In: Kölner Zeitschrift für Soziologie und Sozialpsychologie, 32, S. 145-153.

Inkeles, A., 1969: Russia and the U.S.A. A Problem in Comparative Sociology. In: Hollander, P. (Ed.): American and Soviet Society. Englewood Cliffs. 565-557.

Inkeles, A./Smith, D.H., 1974: Becoming Modern. Individual Change in Six Developing Countries. London.

Isajiw, W.W., 1974: Definitions of Ethnicity. In: Ethnicity 1, 111-124.

Japp, K.P., 1996: Soziologische Risikotheorie. Funktionale Differenzierung, Politisierung und Reflexion. Weinheim/München.

Jeggle, U., 1977: Kiebingen. Eine Heimatgeschichte. Zum Prozeß der Zivilisation in einem schwäbischen Dorf. Tübingen.

Jeggle, U. (Hrsg.), 1984a: Feldforschung. Qualitative Methoden in der Kulturanalyse. Tübingen.

Jeggle, U., 1984b: Zur Geschichte der Feldforschung in der Volkskunde. In: Jeggle, U. (Hrsg.): Feldforschung. Qualitative Methoden in der Kulturanalyse. Tübingen. S. 11-46.

Jeggle, U., 1984c Verständigungsschwierigkeiten im Feld. In: Jeggle, U. (Hrsg.): Feldforschung. Qualitative Methoden in der Kulturanalyse. Tübingen. S. 93-112.

Jugendwerk der Deutschen Shell (Hrsg.): Jugend '81. Lebensentwürfe, Alltagskulturen, Zukunftsbilder. Hamburg.

Jürgs, M., 1997: Die Treuhändler. Wie Helden und Halunken die DDR verkauften. München/Leipzig.

Kähler, H.D., 1983: Der professionelle Helfer als Netzwerker. Oder: Beschreib' mir dein soziales Netzwerk, vielleicht erfahren wir, wie dir zu helfen ist. In: Archiv für Wissenschaft und Praxis der sozialen Arbeit, 4/83, S. 225-244.

Kant, I., 1920[6]: Die Metaphysik der Sitten. In: Buek, O. et al. (Hrsg.): Immanuel Kant. Sämtliche Werke. Band 3. Leipzig. (zuerst 1798).

Kardorff, E. von, 1989: Soziale Netzwerke. Konzepte und sozialpolitische Perspektiven ihrer Verwendung. In: von Kardorff, E. et al. (Hrsg.): Zwischen Netzwerk und Lebenswelt. Soziale Unterstützung im Wandel. Wissenschaftliche Analysen und praktische Strategien. München. S. 27-60.

Kaschuba, W. (Hrsg.), 1995: Kulturen - Identitäten - Diskurse. Perspektiven europäischer Ethnologie. Berlin.

Kaufmann, F.-X./Engelbert, A./Herlth, A./Meier, B./Strohmeier, K.P., 1989: Netzwerkbeziehungen von Familien. Materialien zur Bevölkerungswissenschaft, Sonderheft 17. Wiesbaden.

Kerr, C., 1966: Der Mensch in der industriellen Gesellschaft. Die Probleme von Arbeit und Management unter den Bedingungen wirtschaftlichen Wachstums. Frankfurt/Main.

Keupp, H., 1987: Soziale Netzwerke. Eine Metapher des gesellschaftlichen Umbruchs? In: Keupp, H./Röhrle, B. (Hrsg.): Soziale Netzwerke. Frankfurt/Main und New York. S. 11-53.

Keupp, H., 1988: Riskante Chancen. Das Subjekt zwischen Psychokultur und Selbstorganisation. Heidelberg.

Keupp, H./Röhrle, B. (Hrsg.), 1987: Soziale Netzwerke. Frankfurt/Main und New York.

Kirchner, K.H., 1992: Wir sind eine Bevölkerung. In Deutschland wird auf hohem Niveau gelitten. In: Arbeitsgemeinschaft Jugend und Bildung e.V. (Hrsg.): Das nicht mehr geteilte Deutschland ... Zwei Jahre danach. Wiesbaden. S. 4-5.

Klusmann, D., 1986: Soziale Netzwerke und soziale Unterstützung. Eine Übersicht und ein Interviewleitfaden. Hamburg.

Klusmann, D., 1989: Methoden zur Untersuchung sozialer Unterstützung und persönlicher Netzwerke. In: Angermeyer, M.C./Klusmann, D. (Hrsg.): Soziales Netzwerk. Ein neues Konzept für die Psychiatrie. Berlin. S. 17-63.

Koch, T., 1991a: Deutsch-deutsche Einigung als Kulturproblem. Konfliktpotentiale nationaler Re-Integration. In: Deutschland Archiv, 24, S. 16-25.

Koch, T., 1991b: Deutsch-deutsche Einigung als Kulturproblem: Wird die Bundesrepublik in Deutschland aufgehen? In: Reißig, R./Glaeßner, G.-J. (Hrsg.): Das Ende eines Experiments. Umbruch in der DDR und deutsche Einheit. Berlin. S. 317-338.

Koch, T., 1991c: Statusunsicherheit und Identitätssuche im Spannungsfeld zwischen „schöpferischer Zerstörung" und nationaler Re-Integration. Kontinuität, Krisen und Brüche ostdeutscher Identitäten im gegenwärtigen Transformationsprozeß. In: Biss public, 1, S. 79-98.

Koch, T., 1992a: „Selbst-Unternehmertum" und „Aufschwung Ost". In: Aus Politik und Zeitgeschichte, B24, S. 37-45.

Koch, T., 1992b: „Hier ändert sich nie was!" Kontinuität, Krisen und Brüche ostdeutscher Identität(en) im Spannungsfeld zwischen 'schöpferischer Zerstörung' und nationaler Re-Integration. In: Thomas, M. (Hrsg.): Abbruch und Aufbruch. Sozialwissenschaften im Transformationsprozeß. Erfahrungen - Ansätze - Analysen. Berlin. S. 319-334.

Koch, T., 1994: Die DDR ist passé, aber die Zeiten des naiven Beitritts auch. Von der Renaissance ostdeutschen Wir- und Selbstbewußtseins nach der Vereinigung. In: Biss public, 4, S. 71-88.

Koch, T./Woderich, R., 1996: Transformation, Regionalität und Regionalisierung in Ostdeutschland. In: Biss public, 6, S. 7-27.

Kohl, K-H., 1993: Ethnologie - die Wissenschaft vom kulturell Fremden. Eine Einführung. München.

Kohlberg, L., 1995: Die Psychologie der Moralentwicklung. Frankfurt/Main.

Kolland, F., 1996: Kulturstile älterer Menschen. Jenseits von Pflicht und Alltag. Wien/Köln/Weimar.

Köstlin, K., 1980: Die Regionalisierung von Kultur. In: Köstlin, K./Bausinger, H. (Hrsg.): Heimat und Identität. Neumünster. S. 25-38.

Krappmann, L., 1972[2]: Soziologische Dimensionen der Identität. Strukturelle Bedingungen für die Teilnahme an Interaktionsprozessen. Stuttgart.

Krappmann, L., 1979: Die problematische Wahrung der Identität. In: Eigl-Evers, A. (Hrsg.): Kindlers Psychologie des 20. Jahrh. Bd. 8, Zürich. S. 413-422.

Krappmann, L., 1985: Mead und die Sozialforschung. In: Joas, H. (Hrsg.): Das Problem der Intersubjektivität. Frankfurt. S. 156-178.

Kreckel, R., 1993: Geteilte Ungleichheit im vereinten Deutschland. In: Geißler, R. (Hrsg.): Sozialer Umbruch in Ostdeutschland. Opladen. S. 41-62.

Kreckel, R./Krosigk v., F./Ritzer, G./Schütz, R./Sonnert, G., 1986: Regionalistische Bewegungen in Westeuropa. Zum Struktur- und Wertewandel in fortgeschrittenen Industriestaaten. Opladen.

Kretzschmar, A./Bohlmann, J./Doehring, S./Strenge, B./Wolf-Valerius, P., 1992: Vorruhestand in Ostdeutschland: Sozial wertvoll oder ungerecht? In: BISS public, 2, S. 41-88.

Kretzschmar, A./Wolf-Valerius, P., 1995: Vorruhestand - eine neue soziale Realität in Ostdeutschland. In: Bertram, H./Hradil, S./Kleinhenz, G. (Hrsg.) Sozialer und demographischer Wandel in den neuen Bundesländern. Berlin. S. 361-379.

Kunze, P., 1980: Durch die Jahrhunderte. Kurze Darstellung der sorbischen Geschichte. Bautzen.

Kuzmics, H., 1989: Der Preis der Zivilisation. Die Zwänge der Moderne im theoretischen Vergleich. Frankfurt/Main und New York.

Lamnek, S., 1988: Qualitative Sozialforschung. Methodologie, Bd 1. München/Weinheim.

Lamnek, S., 1989: Qualitative Sozialforschung. Methoden und Techniken, Bd 2. München/Weinheim.

Läpple, D., 1991a: Gesellschaftszentriertes Raumkonzept. In: Wentz, M. (Hrsg.): Stadt-Räume. Die Zukunft des Städtischen Bd. 2. Frankfurt/Main und New York. S. 35-46.

Läpple, D., 1991b: Essay über den Raum. Für ein gesellschaftswissenschaftliches Raumkonzept. In: Häußermann, H. et al. (Hrsg.): Stadt und Raum. Soziologische Analysen. Pfaffenweiler. S. 157-207.

Lay, C., 1993: Aufholjagd endet in der Sackgasse. Die Kritik der ostdeutschen Soziologen an der „nachholenden Modernisierung". Frankfurter Rundschau vom 19.10.1993.

Lentz, A., 1995: Ethnizität und Macht. Ethnische Differenzierung als Struktur und Prozeß sozialer Schließung im Kapitalismus. Köln.

Lenz, A., 1987: Ländliche Beziehungsmuster und familiäre Probleme. In: Keupp, H./Röhrle, B. (Hrsg.): Soziale Netzwerke. Frankfurt/Main und New York. S. 199-218.

Lerner, D., 1968: Modernization. Social Aspects. In: International Encyclopedia of the Social Sciences, 10, 386-395.

Leser, H./Haas, H.-D./Mosimann, T./Paesler, R. (Hrsg.), 1995[8]: Diercke-Wörterbuch der allgemeinen Geographie. München.

Lewin, K., 1926: Vorsatz, Wille und Bedürfnis. In: Psychologische Forschung 7, S. 294-385.

Lindner, R., 1984: Ohne Gewähr. Zur Kulturanalyse des Informanten. In: Jeggle, U. (Hrsg.): Feldforschung. Qualitative Methoden in der Kulturanalyse. Tübingen. S. 59-71.

Lipp, W., 1984: Soziale Räume, regionale Kultur. Industriegesellschaft im Wandel. In: Lipp, W. (Hrsg.): Industriegesellschaft und Regionalkultur. Köln/Berlin/Bonn. S. 1-56.

Lockwood, D., 1979: Soziale Integration und Systemintegration. In: Zapf, W. (Hrsg.), Theorien des sozialen Wandels. Königstein. S. 123-137

Lomnitz, L.A., 1988: Informal Exchange Networks in Formal Systems: A Theoretical Model. In: American Anthropologist, 90, 42-55.

Lompe, K., 1988: „Verwissenschaftlichung" der Politik als Element der Modernisierung der Industriegesellschaft? - Wissenschaft und Technikpolitik in der „Risikogesellschaft". In: Bachmann, S. (Hrsg.): Industriegesellschaft im Wandel. Chancen und Risiken heutiger Modernisierungsprozesse. Hildesheim. S. 1-21.

Lötsch, M., 1991: Ungleichheit. Materielle, politische und soziale Differenzierung und ihre gesellschaftspolitischen Konsequenzen. In: Glaeßner, G.J. (Hrsg.): Eine deutsche

Revolution. Der Umbruch in der DDR, seine Ursachen und Folgen. Frankfurt/Main. S. 126-138.

Luhmann, N., 1984: Soziale Systeme. Frankfurt/Main.

Luhmann, N., 1988[2]: Ökologische Kommunikation. Kann die moderne Gesellschaft sich auf ökologische Gefährdungen einstellen? Opladen.

Luhmann, N., 1989[3]: Vertrauen. Ein Mechanismus der Reduktion sozialer Komplexität. Stuttgart.

Lukács, G., 1983[8]: Geschichte und Klassenbewußtsein. Studien über marxistische Dialektik. Darmstadt/Neuwied.

Luuz, E., 1992: Kultursoziologische Ausgangspositionen zur Untersuchung des kulturellen Umbruchs in Ostdeutschland. In: Kultursoziologie, 1, S. 36-42.

Maanen, v. J., 1988: Tales of the Field. On Writing Ethnography. Chicago/London.

Maaz, H.-J., 1991: Psychosoziale Aspekte im deutschen Einigungsprozeß. In: Aus Politik und Zeitgeschichte, B19, S. 3-10.

Maćica Serbska (Hrsg.), 1991: Die Sorben in Deutschland. Bautzen.

Mai, U., 1989: Gedanken über räumliche Identität. In: Zeitschrift für Wirtschaftsgeographie, 33, S. 12-19.

Mai, U., 1993: Kulturschock und Identitätsverlust: Über soziale und sinnliche Enteignung von Heimat in Ostdeutschland nach der Wende. In: Geographische Rundschau, 45, S. 232-237.

Mai, U., 1995: Symbolische Aneignung und Ethnizität in Masuren. Ein interdisziplinäres Forschungskonzept. Working paper der Universität Bielefeld, Fakultät für Soziologie. (Xenologische Studien 3). Bielefeld.

Mai, U., 1996: Persönliche Netzwerke nach der Wende und die Rolle von Ethnizität: Die Sorben in der ländlichen Lausitz. In: Heller, W. (Hrsg.): Identität - Regionalbewußtsein - Ethnizität. In: Praxis Kultur- und Sozialgeographie 13. Potsdam. S. 124-135.

Mai, U./Buchholt, S., 1995: Abschlußbericht des Bielefelder Teilprojekts an die Fritz Thyssen Stiftung: Ländliche Netzwerke in Krisenzeiten. Die Sorben der Lausitz. (unveröffentlicht).

Mai, U./Viehrig, H., 1992: Ländliche Netzwerke in Krisenzeiten: Die Sorben der Lausitz. (Unveröffentlichter Antrag an die Fritz Thyssen Stiftung).

Mallmann, M., 1990: Zur Struktur des landwirtschaftlichen Grundbesitzes in der DDR. In: Land, Agrarwirtschaft und Gesellschaft, 7, S. 47-62.

Mannheim, K., 1965: Das Problem der Generationen. In: von Friedeburg, L. (Hrsg.): Jugend in der modernen Gesellschaft. Köln/Berlin. S. 23-48.

Marcuse, H., 1967: Der eindimensionale Mensch. Studien zur Ideologie der fortgeschrittenen Industriegesellschaft. Darmstadt/Neuwied.

Markus, H./Wurf, E., 1987: The Dynamic Self-Concept: A Social Psychological Perspective. In: Annual Review of Psychology, 38, 299-337.

Marsden, P.V., 1990: Network Data and Measurement. In: Annual Review of Sociology, 16, 435-463.

Marti, R., 1992: Die Sorben - Prüfstein und Experimentierfeld für Nationalitätenpolitik. Europa Ethnica, 49, S.13-36.

Marx, K./Engels, F., 1956ff.: Werke. Hrsg. vom Institut für Marxismus-Leninismus beim ZK der SED. Berlin (Ost):
MEW 3: Marx, K./Engels, F.: Die deutsche Ideologie, S. 9-530 (1846)
MEW 19: Marx, K.: Kritik des Gothaer Programms, S. 11-32 (1875)

MEW 23: Marx, K.: Das Kapital. Kritik der Politischen Ökonomie, I. Bd. (1867)

Mayntz, R. et al., 1988: Differenzierung und Verselbständigung. Zur Entwicklung gesellschaftlicher Teilsysteme. Frankfurt/Main und New York.

Mayr-Kleffel, V., 1991: Frauen und ihre sozialen Netzwerke. Auf der Suche nach einer verlorenen Ressource. Opladen.

Mead, G.H., 1973: Geist, Identität und Gesellschaft aus der Sicht des Sozialbehaviorismus. Frankfurt/Main.

Meier-Dallach, H.P., 1980: Räumliche Identität - Regionalistische Bewegung und Politik. In: Informationen zur Raumentwicklung, 1980, S. 301-313.

Menze, R. A., 1978: George Herbert Mead's Concepts of Social Self and Aestehtic Experiance. Florida.

Merton, R.K., 1938: Social Structure and Anomie. American Sociological Review 3: 672-682.

Merton, R.K., 1995: Soziologische Theorie und soziale Struktur. Herausgegeben und eingeleitet von Volker Meja und Nico Stehr. Berlin/New York.

Meuser, M., 1986: Alltagswissen und gesellschaftliche Wirklichkeit. Sozialwissenschaftliche Alltagsforschung. In: Analyse und Interpretatgion der Alltagswelt. Lebensweltforschung und ihre Bedeutung für die Geographie. Osnabrücker Studien zur Geographie 7. Osnabrück. S. 129-158.

Meyer,T./Uttiz, P., 1993: Nachholende Marginalisierung - oder der Wandel der agrarischen Sozialstruktur in der ehemaligen DDR. Ergebnisse der Befragung der Mitglieder einer Produktionsgenossenschaft. In: Geißler, R. (Hrsg.): Sozialer Umbruch in Ostdeutschland. Opladen. S. 221-250.

Meyrowitz, J., 1985: No Sense of Place. The Impact of Electronic Media on Social Behavior. New York/Oxford.

Mitchell, J.C., 1969: The Concept and Use of Social Networks. In: Mitchell, J.C. (Ed.): Social Networks in Urban Situations. Analyses of Personal Relationships in Central African Towns. Manchester. 1-50.

Mitchell, J.C., 1974: Social Networks. In: Annual Review of Anthropology 3, 279-299.

Mitchell, J.C., 1988: Ethnography and Network Analysis. In: T. Schweizer (Hrsg.): Netzwerkanalyse. Ethnologische Perspektiven. Berlin. S. 77-92.

Moore, G., 1990: Structural Determinants of Men's and Women's Personal Networks. In: American Sociological Review, 55, 726-735.

Moore, W.E., 1969: The Impact of Industry. In: Hollander, P. (Ed.): American and Soviet Society. Englewood Cliffs. 568-573.

Moore, W.E., 1973[3]: Strukturwandel der Gesellschaft. München.

Müller, H.-P., 1986: Kultur, Geschmack und Distinktion. Grundzüge der Kultursoziologie Pierre Bourdieus. In: Neidhardt, F. (Hrsg.): Kultur und Gesellschaft. Sonderheft 27 der Kölner Zeitschrift für Soziologie und Sozialpsychologie. Opladen. S. 162-190.

Müller, H.-P., 1989: Lebensstile. Ein neues Paradigma der Differenzierungs- und Ungleichheitsforschung. In: Kölner Zeitschrift für Soziologie und Sozialpsychologie, 41, S. 53-71.

Nehrig, C., 1993: Zur sozialen Entwicklung der Bauern in der DDR 1945-1960. In: Zeitschrift für Agrargeschichte und Agrarsoziologie, 41, S. 66-76

Nestmann, F., 1988: Die alltäglichen Helfer. Theorien sozialer Unterstützung und einer Unterstützung alltäglicher Helfer aus vier Dienstleistungsberufen. Berlin/New York.

Nickel, H.M. 1991: Zur sozialen Lage von DDR-Frauen. In: Glaeßner, G.J. (Hrsg.): Eine deutsche Revolution. Der Umbruch in der DDR, seine Ursachen und Folgen. Frankfurt/Main. S. 149-164.

Noll, H.-H./Schuster, F.V., 1992: Soziale Schichtung. Niedrigere Einstufung der Ostdeutschen. Wahrnehmung und Bewertung sozialer Ungleichheit im Ost-West-Vergleich. In: ISI, 7, S. 1-6.

Noma, E., 1986: Using Blockmodels to Map the Structural Congruence of Social Relations. In: Social Networks, 8, 175-189.

Nunner-Winkler, G., 1988: Selbstkonzeptforschung und Identitätskonstrukt. Ein Vergleich zweier Ansätze aus der psychologischen und soziologischen Sozialpsychologie In: Zeitschrift für Sozialpsychologie. S. 243-254.

Offe, C., 1991: Das Dilemma der Gleichzeitigkeit. Demokratisierung und Marktwirtschaft in Osteuropa. In: Merkur, 45, S. 279-292.

Ogburn, W.F., 1966: Social Change: With Respect to Cultural and Original Nature. New York.

Otnes, P., 1991: Das Ende der Gemeinschaft? In: Schlüter, C. et al. (Hrsg.): Renaissance der Gemeinschaft? Stabile Theorie und neue Theoreme. Berlin. S. 65-74.

Otto, H.-U./Merten, R. (Hrsg.), 1993: Rechtsradikale Gewalt im vereingten Deutschland. Jugend im gesellschaftlichen Umbruch. Opladen.

Pappi, F.U. (Hrsg.), 1979: Sozialstrukturanalysen mit Umfragedaten. Probleme der standardisierten Erfassung von Hintergrundsmerkmalen in allgemeinen Bevölkerungsumfragen. Kronberg.

Pappi, F.U. (Hrsg.), 1988: Methoden der Netzwerkanalyse. München.

Park, R./Burgess, W.E., 1921: An Introduction to the Science of Sociology. Chicago.

Parsons, T., 1956: Economy and Society. New York.

Parsons, T., 1966: Societies: Evolutionary and Comparative Perspectives. Englewood Cliffs.

Parsons, T., 1969: Communism and the West. The Sociology of the Conflict. In: Hollander, P. (Ed.): American and Soviet Society. Englewood Cliffs. 574-581.

Parsons, T./Bales, R./Shils, E. (Eds.), 1953: Working Papers in the Theory of Action. New York.

Parsons, T./Shils, E. (Eds.), 1951: Toward a General Theory of Action. Cambridge, Mass.

Pfingstmann, G./Baumann, U., 1987: Untersuchungsverfahren zum Sozialen Netzwerk und zur Sozialen Unterstützung. Ein Überblick. In: Zeitschrift für Differentielle und Diagnostische Psychologie, 8, S. 75-98.

Pfouts, J.-H./Safier, E.-J., 1981: Social Network Analysis: A New Tool for Understanding Individual and Family Functioning. In: Journal of Sociology and Social Welfare, 8, 657-664.

Pohl, J., 1993: Regionalbewußtsein als Thema der Sozialgeographie.Theoretische Überlegungen und empirische Untersuchungen am Beispiel Friaul. Kallmünz/Regensburg.

Reichelt, H., 1992: Die Landwirtschaft in der ehemaligen DDR. Probleme, Erkenntnisse, Entwicklungen. In: Berichte über Landwirtschaft, 70, S. 117-136.

Reißig, R., 1991: Die DDR und die deutsche Vereinigung. In: Glaeßner, G.J. (Hrsg.): Eine deutsche Revolution. Der Umbruch in der DDR, seine Ursachen und Folgen. Frankfurt/Main. S. 80-93.

Reißig, R., 1993: Rückweg in die Zukunft. Über den schwierigen Transformationsprozeß in Ostdeutschland. Frankfurt/Main.

362

Remes, F.W., 1993: Die Sorbenfrage 1918/1919. Untersuchung einer gescheiterten Autonomiebewegung. Bautzen.

Rex, J., 1990: „Rasse" und „Ethnizität" als sozialwissenschaftliche Konzepte. In: Dittrich, E.J./Radtke, F.-O. (Hrsg.): Ethnizität. Opladen. S. 141-153.

Riehl, W.H., 1869: Handwerksgeheimnisse des Volksstudiums. In: Wanderbuch. Stuttgart. S. 3-31.

Riesman, D., 1953: The Lonely Crowd. A Study of the Changing American Character. New York.

Rivlin, L.G., 1987: The Neighborhood, Personal Identity, and Group Affiliations. In: Altman, I./Wandersman, A. (Eds.): Neighborhood and Community Environments. New York/London. 1-34.

Robertson, R., 1992: Globalization: Social Theory and Global Culture. London

Röhrle, B., 1987: Soziale Netzwerke und Unterstützung im Kontext der Psychologie. In: Keupp, H./Röhrle, B. (Hrsg.): Soziale Netzwerke. Frankfurt/Main und New York. S. 54-108.

Ronge, V., 1990: Varianz in der nationalen Identität der Deutschen: Wie anders sind die DDR-Deutschen?. Referat auf dem 25. Deutschen Soziologentag in Frankfurt, 12.10.1990.

Rook, K.S., 1984: The Negative Side of Social Interaction. Imputation Psychological Wellbeing. Journal of Personal Social Psychology 46, 1097-1108.

Rose, A. 1973[2]: Systematische Zusammenfassung der Theorie der symbolischen Interaktion. In: H. Hartmann (Hrsg.): Moderne amerikanische Soziologie. Stuttgart. S. 266-282.

Rotter, J.B., 1975: Some Problems and Misconceptions Related to the Construct of Internal Versus External Control of Reinforcement. Journal of Consulting and Clinical Psychology, 43, 56-67.

Rotter, J.B./Seeman, M./Liverant, S., 1962: Internal Versus External Control of Reinforcements. A Major Variable in Behavior Theory. In: Washburne, N.F. (Ed.): Decisions, Values, and Groups. Vol. 2. New York.

Schaefer, C./Coyne, J.C./Lazarus, R.S., 1981: The Health-Related Functions of Social Support. In: Journal of Behavioral Medicine, 4, 381-406.

Scherrer, C.P., 1993: Ethnizität und die Krise des Staates in der Dritten Welt. Ethno-Nationalismus als globales Phänomen. In: W. Greive (Hrsg.): Identität und Ethnizität. Loccumer Protokolle 57/93, S. 37-62.

Scheuch, E.K./Kutsch, T., 1975: Grundbegriffe der Soziologie. Stuttgart.

Scheuch, E.K./Sussmann, M.B., 1970: Gesellschaftliche Modernität und Modernität der Familie. In: Lüschen, G./Lupri, E. (Hrsg.): Soziologie der Familie. In: Sonderheft 14 der Kölner Zeitschrift für Soziologie und Sozialpsychologie. Opladen. S. 239-253.

Schneider, A., 1969: Expressive Verkehrskreise. Eine empirische Untersuchung zu freundschaftlichen und verwandtschaftlichen Beziehungen. Köln.

Schneider, C., 1991: Was bleibt von uns? Bautzen.

Schneider, G., 1986: Psychological Identity of and Identification with Urban Neighbourhoods. In: Frick, D. (Ed.): The Quality of Urban Life. Social, Psychological, and Physical Conditions. Berlin/New York. 203-218.

Schnell, R./Hill, P./Esser, E., 1989[2]: Methoden der empirischen Sozialforschung. München/Wien.

Schoeck, H., 1966: Der Neid und die Gesellschaft. Freiburg i. Br.

Scholze, J., 1990a: Befreiung vom Hitlerfaschismus und Beginn der revolutionären Erneuerung bei den Sorben. Über einige Voraussetzungen und Besonderheiten. In: Scholze, J.: Agrarprobleme und Nationalität in der sorbischen Geschichte. Ein Studienband. Bautzen. S. 140-144.

Scholze, J., 1990b: Die Sorben und ihre Geschichte. In: Scholze, J.: Agrarprobleme und Nationalität in der sorbischen Geschichte. Ein Studienband. Bautzen. S. 146-157.

Scholze, J., 1990c: Zur Entwicklung des Geschichtsbildes in Zusammenhang mit der Gesamtdarstellung „Geschichte der Sorben". In: Scholze, J.: Agrarprobleme und Nationalität in der sorbischen Geschichte. Ein Studienband. Bautzen. S. 124-132.

Scholze, J., 1990d: Die sorbische nationale Minderheit im preußisch-deutschen Kaiserreich. Zur Frage ihrer Stellung zwischenden gesellschaftlichen Hauptklassen in der Vorzeit und zu Beginn des imperialistischen Deutschlands. In: Scholze, J.: Agrarprobleme und Nationalität in der sorbischen Geschichte. Ein Studienband. Bautzen. S. 133-139.

Schröder, A./Schmitt, B., 1988: Soziale Unterstützung. In: Brüderl, L. (Hrsg.): Theorien und Methoden der Bewältigungsforschung. Weinheim/München. S. 149-159.

Schubert, H.J., 1990: Wohnsituation und Hilfenetze im Alter. In: Zeitschrift für Gerontologie, 23, S. 12-22.

Schumann, M./Einemann, E./Siebel-Rebell, C./Wittemann, K.P., 1982: Rationalisierung, Krise, Arbeiter. Eine empirische Untersuchung der Industrialisierung auf der Werft. Frankfurt/Main.

Schütz, A., 1960: Der sinnhafte Aufbau der sozialen Welt. Wien.

Schütz, A., 1971: Gesammelte Aufsätze I. Den Haag.

Schütz, A., 1972: Gesammelte Aufsätze II. Den Haag.

Schütz, A., 1981: Theorie der Lebensformen. Frühe Manuskripte aus der Bergson-Periode. Herausgegben und eingeleitet von Ilja Srubar. Frankfurt/Main.

Schütz, A./Luckmann, T., 1975: Strukturen der Lebenswelt. Neuwied/Darmstadt.

Schütze, F., 1983: Biographieforschung und narratives Interview. In: Neue Praxis, 13, S. 282-293.

Schwarzer, R., 1992: Psychologie des Gesundheitsverhaltens. Göttingen/Toronto/Zürich.

Schwarzer, R./Leppin, A., 1989: Sozialer Rückhalt und Gesundheit. Eine Meta-Analyse. Göttingen/Toronto/Zürich.

Schwarzer, R./Leppin, A., 1990: Sozialer Rückhalt, Krankheit und Gesundheitsverhalten. In: Schwarzer, R. (Hrsg.): Gesundheitspsychologie. Ein Lehrbuch. Göttingen/Toronto/Zürich. S. 395-414.

Schweigel, K., 1993: Ostdeutscher Sozialstrukturwandel im Regionalvergleich. Transformationen im sozialen Raum. In: Geißler, R. (Hrsg.): Sozialer Umbruch in Ostdeutschland. Opladen. S. 137-148.

Schweizer, T. (Hrsg.), 1988: Netzwerkanalyse. Ethnologische Perspektiven. Berlin.

Scott, J., 1988: Trend Report: Social Network Analysis. In: Sociology, 22, 109-127.

Scott, J., 1991: Social Network Analysis. A Handbook. London.

Sedlacek, P., 1989: Qualitative Sozialgeographie. Versuch einer Standortbestimmung. In: Sedlacek, P. (Hrsg.): Programm und Praxis qualitativer Sozialgeographie. (Wahrnehmungsgeographische Studien zur Regionalentwicklung, 6). Oldenburg. S. 9-19.

Segert, A., 1996: Defizite der Verlierer-Gewinner-These. Ostdeutsche Arbeiter fünf Jahre nach der Vereinigung. In: Biss public, 6, S. 91- 102.

Shinn, M./Lehmann, S./Wong, N.W., 1984: Social Interaction and Social Support. In: Journal of Social Issues, 40, 55-76.

Siegrist, K., 1987: Soziologische Überlegungen zu sozialem Rückhalt. In: Zeitschrift für Klinische Psychologie, 16, S. 368-382.

Silver, R.L./Wortmann, C.B., 1980: Coping With Undersirable Life Events. In: Garber, J./Seligman, M.E. (Eds.): Human Helplessness: Theory and Applications. New York. 279-340.

Simmel, G., 1889: Zur Psychologie des Geldes. In: Jahrbuch für Gesetzgebung, Verwaltung und Volkswirtschaft im Deutschen Reich. S. 1251-1264.

Simmel, G., 1989: Philosophie des Geldes. Frankfurt/Main. (Erstausgabe: Leipzig 1907).

Simmel, G., 1992: Soziologie. Untersuchungen über die Formen der Vegesellschaftung. Frankfurt/Main. (Erstausgabe: Leipzig 1908).

Sommer, G./Fydrich, T., 1989: Soziale Unterstützung: Diagnostik, Konzepte, F-SOZU. Tübingen.

Sorokin, P.A., 1969: Mutual Convergence of the U.S. and the U.S.S.R. to the Mixed Sociocultural Type. In: Hollander, P. (Ed.): American and Soviet Society. Englewood Cliffs. 561-564.

Spellerberg, A., 1995: Lebensstile in Ost- und Westdeutschland. In: Glatzer, W. (Hrsg.): Getrennt vereint. Lebensverhältnisse in Deutschland seit der Wiedervereinigung. Frankfurt/Main und New York. S. 229-261.

Spicer, E.H., 1971: Persistent Cultural Systems. A Comparative Study of Identity Systems That Can Adapt to Contrasting Environments. In: Science 174, 795-800.

Spicer, E.H., 1980: The Yaquis - A Cultural History. Tucson.

Splittmann, I., 1995: Fünf Jahre danach - Wieviel Einheit brauchen wir? In: Aus Politik und Zeitgeschichte, B38, S. 3-8.

Spöhring, W., 1989: Qualitative Sozialforschung. Stuttgart.

Srubar, I., 1981: Einleitung. Schütz' Bergson-Rezeption. In: Schütz, A.: Theorie der Lebensformen. Frühe Manuskripte aus der Bergson-Periode. Herausgegben und eingeleitet von Ilja Srubar. Frankfurt/Main. S. 9-76.

Stiehler, H.-J./Niethammer, L., 1991: Zwischen Traum und Trauma. Mentalitäten und Befindlichkeiten nach dem Zusammenbruch des SED-Staates. In: Landeszentrale für politische Bildung NRW (Hrsg.): Von der Einigung zur Einheit. Probleme und Perspektiven des deutschen Einigungsprozesses. Düsseldorf.

Stojanow, C., 1991: Das „Immunsystem" des „real existierenden Sozialismus". In: Aus Politik und Zeitgeschichte, B19, S. 36-46.

Stokes, J.P./Levin, I., 1986: Gender Differences in Predicting Loneliness From Social Network Characteristics. In: Journal of Personality and Social Psychology, 51, 1069-1074.

Stokes, J.P./Wilson, D.G., 1984: The Inventory of Socially Supportive Behaviors: Dimensionality, Prediction, and Gender Differences. In: American Journal of Community Psychology 12, 53-69.

Stoller, E.P./Pugliesi, K.L., 1988: Informal Networks of Community-Based Elderly: Changes in Composition Over Time. In: Research on Aging, 10, 499-516.

Strain, L.A./Chappell, N.L., 1989: Social Networks of Urban Native Elders: A Comparison with Non-Natives. In: Canadian Ethnic Studies, 21 (2) S. 104-117.

Strauss, A., 1991: Qualitative Sozialforschung. Datenanalyse und Theoriebildung in der empirischen und soziologischen Forschung. München.

Strauss, A./Corbin, J., 1990: A Basics of Qualitative Research Theory Methods. Beverly Hills.

Strauss, F., 1990: Netzwerkarbeit. Die Netzwerkperspektive in der Praxis. In: Textor, M. (Hrsg.): Hilfen für Familien. Ein Handbuch für psychosoziale Berufe. Frankfurt/Main.

Strehmel, P./Degenhardt, B., 1987: Arbeitslosigkeit und soziales Netzwerk. In: Keupp, H./Röhrle, B. (Hrsg.): Soziale Netzwerke. Frankfurt/Main und New York. S. 139-155.

Strohmeier, K.P., 1983: Quartier und soziale Netzwerke. Grundlagen einer sozialen Ökologie der Familie. Frankfurt/Main.

Šymjellic, H., 1992: Drasta - rěč - wěra. In: Serbske Nowiny vom 7.Juli 1992, Nr. 130.

Szell, G. (Hrsg.), 1989: Konzepte alternativer Regionalentwicklung und gewerkschaftliche Handlungskompetenz. Osnabrück.

Tajfel, H./Turner, J.C., 1979: An Integrative Theory of Intragroup Conflict. In: Austin, W.G./Worchel, S. (Eds.): The Social Psychology of Intragroup Relations. Monterey. 33-47.

Thiemer-Sachse, U., 1993: „Ethnos" und „ethnische Identität" als wissenschaftliche Kategorien. In: W. Greive (Hrsg.): Identität und Ethnizität. Loccumer Protokolle 57/93, S. 9-16.

Thomas, M., 1994: Binnenperspektiven des gesamtdeutschen Transformationsprozesses. In: Biss public, 4, S. 123-140.

Thomas, W.I., 1951: Social Behavior and Personality. New York.

Tomberg, F., 1969: Basis und Überbau. Sozialphilosophische Studien. Neuwied/Berlin.

Tönnies, F., 1922[4]: Gemeinschaft und Gesellschaft. Grundbegriffe der reinen Soziologie. Berlin.

Treibel, A., 1993: Transformationen des Wir-Gefühl. Nationale und ethnische Zugehörigkeiten in Deutschland. In: Blomert, R. et al. (Hrsg.): Transformation des Wir-Gefühls. Studien zum nationalen Habitus. Frankfurt/Main. S. 313-345.

Treinen, H., 1965: Symbolische Ortsbezogenheit. Eine soziologische Untersuchung zum Heimatproblem. In: Kölner Zeitschrift für Soziologie und Sozialpsychologie, 17, S. 73-97 und S. 254-297.

Treinen, H., 1974: Symbolische Ortsbezogenheit. In: Atteslander, P./Hamm, B. (Hrsg.): Materialien zur Siedlungssoziologie. Köln. S. 234-259.

Trommsdorff, G., 1995: Identitätsprozesse im kulturellen Kontext und im sozialen Wandel. In: Sahner, H. (Hrsg.): Transformationsprozesse in Deutschland. Opladen.

Tschernokoshewa, E. (Hrsg.), 1994: So langsam wirds Zeit - Pomału je na času - Tak pomałem buźo cas. Bericht der unabhängigen Expertenkommision zu den kulturellen Perspektiven der Sorben in Deutschland. Bonn.

Uehara, E., 1990: Dual Exchange Theory, Social Networks, and Informal Social Support. In: American Journal of Sociology, 96, 521-557.

Van den Berghe, P., 1981: The Ethnic Phenomenon. New York.

Van den Berghe, P., 1986: Ethnicity and the Sociobiology Debate. In: Rex, J./Mason, D. (Eds.): Theories of Race and Ethnic Relations. Cambridge. 246-263.

Veiel, H.O.F., 1985: Dimensions of Social Support. A Conceptual Framework for Research. In: Sozialpsychiatrie, 20, S. 156-162.

Veiel, H.O.F./Herrle, J., 1991: Geschlechtsspezifische Strukturen sozialer Unterstützungsnetzwerke. In: Zeitschrift für Soziologie, 20, S. 237-245.

Vester, M., 1995: Milieuwandel und regionaler Strukturwandel in Ostdeutschland. In: Vester, M. (Hrsg.): Soziale Milieus in Ostdeutschland. Gesellschaftliche Strukturen zwischen Zerfall und Neubildung. Köln. S. 7-50.

Vester, M., 1995a: Deutschlands feine Unterschiede. Mentalitäten und Modernisierung in Ost- und Westdeutschland. In: Aus Politik und Zeitgeschichte, 20/95, S. 16-30.

Walde, M., 1994: Die katholischen Sorben in Deutschland. In: W. Greive (Hrsg.): Identität und Ethnizität. Loccumer Protokolle 57/93, S. 165-171.

Walde, M., 1996: Religiöse Grundeinstellung in der sorbischen katholischen Lausitz. Tendenzen nach der Wende von 1989. Letopis 43, S. 3-13.

Walker, K.N./MacBride, A./Vachon, M.L.S., 1977: Social Support Networks and the Crisis of Bereavement. In: Social Science and Medicine 11, 35-41.

Weber, M., 1922: Gesammelte Aufsätze zur Religionssoziologie. Tübingen.

Weber, M., 1972: Wirtschaft und Gesellschaft. Grundriß der verstehenden Soziologie. Tübingen. (zuerst 1922).

Weber, M., 1978: Die protestantische Ethik. Eine Aufsatzsammlung. Herausgegeben von J. Winckelmann. Gütersloh.

Weeks, J.R./Cuellar, J.B., 1981: The Role of Family Members in the Helping Networks of Older People. In: The Gerontologist, 21, 388-394.

Wegener, B., 1987: Vom Nutzen entfernter Bekannter. In: Kölner Zeitschrift für Soziologie und Sozialpsychologie, 39, S. 278-301.

Weichhart, P., 1989: Raumbezogene Identität - ein sinnvoller Forschungsansatz für die Humangeographie? In: Aufhauser, E./Giffinger, R./Hatz, G. (Hrsg.): Regionalwissenschaftliche Forschung: Fragestellungen einer empirischen Disziplin. Wien. S. 371-378.

Weichhart, P., 1990: Raumbezogene Identität: Bausteine zu einer Theorie räumlich-sozialer Kognition und Identifikation. Stuttgart.

Weidenfeld, W., 1995: Vorwort. In: Berger, P.L./Luckmann, T.: Modernität, Pluralismus und Sinnkrise. Die Orientierung des modernen Menschen. Gütersloh.

Weidenfeld, W./Korte, K.R., 1991: Die pragmatischen Deutschen. Zum Staats- und Nationalbewußtsein in Deutschland. In: Aus Politik und Zeitgeschichte, B32, S. 3-12.

Weimann, G. 1983: The Not-So-Small World: Ethnicity and Acquaintance Networks in Israel. In: Social Networks, 5, S. 289-302.

Weiss, G., 1993: Heimat vor den Toren der Großstadt. Eine sozialgeographische Studie zu raumbezogener Bindung und Bewertung in Randgebieten des Verdichtungsraums am Beispiel des Umlandes von Köln. Geographisches Institut der Universität zu Köln. Köln.

Weiß, J., 1996: Akteure und Agenten. Über Selbstbestimmung, Fremdbestimmung und Stellvertretung im Vereinigungsprozeß. In: Kollmorgen, R./Reißig, R./Weiß, J. (Hrsg.): Sozialer Wandel und Akteure in Ostdeutschland. Opladen. S.103-116.

Wellman, B., 1979: The Community Question: The Intimate Networks of East Yorkers. In: American Journal of Sociology, 84, 1201-1231.

Wellman, B., 1981: Applying Network Analysis to the Study of Support. In: Gottlieb, B.H. (Ed.): Social Networks and Social Support. Beverly Hills. 171-200.

Wellman, B., 1983: Network Analysis: Some Basic Principles. In: Sociological Theory, 1, 155-200.

Wellman, B., 1985: Domestic Work, Paid Work and Net Work. In: Duck, S./Perlman, D. (Eds.): Understanding Personal Relationships. Beverly Hills. 159-191.

Wellman, B./Carrington, P.J,/Hall, A., 1988: Networks as Personal Communities. In: Wellman, B./Berkowitz, S.D. (Eds.): Social Structures: A Network Approach. Cambridge. 130-184.

Wellman, B./Leighton, B., 1979: Networks, Neighborhoods and Communities. Approaches to the Study of the Community Question. In: Urban Affairs Quarterly, 15, 363-390.

Wellman, B./Wortley, S., 1990: Different Strokes from Different Folks: Community Ties and Social Support. In: American Journal of Sociology, 96, S. 558-588.

Wells, E./Stryker, S., 1988: Stability and Change In Self Over the Life Course. In: Baltes, P. et al. (Hrsg.): Life-Span. Development and Behavior, 8, 191-229.

Werlen, B., 1987: Gesellschaft, Handlung und Raum. Grundlagen handlungstheoretischer Sozialgeographie. Stuttgart.

Werlen, B., 1989: Kulturelle Identität zwischen Individualismus und Holismus. In: Sosoe, K.S. (Hrsg.): Identität: Evolution oder Differenz? Freiburg i.Br. S. 21-54.

Werlen, B., 1992: Regionale oder kulturelle Identität? Eine Problemskizze. In: Berichte zur deutschen Landeskunde, 66, S. 9-32.

Wethington, E./Kessler, R.C., 1986: Perceived Support, Received Support, and Adjustment of Stressful Life Events. In: Journal of Health and Social Behavior, 27, 79-89.

Weymann, A., 1989: Handlungsspielräume im Lebenslauf. Ein Essay zur Einführung. In: Weymann, A. (Hrsg.): Handlungsspielräume. Untersuchungen zur Individualisierung und Institutionalisierung von Lebensläufen in der Moderne. Stuttgart.

Whitten, N.E./Wolfe, A.W., 1973: Network Analysis. In: Honigmann, J.J. (Ed.): Handbook of Social and Cultural Anthropology. Chicago. 717-746.

Wiegandt, C.-C., 1989: Qualitative Sozialgeographie. Methodische Ansätze in Studien zur Altlastenproblematik. In: Sedlacek, P. (Hrsg.): Programm und Praxis qualitativer Sozialgeographie. (Wahrnehmugsgeographische Studien zur Regionalentwicklung Heft 6). Oldenburg. S. 133-145.

Wilcox, B.L./Vernberg, E.M., 1985: Conceptual and Theoretical Dilemmas Facing Social Support Research. In: Sarason, I.G./Sarason, B.R. (Eds.): Social Support, Theory, Research and Applications. Dordrecht/Boston/Landaster. 3-15.

Willke, H., 1989: Systemtheorie entwickelter Gesellschaften. Dynamik und Riskanz moderner gesellschaftlicher Selbstorganisation. Weinheim/München.

Wills, T.A., 1985: Supportive Functions of Interpersonal Relationships. In: Cohen, S./Syme, L.S. (Eds.): Social Support and Health. Orlando. 61-83

Wilson, E.O., 1975: Sociobiology. The New Synthesis. Cambridge.

Wischer, R./Kliemke, Ch., 1988: Zur Situation der alten Menschen in ihrem räumlichen Umfeld. In: Informationen zur Raumentwicklung, 1988, S. 57-75.

Wiswede, G./Kutsch, T., 1978: Sozialer Wandel. Zur Erklärungskraft neuerer Entwicklungs- und Modernisierungstheorien. Darmstadt.

Woderich, R., 1991: Anpassung und Eigensinn in der Ästhetik des Alltags. In: Reißig, R./Glaeßner, G.-J. (Hrsg.): Das Ende eines Experiments. Umbruch in der DDR und deutsche Einheit. Berlin. S. 339-356.

Woderich, R., 1992: Mentalitäten zwischen Anpassung und Eigensinn. In: Deutschland Archiv, 25, S. 21-32.

Woderich, R., 1996: Peripheriebildung und kulturelle Identität. In: Kollmorgen, R./Reißig, R./Weiß, J. (Hrsg.): Sozialer Wandel und Akteure in Ostdeutschland. Opladen. S. 81-99.

Wolf, C., 1993: Egozentrierte Netzwerke. Datenorganisation und Datenanalyse. In: ZA-Information 32 (Zentralarchiv für empirische Sozialforschung an der Universität zu Köln), S. 72-94.

Zapf, W. (Hrsg.), 1971: Theorien des sozialen Wandels. Köln/Berlin.

Zapf, W., 1989: Sozialstruktur und gesellschaftlicher Wandel in der Bundesrepublik Deutschland. In: Weidenfeld, W./Zimmermann, H. (Hrsg.): Deutschland-Handbuch. Eine doppelte Bilanz 1949-1989. Bonn. S. 99-124.

Zapf, W. (Hrsg.), 1991: Die Modernisierung moderner Gesellschaften. Verhandlungen des 25. Deutschen Soziologentages in Frankfurt/Main 1990. Frankfurt/Main u.a.

Ziegler, R., 1984: Norm, Sanktion, Rolle. Eine strukturelle Rekonstruktion soziologischer Begriffe. In: Kölner Zeitschrift für Soziologie und Sozialpsychologie, 36, S. 433-463.

Zimmermann, K., 1993: Ethnische Identität. In: W. Greive (Hrsg.): Identität und Ethnizität. Loccumer Protokolle 57/93, S. 63-107.